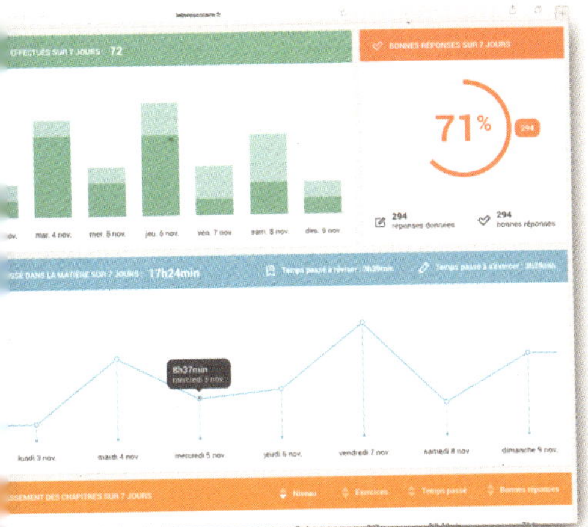

Sur abonnement

Votre manuel numérique augmenté

- Application tablette
- Accès sans connexion internet
- Interconnexion à l'ENT
- Personnalisation du manuel par le professeur
    - Module d'évaluation et de remédiation
    - Classe numérique (outils de communication et de partage)

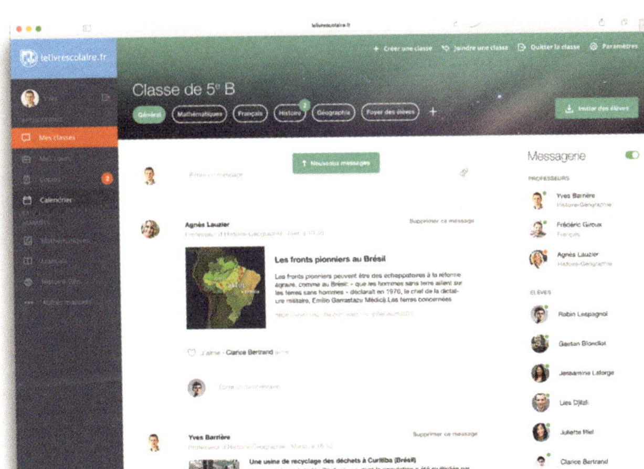

Pour en savoir plus : www.lelivres
et contact@lelivres

Français - manuel de cycle

Cyclades

CYCLE 4

lelivrescolaire.fr
Une nouvelle génération de manuels scolaires

32 rue Neuve
69002 Lyon

LA COMMUNAUTÉ D'AUTEURS *Lelivrescolaire.fr*

Directeur de collection : Stanisław Eon du Val
Directrice scientifique : Marion Bellissime

NOTRE COMITÉ SCIENTIFIQUE :

Aurélie Foglia, Maitre de conférences en littérature française, Université Sorbonne Nouvelle - Paris 3

Monique Legrand, IA-IPR, Académie de Versailles

Jean-Yves Guérin, Professeur de littérature française, Université Sorbonne Nouvelle - Paris 3

19 AUTEURS DE LITTÉRATURE

19 AUTEURS HARMONISATEURS

3 AUTEURS DE LANGUE

26 COAUTEURS EPI

5 COAUTEURS PROFESSEURS DOCUMENTALISTES

77 COAUTEURS DISCIPLINAIRES

2 AUTEURS D'HISTOIRE DES ARTS

3 AUTEURS NUMÉRIQUE

11 AUTEURS EPI

... ont contribué à cette collection de Français !

Académie d'Aix-Marseille

Natalie Albeau Cordillac *(Histoire-Géographie)*, Collège Voltaire (84)
Dominique Delaunay-Verneuil, Canopé (13)
Peggy François, Collège Sylvain Menu (13)
Laurent Guidon, École Internationale PACA de Manosque (04)
Diane Milluy, Collège L. Leprince Ringuet (13)
Jacques Muniga (Histoire-Géographie), Lycée M. Pagnol (13)
Cédric Payan (Histoire-Géographie), Collège C. Reymond (04)

Académie d'Amiens

Béatrice Baldwin, Collège Notre-Dame (80)
Janique Vereecque, Collège G. Philipe (02)

Académie de Besançon

Marie-France Lise-Lalubin, Collège J. Jeanneney (70)

Académie de Bordeaux

Paule Bordes-Haegelin, Collège Leroi-Gourhan (24)
Anna Borras, Collège C. Claudel (33)
Cécile Champie, Collège L. Drouyn (33)
Marlène Chemin, Collège J.-M. Lonné (40)
Annaig Collias, Collège du pays d'Orthe (40)
Virginie Darriet-Féréol, Collège Montesquieu (33)
Sonia Daubas, Collège J.-M. Lonné (40)
Thierry Duc, Collège J. Monnet (24)
Sandrine Ferrer, Collège J.-M. Lonné (40)
Fanny Fouillade, Collège J. Zay (33)
Sylvie Hupé, Collège G. Flament (33)
Bruno Vergnes, Collège du Vic-Bilh (64)

Académie de Caen

François Hamel *(EPS)*, Collège J. Monnet (61)
Estelle Recht *(Anglais)*, Collège J. Monnet (61)
Jérémy Stanic *(Latin-Grec)*, Collège A. Kastler (14)

Académie de Clermont-Ferrand

Stéphanie Valentin, Collège Gerbert (15)

Académie de Corse

Anne Bernardeau *(Histoire-Géographie)*, Collège J.-F. Orabona (2B)
Lucie Cancellieri, Collège H. Tomasi (2B)

Académie de Créteil

Claire Amiot, Collège A. Malraux (77)
Fanny Aubert, Collège A. Chérioux (94)
Hanane Aziz, Collège E. Galois (93)
Ariane Bodin *(Histoire-Géographie)*, Collège H. Wallon (94)
Dominique Dassé Ennaji, Collège E. Nocard (94)
Julien Fumey, Collège F. Chopin (77)
Fabienne Jubin, Collège les Capucins (77)
Cécile Lemarchand, Collège A. Camus (93)
Lydie Malizia, Collège L. Aubrac (93)
Joanna Marques, Collège R. Doisneau (93)
Gaëlle Mestachvili *(SVT)*, Collège R. Doisneau (93)
François Miquet *(Arts-plastiques)*, Collège J. Perrin (94)
Sophie Nicolini, Collège E. Triolet (77)
Aline Pradoura, Collège H. Wallon (94)
Madeleine Sadin, Collège A. Chérioux (94)
Pierre-Michel Sailhan, Collège A. Chérioux (94)
Nathalie Sanfourche, Collège L. Aragon (77)
Audrey Wattiez, Collège J. Campin (77)

Académie de Dijon

Jacques Perche, Collège R. Cassin (71)
Nathalie Poyard, Collège A. Camus (89)

Académie de Grenoble

Claire Antraygues, Collège du Diois (26)
Christine Cordary, Collège J.-J. Rousseau (74)
Rachel Huart, Collège B. de Savoie (73)
Nadine Ouabdesselam, Collège Stendhal (38)
Katia Tripier, Collège A. Triboulet (26)

Académie de Lille

Aurélie Baron, Collège du Sacré Cœur (59)

Ghislain Dominé *(Histoire-Géographie)*, Canopé Lille (59)
Patricia Dupuis-Sta, Collège Saint Pierre (62)
Sophie Haquette, Collège Sainte-Marie (59)
Pierre Lasalle *(Maths)*, Collège de l'Europe (62)
Benoit Millequant *(Histoire-Géographie)*, Collège C. de Foucauld (59)
Dorothée Ourdouillie, Collège L. Lagrange (62)
Gaelle Weber *(Histoire-Géographie)*, Collège Le Parc (59)

Académie de Limoges

Sabine Besse, Collège V. Hugo (19)
Sylvie Delord, Collège V. Hugo (19)
Cynthia Hocmelle, Collège de la Triouzoune (19)
Cyril Mistrorigo, Collège A. Thomas (19)
Muriel Tavarner, Collège L. Blum (87)

Académie de Lyon

Éléonore de Beaumont, ENS de Lyon (69)
Aurélie Berthet *(Histoire-Géographie)*, Collège du Pilat (42)
Patricia Bonnard, Collège Leprince-Ringuet (69)
Laure Ermisse, Collège Mario Meunier (42)
Céline Fédou *(Professeure documentaliste)*, Collège Les Battières (69)
Clément Le Fèvre, ENS de Lyon (69)
Alexia Lenelle, Collège Faubert (69)
Stéphane Martinez, Immaculée Conception (69)
Jean-François Simon *(Technologie)*, Collège du Pilat (42)

Académie de Mayotte

Marie-Katell Hoff, Collège de Tsimkoura (976)

Académie de Montpellier

Nathalie Agani, Collège de Gallargues-le-Montueux (30)
Claire Collange, Collège O. de Gouges (34)

Académie de Nancy-Metz

Geneviève Duchêne, Collège du Château (54)
Elsa Giraud, Collège Hauts de Blémont (57)
Blandine Hombourger, Collège J. Callot (54)
Isabelle Leitner, Collège J. Ferry (57)
Bertrand Sécardin, Lycée L. Majorelle (54)
Floriane Tourneur, Collège de l'Albe (57)

Académie de Nantes

Nathalie Bizet, Collège Saint Joseph (44)
Maryse Blandin, Collège A. Vinçon (44)
Célia Bocciarelli, Nouveau Collège Saint P. de Grand-Lieu (44)
Françoise Delaunay, Collège J. Prévert (49)
Blandine Frémondière, Collège C. Janequin (49)
Dominique Goulay *(Histoire-Géographie)*, Lycée public de Beaupréau (49)
Lucien Morit *(Histoire-Géographie)*, Collège R. Vercel (72)

Alain Sauques *(Histoire-Géographie)*, Collège Saint Joseph (49)
Emmanuel Vaslin, CASNAV Nantes (44)

Académie de Nice

Céline Arnaud (Histoire-Géographie), Lycée S. Veil (06)
Lucile Kabouche, Collège Lycée les Hopitaux G. Roux (83)
Samira Mansouri, Collège P. Picasso (06)

Académie d'Orléans-Tours

Sophie Bancel, Collège R. Lasneau (41)
Philippe Godiveau, Université d'Orléans (45)
Claudine Javet, Collège J. Du Bellay (41)
Catherine Pellerin, Collège É. Vaillant (18)
Sylvie Telle-Riollet, Collège A. Fournier (36)

Académie de Paris

Laura Bertetto, Université Sorbonne Nouvelle - Paris 3 (75)
Nathalie Joannès, Académie de Paris (75)
Victorine Ledet, Collège C. Debussy (75)
Gilbert-Michel Polonovski, Lycée St-L. de Gonzague (75)
Hector Solatges *(Maths)*, Collège G. Mélies (75)

Académie de Poitiers

Deborah Chasseport *(Anglais)*, Collège Bellevue (86)
Natacha Jaccard, Collège L. Desaivre (79)

Académie de Reims

Thibault Cordier, Collège des Trois Provinces (52)
Emilie Foussadier, Collège H. Vincenot (52)
Laétitia Lagarde, Collège P. Labonde (10)
Martine Lemaire, Collège R. Sirot (51)

Académie de Rennes

Sophie Fortin, Académie de Rennes (22)
Véronique Gougay, Collège St-Jean Lasalle (56)
Alexandra Jost-Joly, Collège Hersart de la Villemarqué (29)
Armelle Le Gall, Collège P. Langevin (29)
Anne Target *(Histoire-Géographie)*, Collège Beaumont (35)

Académie de la Réunion

Pascal Bauviès, Collège S. Lucas (974)
Guillaume Poulain *(Histoire-Géographie)*, Collège Les Alizés (974)

Académie de Rouen

Laeticia Alleau, Collège Sévigné (61)
Marie-Céline Caput, Collège C. Claudel (76)
Isabelle Cipan, Collège F. Léger (76)
Anne Guillot-Burkutally, Collège L. de Vinci (27)
Nadège Langbour, Collège L. Michel (76)

Académie de Strasbourg

Audrey Buchholz, Collège J. Monnet (68)
Laurence Léon, Collège d'Illkirch (67)

Christel Taube-Le Guern *(Latin-Grec)*, Collège de la Robertsau (67)

Académie de Toulouse

Sylvie Anahory, Collège-Lycée Saint Joseph (81)
Fabien Gil *(Histoire-Géographie)*, Collège Saint-Théodard (82)
Sylviane Lopez, Académie de Toulouse (31)
Frédérique Montamat, Collège F. Verdier (09)
Nicolas Olivier *(Musique)*, Collège Ste-Geneviève (31)
Laurent Thyssen, Collège d'Istrie (46)

Académie de Versailles

Fabrice Angevin *(Histoire-Géographie)*, Collège L. Lumière (78)
Karine Bellier, Collège J. Verne (92)
Laure Bidard, Collège M. Ravel (78)
Marie Blieck, Collège M. Ravel (78)
Paule Bruneau Demari *(Histoire-Géographie)*, Collège Malmaison (92)
Camille Brunet, Collège de Guinette (91)
Valérie Delette *(Histoire-Géographie)*, Collège les Hauts Grillets (78)
Julien Delmas *(Technologie)*, Collège J. Daguerre (95)
Isabelle D'Orsetti, Lycée A. Rimbaud (95)
Mélanie Delunsch, Collège du Parc aux Charettes (95)
Diana Dreux, Collège Parc de Villeroy (91)
Ayman El Shafey *(SVT)*, Collège J.-B. Clément (92)
Aurélie Foucault-Texier, Collège E. Zola (78)
Adeline Guitteny, Collège P. de Champaigne (78)
Aurélie Istace, Collège P. Eluard (95)
Aude Koopmann, Collège J.-P. Rameau (78)
Charlène Lebacheley-Delaunay, Collège Public Sainte Apolline (95)
Adèle Lefebvre Naré, Collège S. Carnot (95)
Nathalie Montassier, Collège J. Adam (91)
Anne-Catherine Mourgue, Collège D. Milhaud (78)
Anne-Marie Patenotte, Collège L. Lumière
Stéphanie Piton, Collège Sainte Thérèse (78)
Peggy Plokarz *(Physique-Chimie)*, Collège J. Jaurès (92)
Élodie Pons, Collège de la Mauldre (78)
Sébastien Salce *(Physique-Chimie)*, Collège J. Jaurès (92)

Étranger

Christophe Barthélémy *(Histoire-Géographie)*, Lycée A. Dumas de Moscou (Russie)
Gilles Burtz *(Physique-chimie)*, LFI M. Duras (Viet Nam)
Yann Le Texier, Lycée D. Diderot (Kenya)
Delphine Leroux, Lycée Français C. de Gaulle (Angleterre)
François Morand, Lycée Guébré Mariam (Ethiopie)
Jean-Louis Rebora, Lycée G. Flaubert (Tunisie)

PROGRAMME 2016

Découvrez votre

Cyclades, un manuel de cycle

› Cyclades est un manuel entièrement pensé et conçu dans une logique de cycle.

› Ce manuel unique pour le cycle 4 permet d'aborder les programmes de 5e, 4e et 3e en assurant une progression entre les niveaux, que ce soit en littérature avec une organisation par thèmes ou en langue avec des fiches de cycle.

La partie « Culture littéraire et artistique »

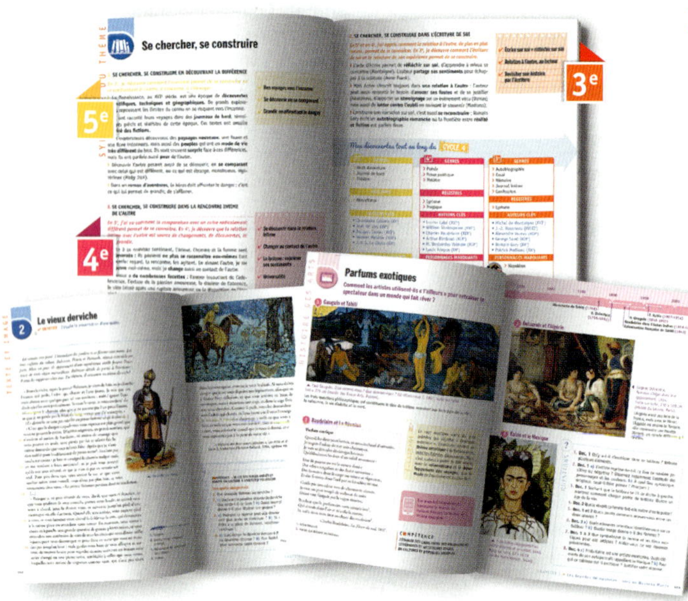

› Elle s'organise en quatre parties correspondant aux quatre thèmes au programme : **« Se chercher, se construire », « Vivre en société, participer à la société », « Regarder le monde, inventer des mondes »** et **« Agir sur le monde »**. Chaque thème se conclut par une synthèse permettant de lier les questionnements de niveau et de faire un récapitulatif des apprentissages dans un tableau synthétique.

› Au sein des chapitres, les questionnements sont traités par le biais de groupements de textes, d'études d'œuvres intégrales et de dossiers Histoire des arts faisant écho aux textes.

› Des ouvertures sont proposées à l'élève sous la forme de suggestions de livres et de films, ainsi que de PARCOURS D'UNE ŒUVRE accompagnant l'élève dans la découverte d'une œuvre intégrale (livre ou film).

La partie « Étude de la langue »

› L'étude de la langue est construite autour de 70 notions clés que l'élève aborde tout au long du **cycle 4** (voir le sommaire p. 424).

› Ces notions sont présentées sous la forme de fiches uniques pour le cycle dans lesquelles l'élève repère la progressivité des apprentissages à l'aide de cartouches et de drapeaux de couleur : vert – je découvre, bleu – j'approfondis, rouge – je perfectionne.

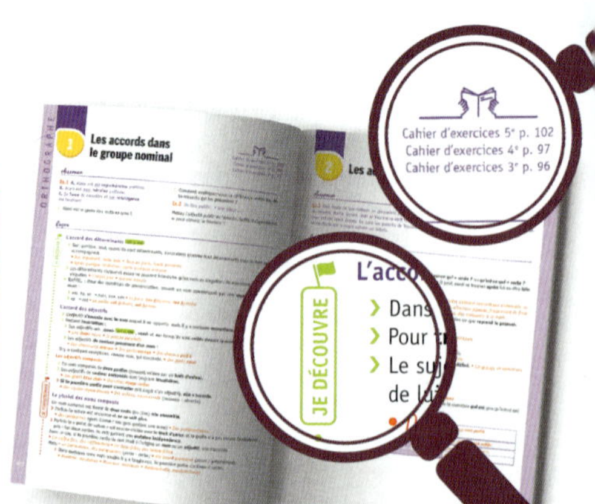

› Chaque notion est introduite par un exercice « *Observer* » permettant à l'élève d'aborder la leçon de manière inductive.

› Des pages **« Bilan de cycle »** permettent de faire le point sur les notions essentielles.

› Chaque notion est ensuite mise en application dans les cahiers d'exercices (déclinés selon les trois niveaux). Les renvois en haut à droite de la fiche permettent de se repérer entre le manuel de cycle et les cahiers d'exercices de niveau.

Les cahiers d'exercices pour la langue

- Chaque niveau s'accompagne d'un cahier d'exercices permettant à l'élève de mettre en pratique les notions de langue étudiées en classe.
- Un exercice autocorrigé est proposé au début de chaque double-page afin d'évaluer l'acquisition de la notion.
- 400 exercices progressifs permettent à l'élève de mettre en application les notions et de se les approprier.
- Chaque double-page se conclut par un exercice d'écriture.
- En 3e, le cahier d'exercices est enrichi de sujets d'entrainement au brevet.

Domaine 1
Les langages pour s'exprimer et communiquer (français et langage des arts)

Domaine 2
Les méthodes et les outils pour apprendre

Domaine 3
La formation de la personne et du citoyen

Domaine 5
Les représentations du monde et de l'activité humaine

Une approche par compétences

- La collection est construite autour du nouveau socle commun de connaissances, de compétences et de culture, organisé par domaines. L'étude du français apparait dans quatre domaines, les cinq compétences y sont diversement travaillées (comprendre et s'exprimer à l'oral, lire, écrire, comprendre le fonctionnement de la langue, acquérir une culture littéraire et artistique).
- Des exercices construits sous la forme de PARCOURS DE COMPÉTENCES permettent à l'élève de se situer et de progresser dans les quatre niveaux de maitrise (ex. p. 61).
- Tout au long du manuel, le pictogramme ■ vous permet de localiser les axes de travail spécifiques au socle commun de connaissances, de compétences et de culture.

LES NIVEAUX DE MAITRISE

1 – 2 – 3 – 4

Des enrichissements numériques

Sur lelivrescolaire.fr, retrouvez pour chaque chapitre :

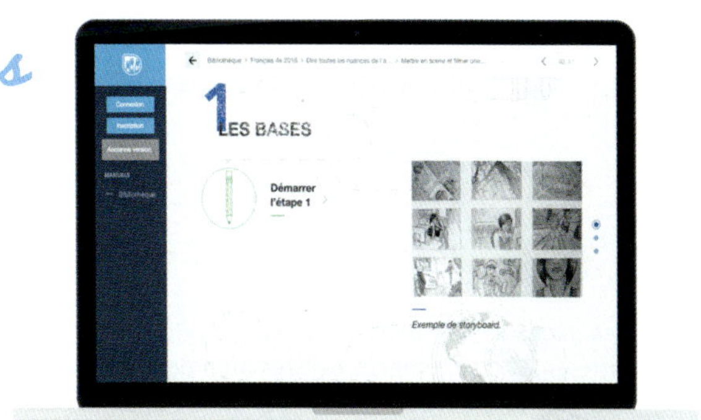

- Une version téléchargeable d'une fiche Lexique/Langue permettant de réviser ces notions dans le contexte du chapitre.
- Une version téléchargeable d'un projet « Parcours citoyen » détaillant une activité à réaliser en groupe en lien avec les notions abordées dans le chapitre.

Retrouvez également plus de 24 fiches d'activités EPI pour une réalisation clé en main en classe ! (voir liste dans le sommaire)

Le brevet dans *Cyclades*

› Le nouveau brevet des collèges s'articule autour de la validation des compétences du cycle 4 et de deux épreuves écrites, dont une épreuve qui réunit le français, l'histoire-géographie et l'EMC.

› Votre manuel de *Cyclades* est construit pour préparer les élèves à l'obtention du brevet.

Deux sujets par chapitre :

› Un sujet guidé faisant un zoom sur une partie de l'épreuve (étude de texte / d'image, réécriture ou travail d'écriture) en accompagnant l'élève pas à pas dans son travail (exemple p. 118).

› Un sujet blanc intégrant toutes les parties de l'épreuve (exemple p. 398).

› Dans chaque chapitre, un des deux sujets fait le lien avec le programme d'histoire-géographie, comme suggéré dans les programmes officiels.

Première partie : analyse et compréhension de textes et de documents, maitrise de différents langages

› Les questionnaires sont progressifs et ne comportent pas d'axes de lecture, pour évaluer l'autonomie de l'élève.

› Des questions amenant l'élève à développer sa réaction personnelle alternent avec des questions plus précises appelant des réponses plus courtes.

› Plusieurs questions sont d'ordre lexical et/ou grammatical.

› Au moins une question se présente sous la forme d'un questionnaire à choix multiples.

› Une question amène l'élève à confronter le texte à l'image.

Deuxième partie : rédaction et maitrise de la langue

› Les dictées, une par sujet, sont regroupées à la fin du cahier d'exercices de 3e (p. 117-119). Les textes suivent les rectifications orthographiques de 1990.

› Chaque sujet propose un exercice de réécriture amenant l'élève à réaliser 5 à 10 changements de temps, de personne, d'énonciation, voire de « genre ».

› Les sujets d'écriture proposés (réflexion et invention) sont en lien avec les documents étudiés dans la première partie, pour permettre à l'élève de prendre appui sur son analyse et d'enrichir sa réflexion.

16 pages de méthodologie pour accompagner les élèves dans leur préparation de l'épreuve (voir p. 494)

› Des pages thématiques permettant à l'élève de travailler les différentes compétences exigées au programme de cycle 4 : analyser une image fixe, rédiger un brouillon, rédiger une argumentation, etc.

› Des pages spécifique « brevet » pour se préparer aux épreuves (voir p. 500).

Un manuel, trois parcours !

- Les programmes définissent **trois parcours éducatifs** : le parcours Avenir, le parcours d'Éducation artistique et culturelle et le parcours Citoyen.
- Ces parcours vous permettent de mettre en place un **ensemble de connaissances et de compétences tout au long de votre scolarité**.
- Ce travail se fera pendant les cours dans **toutes les disciplines**, lors de vos **sorties scolaires** et à l'occasion de **rencontres avec des intervenants extérieurs**. Il sera évalué à la **fin du cycle 4** lors de l'épreuve du diplôme national du brevet.

Parcours Avenir :

Ce parcours vous permet :

- d'aller à la rencontre du monde professionnel ;
- de murir vos opinions et d'apprendre à défendre vos engagements ;
- de vous familiariser avec les grands débats sur des sujets d'éthique et de société.

- Sauvons les espèces menacées !
- Les réseaux sociaux
- Dénoncer en chanson
- Une *Marseillaise* pour le collège
- Les Poilus, je me souviens...

Parcours d'Éducation artistique et culturelle :

Ce parcours vous permet :

- de découvrir de nouveaux artistes et des œuvres d'art ;
- de mettre en avant vos compétences artistiques ;
- d'acquérir les bases d'une culture artistique.

Parcours Citoyen :

Ce parcours vous permet :

- d'apprendre à parler de vous et à exprimer vos émotions de façon maitrisée ;
- d'acquérir des outils pour réfléchir au monde qui vous entoure et en débattre avec les autres ;
- de découvrir et de vous approprier des références culturelles.

Le programme officiel de culture littéraire

SE CHERCHER, SE CONSTRUIRE

5e — ### Le voyage et l'aventure : pourquoi aller vers l'inconnu ?

- Découvrir diverses formes de récits d'aventures, fictifs ou non, et des textes célébrant les voyages.
- Comprendre les motifs de l'élan vers l'autre et l'ailleurs et s'interroger sur les valeurs mises en jeu.
- S'interroger sur le sens des représentations qui sont données des voyages et de ce qu'ils font découvrir.

4e — ### Dire l'amour

- Découvrir des poèmes lyriques de différentes époques exprimant les variations du discours amoureux.
- Comprendre les nuances du sentiment amoureux et quelques-unes des raisons qui en font un thème majeur de l'expression littéraire et artistique.
- S'interroger sur le rôle des images et des références dans le lyrisme amoureux.

3e — ### Se raconter, se représenter

- Découvrir différentes formes de l'écriture de soi et de l'autoportrait.
- Comprendre les raisons et le sens de l'entreprise qui consiste à se raconter ou à se représenter.
- Percevoir l'effort de saisie de soi et de recherche de la vérité, s'interroger sur les raisons et les effets de la composition du récit ou du portrait de soi.

VIVRE EN SOCIÉTÉ, PARTICIPER À LA SOCIÉTÉ

5e — ### Avec autrui : familles, amis, réseaux

- Découvrir diverses formes, dramatiques et narratives, de la représentation des relations avec autrui.
- Comprendre la complexité de ces relations, des attachements et des tensions qui sont figurés dans les textes, en mesurer les enjeux.
- S'interroger sur le sens et les difficultés de la conquête de l'autonomie au sein du groupe ou contre lui.

4e — ### Individu et société : confrontations de valeurs ?

- Découvrir, à travers des textes relevant des genres dramatique et romanesque, la confrontation des valeurs portées par les personnages.
- Comprendre que la structure et le dynamisme de l'action dramatique, ou romanesque, ont partie liée avec les conflits, et saisir quels sont les intérêts et les valeurs qu'ils mettent en jeu.
- S'interroger sur les conciliations possibles ou non entre les systèmes de valeurs mis en jeu.

3e — ### Dénoncer les travers de la société

- Découvrir des œuvres, des textes et des images à visée satirique, relevant de différents genres et formes, et d'arts différents.
- Comprendre les raisons, les visées et les modalités de la satire, les effets d'ironie, de grossissement, de rabaissement ou de déplacement dont elle joue, savoir en apprécier le sel et en saisir la portée et les limites.
- S'interroger sur la dimension morale et sociale du comique satirique.

REGARDER LE MONDE, INVENTER DES MONDES

5e — ### Imaginer des univers nouveaux

- Découvrir des textes et des images relevant de différents genres et proposant la représentation de mondes imaginaires, utopiques ou merveilleux.
- Être capable de percevoir la cohérence de ces univers imaginaires.
- Apprécier le pouvoir de reconfiguration de l'imagination et s'interroger sur ce que ces textes et images apportent à notre perception de la réalité.

4e — ### La fiction pour interroger le réel

- Découvrir des œuvres et des textes narratifs relevant de l'esthétique réaliste ou naturaliste.
- Comprendre quelles sont les ambitions du roman réaliste ou naturaliste au XIXe siècle en matière de représentation de la société.
- Comprendre comment le récit fantastique, tout en s'inscrivant dans cette esthétique, interroge le statut et les limites du réel.
- S'interroger sur la manière dont les personnages sont dessinés et sur leur rôle dans la peinture de la réalité.

et artistique pour le cycle 4

3ᵉ

Visions poétiques du monde

- Découvrir des œuvres et des textes relevant principalement de la poésie lyrique, du romantisme à nos jours.
- Comprendre que la poésie joue de toutes les ressources de la langue pour célébrer et intensifier notre présence au monde, et pour en interroger le sens.
- Cultiver la sensibilité à la beauté des textes poétiques et s'interroger sur le rapport au monde qu'ils invitent le lecteur à éprouver par l'expérience de leur lecture.

AGIR SUR LE MONDE

5ᵉ

Héros, héroïnes et héroïsmes

- Découvrir des œuvres et des textes relevant de l'épopée et du roman et proposant une représentation du héros/de l'héroïne et de ses actions.
- Comprendre le caractère d'exemplarité qui s'attache à la geste du héros/de l'héroïne et la relation entre la singularité du personnage et la dimension collective des valeurs mises en jeu.
- S'interroger sur la diversité des figures de héros/d'héroïnes et sur le sens de l'intérêt qu'elles suscitent.

4ᵉ

Informer, s'informer, déformer ?

- Découvrir des articles, des reportages, des images d'information sur des supports et dans des formats divers, se rapportant à un même évènement, à une question de société ou à une thématique commune.
- Comprendre l'importance de la vérification et du recoupement des sources, la différence entre fait brut et information, les effets de la rédaction et du montage.
- S'interroger sur les évolutions éditoriales de l'information.

3ᵉ

Agir dans la cité : individu et pouvoir

- Découvrir des œuvres et textes du XXᵉ siècle appartenant à des genres divers et en lien avec les bouleversements historiques majeurs qui l'ont marqué.
- Comprendre en quoi les textes littéraires dépassent le statut de document historique et visent au-delà du témoignage, mais aussi de la simple efficacité rhétorique.
- S'interroger sur les notions d'engagement et de résistance, et sur le rapport à l'histoire qui caractérise les œuvres et textes étudiés.

QUESTIONNEMENTS COMPLÉMENTAIRES (UN AU MOINS PAR ANNÉE, AU CHOIX)

5ᵉ

L'être humain est-il maitre de la nature ?

- Interroger le rapport de l'être humain à la nature à partir de textes et d'images empruntés aux représentations de la nature à diverses époques, en relation avec l'histoire des arts, et saisir les retournements amorcés au XIXᵉ siècle et prolongés à notre époque.
- Comprendre et anticiper les responsabilités humaines aujourd'hui.

Questionnement libre

4ᵉ

La ville, lieu de tous les possibles ?

- Montrer comment la ville inspire les écrivains – poètes, auteurs de romans policiers, grands romanciers des XIXᵉ et XXᵉ siècles… – et les artistes qui la représentent dans sa diversité, sa complexité et ses contradictions.
- S'interroger sur les ambivalences des représentations du milieu urbain : lieu d'évasion, de liberté, de rencontres, de découvertes, mais aussi lieu de « perdition », de solitude, de désillusion, de peurs ou d'utopies.
- Réfléchir aux conséquences à venir du développement des mégalopoles.

3ᵉ

Progrès et rêves scientifques

- S'interroger sur l'idée du progrès scientifque, cher au XIXᵉ siècle, tantôt exalté et mythifié, tantôt objet de répulsion ou de désillusion.
- Poser la question des rapports entre les sciences et la littérature, notamment à travers des œuvres mettant en scène la figure du savant, créateur du bonheur de demain ou figure malfaisante et diabolique.
- Interroger l'ambition de l'art à penser, imaginer voire anticiper le progrès scientifique et technologique.

CYCLE 4

Thème 1 : SE CHERCHER,

5e

Questionnement : Le voyage et l'aventure : pourquoi aller vers l'inconnu ?

1 Les grandes découvertes : vers un nouveau monde

TEXTES ET IMAGES

HISTOIRE DES ARTS

2 *Moby Dick* : sur les traces d'une baleine mythique

TEXTES ET IMAGES

HISTOIRE DES ARTS

4e

Questionnement : Dire l'amour

3 Dire toutes les nuances de l'amour

TEXTES ET IMAGES

HISTOIRE DES ARTS

4 *Roméo et Juliette*, une tragédie amoureuse adaptée au cinéma

TEXTES ET IMAGES

SE CONSTRUIRE

3e

Questionnement :
Se raconter, se représenter

5 Se raconter, se représenter

6 Romain Gary, *La Promesse de l'aube*

100% NUMÉRIQUE

Retrouvez sur
www.lelivrescolaire.fr

5e

EXERCICE DE LEXIQUE / LANGUE
- ✔ J'approfondis le vocabulaire du voyage, de la navigation, mais aussi des sentiments et des émotions.
- ✔ Je révise les temps du récit, les compléments du nom, les classes grammaticales, l'accord sujet-verbe, et je prépare une dictée.

PARCOURS CITOYEN
Sur les traces des grandes exploratrices.
Sauvons les espèces menacées !

4e

EXERCICE DE LEXIQUE / LANGUE
- ✔ J'affine ma connaissance du vocabulaire amoureux, j'invente des expressions imagées, je maitrise le vocabulaire du cinéma.
- ✔ Je révise l'adjectif qualificatif, les temps du récit, les formes en *-ant*, les comparatifs et les superlatifs. Je sais exprimer différentes circonstances.

PARCOURS CITOYEN
Mettre en scène et filmer une histoire d'amour.
Je débats à partir d'extraits de la pièce.

3e

EXERCICE DE LEXIQUE / LANGUE
- ✔ Je travaille sur le champ lexical du souvenir et des émotions, je travaille sur les mots *aube*, *promesse*, *mémoire*, *mère*.
- ✔ Je révise les participes, l'interrogation, les connecteurs logiques, le subjonctif, la subordination, les paroles rapportées, les fonctions liées au nom.

PARCOURS CITOYEN
Autoportrait d'une classe.
« Romain Gary, qui êtes-vous ? »

CYCLE 4

Thème 2 : VIVRE EN SOCIÉTÉ,

5e

Questionnement : Avec autrui : familles, amis, réseaux

7 Bandes de jeunes !

8 En famille : Molière : *Le malade imaginaire*

4e

Questionnement : Individu et société : confrontations de valeurs ?

9 Les valeurs : du dialogue à la confrontation

10 *Le Cid*, entre amour, honneur et devoir

PARTICIPER À LA SOCIÉTÉ

3e *Questionnement :*
Dénoncer les travers de la société

11 L'habit fait-il le moine ?

TEXTES ET IMAGES

100% NUMÉRIQUE

Retrouvez sur
www.lelivrescolaire.fr

5e
EXERCICE DE LEXIQUE / LANGUE
- ✔ J'emploie des familles de mots, je varie les niveaux de langue, j'enrichis mon vocabulaire du théâtre.
- ✔ Je révise la négation, l'emploi et les valeurs des temps, les types de phrase propres au théâtre.

PARCOURS CITOYEN
Les réseaux sociaux.
Démêler le vrai du faux.

4e
EXERCICE DE LEXIQUE / LANGUE
- ✔ J'apprends à varier mon vocabulaire, j'étudie l'étymologie et les différents sens des mots *passion* et *cœur*, j'emploie la litote.
- ✔ Je révise l'impératif et le sujonctif, les marques de la ponctuation, je passe du discours direct au discours indirect.

PARCOURS CITOYEN
Les valeurs s'exposent.
Écrire et jouer *Le Cid* au XXIe siècle.

3e
EXERCICE DE LEXIQUE / LANGUE
- ✔ Je maitrise les verbes de jugement, j'identifie des figures de style, je comprends des proverbes.
- ✔ Je perçois l'ironie et l'implicite, je travaille l'injonction et le présent de vérité générale, je distingue la cause et la conséquence.

PARCOURS CITOYEN
Dénoncer en chanson.

CYCLE 4

Thème 3 : REGARDER LE MONDE,

5e

Questionnement :
Imaginer des univers nouveaux

12 La magie des *Mile et Une Nuits*

13 Territoires imaginaires

4e

Questionnement :
La fiction pour interroger le réel

14 Aux frontières du réel

15 *Germinal*, un roman et un film

INVENTER DES MONDES

3e

Questionnement :
Visions poétiques du monde

16 Nuits lyriques

TEXTES ET IMAGES

17 Le monde moderne en poésie

TEXTES ET IMAGES

100% NUMÉRIQUE

Retrouvez sur
www.lelivrescolaire.fr

5e

EXERCICE DE LEXIQUE / LANGUE

- ✔ Je révise le vocabulaire propre au conte, au merveilleux et à la science-fiction. Je me sers de l'étymologie et j'invente des néologismes.
- ✔ Je révise les points de langue propres au récit, je travaille sur les compléments du nom et l'imparfait pour mieux décrire.

PARCOURS CITOYEN

Passionner le sultan.
Voyage dans l'espace.

4e

EXERCICE DE LEXIQUE / LANGUE

- ✔ J'étudie le vocabulaire de la peur et de la nuit, j'approfondis le lexique des mouvements sociaux et j'étudie la valeur de l'argot.
- ✔ J'étudie les temps du récit et l'expression de la peur.

PARCOURS CITOYEN

Croire aux rumeurs de malédiction ?
Une *Marseillaise* pour le collège.

3e

EXERCICE DE LEXIQUE / LANGUE

- ✔ Je travaille les figures de style et la création de périphrases. J'enrichis mon vocabulaire des émotions, je réfléchis à la valeur poétique de l'argot.
- ✔ J'étudie la poésie en travaillant sur la ponctuation et les règles de la versification. Je révise les chaines d'accord.

PARCOURS CITOYEN

Donnez la parole à vos émotions.
L'émotion du quotidien.

CYCLE 4

Thème 4 : AGIR SUR LE MONDE

5e

Questionnement :
Héros, héroïnes et héroïsmes

18 Héros et héroïnes d'hier et d'aujourd'hui

4e

Questionnement :
Informer, s'informer, déformer ?

19 L'information, des textes aux médias

3e

Questionnement :
Agir dans la cité : individu et pouvoir

20 Dénoncer la guerre : *Mémoires d'un rat* de Pierre Chaine

21 Antigone : une voix face au pouvoir

Retrouvez sur www.lelivrescolaire.fr

5e

EXERCICE DE LEXIQUE / LANGUE

- J'étudie la polysémie de « héros », le champ sémantique de « geste » et « valeur », j'exprime l'admiration.
- J'utilise des stratégies pour mieux écrire, je distingue des homophones, je réfléchis au genre des noms.

PARCOURS CITOYEN

Des héros au collège.

4e

EXERCICE DE LEXIQUE / LANGUE

- Je différencie connotations mélioratives et péjoratives, je maitrise le lexique de l'information et des médias.
- Je distingue objectivité et subjectivité, je travaille les pronoms.

PARCOURS CITOYEN

Présenter une revue de presse.

3e

EXERCICE DE LEXIQUE / LANGUE

- J'étudie le lexique de la querre, de la paix, du théâtre et le champ sémantique du mot « cité », je maitrise le sens des mots grâce à l'étymologie.
- Je révise l'accord du participe passé, la forme emphatique, je distingue les rapports logiques, je travaille l'expression de l'ordre.

PARCOURS CITOYEN

Les Poilus, je me souviens...
Faites entrer l'accusé Créon !

Questionnement complémentaire

à retrouver sur **www.lelivrescolaire.fr**

22 Sommes-nous maitres de la nature ?

TEXTES ET IMAGES

1. Faut-il domestiquer la nature ?
2. Les jardins : une nature disciplinée ?
3. L'homme, un danger pour la planète ?
4. Vers un monde écologique ?
5. L'homme est-il esclave de ses déchets ?

23 La ville entre chien et loup

TEXTES ET IMAGES

1. Dans les bas-fonds
2. Un témoin inattendu
3. Tout changeait très vite
4. Un vertige à l'envers
5. Visions poétiques d'Istanbul

24 D'un étonnement à un autre

TEXTES ET IMAGES

1. « Voici comme je me donnai au ciel »
2. Une étrange initiation à la science
3. Remonter le temps, dérégler le présent
4. L'œil, de l'humanisme au transhumanisme
5. Éliminer les embryons ayant un QI de 100 ?
6. Découvrir *Des fleurs pour Algernon*

La Langue au CYCLE 4

Lexique

CONSTRUCTION ET SENS DES MOTS

HISTOIRE DES MOTS

Grammaire

LES CLASSES GRAMMATICALES

LES FONCTIONS GRAMMATICALES

LA PHRASE

LE TEXTE

Conjugaison

Orthographe

Méthodologie

Retrouvez les EPI sur lelivrescolaire.fr

100% NUMÉRIQUE

Tableaux de maitrise des compétences

- Ce tableau présente les compétences selon les domaines du socle auxquels elles appartiennent : langue française, langage des arts, méthodes et outils, formation du citoyen et représentations du monde.
- Cinq compétences sont travaillées en français : comprendre et s'exprimer à l'oral, lire, écrire, comprendre le fonctionnement de la langue et acquérir une culture littéraire et artistique.
- Des exercices détaillés ou des questions sont consacrés à l'approfondissement de chacune.

Domaine du socle

Compétence

DÉTAIL DE LA COMPÉTENCE ÉVALUÉE

1	2	3	4

Domaine 1 : langue française

Comprendre et s'exprimer à l'oral

JE M'EXPRIME DE FAÇON MAITRISÉE EN M'ADRESSANT À UN AUDITOIRE (voir PARCOURS DE COMPÉTENCES p. 61)

1	2	3	4
Je ne suis capable de restituer à l'oral qu'une partie de ce que j'ai appris. J'ai préparé mon exposé mais celui-ci est maladroit, peu clair et/ou ne correspond pas à ce qui était demandé.	Je suis capable de restituer à l'oral ce que j'ai appris ou ce que j'ai préparé. Mais mon expression n'est pas adaptée à une prise de parole en public et/ou je suis trop dépendant de mes notes.	Je sais présenter une production préparée de moins de 5 minutes sans être prisonnier de mes notes, en regardant mon auditoire et en m'adaptant à lui.	Je sais présenter une production préparée de plus de 5 minutes sans être prisonnier de mes notes, en regardant mon auditoire et en m'adaptant à lui.

JE COMPRENDS ET INTERPRÈTE DES MESSAGES ORAUX COMPLEXES (voir PARCOURS DE COMPÉTENCES 100 % numérique, chapitre 23)

1	2	3	4
Je ne peux pas répondre aux questions parce que je n'ai pas écouté attentivement. Je me suis senti perdu parce que je n'ai pas assimilé la masse d'informations ou le vocabulaire technique.	J'ai su m'appuyer sur des mots-clés, mais mon interprétation du message est trop imprécise et/ou je commets des erreurs de sens.	J'ai compris l'ensemble du message, je peux en rapporter les idées principales, mais j'ai du mal à faire le lien avec la question qui m'est posée.	J'ai compris le message, je m'en suis approprié les idées car je suis capable de les reformuler et de les utiliser pour répondre à la question qui m'est posée.

J'EXPLOITE LES RESSOURCES EXPRESSIVES ET CRÉATIVES DE LA PAROLE (voir PARCOURS DE COMPÉTENCES p. 251, 283, 335)

1	2	3	4
Je lis ou je récite un texte de façon hésitante. Je bute sur certains mots et mes camarades ne me comprennent pas bien.	Je lis ou je récite sans hésitation mais je n'articule pas bien et je ne mets pas le ton.	Ma lecture/ma récitation révèle ma bonne compréhension du texte.	Ma lecture/ma récitation met en valeur le texte et sa signification.

Lire

J'INTERPRÈTE UN TEXTE LITTÉRAIRE (voir PARCOURS DE COMPÉTENCES 100 % numérique, chapitres 19 et 21)

1	2	3	4
Je n'ai pas compris tout le texte.	J'ai compris le sens global du texte mais j'ai fait quelques contresens. Je peux donner un avis.	J'ai compris le texte, je peux le situer dans son contexte et donner un avis.	J'ai compris le texte, je peux le situer dans son contexte et je peux donner un avis en m'appuyant notamment sur les effets esthétiques.

Écrire

J'EXPLOITE MES LECTURES POUR ENRICHIR MON RÉCIT (voir PARCOURS DE COMPÉTENCES p. 116, 176)

J'ai des connaissances mal assurées des œuvres que j'ai étudiées en classe et ma production n'est pas adaptée à la consigne.	J'ai une connaissance correcte des œuvres que j'ai étudiées en classe et je l'exploite partiellement pour produire mon texte.	J'ai une connaissance nourrie des œuvres que j'ai étudiées en classe et je l'exploite pour produire mon texte mais il reste un ou deux contresens ou anachronismes.	J'ai enrichi mon récit avec des œuvres étudiées en classe mais aussi avec mes lectures personnelles.

Comprendre le fonctionnement de la langue

JE MAITRISE LA FORME DES MOTS EN LIEN AVEC LA SYNTAXE (voir PARCOURS DE COMPÉTENCES 100 % numérique, chapitres 1 et 6)

J'ai commis des erreurs (mots oubliés, ponctuation erronée, erreurs phonétiques, mise en page ...). Le texte n'est pas lisible.	Je sais écrire un texte en n'oubliant aucun mot, en respectant la ponctuation et la mise en page demandées. Mais j'ai fait des erreurs.	Je sais écrire un texte, mais il reste quelques erreurs lexicales.	Je sais écrire un texte et les cinq critères suivants sont respectés : sons, graphie, signes, grammaire, lexique.

JE COMPRENDS UN TEXTE EN M'APPUYANT SUR MES CONNAISSANCES LEXICALES ET GRAMMATICALES / D'ANALYSE LITTÉRAIRE (voir PARCOURS DE COMPÉTENCES 100 % numérique, chapitre 7)

Je comprends le sens global à quelques erreurs près mais j'ai du mal à l'expliquer. Je ne maitrise pas assez les notions grammaticales et lexicales.	Je comprends le sens global du texte. Je ne maitrise pas assez les notions grammaticales et lexicales.	Je suis capable de justifier ma compréhension en m'appuyant sur des éléments du texte et en mobilisant mes connaissances linguistiques et culturelles.	J'ai acquis des connaissances qui ne se limitent pas à celles étudiées en classe.

JE MAITRISE LE FONCTIONNEMENT DU VERBE ET SON ORTHOGRAPHE (voir PARCOURS DE COMPÉTENCES 100 % numérique, ch. 5, 8 et 9)

J'ai respecté quelques règles grammaticales, mais mes erreurs gênent en partie la compréhension du texte.	Je n'ai pas respecté toutes les règles grammaticales, mais mon texte est compréhensible.	Je respecte les règles grammaticales.	Je respecte les règles grammaticales et j'ai repéré les exceptions et les cas compliqués.

JE MAITRISE LA STRUCTURE, LE SENS ET L'ORTHOGRAPHE DES MOTS (voir PARCOURS DE COMPÉTENCES 100 % numérique, ch. 12, 14 et 24)

J'ai des difficultés à mettre un mot en lien avec un terme proche pour en comprendre le sens.	J'arrive à mettre le mot en lien avec des termes proches, mais sans en formuler le sens ou en maitriser l'orthographe.	Je déduis, de manière approximative, le sens et l'orthographe d'un mot, grâce à mes connaissances lexicales et au contexte.	Je déduis le sens et l'orthographe d'un mot, grâce à mes connaissances lexicales et au contexte.

JE CONNAIS LA DIFFÉRENCE ENTRE L'ORAL ET L'ÉCRIT (voir PARCOURS DE COMPÉTENCES 100 % numérique, chapitre 16)

Je ne respecte pas les codes de l'écrit et/ou je confonds les homophones. Je ne sais pas lire un texte poétique.	Je laisse quelques marques du discours oral dans mes écrits mais je sais globalement transposer un texte à l'écrit (orthographe et style). Je ne lis pas bien un texte poétique.	Je fais bien la distinction entre discours oral et discours écrit. Je sais reconnaitre un texte poétique.	Je fais bien la distinction entre discours oral et discours écrit et mon expression à l'oral comme à l'écrit peut être relevée. Je sais lire un texte poétique.

Tableaux de maitrise des compétences

Comprendre le fonctionnement de la langue

■ **J'UTILISE DES REPÈRES ÉTYMOLOGIQUES** (voir PARCOURS DE C■MPÉTENCES 100 % numérique, chapitre 10)

Je ne m'appuie pas sur l'étymologie pour comprendre un mot inconnu.	Je m'appuie sur les familles de mots pour comprendre les mots inconnus.	Je reconnais des racines, des préfixes et des suffixes, et je m'en sers pour comprendre des mots inconnus. Je sais utiliser les dictionnaires étymologiques.	Je connais la plupart des racines, préfixes et suffixes utilisés en français. Je sais d'où viennent de très nombreux mots et je retiens ce que j'apprends dans les dictionnaires étymologiques.

Acquérir une culture littéraire et artistique

■ **JE MOBILISE MES RÉFÉRENCES CULTURELLES POUR INTERPRÉTER UN TEXTE OU UNE IMAGE** (voir PARCOURS DE C■MPÉTENCES 100 % numérique, chapitre 23)

Je n'ai pas assez de références culturelles pour comprendre le texte ou l'image.	Je n'ai pas toutes les références culturelles pour comprendre tous les implicites du texte ou de l'image.	J'ai assez de références culturelles pour comprendre le texte ou l'image.	J'ai assez de références culturelles pour comprendre le texte ou l'image et je sais le replacer dans un contexte historique et culturel.

Domaine 1 : langage des arts

Comprendre et s'exprimer à l'oral

■ **JE M'EXPRIME DE FAÇON MAITRISÉE EN M'ADRESSANT À UN AUDITOIRE** (voir PARCOURS DE C■MPÉTENCES p. 161, 417)

J'ai préparé mon exposé mais je n'ai pas utilisé le vocabulaire technique et/ou je ne réponds pas à la consigne.	J'ai préparé un exposé avec le vocabulaire technique mais je ne me détache pas de mes notes.	Mon exposé est clair et répond aux attentes techniques mais mon analyse n'est pas très approfondie.	Mon exposé est clair et s'appuie sur une analyse technique. J'ai donné un avis personnel et argumenté.

Lire

■ **JE LIS DES IMAGES** (voir PARCOURS DE C■MPÉTENCES 100 % numérique, chapitre 4)

Je sais décrire et/ou distinguer le support, mais de manière incomplète ou légèrement fautive.	Je sais distinguer les supports et décrire de façon informelle le contenu de l'image.	Je sais décrire l'image avec méthode et l'analyser.	Je sais interpréter l'image et comprendre les intentions de l'artiste.

Acquérir une culture littéraire et artistique

J'ÉTABLIS DES LIENS ENTRE DES PRODUCTIONS LITTÉRAIRES ET ARTISTIQUES ISSUES DE CULTURES ET D'ÉPOQUES DIVERSES
(voir PARCOURS DE COMPÉTENCES p. 361)

Ma réalisation ne correspond pas à ce qui est demandé.	À travers ma réalisation, je réussis à manifester mes connaissances artistiques, mais cela ne correspond que partiellement à ce qui est demandé.	À travers ma réalisation, je réussis à manifester mes connaissances artistiques et cela correspond à ce qui est demandé	À travers ma réalisation, je réussis à manifester mes connaissances artistiques, à exprimer ma sensibilité et à affirmer un regard personnel.

J'EXPLOITE LES RESSOURCES EXPRESSIVES ET CRÉATIVES DE LA PAROLE (voir PARCOURS DE COMPÉTENCES p. 193)

Je parle de façon hésitante. Je bute sur certains mots et mes camarades ne me comprennent pas bien.	Je parle sans hésitation mais je n'articule pas bien et je ne mets pas le ton.	Mon discours révèle ma bonne compréhension du texte.	Mon discours met en valeur le texte et sa signification.

Domaine 2 : méthodes et outils

Comprendre et s'exprimer à l'oral

JE COMPRENDS ET INTERPRÈTE DES MESSAGES ORAUX COMPLEXES (voir PARCOURS DE COMPÉTENCES p. 360)

Je ne peux pas répondre aux questions parce que je n'ai pas écouté attentivement. Je me suis senti perdu parce que je n'ai pas assimilé la masse d'informations ou le vocabulaire technique.	J'ai su m'appuyer sur des mots-clés, mais mon interprétation du message est trop imprécise et/ou je commets des erreurs de sens.	J'ai compris l'ensemble du message, je peux en rapporter les idées principales, mais j'ai du mal à faire le lien avec la question qui m'est posée.	J'ai compris le message, je m'en suis approprié les idées car je suis capable de les reformuler et de les utiliser pour répondre à la question qui m'est posée.

JE COMPRENDS UN TEXTE EN M'APPUYANT SUR MES CONNAISSANCES D'ANALYSE LITTÉRAIRE (voir PARCOURS DE COMPÉTENCES p. 76)

Je comprends le sens global à quelques erreurs près mais j'ai du mal à l'expliquer. Je ne maitrise pas assez les notions grammaticales et lexicales.	Je comprends le sens global du texte. Je ne maitrise pas assez les notions grammaticales et lexicales.	Je suis capable de justifier ma compréhension en m'appuyant sur des éléments du texte et en mobilisant mes connaissances linguistiques et culturelles.	J'ai acquis des connaissances qui ne se limitent pas à celles étudiées en classe.

Tableaux de maitrise des compétences

Lire

JE LIS DES DOCUMENTS NON LITTÉRAIRES (Y COMPRIS NUMÉRIQUES) (voir PARCOURS DE COMPÉTENCES 100 % numérique, chapitre 1)

Je sais quelle information rechercher mais j'ai encore besoin qu'on m'indique où et quand.	Je sais où et quand chercher une information utile.	Je sais rechercher, comparer et sélectionner les informations dont j'ai besoin, dans des documents de types divers.	Je sais m'approprier des informations que j'ai trouvées, et de façon pertinente.

Écrire

J'UTILISE L'ÉCRIT POUR PENSER ET POUR APPRENDRE (voir PARCOURS DE COMPÉTENCES p. 60, 394)

Je sais restituer par écrit mes connaissances mais je n'utilise pas toutes les potentialités de l'outil proposé et/ou il manque des éléments.	Je sais restituer par écrit mes connaissances en utilisant l'outil proposé.	Je sais restituer par écrit mes connaissances, en utilisant l'outil et en distinguant ce qui est important de ce qui l'est moins.	Je sais restituer mes connaissances de façon structurée et en utilisant toutes les fonctionnalités de l'outil. Je peux ajouter des connaissances personnelles.

J'ADOPTE DES STRATÉGIES D'ÉCRITURE EFFICACES (voir PARCOURS DE COMPÉTENCES p. 266, 314)

Ma réponse ou mon texte n'est pas assez développé(e) et j'ai besoin d'aide pour rédiger.	Ma rédaction est correctement structurée et respecte le sujet. Je sais créer et archiver mon travail s'il s'agit d'un fichier numérique.	Ma rédaction est correcte et assez longue. Je sais proposer une mise en page pertinente et respecter les règles typographiques s'il s'agit d'un fichier numérique.	Je sais produire un texte long sans aide et je sais transmettre des émotions. S'il s'agit d'un fichier numérique, je sais enrichir le texte d'images, de sons, de liens, de notes, de tableaux...

Comprendre le fonctionnement de la langue

JE MAITRISE LE FONCTIONNEMENT DU VERBE ET SON ORTHOGRAPHE (voir PARCOURS DE COMPÉTENCES 100 % numérique, chapitre 22)

J'ai respecté quelques règles grammaticales, mais mes erreurs gênent en partie la compréhension du texte.	Je n'ai pas respecté toutes les règles grammaticales, mais mon texte est compréhensible.	Je respecte les règles grammaticales.	Je respecte les règles grammaticales et j'ai repéré les exceptions et les cas compliqués.

Acquérir une culture littéraire et artistique

J'ÉTABLIS DES LIENS ENTRE DES PRODUCTIONS LITTÉRAIRES ET ARTISTIQUES ISSUES DE CULTURES ET D'ÉPOQUES DIVERSES (voir PARCOURS DE COMPÉTENCES p. 101)

Ma réalisation ne correspond pas à ce qui est demandé.	À travers ma réalisation, je réussis à manifester mes connaissances artistiques, mais cela ne correspond que partiellement à ce qui est demandé.	À travers ma réalisation, je réussis à manifester mes connaissances artistiques et cela correspond à ce qui est demandé.	À travers ma réalisation, je réussis à manifester mes connaissances artistiques, à exprimer ma sensibilité et à affirmer un regard personnel.

Domaine 3 : formation du citoyen

Comprendre et s'exprimer à l'oral

JE PARTICIPE DE FAÇON CONSTRUCTIVE À DES ÉCHANGES ORAUX (voir PARCOURS DE COMPÉTENCES p. 211, 227, 267)

Je participe au débat, mais je ne respecte pas le temps de parole des autres ou je formule mal mes phrases.	Je sais participer à un dialogue, je me fais comprendre des autres.	Je sais participer à un débat, un échange verbal, en m'adaptant à la situation de communication et aux interlocuteurs.	Je sais développer un propos et défendre un point de vue à l'oral, en m'adaptant à la situation de communication et aux interlocuteurs.

Écrire

J'EXPLOITE MES LECTURES POUR ENRICHIR MON RÉCIT (voir PARCOURS DE COMPÉTENCES p. 298)

J'ai des connaissances mal assurées des œuvres que j'ai étudiées en classe et ma production n'est pas adaptée à la consigne.	J'ai une connaissance correcte des œuvres que j'ai étudiées en classe et je l'exploite partiellement pour produire mon texte.	J'ai une connaissance nourrie des œuvres que j'ai étudiées en classe et je l'exploite pour produire mon texte mais il reste un ou deux contresens ou anachronismes.	J'ai enrichi mon récit avec des œuvres étudiées en classe mais aussi avec mes lectures personnelles.

Domaine 5 : représentations du monde

Acquérir une culture littéraire et artistique

JE MOBILISE MES RÉFÉRENCES CULTURELLES POUR INTERPRÉTER UN TEXTE OU UNE IMAGE (voir PARCOURS DE COMPÉTENCES p. 136)

Je n'ai pas assez de références culturelles pour comprendre le texte ou l'image.	Je n'ai pas toutes les références culturelles pour comprendre tous les implicites du texte ou de l'image.	J'ai assez de références culturelles pour comprendre le texte ou l'image.	J'ai assez de références culturelles pour comprendre le texte ou l'image et je sais le/la replacer dans un contexte historique et culturel.

Écrire

J'ADOPTE DES STRATÉGIES D'ÉCRITURE EFFICACES (voir PARCOURS DE COMPÉTENCES p. 378)

Ma réponse ou mon texte n'est pas assez développé(e) et j'ai besoin d'aide pour rédiger.	Ma rédaction est correctement structurée et respecte le sujet. Je sais créer et archiver mon travail s'il s'agit d'un fichier numérique.	Ma rédaction est correcte et assez longue. Je sais proposer une mise en page pertinente et respecter les règles typographiques s'il s'agit d'un fichier numérique.	Je sais produire un texte long sans aide et je sais transmettre des émotions. S'il s'agit d'un fichier numérique, je sais enrichir le texte d'images, de sons, de liens, de notes, de tableaux...

CYCLE 4

Thème 1

Se chercher, se construire

5e

Questionnement

LE VOYAGE ET L'AVENTURE : POURQUOI ALLER VERS L'INCONNU ?

1 Les Grandes découvertes : vers un Nouveau Monde

2 *Moby Dick* : sur les traces d'une baleine mythique

Questionnement

DIRE L'AMOUR

3 Dire toutes les nuances de l'amour

4 *Roméo et Juliette*, une tragédie amoureuse adaptée au cinéma

4e

3e

Questionnement

SE RACONTER, SE REPRÉSENTER

5 Se raconter, se représenter

6 Romain Gary, *La Promesse de l'aube*

1 Les Grandes découvertes : vers un Nouveau Monde

Objectifs :
- ✔ **Je découvre des récits d'aventures, authentiques ou fictifs, évoquant les Grandes découvertes.**
- ✔ **Je comprends les diverses raisons qui ont poussé les explorateurs à découvrir le monde et l'autre.**
- ✔ **J'approfondis mes connaissances en histoire, géographie et ethnologie.**

?

Pour entrer dans le chapitre

1. À votre avis, quels continents sont connus du monde occidental à la fin du Moyen Âge ?
2. Quels progrès scientifiques vont permettre de mieux connaitre le globe terrestre ?

L'image

1. Lisez la légende. Que s'est-il passé en 1492 ?
2. Vers quoi les bateaux voguent-ils à votre avis ?
3. Quelle image est donnée de cette aventure ?

La Santa Maria en 1492, 1936, lithographie couleur (collection privée). ▶

1500 1600 1700 1800 1900 2000

N ÂGE | RENAISSANCE

Christophe Colomb (1451-1506)
Bartolomé de Las Casas (1484-1566)
Jacques Cartier (1491-1557)
Bernal Díaz del Castillo (1492-1585)
Jean de Léry (1536-1613)
Jakob Wassermann (1873-1934)
Jean-Claude Carrière (1931-)

1 Nouvelle terre à l'horizon !

✔ **OBJECTIF** J'apprends à connaitre les premiers explorateurs en lisant un journal de bord.

CHRISTOPHE COLOMB

(1451-1506) est un navigateur originaire du royaume de Gênes (Italie), au service de monarques espagnols. Il veut relier l'Europe aux « Indes » (l'Asie) par voie de mer, en partant vers l'ouest. Il découvre ainsi l'Amérique en 1492, sans l'avoir voulu. On appelle ce continent le « Nouveau Monde ».

Le 11 octobre 1492, 33 jours après avoir quitté les Canaries (iles espagnoles au Nord de l'Afrique), l'équipage de la Santa Maria *voit se profiler la terre ! Dans son journal de bord, Christophe Colomb relate le premier contact avec la population indigène*[1].

Jeudi 11 octobre

Moi, afin qu'ils nous aient en grande amitié et parce que j'ai connu qu'ils étaient gens à se rendre et convertir bien mieux à notre Sainte Foi par amour que par force, j'ai donné à quelques-uns d'entre eux quelques bonnets[2] de couleur et quelques perles de verre qu'ils se sont mises au cou, et beaucoup d'autres choses de peu de valeur dont ils eurent grand plaisir; et ils nous firent tant d'amitié que c'était merveille. Ensuite, ceux-là venaient, nageant, aux chaloupes des navires dans lesquelles nous étions, et ils nous apportaient des perroquets, du fil de coton en pelotes, des sagaies[3] et beaucoup d'autres choses qu'ils échangeaient contre d'autres que nous leur donnions, telles que petites perles de verre et grelots. Mais il me parut qu'ils étaient des gens très dépourvus de tout. Ils vont nus, tels que leur mère les a enfantés, et les femmes aussi, toutefois je n'en ai vu qu'une, qui était assez jeune. Et tous les hommes que j'ai vus étaient jeunes, aucun n'avait plus de trente ans ; ils étaient tous très bien faits, très beaux de corps et très avenants de visage, avec des cheveux quasi aussi gros que le crin de la queue des chevaux, courts et qu'ils portent jusqu'aux sourcils, sauf en arrière, quelques mèches qu'ils laissent longues et jamais ne coupent. Certains d'entre eux se peignent le corps en brun, et ils sont tous comme les Canariens, ni noirs ni blancs, d'autres se peignent en blanc et d'autres en rouge vif, et d'autres de la couleur qu'ils trouvent. Certains se peignent le visage et d'autres tout le corps ; certains se peignent seulement le tour des yeux et d'autres seulement le nez. Ils ne portent pas d'armes ni même ne les connaissent, car je leur ai montré des épées que, par ignorance, ils prenaient par le tranchant, se coupant. Ils n'ont pas de fer ; leurs sagaies sont des bâtons sans fer, et certaines ont à leur extrémité une dent de poisson, et d'autres différentes choses. Tous sont pareillement de belle stature, de belle allure et bien faits. [...] S'il plaît à Notre Seigneur, au moment de mon départ, j'en emmènerai d'ici six à vos Altesses[4] pour qu'ils apprennent à parler. Je n'ai vu dans cette île aucune bête d'aucune sorte sauf des perroquets.

CHRISTOPHE COLOMB, *La Découverte de l'Amérique*, traduction de Soledad Estorach et Michel Lequenne, © Éditions La Découverte, 2015.

1. Étymologiquement, qui est né dans le pays.
2. Il fut pendant des siècles le couvre-chef habituel du marin en Méditerranée.
3. Lances.
4. Les monarques catholiques d'Espagne Isabelle de Castille et Ferdinand d'Aragon.

▲ Théodore de Bry, *Colomb à Hispaniola*, 1592, gravure (collection privée).

Théodore de Bry a réalisé un grand nombre de gravures, fondées sur les observations communiquées par des explorateurs. Lui-même n'a jamais visité les Amériques.

▲ Willem Janszoon Blaeu, *Atlas* (carte des Amériques), 1630.

Les grands explorateurs

À la fin du Moyen Âge, l'Asie est connue. Les voyages de **Marco Polo** (XIIIe-XIVe siècles) ont permis de mieux connaitre la Chine. Au XVIe siècle, les Européens découvrent des territoires. **C. Colomb**, **Vasco de Gama** ou **Magellan** s'aventurent toujours plus loin et cartographient ce nouvel espace.

? QUESTIONS

LE TEXTE

COMPÉTENCE – JE LIS DES TEXTES VARIÉS, JE COMPRENDS LES IMPLICITES DU TEXTE ET FAIS DES HYPOTHÈSES DE LECTURE

Première approche

1. Pourquoi a-t-on appelé ces peuples les « Indiens d'Amérique » ? Aidez-vous de la biographie pour répondre.
2. Comment les membres des deux mondes entrent-ils en contact ?
3. a) Les comportements sont-ils méfiants ?
   b) L'absence de langage commun est-il un obstacle à la rencontre ?

L'observation de l'autre

4. Christophe Colomb décrit-il les indigènes de manière négative ou positive ?
5. Est-il étonné par leur couleur de peau ? Justifiez.
6. a) Qu'est-ce qui le surprend chez eux ?
   b) Que détaille-t-il particulièrement ?

Quel avenir ?

7. Après avoir relu la première phrase, dites quelle est la première intention de Christophe Colomb concernant les indigènes.
8. Que pensez-vous de son projet d'emmener quelques-uns d'entre eux à la cour d'Espagne ?
9. **Pour aller plus loin.** Savez-vous quelles furent les conséquences de l'arrivée des Européens sur les populations indigènes au cours du XVIe siècle ?

L'IMAGE DE GAUCHE

1. Quels points communs voyez-vous entre l'image et le texte ?
2. Quels éléments suggèrent l'esprit de domination des Européens ?

2 Curiosités de l'ailleurs

✔ **OBJECTIF** Je lis des descriptions du Nouveau Monde.

1. Le grand Montezuma

BERNAL DÍAZ DEL CASTILLO (1492-1585), compagnon d'Hernan Cortés, l'Espagnol qui a conquis le Mexique, explore le pays en 1519 et participe à la conquête de la capitale de l'empire aztèque en 1521. 50 ans plus tard, il fait le récit de son voyage.

Cortés et son armée sont accueillis favorablement par Montezuma, empereur des Aztèques, à l'entrée de la ville nommée Tenochtitlán (devenue Mexico).

Le grand Montezuma s'avançait, superbement vêtu, comme il en avait l'habitude. Ses pieds étaient chaussés de sandales aux semelles d'or et enrichies de pierreries. Les quatre seigneurs qui se tenaient à ses côtés étaient aussi très brillamment vêtus. Outre ces seigneurs, d'autres grands caciques[1] s'occupaient à porter le dais[2] qui recouvrait leurs têtes, tandis que quelques-uns encore s'avançaient devant Montezuma en balayant le sol sur lequel ses pieds devaient se poser, prenant soin de le couvrir de tapis afin qu'il ne foulât jamais la terre. Aucun de ces grands seigneurs n'osait lever les yeux sur lui.

[*Plus tard, Cortés s'émerveille de l'architecture de la ville et entre dans un des temples consacrés aux dieux.*]

Sur chaque autel s'élevaient deux masses comme de géants avec des corps obèses. Le premier, situé à droite, était, disait-on, Huichilobos, leur dieu de la guerre. Son visage était très large, les yeux énormes et épouvantables ; tout son corps, y compris la tête, était recouvert de pierreries, d'or, de perles grosses et petites adhérant à la divinité au moyen d'une colle faite avec des racines farineuses. Le corps était peint de grands serpents fabriqués avec de l'or et des pierres précieuses ; d'une main il tenait un arc et, de l'autre, des flèches. [...] Non loin se voyaient des cassolettes[3] contenant de l'encens fait avec le copal[4] ; trois cœurs d'Indiens, sacrifiés ce jour-là même, y brûlaient et continuaient avec l'encens le sacrifice qui venait d'avoir lieu. Les murs et le parquet de cet oratoire[5] étaient à ce point baignés par le sang qui s'y figeait qu'il s'en exhalait une odeur repoussante.

BERNAL DÍAZ DEL CASTILLO, *Histoire véridique de la conquête de la Nouvelle-Espagne*, 1575, traduction de Denis Jourdanet, © FM / La Découverte, 1980.

1. Chef indigène muni d'une fonction importante.
2. Ici : pièce de tissu qui décore et protège du soleil.
3. Boite de métal dans laquelle on fait bruler des parfums.
4. Résine d'arbres tropicaux.
5. Lieu destiné à la prière.

Diego Rivera, *La Grande Cité de Tenochtitlán*, 1945, peinture murale (Palais national de Mexico).

2. Saveurs nouvelles

Premièrement, la plante qui produit le fruit nommé par les sauvages ananas est de forme semblable aux glaïeuls, et encore ayant les feuilles un peu courbées et cannelées[1] tout autour, elles s'approchent plus de celles de l'aloès[2]. Elle croît aussi non seulement amoncelée comme un grand chardon, mais son fruit aussi, qui est de la grosseur d'un melon moyen, et ressemble à une pomme de pin, sans pendre ni pencher d'un côté ni de l'autre, pousse comme nos artichauts.

Et du reste, quand ces ananas sont venus à maturité, étant de couleur jaune azuré, ils ont une telle odeur de framboise que, non seulement en allant par les bois et les autres lieux où ils croissent, on les sent de fort loin, mais aussi leur goût fondant dans la bouche est naturellement si doux qu'il n'y a confiture qui les surpasse : je soutiens que c'est le plus excellent fruit de l'Amérique. Et, de fait, moi-même, là-bas, j'en ai pressé un dont j'ai fait sortir près d'un verre de suc, et cette liqueur ne me semblait pas inférieure au vin de Malvoisie[3].

JEAN DE LÉRY, *Histoire d'un voyage fait en la terre du Brésil*, 1578, traduction en français moderne, © Flammarion, 2013.

JEAN DE LÉRY

(1536-1613) est un explorateur et écrivain français.
Âgé d'à peine 21 ans, il part au Brésil, découvert cinquante ans auparavant. Profondément marqué par ce qu'il observe, il raconte à son retour le mode de vie des populations indigènes et partage son émerveillement pour la faune et la flore.

1. Qui présentent des rainures, des entailles sur la longueur.
2. Plante aux feuilles charnues des zones désertiques.
3. Vin grec doux et liquoreux portant le nom d'une ile grecque.

?

QUESTIONS

LES TEXTES

COMPÉTENCE – J'INTERPRÈTE DES TEXTES LITTÉRAIRES EN PERCEVANT UN EFFET DE STYLE

Coutumes aztèques (texte 1)

1. Quels détails montrent la richesse de l'empire aztèque ?
2. **a)** Comment les personnes se comportent-elles à l'égard de l'empereur ? **b)** Comme quoi celui-ci est-il considéré ?
3. Quelle pratique, inhabituelle pour les Occidentaux, est relatée à la fin du texte ?

Comment décrire l'inconnu ? (texte 2)

4. ■ Quelles figures de style l'auteur utilise-t-il pour décrire un fruit inconnu ? Citez le texte.
5. Parmi les cinq sens, lesquels sont sollicités pour décrire le nouveau fruit ?
6. Comment faut-il comprendre l'expression « les sauvages » (l. 2-3) ? Cherchez son origine.

L'IMAGE DE GAUCHE

1. Distinguez les deux plans de la fresque murale. Que représente chacun d'eux ?
2. Comment Montezuma est-il mis en valeur ?
3. Quelles sont les caractéristiques de la ville de Tenochtitlán ?

3

Découvrir et s'approprier

✔ **OBJECTIF** J'analyse le processus de domination à travers des récits de voyage.

1. Récit original de Cartier

JACQUES CARTIER (1491-1557) est un navigateur français. À cette époque, pour aller en Asie, les Français devaient contourner l'Afrique car les Ottomans contrôlaient la route terrestre. François Ier demande à Cartier de trouver une voie plus directe par le nord de l'Amérique. En 1534, celui-ci découvre le Canada.

Après 20 jours de traversée, Jacques Cartier atteint Terre-Neuve (grande ile au large du Canada) et se lance dans l'exploration de la région. Certains lieux sont déjà connus des Vikings, des pêcheurs normands et bretons, mais Cartier s'aventure plus loin encore et entre en contact avec les Indiens de la région.

Le vingt-troisième jour dudit mois de juin, qui est le jour de la Saint-Jean [...], nous eûmes connaissance d'un cap de terre. Et ce jour-là il fit brumes et mauvais temps, et nous ne pûmes approcher de ladite terre; et comme c'était de monseigneur Saint Jean, nous le nommâmes le cap Saint Jean. [...] Il y a autour de cette île plusieurs grandes bêtes, comme de grands bœufs, qui ont deux dents dans la gueule, comme chez l'éléphant, et qui vont dans la mer. Desquelles il y en avait une qui dormait à terre à la rive de l'eau, et nous allâmes avec nos barques, pour tenter de la prendre : mais dès que nous fûmes auprès d'elle, elle se jeta à la mer. Nous y vîmes pareillement des ours et des renards. Cette île fut nommée l'île de Brion[1]. [...] À quatre lieues de ladite île, il y a un beau cap que nous nommâmes cap du Dauphin[2], parce que c'est le commencement des bonnes terres. [...]

Le vingt-quatrième jour dudit mois[3], nous fîmes faire une croix de trente pieds[4] de haut, qui fut faite devant plusieurs d'entre eux[5], sur la pointe de l'entrée dudit havre[6], sous le croisillon de laquelle nous mîmes un écusson en bosse, à trois fleurs de lys, et au-dessus un écriteau en bois, gravé en grosses lettres de formes, où il y avait vive le roi de France. Et nous plantâmes cette croix sur ladite pointe devant eux, lesquels la regardèrent faire et planter[7]. Et après qu'elle fut élevée en l'air, nous nous mîmes tous à genoux les mains jointes, en adorant celle-ci devant eux, et leur fîmes signe, regardant et leur montrant le ciel, que par elle était notre Rédemption[8], ce dont ils montrèrent beaucoup d'étonnement, en tournant autour de cette croix, et en la regardant.

Quand nous fûmes retournés sur nos navires, vint le capitaine[9] vêtu d'une vieille peau d'ours noir dans une barque, avec trois de ses fils et son frère, lesquels n'approchèrent pas aussi près du bord qu'ils avaient coutume, et il nous fit une grande harangue[10], nous montrant ladite croix, et faisant le signe de la croix avec deux doigts ; et puis il nous montrait la terre tout autour de nous, comme s'il eût voulu dire que toute la terre était à lui, et que nous ne devions pas planter ladite croix sans sa permission.

JACQUES CARTIER, *Voyages au Canada*, 1534,
traduction en français moderne,

1. En mémoire du seigneur de Brion, amiral de France.
2. Titre donné au fils du roi.
3. Le 24 juillet.
4. Une dizaine de mètres.
5. Devant des indigènes.
6. La baie de Gaspé.
7. Qui nous regardèrent la planter.
8. Salut (la foi sauve l'homme de ses péchés).
9. Le chef de la tribu indigène, Donnacona.
10. Discours solennel.

2. La suite en version romancée

Voici la suite racontée dans un roman de littérature jeunesse.

D*amga* ! dit-il d'un ton sec en désignant sa terre, et il se frappe la poitrine.

Le message est clair. Mais le capitaine Cartier est rusé. Il sait ce qu'il veut.

– Ce n'est qu'un point de repère dans l'océan ! ment-il à Donnacona. Venez, soyez mes invités à bord. Moussaillon ! va me chercher deux uniformes neufs, commande-t-il à Thomas.

Domagaya et Taignoagny, les fils du chef, sont habillés en marins, et tous les Indiens conviés à un bon repas. Les voilà réjouis, aveuglés, trompés. Cartier propose alors à leur père d'emmener les deux jeunes Indiens à Saint-Malo et de les ramener dans un an.

– Larguez les amarres ! rugit le capitaine.

Après avoir salué leur famille, les deux Indiens regardent, bouche bée, les marins qui s'activent.

MARYSE LAMIGEON, FRANÇOIS VINCENT, *Les Voyages de Jacques Cartier, à la découverte du Canada, d'après le récit de Jacques Cartier « Voyages au Canada »*, © L'École des loisirs, 2006.

▲ L. Geisleh, *Jacques Cartier prend possession de la baie de Gaspé*, gravure d'après Louis-Charles Bombled, 1900.

ÉCLAIRAGE

Cartier et le Canada

Deux autres expéditions mèneront J. Cartier jusqu'à Stadaconé (aujourd'hui Québec) et Hochelaga (aujourd'hui Montréal). Mais il ne trouvera ni le passage vers l'Asie demandé par François Ier (en raison du froid) ni la richesse escomptée.

? QUESTIONS

LES TEXTES

COMPÉTENCE – JE LIS DES TEXTES VARIÉS ET ME SERS DE MES CONNAISSANCES CULTURELLES POUR LES COMPRENDRE

Arrivée en terre inconnue (texte 1)

1. a) Avez-vous deviné quels animaux sont ces « grands bœufs » avec deux dents (l. 6) ? **b)** Pourquoi Jacques Cartier ne les désigne-t-il pas par leur nom ?

2. De quelle manière l'équipage de Cartier s'approprie-t-il les lieux au début du texte ?

Une cérémonie lourde de sens (texte 1)

3. ■ Comment Cartier marque-t-il l'empreinte du royaume de France sur le territoire ?

4. ■ Que veut enseigner Cartier aux habitants en s'agenouillant devant la croix ?

5. a) Comment le chef indigène réagit-il ? **b)** Comprenez-vous sa réaction ?

Du récit de voyage au roman (texte 2)

6. a) Que propose Cartier au chef indien ? **b)** Pourquoi agit-il ainsi ?

7. Relevez les verbes de parole dans les interventions de Cartier. Quels traits de caractère soulignent-ils ?

8. Comment les Indiens réagissent-ils durant cet épisode ?

L'IMAGE DE DROITE

Comment le rapport de force entre les deux mondes est-il montré ? Analysez la place et la position des personnages, et appuyez-vous sur la principale ligne directrice de l'image.

4 La figure du conquistador

✔ **OBJECTIF** Je m'intéresse à la représentation du conquérant.

En 1532, le conquistador Francisco Pizarro arrive au Pérou, dans la ville de Cajamalca, avec son armée. Il ne rêve que d'or. Atahualpa est le souverain tout puissant des Incas, descendant du fils du dieu soleil. Avec son cortège royal, il va au-devant des Espagnols, restés cachés. La scène est rapportée par l'un des soldats espagnols.

À cet instant, comme il en avait été décidé, le père Valderde, notre aumônier, sortit d'un des couverts[1]. La Bible à la main droite, le crucifix à la gauche, il s'approcha de l'Inca et lui adressa la parole. […]

Le dominicain[2] somma[3] Atahualpa de se soumettre à l'empereur[4], qui était le plus puissant souverain du monde et qui avait donné l'ordre à Pizarro, son serviteur, de s'emparer des terres des païens[5].

L'Inca ne bougea pas.

Le père Valderde le somma une seconde fois […]. Cette fois encore, l'Inca ne répondit pas. Statue immobile, il était assis sur son trône et, mi-étonné, mi-hostile, il regardait le moine. Désemparé, celui-ci avait les yeux rivés sur le sol ; son visage pâlit ; il cherchait en vain l'inspiration pour une nouvelle sommation, quand soudain il se retourna et brandit le crucifix à bout de bras comme un étendard.

Le général comprit alors que le moment était venu et qu'il n'était plus question d'hésiter. Il agita une bande d'étoffe blanche ; les canons tirèrent ; « San Jago », le cri de guerre, retentit ; la cavalerie surgit de l'embuscade comme un fleuve endigué[6]. Stupéfaits, abasourdis par les cris, les claquements des mousquets[7], et le tonnerre des deux arquebuses[8], étouffés et aveuglés par la fumée qui se répandait en nuage sulfureux sur la place, les hommes de l'Inca ne savaient que faire ni dans quelle direction fuir. Le choc fut épouvantable : la cavalerie piétina sans distinction les aristocrates et les gens du peuple. Personne n'opposa de résistance ; ils ne possédaient d'ailleurs pas les armes qui l'eussent permis. Au bout d'un quart d'heure, l'amoncellement des cadavres bouchait toutes les issues. […]

Atahualpa, prisonnier, fut emmené dans le bâtiment le plus proche. Sa garde fut confiée à douze hommes.

Un silence spectral avait envahi la place et les rues. Mais à un moment donné de la nuit, traversant les lointaines montagnes, les chants plaintifs des Péruviens, à qui l'on avait ravi leur dieu vivant, retentirent, tantôt grossissant, tantôt faiblissant, de plus en plus douloureux et sauvages, jusqu'au lever du jour.

[*On suggère un peu plus tard à Atahualpa qu'il pourrait retrouver sa liberté en donnant de l'or.*]

JAKOB WASSERMANN

(1873-1934) est un célèbre écrivain allemand. Après une jeunesse rebelle et misérable, il connait la gloire grâce à ses dons d'écriture. Ses romans, souvent sombres, sont traduits dans plusieurs langues. Il meurt peu après l'arrivée d'Hitler au pouvoir, dont il a dénoncé l'antisémitisme.

1. D'une des cachettes.
2. Moine appartenant à l'ordre de saint Dominique.
3. Ordonna à.
4. Charles Quint qui règne sur l'Espagne.
5. Ceux qui ne croient pas au Dieu chrétien.
6. Contenu.
7. Arme à feu.
8. Canon.

Ce fut sur le visage d'Atahualpa une expression d'horreur et d'intense réflexion. Il était incapable de croire que l'on puisse racheter quelque chose d'aussi important que la liberté avec un objet d'aussi peu de valeur qu'en avait l'or à ses yeux. L'idée d'acquérir quelque chose avec de l'or devait l'étonner et l'inquiéter au plus profond de son être. À cette heure, en regardant d'un côté les compagnons grisés d'or et de l'autre la figure muette et le visage étonné de l'Inca, je compris pour la première fois combien nous lui étions étrangers, incroyablement, horriblement étrangers.

JAKOB WASSERMANN, *L'Or de Cajamalca*, 1928, traduction de François Mathieu,

ÉCLAIRAGE

La fin d'Atahualpa

Atahualpa fournit aux Espagnols une importante quantité d'or contre sa libération. **Pizarro** accepta, mais **ne tint pas parole** : malgré la rançon acquittée par le peuple inca, le général **fit étrangler Atahualpa.** Puis les Espagnols **pillèrent** les richesses et exploitèrent les habitants, signant ainsi la **fin de la civilisation inca.**

John Everett Millais, *Pizarro s'emparant de l'Inca*, 1846, huile sur toile (Victoria and Albert Museum, Londres).

100% NUMÉRIQUE

Retrouvez sur www.lelivrescolaire.fr :
- **une exposition sur « L'Inca et le conquistador » ;**
- **un texte écho, *L'Eldorado* (Voltaire).**

QUESTIONS

COMPÉTENCE – JE M'EXPRIME DE FAÇON MAITRISÉE EN FORMULANT UN AVIS PERSONNEL, UN RESSENTI

La confrontation de deux mondes

1. **a)** Que tient le père Valderde dans ses mains ? **b)** Pourquoi ?
2. **a)** Que demande-t-il à Atahualpa ? **b)** Quel argument donne-t-il ?
3. **a)** Quelles sont les réactions de l'Inca ? **b)** Pourquoi réagit-il de cette manière ?

Le combat

4. Qu'est-ce qui déclenche le début du combat ?
5. Le combat est-il équitable ? Expliquez.
6. Quels mots ou expressions soulignent l'aspect sinistre de la scène ?

Un fossé entre deux cultures

7. Que ressentent les Péruviens quand Atahualpa est fait prisonnier ? Pourquoi ?
8. Quelle est la réaction d'Atahualpa quand on lui suggère d'échanger de l'or contre sa liberté ?
9. Quel contraste oppose la civilisation inca et la civilisation occidentale ?
10. Selon vous, quel peuple parait le plus sage dans cette confrontation ? Justifiez votre réponse.

5 Le regard sur l'autre

✔ **OBJECTIF** J'étudie un débat sur le respect des peuples.

1. L'accusation

Les Espagnols se rendirent dans l'île de San Juan et celle de la Jamaïque. Ils y firent et commirent de grandes injures et péchés et ajoutèrent de très grandes et remarquables cruautés ; ils tuèrent, brûlèrent et jetèrent des gens à des chiens féroces ; puis ils tourmentèrent et humilièrent les survivants dans les mines jusqu'à l'épuisement et l'anéantissement de tous ces malheureux innocents. Il y avait dans ces îles plus de cent mille âmes, je crois même plus d'un million, et il ne reste pas aujourd'hui deux cents personnes dans chacune.

D'après BARTOLOMÉ DE LAS CASAS, *Très brève relation de la destruction des Indes occidentales*, 1552, traduction de Fanchita Gonzalez-Batlle, © Éditions La Découverte, 2004.

BARTOLOMÉ DE LAS CASAS

(1484-1566) est un prêtre, écrivain et historien espagnol. À 18 ans, il part vivre à Hispaniola (Haïti), comme colon, puis il s'installe à Cuba et devient prêtre des conquistadors. Il prend alors conscience des injustices subies par les indigènes et devient le défenseur des Amérindiens.

2. Le débat

L'auteur s'inspire d'un évènement historique, la controverse de Valladolid, un long débat qui eut lieu vers 1550 en Espagne. Il opposait deux partis, l'un prenant la défense des Amérindiens, l'autre celle des conquistadors, sur le sort à réserver aux indigènes.

LÉGAT[1]. – Certains disent, vous le savez, qu'on ne peut obliger homme au monde, par la force, à changer sa foi. Que nous avons pour mission d'évangéliser[2] les âmes, mais en respectant les corps et les biens. Laissons donc de côté la conquête, qui est chose du passé. Nous sommes ici pour décider enfin de la nature des Indiens. S'ils ont une âme semblable à la nôtre.

SUPÉRIEUR. – S'ils peuvent prétendre au paradis.

LÉGAT. – Professeur, donnez-moi clairement votre opinion.

SÉPULVÉDA. – Aristote[3] l'a dit clairement : certaines espèces humaines sont faites pour régir[4] et dominer les autres.

LÉGAT. – À votre avis, c'est ici le cas ?

SÉPULVÉDA. – Voulez-vous des preuves de l'infériorité des Indiens ?

LÉGAT. – Ces preuves sont indispensables.

SÉPULVÉDA. – D'abord, depuis leur découverte, ils se sont montrés incapables de toute invention. Ils sont uniquement habiles à copier les gestes des Espagnols, leurs supérieurs, ce qui caractérise une âme d'esclave.

LAS CASAS. – Mais on nous chante une vieille chanson ! César racontait la même chose des Gaulois qu'il asservissait[5] ! Habiles à imiter les techniques romaines ! Et tous les envahisseurs ont fait de même ! César ne voulait pas voir les coutumes, les croyances et même les outils des Gaulois ! Et nous faisons de

JEAN-CLAUDE CARRIÈRE

(né en 1931) est un auteur français. Il écrit également pour le cinéma et la télévision.

1. Ambassadeur du pape.
2. De convertir au christianisme.
3. Philosophe grec de l'Antiquité.
4. Diriger.
5. Soumettait à l'esclavage.

même ! Nous ne voyons que ce qu'ils imitent de nous, le reste, ça n'existe pas ! Bonne raison pour le détruire !

LÉGAT. – (*à Sépulvéda*) Nous sommes habitués, depuis l'enfance, à préférer nos propres usages qui nous semblent supérieurs aux autres.

SÉPULVÉDA. – Sauf quand il s'agit d'esclaves-nés, éminence. Les Indiens ont voulu presque aussitôt acquérir nos armes et nos vêtements. Et je pourrais citer tant d'autres signes !

JEAN-CLAUDE CARRIÈRE, *La Controverse de Valladolid*, © Poche pocket, 2012.

La Controverse de Valladolid, mise en scène de Carles Alfaro Hofman (Teatro de la Abadía, 2005), photographie de Vicens Gimenez.

Retrouvez un chapitre sur « **Le monde au XVIe siècle** » dans votre manuel d'histoire-géographie sur www.lelivrescolaire.fr

QUESTIONS

LES TEXTES

COMPÉTENCE – JE LIS DES TEXTES VARIÉS ET ADAPTE MA LECTURE AU STYLE D'ÉCRITURE

L'accusation (texte 1)

1. Quelles sont les accusations que porte Bartolomé de Las Casas ? Reformulez-les.

Le débat (texte 2)

2. **a)** Relevez une phrase du légat qui précise sur quel sujet porte le débat. **b)** Dans un procès actuel, quel nom donnerait-on au rôle joué par le légat ?
3. **a)** Quelle est la position de Sépulvéda ? **b)** Quels arguments et exemples donne-t-il pour défendre son opinion ?
4. **a)** Qui est d'un avis opposé ? **b)** Quel type de phrases ce personnage emploie-t-il exclusivement ? Quel(s) sentiment(s) cela traduit-il ?
5. Quel parallèle le défenseur des Indiens fait-il entre Jules César et les Espagnols ?
6. **Pour aller plus loin.** Connaissez-vous d'autres peuples qui ont été soumis en esclavage, et sous quels prétextes ?

L'IMAGE

1. Quels éléments montrent que le procès est mené par l'Église ?
2. Identifiez les différents acteurs du procès. Aidez-vous du texte.
3. À quoi voit-on que les Indiens sont en position d'infériorité ?

Parfums exotiques

Comment les artistes utilisent-ils « l'ailleurs » pour entrainer le spectateur dans un monde qui fait rêver ?

1 Gauguin et Tahiti

▲ Paul Gauguin, *D'où venons-nous ? Que sommes-nous ? Où allons-nous ?*, 1897, huile sur toile, 140 x 375 cm (musée des Beaux-Arts, Boston).

Les trois questions philosophiques qui constituent le titre du tableau renvoient aux trois âges de la vie : la naissance, la vie d'adulte et la mort.

2 Baudelaire et La Réunion

Parfum exotique

Quand, les deux yeux fermés, en un soir chaud d'automne,
Je respire l'odeur de ton sein chaleureux,
Je vois se dérouler des rivages heureux
Qu'éblouissent les feux d'un soleil monotone ;

Une île paresseuse où la nature donne
Des arbres singuliers et des fruits savoureux ;
Des hommes dont le corps est mince et vigoureux,
Et des femmes dont l'œil par sa franchise étonne.

Guidé par ton odeur vers de charmants climats,
Je vois un port rempli de voiles et de mâts
Encor tout fatigués par la vague marine,

Pendant que le parfum des verts tamariniers[1],
Qui circule dans l'air et m'enfle la narine,
Se mêle dans mon âme au chant des mariniers[2].

Charles Baudelaire, *Les Fleurs du mal*, 1857.

1. Arbre tropical.
2. Marins qui dirigent les bateaux.

ÉCLAIRAGE

Le mot *exotisme* vient du grec *exôtikos* qui signifie « étranger, extérieur ». L'exotisme devient un **thème artistique** à la Renaissance, avec les Grandes découvertes. Mais c'est surtout à partir du XIXe siècle, avec le **colonialisme** et le **développement des voyages**, que la **mode** de l'exotisme est au plus fort.

100% NUMÉRIQUE

Sur www.lelivrescolaire.fr, parcourez le monde en suivant Titouan Lamazou, un artiste voyageur.

COMPÉTENCE

J'ÉTABLIS DES LIENS ENTRE DES PRODUCTIONS LITTÉRAIRES ET ARTISTIQUES ISSUES DE CULTURES ET D'ÉPOQUES DIVERSES

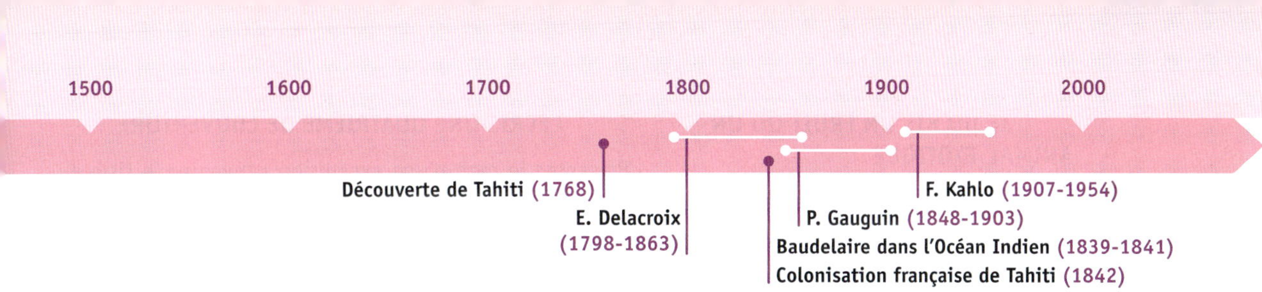

3 Delacroix et l'Algérie

Eugène Delacroix, *Femmes d'Alger dans leur appartement*, 1834, huile sur toile, 230 x 180 cm (musée du Louvre, Paris).

L'Algérie n'est pas loin de la France, mais avec le Maroc, l'Égypte ou encore la Turquie, elle représente une facette de l'Orient, un monde différent qui fascine.

4 Kahlo et le Mexique

Frida Kahlo, *Autoportrait au collier d'épines et au colibri*, 1940, huile sur toile, 62 x 48 cm (centre Harry Ranson, Texas).

? QUESTIONS

1. **Doc. 1** Qu'y a-t-il d'exotique dans ce tableau ? Relevez plusieurs éléments.
2. **Doc. 1** **a)** L'artiste représente-t-il ce lieu de manière positive ou négative ? Observez notamment l'attitude des personnages et les couleurs. **b)** À quel lieu symbolique, religieux, peut-il faire penser ? Pourquoi ?
3. **Doc. 1** Sachant que le tableau se lit de droite à gauche, montrez comment chaque partie du tableau illustre un âge de la vie.
4. **Doc. 2** Quelle rêverie la femme fait-elle naitre chez le poète ?
5. **Doc. 1 et 2** Quels points communs relevez-vous entre ces deux œuvres ?
6. **Doc. 3** **a)** Quels éléments orientaux identifiez-vous sur ce tableau ? **b)** Quelle image donne-t-il des femmes ?
7. **Doc. 1 à 3** Que symbolisent la femme et les lieux exotiques pour ces artistes ? Aidez-vous de vos réponses précédentes.
8. **Doc. 4** **a)** Frida Kahlo est une artiste mexicaine. Quels éléments de son autoportrait rappellent le Mexique ? **b)** Pour qui ce tableau est-il exotique ? Justifiez votre réponse.

Ex. 1 JE DÉCRIS UN FRUIT OU UN ANIMAL EXOTIQUE

En voyage dans un pays exotique, vous rencontrez des plantes et des animaux que vous ne connaissez pas. Vous n'avez pas d'appareil photo avec vous et vous dessinez mal. Vous rédigez une description, la plus précise possible, pour l'envoyer à des spécialistes.

1. Vous avez le choix entre les quatre images suivantes. Utilisez tous les outils de la description. N'hésitez pas à établir des comparaisons avec des choses que vous connaissez.
2. Lisez votre texte à la classe, qui doit reconnaitre ce que vous décrivez.

▲ Le pitaya.

▲ Le mangoustan.

▲ Le aye-aye.

▲ Le tatou.

Ex. 2 JE RÉDIGE UNE ANNONCE

Imaginez que vous êtes un explorateur ou une exploratrice qui recrute son équipe en vue d'une expédition. Vous publiez une petite annonce.

1. Précisez le poste (photographe, cartographe, intendant, géologue...) et les qualités requises.
2. Précisez les conditions (lieu, climat, durée).

Méthode

› Privilégiez les phrases nominales, en particulier pour le titre, et supprimez certains déterminants et pronoms sujets. Au lieu d'écrire : *je recherche une personne qui...*, vous préfèrerez : *recherche personne...*

› Votre texte est limité à dix lignes dactylographiées (Times New Roman, 10, interligne simple).

Ex. 3 J'ÉCRIS UNE QUATRIÈME DE COUVERTURE

Présentez le récit d'une expédition : inventez le titre du roman et rédigez un résumé accrocheur. Vous pouvez aussi trouver une image.

1. Cherchez un titre original.
2. Ne racontez pas toute l'intrigue en quatrième de couverture. L'essentiel est de présenter le héros ou l'héroïne, sa passion, son objectif avec le lieu à atteindre, les aides ou les obstacles. Employez le présent et le passé composé. Vous ne dépasserez pas les quinze lignes.

Ex. 4 ET SI... J'IMAGINE UNE UCHRONIE[1]

1492, les Maures[2] dominent le bassin méditerranéen. Colomb, un Espagnol converti à l'islam, part en expédition.

Racontez l'arrivée en Amérique de Colomb Pacha. Vous utiliserez les temps du passé et la troisième personne du singulier. Votre récit comptera environ trente lignes.

1. Réécriture de l'Histoire à partir de la modification d'un évènement du passé.
2. Les Musulmans d'Afrique du Nord.

▲ J.-P. Pécaud, F. Duval et F. Blanchard, *Colomb Pacha*, 2013.

Ex. 5 J'ÉNUMÈRE LES RAISONS D'UN VOYAGE

Pendant six mois, Sylvain Tesson a vécu seul dans une isba près du lac Baïkal. Il note sur un papier les raisons de sa retraite.

Raisons pour lesquelles je me suis isolé dans une cabane
J'étais trop bavard
Je voulais du silence
Trop de courrier en retard et trop de gens à voir
J'étais jaloux de Robinson
C'est mieux chauffé que chez moi, à Paris
Par lassitude d'avoir à faire les courses
Pour pouvoir hurler et vivre nu
Par détestation du téléphone et du bruit des moteurs

Sylvain Tesson, *Dans les forêts de Sibérie*, 2011, © Éditions Gallimard.

Sur le modèle de Sylvain Tesson, écrivez les raisons de votre séjour dans une contrée lointaine.

Méthode

› Indiquez dans le titre où vous êtes.

› Formulez ensuite huit à dix explications.

› Pensez à équilibrer les raisons de votre départ : ce que vous vouliez quitter de votre civilisation ; ce que vous recherchez là où vous êtes.

Ex. 1 JE DIS UN POÈME

Les conquérants

Comme un vol de gerfauts[1] hors du charnier natal[2],
Fatigués de porter leurs misères hautaines,
De Palos de Moguer[3], routiers[4] et capitaines
Partaient, ivres d'un rêve héroïque et brutal.

Ils allaient conquérir le fabuleux métal
Que Cipango[5] mûrit dans ses mines lointaines,
Et les vents alizés inclinaient leurs antennes
Aux bords mystérieux du monde occidental.

Chaque soir, espérant des lendemains épiques,
L'azur phosphorescent de la mer des Tropiques
Enchantait leur sommeil d'un mirage doré ;

Ou, penchés à l'avant de blanches caravelles[6],
Ils regardaient monter en un ciel ignoré
Du fond de l'Océan des étoiles nouvelles.

J.-M. de Heredia, *Les Trophées*, 1893.

1. Rapaces utilisés pour la chasse au Moyen Âge
2. Le nid des rapaces contient les ossements. 3. Villes portuaires d'Espagne. 4. Soldats pillards. 5. Nom donné par les Européens au Japon. 6. Bateaux.

Récitez ce poème devant la classe après vous être entraîné. N'oubliez pas de mettre le ton. Vous pouvez réciter ce poème à deux, après vous être réparti la parole.

Ex. 2 J'IMPROVISE UNE SCÈNE DE THÉÂTRE

Un couple se plaint d'avoir été abusé par une agence de voyage qui leur promettait « l'aventure ».

LA JOURNALISTE. – Qu'est-ce qu'on vous promettait ?
M. MERLANDO. – Plusieurs formules intéressantes. Moi j'avais un faible pour la traversée de la forêt amazonienne à vélo avec baignade piranhas et lutte avec les réducteurs de têtes. Mais ma femme préférait la formule sécheresse et danger, c'est-à-dire le Sahara est-ouest avec tempête de sable, panne de voiture et pillards. […]
LA JOURNALISTE. – Quand avez-vous senti la supercherie pour la première fois ?
Mme MERLANDO. – Tout de suite. Dès notre arrivée dans le petit bled de Tardouif.
M. MERLANDO. – Oui, ils nous avaient dit première nuit dans un gourbi avec l'habitant et ses chèvres. En fait de gourbi, on s'est retrouvés dans une chambre avec double rideaux, salle de bains…

J.-M. Ribes, *Pièces détachées*, Actes Sud, 1982.

Jouez la suite du dialogue entre les trois personnages.

Méthode
› Lisez par groupe de trois le texte et assurez-vous de bien comprendre pourquoi le couple est en colère.
› Imaginez les sources de mécontentement dans la suite du voyage.
› Répartissez les rôles et entrainez-vous avant de jouer. Vous avez quinze minutes.

Ex. 3 JE MÈNE L'INTERVIEW D'UN GRAND EXPLORATEUR À SON RETOUR

Interrogez un explorateur (parmi ceux vus dans le chapitre : Colomb, Cartier, Cortés, Pizarro) dès son retour en Europe.

Méthode
› Par groupe de deux, répartissez-vous les rôles : l'explorateur et le journaliste)
› Préparez ensemble les questions. Le journaliste peut tout aussi bien admirer l'exploit que critiquer certains aspects de l'expédition.
› Jouez l'interview devant la classe (5 minutes environ).

Ex. 4 J'ÉNUMÈRE LE CONTENU DE MON SAC DE VOYAGE

Imaginez ce que contiendrait votre sac si vous partiez pour un voyage : vers le Grand Nord, dans la forêt amazonienne, sur les bords du Nil, vers un sommet de l'Himalaya, vers une station spatiale, etc.

Méthode
› Choisissez une de ces destinations, ou une autre de votre choix.
› Énumérez une dizaine d'objets que vous emporteriez. Complétez-en plusieurs par des compléments du nom de classe grammaticale variée.
› Passez à l'oral. Ne lisez pas vos notes, essayez de mettre le ton (imitez un slam par exemple).
› Vos camarades sélectionneront sur une feuille les quatre éléments qu'ils ont préférés.

Ex. 5 JE PRÉSENTE UNE ŒUVRE D'ART

Recherchez sur internet, dans une encyclopédie ou dans un livre d'art ou d'histoire une œuvre d'art des civilisations aztèque ou inca.
Préparez un diaporama (si possible avec plusieurs plans du même objet ou avec d'autres œuvres à titre de comparaison) et présentez l'œuvre à la classe.

Méthode
› N'oubliez pas que la vignette d'une œuvre comprend artiste, titre (en italique), date, support, dimensions, lieu de conservation.
› Présentez d'abord le contexte puis décrivez l'œuvre de façon de plus en plus détaillée.
› Expliquez pourquoi vous avez choisi cette œuvre.

SE CHERCHER, SE CONSTRUIRE – LE VOYAGE ET L'AVENTURE : POURQUOI ALLER VERS L'INCONNU ?

2 *Moby Dick* : sur les traces d'une baleine mythique

Objectifs :
- ✔ **Je lis un grand roman d'aventures.**
- ✔ **Je découvre comment se crée un personnage de roman.**
- ✔ **Je comprends pourquoi le mythe de Moby Dick fascine encore.**

?

Pour entrer dans le chapitre

1. Connaissez-vous des explorateurs qui ont découvert le monde par la mer ?
2. Quels sont les ingrédients d'un roman d'aventures ?

L'image

1. Décrivez cette image.
2. Que ressentez-vous en la voyant ? Essayez d'expliquer pourquoi.
3. Cette image est tirée d'un film. Quelle histoire peut-il raconter ?

Au Cœur de l'océan, ▶
film de Ron Howard, 2015.

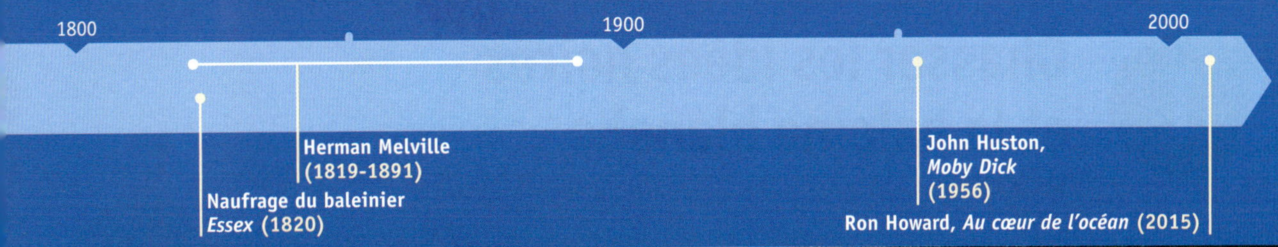

1800
1900
2000
Herman Melville
(1819-1891)
Naufrage du baleinier
Essex (1820)
John Huston,
Moby Dick
(1956)
Ron Howard, *Au cœur de l'océan* (2015)

1 Chasser les idées noires et la baleine blanche

✔ **OBJECTIF** Je comprends ce qui pousse le héros à se lancer dans l'aventure.

HERMAN MELVILLE

(1819-1891) est un auteur américain. Après avoir travaillé comme marin, il écrit des romans inspirés par ses voyages à travers le monde. *Moby Dick*, qui ne connut pas un succès immédiat, reste l'un des chefs-d'œuvre de la littérature américaine.

Appelez-moi Ishmaël. Il y a quelques années (le nombre exact importe peu), alors que mon porte-monnaie était vide ou presque, et que rien de particulier ne me retenait sur la terre ferme, j'ai eu l'idée de naviguer un peu pour voir la partie maritime du monde. C'est une méthode à moi pour chasser le vague à l'âme et purger le sang. Quand je sens que la tristesse tire le coin de mes lèvres vers le bas, quand dans mon âme il bruine comme en novembre, quand je me surprends à m'arrêter devant les pompes funèbres et à emboiter le pas à tous les enterrements que je croise, et surtout quand ma déprime prend tellement le dessus que je dois me retenir de descendre dans la rue pour envoyer valser un à un les chapeaux de tous les passants, alors je comprends qu'il est grand temps de partir sur un bateau. Oui, je prends la mer, plutôt qu'une balle et un pistolet. Caton[1] se jette sur son épée dans un grand geste philosophique ; moi je me contente d'embarquer tranquillement. Cela n'a rien de surprenant. Presque tous les hommes, à leur manière, ont à un moment de leur vie la même soif d'Océan que moi. Si seulement ils en étaient conscients. [...]

Sans aucun doute, mon départ pour la pêche à la baleine faisait partie du

1. Homme politique romain qui s'est suicidé avec son épée.

Caspar David Friedrich, *Lever de lune sur la mer*, 1821 (musée de l'Ermitage, Saint-Pétersbourg).

Grand Spectacle du monde, écrit par la Providence il y a fort longtemps. […]

L'une des raisons principales [*qui me poussa à accepter ce rôle dans la grande comédie humaine*], c'est l'image impressionnante de la grande baleine. Un monstre aussi menaçant et mystérieux, cela attisait ma curiosité. Et puis les mers sauvages et lointaines où il roule sa masse, grosse comme une ile, et les dangers sans nom qu'il représente et auxquels on ne peut échapper : tout cela, ainsi que les mille trésors qui émerveilleraient mes yeux et mes oreilles en Patagonie, m'incita à réaliser mon vœu. Pour d'autres, ces choses n'auraient peut-être pas eu le même attrait. Mais moi, je suis irrémédiablement attiré par le lointain. J'adore naviguer sur des mers interdites et poser le pied sur des côtes barbares. […]

Pour toutes ces raisons donc, la chasse à la baleine était la bienvenue. Les grandes écluses du monde des merveilles s'ouvraient en grand et, dans les mirages qui m'incitaient à suivre mon désir, il y avait des cortèges interminables de baleines qui flottaient deux par deux jusqu'au plus profond de mon âme, escortant un grand fantôme blanc, pareil à une colline enneigée dans le ciel.

HERMAN MELVILLE, *Moby Dick*, chap. I, 1851,
traduction de Stanisław Eon du Val, 2015.

REPÈRE

Le roman d'aventures

Comme vous l'avez vu en 6e, le roman d'aventures privilégie **l'action** et met souvent en scène un **personnage jeune**, auquel il arrive des péripéties, dans un **lieu parfois exotique et dangereux.** Ce genre connait un grand succès au XIXe siècle et s'inscrit **dans la tradition de l'épopée antique et du roman médiéval.**

100% NUMÉRIQUE

Retrouvez sur www.lelivrescolaire.fr une carte avec les éléments marquants du voyage d'Ishmaël.

?

QUESTIONS

LE TEXTE

COMPÉTENCE – J'INTERPRÈTE DES TEXTES LITTÉRAIRES EN PERCEVANT UN EFFET DE STYLE

Ishmaël

1. Selon vous, où cet extrait est-il placé dans l'œuvre ? Justifiez votre réponse.

2. a) Comment se présente le narrateur de *Moby Dick* ? **b)** Est-il aussi l'auteur du roman ?

Un animal extraordinaire

3. ■ **a)** Dans le dernier paragraphe, avec quoi le narrateur compare-t-il la baleine ? **b)** Dans ce chapitre, retrouvez une illustration qui peut faire penser à cette comparaison.

4. Relevez une autre comparaison qui évoque la baleine dans cet extrait.

5. Selon vous, à quoi fait référence le « monde des merveilles » dont parle Ishmaël (l. 31) ?

Pourquoi partir ?

6. Quelles raisons matérielles et psychologiques poussent le narrateur à prendre la mer ?

7. Comment comprenez-vous l'expression « soif d'Océan » (l. 14) ?

8. À votre avis, quel autre motif pourrait pousser une personne à tout quitter pour partir à l'aventure ?

L'IMAGE

1. Les trois personnages sont-ils le sujet principal de ce tableau ? Expliquez votre point de vue.

2. a) Comparez les couleurs de la terre avec celles de la mer et du ciel. **b)** Que peut symboliser cette différence ?

3. Quels liens pouvez-vous faire entre ce tableau et l'extrait de *Moby Dick* ?

2 Le portrait de Queequeg

✔ **OBJECTIF** Je m'intéresse au portrait d'un personnage littéraire.

Ishmaël vient d'arriver au port de New Bedford car il souhaite s'engager sur un baleinier. Il décide de passer la nuit dans une auberge et doit partager son lit avec un mystérieux harponneur[1] indien du nom de Queequeg.

Mon Dieu, quel spectacle ! Quel visage ! D'une couleur sombre, ocre, violacée, recouverte çà et là de grands carrés noirâtres. Oui, c'est bien ce que je pensais, un terrible compagnon de lit ! Il s'est bagarré, a été affreusement balafré[2], et le voici devant moi, tout juste revenu d'entre les mains du chirurgien !

Mais au moment où il se tourna vers la lumière, je vis clairement que ces grands carrés noirs qu'il avait sur les joues ne pouvaient pas être des pansements. [*Le narrateur se rend compte que ce sont des tatouages.*] Après tout ! pensai-je. Il ne s'agit que de son apparence ; on peut être un honnête homme dans n'importe quelle peau. Mais alors que penser de ce teint irréel, je veux dire, là où son visage n'était pas tatoué ? Bien sûr, sa peau pouvait tout simplement être tannée par des années passées sous le soleil des tropiques. Mais je n'avais jamais entendu qu'un soleil brûlant pouvait donner à un homme blanc un teint ocre violacé. Cependant, je n'avais jamais été dans les mers du Sud. Peut-être que là-bas le soleil produisait sur la peau cet effet étrange. Tandis que toutes ces idées fulgurantes me traversaient l'esprit, le harponneur ne remarqua absolument pas ma présence. Ayant enfin ouvert son sac, il se mit à fouiller à l'intérieur et en tira une sorte de tomahawk[3] et une petite pochette en peau de phoque. Plaçant tout cela sur le vieux coffre qui se trouvait au milieu de la chambre, il prit alors la tête de Nouvelle-Zélande[4], objet pour le moins effrayant, et la fourra dans son sac. Ensuite, il enleva son chapeau – en peau de castor, tout neuf – et là je faillis lâcher un cri de surprise. Il n'avait pas de cheveux, à l'exception d'une sorte de scalp, d'une petite queue de cheval entortillée sur son front. Sa tête chauve, violacée, ressemblait maintenant à un crâne en décomposition. […]

◀ Tête de chef maori, tatouée et momifiée (musée ethnologique, Oxford).

REPÈRE

L'art du portrait

Le portrait a pour but de **représenter** un individu, pour que l'on **se souvienne** de lui ou pour montrer **des traits particuliers** de sa physionomie.

1. Personne qui chasse les baleines à l'aide d'une longue lance (le harpon).
2. Qui porte des cicatrices.
3. Petite hache.
4. Le harponneur vend des têtes momifiées de Nouvelle-Zélande.
5. Qui viennent du fond de la gorge.

Il continuait de se déshabiller, et je pus voir sa poitrine et ses bras. Je vous le jure : ces parties de son corps étaient couvertes des mêmes carrés sombres que son visage ; son dos, également. On aurait dit qu'il venait de s'enfuir d'une guerre de Trente Ans, avec de larges pansements en guise de chemise. Ses jambes aussi étaient couvertes de marques, comme si des colonies de grenouilles vert sombre grimpaient sur des troncs de jeunes palmiers. J'en étais sûr, à présent : il devait s'agir de quelque sauvage abominable, embarqué à bord d'un baleinier dans les mers du Sud, et qui s'était retrouvé de la sorte sur cette terre chrétienne.

L'instant d'après, la lumière était éteinte et ce sauvage cannibale, le tomahawk entre les dents, sauta dans le lit près de moi. Cette fois-ci, je ne pus me retenir d'hurler et lui, après avoir émis un grognement d'étonnement, se mit à me palper. Bafouillant quelque chose, je ne sais même pas quoi, je me roulai contre le mur pour m'éloigner de lui et je suppliai cet homme ou cette chose de rester tranquille, de me laisser me lever et rallumer la lampe. Ses réponses gutturales[5] m'indiquèrent aussitôt qu'il ne comprenait pas vraiment ce que je voulais.

– Vous qui, hein ? finit-il par dire. Vous parler… ah, moi tuer !

HERMAN MELVILLE, *Moby Dick*, chap. III, 1851, traduction de S. Eon du Val, 2015.

▲ Sydney Parkinson, *Portrait d'un Maori*, 1769.

? QUESTIONS

LE TEXTE

COMPÉTENCE – JE CONNAIS LES ASPECTS FONDAMENTAUX DU FONCTIONNEMENT DE LA PHRASE

Le portrait du harponneur

1. Que ressent Ishmaël à la vue de Queequeg ? Observez le vocabulaire mais aussi la ponctuation.
2. Comment le narrateur explique-t-il l'apparence étrange du harponneur dans un premier temps ?
3. Retrouvez dans le texte un passage qui montre qu'Ishmaël voit un homme d'une autre origine que lui pour la première fois.
4. Selon vous, qu'apporte la description d'un tel personnage dans un roman d'aventures ?

Accepter la différence

5. **a)** Comment faut-il comprendre le nom « sauvage » (l. 35) ? **b)** À quel mot de la même phrase s'oppose-t-il ?
6. ■ **a)** Reformulez les paroles de Queequeg pour qu'elles soient grammaticalement correctes. **b)** Pourquoi l'auteur a-t-il écrit de cette manière, selon vous ?
7. Comment expliquez-vous la réaction de Queequeg quand il découvre Ishmaël ?
8. Quelle valeur morale est exprimée par la phrase : « On peut être un homme honnête dans n'importe quelle peau » (l. 9-10) ?

L'IMAGE DE DROITE

1. Comparez le portrait ci-dessus à celui de Queequeg. Quels points communs et quelles différences remarquez-vous ?
2. Pourquoi était-il intéressant au XVIIIe siècle de représenter de telles personnes ?

3 Prendre le large

✔ **OBJECTIF** J'étudie les sentiments des personnages.

Ishmaël et Queequeg se sont fait embaucher sur un baleinier comme simple matelot pour l'un et harponneur pour l'autre. C'est le jour du départ et, comme le veut la tradition, le baleinier est accompagné par un bateau qui le guide jusqu'à la pleine mer.

Enfin, l'ancre levée et les voiles hissées, nous partîmes, glissant sur l'eau. C'était Noël, il faisait froid et les journées, dans le Nord, étaient courtes. Tandis que la nuit se mêlait au jour, nous nous trouvions presque en plein océan hivernal et les embruns[1] gelés nous enserraient dans la glace comme dans une armure étincelante. Les longues rangées de dents qui avaient poussé sur le bastingage[2] luisaient au clair de lune et, comme les défenses d'ivoire d'un gigantesque éléphant, d'immenses glaçons recourbés étaient suspendus à la proue[3].

▲ Richard Brydges Beechey, *L'Erebus et le Terror*, 1863, huile sur toile (université de Cambridge).

En tant que pilote, le maigre Bildad était chef du premier quart et de temps à autre, quand le vieux navire plongeait profondément dans les eaux vertes et qu'il se recouvrait d'écume[4] frissonnante, quand les vents hurlaient et que les cordages sifflaient, on l'entendait chanter d'une voix ferme [...]. Malgré cette nuit d'hiver glaciale dans l'Atlantique déchainé, malgré mes pieds mouillés et ma veste trempée, il y avait pourtant, me semblait-il alors, de nombreux ports accueillants qui m'attendaient, des prairies et des clairières si pures que l'herbe du printemps demeurait verte et intacte jusqu'au cœur de l'été.

Parvenus en pleine mer, nous n'avions plus besoin de pilote. Le solide bateau à voiles qui nous avait conduits jusque-là vint se ranger à côté de nous.

Il était curieux et touchant de voir combien Peleg et Bildad étaient émus par ce moment particulier, surtout le capitaine Bildad. Il avait du mal à partir, beaucoup de mal à laisser pour de bon un bateau en route pour un si long et périlleux voyage, au-delà des deux caps tempétueux [...], un bateau qui avait pour capitaine un ancien compagnon de bord, un homme presque aussi vieux que lui et qui, une fois encore, partait affronter ces mâchoires terribles et impitoyables. Il avait du mal à dire au revoir à ce qui, pour lui, débordait d'intérêt. Le pauvre vieux Bildad s'attarda longtemps, arpenta le pont avec anxiété, courut jusqu'à la cabine pour y dire un dernier mot d'adieu, retourna sur le pont et regarda en direction du vent, regarda l'océan vaste et infini, borné seulement par les continents de l'Est, lointains et invisibles, regarda

1. Fines gouttes d'eau de mer projetées quand la mer est agitée.
2. Entourant le pont du bateau, il empêche les marins de tomber à l'eau.
3. Partie avant du bateau.
4. Mousse qui se forme quand la mer est agitée.
5. Adjoint du capitaine, sous-chef.

vers la côte, regarda vers le ciel, regarda à droite et à gauche, regarda partout et nulle part. […]

Quant à Peleg, il prenait la chose avec plus de philosophie, mais malgré toute sa sagesse, on vit une larme briller dans son œil quand la lanterne s'approcha un peu trop près. Lui aussi courut de la cabine au pont, dit un mot en bas, puis un mot à Starbuck, le second[5].

Enfin, après un dernier regard autour de lui, il se tourna vers son camarade :

– Capitaine Bildad, vieux compagnon, allez, faut qu'on parte. […] Adieu et bonne chance à tous. Et dans trois ans jour pour jour un souper bien chaud fumera pour vous dans le vieux Nantucket. Hourra, et en route !

HERMAN MELVILLE, *Moby Dick*, chap. XXII, 1851, traduction de S. Eon du Val, 2015.

▲ Louis Dodd, *Le Lexington et l'Omega, deux baleiniers de Nantucket dans la mer glacée de Bering, juin 1858*, 1990, huile sur bois.

100% NUMÉRIQUE

Retrouvez sur www.lelivrescolaire.fr « La mer, terreur et fascination » (exposition en ligne de la BnF).

? QUESTIONS

LE TEXTE

COMPÉTENCE – JE LIS DES TEXTES VARIÉS ET ME SERS D'ÉLÉMENTS DU RÉCIT POUR LES COMPRENDRE

Le cadre de la scène

1. À quel moment de la journée la scène se déroule-t-elle ?
2. Quelles sont les conditions climatiques ? Répondez en citant des mots du texte.
3. a) Que faut-il comprendre quand on lit que « les vents hurlaient et que les cordages sifflaient » (l. 16-17) ? b) Quelle est la figure de style utilisée ? c) Pourquoi employer cette figure de style ?

Une aventure périlleuse

4. a) De quelle manière les baleines sont-elles évoquées à la l. 29 ? b) Quelle image cela donne-t-il de la chasse à la baleine ?
5. Relisez la description du baleinier dans le premier paragraphe. Comment le narrateur suggère-t-il que l'équipage est prêt pour le « combat » ? Citez des mots du texte.
6. Trouvez d'autres expressions qui montrent que ce voyage sera une aventure dangereuse.

L'émotion du départ

7. Relevez les preuves de l'anxiété du capitaine Bildad.
8. Peleg est-il aussi ému que le capitaine Bildad ? Justifiez en citant le texte.
9. Qu'est-ce qui explique le tourment de ces personnages ?

LES IMAGES

Comment les peintres représentent-ils le froid ?

4 Une quête obsessionnelle

✔ **OBJECTIF** Je comprends pourquoi Moby Dick est un personnage mythique.

Après plusieurs semaines de chasse à la baleine sur les océans, le capitaine Achab sort de sa cabine et réunit ses hommes d'équipage sur le pont du Péquod *pour leur faire une déclaration.*

Vous tous, les vigies, vous m'avez plus d'une fois entendu donner des ordres au sujet d'une baleine blanche. Bon ! Cette pièce d'or espagnole, là, vous la voyez ? lança-t-il en montrant bien haut une grande pièce d'or qui brillait au soleil. C'est une pièce de seize dollars, les gars. Vous la voyez bien ? Monsieur Starbuck, passez-moi le grand marteau, là-bas. [...]

Prenant le marteau des mains de Starbuck, il s'avança vers le grand mât, brandissant le marteau dans une main, la pièce d'or dans l'autre, et il s'écria d'une voix forte :

– Celui d'entre vous qui me lèvera une baleine à tête blanche, au front ridé et à la mâchoire de travers, celui d'entre vous qui me lèvera cette baleine à tête blanche, qui a trois trous dans la nageoire de sa queue, à tribord[1], vous voyez, eh bien mes petits gars, celui d'entre vous qui me lèvera cette baleine blanche, il aura la pièce d'or. [...] Oui, Queequeg, il y a dans son corps des harpons tout tordus, vrillés. Oui, Daggoo, son jet est énorme, large comme une meule de blé, et blanc comme un tas de notre laine de Nantucket après la grande tonte annuelle. Oui, Tashtego, quand elle bat de la queue, on dirait un foc[2] déchiré dans la tempête. Enfer et damnation, les gars ! C'est Moby Dick que vous avez vue ! Moby Dick... Moby Dick !

– Capitaine Achab, dit Starbuck – de même que Stubb et Flask, il avait regardé son supérieur avec une surprise de plus en plus grande, jusqu'à ce que tout finisse par s'éclairer. Capitaine Achab, j'ai entendu parler de Moby Dick... C'est pas Moby Dick qui vous a pris votre jambe ?

– Qui t'a dit ça ? s'écria Achab, puis il se tut un instant. Oui, Starbuck, oui mes braves qui êtes là autour de moi, c'est Moby Dick qui m'a démâté[3], c'est Moby Dick qui m'a laissé ce moignon mort sur lequel je m'appuie désormais. Oui, oui, hurla-t-il avec un sanglot bruyant, bestial, terrible, le sanglot d'un élan frappé au cœur. Oui, c'est cette maudite baleine blanche qui m'a rasé, qui a fait de moi pour l'éternité un pauvre empoté avec une jambe de bois !

Puis levant les bras au ciel, il hurla des malédictions interminables :

– Oui, oui ! Je la pourchasserai au-delà du cap de Bonne Espérance, au-delà du cap Horn, au-delà du Maëlstrom de Norvège, au-delà des flammes de l'enfer, avant de renoncer. Et c'est pour ça que vous avez embarqué, les gars ! Pour chasser cette baleine blanche des deux côtés de l'Amérique et sur toute la

▲ *Le Capitaine Achab*, 1930, gravure.

1. Droite.
2. Voile avant d'un bateau.
3. Enlever le mât d'un bateau. Ici, il faut comprendre « qui m'a coupé la jambe ».

surface du globe, jusqu'à ce qu'elle crache du sang noir et qu'elle roule sur le flanc. [...] Mais pourquoi cette tête de six pieds de long, Monsieur Starbuck ? Vous ne voulez pas chasser la baleine blanche ? Vous ne vous sentez pas à la hauteur pour Moby Dick ?

– Je n'ai pas peur de ses mâchoires de travers, ni des mâchoires de la mort, capitaine Achab, si elles se présentent simplement au cours du travail que nous avons à faire. Mais je suis venu ici pour chasser des baleines, pas pour venger mon commandant.

HERMAN MELVILLE, *Moby Dick*, chap. XXXVI, 1851, traduction de S. Eon du Val, 2015.

▲ *Moby Dick*, film de John Huston, avec Gregory Peck (le capitaine Achab), 1956.

ÉCLAIRAGE

Monstres aquatiques

Le monstre aquatique existe dans la plupart des cultures. **Puissance maléfique**, terrifiante, il vit dans les profondeurs et serait capable d'anéantir l'humanité. Dans la **Bible**, il est appelé **Léviathan** (nom repris de la mythologie phénicienne) ; on le représente souvent sous les traits d'un **démon** dont la gueule serait **la porte de l'enfer**. Cette figure a souvent été exploitée dans la littérature, le cinéma ou les jeux vidéos.

100% NUMÉRIQUE

Retrouvez sur www.lelivrescolaire.fr Migaloo, une vraie baleine blanche.

QUESTIONS

LE TEXTE

COMPÉTENCE – JE LIS DES IMAGES ET DES DOCUMENTS COMPOSITES (Y COMPRIS NUMÉRIQUES) ET JE LES METS EN RELATION AVEC DES TEXTES

La chasse à la baleine

1. Pourquoi Moby Dick n'est-elle pas une baleine comme les autres ? Donnez plusieurs raisons.
2. Quels signes prouvent que Moby Dick a déjà été chassée par l'homme ?
3. Comment expliquez-vous que les autres matelots aient déjà entendu parler de Moby Dick ?

L'obsession d'Achab

4. Citez au moins deux moyens utilisés par le capitaine pour motiver ses hommes.
5. Jusque dans quel lieu symbolique Achab est-il prêt à aller pour réussir sa quête ?
6. Est-il, à ce moment-là, un bon capitaine de bateau ? Expliquez votre réponse.

Les motivations de chacun

7. Rappelez ce qui a poussé Ishmaël à embarquer à bord du *Péquod* (p. 46-47).
8. Pour quelle raison Starbuck chasse-t-il les baleines ?
9. Quelle est la réelle motivation du capitaine Achab ?

L'IMAGE DE DROITE

1. ■ Par quels moyens Achab est-il mis en valeur sur cette image de film ? Trouvez-en au moins deux.
2. ■ Qu'exprime le visage d'Achab ?

5 L'affrontement final

✔ **OBJECTIF** Je comprends les effets de style recherchés par un auteur.

Le capitaine Achab a réussi à entrainer son équipage dans sa folle vengeance personnelle contre Moby Dick. À la suite d'une longue traque, le Péquod *est enfin sur la piste de la baleine blanche. Par deux fois, elle a échappé aux harponneurs en brisant leurs canots et en emportant leurs harpons.*

Soudain les eaux autour d'eux gonflèrent, formant de larges cercles, puis elles se soulevèrent rapidement comme si elles glissaient de part et d'autre d'un iceberg qui remonterait brusquement à la surface. On entendit un grondement sourd, un bourdonnement sous-marin et tous retinrent leur respiration quand, couverte de lignes emmêlées, de harpons et de lances, une forme énorme jaillit de biais hors de l'eau.

Elle plana un moment dans l'air irisé[1], enveloppée d'un mince voile de brume, puis retomba lourdement dans les profondeurs. Projetées à dix mètres de haut, les eaux étincelèrent un instant tels des jets de fontaines, puis se brisèrent en une averse de flocons qui forma comme une mousse de lait frais autour de la baleine marmoréenne[2].

– En avant !, cria Achab aux rameurs, et les barques s'élancèrent à l'attaque. Mais Moby Dick était enragée par les fers[3] de la veille qui lui meurtrissaient la chair, elle semblait possédée par tous les diables. Sous la peau transparente de son large front blanc, on vit de grandes rangées de tendons noués tandis qu'elle s'élança, tête la première, en battant de la queue parmi les canots, qu'elle sépara une fois de plus. Elle balaya les fers et les lances des canots des deux seconds et fonça contre leur proue, mais laissa le canot d'Achab presque intact. [...]

– Oh, Achab ! s'écria Starbuck, même si cela fait maintenant trois jours qu'on chasse, il n'est pas trop tard pour renoncer. Regardez ! Ce n'est pas Moby Dick qui en a après vous ! C'est vous, vous seul, qui la cherchez ! [...]

Le harpon fut lancé, la baleine frappée chargea. La ligne fila à une telle vitesse dans la rainure qu'elle faillit prendre feu... puis se coinça. Achab se pencha pour la démêler, et il y parvint, mais la ligne s'enroula autour de son cou. En silence, comme quand les bourreaux muets des sultans étranglent leurs victimes, il fut emporté hors du

1. Formant un arc-en-ciel.
2. Qui a l'aspect du marbre : blanc, dur et froid.
3. Les pointes des lances et des harpons qui sont restées dans sa chair.

▲ *Moby Dick*, lithographie, XXe siècle (collection privée).

canot sans même que l'équipage ait le temps de s'en apercevoir. L'instant d'après, le lourd nœud au bout de la corde s'envola, renversa un rameur au passage, frappa la mer et disparut dans les profondeurs.

L'équipage resta un instant immobile, pétrifié. Puis il se retourna.

– Le bateau, grand Dieu, où est le bateau ?

Ils ne tardèrent pas à le voir à travers les sombres remous. Son fantôme s'effaçait [...]. Alors, pris dans les cercles concentriques de l'eau, le canot solitaire, tout son équipage, chaque rame qui flottait, chaque lance, chaque être vivant ou objet, tout fut emporté dans un grand tourbillon qui engloutit la moindre épave du *Péquod*.

HERMAN MELVILLE, *Moby Dick*, chap. CXXXV, 1851, traduction de S. Eon du Val, 2015.

▲ Andrew Howat, *Mythes et légendes*, gouache sur papier, 1976 (collection privée).

? QUESTIONS

LE TEXTE

COMPÉTENCE – J'INTERPRÈTE DES TEXTES LITTÉRAIRES EN FORMULANT DES IMPRESSIONS DE LECTURE

L'entrée en scène

1. ■ **a)** Que ressent-on à la lecture des deux premiers paragraphes ? Nommez plusieurs impressions et émotions. **b)** Comment l'auteur crée-t-il cela ? Relevez des champs lexicaux et des figures de style (comparaisons, métaphores...).
2. ■ Pourquoi l'auteur retarde-t-il l'apparition de Moby Dick, à votre avis ?

Le dernier désaccord

3. Quelle différence de point de vue notez-vous entre Achab et Starbuck ?
4. **a)** Que reproche Starbuck à Achab ? **b)** Est-ce la première fois qu'il s'oppose à lui de cette façon ?

L'engloutissement

5. Expliquez avec vos mots la façon dont le capitaine Achab disparait.
6. **a)** Qu'arrive-t-il au *Péquod* ? **b)** Cela peut faire penser à un épisode de *L'Odyssée*. Sauriez-vous lequel ?
7. Que pensez-vous de cette fin ?
8. **a)** Pourquoi est-on sûr qu'il y a eu au moins un survivant ? **b)** Qui est-il ?

L'IMAGE DE GAUCHE

1. Par quels moyens l'artiste rend-il la baleine particulièrement agressive ?
2. Comment le peintre met-il le harpon en évidence dans la composition de ce tableau ?

Découvrir *Pawana*, J.M.G. Le Clézio

✔ **OBJECTIF** Je découvre un roman qui reprend le mythe de Moby Dick.

Ce roman est inspiré de l'histoire vraie d'un capitaine qui a découvert un lieu secret où venaient se reproduire les baleines. Le Clézio évoque la fascination que ces animaux exercent sur les hommes et dénonce le massacre des baleines.

◀ J.M.G. Le Clézio, *Pawana*, Gallimard Jeunesse, 2008.

JEAN-MARIE GUSTAVE LE CLÉZIO

(né en 1940) est un écrivain français. Il a habité aux quatre coins du monde. Ses romans sont marqués par son goût pour les voyages, la découverte de cultures différentes, la poésie et les mythes. Le prix Nobel de littérature lui a été décerné en 2008.

QUESTIONS

1 Les hommes et la mer

COMPÉTENCE – JE LIS DES TEXTES VARIÉS ET ADAPTE MA LECTURE À L'OBJECTIF POURSUIVI

1. Quels personnages sont les différents narrateurs du roman ? Citez-les.
2. De quoi les souvenirs des personnages sont-ils essentiellement composés ?
3. ■ Expliquez pourquoi la mer représente un élément menaçant dans ce roman.
4. Pour quelle raison y a-t-il de nombreuses baleines dans la lagune de la baie de l'Ensenada ?
5. Pour quelle raison les personnages tuent-ils des baleines ?
6. Qui l'emporte dans le combat de l'homme contre la nature ?

100% NUMÉRIQUE **Retrouvez sur www.lelivrescolaire.fr une vidéo pour mieux connaitre l'auteur.**

Hokusai, *La Grande Vague de Kanagawa*, 1830, 20 x 40 cm (Metropolitan Museum of Art, New York). ▶

2

QUESTIONS

Les baleines

Pawana et *Moby Dick*

1. ■ Quels rapprochements pouvez-vous faire entre ce récit et *Moby Dick* ?
2. Quelle différence majeure y-a-t-il entre la baleine blanche du roman de Melville et les baleines dont parle Le Clézio ?

Un roman écologiste

3. Après avoir lu cette histoire, quelle image gardez-vous de la lagune californienne ?
4. ■ Pourquoi ce roman donne-t-il envie de protéger la nature ?
5. Si un jour vous trouvez un lieu magnifique, pensez-vous qu'il faille le garder secret ou en parler à tout le monde pour qu'il soit protégé ?

▲ Liz Wright, *Éloge de la baleine*, huile sur toile, 1995, 51 x 61 cm (collection privée).

3

QUESTIONS

Représenter la mer

1. a) Quelle place les montagnes occupent-elles dans ces deux tableaux ? b) Quelle image cela donne-t-il de la mer ?
2. Observez la façon dont l'écume des vagues est représentée dans les deux peintures. Que remarquez-vous ?
3. Quel est le peintre qui s'est inspiré de l'autre ? Justifiez votre réponse.

ÉCLAIRAGE

La Grande Vague de Kanagawa appartient en fait à une série d'estampes représentant « trente-six **vues du mont Fuji** ». Le volcan apparait tout au fond du tableau et c'est ici la **puissance de la nature** qui est mise en avant. Cette œuvre a **influencé de nombreux artistes européens** : Monet possédait vingt-trois estampes d'Hokusai et Debussy s'est inspiré de *La Grande Vague* pour composer *La mer*.

Le mythe de Jonas à travers les arts

Le mythe de Jonas évolue-t-il avec le temps ?

L'histoire de Jonas est racontée dans la Bible : une tempête éclate alors que Jonas navigue avec ses compagnons. Ceux-ci pensent que Jonas est responsable de la colère de Dieu. Ils le jettent à la mer et Jonas est avalé par un énorme poisson, semblable à une baleine. Il reste trois jours dans le ventre de l'animal où il prie sans cesse. Ensuite, Dieu parle au monstre, qui recrache Jonas.

1 Le vitrail de Jonas

▲ *Jonas recraché par la baleine*, 1887, vitrail (église Saint-Aignan, Chartres).

2 Jonas rejeté par la baleine

▲ Pieter Lastman, *Jonas et la baleine*, 1621, huile sur bois, 36 x 52,1 cm (Stiftung Museum Kunstpalast, Düsseldorf).

3 Yûnus (Jonas)

◀ *Jonas avalé par le poisson*, enluminure d'un manuscrit de Ishâq al-Nishâpûrî, *Histoires des prophètes*, 1581 (BnF, département des manuscrits).

4 La barque

◀ Marc Chagall, *La Barque de Jonas*, 1977, lithographie, 64 x 47,5 cm (musée Chagall, Nice).

La baleine **fascine depuis l'Antiquité. Lucien** de Samosate (IIe siècle) par exemple décrit l'intérieur du ventre de la baleine et les peuples qui y habitent (*Histoires vraies*). L'épisode de Jonas a aussi inspiré Carlo Collodi pour écrire **Pinocchio** !

COMPÉTENCE

J'ÉTABLIS DES LIENS ENTRE DES PRODUCTIONS LITTÉRAIRES ET ARTISTIQUES ISSUES DE CULTURES ET D'ÉPOQUES DIVERSES

-500 0 500 1000 1500 2000

Épisode biblique (IXe siècle avant J.-C.)

Jonas rejeté par la baleine (vers 280)

Histoire des prophètes (1581)

Jonas et la baleine, P. Lastman (1621)

Jonas recraché par la baleine (1887)

La Barque de Jonas, M. Chagall (1977)

Jonas et la baleine, D. Delamonica (XXIe siècle)

5 La sculpture de Jonas

▲ *Jonas rejeté par la baleine*, marbre, 41,5 x 36 x 18,5 cm, vers 280 (musée d'art, Cleveland, États-Unis).

6 Jonas avalé par la baleine

▲ Didier Delamonica, *Jonas et la baleine*, support mixte, XXIe siècle (collection privée).

? QUESTIONS

1. **Doc. 1 a)** Décrivez les différents plans de la composition (premier, second et arrière-plan). **b)** Quel est le lien entre Jonas et le navire au loin ? Aidez-vous de l'introduction.
2. **Doc. 1, 2 et 5 a)** Quelles ressemblances voyez-vous ? **b)** Quelles différences remarquez-vous ? Observez notamment le support des œuvres mais aussi la manière dont les personnages sont représentés.
3. **Doc. 3 et 4 a)** Le monstre marin vous semble-t-il aussi effrayant que dans les œuvres 1, 2 et 5 ? Pourquoi ? **b)** Qui sont les personnages sur le bateau ? **c)** À votre avis, qui est le personnage à droite de la baleine sur le doc. 3 ?
4. **Doc. 4** Quel personnage rappelle que l'épisode provient d'un texte religieux ?
5. **Doc. 3 et 4** L'histoire de Jonas est-elle propre à la Bible ? Justifiez votre réponse.
6. **Doc. 1 à 6** Les baleines sont-elles représentées de manière réaliste ? Ressemblent-elles à des baleines ?
7. **Doc. 1 à 6 a)** À quels siècles ont été réalisées les œuvres de ces deux pages ? **b)** À votre avis, pourquoi cette histoire ne cesse-t-elle d'inspirer les artistes ?
8. **Pour aller plus loin.** Après être passé dans le ventre de la baleine, Jonas est devenu un homme plus respectueux de Dieu. Pinocchio (voir *Éclairage*) devient lui un garçon en chair et en os. Selon vous, à quoi pourrait alors correspondre cette épreuve dans la vie des héros ?

Ex. 1 J'INVENTE LA RÉPLIQUE D'UN PERSONNAGE

Écrivez la réaction qu'Ishmaël aurait pu avoir à la suite de la réponse de Starbuck à Achab.

> – Mais pourquoi cette tête de six pieds de long, Monsieur Starbuck ? Vous ne voulez pas chasser la baleine blanche ? Vous ne vous sentez pas à la hauteur pour Moby Dick ?
>
> – Je n'ai pas peur de ses mâchoires de travers, ni des mâchoires de la mort, capitaine Achab, si elles se présentent simplement au cours du travail que nous avons à faire. Mais je suis venu ici pour chasser des baleines, pas pour venger mon commandant.
>
> H. Melville, *Moby Dick*, 1851.

Méthode

N'oubliez pas qu'Ishmaël est un simple matelot sur le navire. Vous choisirez s'il soutient l'opinion d'Achab ou de Starbuck.

Ex. 2 JE RÉSUME L'AVENTURE D'ISHMAËL

Vous devez imaginer la lettre qu'Ishmaël pourrait écrire à un ami pour lui donner de ses nouvelles et lui raconter les péripéties qu'il a vécues à bord du *Péquod*.

Méthode

› Vous utiliserez la 1re personne du singulier.

› Au brouillon, faites une liste des épisodes marquants puis racontez les faits de façon chronologique.

› N'hésitez pas à ajouter quelques commentaires d'Ishmaël sur l'apparence physique et le caractère des personnes qu'il a rencontrées lors de cette aventure.

PARCOURS DE COMPÉTENCES

Ex. 3 J'ORGANISE MES IDÉES DANS UNE CARTE MENTALE

Après avoir lu le résumé de *Moby Dick*, présentez de manière claire les grands thèmes de l'œuvre, que vous classerez dans une carte mentale. Ce travail devra se faire en groupe.

1. Vous devrez ordonner et relier vos idées.
2. Vous enrichirez votre carte mentale de citations extraites du résumé ci-dessous ou des textes que vous avez lus. Vous pourrez aussi illustrer votre travail.

> Attiré par la mer et le large, Ishmaël, le narrateur, décide de partir à la chasse à la baleine. Il embarque sur le *Péquod*, baleinier commandé par le capitaine Achab. Ishmaël se rend vite compte que le bateau ne chasse pas uniquement pour alimenter le marché de la baleine. Achab recherche Moby Dick, un cachalot blanc particulièrement féroce et d'une taille impressionnante, qui lui a arraché une jambe par le passé. Achab emmène son équipage dans un périple autour du monde, à la poursuite du cachalot dont il a juré de se venger. Le *Péquod* finira par sombrer au large des iles Gilbert en laissant Ishmaël seul survivant, flottant sur un cercueil.

Ex. 1 J'EXPRIME UNE ÉMOTION

Mettez-vous dans la peau d'un matelot du *Péquod* et imaginez une réponse au discours du capitaine Achab. Vous devrez exprimer une émotion au choix : la déception, l'enthousiasme, la peur, la colère.

JE ME SITUE DANS MON PARCOURS DE COMPÉTENCES

ÉCRIRE – J'UTILISE L'ÉCRIT POUR PENSER ET POUR APPRENDRE

1 Les thèmes ne sont pas clairement exprimés. Il n'y a pas de cohérence dans la carte.

2 J'ai su dégager les thèmes de l'œuvre, mais je ne les ai pas ordonnés et/ou reliés entre eux.

3 J'ai su dégager les thèmes principaux de l'œuvre, j'ai trouvé une hiérarchie, j'ai été capable de les relier.

4 J'ai su construire une carte mentale avec les principaux thèmes de l'œuvre, hiérarchisés et reliés. J'ai su m'appuyer sur des extraits ou des citations. J'ai proposé une carte claire.

> Oui, oui ! Je la pourchasserai au-delà du cap de Bonne-Espérance, au-delà du cap Horn, au-delà du Maelström de Norvège, au-delà des flammes de l'enfer, avant de renoncer. Et c'est pour ça que vous avez embarqué, les gars ! Pour chasser cette baleine blanche des deux côtés de l'Amérique et sur toute la surface du globe, jusqu'à ce qu'elle crache du sang noir et qu'elle roule sur le flanc.
>
> H. Melville, *Moby Dick*, chap. XXVIII, 1851, traduction de Stanislaw Eon du Val, 2015.

Ex. 2 JE DONNE MON AVIS LORS D'UN DÉBAT

De plus en plus de personnes se font faire un tatouage. Mais selon vous, à qui est destinée cette marque indélébile sur le corps, à celui qui la porte ou bien à ceux qui la regardent ?

Méthode
- › Choisissez l'idée que vous allez défendre.
- › Vous élaborerez votre phrase mentalement avant de la prononcer.
- › Vous reformulerez les idées des autres avant de les contredire.
- › Vous utiliserez des mots précis et respectueux.

▲ Jeune femme tatouée.

Ex. 3 J'EXPRIME ET JE DÉFENDS UN AVIS PERSONNEL

Vous avez la possibilité de partir pendant deux mois dans le lieu de votre choix. Où décidez-vous d'aller ? Expliquez ce choix à vos camarades.

Méthode
- › Vous utiliserez la 1re personne du singulier.
- › Justifiez votre choix à l'aide d'un mot qui exprime la cause : *car, puisque, parce que, en effet...*

PARCOURS DE COMPÉTENCES

Ex. 4 JE JOUE UN PASSAGE DU TEXTE EN UTILISANT UN TON ADAPTÉ

Jouez ce texte comme si vous étiez sur une scène de théâtre.

> – Celui d'entre vous qui me lèvera une baleine à tête blanche, au front ridé et à la mâchoire de travers, celui d'entre vous qui me lèvera cette baleine à tête blanche, qui a trois trous dans la nageoire de sa queue, à tribord, vous voyez, eh bien mes petits gars, celui d'entre vous qui me lèvera cette baleine blanche, il aura la pièce d'or.
>
> H. Melville, *Moby Dick*, 1851.

Méthode
- › Mémorisez ce texte.
- › Identifiez l'humeur du capitaine Achab dans ce passage : avec ce que vous savez de son caractère, de sa personnalité, vous devez prendre une voix, un ton et un débit de parole adaptés au passage.
- › Respectez la ponctuation du texte.
- › Pensez également à vos déplacements et à vos gestes.

JE ME SITUE DANS MON PARCOURS DE COMPÉTENCES

ORAL – JE M'EXPRIME DE FAÇON MAITRISÉE, EN M'ADRESSANT À UN AUDITOIRE

1. Je ne suis capable de restituer à l'oral qu'une partie du texte. Et/ou j'hésite beaucoup et je fais des erreurs dans la restitution du texte.
2. J'ai restitué à l'oral le texte dans son intégralité, sans erreur. Je l'ai récité sans lui donner de tonalité expressive.
3. Mon expression est adaptée au texte : mon auditoire a l'impression que c'est Achab qui lui parle (voix, ton). Je respecte le rythme du texte (débit). La mise en scène est absente ou pas très pertinente.
4. J'ai su adapter mon expression au texte et au personnage. J'ai également réfléchi à une mise en scène qui mette en valeur l'humeur et le caractère du personnage.

SE CHERCHER, SE CONSTRUIRE. DIRE L'AMOUR

3 Dire toutes les nuances de l'amour

Objectifs : ✔ Je lis des poèmes d'époques variées exprimant différentes nuances de l'amour.
✔ Je découvre les caractéristiques du lyrisme.

?

Pour entrer dans le chapitre

1. Citez un conte merveilleux dans lequel l'amour permet aux héros de triompher de leurs opposants.
2. Quels poèmes d'amour connaissez-vous ? Seriez-vous capable d'en réciter un ?

L'image

1. Décrivez cette image.
2. Quel lien semble unir les deux personnages ?
3. Par quoi ce lien peut-il être compromis ?

Nos étoiles contraires, ▶
film de Josh Boone, avec Ansel Elgort (Augustus) et Shailene Woodley (Hazel), 2014, adaptation du roman de John Green (2012).

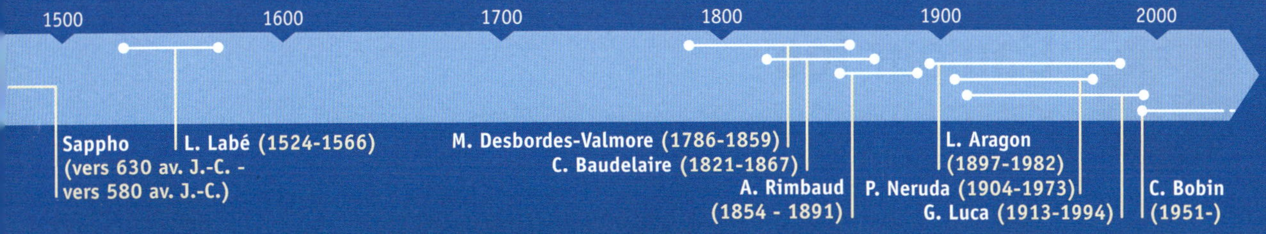
1500
1600
1700
1800
1900
2000
Sappho (vers 630 av. J.-C. - vers 580 av. J.-C.)
L. Labé (1524-1566)
M. Desbordes-Valmore (1786-1859)
C. Baudelaire (1821-1867)
A. Rimbaud (1854 - 1891)
L. Aragon (1897-1982)
P. Neruda (1904-1973)
G. Luca (1913-1994)
C. Bobin (1951-)

1 L'amour fou

✔ **OBJECTIF** J'identifie les caractéristiques du lyrisme.

1. « Un frisson me saisit »

Heureux qui près de toi, pour toi seule soupire,
Qui jouit du plaisir de t'entendre parler,
Qui te voit quelquefois doucement lui sourire.
Les Dieux dans son bonheur peuvent-ils l'égaler ?

Je sens de veine en veine une subtile flamme
Courir par tout mon corps, sitôt que je te vois
Et dans les doux transports[1] où s'égare mon âme
Je ne saurais trouver de langue ni de voix.

Un nuage confus se répand sur ma vue.
Je n'entends plus : je tombe en de douces langueurs[2] ;
Et, pâle, sans haleine, interdite[3], éperdue,
Un frisson me saisit, je tremble, je me meurs.

Mais quand on n'a plus rien, il faut tout hasarder.

SAPPHO, « Ode à une femme aimée », VIIe siècle avant J.-C., traduction de Boileau, cité dans Longin, *Traité du Sublime*, chap. 8, 1700.

SAPPHO

(vers 630 - vers 580 av. J.-C.) est une poétesse grecque. Bien qu'elle ait été une femme de lettres très célèbre, il ne nous est parvenu que des fragments de son œuvre.

1. Émotions.
2. État d'âme mélancolique et rêveur.
3. Stupéfaite.

Lesbos

Sappho vécut sur l'**île** de Lesbos, au large des côtes de l'actuelle Turquie. C'est du nom de cette île que vient l'adjectif **« lesbien »**, créé au XIXe siècle, en référence à Sappho, qui aimait aussi bien les hommes que les femmes.

Le lyrisme

REPÈRE

› Le registre lyrique privilégie **l'expression d'émotions et de sentiments personnels**, comme l'amour. On le trouve notamment dans la poésie.

› Le terme « lyrique » vient du mot ***lyre***, sorte de petite harpe avec laquelle les poètes antiques accompagnaient leur chant.

◀ Antonio Canova, *Psyché ranimée par le baiser de l'Amour*, 1787-1793, marbre, 155 x 168 cm (musée du Louvre, Paris).

2. « Je vis, je meurs »

LOUISE LABÉ

(1524-1566) est une poétesse de la Renaissance qui a vécu à Lyon. Son œuvre, très courte mais très célèbre, exprime la complexité du sentiment amoureux.

Je vis, je meurs ; je me brûle et me noie ;
J'ai chaud extrême en endurant froidure :
La vie m'est et trop molle et trop dure.
J'ai grands ennuis[1] entremêlés de joie.

Tout à un coup je ris et je larmoie,
Et en plaisir maint[2] grief[3] tourment j'endure ;
Mon bien s'en va, et à jamais il dure ;
Tout en un coup je sèche et je verdoie.

Ainsi Amour inconstamment me mène ;
Et, quand je pense avoir plus de douleur,
Sans y penser je me trouve hors de peine.

Puis, quand je crois ma joie être certaine,
Et être au haut de mon désiré heur[4],
Il me remet en mon premier malheur.

LOUISE LABÉ, sonnet 8, *Œuvres*, 1555.

1. Douleurs profondes. **2.** Beaucoup. **3.** Grave, pénible. **4.** Bonheur.

▲ Antonio Canova, *Psyché ranimée par le baiser de l'Amour* (détail).

? QUESTIONS

LES TEXTES

COMPÉTENCE – JE CONNAIS LES ASPECTS FONDAMENTAUX DU FONCTIONNEMENT DE LA PHRASE

Deux poèmes lyriques

1. ■ **a)** Quel pronom personnel domine dans chaque poème ? **b)** Pourquoi peut-on dire qu'il s'agit d'une caractéristique du lyrisme ? Lisez le *Repère*.
2. **a)** À qui le poème de Sappho est-il adressé ? **b)** Et le poème de Louise Labé ?
3. Quelle nuance de l'amour ces deux poèmes expriment-ils ? Justifiez en citant les poèmes.

Sappho (texte 1)

4. **a)** En quoi le bonheur consiste-t-il selon la première strophe ? **b)** Quelle image Sappho utilise-t-elle pour montrer l'intensité de ce bonheur ?
5. De quelles manières le sentiment amoureux se manifeste-t-il aux strophes 2 et 3 ? Citez le texte pour illustrer votre réponse.
6. Comment comprenez-vous le dernier vers ?

Louise Labé (texte 2)

7. Sous quelle forme classique ce poème se présente-t-il ? Justifiez votre réponse.
8. De quelles manières la poétesse exprime-t-elle l'état dans lequel elle se trouve ? Relevez deux figures de style particulièrement employées dans ce poème et donnez des exemples.
9. Qui Louise Labé désigne-t-elle comme responsable de cet état ? Citez le vers qui l'exprime.
10. D'après ce poème, l'amour rend-il heureux ?

L'IMAGE

1. Lisez le titre de l'œuvre. Sous les traits de quel personnage l'amour est-il représenté ? Expliquez ce choix après avoir fait quelques recherches (sur le site du musée du Louvre par exemple).
2. Appréciez-vous cette œuvre ? Expliquez votre avis.

2 L'amour fugace

✔ **OBJECTIF** J'étudie des poèmes mettant en scène des amours fugaces.

1. « On n'est pas sérieux, quand on a dix-sept ans »

ARTHUR RIMBAUD (1854-1891) n'a écrit que de quinze à vingt ans, et pourtant ses poèmes font partie des plus célèbres de la littérature française. Les titres de ses recueils témoignent de sa jeunesse tourmentée : *Une saison en enfer* (1873) ; *Illuminations* (1886).

I

On n'est pas sérieux, quand on a dix-sept ans.
– Un beau soir, foin[1] des bocks[2] et de la limonade,
Des cafés tapageurs aux lustres éclatants !
– On va sous les tilleuls verts de la promenade.
Les tilleuls sentent bon dans les bons soirs de juin !
L'air est parfois si doux, qu'on ferme la paupière ;
Le vent chargé de bruits – la ville n'est pas loin –
A des parfums de vigne et des parfums de bière…

II

– Voilà qu'on aperçoit un tout petit chiffon
D'azur sombre, encadré d'une petite branche,
Piqué d'une mauvaise étoile, qui se fond
Avec de doux frissons, petite et toute blanche…
Nuit de juin ! Dix-sept ans ! – On se laisse griser[3].
La sève est du champagne et vous monte à la tête…
On divague[4] ; on se sent aux lèvres un baiser
Qui palpite là, comme une petite bête…

III

Le cœur fou Robinsonne[5] à travers les romans,
Lorsque, dans la clarté d'un pâle réverbère,
Passe une demoiselle aux petits airs charmants,
Sous l'ombre du faux col effrayant de son père…
Et, comme elle vous trouve immensément naïf,
Tout en faisant trotter ses petites bottines,
Elle se tourne, alerte et d'un mouvement vif…
– Sur vos lèvres alors meurent les cavatines[6]…

IV

Vous êtes amoureux. Loué jusqu'au mois d'août.
Vous êtes amoureux. – Vos sonnets la font rire.
Tous vos amis s'en vont, vous êtes mauvais goût.
– Puis l'adorée, un soir, a daigné vous écrire… !
– Ce soir-là… – vous rentrez aux cafés éclatants,
Vous demandez des bocks ou de la limonade.
– On n'est pas sérieux, quand on a dix-sept ans
Et qu'on a des tilleuls verts sur la promenade.

ARTHUR RIMBAUD, « Roman », *Cahier de Douai*, 1870.

1. (On en a) assez.
2. Verres à bière.
3. Enivrer, étourdir.
4. On laisse l'esprit vagabonder, rêver.
5. Le cœur s'échappe et vagabonde, comme Robinson.
6. Petits airs d'opéra.

ÉCLAIRAGE

La scène de première rencontre

La scène de première rencontre est **une scène type en littérature.** Très souvent, l'auteur met en scène le premier échange de regards, qui **bouleverse le récit.** Qu'il s'agisse d'un coup de foudre ou non, cet épisode est la plupart du temps suivi d'une description de la personne aimée et des doutes du personnage principal sur la conduite à tenir.

2. « Un éclair… puis la nuit ! »

La rue assourdissante autour de moi hurlait.
Longue, mince, en grand deuil, douleur majestueuse,
Une femme passa, d'une main fastueuse[1]
Soulevant, balançant le feston et l'ourlet[2] ;

Agile et noble, avec sa jambe de statue.
Moi, je buvais, crispé comme un extravagant,
Dans son œil, ciel livide[3] où germe l'ouragan,
La douceur qui fascine et le plaisir qui tue.

Un éclair… puis la nuit ! – Fugitive[4] beauté
Dont le regard m'a fait soudainement renaître,
Ne te verrai-je plus que dans l'éternité ?

Ailleurs, bien loin d'ici ! trop tard ! jamais peut-être !
Car j'ignore où tu fuis, tu ne sais où je vais,
Ô toi que j'eusse aimée, ô toi qui le savais !

CHARLES BAUDELAIRE, « À une passante », *Les Fleurs du mal*, 1857.

1. Riche, somptueuse. **2.** Ici : le bas de sa robe. **3.** Très pâle.
4. Qui disparait très vite.

CHARLES BAUDELAIRE

(1821-1867) est l'un des poètes français les plus célèbres. Il a renouvelé la poésie française, notamment en montrant qu'une œuvre peut être belle même si son sujet à priori ne l'est pas.

Paul Tetar van Elven, *Réception aux Tuileries*, 1867 (musée Carnavalet, Paris).

QUESTIONS

COMPÉTENCE – JE M'EXPRIME DE FAÇON MAITRISÉE EN FAISANT UN COMPTE RENDU

Rimbaud (texte 1)

1. a) Où le poète passe-t-il habituellement ses soirées ? **b)** Où décide-t-il d'aller pour changer ?

2. a) Le cadre est-il agréable ? **b)** Quels sens sont sollicités ?

3. Que raconte la strophe III ?

4. a) Quelle forme d'amour est célébrée dans ce poème ? **b)** D'après vous, est-ce lié à l'âge du poète ? Justifiez votre réponse.

Baudelaire (texte 2)

5. a) Où se trouve le poète ? **b)** Ce cadre est-il propice à la rencontre amoureuse ? Comparez avec le poème de Rimbaud.

6. a) Comment la femme est-elle décrite ? **b)** Comparez-la avec l'image que le poète donne de lui.

7. a) Que ressent le poète en la voyant ? **b)** Et la femme, que ressent-elle ?

8. À qui s'adresse le poète dans les deux tercets ? Expliquez précisément.

9. ■ **Synthèse.** Comparez les deux poèmes de manière précise et approfondie. Attachez-vous par exemple au lyrisme des poèmes, aux pronoms utilisés, au type d'amour décrit, au ton de chaque poème.

3 L'amour triste ?

✔ **OBJECTIF** J'étudie un poème exprimant la douleur de l'absence.

MARCELINE DESBORDES-VALMORE

(1786-1859) est une poétesse française. Célébrée par ses contemporains, Baudelaire et Verlaine notamment, son œuvre profondément lyrique lui vaudra le surnom de « Notre Dame des Pleurs ». « N'écris pas » est son poème le plus connu.

1. « N'écris pas »

N'écris pas. Je suis triste, et je voudrais m'éteindre.
Les beaux étés sans toi, c'est la nuit sans flambeau.
J'ai refermé mes bras qui ne peuvent t'atteindre,
Et frapper à mon cœur, c'est frapper au tombeau.
N'écris pas !

N'écris pas. N'apprenons qu'à mourir à nous-mêmes.
Ne demande qu'à Dieu... qu'à toi, si je t'aimais !
Au fond de ton absence écouter que tu m'aimes,
C'est entendre le ciel sans y monter jamais.
N'écris pas !

N'écris pas. Je te crains ; j'ai peur de ma mémoire ;
Elle a gardé ta voix qui m'appelle souvent.
Ne montre pas l'eau vive à qui ne peut la boire.
Une chère écriture est un portrait vivant.
N'écris pas !

N'écris pas ces doux mots que je n'ose plus lire :
Il semble que ta voix les répand sur mon cœur ;
Que je les vois brûler à travers ton sourire ;
Il semble qu'un baiser les empreint[1] sur mon cœur.
N'écris pas !

MARCELINE DESBORDES-VALMORE,
« N'écris pas », *Poésies posthumes*, 1860.

1. Imprime.

Edvard Munch, *Séparation*, 1896, ▶
huile sur toile (musée Munch, Oslo).

100% NUMÉRIQUE

Sur www.lelivrescolaire.fr retrouvez des poèmes d'amour triste en chansons :
- **« Les séparés », par Julien Clerc, d'après « N'écris pas », de Marceline Desbordes-Valmore ;**
- **« Il n'y a pas d'amour heureux », poème de Louis Aragon chanté par Georges Brassens.**

2. Texte écho : *La plus que vive*

CHRISTIAN BOBIN (né en 1951) est un auteur français contemporain. Privilégiant la forme courte, il se distingue par une prose poétique pleine de délicatesse et de sensibilité. Ses œuvres les plus célèbres sont *Une petite robe de fête*, *Le Très-Bas*, et *La plus que vive* dont est extrait ce texte.

Dans cet extrait, Christian Bobin s'adresse à sa compagne brutalement décédée.

On peut donner bien des choses à ceux que l'on aime. Des paroles, un repos, du plaisir. Tu m'as donné le plus précieux de tout : le manque. Il m'était impossible de me passer de toi, même quand je te voyais tu me manquais encore. Ma maison mentale, ma maison de cœur était fermée à double tour. Tu as cassé les vitres et depuis l'air s'y engouffre, le glacé, le brûlant, et toutes sortes de clartés. Tu étais celle-là, Ghislaine, tu l'es encore aujourd'hui, celle par qui le manque, la faille, la déchirure entrent en moi pour ma plus grande joie. C'est le trésor que tu me laisses : manque, faille, déchirure et joie. Un tel trésor est inépuisable. Il devrait me suffire pour aller de « maintenant » en « maintenant » jusqu'à l'heure de ma mort.

CHRISTIAN BOBIN, *La plus que vive*,

Marc Chagall, *Les Amoureux*, 1913-1914 (musée d'art moderne, New York).

? QUESTIONS

LES TEXTES

COMPÉTENCE – JE LIS DES ŒUVRES LITTÉRAIRES ET ANALYSE LES CARACTÉRISTIQUES DU GENRE

Desborde-Valmore (texte 1)

1. **a)** Quel sentiment domine dans ce poème ? **b)** Quelle en est la cause ? Citez le texte.
2. Pourquoi la poétesse demande-t-elle à la personne qu'elle aime de ne plus lui écrire ?
3. ■ **a)** Comment met-elle sa prière en valeur ? **b)** Pourquoi ce texte peut-il faire penser à une chanson ?
4. ■ Relevez une métaphore que vous aimez et expliquez votre choix.

Bobin (texte 2)

5. **a)** Selon Christian Bobin, quel don sa compagne lui a-t-elle fait ? **b)** Que veut-il dire ?
6. Quelle figure de style (l. 4-7) utilise-t-il pour exprimer le changement qui s'est opéré en lui ? Que pensez-vous de cette image ?
7. Est-il triste ou heureux ? Expliquez votre réponse.
8. Comparez cet extrait au poème « N'écris pas ». Quelles ressemblances et quelles différences remarquez-vous ?

L'IMAGE DE GAUCHE

1. Comment le peintre oppose-t-il les deux personnages ? Observez les couleurs, la position et l'attitude de chaque figure.
2. Décrivez le personnage masculin. Par quoi l'œil est-il immédiatement attiré ? Pourquoi ?
3. De quelle manière son geste exprime-t-il son sentiment ?

4

L'amour heureux

✔ **OBJECTIF** J'étudie l'expression du bonheur amoureux.

1. « J'ai tout appris de toi »

LOUIS ARAGON (1897-1982) est un poète, romancier et journaliste français. De son œuvre à plusieurs visages, on retient autant ses poèmes surréalistes et ses romans, dont *Aurélien*, son chef-d'œuvre, ses déclarations d'amour à sa femme Elsa (*Les Yeux d'Elsa*, *Le Fou d'Elsa*), que l'expression de son engagement politique, notamment pendant la Résistance.

Ce poème est adressé à Elsa Triolet, l'épouse de Louis Aragon. En 1964, Jean Ferrat, un chanteur populaire, met ce poème en chanson et le rend encore plus célèbre.

Que serais-je sans toi qui vins à ma rencontre
Que serais-je sans toi qu'un cœur au bois dormant
Que cette heure arrêtée au cadran de la montre
Que serais-je sans toi que ce balbutiement [...]

J'ai tout appris de toi sur les choses humaines
Et j'ai vu désormais le monde à ta façon
J'ai tout appris de toi comme on boit aux fontaines
Comme on lit dans le ciel les étoiles lointaines
Comme au passant qui chante, on reprend sa chanson
J'ai tout appris de toi jusqu'au sens de frisson

J'ai tout appris de toi pour ce qui me concerne
Qu'il fait jour à midi, qu'un ciel peut être bleu
Que le bonheur n'est pas un quinquet[1] de taverne
Tu m'as pris par la main, dans cet enfer moderne
Où l'homme ne sait plus ce que c'est qu'être deux
Tu m'as pris par la main comme un amant heureux [...]

Qui parle de bonheur a souvent les yeux tristes
N'est-ce pas un sanglot que la déconvenue
Une corde brisée aux doigts du guitariste
Et pourtant je vous dis que le bonheur existe
Ailleurs que dans le rêve, ailleurs que dans les nues
Terre, terre, voici ses rades[2] inconnues [...]

LOUIS ARAGON, extrait de « Prose du bonheur et d'Elsa »,
Le Roman inachevé, 1956

1. Une lampe.
2. Ports.

100% NUMÉRIQUE

Sur www.lelivrescolaire.fr retrouvez :
- **le poème d'Aragon chanté par Jean Ferrat ;**
- **le poème de Neruda en version originale, à lire avec votre professeur d'espagnol ;**
- **un poème de James Sacré à lire sur le même thème.**

▲ Marc Chagall, *Les Amoureux de Saint-Paul-de-Vence*, 1958-1960, huile sur toile (collection privée).

2. « Avant de t'aimer je n'avais rien »

PABLO NERUDA

(1904-1973) est un poète, diplomate et homme politique chilien, qui a habité dans de nombreux pays et notamment en Espagne. Il rencontre tardivement la femme de sa vie, Matilde Urrutia, pour qui il écrit un recueil, *La Centaine d'amour*, dont est extrait ce poème. Il a reçu le prix Nobel de littérature en 1971.

I

Mon amour, avant de t'aimer je n'avais rien :
j'hésitais à travers les choses et les rues :
rien ne parlait pour moi et rien n'avait de nom :
le monde appartenait à l'attente de l'air.

II

Je connus alors les salons couleur de cendre,
je connus des tunnels habités par la lune,
et les hangars cruels où l'on prenait congé,
et sur le sable l'insistance des questions.

III

Tout n'était plus que vide, et que mort et silence,
chute dans l'abandon et tout était déchu,
inaliénablement tout était aliéné[1],

IV

Tout appartenait aux autres et à personne,
jusqu'à ce que ta beauté et ta pauvreté
ne donnent cet automne empli de leurs cadeaux.

PABLO NERUDA, *La Centaine d'amour*, sonnet 25, 1959, traduction de Jean Marcenac et André Bonhomme © Éditions Gallimard, 1995.

1. Cédé, abandonné.

? QUESTIONS

COMPÉTENCE – J'ÉTABLIS DES LIENS ENTRE DES PRODUCTIONS LITTÉRAIRES ET ARTISTIQUES ISSUES DE CULTURES ET D'ÉPOQUES DIVERSES

Aragon (texte 1)

1. **a)** Sur quelle figure de style les trois premières strophes de ce poème sont-elles construites ? **b)** Quel effet cela produit-il sur le lecteur ?
2. Que serait le poète si la femme aimée n'était pas venue à lui ? Citez le poème et expliquez les trois images.
3. « J'ai tout appris de toi sur les choses humaines/Et j'ai vu désormais le monde à ta façon ». À quoi ressemble l'amour selon Aragon ?
4. **a)** À qui le poète s'adresse-t-il dans la dernière strophe ? **b)** Quel est son message ?

Neruda (texte 2)

5. Observez les temps des verbes. **a)** Quels temps sont employés ? **b)** À quel moment y a-t-il une rupture ? Pourquoi ?
6. Pour le poète qui n'avait « rien », quelle a été la clé du bonheur dans son existence ?
7. Quel est le sens de l'expression « cet automne empli de leurs cadeaux », au dernier vers ? Que symbolise l'automne ?
8. **Synthèse.** Quels sont les points communs entre ces deux poèmes ? À quelle strophe du poème d'Aragon le poème de Neruda pourrait-il correspondre ?

5 Une proclamation d'amour

✔ **OBJECTIF** Je découvre la poésie contemporaine.

Les mots et les phrases explosent dans ce poème pour dire l'amour en amoureux de l'autre et des mots.

Je te lune
tu me nuage
tu me marée haute
je te transparente
tu me pénombre
tu me translucide
tu me château vide
et me labyrinthe [...]

Tu me soluble
tu m'insoluble
en m'asphyxiant
et me libératrice
tu me pulsatrice

Tu me vertige
tu m'extase
tu me passionnément
tu m'absolu
je t'absente
tu m'absurde

Je te narine je te chevelure
je te hanche
tu me hantes [...]

GHÉRASIM LUCA

(1913-1994) est un poète roumain, qui a principalement écrit en français. En Roumanie, il côtoie les surréalistes, avec des artistes comme le poète Tristan Tzara (également très connu en France) et du sculpteur Constantin Brâncuși (voir p. 34). Quand il s'installe définitivement à Paris, à 40 ans, il devient proche du mouvement surréaliste français sans y appartenir directement.

REPÈRE

Le surréalisme

Le surréalisme est un **mouvement artistique** du début du XXe siècle. Il défend une **création totalement libre** de toute contrainte, de toute logique, car il estime que **l'imagination**, **le rêve**, **l'inconscient**, sont plus intéressants et plus riches que la raison. Pour le dire de manière simple, le surréaliste essaie de « ne pas réfléchir » en créant, pour **ne pas se censurer**.

▲ Sonia Delaunay, *Bal Bullier*, 1913, huile sur toile, 90 x 390 cm (Centre Pompidou, Paris).

Je te tremblante
tu me séduis tu m'absorbes
je te dispute
je te risque je te grimpe
tu me frôles
je te nage
mais toi tu me tourbillonnes
tu m'effleures tu me cernes [...]

Et quand tu ne haut-talon pas mes sens
tu les crocodiles
tu les phoques tu les fascines
tu me couvres
je te découvre
je t'invente
parfois tu te livres

Tu me lèvres humides
je te délivre je te délire
tu me délires et passionnes
je t'épaule je te vertèbre je te cheville
je te cils et pupilles
[...]

Je te navigue
je t'ombre je te corps et te fantôme
je te rétine dans mon souffle
tu t'iris

Je t'écris
tu me penses

GHÉRASIM LUCA, « Prendre corps », *Paralipomènes*, 1976 © Éditions José Corti, 1986.

100% NUMÉRIQUE

Sur www.lelivrescolaire.fr écoutez ce poème interprété par Arthur H, ainsi qu'un autre poème de Luca, « Passionnément ».

? QUESTIONS

LE TEXTE

COMPÉTENCE – JE LIS DES TEXTES VARIÉS ET ADAPTE MA LECTURE AU STYLE D'ÉCRITURE

Un poème déroutant

1. Qu'est-ce que ce poème a de profondément original ?
2. En prenant deux exemples précis, montrez que le poète ne respecte pas les règles syntaxiques.
3. Peut-on dire que ce poème n'a aucun sens ? Expliquez votre réponse.
4. Choisissez quelques vers que vous aimez et expliquez votre choix.

Un poème lyrique

5. a) À quelles personnes les pronoms de ce poème renvoient-ils ? b) Quel effet leur répétition provoque-t-elle ?
6. Quelle forme d'amour est exprimée dans ce poème ? Justifiez votre réponse.
7. Selon vous, cette forme d'écriture permet-elle de bien exprimer l'amour ?

Le baiser amoureux

Quelles nuances de l'amour peuvent exprimer différentes représentations du baiser ?

1 Un baiser passionné

▲ Auguste Rodin, *Le Baiser*, 1888-1898, marbre, 184 x 110 x 118 cm (musée Rodin, Paris).

Cette sculpture n'est qu'une partie d'un ensemble monumental intitulé *La Porte de l'Enfer*. Elle représente des personnages de la *Divine Comédie* de Dante : les amants Paolo et Francesca s'embrassent avant d'être tués par le mari de la jeune femme et condamnés à errer aux Enfers.

2 Un baiser éternel

▲ Constantin Brâncuși, *Le Baiser*, 1910, plâtre, 28 x 26,1 x 21,8 cm (collection privée).

3 Un baiser lumineux

Gustav Klimt, *Le Baiser*, 1907, huile sur toile, 180 x 180 cm (galerie du Belvédère, Vienne). ▶

Cette œuvre fait partie du « Cycle d'or » : Klimt mêle à la peinture des feuilles d'or.

4 Un baiser voilé

▲ René Magritte, *Les Amants I*, 1928, huile sur toile, 54 x 73 cm (MoMA, New York).

Cette œuvre appartient à une série de quatre tableaux sur le couple, dont l'interprétation reste ouverte à chacun d'entre nous.

ÉCLAIRAGE

Le baiser au cinéma

Le **premier baiser au cinéma** apparait dans le film de William Heise, *The Kiss* (**1896**). Le couple s'embrasse sur la bouche pendant 20 secondes : le film est immédiatement censuré. Le film *You're in the army now* (1941) détient le **record** du plus long baiser (**3 min. 05**). Depuis, certaines scènes de baiser sont devenues **mondialement connues** (*Casablanca, Titanic, Le Secret de Brokeback Mountain*...).

Un baiser renversant 5

Spiderman, film de Sam Raimi ▶ avec Tobey Maguire (Peter Parker) et Kirsten Dunst (Mary Jane), 2002.

? QUESTIONS

1. **Doc. 1 et 2** Brâncuși veut se différencier du « maitre » Rodin. Quels choix fait-il ? N'oubliez pas de lire les légendes.
2. **Doc. 2 et 3 a)** Comment Brâncuși montre-t-il l'unité, la fusion du couple ? **b)** Posez-vous la même question pour le tableau de Klimt.
3. **Doc. 2 et 3** Quelle œuvre vous semble représenter l'amour le plus solide ?
4. **Doc. 3** Observez les couleurs et les formes des costumes. Que peuvent-elles symboliser, selon vous ?
5. **Doc. 4** Magritte est un surréaliste (voir p. 72). **a)** À quoi le voit-on sur ce tableau ? **b)** Quel peut être le sens de ce tableau ? Proposez votre propre interprétation.
6. **Doc. 5 a)** Quelle est l'originalité de ce baiser ? **b)** Au cinéma, de nombreuses scènes de baiser se passent sous la pluie. Pourquoi, d'après vous ?
7. Associez à chaque baiser un adjectif qualificatif qui décrit la nuance de l'amour qui vous semble transparaitre.
8. Quelle œuvre préférez-vous ? Quelle œuvre vous touche le moins ? Expliquez vos réponses.

100% NUMÉRIQUE

Sur www.lelivrescolaire.fr retrouvez :
- **les œuvres originales de Gavin Worth ;**
- **dix scènes célèbres de baisers sous la pluie ;**
- **d'autres œuvres de Rodin.**

COMPÉTENCES
- **JE MAITRISE DAVANTAGE L'ARGUMENTATION, JE SAIS EXPLIQUER ET JUSTIFIER**
- **J'ÉTABLIS DES LIENS ENTRE DES PRODUCTIONS ARTISTIQUES ISSUES DE CULTURES ET D'ÉPOQUES DIVERSES**

Ex. 1 J'ÉCRIS UN POÈME À LA MANIÈRE DE GHÉRASIM LUCA

Écrivez un poème lyrique à la manière de Ghérasim Luca.

Méthode

› Commencez par bien observer comment le poème de Ghérasim Luca est écrit (p. 72). Quelle est la construction syntaxique qui se répète ? Pourquoi certains mots sont-ils inattendus ? Observez de nombreux exemples.

› Une fois que vous avez bien compris le principe d'écriture, libérez votre imagination !

› Vous pouvez écrire un poème d'amour ou choisir d'exprimer un autre sentiment.

PARCOURS DE COMPÉTENCES

Ex. 2 J'ÉCRIS UNE LETTRE D'AMOUR

Voici la fin du poème d'amour de M. Desbordes-Valmore (p. 68). Vous êtes le destinataire de ce poème : écrivez un mail en réponse. Vous tenterez de convaincre la personne aimée qu'il faut continuer à échanger des mots malgré la douleur de la séparation.

> « N'écris pas ces doux mots que je n'ose plus lire :
> Il semble que ta voix les répand sur mon cœur ;
> Que je les vois brûler à travers ton sourire ;
> Il semble qu'un baiser les empreint sur mon cœur.
> N'écris pas ! »
>
> M. Desbordes-Valmore, *Poésies posthumes*, 1860.

1. Respectez la présentation du mail (objet, destinataire, formule de début et de fin de mail, signature...) et utilisez un vocabulaire lié au sentiment amoureux.
2. Ne vous fiez pas entièrement au correcteur d'orthographe et relisez-vous plusieurs fois.

Ex. 3 JE DÉCRIS DES SENTIMENTS ET DES ÉMOTIONS À PARTIR D'UNE PHOTOGRAPHIE

1. Commencez par bien observer la photographie : la lumière, les couleurs, les vêtements. Quel âge peuvent avoir les jeunes gens ? Où peuvent-ils se trouver ?
2. Imaginez dans quelles circonstances ces deux personnes se sont rencontrées, ce qu'elles ressentent l'une pour l'autre, la manière dont leur histoire va évoluer.
3. Écrivez tout cela au brouillon et discutez-en avec votre voisin. Tenez compte de ses remarques et notez-les dans une autre couleur.
4. Rédigez ensuite votre texte et échangez-le avec celui de votre voisin pour que chacun souligne les erreurs d'orthographe et de construction et corrigez-vous.

▲ Claude Nori, *Les Amants de Rimini*, 1983.

Ex. 4 J'ÉCRIS UN POÈME LYRIQUE À PARTIR D'UNE PHOTOGRAPHIE

À partir de l'exercice 3, mettez-vous dans la peau du garçon ou de la fille et écrivez à l'autre un poème d'amour.

Méthode

› Vous pouvez choisir une forme classique ou moderne.

› Exprimez une nuance précise de l'amour : passionnel, apaisé, malheureux, etc.

JE ME SITUE DANS MON PARCOURS DE COMPÉTENCES

LANGUE – JE COMPRENDS UN TEXTE EN M'APPUYANT SUR MES CONNAISSANCES D'ANALYSE LITTÉRAIRE

1 J'ai choisi les pronoms personnels qui conviennent. J'ai du mal à exprimer les sentiments du personnage. Ma lettre n'est pas cohérente avec le texte d'origine.

2 Mon texte ressemble à une lettre privée. J'exprime l'amour ressenti dans des phrases courtes et correctes mais je n'ai pas argumenté.

3 J'ai adapté mon niveau de langue à celui du poème d'origine. Ma lettre progresse logiquement, sans allers-retours.

4 J'ai adapté mon vocabulaire aux différentes étapes de la lettre et à mes intentions. Ma lettre est structurée, mon argumentation est correcte. J'ai bien compris le texte d'origine.

Ex. 1 J'ANALYSE UNE ŒUVRE D'ART MODERNE

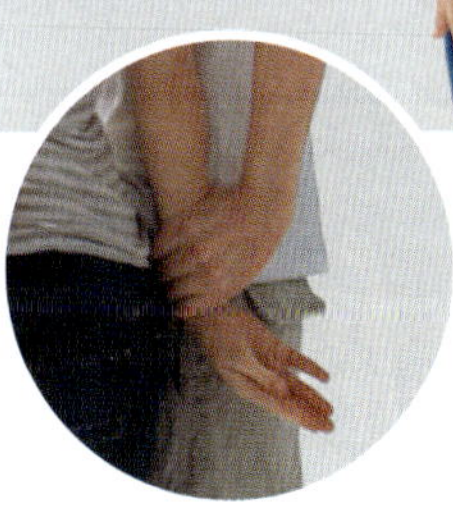

▲ Ron Mueck, *Young couple*, 2013 (Fondation Cartier, Paris).

Analysez cette œuvre hyperréaliste du sculpteur Ron Mueck en suivant la méthode proposée ci-dessous.

Méthode

› Faites une recherche sur les œuvres de Ron Mueck. Quelles sont les principales caractéristiques de son art ?

› Analysez la première photographie. **a)** Que représente-t-elle ? **b)** Quel lien peut unir les deux personnages ?

› Passez à la seconde photographie. Observez en détail la position : rien ne vous choque ?

› Exprimez vos opinions et débattez en classe entière.

Ex. 2 JE DÉBATS SUR L'AMOUR

1. Par petit groupe, choisissez l'un des sujets suivants, préparez vos arguments en quelques minutes puis débattez entre vous.

- Peut-on s'aimer à distance ?
- L'amour peut-il durer toujours ?
- Comment être sûr que l'on est vraiment amoureux ?
- Peut-on être amoureux sans être jaloux ?

2. Résumez au reste de la classe les termes du débat, les arguments avancés et la position choisie par le groupe.

Ex. 3 JE LIS À VOIX HAUTE ET AVEC EXPRESSIVITÉ

Lisez à voix haute l'incipit de ce roman.

La première fois qu'Aurélien vit Bérénice,/ il la trouva franchement laide.// Elle lui déplut,/ enfin.// Il n'aima pas comment elle était habillée.// Une étoffe qu'il n'aurait pas choisie.// Il avait des idées sur les étoffes.// Une étoffe qu'il avait vue sur plusieurs femmes.// Cela lui fit mal augurer de celle-ci / qui portait un nom de princesse d'Orient / sans avoir l'air de se considérer dans l'obligation d'avoir du goût.// Ses cheveux étaient ternes ce jour-là,/ mal tenus.// Les cheveux coupés,/ ça demande des soins constants.// Aurélien n'aurait pas pu dire si elle était blonde ou brune.// Il l'avait mal regardée.// Il lui en demeurait une impression vague,/ **générale**,/ **d'ennui et d'irritation**.// Il se demanda même pourquoi.// C'était disproportionné.// Plutôt petite,/ pâle, je crois...// Qu'elle se fût appelée Jeanne ou Marie,/ il n'y aurait pas repensé,/ après coup. //Mais **Bérénice**.// Drôle de superstition.// Voilà bien ce qui l'irritait.// Il y avait un vers de Racine que ça lui remettait dans la tête, /un vers qui l'avait hanté pendant la guerre,/ dans les tranchées,/ et plus tard **démobilisé**.// Un vers qu'il ne trouvait même pas un beau vers,/ ou enfin/ dont la beauté lui semblait **douteuse**,/ **inexplicable**,/ mais qui l'avait obsédé,/ qui l'obsédait encore ://

Je demeurai longtemps/ errant dans Césarée...

L. Aragon, *Aurélien*, 1944.

Méthode

› Des pauses ou respirations sont suggérées (pause courte : « / » ; pause longue : « // »).

› Les mots en gras peuvent être mis en valeur grâce à l'intonation.

› Deux élèves peuvent lire ce même texte afin de voir comment ils l'ont préparé et les différences dans les choix de mise en voix.

› Enregistrez-vous pour vous améliorer et écoutez les remarques de vos camarades.

› Prenez votre temps pour lire et articulez. Ceux qui vous écoutent doivent comprendre parfaitement ce que vous lisez.

SE CHERCHER, SE CONSTRUIRE. DIRE L'AMOUR

4 *Roméo et Juliette*, une tragédie amoureuse adaptée au cinéma

Objectifs : ✔ J'analyse la mise en scène de l'amour à travers une histoire mythique.
✔ Je découvre les différentes étapes de création d'un film et je comprends quels sont les enjeux de l'adaptation cinématographique.

? QUESTIONS

Pour entrer dans le chapitre

1. Qui sont Roméo et Juliette ? Que savez-vous de leur histoire ?
2. Selon vous, pour quelles raisons ce couple est-il aussi célèbre ?
3. Connaissez-vous d'autres couples mythiques ?

L'image

1. À quoi sert une affiche de cinéma ? Donnez plusieurs réponses.
2. Quels semblent être les grands thèmes de l'histoire ? Justifiez.
3. *Roméo et Juliette* de Shakespeare a été écrit à la toute fin du XVIe siècle. Quel film vous semble le plus fidèle à la pièce de Shakespeare ? Justifiez par des éléments précis.
4. D'après ces affiches et les bandes-annonces que vous trouverez sur la version numérique, quel film avez-vous le plus envie de voir ? Pourquoi ?

TEXTE ET IMAGES

Roméo + Juliette, affiche du film de Baz Luhrmann, 1996. ▶

100% NUMÉRIQUE — Sur www.lelivrescolaire.fr retrouvez les bandes-annonces d'adaptations cinématographiques de *Roméo et Juliette*.

1500
1600
1700
1800
1900
2000
William Shakespeare
Roméo et Juliette
(1564-1616)
Franco Zeffirelli
(1923-)
Baz Luhrmann
(1962-)

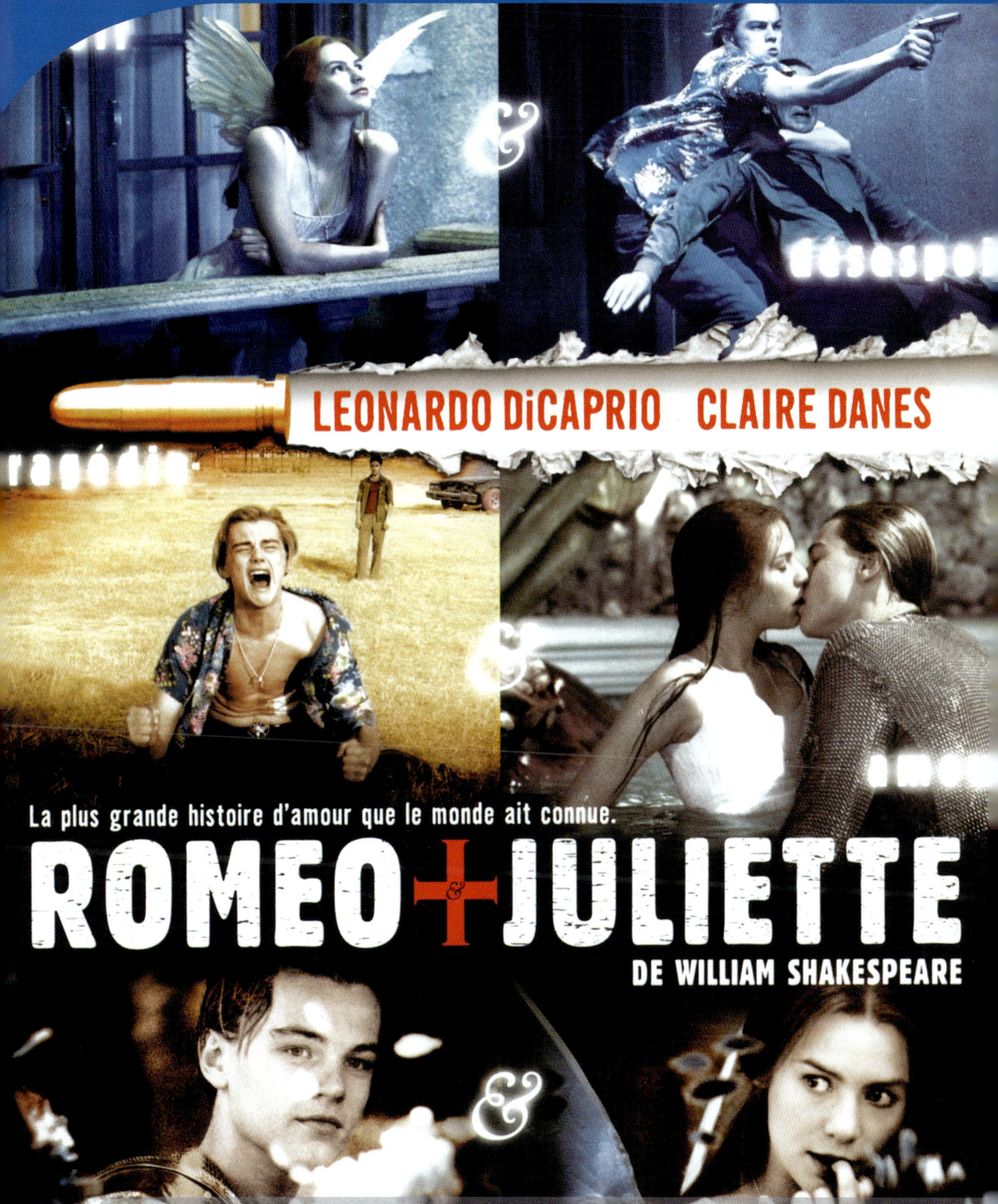
LEONARDO DiCAPRIO
CLAIRE DANES
La plus grande histoire d'amour que le monde ait connue.
ROMEO + JULIETTE
DE WILLIAM SHAKESPEARE

1 Amoureux sous des étoiles contraires

✔ **OBJECTIF** J'étudie le prologue de la pièce et je découvre deux adaptations cinématographiques à partir de *storyboards*.

1. Prologue de Shakespeare

WILLIAM SHAKESPEARE

(1564-1616) est un écrivain et comédien anglais. Il est l'auteur de tragédies (*Roméo et Juliette*, *Hamlet*, *Macbeth*, etc.) et de comédies (*La Mégère apprivoisée*, *Le Songe d'une nuit d'été*, etc.) ainsi que de nombreux sonnets. Cet auteur a eu une telle influence que l'on surnomme aujourd'hui l'anglais la « langue de Shakespeare ».

Avant que l'action ne commence, le chœur récite le prologue. Il s'agit donc du tout début de la pièce.

LE CHŒUR.

Deux familles, égales en noblesse,
Dans la belle Vérone[1], où nous plaçons notre scène,
Sont entraînées par d'anciennes rancunes à des rixes[2] nouvelles
Où le sang des citoyens souille[3] les mains des citoyens.
Des entrailles prédestinées de ces deux ennemies
A pris naissance, sous des étoiles contraires, un couple d'amoureux
Dont la ruine néfaste[4] et lamentable
Doit ensevelir dans leur tombe l'animosité[5] de leurs parents.
Les terribles péripéties de leur fatal amour
Et les effets de la rage obstinée de ces familles,
Que peut seule apaiser la mort de leurs enfants,
Vont en deux heures être exposés sur notre scène.
Si vous daignez nous écouter patiemment,
Notre zèle s'efforcera de corriger notre insuffisance.

WILLIAM SHAKESPEARE, *Roméo et Juliette*,
« Prologue », 1597, traduction de François-Victor Hugo, 1859-1866.

1. Ville d'Italie.
2. Bagarres.
3. Salit.
4. La sombre mort.
5. Haine.

? QUESTIONS

L'intrigue

1. a) Recherchez l'étymologie du mot *prologue*. b) Quelle est sa fonction ? Aidez-vous du prologue de cette pièce.
2. À partir des informations données dans le texte, résumez l'intrigue générale avec vos propres mots.

Le poids de la fatalité

3. Selon le prologue, les deux amoureux sont nés « sous des étoiles contraires » (v. 6). Que signifie cette expression ?
4. Comment le prologue met-il en évidence l'aspect tragique de l'histoire ? Citez des mots du texte.
5. a) Selon vous, quel peut être l'intérêt de regarder ou de lire une pièce dont on connait déjà l'histoire ? b) Connaissez-vous d'autres œuvres (livres, films, etc.) où la fin est racontée dès le début ?

100% NUMÉRIQUE

Sur Lelivrescolaire.fr retrouvez :
- **la version originale du prologue (en anglais) ;**
- **une vidéo sur le registre tragique.**

1

▲ *Roméo et Juliette*, mise en scène d'Olivier Py, théâtre national de l'Odéon, Paris, 2011.

2

Sergei Prokofiev, *Roméo et Juliette*, ballet d'après la pièce de W. Shakespeare. Mise en scène de J. Vernon et K. Russell, théâtre du Bolshoï, Moscou, 1971. ▶

3

▲ *Roméo et Juliette*, mise en scène de Pauline Bureau, Cartoucherie, théâtre de la Tempête, Paris, 2008.

4

▲ Edmund Blair Leighton, *La Réconciliation des Montaigu et des Capulet*, 1853-55, huile sur toile (Decatur, États-Unis).

? QUESTIONS

COMPÉTENCE – JE LIS DES IMAGES ET DES DOCUMENTS COMPOSITES ET JE LES METS EN RELATION AVEC DES TEXTES

1. **Doc. 1** Dans la célèbre scène du balcon (p. 88), Roméo et Juliette, seuls la nuit, se déclarent leur amour malgré les obstacles qui les séparent.
   a) De quelle manière la phrase écrite sur le mur fait-elle écho à la mise en scène ? **b)** Quels sens peut-elle avoir par rapport à l'histoire des deux héros ?
2. **Doc. 2** Comment la passion amoureuse est-elle montrée sur cette image ?
3. **Doc. 3 a)** Quel épisode cette scène représente-t-elle ? **b)** Quels adjectifs la qualifieraient le mieux : grandiose, intime, simple, romantique, superbe, provocatrice ? Justifiez. **c)** En vous aidant du prologue, expliquez pourquoi Roméo et Juliette sont seuls avec le prêtre. **d)** Sur cette image, un indice annonce déjà la fin tragique des deux amants. Lequel ?
4. **Doc. 4 a)** De quelles manières le peintre a-t-il mis Roméo et Juliette en valeur ? **b)** Qui sont les autres personnages ? Faites des hypothèses en vous aidant du prologue.
5. **Doc. 4** La mort semble-t-elle ici plus forte que l'amour ? Justifiez.
6. D'après les documents de cette page, pourquoi peut-on dire que l'histoire de Roméo et Juliette est devenue mythique ?

2. *Storyboards* de Franco Zeffirelli

FRANCO ZEFFIRELLI

(né en 1923) est un réalisateur, scénariste et producteur italien. Passionné par Shakespeare, il a adapté au cinéma *La Mégère apprivoisée* (1967), *Roméo et Juliette* (1968), *Otello [Othello]* (1986) et *Hamlet* (1990). Il met également en scène des pièces de théâtre et des opéras.

▲ **A.** Musique + voix *off* (homme) : « Deux familles [...] rixes nouvelles sur le panoramique ; « où le sang des citoyens... » sur le zoom vers le soleil qui se lève.

▲ **B.** Musique + voix *off* (homme) : « A pris naissance [...] l'animosité de leurs parents. » Musique et voix *off* se terminent à la fin de ce plan.

? QUESTIONS

Deux adaptations différentes du prologue

1. Comparez les deux *storyboards* : quelle différence principale remarquez-vous ?

2. À quelle époque l'action est-elle située dans chacun des films ? Justifiez.

3. **a)** Quelle atmosphère se dégage de chaque *storyboard* ? **b)** Comment caractériseriez-vous chacune de ces adaptations ?

Le temps de l'action

4. **Doc. A** **a)** À quel moment du jour le film commence-t-il ? Mettez cela en relation avec le moment de la pièce. **b)** Sur quel élément zoome-t-on ? **c)** Quelle partie du texte de Shakespeare Zeffirelli place-t-il à ce moment-là ? Expliquez ce choix.

5. **Doc. 1** Dans la pièce de Shakespeare, c'est le chœur qui récite le prologue. **a)** Qui joue ce rôle dans le film de Luhrmann ? **b)** Que pensez-vous de ce choix ?

6. **Doc. A et B et doc. 1 à 13** **a)** Les deux séquences reprennent-elles intégralement le prologue de Shakespeare ? **b)** Sur quels aspects insistent-elles ? Par quels moyens ?

Deux familles ennemies

7. **Doc. A** Deux clochers sont séparés par un fleuve. Qu'est-ce que cela peut symboliser dans l'histoire de Roméo et Juliette ?

8. **Doc. 1 à 13** On retrouve la même idée dans le film de Luhrmann. **a)** Que sont devenus chez lui les clochers et le fleuve du film de Zeffirelli ? **b)** Comment a-t-il traité la référence à la religion catholique ?

9. **Doc. 7** **a)** Sur quelle image Luhrmann fait-il redémarrer le prologue de Shakespeare ? **b)** Que pensez-vous de ce choix ?

Le monstre sacré : comment être fidèle à Shakespeare ?

10. **a)** Quelle adaptation semble la plus fidèle au texte de Shakespeare ? **b)** Pourquoi ?

11. **Doc. 13 :** Lisez l'explication de l'image. Quel lien pouvez-vous faire avec la fonction d'un prologue ?

12. Le public de Shakespeare appartenait à toutes les classes sociales, du peuple illettré à la noblesse. **a)** Pensez-vous que la pièce de Shakespeare soit encore accessible à tous ? **b)** Pensez-vous qu'un film soit plus facile à suivre qu'une pièce de théâtre ?

▲ **1.** Voix *in* (speakerine) : prologue en entier.

▲ **2.** Bande son : début de la musique.

▲ **3.**

▲ **4.**

▲ **5.**

▲ **6.**

▲ **7.** Son : musique en sourdine et reprise du prologue en voix *off* (homme : « Deux familles... »).

▲ **8.** Son : voix *off* : « ... les mains des citoyens ».

▲ **9.** Voix *off* : « Des entrailles prédestinées... ».

▲ **10.** Voix *off* : « ... de ses deux ennemies » (changement de plan sur « deux »).

▲ **11.** Voix *off* : « ... A pris naissance [...] un couple d'amoureux » (fin de la voix *off*).

▲ **12.** Son : la musique redevient très forte.

BAZ LUHRMANN

(né en 1962) est un réalisateur australien. En 1996, il propose avec *Roméo + Juliette* une version rock 'n' roll de l'œuvre de Shakespeare. Luhrmann choisit de respecter le texte de la pièce, mais plonge les héros dans une guerre des gangs moderne. Cet anachronisme osé remporte un franc succès.

REPÈRE

Le *storyboard*

Le scénario est souvent transposé sous forme de *storyboard*, **sorte de bande dessinée** où chaque image correspond à un plan et précise la position des personnages, le cadrage et les principaux mouvements de caméra. L'objectif du *storyboard* n'est donc pas d'avoir un dessin très précis et abouti : il s'agit d'un **document de travail**, qui a pour fonction de **faciliter le tournage**, en permettant de visualiser ce qui devra être tourné.

▲ **13.** Succession très rapide d'images à venir dans le film.

2 Le coup de foudre

✔ **OBJECTIF** J'analyse deux mises en scènes du coup de foudre.

1. Texte de Shakespeare

Le père de Juliette, chef du clan Capulet, organise un bal. Roméo, fils des Montaigu, la famille ennemie, s'y rend masqué. Il aperçoit Juliette et tombe éperdument amoureux d'elle sans savoir qui elle est.

ROMÉO, *à un valet, montrant Juliette.* – Quelle est cette dame qui enrichit la main de ce cavalier, là-bas ?

LE VALET. – Je ne sais pas, monsieur.

ROMÉO. – Oh ! elle apprend aux flambeaux à illuminer ! Sa beauté est suspendue à la face de la nuit comme un riche joyau à l'oreille d'une Éthiopienne ! Beauté trop précieuse pour la possession, trop exquise pour la terre ! Telle la colombe de neige dans une troupe de corneilles, telle apparaît cette jeune dame au milieu de ses compagnes. Cette danse finie, j'épierai la place où elle se tient, et je donnerai à ma main grossière le bonheur de toucher la sienne. Mon cœur a-t-il aimé jusqu'ici ? Non ; jurez-le, mes yeux ! Car jusqu'à ce soir, je n'avais pas vu la vraie beauté.

WILLIAM SHAKESPEARE, *Roméo et Juliette*, I, 5, 1597, traduction de François-Victor Hugo, 1859-1866.

2. Scénario de Luhrmann

Le sang bourdonne aux oreilles de Roméo. Il fausse compagnie à Capulet et se fraie un chemin à travers la foule pour se rendre aux toilettes.

INT. TOILETTES. NUIT.

Plan sous l'eau, silencieux. Le visage paisible de Roméo est plongé dans un lavabo rempli d'eau.

Battement de cœur (bande son).

Roméo se redresse et reprend son souffle. Un moment. Il respire plus calmement.

Puis, lissant ses cheveux mouillés, il regarde dans le miroir au-dessus du lavabo. Il se retourne : le mur entier, en face du miroir, est un splendide aquarium d'eau de mer.

Roméo, comme aimanté par sa beauté sous-marine, s'appuie contre l'aquarium. On entend des applaudissements assourdis dans les haut-parleurs des sanitaires.

INT. SALLE DE BAL. NUIT.

Les applaudissements se taisent et une Diva Latine aux cheveux noirs se retrouve dans le faisceau d'un spot lumineux. L'orchestre entame les premières mesures d'une ballade d'amour.

INT. TOILETTES. NUIT.

Tandis que la musique prend de l'ampleur, Roméo regarde un poisson-chat moustachu passer avec grâce devant un château-fort. Soudain, Roméo a un mouvement de recul. Deux yeux angéliques l'observent de l'autre côté du château. Les premières notes de la Diva jaillissent, pures, d'une beauté douloureuse.

Troublé, Roméo regarde à nouveau. Pas d'erreur possible : il s'agit bien d'une fille. Derrière de longues algues formant un rideau chatoyant, deux grands yeux noirs, un petit nez d'enfant et des lèvres pleines, sublimes.

Roméo approche son visage de la vitre. L'autre visage se recule brusquement.

INT. TOILETTES POUR DAMES. NUIT.

Cut[1] *sur : Juliette, portant un costume d'ange, de l'autre côté de l'aquarium. On se rend compte à ce moment-là que les toilettes des dames et celles des hommes sont séparées par ce merveilleux monde aquatique.*

Juliette se rapproche prudemment de la vitre.

INT. TOILETTES. NUIT.

Roméo appuie son front contre la vitre. La ballade d'amour s'intensifie.

Travelling[1] *lent : part du profil de Roméo, passe dans l'eau et…*

INT. TOILETTES POUR DAMES. NUIT.

… ressort de l'autre côté, pour trouver Juliette de profil, regardant l'aquarium.

INT. TOILETTES. NUIT.

Roméo appuie légèrement son nez contre la vitre.

INT. TOILETTES POUR DAMES. NUIT.

Juliette, un léger sourire.

Tout à coup, VLAN ! La porte s'ouvre violemment. Juliette sursaute, se retourne : c'est la nourrice.

NOURRICE. — Juliette, votre mère vous demande.

La nourrice, d'un air affairé, fait sortir Juliette. Celle-ci regarde par-dessus son épaule le garçon mystérieux.

CRAIG PEARCE et BAZ LUHRMANN, scénario de *Roméo + Juliette*, 1996, traduction de Stanisław Eon du Val.

1. Voir *Fiche méthode* p. 497.

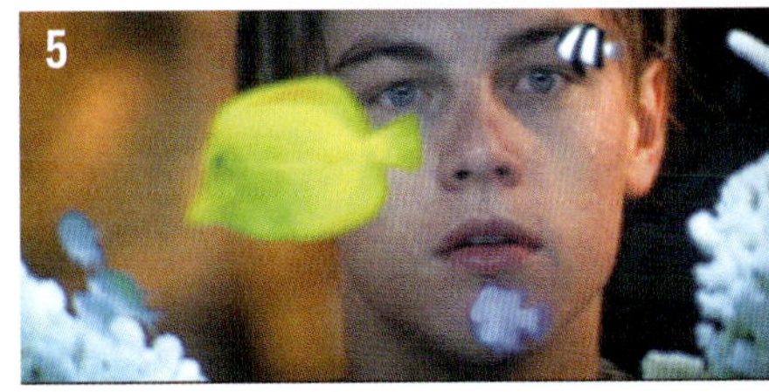

▲ Adaptation de Luhrmann.

?

QUESTIONS

COMPÉTENCE – J'ÉTABLIS DES LIENS ENTRE DES PRODUCTIONS LITTÉRAIRES ET ARTISTIQUES ISSUES DE CULTURES ET D'ÉPOQUES DIVERSES

Texte de Shakespeare (texte 1)

1. Comment Shakespeare fait-il comprendre que Roméo a un coup de foudre ? Relevez des figures de style et commentez la ponctuation.

2. a) Roméo sait-il de qui il tombe amoureux ? **b)** Pourquoi est-ce important ?

3. Observez les doc. 4 et 5 a) Par quel moyen technique les réalisateurs suggèrent-ils le coup de foudre ? **b)** Comment appelle-t-on ce procédé ? (voir *Fiche méthode* p. 497)

Adaptation de Luhrmann (texte 2)

4. Doc. 1 et 2 Luhrmann reste-t-il fidèle au contexte de la pièce de Shakespeare ?

5. a) D'après le scénario, dans quel lieu Roméo se rend-il ? **b)** En quoi le choix de ce lieu est-il surprenant, si l'on considère la scène qui doit s'y dérouler ?

6. Quels éléments sonores et visuels permettent néanmoins de donner une atmosphère romantique à ce lieu ?

7. Selon vous, pourquoi le réalisateur a-t-il choisi de mettre un aquarium au centre du décor ? Pensez à l'aspect visuel et à l'aspect symbolique (demandez-vous notamment où il se trouve par rapport aux personnages).

8. Quel rôle la nourrice joue-t-elle à la fin de cette scène ?

3 Des mains aux lèvres

✔ **OBJECTIF** J'étudie une scène de badinage amoureux.

Au cours d'un bal, touché en plein cœur par la beauté de Juliette, Roméo cherche celle-ci dans la salle et va vers elle.

ROMÉO, *prenant la main de Juliette.* – Si j'ai profané[1] avec mon indigne main cette châsse[2] sacrée, je suis prêt à une douce pénitence[3] : permettez à mes lèvres, comme à deux pèlerins rougissants, d'effacer ce grossier attouchement par un tendre baiser.

JULIETTE. – Bon pèlerin, vous êtes trop sévère pour votre main qui n'a fait preuve en ceci que d'une respectueuse dévotion[4]. Les saintes mêmes ont des mains que peuvent toucher les mains des pèlerins ; et cette étreinte est un pieux baiser.

ROMÉO. – Les saintes n'ont-elles pas des lèvres, et les pèlerins aussi ?

JULIETTE. – Oui, pèlerin, des lèvres vouées à la prière.

ROMÉO. – Oh ! alors, chère sainte, que les lèvres fassent ce que font les mains. Elles te prient ; exauce-les, de peur que leur foi ne se change en désespoir.

JULIETTE. – Les saintes restent immobiles, tout en exauçant les prières.

ROMÉO. – Restez donc immobile, tandis que je recueillerai l'effet de ma prière. *Il l'embrasse sur la bouche.* Vos lèvres ont effacé le péché des miennes.

JULIETTE. – Mes lèvres ont gardé pour elles le péché qu'elles ont pris des vôtres.

ROMÉO. – Vous avez pris le péché de mes lèvres ? Ô reproche charmant ! Alors rendez-moi mon péché. *Il l'embrasse encore.*

JULIETTE. – Vous avez l'art des baisers.

LA NOURRICE, *à Juliette.* – Madame, votre mère voudrait vous dire un mot. *Juliette se dirige vers lady Capulet.*

WILLIAM SHAKESPEARE, *Roméo et Juliette*, I, 5, 1597, traduction de François-Victor Hugo, 1859-1866.

1. Manquer de respect à un objet ou un lieu sacré.
2. Coffret où sont conservées les reliques (les restes) des saints. Roméo compare Juliette à une sainte et sa main à une châsse.
3. Bonne action que l'on fait pour réparer une faute, un péché.
4. Piété, respect religieux.

? QUESTIONS

LE TEXTE

COMPÉTENCE – JE MAITRISE LA STRUCTURE, LE SENS ET L'ORTHOGRAPHE DES MOTS

1. Quel geste va introduire le dialogue des héros ?
2. **a)** Quels sont les deux champs lexicaux dominants dans cet extrait ?
   b) Lequel d'entre eux peut sembler étonnant ?
3. ■ **a)** À qui Roméo se compare-t-il ? À qui compare-t-il Juliette ? **b)** D'après vous, pourquoi Roméo fait-il cela ?
4. Comment Roméo tente-t-il de conquérir Juliette ? Retracez les différentes étapes de son badinage amoureux (voir *Repère*).
5. Relisez les répliques de Juliette. De quelle manière réagit-elle aux avances de Roméo ? Les accepte-t-elle ou les repousse-t-elle ? Appuyez-vous notamment sur les didascalies.

1

2

3

4

5

▲ *Roméo + Juliette*, adaptation de Luhrmann.

? QUESTIONS

LES IMAGES

1. **Doc. 1 et 2** Quel élément du décor permet aux héros de s'isoler de la foule ?
2. Regardez la séquence dans le film de Luhrmann. **a)** Qu'entend-on en fond sonore ? **b)** En quoi est-ce propice au rapprochement des amoureux ?
3. **a)** Pourquoi Roméo entraine-t-il Juliette dans un ascenseur ? **b)** À votre avis, Luhrmann choisit-il de le faire descendre ou monter ? Expliquez.
4. À quel point Luhrmann est-il resté fidèle à la pièce de Shakespeare ? Justifiez.

ÉCLAIRAGE

Le badinage amoureux

Le badinage amoureux est un **jeu de séduction**. L'homme montre qu'il est beau parleur, qu'il a de **l'esprit**, de **l'humour**. Il séduit par les mots. La femme **résiste pour faire durer** le jeu, être plus désirable et montrer qu'elle aussi a de l'esprit et qu'elle n'est **pas dupe** des **sous-entendus** de la conversation. Ces scènes sont fréquentes dans les **comédies**, par exemple les pièces de Marivaux (XVIIIe siècle) – le **marivaudage** est d'ailleurs un synonyme de badinage – ou les films de Woody Allen.

4 La scène du balcon

✔ **OBJECTIF** J'étudie une scène mythique. Je découvre les différentes étapes de création d'un film.

1. Texte de Shakespeare et adaptation de Zeffirelli

Alors qu'il vient de quitter le bal avec ses amis, Roméo leur fausse compagnie et saute le mur du jardin des Capulet pour essayer d'apercevoir Juliette à travers les fenêtres. Par chance, cette dernière sort de sa chambre sur son balcon. Cette scène, dite « du balcon », est extrêmement célèbre.

Le jardin des Capulet.
Sous les fenêtres de l'appartement de Juliette.

Entre Roméo. […]

JULIETTE. – Hélas !

ROMÉO, *à part.* – Elle parle ! Oh ! Parle encore, ange resplendissant ! Car tu rayonnes dans cette nuit, au-dessus de ma tête, comme le messager ailé du ciel[1], quand, aux yeux bouleversés des mortels qui se rejettent en arrière pour le contempler, il devance les nuées paresseuses et vogue sur le sein des airs !

JULIETTE. – Ô Roméo ! Roméo ! pourquoi es-tu Roméo ? Renie ton père et abdique[2] ton nom ; ou, si tu ne le veux pas, jure de m'aimer, et je ne serai plus une Capulet.

ROMÉO, *à part.* – Dois-je l'écouter encore ou lui répondre ?

JULIETTE. – Ton nom seul est mon ennemi. Tu n'es pas un Montague[3], tu es toi-même. Qu'est-ce qu'un Montague ? Ce n'est ni une main, ni un pied, ni un bras, ni un visage, ni rien qui fasse partie d'un homme… Oh ! sois quelque autre nom ! Qu'y a-t-il dans un nom ? Ce que nous appelons une rose embaumerait autant sous un autre nom. Ainsi, quand Roméo ne s'appellerait plus Roméo, il conserverait encore les chères perfections qu'il possède… Roméo, renonce à ton nom ; et, à la place de ce nom qui ne fait pas partie de toi, prends-moi tout entière.

ROMÉO. – Je te prends au mot ! Appelle-moi seulement ton amour et je reçois un nouveau baptême[4] : désormais je ne suis plus Roméo.

JULIETTE. – Quel homme es-tu, toi qui, ainsi caché par la nuit, viens de te heurter à mon secret ?

ROMÉO. – Je ne sais par quel nom t'indiquer qui je suis. Mon nom, sainte chérie, m'est odieux à moi-même, parce qu'il est pour toi un ennemi : si je l'avais écrit là, j'en déchirerais les lettres.

JULIETTE. – Mon oreille n'a pas encore aspiré cent paroles proférées[5] par cette voix, et pourtant j'en reconnais le son. N'es-tu pas Roméo et un Montague ?

ROMÉO. – Ni l'un ni l'autre, belle vierge, si tu détestes l'un et l'autre.

[*Après un long dialogue amoureux, Juliette souhaite une bonne nuit à Roméo*]

ROMÉO. – Oh ! vas-tu donc me laisser si peu satisfait ?

JULIETTE. – Quelle satisfaction peux-tu obtenir cette nuit ?

1. Mercure, dieu romain, messager des dieux.
2. Renonce à ton nom.
3. Le traducteur garde l'orthographe anglaise. Dans les traductions récentes de la pièce, on écrit *Montaigu*, car c'est ainsi que se prononce *Montague* en anglais.
4. Je change de nom.
5. Prononcées.
6. Sérieux.
7. Honnête, respectueuse.
8. Je lierai mon destin au tien.

ROMÉO. – Le solennel[6] échange de ton amour contre le mien.

JULIETTE. – Mon amour ! je te l'ai donné avant que tu l'aies demandé. Et pourtant je voudrais qu'il fût encore à donner.

ROMÉO. – Voudrais-tu me le retirer ? Et pour quelle raison, mon amour ?

JULIETTE. – Rien que pour être généreuse et te le donner encore. […] Si l'intention de ton amour est honorable[7], si ton but est le mariage, fais-moi savoir demain, par la personne que je ferai parvenir jusqu'à toi, en quel lieu et à quel moment tu veux accomplir la cérémonie, et alors je déposerai à tes pieds toutes mes destinées[8], et je te suivrai, monseigneur, jusqu'au bout du monde !

LA NOURRICE, *derrière le théâtre.* – Madame !

WILLIAM SHAKESPEARE, *Roméo et Juliette*, II, 2, 1597, traduction de François-Victor Hugo, 1859-1866.

1

2

3

Roméo et Juliette, adaptation de Zeffirelli. ▶

? QUESTIONS

COMPÉTENCE – J'UTILISE DES REPÈRES ÉTYMOLOGIQUES ET D'HISTOIRE DE LA LANGUE

La symbolique de l'espace

1. Où se trouvent Roméo et Juliette ? Répondez précisément pour chacun d'eux.
2. **a)** Par quelle métaphore Roméo désigne-t-il sa bien-aimée au début de l'extrait ? **b)** Quel lien pouvez-vous faire avec la position des personnages sur scène ?
3. Selon vous, que peut symboliser le balcon ?

Un duo amoureux ?

4. **a)** Le début de l'extrait constitue-t-il un vrai dialogue ? **b)** Comment cela peut-il s'expliquer ? Pensez à la position des personnages et au moment de l'action.
5. À quel moment précis du texte le dialogue commence-t-il ?
6. **a)** Comment Juliette peut-elle interpréter la question de Roméo : « vas-tu donc me laisser si peu satisfait ? » (l. 34) **b)** Rapprochez cette question d'une exclamation de Juliette que Roméo a entendue en l'écoutant à son insu. **c)** Quelle réponse fait-elle à Roméo ?
7. ■ **a)** À partir de quel nom le verbe *embrasser* est-il dérivé ? Quel est donc le sens étymologique de ce verbe ? **b)** Sur quelle image les personnages s'embrassent-ils, au sens étymologique ?

Une promesse

8. **a)** Quel est le véritable obstacle qui sépare les amants ? **b)** De quelle manière cet obstacle pourrait-il être dépassé ? Relisez les répliques de Juliette.
9. À quoi chacun des amoureux est-il prêt à renoncer par amour ?
10. Commentez le rôle de la nourrice en comparant son rôle dans cette scène à celui qu'elle joue dans les extraits précédents (p. 84 et p. 86).

2. Adaptation de Luhrmann

Voici un extrait du scénario de Luhrmann correspondant au début de la scène du balcon.

EXT. COUR DE L'HÔTEL PARTICULIER DES CAPULET. NUIT.

Roméo, suspendu au treillage en dessous du balcon de la chambre de Juliette, dos au mur. À sa gauche, les portes de l'ascenseur, situées dans un renfoncement du mur, se referment derrière Juliette, vêtue de la même robe d'ange qu'elle portait lors de la réception mais sans ailes ni auréole. Elle s'avance puis s'arrête au niveau de Roméo. Une statue de style gréco-romain, représentant un jeune berger jouant de la flûte, sépare les deux amants et empêche Juliette de se rendre compte de la présence de Roméo.

JULIETTE, *soupirant.* – Hélas !

ROMÉO, *bas.* – Elle parle ! Oh ! Parle encore, ange resplendissant !

JULIETTE, *regardant vers les étoiles avec mélancolie.* – Ô Roméo ! Roméo ! Pourquoi es-tu Roméo ?

Elle s'avance vers le centre de la cour.

Gros plan sur Roméo, incrédule.

Renie ton père et abdique ton nom ; ou, si tu ne le veux pas, jure de m'aimer, et je ne serai plus une Capulet.

ROMÉO, *à lui-même.* – Dois-je l'écouter encore ou lui répondre ?

Juliette s'approche du bord de la piscine.

JULIETTE. – Ton nom seul est mon ennemi. Tu n'es pas un Montague, tu es toi-même.

Juliette s'accroupit au bord de la piscine.

Qu'est-ce qu'un Montague ? Ce n'est ni une main, ni un pied, ni un bras, ni un visage, ni rien qui fasse partie d'un homme… Oh ! Sois quelque autre nom !

Roméo s'avance sans faire de bruit dans le dos de Juliette.

Qu'y a-t-il dans un nom ? Ce que nous appelons une rose embaumerait autant sous un autre nom. Ainsi, quand Roméo ne s'appellerait plus Roméo, il conserverait encore les chères perfections qu'il possède…

Juliette se relève, alors que Roméo est juste derrière elle.

Roméo, renonce à ton nom ; et, à la place de ce nom qui ne fait pas partie de toi, prends-moi tout entière.

ROMÉO, *à voix haute, à l'oreille de Juliette.* – Je te prends au mot !

Juliette, effrayée, se retourne en poussant un cri aigu. Elle trébuche sur le rebord de la piscine et entraîne Roméo dans sa chute. Ils tombent tête la première dans la piscine.

EXT. HÔTEL PARTICULIER DES CAPULET. PISCINE. NUIT.

Plan sous l'eau : un enchevêtrement phosphorescent de corps, bras et jambes, qui bougent lentement.

EXT. HÔTEL PARTICULIER DES CAPULET. LOCAL DU GARDIEN. NUIT.

Cut *sur : le gardien, qui lisait un magazine en fumant un cigarette : alerté par le bruit, il se retourne brusquement vers les écrans de surveillance.*

EXT. HÔTEL PARTICULIER DES CAPULET. PISCINE. NUIT.

Plan sous l'eau : Roméo et Juliette se positionnent l'un en face de l'autre et remontent ensemble vers la surface.

Travelling *vers le haut, qui suit Roméo et Juliette et se termine au-dessus du niveau de l'eau.*

Roméo et Juliette, haletants, l'un en face de l'autre.

Craig Piarce et Baz Luhrmann, scénario de *Roméo + Juliette*, 1996,
adapté par Pierre-Antoine Hussherr, traduction du texte de Shakespeare par François-Victor Hugo, 1859-1866.

Storyboard de l'adaptation de Luhrmann

Découpage technique

Acte II, scène 2 (extrait) Ext. Cour intérieure de la résidence des Capulet. Nuit.				
Résumé	À la suite de la réception organisée par les Capulet, Roméo pénètre de nuit dans la résidence de Juliette pour tenter de la revoir.			
Plan	**Durée**	**Valeur – Mouvement – Axe**	**Bande image**	**Bande son**
1	7 s	Plan moyen sur **Roméo** et **Juliette** Plan fixe Plan de face	**Roméo**, suspendu au treillage en dessous du balcon de la chambre de **Juliette,** dos au mur. À sa gauche, les portes de l'ascenseur, situées dans un renfoncement du mur, se referment derrière **Juliette**, vêtue de la même robe d'ange qu'elle portait lors de la réception mais sans ailes ni auréole. Elle s'avance puis s'arrête au niveau de **Roméo**. Une statue de style gréco-romain, représentant un jeune berger jouant de la flute, sépare les deux amants et empêche **Juliette** de se rendre compte de la présence de **Roméo**.	Ambiance sonore d'une nuit d'été (chant de grillon, etc.). **Juliette** (soupirant) : « *Hélas !* »
2	7 s	Gros plan sur **Roméo** Plan fixe Plan de face	**Roméo** ferme les yeux en entendant la voix de **Juliette**.	Respiration forte de **Roméo**. Ambiance sonore d'une nuit d'été. **Roméo** : « *Elle parle ! Oh ! Parle encore, ange resplendissant !* »
3	4 s	Plan moyen sur **Roméo** et **Juliette** Mise au point sur **Juliette** Plan fixe Champ sur **Juliette** (**Juliette** 3/4 face et **Roméo** 3/4 dos)	**Juliette** lève la tête vers les étoiles avec nostalgie.	**Juliette** : « *Ô Roméo…* »
4	2 s	Gros plan sur **Roméo** Plan fixe Contrechamp **Roméo** (**Roméo** 3/4 face)	**Roméo**, toujours dos au mur, regarde **Juliette** sans être vu.	Respiration forte de **Roméo**. Ambiance sonore d'une nuit d'été. **Juliette** : « *Roméo…* »
5	13 s	Plan moyen sur **Roméo** et **Juliette** Mise au point sur **Juliette** Champ sur **Juliette** (**Juliette** 3/4 face et **Roméo** 3/4 dos) Plan fixe Après « *Pourquoi es-tu Roméo ?* », panoramique horizontal gauche/droite suivant le déplacement de **Juliette** (plan identique au plan 3)	**Juliette** s'avance vers la cour intérieure le regard penché vers le sol. **Roméo**, derrière elle, continue de l'observer.	Ambiance sonore d'une nuit d'été. **Juliette** : « *Pourquoi es-tu Roméo ?* » **Juliette** : « *Renie ton père et abdique ton nom ; ou, si tu ne le veux pas, jure de m'aimer, et je ne serai plus une Capulet.* »
6	7 s	Gros plan sur **Roméo** Plan fixe Plan de face	**Roméo**, se parlant à lui-même.	Ambiance sonore d'une nuit d'été. **Roméo** (se chuchotant à lui-même) : « *Dois-je l'écouter encore ou lui répondre ?* »
7	6 s	Plan moyen sur **Roméo** et **Juliette** Panoramique horizontal droite/gauche suivant le déplacement de **Juliette**	**Juliette** se rapproche puis s'agenouille au bord de la piscine.	Ambiance sonore d'une nuit d'été. **Juliette** : « *Ton nom seul est mon ennemi. Tu n'es pas un Montague, tu es toi-même. Qu'est-ce qu'un Montague ?* »
8	3 s	Gros plan sur **Roméo** Plan fixe Plan de face	**Roméo** écoute le monologue de Juliette, bouleversé par ces révélations.	Ambiance sonore d'une nuit d'été. **Juliette** : « *Qu'est-ce qu'un Montague ? Ce n'est ni une main…* »
9	9 s	Plan en plongée sur **Juliette** Plan fixe	**Juliette** est agenouillée au bord de la piscine. Elle regarde vers le fond de la piscine puis lève la tête vers le ciel en souriant.	Ambiance sonore d'une nuit d'été. **Juliette** : « *ni un pied, ni un bras, ni un visage, ni rien qui fasse partie d'un homme…* »
10	4 s	Gros plan sur **Roméo** Léger panoramique horizontal gauche/droite Plan de face	**Roméo** quitte en silence son emplacement.	Ambiance sonore d'une nuit d'été. **Juliette** : « *Oh ! Sois quelque autre nom !* »

11	16 s	Plan en plongée sur **Juliette** ; plan fixe Panoramique vertical bas/haut au moment où **Juliette** se relève (le panoramique se termine sur un plan moyen de **Roméo** et **Juliette**)	**Juliette** est agenouillée au bord de la piscine. Puis elle se relève.	Ambiance sonore d'une nuit d'été. **Juliette** : « *Qu'y a-t-il dans un nom ?* »
12	5 s	Panoramique horizontal gauche/droite lorsque **Juliette** se déplace	**Roméo** est juste derrière elle et il la suit en silence dans son dépacement.	Ambiance sonore d'une nuit d'été. **Roméo** : « *Je te prends au mot !* »
13	Moins de 1 s	Gros plan sur **Juliette** Plan fixe Plan de face	**Juliette,** surprise par **Roméo,** pousse un cri aigu.	Ambiance sonore d'une nuit d'été. Cri de **Juliette**.
14	Moins de 1 s	Très gros plan sur **Roméo**	La tête de **Roméo** se déplace très vite.	Ambiance sonore d'une nuit d'été.
15	Moins de 1 s	Gros plan sur les pieds de **Roméo** et **Juliette** Plan fixe	En reculant sous l'effet de la surprise le pied de **Juliette** dérape sur le rebord de la piscine. Déséquilibrée, elle tombe en arrière.	Ambiance sonore d'une nuit d'été.
16	1 s	Plan en plongée de la chute de **Roméo** et **Juliette** Plan fixe	**Juliette** entraine **Roméo** dans sa chute.	Ambiance sonore d'une nuit d'été. Son de l'impact des deux corps dans l'eau.
17	1 s	Plan poitrine du gardien Plan fixe Plan 3/4 face	Le gardien dans sa loge, un magazine en main, dirige brusquement son regard vers les caméras de surveillance.	Son de l'impact assourdi.
18	3 s	Plan moyen de **Roméo** et **Juliette** sous l'eau Plan fixe Plan de profil	**Roméo** et **Juliette** tentent de se remettre face à face sous l'eau.	Bruit de mouvements sous l'eau.
19	2 s	Gros plan de **Roméo** sous l'eau Plan fixe Plan de profil	**Roméo** à la tête au niveau de la jupe de **Juliette**, les yeux levés vers son visage.	Bruit de mouvements sous l'eau.
20	4 s	Plan moyen de **Roméo** et **Juliette** sous l'eau Plan fixe *Travelling* vertical bas/haut Plan de profil	**Roméo** et **Juliette** sont face à face sous l'eau. Puis ils remontent progressivement à la surface. Une fois la tête hors de l'eau, ils prennent une grande inspiration.	Bruit de mouvements sous l'eau. Puis, au moment où ils sortent de l'eau, ils prennent une grande inspiration.

Ce document n'est pas un document authentique.

? QUESTIONS

Reprise et détournement de Shakespeare

1. a) Quel élément de décor, central dans la scène de Shakespeare, est laissé de côté ? b) Qu'est-ce que cela change dans le rapport entre Roméo et Juliette ?
2. Relisez le début du scénario et regardez la première vignette du *storyboard*. a) Quel élément rappelle la modernité de la mise en scène ? b) À quelle scène précédemment étudiée vous fait-il penser ?
3. a) Quel personnage Luhrmann a-t-il ajouté ? b) Que symbolise-t-il par rapport aux deux jeunes amants ? c) Que pensez-vous de ce choix du réalisateur ? Expliquez.

Voir sans être vu

4. a) Au début de la scène, où Roméo se cache-t-il pour ne pas être vu par Juliette ? b) Dans quelle position se trouve-t-il par rapport à elle ? c) Comparez le choix du réalisateur à celui de Shakespeare.
5. a) De quelle manière Roméo rejoint-il Juliette ? b) Qu'est-ce que cela permet, du point de vue de l'action ?
6. **Vignette 15** À quoi sert ce gros plan ?

La symbolique de l'eau

7. Montrez que l'eau, qui séparait Roméo et Juliette dans la scène du coup de foudre, va désormais les rapprocher.
8. Vous avez peut-être remarqué que l'eau est un élément que l'on retrouve souvent dans les films et les publicités. Pourquoi, à votre avis ? Pensez à la lumière, à l'apparence des acteurs, aux sons, etc.

3. Documents techniques complémentaires (Luhrmann)

Dépouillement

Acte II, scène 2 (extrait)	
Résumé	À la suite de la réception organisée par les Capulet, **Roméo** pénètre de nuit dans la résidence de Juliette pour tenter de la revoir.
Rôles	**Roméo**
	Juliette
	Le gardien
Effet	Aucun
Jour de tournage	15.05.1995
Son	Ambiance sonore : nuit d'été Son de l'impact des deux corps dans l'eau Bruit de mouvements dans l'eau
Lumière	Intention(s) lumineuse(s) : clair de lune ; lumière douce venant de la piscine Matériel : – spots puissants pour éclairer de derrière les vitres de l'ascenseur ; – guirlandes lumineuses (treillage) ; – spots moyens (mur de l'hôtel particulier) ; – lampes extérieures (escaliers) ; – spots étanches puissants (piscine) ; – spots d'appoint (étanches) ; – grands diffuseurs et grands réflecteurs.
SFX[1]	Aucun
Machinerie	– rail pour *travelling* ; – grue pour *travelling* vertical (piscine) ; – caisson étanche pour la caméra.
Décors	Cour intérieure de l'hôtel particulier des Capulet Loge du gardien
Costumes	**Roméo** Costume de **Roméo** lors de la réception des Capulet mais sans le masque
	Le gardien Costume de **gardien**
	Juliette Costume de **Juliette** lors de la réception des Capulet mais sans les ailes d'ange ni l'auréole
Décoration	Statues de marbre de style gréco-romain Plantes Transats Chaises d'extérieur Table d'extérieur Serviettes
Accessoires	Écrans de surveillance Magazine Repas entamé (*fast food*) Crucifix Téléphone Petite enceinte Cigarettes

Ce document n'est pas un document authentique.

1. Effets spéciaux. **2.** Mise en scène.
3. Prêt à tourner. **4.** Habillage, maquillage, coiffure.

Feuille de service

Roméo + Juliette	
Date	Samedi 15 mai 1995
Comédiens	**Roméo** : Leonardo DiCaprio **Juliette** : Claire Danes **Le gardien** (figurant)

Production	Producteurs	Gabriella Martinelli et Baz Luhrmann	Horaire	21 h - 6 h
	Coproducteur	Martin Brown	Lieu	Hôtel particulier des Capulet
	Producteurs associés	Jill Bilcock et Catherine Martin		
Réalisation	Réalisateur	Baz Luhrmann	Éphéméride	Tombée de la nuit : 21 h Levée du jour : 6 h 30
	Assistant réalisateur	Miguel Gil		
	Assistant réalisateur	Miguel Lima Martinez	Météo	Nuit sans nuage. Temps frais (max : 15°C)
	Assistant réalisateur	Martin Walters		

Lieu de tournage	Note à l'équipe
Hôtel particulier des Capulet	C'est donc un tournage de nuit, en extérieur ! Prévoir des vêtements chauds. On doit impérativement avoir fini de tourner à 6 h (ensuite le jour commence à se lever).
	Proverbe du jour : « Juliette aurait-elle aimé Roméo si Roméo avait eu quatre incisives manquantes, un grand trou noir au milieu ? » (Albert Cohen)

Rendez-vous		
Équipes		
Équipe MES[2] Équipe RÉGIE Équipe LUMIÈRE Équipe PROD	21 h sur le décor	PAT[3] : 23 h
Équipe IMAGE Équipe SON Équipe MACHINERIE Équipe DÉCO	21 h 30 sur le décor	PAT : 23 h
Équipe HMC[4]	22 h 30 sur le décor	PAT : 23 h
Comédiens		
Roméo Juliette Le gardien	22 h 30 sur le décor	PAT : 23 h

Séquence	Plans	Effet/Lieu	Rôles	Résumé
Acte II, scène 2	1-3-5-7 2-4-6-8-10 9-11 12-13-14-15-17 16-18-19-20	Ext. Cour intérieure de l'hôtel particulier des Capulet. Nuit.	**Roméo** **Juliette** **Le gardien**	À la suite de la réception organisée par les Capulet, Roméo pénètre de nuit dans la résidence de Juliette pour tenter de la revoir.

Ce document n'est pas un document authentique.

Jalonnement

Jour, date (Samedi 15 mai 1995)	
21 h	RDV pour les équipes MES[1], prod et lumière Installation des lumières
21 h 30	RDV pour les équipes image, son, machinerie et déco Préparation de la caméra, du son, mise en place de la déco
22 h	Briefing du réalisateur : récapitulation des objectifs et impératifs de la journée
22 h 30	RDV équipe HMC[2] et comédiens : Roméo, Juliette et le gardien Préparation des comédiens (costumes, maquillage, etc.)
23 h	Tournage des plans 1-3-5-7
0 h 30	Tournage des plans 2-4-6-8-10
2 h	Changement d'axe : installation de la lumière (équipe lumière) Installation de la grue (équipe machinerie)
2 h 30	Tournage des plans 9 et 11
3 h	Repas
3 h 45	Tournage des plans 12-13-14-15-17 Installation de la lumière pour le plan 17 pendant le tournage des plans 12-13-14-15
4 h 45	Préparation de la caméra (plans sous l'eau) Installation du *travelling* (équipe machinerie) Installation de la lumière (équipe lumière)
5 h	Tournage des plans 16-18-19-20
6 h	Fin de tournage

Ce document n'est pas un document authentique.

1. Mise en scène.

2. Habillage, maquillage, coiffure.

? QUESTIONS

1. a) Recherchez les verbes de la même famille que *dépouillement* et *jalonnement* et définissez-les. **b)** À votre avis, à quoi et à qui servent le jalonnement et le dépouillement lors du tournage d'un film ?

2. a) Quelles informations sont données par la feuille de service ? **b)** À quoi et à qui ce document sert-il ?

3. a) À partir des documents, résumez toutes les étapes qui ont lieu avant que la caméra ne filme. **b)** En vous aidant de la page ci-contre, nommez un intervenant pour chacune des équipes suivantes : image, son, machinerie et déco.

4. a) Quelles personnes arrivent en dernier sur le lieu du tournage ? **b)** D'après vous, pourquoi n'arrivent-elles pas en même temps que les autres ?

5. a) À quelle heure le tournage de cette séquence doit-il commencer ? **b)** À quelle heure doit-il être impérativement terminé ? Pour quelle raison ? **c)** Pourquoi est-il important de se tenir à des horaires précis sur un tournage ?

6. a) Observez l'ordre des plans à tourner, indiqué sur la feuille de service et le jalonnement. Que remarquez-vous ? **b)** Observez plus précisément les plans prévus à 0 h 30 et ceux prévus à 2 h 30. Pourquoi est-ce organisé ainsi ? Aidez-vous du *storyboard*, du découpage technique et du jalonnement.

7. Le cinéma permet de faire plusieurs prises d'un même plan, pour ne garder que la meilleure. Mais techniquement, cela n'est pas toujours possible. Quel plan de cette séquence doit impérativement être réussi du premier coup ? Pourquoi ?

8. Synthèse. Pourquoi peut-on dire que rien n'est laissé au hasard sur ce tournage ?

Les métiers du cinéma

De nombreux artistes, techniciens et organisateurs participent à la réalisation d'un film, qui dépend d'un important travail d'équipe, à chaque étape de sa création. Bien souvent, le réalisateur choisit ses collaborateurs, en accord avec le producteur.

Voici une liste des principaux métiers du cinéma (qui peuvent bien évidemment se mettre au féminin !).

1 ÉCRIRE UN FILM

Scénariste : celui ou celle qui écrit le scénario du film, c'est-à-dire le déroulement précis des évènements, accompagné des dialogues, des didascalies, de la description des décors et des principaux mouvements de caméra.

Dialoguiste : celui ou celle qui écrit les dialogues, ou de manière plus large, le « texte parlé » du film, quand cela n'est pas fait pas le scénariste.

Adaptateur : scénariste spécialisé, chargé d'adapter une œuvre : roman, pièce de théâtre ou encore film (pour faire une reprise, ou *remake*).

2 PRODUIRE UN FILM

Producteur : personne chargée d'étudier le projet d'un film, son cout et ses chances de succès auprès du public. S'il accepte le projet, il a alors pour rôle principal de trouver les financements nécessaires à sa réalisation. Il a un droit de regard sur le film et peut demander au réalisateur de modifier certaines scènes s'il pense qu'elles ne correspondent pas aux attentes des spectateurs.

Le producteur confie la gestion pratique du film à un directeur de production, qui définit, en fonction du budget, les besoins matériels et les contrats du personnel. Enfin, c'est l'assistant de production qui gère la comptabilité pendant la préparation et le déroulement du tournage.

Régisseur général : assistant du directeur de production qui veille à l'organisation quotidienne du tournage : autorisations administratives de tourner dans une ville, hébergement, restauration et transport de l'équipe de tournage, recrutement des figurants, etc.

▲ Franco Zeffirelli dirigeant son actrice sur le tournage de Roméo et Juliette.

Photographe de plateau : il prend des photos pendant le tournage, qui serviront à assurer la promotion du film.

3 RÉALISER, TOURNER ET MONTER UN FILM

Réalisateur : auteur à l'origine du projet du film (et parfois aussi du scénario), il assume la responsabilité artistique du film, coordonne et dirige chaque étape de sa création. Pour préparer le tournage, il élabore le découpage technique, que l'assistant-réalisateur utilisera pour établir ensuite le dépouillement, dont le minutage est élaboré par le scripte. Le réalisateur peut faire appel à des agents artistiques et des directeurs de casting pour recruter les acteurs.

Scripte : assistant du réalisateur avant et pendant le tournage, qui assume la fonction de secrétaire. Il rédige le journal de bord, en prenant des photos et des notes sur tout ce qu'il se passe durant le tournage afin d'éviter les problèmes de raccords et d'incohérence, et participe à l'organisation quotidienne.

Directeur de la photographie (ou chef opérateur de la photographie) : il travaille en étroite collaboration avec le réalisateur et le cadreur pour superviser tout ce qui concerne la qualité de l'image : cadrage et éclairage.

Cadreur (ou cameraman) : le maniement de la caméra est confié au cadreur qui travaille en étroite collaboration avec le réalisateur et le directeur de la photographie (cependant certains réalisateurs tiennent eux-mêmes la caméra). Le cadreur détermine les emplacements et les mouvements de la caméra, ainsi que les cadrages (types de plan) en fonction du scénario et des choix faits par le réalisateur.

Chef opérateur du son (ou ingénieur du son) : il est responsable de la qualité sonore du film et il dirige les perchistes ou perchmans (personnes qui tiennent les micros suspendus au bout de perches). Il mène un important travail d'enregistrement et de mixage (bruits, voix, musique) au moment du montage du film.

Architecte décorateur : celui ou celle qui imagine et construit les décors.

Accessoiriste : « personne à tout faire » qui doit rechercher, surveiller et préparer tous les accessoires du décor et des personnages.

Costumier : personne chargée de rechercher et de louer les costumes ou de les créer.

Habilleur : personne qui prépare, entretient les costumes et aide les acteurs à les revêtir.

Maquilleur, coiffeur : ils éliminent les imperfections des acteurs (cernes, rides) ou font apparaitre cicatrice de guerre, hématome après une bagarre, etc.

Monteur : il sélectionne et remet en ordre les plans retenus par le réalisateur (en le conseillant parfois), et s'assure de la cohérence du film.

5 Réunis dans la mort

✔ **OBJECTIF** J'analyse le dénouement tragique de la pièce.

Alors que Juliette vient de s'unir secrètement à Roméo, elle apprend que son père veut la marier à un autre. Elle boit un philtre qui donne l'illusion qu'elle est morte, afin d'échapper au mariage forcé. Roméo devait être prévenu du stratagème et venir chercher Juliette pour s'enfuir avec elle, mais le message n'arrive pas jusqu'à lui. Ayant entendu que Juliette était morte, il se précipite au caveau.

ROMÉO. – Ah ! chère Juliette, pourquoi es-tu si belle encore ? Dois-je croire que le spectre de la Mort est amoureux et que l'affreux monstre décharné te garde ici dans les ténèbres pour te posséder ?... Horreur ! Je veux rester près de toi, et ne plus sortir de ce sinistre palais de la nuit[1] ; ici, ici, je veux rester [...] ! Oh ! c'est ici que je veux fixer mon éternelle demeure et soustraire au joug des étoiles ennemies cette chair lasse du monde[2]... (*Tenant le corps embrassé.*) Un dernier regard, mes yeux ! bras, une dernière étreinte ! et vous, lèvres, vous, portes de l'haleine, scellez par un baiser légitime un pacte indéfini avec le sépulcre accapareur[3] ! (*Saisissant la fiole.*) Viens, amer conducteur[4], viens, âcre guide. Pilote désespéré, vite ! lance sur les brisants ma barque épuisée par la tourmente ! À ma bien-aimée ! (*Il boit le poison.*) Oh ! l'apothicaire[5] ne m'a pas trompé : ses drogues sont actives... Je meurs ainsi... sur un baiser ! (*Il expire en embrassant Juliette.* [...] *Juliette s'éveille et se soulève.*)

JULIETTE. – [...] où est mon seigneur[6] ? Je me rappelle bien en quel lieu je dois être : m'y voici... Mais où est Roméo ? (*Rumeur au loin.*) [...] Qu'est ceci ? Une coupe qu'étreint la main de mon bien-aimé ? C'est le poison, je le vois, qui a causé sa fin prématurée[7]. L'égoïste ! il a tout bu ! il n'a pas laissé une goutte amie pour m'aider à le rejoindre ! Je veux baiser tes lèvres : peut-être y trouverai-je un reste de poison dont le baume me fera mourir... (*Elle l'embrasse.*) Tes lèvres sont chaudes !

PREMIER GARDE, *derrière le théâtre.* – Conduis-nous, page... De quel côté ?

JULIETTE. – Oui, du bruit ! Hâtons-nous donc ! (*Saisissant le poignard de Roméo.*) Ô heureux poignard ! voici ton fourreau[8]... (*Elle se frappe.*) Rouille-toi là et laisse-moi mourir ! (*Elle tombe sur le corps de Roméo et expire.*)

WILLIAM SHAKESPEARE, *Roméo et Juliette*, V, 3, 1597, traduction de François-Victor Hugo.

1. Cette périphrase désigne le tombeau des Capulet.
2. Comme le destin s'acharne contre lui, il préfère mourir.
3. Avec la mort.
4. Roméo s'adresse à la fiole de poison.
5. Le pharmacien.
6. Roméo.
7. Sa mort survenue trop tôt.
8. Étui du poignard ; désigne ici le cœur de Juliette.

? QUESTIONS

COMPÉTENCE – JE LIS DES TEXTES VARIÉS, JE COMPRENDS LES IMPLICITES DU TEXTE ET FAIS DES HYPOTHÈSES DE LECTURE

Un malentendu tragique

1. **a)** Au début de cette scène, que sait le spectateur ? **b)** Est-ce que Roméo dispose d'autant d'informations que le public ? Expliquez.
2. Que pourrait-on répondre à la première question de Roméo ?
3. En embrassant Roméo, Juliette remarque que ses lèvres sont chaudes (l. 16). Comment cette remarque accentue-t-elle le tragique ?
4. À votre avis, quels sont les sentiments, les réactions du public pendant cette scène ?
5. Quelles paroles du prologue (p. 80) s'accomplissent ici ?

Amour et mort

6. Quel est le dernier geste d'amour de Roméo pour Juliette, puis de Juliette pour Roméo ?

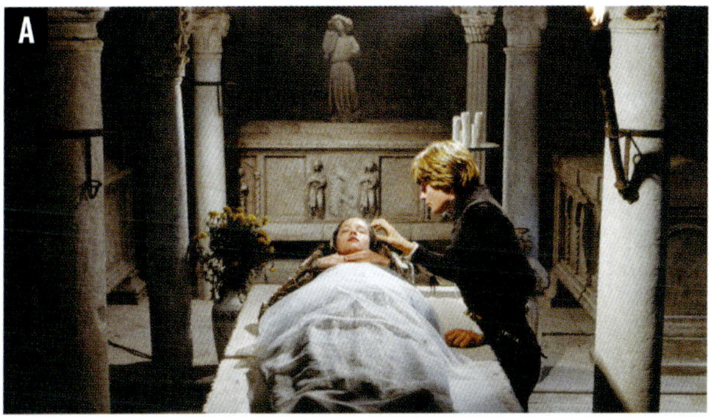

▲ Adaptation de Zeffirelli.

▲ Adaptation de Luhrmann.

? QUESTIONS

1. **Doc. A, 1 et 2** Comparez les choix de décor opérés par Zeffirelli et Luhrmann : cadre, lumière, accessoires. **a)** Quelles différences constatez-vous ? **b)** Quel adjectif qualifierait le mieux chacune des mises en scène ?
2. Dans le film de Luhrmann, regardez le moment où Roméo boit le poison. Comment Luhrmann accentue-t-il le caractère tragique de la scène ?

Les amants, la famille et la cité

3. Comparez les documents D et 3 (qui correspondent à peu près aux dernières images où l'on voit Roméo et Juliette dans chaque film). **a)** Quelles différences remarquez-vous ? Analysez le type de plan, la composition de l'image, le nombre et la position des personnages, la lumière, etc. **b)** Sur quels aspects insiste chacun des réalisateurs ?
4. Regardez la fin du film de Luhrmann. Comment atténue-t-il la douleur de la mort ? Observez la lumière, le décor, la manière de filmer, mais aussi le montage. c'est-à-dire l'ordre et la durée des différents plans.
5. Quelle fin préférez-vous ? Pourquoi ?

Ex. 1 J'ÉCRIS UNE TIRADE

1. Rédigez une tirade en prose dans laquelle une amie de Juliette tentera de dissuader celle-ci de revoir Roméo et d'accepter le mari que son père a choisi pour elle.
2. Ensuite, imaginez la réponse de Juliette.

Méthode
› Respectez la présentation du texte théâtral.
› Insérez des didascalies, qui pourront indiquer les déplacements, les gestes des personnages et donner des indications sur le ton de leur voix, qui pourra tour à tour se faire menaçant, suppliant, doux, etc.

Ex. 2 J'ÉCRIS UNE LETTRE

Deux sujets au choix.

1. Juliette décide de mettre fin à sa relation avec Roméo et d'épouser l'homme que son père a choisi pour elle. Rédigez la lettre de rupture que Juliette adresse à Roméo.
2. Juliette parvient à s'enfuir avec Roméo. Elle écrit à son père pour lui expliquer sa décision.

Méthode
› Respectez la présentation de la lettre. C'est une lettre personnelle.
› Le ton doit être adapté au destinataire et au sujet. Juliette peut être bouleversée et supplier son destinataire de comprendre son choix, ou au contraire froide et blessante, afin de ne laisser aucun espoir au destinataire.

Ex. 3 J'ÉCRIS UN SLAM

Après avoir écouté le slam de Grand Corps Malade intitulé « Roméo kiffe Juliette », rédigez à votre tour les paroles d'une chanson ou d'un slam parlant de l'amour impossible entre ces deux personnages.

Méthode
Vous pouvez décider soit de garder le cadre spatio-temporel de la pièce de Shakespeare, soit de choisir un autre lieu et une autre époque.

EX. 4 JE RÉDIGE UN SYNOPSIS

Rédigez le synopsis d'un film qui sera une adaptation moderne du mythe d'Orphée. Il s'agira d'une adaptation libre qui reprendra l'histoire générale du mythe, mais en le transposant dans le monde actuel et en modifiant éventuellement certaines situations.

Méthode
Le synopsis est la première étape de la création d'un film : il s'agit de convaincre un producteur et les acteurs pressentis qu'il s'agit d'un projet intéressant.
› Dans quel cadre se passera votre histoire ?
› Comment allez-vous adapter ce mythe au monde moderne ?
› Quels acteurs souhaitez-vous voir jouer dans votre film ?
› Rédigez votre synopsis au présent.

▲ Jean-Baptiste-Camille Corot, *Orphée ramenant Eurydice des Enfers* (détail), 1861 (musée des Beaux-Arts, Houston).

EX. 5 JE RÉDIGE UN TEXTE ARGUMENTATIF

Quel est l'intêret d'adapter une œuvre littéraire au cinéma ?

Méthode
Développez trois arguments. N'oubliez pas d'introduire votre sujet et d'écrire une courte conclusion.

Ex. 1 J'APPRENDS ET JE JOUE UNE RÉPLIQUE DE *ROMÉO ET JULIETTE*

LE PRINCE. – Cette lettre confirme les paroles du moine... Voilà tout le récit de leurs amours... Il a appris qu'elle était morte ; aussitôt, écrit-il, il a acheté du poison chez un pauvre apothicaire et sur-le-champ s'est rendu dans ce caveau pour y mourir et reposer près de Juliette. *(Regardant autour de lui.)* Où sont-ils, ces ennemis ? Capulet ! Montague ! Voyez par quel fléau le ciel châtie votre haine : pour tuer vos joies, il se sert de l'amour !... Et moi, pour avoir fermé les yeux sur vos discordes, j'ai perdu deux parents. Nous sommes tous punis.

W. Shakespeare, *Roméo et Juliette*, 1597.

Méthode

› Apprenez par cœur cette réplique.

› Demandez-vous quels déplacements et quels gestes vous allez faire, et sur quel ton vous allez prononcer chacune des phrases.

› Demandez à vos camarades de jouer les membres des deux familles.

› N'hésitez pas à vous filmer pendant les répétitions pour vous améliorer.

PARCOURS DE COMPÉTENCES

Ex. 2 JE PRÉSENTE UNE RECHERCHE

Faites des recherches sur les liens entre la pièce de Shakespeare, le mythe de Pyrame et Thisbé et *The Tragical History of Romeus and Juliet* d'Arthur Brooke. Vous présenterez le résultat de vos recherches à la classe.

Méthode

Lors de vos recherches sur internet, confrontez vos sources : utilisez-en plusieurs pour être certain que ce que vous allez présenter est fiable.

Ex. 3 JE JOUE UN PROCÈS

Frère Laurent a marié en secret Roméo et Juliette.

Imaginez que les parents des deux jeunes gens l'apprennent et décident de lui faire un procès.

Répartissez-vous les rôles : le juge, frère Laurent, Roméo, Juliette, les parents de Roméo et ceux de Juliette, les avocats.

Le procès commence : le juge demande aux parents de Roméo et Juliette d'exprimer leur revendication.

Méthode

› C'est le juge qui donne la parole.

› Chacun doit parler au moins une fois.

› N'oubliez pas que les parents de Roméo et ceux de Juliette sont des ennemis jurés.

Ex. 4 JE PARTICIPE À UN DÉBAT

Peut-on se marier contre l'avis de sa famille et être heureux ? Vous débattrez sur ce sujet, central dans la pièce de Shakespeare.

Méthode

› Vous préparerez d'abord des arguments et des exemples allant dans les deux sens, pour être capable de défendre les deux points de vue.

› Vous passerez ensuite deux par deux, en tirant au sort au moment de votre passage l'opinion que vous devez défendre.

Ex. 5 J'INVENTE À PARTIR D'UNE PHOTOGRAPHIE

Les acteurs passent souvent beaucoup de temps à attendre. Alors que le réalisateur règle certains détails avec l'équipe technique, l'actrice, confortablement installée sur le lit, se met à rêvasser. Imaginez à voix haute ce qu'elle se dit.

▲ Nam Thai Lai, *Le Tournage*.

EXPRESSION ORALE

JE ME SITUE DANS MON PARCOURS DE COMPÉTENCES

CULTURE - J'ÉTABLIS DES LIENS ENTRE DES PRODUCTIONS LITTÉRAIRES ET ARTISTIQUES ISSUES DE CULTURES ET D'ÉPOQUES DIVERSES

1 Mon brouillon ressemble à un copier-coller d'un site. Je n'ai pas forcément vérifié mes informations. Je n'ai pas bien compris les liens entre ces œuvres.

2 J'ai sélectionné les informations qui me paraissent intéressantes, mais tout n'est pas encore reformulé. J'ai compris les liens entre deux des trois œuvres.

3 J'ai organisé mes notes en un plan, en vue de l'exposé. J'ai compris les liens entre les trois œuvres.

4 J'ai reformulé et hiérarchisé mes recherches. J'ai également relevé mes sources pour la bibliographie/sitographie. J'ai compris les liens entre les œuvres mais aussi leurs différences.

5 Se raconter, se représenter

Objectifs : ✔ **Je découvre différentes formes de l'écriture de soi et de l'autoportrait.**
✔ **Je comprends les enjeux du genre autobiographique.**

?

Pour entrer dans le chapitre

1. Qu'est-ce qu'une autobiographie ? Comment ce mot est-il formé ?
2. Dans une autobiographie, quel est le rapport entre auteur, narrateur et personnage principal ?
3. Pouvez-vous citer une autobiographie ?

L'image

1. Lisez la légende. En quoi cette photographie est-elle surprenante ?
2. Comment appelle-t-on aujourd'hui ce type de photographie ?
3. Selon vous, pourquoi ce type de photographie est-il autant à la mode au XXIe siècle ?

Joseph Byron, *Autoportrait pris à New York*, 1909 ▶
(musée de la Ville de New York).

1500 — 2000

Michel de Montaigne (1533-1592)

Jean-Jacques Rousseau (1712-1778)

Alexandre Dumas (1802-1870)

George Sand (1804-1876)

Anne Frank (1929-1945)

Patrick Modiano (1945-)

1 Chercher à se connaitre

✔ **OBJECTIF** Je comprends la complexité de l'écriture autobiographique.

MICHEL DE MONTAIGNE

(1533-1592) voyage à travers l'Europe, devient maire de Bordeaux, se met au service du roi, puis se retire sur ses terres pour écrire. Il ne cesse, dès lors, de travailler à ses *Essais*. Convaincu que « chaque homme porte en soi la forme de l'humaine condition », il s'y livre à un long travail d'analyse de lui-même.

Avec les Essais, *Montaigne se livre à une tâche difficile, celle de se raconter. Le titre même de l'œuvre témoigne de cette difficulté. Voici le texte qu'il place en introduction.*

Ce livre, lecteur, est un livre de bonne foi.

Il t'avertit, dès le début, que je ne l'ai écrit que pour moi et quelques intimes, sans me préoccuper qu'il pût être pour toi de quelque intérêt, ou passer à la postérité[1] ; de si hautes visées[2] sont au-dessus de ce dont je suis capable. Je le destine particulièrement à mes parents et à mes amis, afin que lorsque je ne serai plus, ce qui ne peut tarder, ils y retrouvent quelques traces de mon caractère et de mes idées et, par là, conservent encore plus entière et plus vive la connaissance qu'ils ont de moi. Si je m'étais proposé de rechercher la faveur du public, je me serais mieux attifé[3] et me présenterais sous une forme étudiée pour produire meilleur effet ; je tiens, au contraire, à ce qu'on m'y voie en toute simplicité, tel que je suis d'habitude, au naturel, sans que mon maintien soit composé ou que j'use d'artifice, car c'est moi que je dépeins. Mes défauts s'y montreront au vif et l'on m'y verra dans toute mon ingénuité[4], tant au physique qu'au moral, autant du moins que les convenances[5] le permettent. Si j'étais né parmi ces populations qu'on dit vivre encore sous la douce liberté des lois primitives de la nature, je me serais très volontiers, je t'assure, peint tout entier et dans la plus complète nudité.

Ainsi, lecteur, c'est moi-même qui fais l'objet de mon livre ; peut-être n'est-ce pas là une raison suffisante pour que tu emploies tes loisirs à un sujet aussi peu sérieux et de si minime importance.

Sur ce, à la grâce de Dieu[6].

MONTAIGNE, ce 1er mars 1580.

[*Plus loin dans les* Essais, *Montaigne évoque les difficultés qu'il rencontre pour se représenter.*]

Le même pas d'un cheval me semble tantôt difficile, tantôt aisé, et le même chemin une fois plus court, une autre fois plus long ; un même comportement me sera, selon l'heure, plus ou moins agréable. Maintenant je peux tout faire, et, à un autre moment, je ne suis plus capable de faire quoi que ce soit ; ce qui m'est aujourd'hui un plaisir me sera une autre fois un ennui. Je suis le siège[7] de mille mouvements inconsidérés et contingents[8].

Ou bien je suis sujet à la mélancolie, ou bien d'humeur irascible[9] ; et, avec son autorité

1. Être connu des générations à venir.
2. De si grands objectifs.
3. Arrangé, paré.
4. Simplicité.
5. La bienséance, la morale.
6. Formule de conclusion.
7. Le lieu.
8. Imprévisibles.
9. Qui se fâche facilement.

REPÈRE

L'essai littéraire

Un essai en littérature est une œuvre dans laquelle est développée une **réflexion personnelle.** L'essai littéraire prend pour sujet les grandes **questions de la vie** (l'amour, la mort, le pouvoir, le sens de la vie...), adopte toujours un **ton très libre et personnel.** C'est Michel de Montaigne qui a donné son nom à ce genre littéraire, avec la publication des *Essais* en 1580.

particulière, le chagrin en cet instant domine en moi ; ce sera, tout à l'heure, la joie. Si je prends des livres, j'aurai peut-être vu, en tel endroit, des beautés parfaites qui auront frappé mon imagination ; qu'une autre fois je tombe à nouveau sur ces pages, j'aurai beau tourner et virer, j'aurai beau plier et manier mon livre, ce sera à mes yeux un ensemble inconnu et sans beauté.

Même lorsqu'il s'agit de mes propres écrits, je ne retrouve pas toujours le sens de ma première pensée ; je ne sais plus ce que j'ai voulu dire, et je me nuis souvent à vouloir corriger et à ajouter une nouvelle signification, pour avoir perdu la première, qui avait plus d'intérêt. [...]

Chacun en dirait à peu près autant de lui-même, s'il s'observait comme je le fais.

MICHEL DE MONTAIGNE, *Essais*, Avant-propos, puis tome II, chapitre 12, 1580 (orthographe modernisée).

100% NUMÉRIQUE

Sur www.lelivrescolaire.fr, retrouvez :
- **une présentation de Montaigne en vidéo ;**
- **une reconstitution en 3D de la bibliothèque de Montaigne.**

▲ Gustave Courbet, *Le Désespéré*, 1853-1855 (musée d'Orsay, Paris).

ÉCLAIRAGE

L'œuvre d'une vie

Montaigne a travaillé pendant vingt ans aux *Essais* (cinq éditions). **Au début** (1572), le ton est **impersonnel**, parsemé de **nombreuses citations** d'auteurs. Mais, peu à peu, Montaigne va **exprimer son opinion propre** en se détachant de ses modèles. Les *Essais* deviennent alors (1588) le livre le plus personnel qu'on ait jamais écrit à l'époque. Procédant par ajouts, il multiplie les confidences : selon lui, se peindre lui-même, c'est peindre **ce qu'il y a d'universel dans l'homme.**

? QUESTIONS

LE TEXTE

COMPÉTENCE – JE LIS DES ŒUVRES LITTÉRAIRES ET DÉCOUVRE DES ŒUVRES MAJEURES DE LA LITTÉRATURE

Pour qui et pourquoi écrire ?

1. À qui le texte d'introduction (l. 1 à 22) est-il destiné ? Justifiez en citant le texte.
2. Sur quel ton s'adresse-t-il au destinataire ? Justifiez en relevant notamment les pronoms utilisés.
3. a) Pour qui Montaigne dit-il écrire ses *Essais* ? b) Selon vous, est-il sincère en disant cela ?
4. Que pensez-vous de la phrase de conclusion de cette introduction (l. 18 à 20) ?
5. Pour quelles raisons Montaigne dit-il écrire ? Citez la phrase du texte qui résume ces raisons et reformulez-la.

Comment écrire ?

6. De quelle manière Montaigne veut-il se peindre ? Sur quoi insiste-t-il ?
7. a) À quelles difficultés est-il confronté ? b) De quelles manières le deuxième extrait (l. 23 à la fin) illustre-t-il ces difficultés ? Justifiez et expliquez votre réponse.
8. Montaigne pense-t-il être différent des autres hommes ?

L'IMAGE

En quoi cet autoportrait de Gustave Courbet peut-il faire écho au texte de Montaigne ?

2 Se raconter pour se justifier ?

✔ **OBJECTIF** Je compare deux façons opposées de se raconter.

1. J.-J. Rousseau, *Les Confessions*

JEAN-JACQUES ROUSSEAU

(1712-1778) est un philosophe et écrivain majeur du siècle des Lumières. Son livre intitulé *Les Confessions* est souvent considéré comme la première autobiographie moderne.

J'ai donc été fripon[1] et quelquefois je le suis encore de bagatelles[2] qui me tentent et que j'aime mieux prendre que demander : mais, petit ou grand, je ne me souviens pas d'avoir pris de ma vie un liard[3] à personne ; hors une seule fois, il n'y a pas quinze ans, que je volai sept livres dix sous. L'aventure vaut la peine d'être contée, car il s'y trouve un concours impayable[4] d'effronterie et de bêtise, que j'aurais peine moi-même à croire s'il regardait[5] un autre que moi.

C'était à Paris. Je me promenais avec M. de Francueil au Palais-Royal, sur les cinq heures. Il tire sa montre, la regarde, et me dit : Allons à l'Opéra : je le veux bien ; nous allons. Il prend deux billets d'amphithéâtre, m'en donne un, et passe le premier avec l'autre, je le suis, il entre. En entrant après lui, je trouve la porte embarrassée[6]. Je regarde, je vois tout le monde debout ; je juge que je pourrai bien me perdre dans cette foule, ou du moins laisser supposer à M. de Francueil que j'y suis perdu. Je sors, je reprends ma contremarque[7], puis mon argent, et je m'en vais, sans songer qu'à peine avais-je atteint la porte que tout le monde était assis, et qu'alors M. de Francueil voyait clairement que je n'y étais plus.

Comme jamais rien ne fut plus éloigné de mon humeur que ce trait-là[8], je le note, pour montrer qu'il y a des moments d'une espèce de délire où il ne faut point juger des hommes par leurs actions.

JEAN-JACQUES ROUSSEAU, *Les Confessions*, tome I, 1782.

1. Voleur.
2. Choses peu importantes.
3. Ancienne monnaie.
4. Un mélange ridicule.
5. Concernait.
6. Encombrée.
7. Ticket distribué aux spectateurs quittant momentanément un spectacle.
8. Cette attitude-là.

▲ Jean Béraud, *La Sortie de théâtre*, XIXe siècle, dessin (musée d'Orsay, conservé au musée du Louvre, Paris).

ÉCLAIRAGE

Dans les ***Confessions***, Rousseau entreprend un **examen de sa vie** et cherche notamment à **se justifier face à ceux qui le blâment.** C'est ainsi qu'il écrit, au début de son texte : « J'ose croire n'être fait comme aucun de ceux qui existent. Si je ne vaux pas mieux, au moins je suis autre. [...] Que la trompette du Jugement dernier sonne quand elle voudra, je viendrai, ce livre à la main, me présenter devant le souverain juge. Je dirai hautement : *Voilà ce que j'ai fait, ce que j'ai pensé, ce que je fus. J'ai dit le bien et le mal avec la même franchise.* ».

2. George Sand, *Histoire de ma vie*

GEORGE SAND

née Aurore Dupin (1804-1876) a écrit une œuvre d'une grande diversité. *Histoire de ma vie* est une autobiographie sous forme de lettres.

M. de Francueil, à qui Rousseau a volé de l'argent, se trouve être le grand-père de George Sand. Selon Mme de Francueil, Rousseau aurait tout inventé afin de se disculper d'autres fautes qu'il n'avouerait pas. Dans la longue préface à Histoire de ma vie, *George Sand précise sa conception de l'autobiographie en prenant ses distances avec la démarche de Rousseau. Elle revient sur cet épisode.*

Si la pensée des *Confessions* était bonne, s'il y avait devoir à se chercher des torts puérils[1] et à raconter des fautes inévitables, je ne suis pas de ceux qui reculeraient devant cette pénitence[2] publique. Je crois que mes lecteurs me connaissent assez, en tant qu'écrivain, pour ne pas me taxer de couardise[3]. Mais, à mon avis, cette manière de s'accuser n'est pas humble, et le sentiment public[4] ne s'y est pas trompé. […]

Je souffre mortellement quand je vois le grand Rousseau s'humilier ainsi et s'imaginer qu'en exagérant, peut-être en inventant ces péchés-là, il se disculpe des vices[5] de cœur que ses ennemis lui attribuaient. Il ne les désarma certainement pas par ses *Confessions* ; et ne suffit-il pas, pour le croire pur et bon, de lire les parties de sa vie où il oublie de s'accuser ? Ce n'est que là qu'il est naïf[6], on le sent bien.

Qu'on soit pur ou impur, petit ou grand, il y a toujours vanité[7], vanité puérile et malheureuse, à entreprendre sa propre justification. Je n'ai jamais compris qu'un accusé pût répondre quelque-chose sur les bancs du crime. S'il est coupable, il le devient encore plus par le mensonge, et son mensonge dévoilé ajoute l'humiliation et la honte à la rigueur du châtiment. S'il est innocent, comment peut-il s'abaisser jusqu'à le prouver ? […]

Je ne fais point ici un ouvrage d'art, je m'en défends même, car ces choses ne valent que par la spontanéité et l'abandon, et je ne voudrais pas raconter ma vie comme un roman.

GEORGE SAND, *Histoire de ma vie*, 1855.

1. Des fautes futiles, infantiles.
2. Confession, repentir.
3. M'accuser de lâcheté.
4. L'opinion publique.
5. Défauts.
6. Innocent.
7. Orgueil.

100% NUMÉRIQUE — **Sur www.lelivrescolaire.fr, retrouvez un lien pour écouter des extraits célèbres des *Confessions*.**

QUESTIONS

COMPÉTENCE – J'EXPLOITE MES LECTURES POUR ENRICHIR UN RÉCIT ET JE SAIS UTILISER DES OUTILS D'ANALYSE LITTÉRAIRES

Jean-Jacques Rousseau

1. Que raconte Rousseau dans cet extrait ? Résumez-le avec vos propres mots.
2. ■ Pourquoi raconte-t-il cela ? Répondez de manière approfondie, en vous aidant de la fin de l'extrait, du titre de l'œuvre et de l'*Éclairage*.
3. Quelle image donne-t-il de lui à travers cet extrait ?

George Sand

4. Reformulez la première phrase de l'extrait.
5. George Sand serait-elle capable d'avouer ses fautes comme le fait Rousseau ?
6. **a)** Que pense-t-elle de la démarche de Rousseau ? **b)** Le croit-elle sincère ?
7. **a)** À la fin du texte, pourquoi oppose-t-elle « ouvrage d'art » (l. 19) et « spontanéité et abandon » (l. 20) ? **b)** Comment veut-elle raconter sa vie ?
8. **Synthèse.** Comment chacun des deux auteurs cherche-t-il à montrer qu'il est parfaitement sincère dans son autobiographie ?

3 Apporter un témoignage historique

✔ **OBJECTIF** Je découvre le genre des Mémoires.

ALEXANDRE DUMAS

(1802-1870) est un écrivain français, auteur de nombreux romans historiques (*Les Trois Mousquetaires*, *Le Comte de Monte-Cristo*) et précurseur au théâtre du drame romantique. Il mène sa vie comme un roman et multiplie les aventures féminines, militaires, politiques et les voyages.

Napoléon, qui avait été exilé sur l'île d'Elbe, parvient à s'en échapper, à regagner la France et à reprendre le pouvoir. Mais la défaite de Waterloo marque la fin de ce retour qui n'aura duré qu'une centaine de jours.

Alexandre Dumas, fasciné comme beaucoup par Napoléon (son père avait été un héros de l'armée napoléonienne) raconte ici le passage de l'empereur par Villers-Cotterêts (ville de naissance d'Alexandre Dumas) pour se rendre à Waterloo puis son retour après la défaite.

À mesure que j'approchais, j'entendais gronder derrière moi, se rapprochant aussi, le tonnerre des roues.

J'arrivai au relais[1]. Je me retournai, et je vis accourir comme une ces trois voitures qui brûlaient le pavé, conduites par des chevaux en sueur, et par des postillons[2] en grande tenue, poudrés et enrubannés.

Tout le monde se précipita sur la voiture de l'empereur. Je me trouvai naturellement un des premiers.

Il était assis au fond, à droite, vêtu de l'uniforme vert à revers blancs, et portant la plaque de la Légion d'honneur. Sa tête maladive, qui semblait grassement taillée dans un bloc d'ivoire, retombait légèrement inclinée sur sa poitrine ; à sa gauche, était assis son frère Jérôme ; en face de Jérôme et sur le devant, l'aide de camp Letort. Il leva la tête, regarda autour de lui et demanda :

– Où sommes-nous ?

– À Villers-Cotterêts, sire, dit une voix.

– À six lieues de Soissons, alors ? répondit-il.

– À six lieues de Soissons, oui, sire.

– Faites vite.

Et il retomba dans cette espèce d'assoupissement dont l'avait tiré le temps d'arrêt qu'avait fait la voiture. Pendant ce temps, on avait relayé[3] ; les nouveaux postillons étaient en selle ; ceux qui venaient de dételer agitaient leurs chapeaux en criant : « Vive l'empereur ! »

Les fouets claquèrent ; l'empereur fit un léger mouvement de tête qui équivalait à un salut. Les voitures partirent au grand galop et disparurent au tournant de la rue de Soissons.

La vision gigantesque était évanouie.

[*Quelques jours plus tard, Napoléon repasse dans la ville du narrateur.*]

À sept heures, un courrier[4] arrive ; il est couvert de boue, son cheval frissonne de tous ses membres et est prêt à tomber de fatigue.

Il commande quatre chevaux pour une voiture qui le suit, puis il saute à cheval et se remet en route. On l'a interrogé vainement : il ne sait rien ou ne veut rien dire.

On tire les quatre chevaux de l'écurie, on les harnache, on attend la voiture.

Un grondement sourd et qui se rapproche rapidement annonce

1. Relais de poste, lieu où l'on remplaçait les chevaux fatigués par d'autres chevaux.
2. Conducteurs.
3. Remplacé les chevaux et les conducteurs.
4. Homme à cheval qui précédait les voitures de poste pour préparer les relais.

▲ Jacques-Louis David, *Bonaparte franchissant le Grand-Saint-Bernard*, 1800, 271 x 232 cm (musée national du château de Versailles, Versailles).

qu'elle arrive. On la voit apparaître au tournant de la rue, elle s'arrête à la porte. Le maître de poste s'avance et demeure stupéfait. En même temps, je le prends par le pan de son habit :

– C'est lui ? C'est l'empereur ?

– Oui.

C'était l'empereur, à la même place où je l'avais vu, dans une voiture pareille, avec un aide de camp auprès de lui et un autre en face.

Mais ceux-là ne sont plus ni Jérôme ni Letort.

Letort est tué ; Jérôme a mission de rallier l'armée sous Laon.

C'est bien le même homme, c'est bien le même visage, pâle, maladif, impassible.

Seulement, la tête est un peu plus inclinée sur la poitrine. Est-ce simple fatigue ? Est-ce douleur d'avoir joué le monde et de l'avoir perdu ?

Comme la première fois, en sentant la voiture s'arrêter, il lève la tête, jette autour de lui ce même regard vague qui devient si perçant lorsqu'il le fixe sur un visage ou sur un horizon, ces deux choses mystérieuses derrière lesquelles peut toujours se cacher un danger.

– Où sommes-nous ? demande-t-il.

– À Villers-Cotterêts, sire.

– Bon ! À dix-huit lieues de Paris ?

– Oui, sire.

– Allez.

Et comme la première fois, après avoir fait une question pareille, dans les mêmes termes à peu près, il donna le même ordre et partit aussi rapidement.

Le même soir, Napoléon couchait à l'Élysée. Il y avait jour pour jour trois mois qu'à son retour de l'île d'Elbe il était rentré aux Tuileries.

Seulement, du 20 mars au 20 juin, il y avait un abîme où s'était engloutie sa fortune.

Cet abîme, c'était Waterloo.

ALEXANDRE DUMAS, *Mes Mémoires*, tome II, chapitre 9, 1852-1856.

▲ Paul Delaroche, *Bonaparte franchissant les Alpes*, 1852, huile sur toile, 289 × 222 cm (Palais Saint James, Londres).

REPÈRE

Les Mémoires

Dans des Mémoires (nom masculin, avec une majuscule), l'auteur raconte sa propre vie mais en se concentrant surtout sur les **évènements historiques** qu'il a vécus, auxquels il a pris part ou dont il a été témoin. L'objectif du mémorialiste est de **faire connaitre l'histoire « de l'intérieur »**.

? QUESTIONS

LE TEXTE

COMPÉTENCE – J'INTERPRÈTE DES TEXTES LITTÉRAIRES EN SITUANT L'ŒUVRE DANS SON CONTEXTE HISTORIQUE

Une structure en écho

1. ■ Quel évènement a lieu entre les deux passages de Napoléon par Villers-Cotterêts ?
2. Comparez les deux extraits. De quelles manières le narrateur met-il les deux épisodes en écho ? Quelles ressemblances remarquez-vous ?
3. **a)** Quelles différences relevez-vous ? **b)** Que soulignent-elles ?

Des Mémoires

4. ■ En quoi Dumas montre-t-il une vision originale d'une période célèbre de l'histoire de France ?
5. **a)** De qui fait-on le portrait dans ce texte ? **b)** Est-ce habituel pour un texte autobiographique ?
6. Selon vous, pourquoi Dumas tient-il à raconter cet épisode ? Qu'est-ce que ces extraits disent de lui ?

LES IMAGES

7. Le tableau de David est un portrait officiel commandé par Napoléon. **a)** Comment celui-ci est-il représenté par rapport aux autres soldats ? **b)** Que montre-t-il du doigt ?
8. Delaroche représente la même scène mais de manière réaliste. **a)** Quelles différences remarquez-vous ? **b)** Quels liens pouvez-vous faire avec le texte de Dumas ?

4 Se découvrir à travers l'épreuve

✔ **OBJECTIF** Je réfléchis à ce qu'est un journal intime et aux raisons qui poussent à écrire sur soi.

ANNE FRANK

(1929-1945) est une jeune fille juive allemande, réfugiée aux Pays-Bas et cachée avec sept autres personnes pendant plus de deux ans pour échapper aux nazis. Dénoncée et déportée avec toute sa famille, elle meurt dans le camp de Bergen-Belsen.

Dans son journal, Anne Frank raconte sa vie dans la clandestinité et livre ses réflexions au jour le jour, par le biais de lettres adressées à une amie imaginaire qu'elle nomme « Kitty ». Cette lettre datée du 7 mars 1944 est l'une des dernières qu'elle écrit avant d'être arrêtée et déportée dans un camp de concentration.

Mardi 7 mars 1944

Chère Kitty,

Quand je songe aujourd'hui à ma petite vie douillette de 1942, elle me paraît irréelle. Cette vie de rêve était le lot d'une Anne Frank toute différente de celle qui a mûri ici. Oui, une vie de rêve, voilà ce que c'était. Dans chaque recoin cinq admirateurs, une bonne vingtaine d'amies et de copines, la chouchoute de la plupart des profs, gâtée par Papa et Maman, bonbons à foison, assez d'argent, que désirer de plus ? [...] Tant d'admiration ne m'aurait-elle pas rendue arrogante ? C'est une chance qu'au milieu, au point culminant de la fête, j'aie été soudain ramenée à la réalité, et il m'a fallu plus d'un an pour m'habituer à ne plus recevoir de nulle part de marques d'admiration.

Comment me voyaient-ils à l'école ? Celle qui prenait l'initiative des farces et des blagues, toujours partante, jamais de mauvaise humeur ou pleurnicharde. Quoi d'étonnant si tout le monde voulait m'accompagner à vélo ou me témoigner de petites attentions ? Aujourd'hui je regarde cette Anne Frank comme une fille sympathique, amusante, mais superficielle, qui n'a rien à voir avec moi.

[...] Malgré tout, en 1942, je n'étais absolument pas heureuse, c'est impossible, je me sentais souvent abandonnée, mais comme j'étais occupée du matin au soir, je ne réfléchissais pas et je m'amusais autant que je pouvais. [...] La première moitié de 1943, mes crises de larmes, la solitude, la lente prise de conscience de tous mes torts et de tous mes défauts [...].

Après le Nouvel An, deuxième grand changement, mon rêve... c'est ainsi que j'ai découvert mon besoin d'un garçon ; pas d'une amie fille, mais d'un ami garçon. Découvert aussi le bonheur en moi et ma cuirasse de superficialité et de gaieté. Mais de temps à autre je retombais dans le silence. À présent je ne vis plus que pour Peter, car c'est de lui que dépendra pour une large part ce qu'il adviendra désormais de moi !

Et le soir, lorsque je suis couchée et que je termine ma prière par ces mots : « Je te remercie pour tout ce qui est bon, aimable et beau », alors je me sens emplie d'une jubilation[1] intérieure, je pense à « ce qui est bon » dans la clandestinité, dans ma santé, dans tout mon être, à « ce qui est aimable » en Peter [...]. Alors, je ne pense pas à toute la détresse, mais à la beauté qui subsiste

1. Grande joie.

REPÈRE

Le journal intime

Dans un journal intime, une personne raconte sa vie, écrit ses réflexions **au jour le jour** (à la différence d'une autobiographie classique, dans laquelle l'auteur fait appel à sa mémoire).

À priori, un journal ***intime*** n'est **pas destiné à être publié**. La personne écrit pour elle-même.

encore. C'est là que réside pour une grande part la différence entre Maman et moi. Le conseil qu'elle donne contre la mélancolie est : « Pense à toute la détresse du monde et estime-toi heureuse de ne pas la connaître. » Mon conseil à moi, c'est : « Sors, va dans les champs, dans la nature et au soleil, sors et essaie de retrouver le bonheur en toi ; pense à toute la beauté qui croît en toi et autour de toi et sois heureuse ! »

À mon avis, la phrase de Maman ne tient pas debout, car que doit-on faire quand on connaît soi-même la détresse ? On est perdu. En revanche, je trouve que dans n'importe quel chagrin, il subsiste quelque chose de beau, si on le regarde, on est frappé par la présence d'une joie de plus en plus forte et l'on retrouve soi-même son équilibre. Et qui est heureux rendra les autres heureux aussi, qui a courage et confiance ne se laissera jamais sombrer dans la détresse.

Bien à toi,
Anne M. Frank

Journal d'Anne Frank, 1947 © Calmann-Lévy, 2002 pour la traduction française par Philippe Noble et Isabelle Rosselin-Bobulesco.

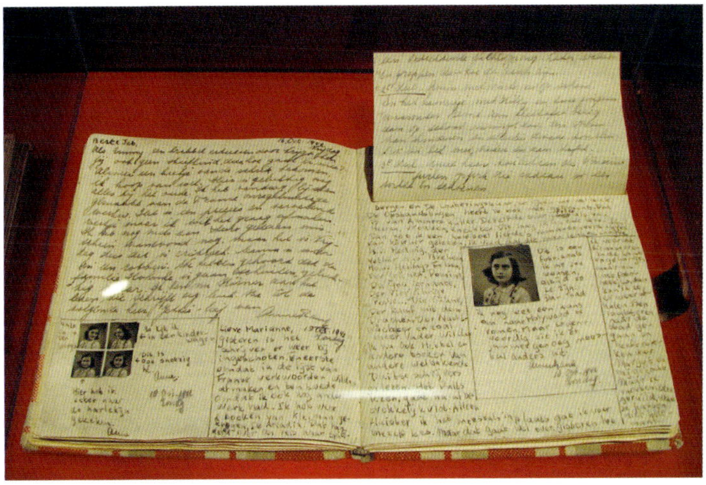

▲ *Journal* d'Anne Frank, pages 92-93 (musée Anne Frank, Berlin).

ÉCLAIRAGE

Histoire d'une publication

Otto Frank, le père d'Anne, est le seul membre de la famille à être revenu de déportation. Miep, une amie de sa fille, lui remet le journal qu'elle avait conservé. Anne voulait devenir écrivain et souhaitait publier son journal après la guerre. Otto Frank est d'abord très impressionné par la qualité des textes qu'il découvre. Après avoir longuement hésité à les publier, il finit par accepter : le *Journal* d'Anne Frank a paru aux Pays-Bas le 25 juin 1947.

Sur www.lelivrescolaire.fr, retrouvez :
- **un lien vers une vidéo résumant la vie d'Anne Frank ;**
- **le site Internet de la maison d'Anne Frank.**

QUESTIONS

COMPÉTENCE – J'INTERPRÈTE DES TEXTES LITTÉRAIRES EN SITUANT L'ŒUVRE DANS SON CONTEXTE HISTORIQUE

Deux époques, deux autoportraits

1. En quelques phrases, dressez le portrait d'Anne Frank en 1942. À quoi était-elle très attachée ?
2. Établissez le portrait qu'Anne Frank fait d'elle-même en mars 1944.
3. Qu'est-ce qui a provoqué ce changement ?

Murir

4. « C'est une chance qu'au milieu, au point culminant de la fête, j'aie été soudain ramenée à la réalité. » Que veut dire Anne Frank selon vous ?
5. Que traduit la présence des phrases interrogatives dans ce texte ?
6. a) Qu'est-ce qui est devenu essentiel pour Anne Frank ? b) Que veut-elle dire dans le dernier paragraphe du texte ?

Un journal intime

7. Quelles caractéristiques du journal intime identifiez-vous dans cet extrait ?
8. En vous appuyant sur la situation dans laquelle se trouvait Anne Frank en 1944, expliquez les raisons qui ont pu la pousser à tenir un journal intime et le rôle que celui-ci a pu jouer pour elle.

5

Écrire pour se souvenir

✔ **OBJECTIF** Je perçois comment les lieux peuvent être évocateurs de souvenirs.

PATRICK MODIANO

(né en 1945) est un écrivain français dont l'œuvre a été couronnée en 2014 par le prix Nobel de littérature. Ses nombreux romans (*Les Boulevards de ceinture, Rue des boutiques obscures*) ont le plus souvent pour cadre Paris et l'Occupation, et pour thèmes l'absence et la quête de l'identité.

Dans Livret de famille, *le narrateur (derrière lequel on devine Modiano) revient sur différents moments de sa vie. Mais le réel se mêle souvent à la fiction, et le lecteur en vient à se demander si les souvenirs les plus vrais ne sont pas ceux qui ont été imaginés…*

Dans l'extrait suivant, le narrateur découvre par hasard que l'appartement dans lequel il a passé son enfance, quai de Conti, à Paris, est à louer. Il décide d'aller le visiter.

Je me retrouvai seul, à cet endroit de la pièce où était la table autour de laquelle, jadis, nous prenions le repas. Le soleil dessinait des raies orangées sur le parquet. Pas un bruit. L'œil-de-bœuf[1], à travers lequel on devinait une chambre, était toujours là. Je me rappelais l'emplacement des meubles : les deux grands globes terrestres de chaque côté de l'œil-de-bœuf. Sous celui-ci, la bibliothèque vitrée qui supportait la maquette d'un galion[2]. Au pied de la bibliothèque le modèle réduit de l'un de ces canons qu'on utilisait à la bataille de Fontenoy[3]. Les deux mannequins de bois avec leur armure et leur cotte de maille chacun en retrait de l'un des globes terrestres. Et devant la maquette du galion, le sabre qui avait appartenu au duc de Gloucester. […].

Vide, cette pièce me semblait plus petite. Ou bien était-ce mon regard d'adulte qui la ramenait à ses véritables dimensions ? […] Je pénétrai dans ce qui avait été le bureau de mon père, et là j'éprouvai un sentiment de profonde désolation. Plus de canapé, ni de rideau dont le tissu assorti était orné de ramages grenat. Plus de portrait de Beethoven au mur, à gauche près de la porte. Plus de buste de Buffon au milieu de la cheminée. Ni cette odeur de chypre[4] et de tabac anglais.

Plus rien.

Je montai le petit escalier intérieur jusqu'au cinquième étage, et j'entrai dans la pièce de droite, transformée en salle de bain par mon père. Le dallage noir, la cheminée, la baignoire de marbre clair étaient toujours là, mais dans la chambre côté Seine, les boiseries bleu ciel avaient disparu, et je contemplai le mur nu. Il portait par endroits des lambeaux de toile de Jouy, vestiges des locataires qui avaient précédé mes parents et j'ai pensé que si je grattais ces lambeaux de toile de Jouy, je découvrirais de minuscules parcelles d'un tissu encore plus ancien.

Il était près de huit heures du soir et je demandais si le roux brillantiné de l'agence ne m'avait pas oublié. La chambre baignait dans cette lumière de soleil couchant qui faisait, sur le mur du fond, de petits rectangles dorés, les mêmes qu'il y a vingt ans. […]

À quinze ans, lorsque je me réveillais dans cette chambre, je tirais les rideaux, et le soleil, les promeneurs du samedi, les bouquinistes qui ouvraient leurs boîtes, le passage d'un autobus à plateforme, tout cela me rassurait. Une journée comme les autres. La catastrophe que je craignais, sans très bien savoir laquelle, n'avait pas eu lieu. Je descendais dans le bureau de mon père et j'y lisais les journaux du matin. Lui, vêtu de sa robe de chambre bleue, donnait d'interminables coups

1. Petite fenêtre ovale.
2. Navire à voiles.
3. Célèbre bataille qui opposa les Français aux Anglais en 1745 à Fontenoy (en Belgique).
4. Parfum aussi appelé « mousse de chêne ».
5. Hôtel des Monnaies, construit sous Louis XV.
6. Institution créée en 1795, l'Institut de France regroupe cinq académies (dont l'Académie française).

de téléphone. Il me demandait de venir le chercher, en fin d'après-midi, dans quelque hall d'hôtel où il fixait ses rendez-vous. Nous dînions à la maison. Ensuite, nous allions voir un vieux film ou manger un sorbet, les nuits d'été, à la terrasse du Ruc-Univers. Quelquefois nous restions tous les deux dans son bureau, à écouter des disques ou à jouer aux échecs et il se grattait de l'index le haut du crâne avant de déplacer un pion. Il m'accompagnait jusqu'à ma chambre et fumait une dernière cigarette en m'expliquant ses « projets ».

Et comme les couches successives de papiers peints et de tissus qui recouvrent les murs, cet appartement m'évoquait des souvenirs plus lointains. Les quelques années qui comptent tant pour moi, bien qu'elles aient précédé ma naissance. À la fin de juin 1942, par un crépuscule aussi doux que celui d'aujourd'hui, un vélo-taxi s'arrête, en bas, dans le renfoncement du quai Conti, qui sépare la Monnaie[5] de l'Institut[6]. Une jeune fille descend du vélo-taxi. C'est ma mère. Elle vient d'arriver à Paris par le train de Belgique.

PATRICK MODIANO, *Livret de famille*, chapitre 14 © Éditions Gallimard, 1977.

REPÈRE

Le roman autobiographique

Dans un roman autobiographique, l'écrivain **s'inspire de sa vie** pour écrire un **roman.** Ainsi, au contraire de l'autobiographie, genre dans lequel l'auteur s'engage à raconter sa vie en toute sincérité), dans un roman autobiographique **la part de vérité peut être plus ou moins grande.**

Institut de France, quai de Conti, Paris.

QUESTIONS

COMPÉTENCE – JE MAITRISE LE FONCTIONNEMENT DU VERBE ET SON ORTHOGRAPHE

Un passé qui ressurgit

1. Dans le premier paragraphe, le narrateur décrit-il ce qu'il voit ? Proposez une réponse nuancée et justifiez en citant le texte.
2. **a)** De quelle manière la description du bureau (l. 12 à 17) s'oppose-t-elle à celle de la salle à manger (l. 1 à 10) ? **b)** Quelle figure de style, employée dans le deuxième paragraphe, accentue cette opposition ?
3. **a)** Quel sentiment envahit le narrateur à ce moment-là ? **b)** De quelle manière la lumière accentue-t-elle ce sentiment ?
4. **a)** Quelle figure de style relevez-vous aux lignes 45-46 ? **b)** Comment souligne-t-elle le lien entre les lieux et les souvenirs ?

Souvenirs d'enfance

5. Quel glissement s'opère à partir de la ligne 29 ?
6. **a)** De qui le narrateur fait-il le portrait ? **b)** Quel portrait fait-il de lui ?
7. **a)** Commentez l'emploi du présent aux lignes 48 à 50. Quelle est sa valeur ? **b)** Quelle impression donne-t-il ?
8. **Synthèse. a)** Quel regard le narrateur porte-t-il sur son passé ? **b)** Qu'apprend-on sur le narrateur à travers cet extrait ?

Se représenter : l'autoportrait en peinture

Comment se représenter ?

1 Un autoportrait multiple

▲ Norman Rockwell, *Triple Autoportrait*, 1960, illustration, 113 x 87 cm (Norman Rockwell Museum, Massachussets, USA).

Le peintre se représente en train de peindre, comme d'autres avant lui. En haut à droite de sa toile, on remarque quatre reproductions d'autoportraits célèbres : ceux de Dürer, Rembrandt, Picasso et Van Gogh, que vous retrouvez sur ces pages.

2 Une mise en scène

▲ Albrecht Dürer, *Autoportrait avec gants*, 1498, huile sur bois, 52 x 41 cm (musée du Prado, Madrid).

Sous la fenêtre, on peut lire l'inscription suivante : *1498, je l'ai peint d'après moi. J'avais vingt-six ans, Albrecht Dürer.*

ÉCLAIRAGE

› Avoir une identité, c'est ne faire qu'un, être à la fois différent des autres et cohérent avec soi-même. Mais **il est parfois bien difficile de savoir qui l'on est.** Bien avant la mode des selfies, de nombreux artistes se sont confrontés à cette question et ont essayé d'y répondre de différentes manières.

› Faire son autoportrait, c'est donc aussi s'incrire dans une longue **tradition**. L'artiste se fait l'héritier d'un passé auquel il peut choisir de faire référence dans ses œuvres. L'identité de l'artiste se dévoile ainsi **en référence à ceux qui l'ont précédé**.

COMPÉTENCE

J'ÉTABLIS DES LIENS ENTRE DES PRODUCTIONS LITTÉRAIRES ET ARTISTIQUES ISSUES DE CULTURES ET D'ÉPOQUES DIVERSES

1500 — 1600 — 1700 — 1800 — 1900 — 2000

Albrecht Dürer *Autoportrait avec gants* (1498)

Rembrandt *Autoportrait* (1655)

Vincent Van Gogh *Autoportrait de l'artiste au chevet* (1888)

Picasso *Buste de femme et autoportrait* (1929)

Normann Rockwell *Triple Autoportrait* (1960)

3 Face à soi-même

Rembrandt, *Autoportrait*, 1655, huile sur bois, 49 x 41 cm (musée d'Histoire de l'art de Vienne).

Rembrandt s'est représenté à tous les âges de la vie, entre 1627 (à 21 ans) et 1669 (juste avant sa mort). Nous pouvons donc le voir vieillir progressivement.

4 L'ombre d'un autoportrait

Pablo Picasso, *Buste de femme et autoportrait*, 1929, peinture à l'huile, 73 x 60 cm (collection particulière).

5 Éloge de la peinture ou de l'artiste ?

Vincent Van Gogh, *Autoportrait de l'artiste*, 1888, huile sur toile, 65 x 50 cm (Van Gogh Museum, Amsterdam).

Van Gogh a réalisé 37 autoportraits entre 1886 et 1889.

? QUESTIONS

1. **Doc. 1 a)** Lisez la légende et expliquez le titre de cette œuvre. **b)** Recherchez la définition de « mise en abyme ». Pourquoi peut-on dire que ce tableau est une mise en abyme ?
2. **Doc. 2 et 3 a)** À votre avis, qu'est-ce qui pousse les artistes à se représenter ? Appuyez-vous notamment sur l'inscription dans le tableau de Dürer. **b)** Quel rapprochement pouvez-vous faire avec l'autobiographie ?
3. **Doc. 2, 3 et 5 a)** Quelle est la différence entre les autoportraits de Dürer et Rembrandt et celui de Van Gogh ? **b)** Que Van Gogh souhaite-t-il mettre en valeur ?
4. **Doc. 4 a)** Quelles sont les particularités de cet autoportrait ? Lisez le titre de l'œuvre et observez bien le tableau. **b)** Le tableau donne-t-il une bonne idée de qui était Picasso ?
5. **Doc. 1 à 5** À votre avis, pourquoi Rockwell s'est-il représenté avec ces quatre autres autoportraits sous les yeux ?

Ex. 1 JE ME PRÉSENTE

À la manière d'Alexandre Dumas, dans l'extrait ci-dessous, commencez votre autobiographie, et faites votre portrait. Présentez-vous de la manière la plus sincère possible. Puis, comme Montaigne dans les *Essais*, évoquez la difficulté qu'il y a à se cerner soi-même.

> « Je suis né à Villers-Cotterêts, petite ville du département de l'Aisne, située sur la route de Paris à Laon, à deux-cents pas de la rue de la Noüe, où mourut Demoustier, à deux lieues de La Ferté-Milon, où naquit Racine, et à sept lieues de Château-Thierry, où naquit La Fontaine. J'y suis né le 24 juillet 1802, rue de Lormet... »
>
> A. Dumas, *Mes Mémoires*, 1852-1856.

Méthode

› Relisez bien le sujet : on vous demande d'abord d'écrire « à la manière d'Alexandre Dumas ». Sur quoi celui-ci insiste-t-il ? Repérez les informations qu'il donne le concernant et ce à quoi il les lie. Appliquez ensuite ce modèle à votre propre histoire.

› Établissez un portrait physique et moral de vous-même, en toute simplicité.

Ex. 2 JE RÉPONDS À GEORGE SAND

Imaginez la réponse de Rousseau à George Sand (p. 106-107).

Méthode

› Relisez les textes de Rousseau et de Sand, et reformulez leurs points de vue au brouillon ou à l'oral en classe.

› Imaginez que vous êtes Rousseau et répondez aux attaques de Sand. Expliquez son point de vue sur l'écriture autobiographique. Adressez-vous directement à Sand.

› Respectez le niveau de langue et la cohérence avec les autres textes. Vous pouvez imaginer un autre épisode qui témoignerait de la sincérité des « confessions » de Rousseau.

PARCOURS DE COMPÉTENCES

Ex. 3 JE DÉCRIS UN LIEU AUQUEL JE SUIS LIÉ(E)

Il est des lieux qui portent notre histoire et disent notre personnalité : à la manière de Modiano, évoquez un lieu auquel vous êtes particulièrement attaché(e) parce qu'il est lié à un moment important de votre vie, ou parce qu'il vous raconte.

Méthode

› Choisissez un lieu (ce n'est pas forcément un lieu de domicile).

› Relisez bien le texte de Modiano : comme lui, vous devez faire découvrir ce lieu progressivement à votre lecteur, comme si vous le revisitiez.

› Associez à ce lieu un moment de votre vie (en le redécouvrant, c'est toute une partie de vous qui revient à votre mémoire) et des personnes qui ont compté pour vous.

Ex. 4 JE PRÉSENTE UN FAIT DE L'ACTUALITÉ QUI M'A MARQUÉ(E) ET JE PRÉCISE POURQUOI

Comme A. Dumas, vous avez été témoin (ou vous avez entendu parler) d'un épisode important de l'actualité (mettant en scène une personne connue) qui vous a marqué(e) et dont vous avez tiré une leçon pour vous-même. Racontez.

Méthode

› Choisissez la personne ou l'évènement dont vous allez parler.

› Mettez en scène cet épisode de manière palpitante et inattendue.

› Exprimez la leçon que vous en avez tirée en exposant des arguments.

JE ME SITUE DANS MON PARCOURS DE COMPÉTENCES

ÉCRIRE – J'EXPLOITE MES LECTURES POUR ENRICHIR MON ÉCRIT

1. Mon texte rapporte un lieu d'enfance, mais je n'ai pas tenu compte du texte de Modiano.
2. J'ai bien relu le texte de Modiano, mais mon récit ressemble plus à une copie qu'à un texte personnel.
3. Mon texte correspond à ce qui est demandé, mais la description du lieu manque de structure (connecteurs) ou de lien avec les souvenirs.
4. J'ai utilisé la structure du texte de Modiano, voire quelques tournures, mais je l'ai aussi personnalisé (lieu, sentiments, souvenirs, personnages évoqués).

Ex. 5 JE ME CONFIE DANS UNE PAGE DE JOURNAL INTIME

Dans une page de journal intime, vous évoquez une épreuve que vous avez vécue et qui vous a permis d'évoluer, de vous construire et de porter un regard nouveau et bienveillant sur la vie et sur ceux qui vous entourent.

Méthode
› Pensez à dater votre texte.
› Vous pouvez, comme Anne Frank, inventer un destinataire fictif, mais ce n'est pas une obligation.
› Racontez l'épreuve vécue de manière à ce que le lecteur comprenne quelle difficulté vous avez dû surmonter.
› Exprimez explicitement, pour finir, en quoi cela vous a permis de progresser.

EXPRESSION ORALE

Ex. 1 J'ÉLABORE ET JE PRÉSENTE UNE BIOGRAPHIE

Faites des recherches sur la vie de Michel de Montaigne, et présentez votre travail à vos camarades dans un exposé organisé ainsi :

a) ses origines familiales, son enfance ;

b) son activité de magistrat ;

c) son œuvre d'écrivain.

Méthode
› Collectez vos informations au brouillon.
› Réorganisez-les selon le plan qui vous est demandé, en ne conservant que ce qui vous semble important (inutile de tout dire de la vie de Montaigne).
› Ne rédigez pas votre exposé (vous seriez tenté de le lire) : vous devez savoir vous servir de simples notes écrites.
› Pensez à accompagner votre présentation orale d'une projection de documents iconographiques (portraits, lieux de vie...).

Ex. 2 JE DÉBATS EN CLASSE

Choisissez l'un de ces deux sujets et organisez un débat en classe :

a) Lorsqu'on raconte ses souvenirs, raconte-t-on vraiment la vérité ou arrange-t-on toujours un peu la réalité en l'idéalisant, en l'exagérant ou en l'atténuant ?

b) Peut-on tout raconter de son enfance et de son adolescence ?

Méthode
› Organisez le débat de telle sorte que les intervenants s'écoutent mutuellement, sans s'interrompre ni dénigrer ce qui est développé par les différents participants.
› Appuyez-vous sur des exemples précis pour illustrer votre point de vue.

Ex. 3 JE FAIS VISITER UN LIEU QUI EST L'EXPRESSION D'UNE PERSONNALITÉ

Sur www.lelivrescolaire.fr, retrouvez un lien pour découvrir la maison de Victor Hugo à Guernesey.

À partir des informations qui sont données sur le site, élaborez un exposé que vous présenterez à vos camarades pour montrer comment ce lieu est l'expression de la personnalité de Victor Hugo.

Méthode
› Lisez bien la présentation qui est faite de la maison : une première fois sans prendre de notes, une seconde fois en notant au brouillon tout ce qui pourrait vous être utile pour répondre.
› Choisissez avec soin les photos, et associez à chacune vos remarques.
› Terminez votre présentation par un portrait de Hugo, en synthétisant ce que vous avez développé auparavant.

▲ Hauteville House, maison de Victor Hugo à Guernesey.

Ex. 4 JE DONNE MA VOIX À UN TEXTE

Entrainez-vous à lire de manière expressive un extrait de ce chapitre qui vous plait particulièrement.

Enregistrez ensuite vos lectures et regroupez-les dans un livre audio, que vous pourrez mettre par exemple sur le site du collège ou au CDI.

Méthode
Veillez à respecter : le volume de voix qui convient, le choix d'intonation correspondant à la ponctuation, une vitesse de lecture convenable.

SUJET BREVET 1

Mon enfance

Jacques Brel (1929-1978) est un auteur-compositeur-interprète belge. Il quitte l'Europe à bord de son voilier en 1974 et s'installe en Polynésie, où il est enterré.

Mon enfance passa
De grisailles en silences
De fausses révérences
En manque de batailles [...]
L'été à moitié nu
Mais tout à fait modeste
Je devenais indien
Pourtant déjà certain
Que mes oncles repus
M'avaient volé le Far West

Mon enfance passa
Les femmes aux cuisines
Où je rêvais de Chine
Vieillissaient en repas
Les hommes au fromage
S'enveloppaient de tabac
Flamands[1] taiseux et sages
Et ne me savaient pas

Moi qui toutes les nuits
Agenouillé pour rien
Arpégeais[2] mon chagrin
Au pied du trop grand lit
Je voulais prendre un train
Que je n'ai jamais pris

[...]

Mon enfance éclata
Ce fut l'adolescence
Et le mur du silence
Un matin se brisa [...]
Je volais je le jure
Je jure que je volais
Mon cœur ouvrait les bras
Je n'étais plus barbare

Et la guerre arriva

Et nous voilà ce soir.

JACQUES BREL, « Mon enfance », *Jacques Brel 67*, 1967.

1. Habitants de la Flandre, en Belgique.
2. Ici : jouer sur un air de musique.

▲ Frederic Remington, *The Blanket signal*, 1894-1898 (musée des Beaux-Arts, Houston).

1re partie : compréhension, analyse et interprétation (1 h) ......

QUESTIONS (20 POINTS)

1. Dans cette chanson, Jacques Brel évoque son enfance. Relevez plusieurs marques de l'écriture autobiographique. (1 point)
2. Qu'est-ce qui fascine le jeune Jacques Brel ? Relevez notamment un champ lexical. (1,5 point)
3. a) Comment décririez-vous sa famille ? Appuyez-vous sur des citations précises du texte pour répondre. b) En quoi cette description s'oppose-t-elle totalement au monde qui fascine l'enfant ? (2,5 points)
4. Quel regard l'enfant porte-t-il sur le monde des adultes ? Nuancez votre réponse. (2 points)
5. Comment Brel vit-il le passage à l'adolescence ? Commentez notamment les vers 29-30. (2 points)
6. a) Quel sens Brel donne-t-il au mot « barbare » (v. 32) parmi ces trois sens donnés par le dictionnaire ?
   ❒ Étranger. ❒ Cruel, inhumain.
   ❒ Ignorant, sauvage.
   b) Expliquez ce que Brel veut dire ici. (2 points)
7. a) Quels sont les temps verbaux employés pour ce récit d'enfance ? b) Pourquoi peut-on dire que le temps semble s'accélérer à la fin du texte ? Appuyez votre réponse sur les indications temporelles et la longueur des phrases. (2,5 points)
8. a) Comment l'ensemble du texte est-il construit ? Relevez les répétitions et commentez-les.
   b) Quelle image de son enfance Brel donne-t-il ainsi ? (3,5 points)
9. À propos de l'image. Jacques Brel évoque les indiens (v. 7) dans ce texte. Selon vous, en quoi ce tableau de Frederic Remington pourrait-il traduire les rêves de Jacques Brel lorsqu'il était jeune ? Qu'est-ce qui aurait pu l'attirer dans cette représentation d'un indien d'Amérique ? (3 points)

2e partie : rédaction et maîtrise de la langue (2 h)

DICTÉE ET RÉÉCRITURE (10 POINTS)

1. Dictée : **MARCEL PROUST, *Du côté de chez Swann*, 1913.** Les dictées des brevets blancs sont regroupées à la fin du cahier d'exercices de 3e.
2. **Réécrivez l'extrait suivant (v. 11-24) en commençant par : « Notre enfance passa » et faites toutes les modifications nécessaires.**

Mon enfance passa
Les femmes aux cuisines
Où je rêvais de Chine
Vieillissaient en repas
Les hommes au fromage
S'enveloppaient de tabac [...]
Moi qui toutes les nuits
Agenouillé pour rien
Arpégeais mon chagrin
Au pied du trop grand lit
Je voulais prendre un train
Que je n'ai jamais pris

TRAVAIL D'ÉCRITURE (20 POINTS)

Vous traiterez au choix l'un des deux sujets suivants. Votre texte aura une longueur minimale de deux pages.

SUJET DE RÉFLEXION

Selon vous, qu'est-ce qui caractérise l'enfance ? En avez-vous la même perception que ce qu'en dit Jacques Brel dans sa chanson, ou bien le regard que vous posez sur cette période de la vie est-il radicalement différent ? Pour répondre, vous pouvez utiliser votre expérience personnelle, mais aussi faire référence à vos lectures. Organisez votre propos de manière logique et structurée.

SUJET D'INVENTION

À la manière de Jacques Brel, vous composerez un poème (en vers réguliers ou en vers libres) dans lequel vous évoquerez votre petite enfance et la fin de celle-ci.

Vos vers ne devront pas forcément rimer, mais vous porterez une attention particulière aux sonorités, au rythme des phrases, aux champs lexicaux utilisés et au choix des figures de style.

SUJET BREVET 2

« Une houle vivante »

Le 26 aout 1944, à l'occasion de la libération de Paris, le général de Gaulle descend triomphalement les Champs-Élysées jusqu'à la cathédrale Notre-Dame. Il retrace cet épisode dans ses Mémoires de guerre.

Au cours de la matinée, on me rapporte que de toute la ville et de toute la banlieue, dans ce Paris qui n'a plus de métro, ni d'autobus, ni de voitures, d'innombrables piétons sont en marche. À trois heures de l'après-midi, j'arrive à l'Arc de triomphe. [...] Je ranime la flamme[1]. Depuis le 14 juin 1940, nul n'avait pu le faire qu'en présence de l'envahisseur. Puis, je quitte la voûte et le terre-plein. Les assistants s'écartent. Devant moi, les Champs-Élysées !

Ah ! C'est la mer ! Une foule immense est massée de part et d'autre de la chaussée. Peut-être deux millions d'âmes. Les toits aussi sont noirs de monde. À toutes les fenêtres s'entassent des groupes compacts, pêle-mêle avec des drapeaux. Des grappes humaines sont accrochées à des échelles, des mâts, des réverbères. Si loin que porte ma vue, ce n'est qu'une houle[2] vivante, dans le soleil, sous le tricolore.

Je vais à pied. [...] Il s'agit, aujourd'hui, de rendre à lui-même, par le spectacle de sa joie et l'évidence de sa liberté, un peuple qui fut, hier, écrasé par la défaite et dispersé par la servitude. [...]

Je vais donc, ému et tranquille, au milieu de l'exultation indicible de la foule, sous la tempête des voix qui font retentir mon nom, tâchant, à mesure, de poser mes regards sur chaque flot de cette marée afin que la vue de tous ait pu entrer dans mes yeux, élevant et abaissant les bras pour répondre aux acclamations. Il se passe, en ce moment, un de ces miracles de la conscience nationale, un de ces gestes de la France, qui parfois, au long des siècles, viennent illuminer notre Histoire. Dans cette communauté, qui n'est qu'une seule pensée, un seul élan, un seul cri, les différences s'effacent, les individus disparaissent. Innombrables Français dont je m'approche tour à tour, à l'Étoile[3], au Rond-Point[4], à la Concorde[5], devant l'Hôtel-de-Ville, sur le parvis de la cathédrale[6], si vous saviez comme vous êtes pareils ! Vous, les enfants, si pâles qui trépignez et criez de joie ; vous, les femmes, portant tant de chagrins, qui me jetez vivats[7] et sourires ; vous, les hommes, inondés d'une fierté longtemps oubliée, qui me criez votre merci ; vous, les vieilles gens, qui me faites l'honneur de vos larmes, ah ! comme vous vous ressemblez ! Et moi, au centre de ce déchaînement, je me sens remplir une fonction qui dépasse de très haut ma personne, servir d'instrument au destin.

CHARLES DE GAULLE, *Mémoires de guerre*, tome 2, « L'Unité », © Éditions Plon, 1956.

Le jour de l'épreuve, vous pourrez parfois vous aider du corpus d'histoire-géographie pour comprendre le contexte de l'extrait. Retrouvez dans votre manuel d'histoire-géographie, l'appel du Général de Gaulle en sujet de brevet (chapitre 4).

1. Sous l'Arc de triomphe brule constamment une flamme qui commémore, depuis 1923, le souvenir des soldats morts au combat.
2. Mouvement de la mer.
3. La place de l'Étoile à Paris (= place Ch. de Gaulle), où s'élève l'Arc de triomphe.
4. La Place de l'Étoile forme un très grand rondpoint.
5. La plus grande place de Paris, en bas des Champs-Élysées.
6. Notre-Dame de Paris.
7. Acclamations (du latin *vivat*, « qu'il vive ! »).

Foule acclamant le passage de la 2e division blindée sur les Champs-Élysées le 26 aout 1944, photographie de Jack Downey, 1944.

Retrouvez la 1re partie de l'épreuve sur : www.lelivrescolaire.fr

100% NUMÉRIQUE

Zoom sur la 2e partie de l'épreuve

DICTÉE ET RÉÉCRITURE (10 POINTS)

1. **Dictée : F.-R. DE CHATEAUBRIAND, *Mémoires d'outre-tombe*, préface testamentaire, 1832.** Les dictées des brevets blancs sont regroupées à la fin du cahier d'exercices de 3e.
2. **Réécrivez le passage ci-dessous en remplaçant « vous » par « tu ». Faites toutes les modifications nécessaires.**

Vous, les enfants, si pâles qui trépignez et criez de joie ; vous, les femmes, portant tant de chagrins, qui me jetez vivats et sourires ; vous, les hommes, inondés d'une fierté longtemps oubliée, qui me criez votre merci.

Coup de pouce

Cet exercice a pour but de vérifier que vous maitrisez les chaines d'accord. Vérifiez donc très attentivement les accords dans le groupe nominal ainsi que les accords avec le sujet.

- En changeant le pronom, vous devrez aussi changer le GN qui suit. • *Vous, les enfants* → *Toi, l'enfant.*
- Prenez garde à l'accord du verbe dans la proposition subordonnée relative. Demandez-vous ce que reprend le pronom relatif. • *Vous, les enfants, si pâles qui* ***trépignez*** → *Toi, l'enfant … qui* ***trépignes***.
- Ne mettez pas tous les adjectifs au singulier sans réfléchir. Demandez-vous à chaque fois à quel nom, GN ou pronom il se rapporte.

MÉTHODE

Il s'agit de modifier un extrait en fonction de consignes précises. On peut vous demander :

- **de changer de temps verbal :** vérifiez bien la terminaison de chaque forme modifiée, l'accord des participes passés si besoin, l'application de la concordance des temps (si le verbe introducteur devient un verbe au passé par exemple).
- **de changer de personne :** vérifiez les accords des verbes et des adjectifs si vous passez au féminin ou au pluriel, la cohérence des déterminants (« son » qui devient « leur » par exemple), l'accord des participes passés si nécessaire.
- **de passer du discours direct au direct indirect ou inversement :** attention aux changements de ponctuation, de pronoms (*Il lui dit qu'il … > Il lui dit : « Je… »*), des indications de temps et de lieu (*hier > la veille*).
- **de passer de la voix active à la voix passive ou inversement :** prenez garde à bien former le verbe en conjuguant l'auxiliaire au temps qui correspond et faites attention aux accords avec le sujet.

Ces consignes peuvent être implicites si on vous demande de changer les premiers mots du passage et de faire toutes les modifications nécessaires qui en découlent.

TRAVAIL D'ÉCRITURE (20 POINTS)

Vous traiterez au choix l'un des deux sujets suivants. Votre texte aura une longueur minimale de deux pages.

SUJET DE RÉFLEXION

Imaginez que vous avez vécu un évènement historique. Devenu vieux, vous racontez par écrit à l'un de vos petits-enfants âgé de quinze ans ce que vous avez vécu et ressenti ce jour-là. Vous respecterez les trois étapes suivantes :

- La description du contexte.
- Le récit de l'évènement lui-même.
- La description de ce que vous avez ressenti et l'impression que vous en avez gardée.

SUJET D'INVENTION

Selon vous, un mémorialiste peut-il raconter aussi objectivement qu'un historien un épisode historique auquel il a participé ? Vous répondrez à cette question en exposant les ressemblances puis les différences entre Mémoires et travail d'historien. Vous illustrerez vos propos par des exemples de Mémoires ou d'autobiographies que vous avez pu lire et en vous appuyant sur vos connaissances historiques.

SE CHERCHER, SE CONSTRUIRE – SE RACONTER, SE REPRÉSENTER

6 Romain Gary, *La Promesse de l'aube*

Objectifs :
- ✔ **Je m'interroge sur les notions de roman et de récit autobiographiques.**
- ✔ **Je découvre l'œuvre d'un auteur majeur du XXe siècle.**
- ✔ **Je me demande pourquoi parler de soi.**

?

Pour entrer dans le chapitre

1. Les personnages du récit que vous allez lire sont des êtres passionnés. Quels sont les différents sens du mot « passion » ?
2. L'auteur a écrit sous un pseudonyme.
   a) Qu'est-ce qu'un pseudonyme ?
   b) Pour quelles raisons peut-on en utiliser un ?

L'image

1. Décrivez l'homme photographié.
2. Comment décririez-vous son regard ? Quelle impression se dégage de lui ?
3. Imaginez sa vie.

TEXTES ET IMAGES

Romain Gary à Paris, 2 mai 1974. ▶

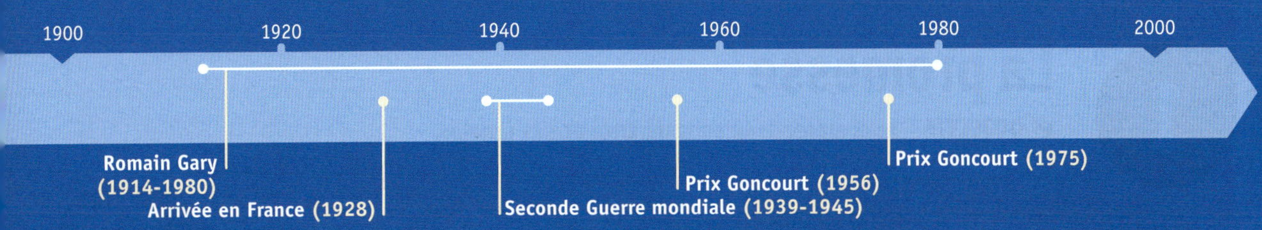
1900
1920
1940
1960
1980
2000
Romain Gary (1914-1980)
Arrivée en France (1928)
Seconde Guerre mondiale (1939-1945)
Prix Goncourt (1956)
Prix Goncourt (1975)

1 La promesse

✔ **OBJECTIF** Je comprends le sens du titre et ses enjeux.

ROMAIN GARY

(1914-1980) nait à Vilnius (alors dans l'Empire russe), dans une famille juive. Pour échapper à l'antisémitisme, sa mère et lui émigrent à Nice en 1928. En 1940, il rejoint le général de Gaulle à Londres, combat dans les Forces aériennes françaises libres et est nommé Compagnon de la Libération. Après la guerre, il devient romancier, cinéaste et diplomate.

La femme de ménage, que la mère du jeune Romain (le narrateur) a engagée alors qu'ils habitaient à Nice, est impressionnée par l'amour immodéré que la mère porte à son fils, et lui en fait la remarque.

Je sais bien que c'est ta mère, mais c'est tout de même beau, un amour comme ça. Ça finit par vous faire envie... Y aura jamais une autre femme pour t'aimer comme elle, dans la vie. Ça, c'est sûr.

C'était sûr. Mais je ne le savais pas. Ce fut seulement aux abords de la quarantaine que je commençai à comprendre. Il n'est pas bon d'être tellement aimé, si jeune, si tôt. Ça vous donne de mauvaises habitudes. On croit que c'est arrivé. On croit que ça existe ailleurs, que ça peut se retrouver. On compte là-dessus. On regarde, on espère, on attend. Avec l'amour maternel, la vie vous fait à l'aube une promesse qu'elle ne tient jamais. On est obligé ensuite de manger froid jusqu'à la fin de ses jours. Après cela, chaque fois qu'une femme vous prend dans ses bras et vous serre sur son cœur, ce ne sont plus que des condoléances. On revient toujours gueuler sur la tombe de sa mère comme un chien abandonné. Jamais plus, jamais plus, jamais plus. Des bras adorables se referment autour de votre cou et des lèvres très douces vous parlent d'amour, mais vous êtes au courant. Vous êtes passé à la source très tôt et vous avez tout bu. Lorsque la soif vous reprend, vous avez beau vous jeter de tous côtés, il n'y a plus de puits, il n'y a que des mirages. Vous avez fait, dès la première lueur de l'aube, une étude très serrée de l'amour et vous avez sur vous de la documentation. Partout où vous allez, vous portez en vous le poison des comparaisons et vous passez votre temps à attendre ce que vous avez déjà reçu. Je ne dis pas qu'il faille empêcher les mères d'aimer leurs petits. Je dis simplement qu'il vaut mieux que les mères aient encore quelqu'un d'autre à aimer. Si ma mère avait eu un amant, je n'aurais pas passé ma vie à mourir de soif auprès de chaque fontaine. Malheureusement pour moi, je me connais en vrais diamants.

ROMAIN GARY, *La Promesse de l'aube*, Première partie, chapitre 4, © Éditions Gallimard, 1960.

▲ Romain Gary, jeune.

Retrouvez sur www.lelivrescolaire.fr :
- **Romain Gary parlant de sa mère (vidéo INA) ;**
- **toute la vie de Romain Gary à écouter en podcast sur France Inter.**

Romain Gary et son épouse, l'actrice Jean Seberg. ▶

Jean Crotti, *Naissance d'une aube légère*, 1922, huile sur toile, hauteur : 92 cm (musée d'Art moderne de la ville de Paris).

ÉCLAIRAGE

Deux prix Goncourt

› Le prestigieux prix Goncourt récompense tous les ans un roman publié dans l'année en cours. Il ne peut être attribué **qu'une seule fois** à un écrivain.

› Roman Kacew ruse et réussit l'exploit de l'obtenir deux fois : en 1956 pour ***Les Racines du ciel***, roman publié sous son pseudonyme officiel, Romain Gary ; puis en 1975 pour ***La Vie devant soi***, publié sous le **pseudonyme d'Émile Ajar**, grâce à la complicité de son neveu qui fera croire qu'il est l'auteur de ce roman. La supercherie ne sera dévoilée qu'après la mort de Romain Gary.

QUESTIONS

LE TEXTE

COMPÉTENCE – J'EXPLOITE MES LECTURES POUR ENRICHIR UN RÉCIT ET JE SAIS UTILISER DES OUTILS D'ANALYSE LITTÉRAIRES

La promesse de l'aube

1. Quelle est cette promesse dont parle le texte ? Reformulez-la avec vos propres mots.
2. Qui fait cette promesse à l'enfant ?
3. Expliquez la métaphore : « la promesse de l'aube ».

Le regard de l'adulte

4. ■ Qu'est-ce qui distingue le narrateur adulte de l'enfant qu'il fut ? Proposez une réponse approfondie, en prenant appui sur des exemples précis du texte.
5. Montrez que le narrateur cherche à créer une complicité avec le lecteur. Appuyez-vous notamment sur les pronoms.
6. ■ Quelle est la leçon que le narrateur tire de son expérience personnelle ? Reformulez-la.

Les conséquences de la promesse

7. Quels sentiments cette promesse provoque-t-elle chez le narrateur ?
8. Comment exprime-t-il la violence de la situation vécue ? Citez des exemples précis du texte.
9. Le narrateur peut-il échapper à cette situation ? Justifiez.

L'IMAGE DE DROITE

1. Décrivez les couleurs et les formes présentes dans ce tableau, puis expliquez en quoi il peut représenter l'aube.
2. Imaginez que l'on mette ce tableau à l'envers. Suggérerait-il toujours aussi bien l'aube ? Expliquez.
3. En quoi l'aube peut-elle être considérée comme porteuse d'une promesse ?

2 La part du rêve

✔ **OBJECTIF** Je perçois la puissance du rêve, élément fondateur du récit.

La mère de Romain Gary prétend avoir été une grande artiste dramatique dans sa jeunesse, ce que le narrateur n'est jamais parvenu à vérifier précisément. Ébauchant un portrait de la figure maternelle, il se souvient des moments partagés avec cette mère si mystérieuse…

▲ Image du film *La Promesse de l'aube*, adapation de Jules Dassin, 1970.

Je savais aussi qu'elle était fille d'un horloger juif de la steppe russe, de Koursk, plus précisément ; qu'elle avait été très belle, qu'elle avait quitté sa famille à l'âge de seize ans ; qu'elle avait été mariée, divorcée, remariée, divorcée encore – et tout le reste, pour moi, était une joue contre la mienne, une voix mélodieuse, qui murmurait, parlait, chantait, riait – un rire insouciant, d'une gaieté étonnante, que je guette, j'attends, je cherche en vain, depuis, autour de moi ; un parfum de muguet, une chevelure sombre qui coule à flots sur mon visage et, murmurées à l'oreille, des histoires étranges d'un pays qui, un jour, allait être le mien. Conservatoire ou pas[1], elle devait cependant avoir du talent, parce qu'elle mettait à évoquer pour moi la France tout l'art des conteurs orientaux et une force de conviction dont je ne me suis jamais remis. Jusqu'à ce jour, il m'arrive d'*attendre* la France, ce pays intéressant, dont j'ai tellement entendu parler, que je n'ai pas connu et que je ne connaîtrai jamais – car la France que ma mère évoquait dans ses descriptions lyriques et inspirées depuis ma plus tendre enfance avait fini par devenir pour moi un mythe fabuleux, entièrement à l'abri de la réalité, une sorte de chef-d'œuvre poétique, qu'aucune expérience humaine ne pouvait atteindre ni révéler. Elle connaissait notre langue remarquablement – avec un fort accent russe, il est vrai, dont je garde la trace dans ma voix jusqu'à ce jour – elle n'avait jamais voulu m'expliquer où, comment, de qui, à quel moment de sa vie elle l'avait apprise. « J'ai été à Nice et à Paris » – c'était tout ce qu'elle avait consenti à me confier. Dans sa loge de théâtre glacée, dans l'appartement que nous partagions avec trois autres familles d'acteurs, où une jeune bonne, Aniela, prenait soin de moi et, plus tard, dans les wagons à bestiaux qui nous emportaient vers l'Ouest, avec le typhus[2] pour compagnie, elle s'agenouillait devant moi, frottait mes doigts engourdis et continuait à me parler de la terre lointaine où les plus belles histoires du monde arrivaient vraiment ; tous les hommes étaient libres et égaux ; les artistes étaient reçus dans les meilleures familles ; Victor Hugo avait été Président de la République ; […] j'allais être un grand violoniste, un grand acteur, un grand poète ; […] je marchais dans la neige, le long de la voie ferrée, une main dans celle de ma mère, tenant dans l'autre un pot de chambre dont je refusais de me séparer depuis Moscou et qui était devenu un ami : je m'attache très facilement ; on me rasait le crâne ; couchée sur une paillasse, le regard perdu dans le lointain, elle continuait à évoquer mon avenir radieux ; je luttais contre le sommeil et ouvrais des yeux tout grands pour essayer d'apercevoir ce qu'elle voyait ; le Chevalier Bayard[3] ;

1. Comprendre : Qu'elle ait fait ou non des études de théâtre.
2. Grave maladie engendrée par de mauvaises conditions d'hygiène.
3. Célèbre pour sa bravoure, il fut surnommé « chevalier sans peur et sans reproche ». Il symbolise les valeurs de la chevalerie française.
4. Roman (1848), puis pièce de théâtre (1852) d'Alexandre Dumas fils, qui ont pour thème une histoire d'amour absolu entre une courtisane et un jeune bourgeois.
5. Très célèbre comédienne française (1844-1923).

la Dame aux Camélias[4] ; on trouvait du beurre et du sucre dans tous les magasins ; Napoléon Bonaparte ; Sarah Bernhardt[5] – je m'endormais enfin, la tête sur son épaule, le pot de chambre serré dans mes bras. Plus tard, beaucoup plus tard, après quinze ans de contact avec la réalité française, à Nice, où nous étions venus nous établir, le visage ridé, maintenant, et les cheveux tout blancs, vieillie, puisqu'il faut bien dire le mot, mais n'ayant rien appris, rien remarqué, elle continua à évoquer, avec le même sourire confiant, ce pays merveilleux qu'elle avait apporté avec elle dans son baluchon ; quant à moi, élevé dans ce pays imaginaire de toutes les noblesses et de toutes les vertus, mais n'ayant pas le don extraordinaire de ma mère de ne voir partout que les couleurs de son propre cœur, je passai d'abord mon temps à regarder autour de moi avec stupeur et à me frotter les yeux, et ensuite, l'âge d'homme venu, à livrer à la réalité un combat homérique et désespéré, pour redresser le monde et le faire coïncider avec le rêve naïf qui habitait celle que j'aimais si tendrement.

Oui, ma mère avait du talent - et je ne m'en suis jamais remis.

ROMAIN GARY, *La Promesse de l'aube*, Première partie, chapitre 5, © Éditions Gallimard, 1960.

▲ Paul Klee, *Ville de rêve*, 1921, aquarelle et huile, carton, papier, 48 x 31 cm (Nationalgalerie, Berlin).

ÉCLAIRAGE

Vilnius

Romain Gary est né à Vilnius, dans un pays qui a subi de plein fouet les bouleversements de l'Histoire. En effet, la **Lituanie** a été placée successivement sous l'autorité de la Pologne, puis de l'Empire russe (1795-1915) ; on surnommait alors Vilnius la « Jérusalem de Lituanie », la moitié de la population étant juive. La Lituanie a ensuite subi l'**occupation allemande** (1915-1918), avant de redevenir **polonaise**, puis d'être annexée à l'**URSS** en 1940. Ce n'est qu'en 1991 qu'elle retrouve son indépendance, suite à l'effondrement de l'Empire soviétique.

QUESTIONS

LE TEXTE

COMPÉTENCE – JE LIS DES TEXTES VARIÉS, JE COMPRENDS LES IMPLICITES DU TEXTE ET FAIS DES HYPOTHÈSES DE LECTURE

Une mère rêvée

1. ■ **a)** L'enfant connait-il bien le passé de sa mère ? **b)** Pourquoi ?
2. ■ Quel portrait dresse-t-il d'elle ? Sur quels aspects insiste-t-il ?

Une France rêvée

3. Quelle vision la mère a-t-elle de la France ? Proposez une réponse approfondie et illustrée d'exemples précis.
4. Pourquoi le narrateur dit « *attendre* la France » (l. 13), alors qu'il y a vécu une bonne partie de sa vie ?

Un destin rêvé

5. **a)** Quel avenir la mère imagine-t-elle pour son fils ? **b)** Que pensez-vous de ses projets ?
6. **a)** Comment l'enfant réagit-il face aux rêves de sa mère ? **b)** Et l'enfant devenu adulte ?

L'IMAGE

1. Quelle est la première impression qui se dégage à la vue de ce tableau ?
2. Sans le titre, comprendrait-on facilement de quoi il s'agit ?
3. Quels éléments du tableau correspondent à la représentation d'une ville, et quels éléments font référence au rêve ?

3 Portrait de l'artiste en jongleur

✔ **OBJECTIF** J'analyse la signification d'une vocation artistique.

Le jeune Romain et sa mère sont contraints de quitter Wilno (Vilnius) car la maison de couture de la mère du narrateur a fait faillite. Ils vont s'installer à Varsovie, où l'enfant se découvre une nouvelle passion : le jonglage.

Dans les couloirs de l'école, sous le regard de mes camarades éblouis, je jonglais à présent avec cinq ou six oranges et, quelque part, au fond de moi, vivait la folle ambition de parvenir à la septième et peut-être à la huitième, comme le grand Rastelli[1], et même, qui sait, à la neuvième, pour devenir enfin le plus grand jongleur de tous les temps. Ma mère méritait cela et je passais tous mes loisirs à m'entraîner.

Je jonglais avec les oranges, avec les assiettes, avec les bouteilles, avec les balais, avec tout ce qui me tombait sous la main ; mon besoin d'art, de perfection, mon goût de l'exploit merveilleux et unique, bref, ma soif de maîtrise, trouvait là un humble mais fervent moyen d'expression. Je me sentais aux abords d'un domaine prodigieux, et où j'aspirais de tout mon être à parvenir : celui de l'impossible atteint et réalisé. Ce fut mon premier moyen d'expression artistique, mon premier pressentiment d'une perfection possible et je m'y jetai à corps perdu. Je jonglais à l'école, dans les rues, en montant l'escalier, j'entrais dans notre chambre en jonglant et je me plantais devant ma mère, les six oranges volant dans les airs, toujours relancées, toujours rattrapées. Malheureusement, là encore, alors que je me voyais déjà promis au plus brillant destin, faisant vivre ma mère dans le luxe grâce à mon talent, un fait brutal s'imposa peu à peu à moi : je n'arrivais pas à dépasser la sixième balle. J'ai essayé, pourtant, Dieu sait que j'ai essayé. Il m'arrivait à cette époque de jongler sept, huit heures par jour. Je sentais confusément que l'enjeu était important, capital même, que je jouais là toute ma vie, tout mon rêve, toute ma nature profonde, que c'était bien de toute la perfection possible ou impossible qu'il s'agissait. Mais j'avais beau faire, la septième balle se dérobait toujours à mes efforts. Le chef-d'œuvre demeurait inaccessible, éternellement pressenti, mais toujours hors de portée. La maîtrise se refusait toujours. Je tendais toute ma volonté, je faisais appel à toute mon agilité, à toute ma rapidité,

▲ Portrait d'Enrico Rastelli, 1920.

100% NUMÉRIQUE

Retrouvez sur www.lelivrescolaire.fr deux pièces de théâtre dont l'exécution requiert une maitrise technique hors normes :
- **le 24e *Caprice* de Paganini, interprété par Julia Fischer ;**
- **La *Campanella*, pièce que Liszt a composée à partir d'un concerto de Paganini, interprétée par Evgeni Kissin.**

les balles, lancées en l'air, se succédaient avec précision, mais la septième balle à peine lancée, tout l'édifice s'écroulait et je restais là, consterné, incapable de me résigner, incapable de renoncer. Je recommençais. Mais la dernière balle est restée à jamais hors d'atteinte. Jamais, jamais ma main n'est parvenue à la saisir. J'ai essayé toute ma vie. Ce fut seulement aux abords de ma quarantième année, après avoir longuement erré parmi les chefs-d'œuvre, que peu à peu la vérité se fit en moi, et que je compris que la dernière balle n'existait pas.

C'est une vérité triste et il ne faut pas la dévoiler aux enfants. Voilà pourquoi ce livre ne peut pas être mis entre toutes les mains.

Je ne m'étonne plus aujourd'hui qu'il arrivât à Paganini[2] de jeter son violon et de rester de longues années sans y toucher, gisant là, le regard vide. Je ne m'étonne pas, il savait.

ROMAIN GARY, *La Promesse de l'aube*,
Première partie, chapitre 17, © Éditions Gallimard, 1960.

1. Enrico Rastelli (1896-1931) : jongleur d'origine italienne, reconnu comme l'un des meilleurs jongleurs de tous les temps.
2. Voir *Éclairage*.

Portrait de Paganini jouant du violon sur une corde, 1831, lithographie (collection privée).

ÉCLAIRAGE

Niccolo Paganini

Niccolo Paganini est un **violoniste et compositeur italien** (1782-1840). Resté célèbre pour son **extraordinaire maitrise technique**, il révolutionne la façon de jouer du violon. Le compositeur et pianiste virtuose Franz Liszt dit de lui : « Quel homme ! Quel violon ! Quel artiste ! Quelle souffrance, quelle angoisse, quels tourments ces quatre cordes peuvent exprimer ! »

? QUESTIONS

LE TEXTE

COMPÉTENCE – JE CONNAIS LES ASPECTS FONDAMENTAUX DU FONCTIONNEMENT DE LA PHRASE

L'ambition de l'enfant

1. Pourquoi l'enfant passe-t-il autant de temps à jongler ? Donnez au moins trois raisons.
2. ■ Comment l'acharnement de l'enfant à réussir s'exprime-t-il dans le texte ? Observez notamment la structure des phrases.

La découverte de la vérité

3. « La dernière balle n'existait pas » (l. 45), écrit le narrateur. **a)** De quoi prend-il conscience à ce moment-là ? **b)** Pourquoi comprend-il mieux l'attitude de Paganini ?
4. Pourquoi faut-il cacher cette découverte aux enfants selon lui ?

La fonction de l'art

5. Quelle image ce texte donne-t-il de l'artiste et de l'art ?
6. En quoi la figure du jongleur est-elle symbolique de celle de l'artiste en général ?

L'IMAGE DE GAUCHE

1. Qu'exprime le visage de Rastelli sur cette photo ?
2. Pourquoi un tel personnage peut-il séduire et faire rêver un enfant ?

4 Sauver le monde

✔ **OBJECTIF** Je distingue le point de vue de l'adulte de celui de l'adolescent.

Étudiant en droit, le narrateur vient de vivre une déception amoureuse avec une jeune Suédoise. Il décide alors de rentrer chez sa mère à Nice afin d'y passer quelques semaines de repos avant son incorporation dans l'armée de l'air.

▲ Romain Gary et sa mère.

Ma mère, cependant, m'accueillit d'une manière fort étrange. Certes, je m'attendais à quelques bonnes larmes, à des embrassades sans fin, à des reniflements à la fois émus et satisfaits. Mais pas à ces sanglots, à ces regards désespérés qui ressemblaient à des adieux [...].

Finalement, elle parvint à se calmer et, prenant un air mystérieux, elle me saisit par la main et m'entraîna dans le restaurant vide ; nous nous installâmes à notre table habituelle, dans un coin, et là, elle m'informa sans plus attendre du projet qu'elle avait formé pour moi. C'était très simple : je devais me rendre à Berlin et sauver la France, et incidemment le monde, en assassinant Hitler. Elle avait tout prévu [...].

L'idée de courir immédiatement à Berlin, en troisième classe, bien entendu, pour tuer Hitler en pleine canicule, avec tout ce que cela supposait d'énervement, de fatigue et de préparatifs, ne me souriait guère. J'avais envie de rester un peu au bord de la Méditerranée – je n'ai jamais bien supporté nos séparations. J'aurais préféré de loin aller tuer le Führer à la rentrée d'octobre. Je contemplais sans enthousiasme la nuit d'insomnie sur la banquette dure du compartiment, dans des wagons bondés, sans parler des heures d'ennui qu'il allait falloir passer à bâiller dans les rues de Berlin, en attendant qu'Hitler voulût bien se présenter. Bref, je manquais d'entrain. Mais enfin, il n'était pas question de me dérober. Je fis donc mes préparatifs. [...] Je descendis dans la cave, pris mon revolver, que j'avais laissé dans le coffre familial, et allai m'occuper de mon billet. Je me sentis un peu mieux en apprenant par les journaux qu'Hitler était à Berchtesgaden[1], car je préférais respirer l'air des forêts des Alpes bavaroises plutôt que celui d'une ville en pleine chaleur de juillet. Je mis aussi mes manuscrits en ordre : je n'étais pas du tout sûr, malgré l'optimisme de ma mère, que j'allais m'en tirer vivant. J'écrivis quelques lettres, huilai mon parabellum[2],

▲ *Superman part en mission*, Bande dessinée de Superman, illustration pour *L'Astucieux* du 18 février 1948.

et empruntai une veste à un ami plus gros que moi afin de pouvoir dissimuler mon arme plus confortablement. J'étais assez irrité et de fort mauvaise humeur, d'autant plus que l'été était exceptionnellement chaud, la Méditerranée, après des mois de séparation, ne m'avait jamais paru plus désirable, et la plage de la « Grande Bleue » était, comme par hasard, pleine de Suédoises intelligentes et cultivées. Pendant ce temps-là ma mère ne me quitta pas d'une semelle. Son regard de fierté et d'admiration me suivait partout. [...] Enfin, la veille du grand jour, j'allai prendre mon dernier bain à la « Grande Bleue », et regardai ma dernière Suédoise avec émotion. Ce fut à mon retour de la plage que je trouvai ma grande artiste dramatique écroulée dans un fauteuil du salon. À peine me vit-elle que ses lèvres firent une grimace enfantine, elle joignit les mains, et, avant que j'eusse le temps d'esquisser un geste, elle était déjà à genoux, le visage ruisselant de larmes :

– Je t'en supplie, ne le fais pas ! Renonce à ton projet héroïque ! Fais-le pour ta pauvre vieille maman – ils n'ont pas le droit de demander ça à un fils unique ! J'ai tellement lutté pour t'élever, pour faire de toi un homme, et maintenant... Oh, mon Dieu ! [...]

– Mais les billets sont déjà payés, lui dis-je.

Une expression de résolution farouche balaya toute trace de peur et de désespoir de son visage.

– Ils les rembourseront ! proclama-t-elle, en saisissant sa canne.

Je n'avais pas le moindre doute là-dessus.

C'est ainsi que je n'ai pas tué Hitler. Il s'en est fallu de peu, comme on voit.

ROMAIN GARY, *La Promesse de l'aube*, Deuxième partie, chapitre 27, © Éditions Gallimard, 1960.

1. Berchtesgaden : petite ville d'Allemagne, en Bavière, où Hitler avait sa résidence.

2. Pistolet.

ÉCLAIRAGE

Tuer Hitler

Entre 1921 et 1945, on dénombre une quarantaine de tentatives d'attentats contre Hitler. L'une des plus célèbres est celle du comte Von Stauffenberg (« **opération Walkyrie** ») en 1944 à la Tanière du Loup, le repaire d'Hitler. Les principales difficultés étaient de se procurer des explosifs et de planifier l'attentat, car Hitler se savait menacé et ne déterminait son emploi du temps qu'à la dernière minute.

100% NUMÉRIQUE

Sur www.lelivrescolaire.fr, retrouvez un documentaire sur l'opération Walkyrie.

? QUESTIONS

LE TEXTE

COMPÉTENCE – J'INTERPRÈTE DES TEXTES LITTÉRAIRES EN FORMULANT DES IMPRESSIONS DE LECTURE

La mère, un personnage

1. **a)** Quel nouveau projet la mère a-t-elle pour son fils ? **b)** Selon vous, pourquoi lui demande-t-elle cela ? Répondez de manière approfondie.
2. Relisez la réplique de la mère lignes 50 à 54 (« Je t'en supplie... »). Pourquoi est-elle surprenante ?
3. ■ Quels traits de caractère de la mère sont soulignés dans cet épisode ? Justifiez par des exemples précis.

Le fils, un héros ?

4. **a)** Comment Romain réagit-il à la demande de sa mère ? **b)** Sa réaction vous surprend-elle ? Expliquez.
5. À votre avis, pourquoi réagit-il de cette manière ?

Prendre du recul

6. Quel registre domine dans cet extrait ? Justifiez votre réponse par des exemples précis.
7. Comment expliquez-vous la présence de ce registre pour raconter une telle situation ?
8. Quel type de récit est parodié dans cet extrait ? Justifiez votre réponse.

LES IMAGES

1. La mère de Romain Gary avait agrafé une photo d'elle et son fils dans son passeport : qu'est-ce que cela montre de ses rapports avec son fils ?
2. Comparez la vignette de Superman avec le texte de Gary. Quelles ressemblances et différences remarquez-vous ?

5 Promesse tenue

✔ **OBJECTIF** Je réfléchis à la construction de la personnalité du héros.

Gary est pilote d'avion dans les Forces françaises libres (armée de résistance fondée par le général de Gaulle). En mission en Lybie, il contracte la typhoïde, une forme très grave de fièvre. Il est mourant.

Mais j'étais mauvais joueur. Je refusais de me reconnaître vaincu. Je ne m'appartenais pas. Il me fallait tenir ma promesse, revenir à la maison couvert de gloire après cent combats victorieux, écrire *Guerre et Paix*[1], devenir ambassadeur de France, bref, permettre au talent de ma mère de se manifester.

[*La guerre est terminée, la France est libérée. Le narrateur entre à Nice avec les troupes alliées. Une seule chose alors lui importe : revoir sa mère...*]

J'avais fait prévenir ma mère de mon retour par dix messages différents qui avaient dû converger sur elle de tous côtés quelques heures à peine après l'entrée à Nice des troupes alliées. [...] Le ruban vert et noir de la Libération bien en évidence sur ma poitrine, au-dessus de la Légion d'honneur, de la Croix de Guerre et de cinq ou six autres médailles dont je n'avais oublié aucune, les galons de capitaine sur les épaules de mon battledress[2] noir, la casquette sur l'œil, l'air plus dur que jamais, à cause de la paralysie faciale[3], mon roman en français et en anglais dans la musette[4] bourrée de coupures de presse et, dans ma poche, la lettre qui m'ouvrait les rangs de la Carrière[5], avec juste ce qu'il fallait de plomb dans le corps pour faire le poids, ivre d'espoir, de jeunesse, de certitude et de Méditerranée [...], je revenais à la maison après avoir démontré l'honorabilité du monde, après avoir donné une forme et un sens au destin d'un être aimé.

Des G.I.[6] noirs, assis sur les pierres, avec des sourires si grands et si étincelants qu'ils en paraissaient éclairés de l'intérieur, comme si la lumière leur venait du cœur, levaient les mitraillettes en l'air à notre passage, et leur rire amical avait toute la joie et le bonheur des promesses tenues :

– Victory, man, victory ! [...]

Je devrais interrompre ici ce récit. Je n'écris pas pour jeter une ombre plus grande sur la terre. Il m'en coûte de continuer et je vais le faire le plus rapidement possible, en ajoutant vite ces quelques mots, pour que tout soit fini et pour que je puisse laisser retomber ma tête sur le sable, au bord de l'Océan, dans la solitude de Big Sur[7] où j'ai essayé en vain de fuir la promesse de finir ce récit.

À l'Hôtel-Pension Mermonts où je fis arrêter la jeep, il n'y avait personne pour m'accueillir. On y avait vaguement entendu parler de ma mère, mais on ne la connaissait pas. Mes amis étaient dispersés. Il me fallut plusieurs heures pour connaître la vérité. Ma mère était morte trois ans et demi auparavant, quelques mois après mon départ pour l'Angleterre.

Mais elle savait bien que je ne pouvais pas tenir debout sans me sentir soutenu par elle et elle avait pris ses précautions.

Au cours des derniers jours qui avaient précédé sa mort, elle avait écrit près

▲ Romain Gary en 1945.

1. Roman très célèbre de l'écrivain russe Léon Tolstoï.
2. Désigne l'uniforme de l'armée britannique, adopté par de nombreux Alliés.
3. Séquelle de la typhoïde.
4. Sac de toile.
5. Il s'agit de la carrière diplomatique : à la fin de la guerre, Gary reçoit une lettre du ministère des Affaires étrangères lui offrant de devenir secrétaire d'ambassade « pour services exceptionnels rendus à la cause de la Libération ».
6. Soldats américains.
7. Sur la côte californienne.

de deux cent cinquante lettres, qu'elle avait fait parvenir à son amie en Suisse. Je ne devais pas savoir [...].

Je continuai donc à recevoir de ma mère la force et le courage qu'il me fallait pour persévérer, alors qu'elle était morte depuis trois ans.

Le cordon ombilical avait continué à fonctionner.

ROMAIN GARY, *La Promesse de l'aube*,
Troisième partie, chapitre 42, © Éditions Gallimard, 1960.

ÉCLAIRAGE

La mélancolie

La mélancolie (du grec *melas* : « noir » et *khole* : « la bile » – liquide sécrété par le foie) est un **sentiment de tristesse vague.** Alors qu'aujourd'hui elle est plus ou moins synonyme de **dépression**, chez les Grecs, elle était considérée comme une **source de génie.** C'est sur ce sentiment que s'ouvre et se clôt *La Promesse de l'aube*.

▲ Big Sur, Californie (États-Unis), 1972.

? QUESTIONS

COMPÉTENCE – JE MOBILISE DES RÉFÉRENCES CULTURELLES POUR INTERPRÉTER DES PRODUCTIONS LITTÉRAIRES OU ARTISTIQUES

Au seuil de la mort

1. Où le narrateur a-t-il puisé la force qui lui a permis de survivre alors qu'il était mourant ?

Un retour victorieux

2. a) Quel portrait le narrateur fait-il de lui-même au moment où il entre à Nice ? b) Sur quels éléments insiste-t-il ?
3. Quels sentiments l'animent à ce moment-là ?

Une attente trompée

4. a) Que découvre le narrateur en arrivant à l'Hôtel-Pension Mermonts ? b) Pourquoi ne le découvre-t-il qu'à ce moment-là ?
5. Cette découverte fait-elle encore souffrir le narrateur au moment où il écrit ? Nuancez et justifiez votre réponse.

La fin du récit

6. D'après cet extrait, quel est le pouvoir de l'écriture ? Que permet-elle ? Justifiez en citant le texte.
7. ■ La « promesse de l'aube » (voir p. 124) a-t-elle été tenue ? Expliquez.

Valse avec Bachir, une « quête de souvenirs traumatiques »

Comment l'écriture autobiographique peut-elle permettre de se reconstruire ?

Ari Folman, réalisateur israélien né en 1962, a participé à la guerre au Liban (voir *Éclairage*) mais n'a plus aucun souvenir. Un jour, un épisode lui revient en mémoire : il s'est baigné devant Beyrouth en guerre, avec d'autres soldats. Commence alors pour lui une quête de ses souvenirs et un travail sur lui-même pour comprendre pourquoi il les a occultés : c'est ce qu'il raconte dans le film d'animation *Valse avec Bachir*, réalisé en 2008.

1 Une mémoire effacée

Images du film.

Quand la mémoire revient à Ari, il se souvient d'abord, de façon très floue, de s'être baigné devant Beyrouth avec deux autres soldats. On l'aperçoit d'abord immergé puis le film le suit sortant de l'eau, face à une ville sous le feu de fusées éclairantes.

2 Cette histoire est mon histoire personnelle

« Cette histoire est mon histoire personnelle. Le film retrace ce qui s'est passé en moi à partir du jour où j'ai réalisé que certaines parties de ma vie s'étaient complètement effacées de ma mémoire. [...]

La quête de souvenirs traumatiques enfouis dans la mémoire est une forme de thérapie. Une thérapie qui a duré aussi longtemps que la production du film : quatre ans. Au cours de cette période, j'oscillais entre la dépression la plus noire, engendrée par les souvenirs retrouvés, et l'euphorie du projet de film, avec cette animation novatrice, qui avançait bien plus vite que prévu. Si j'étais vraiment passionné de psychothérapie, je penserais que faire ce film m'a transformé en profondeur. Mais je dirais plutôt que réaliser le film était la partie agréable, et la thérapie la partie douloureuse. »

Entretien avec David Polonsky, réalisé et traduit par Nicolas Firet, octobre 2008, © Nicolas Firet.

COMPÉTENCE

JE LIS DES IMAGES ET DES DOCUMENTS COMPOSITES (Y COMPRIS NUMÉRIQUES) EN UTILISANT QUELQUES OUTILS D'ANALYSE SIMPLES

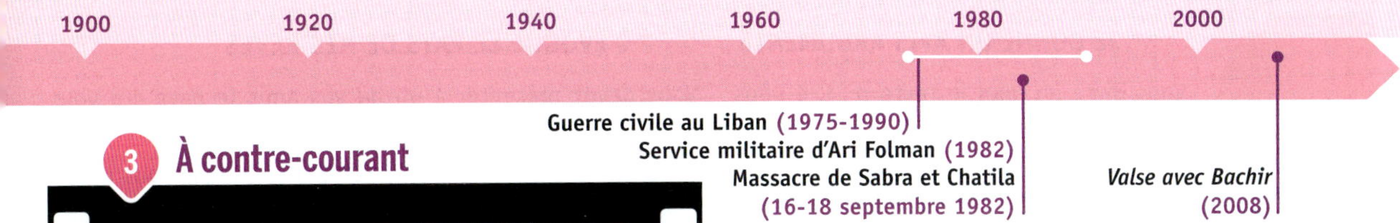

3 À contre-courant

ÉCLAIRAGE

En juin **1982**, en pleine guerre civile libanaise, l'armée israélienne entre au Liban pour éliminer des troupes de l'Organisation de libération de la Palestine. Le 14 septembre, Bachir Gemayel, président de l'État libanais et phalangiste chrétien (parti politique), est assassiné. Même si les Palestiniens démentent toute implication, le 16 septembre les **phalangistes chrétiens** entrent dans les **camps de réfugiés palestiniens** de Sabra et Chatila et massacrent en deux jours **entre 800 et 3 000 personnes**. La question de la responsabilité des Israéliens a été posée car ils devaient protéger les camps.

◀ La caméra suit le personnage d'Ari dans les rues de Beyrouth. Ari croise une foule de femmes en deuil. Il ne parvient pas à comprendre pourquoi ce souvenir l'obsède. À la fin du film, on comprend qu'il pense aux femmes pleurant les massacres.

4 Deux images, deux traumatismes

▲ Image du film (défilé des survivants palestiniens).

▲ Insurrection du ghetto de Varsovie, photographie, rapport de Jürgen Stroop, 1943.

? QUESTIONS

1. **Doc. 1** Observez les couleurs. À quoi cette teinte peut-elle vous faire penser ?
2. **Doc. 1 a)** Quelle impression donne la première image ? **b)** Comparez-la maintenant à la troisième : commentez notamment la présence de la guerre et l'expression du visage du personnage.
3. **Doc. 2** Comment ce film a-t-il aidé le réalisateur à aborder son passé ?
4. **Doc. 3** De quelle(s) manière(s) le dessinateur traduit-il l'isolement d'Ari ?
5. **Doc. 3 a)** Quelle est la réaction du personnage face au défilé des veuves ? **b)** Quel rapport peut-il avoir avec elles ? Aidez-vous de l'*Éclairage*.
6. **Doc. 4 a)** Quels points communs y a-t-il entre ces deux images ? **b)** Pourquoi le réalisateur fait-il cet écho ? En quoi cela peut-il nous renseigner sur la manière dont le réalisateur a vécu la guerre au Liban ?
7. Ari Folman décrit son film comme un « documentaire d'animation autobiographique ». En vous appuyant sur cette définition, expliquez quels sont les différents objectifs de ce film.

Ex. 1 JE DONNE UN AVIS ARGUMENTÉ

Vous direz en quoi le texte p. 124 vous parait particulièrement émouvant. Vous répondrez en un paragraphe organisé en plusieurs arguments, illustrés par des exemples tirés du texte.

Méthode

› Relisez très attentivement le texte, et notez au brouillon au fur et à mesure de votre lecture tout ce qui vous touche, tout ce qui fait naitre en vous une émotion (ce qui est dit, la manière dont c'est dit).

› Organisez ensuite votre paragraphe en articulant vos arguments par des connecteurs logiques (*fiche méthode* p. 498).

PARCOURS DE COMPÉTENCES

Ex. 2 JE COMPRENDS LA RÉFÉRENCE D'UN TEXTE LITTÉRAIRE

1. Cherchez ce qu'est le supplice de Tantale et montrez que le texte p. 124 y fait référence.
2. Rédigez un paragraphe dans lequel vous expliquerez dans quelle mesure ce texte de Romain Gary y fait référence.

Méthode

› Cherchez qui était Tantale dans la mythologie grecque, pourquoi et à quoi il fut condamné.

› Retrouvez ensuite le passage dans le texte de Romain Gary qui évoque ce supplice et justifiez votre choix. Pour écrire un paragraphe argumenté, aidez-vous de la *fiche méthode* p. 499.

Ex. 3 J'ÉVOQUE LE PAYS DE MES RÊVES

Vous devez présenter à un de vos amis le pays qui vous fait rêver.

À la manière de la mère de Romain (p. 126), vous manifesterez un très vif enthousiasme à l'évocation de ce pays.

Vous donnerez au moins deux références artistiques ou littéraires célèbres, correspondant au pays choisi. Votre rédaction fera environ vingt lignes.

Méthode

Au brouillon :

› Notez quel est le pays où vous aimeriez vivre, et ce qui vous attire dans ce pays.

› Faites ensuite une recherche et retenez deux noms d'artistes ou d'écrivains dont l'œuvre vous plait.

› Puis relisez le texte de Romain Gary : à votre tour, exprimez votre enthousiasme !

Ex. 4 JE ME RACONTE

Racontez un épisode de votre enfance dans lequel vous avez voulu vous dépasser, battre un record, impressionner votre famille ou vos camarades (ou vous-même), pour vous rendre compte finalement que vous n'étiez pas capable de réaliser l'exploit envisagé. Exprimez vos émotions, ce que vous avez ressenti sur le moment, et la leçon que vous en avez tirée aujourd'hui.

Méthode

Organisez votre texte en trois parties :

› Rappelez d'abord quel âge vous aviez, qui vous vouliez impressionner, comment et pourquoi.

› Insistez sur le fait que votre ambition est démesurée, votre objectif hors de portée, mais que pourtant l'enfant que vous étiez était persuadé d'y parvenir.

› Terminez en exprimant la leçon à tirer de cette expérience (utilisez le présent de vérité générale).

JE ME SITUE DANS MON PARCOURS DE COMPÉTENCES

CULTURE – JE MOBILISE DES RÉFÉRENCES CULTURELLES POUR INTERPRÉTER LES TEXTES

1 J'ai trouvé une explication du supplice de Tantale, mais j'ai du mal à exprimer le lien avec le texte de R. Gary.

2 J'ai trouvé l'explication, mais mon analyse du texte de R. Gary est trop courte, ou reprend trop les termes exacts du passage sans reformulation ou les phrases sont parfois maladroites.

3 Mon paragraphe reprend bien l'explication et le texte de R. Gary, mais son organisation linéaire entraine des répétitions.

4 Mon paragraphe présente les deux éléments et les relie, de manière structurée, en citant et expliquant le texte de R. Gary.

Ex. 5 JE TRANSPOSE UN ROMAN AU THÉÂTRE

Transposez une partie du texte p. 130 en scène de théâtre, en veillant à garder l'humour du texte de Gary !

- Vous travaillerez sur la partie du texte allant de « Nous nous installâmes à notre table habituelle » à « dérober ».
- Vous essayerez d'être le plus fidèle possible au texte de Gary.
- Vous utiliserez au moins trois didascalies.
- Votre texte fera une quarantaine de lignes.

Méthode
› Reprenez les codes en vigueur dans le texte théâtral.
› Relisez attentivement le texte de Gary et conservez le plus possible les expressions utilisées par les personnages.
› Utilisez les didascalies à bon escient.

EXPRESSION ORALE

Ex. 1 JE COMPRENDS ET J'EXPLIQUE UN TEXTE

Expliquez comment vous comprenez la dernière phrase du texte p. 124 : « Malheureusement pour moi, je me connais en vrais diamants. »

Méthode
› Relisez attentivement le texte de Gary.
› Demandez-vous pourquoi Gary fait le lien entre deux termes à priori contradictoires : « malheureusement » et « diamants ». À quoi ces deux mots renvoient-ils dans le texte ?

Ex. 2 JE FAIS RÊVER LES AUTRES À PARTIR D'UNE IMAGE

Chaque élève choisit la photo d'un paysage qui le fait rêver, pour constituer un diaporama. Chacun se voit ensuite attribuer l'une des photos (sauf la sienne) et doit imaginer les raisons pour lesquelles ce paysage peut fasciner.

Il doit les présenter à la classe en quelques minutes : à la manière de la mère de Gary (p. 126), dressez une liste quasi poétique des éléments fascinants, en privilégiant les phrases nominales.

▲ Rio de Janeiro.

Ex. 3 JE DÉBATS D'UNE MAXIME

À la fin de l'extrait p. 129, le narrateur écrit : « C'est une vérité triste et il ne faut pas la dévoiler aux enfants. » Qu'en pensez-vous ?

Méthode
› Réfléchissez : quelle est cette vérité dont parle le narrateur ?
› En quoi est-elle triste ?
› Y a-t-il des vérités que les enfants ne doivent pas connaitre ? Pourquoi ?

Ex. 4 JE METS EN SCÈNE ET JE JOUE

Après avoir transposé le texte en scène de théâtre (exercice 5, e *Expression écrite*), apprenez cette scène et jouez-la devant vos camarades.

Ex. 5 JE PRÉSENTE UN EXPOSÉ SUR UN SUJET HISTORIQUE

Si le jeune Romain n'a pas mis son projet d'assassiner Hitler à exécution (p. 130), en revanche d'autres ont bien tenté de mettre un terme à la tyrannie barbare du Führer. Faites des recherches sur ceux qui ont voulu assassiner Hitler et présentez votre travail à la classe.

Méthode
› Organisez votre exposé :
  - soit de manière chronologique,
  - soit en commençant par les projets peu connus, pour finir par les tentatives d'assassinat restées célèbres.

› Retrouvez des documents iconographiques pour accompagner votre exposé et projetez-les lors de votre présentation.

Ex. 6 JE PRÉSENTE UN EXPOSÉ SUR UN SUJET BIOGRAPHIQUE

Faites des recherches sur la vie de Romain Gary : ce qu'il raconte dans l'extrait page 60 est-il exact, partiellement exact, ou intégralement faux ? Présentez vos conclusions à vos camarades de manière organisée, puis apportez votre propre commentaire.

Méthode
› Organisez votre exposé :
  - ce qui est exact,
  - ce qui a été partiellement transformé,
  - ce qui est inventé.

› Commentez votre analyse : pourquoi Gary mêle-t-il l'imaginaire à la réalité ?

SUJET BREVET 3
L'appel du 18 juin

En juin 1940, Romain Gary, à l'annonce de la fin des combats, part en Afrique du Nord, espérant que les autorités se rangeront derrière de Gaulle et continueront la lutte. À peine arrivé, il apprend que là aussi la défaite va être acceptée. Il imagine la réaction de sa mère, restée à Nice.

Ma mère était outrée. Elle ne me laissait pas une minute tranquille. Elle s'indignait, tempêtait, protestait. Je n'arrivais pas à la calmer. Elle s'enflammait dans chaque globule de mon sang, s'indignait et se révoltait dans chaque battement de mon cœur et me tenait éveillé la nuit, me harcelant, me sommant[1] de faire quelque chose. Je détournais les yeux de son visage, pour essayer de ne plus voir cette expression d'incompréhension scandalisée devant un phénomène complètement nouveau pour elle, l'acceptation de la défaite, comme si l'homme était quelque chose qui pût être vaincu. C'est en vain que je la suppliais de se dominer, de me laisser souffler, de patienter, de me faire confiance, je sentais bien qu'elle ne m'écoutait même pas. Pas à cause de la distance qui nous séparait, bien entendu, car elle ne m'avait pas quitté un seul instant pendant ces heures terribles. Mais elle était scandalisée, profondément blessée par le refus de l'Afrique du Nord de répondre à son appel. L'appel du général de Gaulle à la continuation de la lutte date du 18 juin 1940. Sans vouloir compliquer la tâche des historiens, je tiens cependant à préciser que l'appel de ma mère à la poursuite du combat se situe le 15 ou le 16 juin – au moins deux jours auparavant[2]. De nombreux témoignages existent sur ce point et peuvent être recueillis aujourd'hui encore au marché de la Buffa[3]. [...]

Jamais sa présence ne fut plus réelle pour moi, plus physique, que pendant ces longues heures passées à errer sans but à travers la médina[4] de Meknès[5], dans cette foule arabe qui me dépaysait si complètement, avec ses couleurs, ses bruits, ses odeurs, et à essayer d'oublier ne fût-ce qu'un instant, sous cette vague soudaine d'exotisme qui déferlait sur moi, la voix de mon sang qui ne cessait de m'appeler au combat avec une grandiloquence[6] insupportable, s'enflant de tous les clichés les plus usés du répertoire patriotard.

ROMAIN GARY, *La Promesse de l'aube*, troisième partie, chapitre 32, © Éditions Gallimard, 1960.

Le jour de l'épreuve, vous pourrez parfois vous aider du corpus d'histoire-géographie pour comprendre le contexte de l'extrait. Retrouvez dans votre manuel d'histoire-géographie, l'appel du général de Gaulle en sujet de brevet (chapitre 4).

1. M'ordonnant.
2. Ce n'est que le 17 juin que P. Pétain a annoncé que la France allait cesser les combats. L'armistice est officiellement signé le 22 juin.
3. Un des marchés de Nice.
4. Partie ancienne d'une ville dans les pays du Maghreb.
5. Ville du nord du Maroc.
6. Éloquence exagérée.

La médina de Meknès, photographie, 2009.

1re partie : compréhension, analyse et interprétation (1 h) ......

QUESTIONS (20 POINTS)

1. À quel genre littéraire appartient ce texte ? Justifiez votre réponse en vous appuyant notamment sur le passage lignes 13 à 18. (1,5 point)
2. a) Quel rôle historique Gary attribue-t-il à sa mère ? Donnez une réponse précise, qui s'appuie sur vos connaissances historiques et sur le texte. b) En quoi est-ce comique ? (2,5 points)
3. Comment comprenez-vous la phrase « Pas à cause de la distance qui nous séparait, bien entendu, car elle ne m'avait pas quitté un seul instant pendant ces heures terribles. » (l. 10-12) ? (1,5 point)
4. a) « Harcelant » et « sommant » (l. 4-5) : à quelle classe grammaticale ces mots appartiennent-ils ?
   - ❒ Adjectif.
   - ❒ Participe présent.
   - ❒ Adverbe.

   b) Comment cet emploi entretient-il l'illusion que la mère de Gary est à ses côtés ? (1,5 point)
5. a) Quelle figure de style est employée dans l'expression « elle s'enflammait dans chaque globule de mon sang » (l. 2-3) ? b) Quel est le sentiment décrit ici ? c) Quels autres verbes témoignent de ce même sentiment chez la mère de R. Gary ? (3 points)
6. Quelle image de la figure maternelle se dégage de ce texte ? Relevez et commentez une hyperbole et une accumulation de verbes. (2,5 points)
7. a) Quelle est la nature du mot « patriotard » (l. 25) b) Comment est-il formé ? c) Que signifie-t-il ? (1,5 point)
8. Ce texte permet-il de savoir comment Gary a vécu la défaite ? Apportez une réponse nuancée à cette question. (3 points)
9. **À propos de l'image.** Pourquoi le narrateur éprouve-t-il le besoin d'errer sans but à travers la médina ? Proposez deux explications. Pour répondre, fondez-vous sur le texte mais aussi sur l'image. (3 points)

2e partie : rédaction et maîtrise de la langue (2 h)

DICTÉE ET RÉÉCRITURE (10 POINTS)

1. **Dictée : ROMAIN GARY, *La Promesse de l'aube*, 1960.** Les dictées des brevets blancs sont regroupées à la fin du cahier d'exercices de 3e.
2. **Réécrivez le passage ci-dessous en remplaçant « Ma mère » par « Mes sœurs ».**

Ma mère était outrée. Elle ne me laissait pas une minute tranquille. [...] Je n'arrivais pas à la calmer. Elle s'enflammait dans chaque globule de mon sang, s'indignait [...] et me tenait éveillé la nuit, me harcelant, me sommant de faire quelque chose. Je détournais les yeux de son visage.

TRAVAIL D'ÉCRITURE (20 POINTS)

Vous traiterez au choix l'un des deux sujets suivants. Votre texte aura une longueur minimale de deux pages.

SUJET DE RÉFLEXION

Lorsque l'on n'est pas d'accord avec une situation, une décision, un jugement, doit-on toujours exprimer son opinion, ou est-il parfois préférable de se taire ?

Répondez à cette question de façon nuancée, en expliquant les avantages et les inconvénients de chaque position, et en les illustrant de situations précises (qui n'auront pas obligatoirement de rapport avec la guerre).

SUJET D'INVENTION

L'auteur est joint par téléphone par sa mère, qui lui reproche son manque d'implication et de patriotisme. Après avoir présenté la situation de départ dans un court passage narratif, imaginez le dialogue entre Gary et sa mère, à propos de l'appel du 18 juin du général de Gaulle.

Vous prendrez soin de respecter les caractères des deux personnages, tels qu'ils apparaissent dans le texte étudié. Vous insisterez sur les sentiments éprouvés par chacun et vous respecterez la cohérence historique.

SUJET BREVET 4
J'aurais voulu être...

Âgé de treize ans, le jeune Romain rêve d'une grande carrière artistique. Soutenu par sa mère, il décide, après d'autres tentatives, de se lancer dans la littérature.

C'est ainsi que la musique, la danse et la peinture successivement écartées, nous nous résignâmes à la littérature [...]. Il ne nous restait plus maintenant, pour donner à nos rêves un début de réalisation, qu'à nous trouver un pseudonyme digne des chefs-d'œuvre que le monde attendait de nous. Je restais des journées entières dans ma chambre à noircir du papier de noms mirobolants[1]. Ma mère passait parfois la tête à l'intérieur pour s'informer de l'état de mon inspiration. [...]

– Alors ? [...]

– Alexandre Natal. Armand de La Terre. Terral. Vasco de La Fernay...

Cela continuait ainsi pendant des pages et des pages. Après chaque chapelet[2] de noms, nous nous regardions, et nous hochions tous les deux la tête. Ce n'était pas ça – ce n'était pas ça du tout. Au fond, nous savions fort bien, l'un et l'autre, les noms qu'il nous fallait – malheureusement ils étaient déjà tous pris. « Gœthe » était déjà occupé, « Shakespeare » aussi, et « Victor Hugo » aussi. C'était pourtant ce que j'aurais voulu être pour elle, c'était cela que j'aurais voulu lui offrir. [...]

– Roland de Chantecler, Romain de Mysore…

– Il vaut peut-être mieux prendre un nom sans particule, s'il y a encore une révolution, disait ma mère.

[...] Elle écoutait avec une attention un peu anxieuse, et je sentais bien qu'aucun de ces noms ne lui suffisait, qu'aucun n'était assez beau pour moi. Peut-être cherchait-elle simplement à me donner courage et confiance dans mon destin. Sans doute savait-elle combien je souffrais d'être encore un enfant, de ne rien pouvoir pour elle [...].

– Roland Campéador, Alain Brisard, Hubert de Longpré, Romain Cortès.

Je voyais bien à ses yeux que ce n'était pas encore ça, et j'en venais à me demander sérieusement si j'arriverais jamais à lui donner satisfaction. Bien plus tard, lorsque pour la première fois j'entendis à la radio le nom du général de Gaulle, au moment de son fameux appel, ma première réaction fut un mouvement de colère parce que je n'avais pas songé à inventer ce beau nom quinze ans plus tôt : Charles de Gaulle, cela aurait sûrement plu à ma mère, surtout si je l'avais écrit avec un seul « l ». La vie est pavée d'occasions perdues.

ROMAIN GARY, *La Promesse de l'aube*, première partie, chapitre 3, © Éditions Gallimard, 1960.

Henri Fantin-Latour, *Un coin de table*, 1872, huile sur toile (musée d'Orsay, Paris).

1. Sensationnels.
2. Objet religieux, collier composé de perles, utilisé pour compter les prières à réciter.

Zoom sur la 1re partie de l'épreuve

QUESTIONS (20 POINTS)

1. Quel est le lien entre l'auteur, le narrateur et le personnage principal de cet extrait ? Justifiez votre réponse. (1 point)

2. a) Qui est désigné par le pronom personnel « nous » dans le premier paragraphe et par la suite ? b) Quel est l'effet créé par l'emploi de ce pronom ? (1,5 point)

3. a) Pourquoi est-il essentiel pour l'enfant de se trouver un pseudonyme ? Citez le texte pour répondre. b) Quel rôle la mère joue-t-elle dans cette quête ? (2 points)

4. a) Dans l'expression « après chaque chapelet de noms » (l. 8), quelle est la figure de style utilisée ?

❒ Une litote.

❒ Une hyperbole.

❒ Une métaphore.

b) Qui sont les personnages dont les noms sont « déjà pris » (l. 10) ? c) D'après ces noms, que rêve de devenir le jeune Romain ? (2,5 points)

5. a) À votre avis, pourquoi un pseudonyme comme Charles de Gaulle aurait-il plu à la mère ? b) Quel sens aurait-il eu avec un seul « l » ? (2 points)

6. a) Expliquez la formation du mot « malheureusement » (l. 10). b) Donnez sa classe grammaticale. c) Relevez dans le texte un mot de la même classe et formé à l'identique. (1,5 point)

Corrigé

a) Lorsqu'on vous demande comment un mot est formé, vous devez :
- savoir identifier le radical du mot et la présence de préfixe et/ou de suffixe ;
- expliquer le sens de ces préfixes et suffixes et donc le sens général du mot.

Le mot « malheureusement » est formé sur le radical de l'adjectif « heureux ». S'y ajoute le préfixe « mal », qui transforme le mot en son contraire (préfixe négatif). Enfin, le mot se termine par le suffixe « -ment », qui est la marque de l'adverbe. Il signifie « par malheur ».

b) « Malheureusement » appartient donc à la classe grammaticale des adverbes.

c) Les adverbes « simplement » (l. 16) ou « sérieusement » (l. 20) sont aussi formés à partir d'un adjectif (« simple » et « sérieux ») et du suffixe « -ment ».

Le saviez-vous ? Le mot « heur » signifie « chance » : c'est de là que viennent les mots « heureux », « malheur » et « bonheur ».

MÉTHODE

- Les questions d'ordre lexical portent sur le sens des mots. On peut vous demander de rechercher des **synonymes**, des **antonymes** ou des **homonymes**, d'expliquer la **construction** d'un mot (**radical**, **préfixe**, **suffixe**), de proposer des dérivés, de distinguer **champ lexical** et **champ sémantique**. Il faut donc que vous connaissiez ces notions.
- Pour rappel. Les mots simples ne peuvent pas être décomposés. Les mots dérivés sont constitués d'un radical (noyau) auquel s'ajoute(nt) un ou des préfixe(s) et/ou un ou des suffixe(s). Le préfixe est placé avant le radical et ne change pas la classe grammaticale du mot. Le suffixe est placé après et peut changer la classe grammaticale du mot. Les mots composés sont formés de deux mots simples, qui sont soit soudés l'un à l'autre, soit reliés par un trait d'union, soit reliés par une préposition. Voir la *Fiche Lexique* p. 434.
- Lorsque vous citez des mots, n'oubliez pas de les placer entre guillemets. Si vous citez des mots du texte, précisez la ligne entre parenthèses.
- Vos réponses doivent être entièrement rédigées : pour vous aider, reprenez les termes de la question.

7. Expliquez la remarque de la mère : « Il vaut peut-être mieux prendre un nom sans particule, s'il y a encore une révolution. » (l. 14) (1,5 point)

8. a) « La vie est pavée d'occasions perdues » (l. 24) : à quel temps est conjugué le verbe de cette phrase ? b) Quelle est ici la valeur de ce temps ? c) Expliquez avec vos propres mots ce que veut dire l'auteur. (2,5 points)

9. a) Relevez deux expressions qui montrent que le narrateur exagère, se moquant ainsi de lui-même. b) Quelle est la tonalité de ce passage ? c) Comment Gary considère-t-il l'enfant qu'il a été ? (3,5 points)

10. **À propos de l'image.** À votre avis, Romain Gary aurait-il aimé figurer dans ce tableau, qui représente l'élite intellectuelle des années 1870 (on reconnait notamment Verlaine et Rimbaud en bas à gauche) ? Justifiez votre réponse. (2 points)

Se chercher, se construire

A. SE CHERCHER, SE CONSTRUIRE EN DÉCOUVRANT LA DIFFÉRENCE

En 5e, je découvre comment l'aventure permet de se construire en se confrontant à l'autre, à l'inconnu, à l'étranger.

› La Renaissance, au XVIe siècle, est une époque de **découvertes scientifiques, techniques et géographiques.** De grands explorateurs repoussent les limites du connu en se risquant vers l'inconnu.

› Ils ont raconté leurs voyages dans des **journaux de bord**, témoignages précis et réalistes de cette époque. Ces textes ont ensuite **inspiré des fictions.**

› Les explorateurs découvrent des **paysages nouveaux**, une faune et une flore inconnues, mais aussi des **peuples** qui ont un **mode de vie très différent** du leur. Ils sont souvent **surpris** face à ces différences, mais ils ont parfois aussi **peur** de l'autre.

› Découvrir l'autre permet aussi de se découvrir, en **se comparant** avec celui qui est différent, ou ce qui est étrange, monstrueux, mystérieux (*Moby Dick*).

› Dans un **roman d'aventures**, le héros doit affronter le danger : c'est ce qui lui permet de grandir, de s'affirmer.

✔ **Des voyages vers l'inconnu**

✔ **Se découvrir en se comparant**

✔ **Grandir en affrontant le danger**

B. SE CHERCHER, SE CONSTRUIRE DANS LA RENCONTRE INTIME DE L'AUTRE

En 5e, j'ai vu comment la comparaison avec un autre radicalement différent permet de se connaitre. En 4e, je découvre que la relation intime avec l'autre est source de changements, de découvertes, et fait grandir.

› Face à ce sentiment, l'amour, l'homme et la femme sont **bouleversés** : ils peuvent **ne plus se reconnaitre eux-mêmes** tant le premier regard, la rencontre, les agitent. En aimant l'autre, je me **découvre** moi-même, mais je **change** aussi au contact de l'autre.

› L'amour a **de nombreuses facettes** : l'amour insouciant de l'adolescence, l'extase de la passion amoureuse, la douleur de l'absence, le vide laissé après une rupture amoureuse ou encore la disparition de l'être aimé.

› Par l'expression de ses sentiments (le **lyrisme**), le poète apprend à **mettre des mots** sur ce qu'il ressent, à **faire partager à son lecteur** les sensations nouvelles qu'il découvre.

› *Roméo et Juliette* est une œuvre **universelle** (elle parle à tous les hommes de tous temps) parce que les thèmes choisis sont eux aussi universels : **l'amour**, **le coup de foudre**, **la mort**, **le destin tragique.** C'est ce qui lui permet d'être **adaptée** et **réinterprétée** encore aujourd'hui.

✔ **Se découvrir dans la relation intime**

✔ **Changer au contact de l'autre**

✔ **Le lyrisme : exprimer ses sentiments**

✔ **Universalité**

C. SE CHERCHER, SE CONSTRUIRE DANS L'ÉCRITURE DE SOI

En 5e et en 4e, j'ai appris comment la relation à l'autre, de plus en plus intime, permet de se connaitre. En 3e, je découvre comment l'écriture de soi et la relecture de son expérience permet de se construire.

› L'acte d'écrire permet de **réfléchir sur soi**, d'apprendre à mieux se connaitre (Montaigne). L'auteur **partage ses sentiments** pour échapper à la solitude (Anne Frank).

› Mais écrire s'inscrit toujours dans **une relation à l'autre** : l'auteur peut aussi ressentir le besoin d'**avouer ses fautes** et de se justifier (Rousseau), d'apporter un **témoignage** sur un évènement vécu (Dumas) mais aussi de **lutter contre l'oubli** en ravivant le souvenir (Modiano).

› Construire une narration sur soi, c'est aussi **se reconstruire** : Romain Gary écrit un **autobiographie romancée** où la frontière entre **réalité et fiction** est parfois floue.

✔ **Écrire sur soi = réfléchir sur soi**

✔ **Relation à l'autre, au lecteur**

✔ **Revisiter son histoire par l'écriture**

Ce que j'ai vu tout au long du CYCLE 4

5e

GENRES
- Récit d'aventure
- Journal de bord
- Théâtre

REGISTRES
- Merveilleux

AUTEURS CLÉS
- Christophe Colomb (XVe)
- Jean de Léry (XVe)
- Jacques Cartier (XVIe)
- Herman Melville (XIXe)
- J. M. G. Le Clézio (XXe)

PERSONNAGES MARQUANTS

- Jonas
- Moby Dick

CONTEXTE CULTUREL
- Les Grandes Découvertes

MOUVEMENTS LITTÉRAIRES

ENJEUX LITTÉRAIRES
- Les différences entre récit authentique et fiction
- Les enjeux de la réécriture d'un mythe

4e

GENRES
- Poésie
- Prose poétique
- Théâtre

REGISTRES
- Lyrique
- Tragique

AUTEURS CLÉS
- Louise Labé (XVIe)
- William Shakespeare (XVIe)
- Charles Baudelaire (XIXe)
- Arthur Rimbaud (XIXe)
- M. Desbordes-Valmore (XIXe)
- Louis Aragon (XXe)

PERSONNAGES MARQUANTS

- Roméo et Juliette

CONTEXTE CULTUREL

MOUVEMENTS LITTÉRAIRES
- Le romantisme
- Le surréalisme

ENJEUX LITTÉRAIRES
- Les enjeux de la réécriture d'un mythe

3e

GENRES
- Autobiographie
- Essai
- Mémoire
- Journal intime
- Confession

REGISTRES
- Lyrique

AUTEURS CLÉS
- Michel de Montaigne (XVIe)
- J.-J. Rousseau (XVIIIe)
- Alexandre Dumas (XIXe)
- George Sand (XIXe)
- Romain Gary (XXe)
- Patrick Modiano (XXe)

PERSONNAGES MARQUANTS

- Napoléon

CONTEXTE CULTUREL
- Napoléon
- La Seconde Guerre mondiale

MOUVEMENTS LITTÉRAIRES
- L'humanisme

ENJEUX LITTÉRAIRES
- La frontière entre authenticité et fiction dans un même récit

CYCLE 4

Thème 2

Vivre en société, participer à la société

5e

Questionnement

AVEC AUTRUI : FAMILLES, AMIS, RÉSEAUX

7 Bandes de jeunes !

8 En famille : Molière, *Le Malade imaginaire*

Questionnement

INDIVIDU ET SOCIÉTÉ : CONFRONTATIONS DE VALEURS ?

9 Les valeurs : du dialogue à la confrontation

10 Le *Cid* entre amour, honneur et devoir

4e

3e

Questionnement

DÉNONCER LES TRAVERS DE LA SOCIÉTÉ

11 L'habit fait-il le moine ?

7 Bandes de jeunes !

Objectifs :
✔ **Je m'interroge sur la complexité des relations adolescentes.**
✔ **J'observe les motifs d'intégration ou d'exclusion d'un groupe.**

? QUESTIONS

Pour entrer dans le chapitre

1. **a)** Qu'est-ce qu'une « bande de jeunes » ?
   b) Quelles sont les relations qui unissent les différents membres d'une bande ?
   c) Pourquoi certains peuvent-ils être mis à l'écart ?
2. Pouvez-vous citer des œuvres (livres, films, séries) qui mettent en scène des groupes d'enfants ou d'adolescents ?
3. Trouvez au moins deux avantages et deux inconvénients à faire partie d'une bande.

L'image

1. Pensez-vous que toutes les personnes font partie de la même bande ? Observez les points communs et les différences.
2. Imaginez les liens que ces gens peuvent avoir entre eux et ce qu'ils peuvent se dire.

Tom Kelley, *Groupe d'amis sur la plage*, 1968. ▶

1800 — 1900 — 2000

Guy de Maupassant (1850-1893)
Henry Winterfeld (1901-1990)
Azouz Begag (1957-)
Maylis de Kerangal (1967-)
Delphine de Vigan (1966-)

1 « Pas de papa ! »

✔ **OBJECTIF** J'étudie une situation qui mène à l'exclusion d'un groupe.

Le petit Simon, fils d'une femme célibataire surnommée « la Blanchotte », se présente pour la première fois à l'école. Les élèves l'attendent à la sortie des cours. Une rumeur court, selon laquelle Simon n'aurait « pas de papa ».

« Comment t'appelles-tu, toi ? »

Il répondit : « Simon.

– Simon quoi ? » reprit l'autre.

L'enfant répéta tout confus : « Simon. »

Le gars lui cria : « On s'appelle Simon quelque chose... c'est pas un nom, ça... Simon. »

Et lui, prêt à pleurer, répondit pour la troisième fois :

« Je m'appelle Simon. »

Les galopins se mirent à rire. Le gars triomphant éleva la voix : « Vous voyez bien qu'il n'a pas de papa. »

Un grand silence se fit. Les enfants étaient stupéfaits par cette chose extraordinaire, impossible, monstrueuse – un garçon qui n'a pas de papa ; ils le regardaient comme un phénomène[1], un être hors de la nature, et ils sentaient grandir en eux ce mépris, inexpliqué jusque-là, de leurs mères pour la Blanchotte.

Quant à Simon, il s'était appuyé contre un arbre pour ne pas tomber ; et il restait comme atterré par un désastre irréparable. Il cherchait à s'expliquer. Mais il ne pouvait rien trouver pour leur répondre, et démentir cette chose affreuse qu'il n'avait pas de papa. Enfin, livide, il leur cria à tout hasard : « Si, j'en ai un.

– Où est-il ? » demanda le gars.

Simon se tut ; il ne savait pas. Les enfants riaient, très excités ; et ces fils des champs, plus proches des bêtes, éprouvaient ce besoin cruel qui pousse les poules d'une basse-cour à achever l'une d'entre elles aussitôt qu'elle est blessée.

Simon avisa tout à coup un petit voisin, le fils d'une veuve, qu'il avait toujours vu, comme lui-même, tout seul avec sa mère.

« Et toi non plus, dit-il, tu n'as pas de papa.

– Si, répondit l'autre, j'en ai un.

– Où est-il ? riposta Simon.

– Il est mort, déclara l'enfant avec une fierté superbe, il est au cimetière, mon papa. » Un murmure d'approbation courut parmi les garnements, comme si ce fait d'avoir son père mort

GUY DE MAUPASSANT

(1850-1893) est un écrivain français, auteur de nombreux romans et nouvelles à travers lesquels il n'hésite pas à dénoncer les mesquineries et l'hypocrisie de la société au XIXe siècle.

1. Une créature anormale.

ÉCLAIRAGE

La rumeur court

Le petit Simon est victime de la **rumeur** : ses camarades transmettent à son sujet **des informations dont ils ne connaissent pas vraiment l'origine ni l'exactitude.** La langue française possède un grand nombre d'expressions pour désigner la rumeur : le « ouï-dire », le « bouche-à-oreille », le « ragot », le « racontar », le « potin », le « on-dit ».

100% NUMÉRIQUE

Retrouvez sur www.lelivrescolaire.fr le clip de « Hurts » de Mika contre le harcèlement scolaire.

au cimetière eût grandi leur camarade pour écraser cet autre qui n'en avait point du tout.

Et ces polissons, dont les pères étaient, pour la plupart, méchants, ivrognes, voleurs et durs à leurs femmes, se bousculaient en se serrant de plus en plus, comme si eux, les légitimes, eussent voulu étouffer dans une pression celui qui était hors la loi.

L'un, tout à coup, qui se trouvait contre Simon, lui tira la langue d'un air narquois et lui cria :

« Pas de papa ! Pas de papa ! »

Simon le saisit à deux mains aux cheveux et se mit à lui cribler les jambes de coups de pied, pendant qu'il lui mordait la joue cruellement. Il se fit une bousculade énorme. Les deux combattants furent séparés, et Simon se trouva frappé, déchiré, meurtri, roulé par terre, au milieu du cercle des galopins qui applaudissaient. Comme il se relevait, en nettoyant machinalement avec sa main sa petite blouse toute sale de poussière, quelqu'un lui cria : « Va le dire à ton papa. »

Alors il sentit dans son cœur un grand écroulement. Ils étaient plus forts que lui, ils l'avaient battu, et il ne pouvait point leur répondre, car il sentait bien que c'était vrai qu'il n'avait pas de papa. Plein d'orgueil, il essaya pendant quelques secondes de lutter contre les larmes qui l'étranglaient. Il eut une suffocation, puis, sans cris, il se mit à pleurer par grands sanglots qui le secouaient précipitamment.

▲ Guy de Maupassant, « Le Papa de Simon », adaptation de Charlotte Moundluc, illustration de François Roca, Albums 4-7 ans © 2014 Éditions Milan.

GUY DE MAUPASSANT, « Le Papa de Simon », 1879.

?

QUESTIONS

COMPÉTENCE – JE M'EXPRIME DE FAÇON MAITRISÉE EN FORMULANT UN AVIS PERSONNEL, UN RESSENTI

Une famille particulière

1. **a)** Quelle est la situation familiale de Simon ? **b)** Est-ce une situation habituelle au XIXe siècle ? Justifiez en citant le texte.
2. Pourquoi le « gars » au début de l'extrait insiste-t-il pour connaitre le nom de Simon ?
3. **a)** Un autre élève est élevé par sa mère : où est son papa ? **b)** Qu'espérait Simon en attirant l'attention sur ce camarade ? **c)** A-t-il obtenu la réaction qu'il attendait ?

Seul contre tous

4. **a)** À quoi le narrateur compare-t-il les enfants (l. 23-26) ? **b)** Selon vous, pourquoi effectue-t-il ce rapprochement ?
5. Comment les enfants se comportent-ils envers Simon ? Justifiez en citant le texte.

La souffrance d'un enfant

6. Face aux moqueries de ses camarades, Simon adopte plusieurs réactions successives ; relevez-en au moins deux.
7. Que ressent Simon à la fin de l'extrait ? Justifiez votre réponse en citant le texte.
8. ■ Selon vous, quel sentiment le narrateur cherche-t-il à créer chez le lecteur ?

2 D'un groupe à l'autre

✔ **OBJECTIF** J'analyse les ambitions et le désir d'autonomie d'un adolescent.

AZOUZ BEGAG
(né en 1957) est un écrivain, chercheur et homme politique français. Fils d'immigrés algériens, il raconte dans *Le Gone du Chaâba* son enfance passée dans un bidonville de la banlieue lyonnaise (le mot « gone » désigne un enfant en patois lyonnais). Au cours de sa carrière politique, il a notamment travaillé à promouvoir l'égalité des chances.

▲ Vue générale du bidonville de Villeurbanne, photographie de Jean-Philippe Ksiazek, 2007.

Dans les années 1960, le jeune Azouz et ses amis, enfants d'immigrés algériens, grandissent au « Chaâba », un bidonville situé à Villeurbanne, près de Lyon. Il raconte son intégration à l'école primaire.

J'ai honte de mon ignorance. Depuis quelques mois, j'ai décidé de changer de peau. Je n'aime pas être avec les pauvres, les faibles de la classe. Je veux être dans les premières places du classement, comme les Français[1].

[*Les efforts d'Azouz ont payé. Il fait maintenant partie des meilleurs élèves et son professeur lui a suggéré de s'asseoir à côté de Jean-Marc Laville, le premier de la classe.*]

– Je croyais que tu n'allais pas venir aujourd'hui. Tu sais qu'on doit se mettre ensemble dans la classe ?

[…] Je ne sais pas ce que j'allais lui répondre lorsque j'ai aperçu Moussaoui, Nasser et deux autres Algériens de ma classe qui s'approchaient de nous.

– Toi, casse-toi de là ! ordonne Moussaoui à Jean-Marc en lui lançant un coup de pied dans le cartable.

Terrorisé, le génie se retire sur la pointe des pieds.

– Alors ? dit Moussaoui en me fixant d'un œil malicieux et plein de reproches.

– Alors quoi ? fais-je, sans me douter le moins du monde de ce qu'il peut bien me vouloir.

Ses yeux se font lance-roquettes et, méprisant, il lâche :

– T'es pas un Arabe, toi !

Aussitôt, sans même comprendre la signification de ces mots, je réagis :

– Si. Je suis un Arabe !

REPÈRE

L'autobiographie

Lorsque l'auteur d'un récit revient sur son passé pour raconter sa propre vie, on parle d'**autobiographie** : c'est le cas dans *Le Gone du Chaâba*. Dans l'autobiographie : **auteur = narrateur = personnage.**

1. Azouz Begag n'a pas encore la nationalité française.
2. Pour se moquer des mauvais élèves, le maitre a classé les copies en partant de la plus mauvaise note.

– Non, t'es pas un Arabe, j'te dis !

– Si, je suis un Arabe !

– J'te dis que t'es pas comme nous !

Alors là, plus aucun mot ne parvient à sortir de ma bouche. Le dernier est resté coincé entre mes dents. C'est vrai que je ne suis pas comme eux.

Moussaoui sent mon hésitation et il poursuit :

– Ah ! Ah ! Ah ! T'as bien ri la dernière fois quand le maître a dit: « Premier : Ahmed Moussaoui. Deuxième : Nasser Bouaffia[2]. »

– Non, j'ai pas ri.

– T'as ri, j'te dis !

– Bon, ben, si tu veux, j'ai ri !

– Eh ben, t'es un con. C'est ce qu'on voulait te dire.

Une terrible impression de vide s'empare de moi. Mon cœur cogne lourdement dans mon ventre. Je reste là, planté devant eux, et, sur mon visage, mille expressions se heurtent, car j'ai envie de pleurer, puis de sourire, résister, craquer, supplier, insulter. Nasser intervient :

– Et en plus, tu veux même pas qu'on copie sur toi !

Un autre renchérit :

– Et en plus, t'es un fayot. [...]

Il ajoute :

– Et à la récré, pourquoi tu restes toujours avec les Français?

Chaque phrase résonne dans ma tête comme une porte que l'on défonce à coups de pied. J'ai honte. J'ai peur. Je ne peux pas crâner car je crois qu'ils ont raison.

[...] Moussaoui me regarde droit dans les yeux :

– Je ne veux pas me battre avec toi, dit-il, parce que t'es un Algérien. Mais faut savoir si t'es avec eux ou avec nous ! Faut le dire franchement.

AZOUZ BEGAG, *Le Gone du Chaâba*, © Le Seuil, 1986.

▲ *Le Gone du Chaâba*, film de Christophe Ruggia, avec Bouzid Negnoug (Omar, nom donné à Azouz dans le film), 1998.

?

QUESTIONS

LE TEXTE

COMPÉTENCE – J'INTERPRÈTE DES TEXTES LITTÉRAIRES EN FORMULANT DES IMPRESSIONS DE LECTURE

Un récit autobiographique

1. a) Qui est l'auteur de ce récit ? **b)** Le narrateur et le personnage principal sont-ils la même personne ? Justifiez votre réponse.

2. a) À quel temps le récit est-il mené ? **b)** Quelle est la valeur de ce temps ?

Une intégration difficile

3. ■ **a)** Quel objectif le narrateur se donne-t-il au début de l'extrait ? Pourquoi ? **b)** Y parvient-il ?

4. Qu'est-ce que les amis d'Azouz reprochent à celui-ci ? Justifiez votre réponse.

5. ■ Que pensez-vous de leur attitude ?

6. a) Que ressent Azouz à ce moment-là ? **b)** Comment auriez-vous réagi à sa place ?

L'IMAGE DE GAUCHE

1. a) Comment le mot « bidonville » est-il formé ? **b)** Proposez une définition de ce mot, puis vérifiez dans un dictionnaire.

2. Quels sont vos sentiments en regardant cette photographie ?

3 « J'étais toute petite »

✔ **OBJECTIF** Je perçois le mal-être d'une adolescente solitaire.

Adolescente surdouée âgée de 13 ans, Lou Bertignac a deux années d'avance à l'école. Elle profite de la récréation pour observer ses camarades de classe, plus âgées qu'elle.

J'ai la gorge serrée et les yeux qui me piquent. Dans la cour je rejoins mon petit coin, près du banc, je m'appuie sur le seul arbre du paysage, c'est comme si c'était le mien, au bout de deux mois plus personne ne tente de venir là, c'est ma place, de loin j'observe les autres, les filles rigolent et se poussent du coude, Léa porte une jupe longue et des bottines à lacets, elle se maquille, elle a des yeux bleus en amande, un sens inouï de la répartie, elle a toujours quelque chose de drôle ou d'intéressant à dire, tous les garçons la regardent, Axelle aussi, même si elle est moins jolie, elle n'a pas peur, ça se voit, elle n'a peur de rien, elles boivent des coups au café en sortant du lycée, elles se téléphonent, s'envoient des SMS, elles vont à des soirées, discutent le soir sur MSN[1], elles vont chez H&M le mercredi après-midi. Un jour, juste après la rentrée, elles m'ont invitée à leur anniversaire, j'ai dit merci en regardant mes pieds, j'ai confirmé que je viendrais. J'ai réfléchi pendant une semaine à ce que j'allais mettre, j'avais tout prévu, je m'étais entraînée sur la radio pour danser, j'avais acheté un cadeau pour chacune, et puis le soir est venu. J'ai enfilé mon plus beau jean et le tee-shirt que j'avais acheté chez Pimkie, mes grandes bottes,

DELPHINE DE VIGAN

(née en 1966) est une romancière, scénariste et réalisatrice française qui aime explorer l'intimité des relations humaines dans ses œuvres. *No et moi*, roman d'amitié entre une jeune fille surdouée et une SDF, a été traduit dans plusieurs langues et adapté au cinéma. En 2015, D. de Vigan a reçu le prix Renaudot pour son roman *D'après une histoire vraie*.

1. Messagerie instantanée utilisée dans les années 2000.

▲ *No et moi*, film de Zabou Breitman, avec Nina Rodriguez (Lou Bertignac), 2010.

ma veste noire, je m'étais lavé les cheveux le matin pour qu'ils soient plus soyeux, dans le miroir j'ai observé mon reflet. J'étais toute petite : j'avais des petites jambes, des petites mains, des petits yeux, des petits bras, j'étais une toute petite chose qui ne ressemblait à rien. Je me suis imaginée en train de danser dans le salon, chez Léa Germain, au milieu des autres, j'ai reposé le sac avec les cadeaux, j'ai enlevé ma veste, j'ai allumé la télé. Ma mère était assise sur le canapé, elle m'a regardée faire, j'ai bien vu qu'elle cherchait quelque chose à dire, il aurait suffi de peu, j'en suis sûre, par exemple si elle avait dit tu es très jolie, ou seulement tu es toute mignonne, je crois que j'aurais trouvé la force de sortir, d'appuyer sur le bouton de l'ascenseur et tout. Mais ma mère est restée dans son silence et j'ai regardé la pub avec la fille qui met un déodorant magique et danse au milieu des gens, les flashes crépitent et elle tourne sur elle-même avec une robe à volants, j'avais envie de pleurer.

Le lundi je suis allée m'excuser de ne pas être venue, j'ai inventé un prétexte familial, Axelle m'a dit que j'avais raté la fête de l'année, j'ai baissé les yeux. Depuis ce jour Léa Germain et Axelle Vernoux ne m'ont plus jamais adressé la parole.

DELPHINE DE VIGAN, *No et moi*, © Éditions Jean-Claude Lattès, 2007.

100% NUMÉRIQUE

Retrouvez sur www.lelivrescolaire.fr la bande-annonce du film *No et moi*, réalisé par Zabou Breitman en 2010.

?

QUESTIONS

LE TEXTE

COMPÉTENCE – J'INTERPRÈTE DES TEXTES LITTÉRAIRES EN PERCEVANT UN EFFET DE STYLE

Dans la peau d'une adolescente solitaire

1. a) L'auteur de ce texte est-il le personnage principal de l'histoire ? **b)** Par conséquent, ce texte est-il une autobiographie ?

2. ■ Relisez la deuxième phrase. D'après vous, pourquoi est-elle si longue ? Quelle impression donne-t-elle ?

3. ■ Relevez dans le texte au moins deux expressions qui montrent que Lou est une jeune fille solitaire.

4. Quel sentiment la narratrice éprouve-t-elle en observant Axelle et Léa ? Justifiez votre réponse en citant le texte.

5. a) À quel temps les verbes « j'avais prévu », « je m'étais entraînée » et « j'avais acheté » (l. 14-15) sont-ils conjugués ? **b)** Pourquoi la narratrice emploie-t-elle ce temps ?

Une fête ratée

6. a) Pour quelle raison Lou se sent-elle si différente des autres lycéennes ? **b)** Quel adjectif répète-t-elle quand elle se décrit ?

7. Rapportez les paroles de la mère de Lou (« elle avait dit tu es très jolie », l. 25-26) **a)** directement ; **b)** indirectement. Voir *Fiche sur les paroles rapportées*, p. 466.

8. a) Pourquoi Lou décide-t-elle finalement de ne pas aller à la fête organisée par Axelle et Léa ? **b)** Comprenez-vous sa réaction ?

9. Quelle conséquence son absence a-t-elle sur sa relation avec ses camarades de classe ?

L'IMAGE

1. D'après vous, où se situe la scène ?

2. La fille au premier plan vous semble-t-elle bien intégrée au groupe ? Justifiez.

3. À votre avis, à quelle scène du texte est-elle en train d'assister ?

4 Le grand plongeon

✔ **OBJECTIF** J'analyse un rite d'intégration à un groupe.

MAYLIS DE KERANGAL

(née en 1967) est une romancière française. Elle a écrit une dizaine de romans, couronnés par de nombreux prix littéraires.

À Marseille, un groupe d'adolescents des quartiers populaires s'amuse à plonger dans la mer. Une jeune fille de famille bourgeoise rêve d'appartenir à leur bande. Sans réfléchir, elle tente de leur voler un téléphone portable mais se fait repérer. En guise de punition, elle devra plonger du haut du Just Do It, un rocher placé à sept mètres au-dessus de l'eau.

Une fois sur la planche de pierre, les premiers arrivés s'écartent pour laisser passer la fille qui est à nouveau poussée au milieu. Elle est pas en maillot, dit une voix, elle va pas sauter comme ça, et Mario qui a posé ses mains sur ses hanches ajoute, ouais, c'est pas un concours de tee-shirt mouillé. Rires, il est content. La fille, elle, ne bouge pas d'un pouce. Eddy continue de ne pas la regarder, bientôt il s'adresse à la bande, allez-y. Alors les autres viennent se placer en position de départ, celle d'une course de demi-fond, avec main en arrière posée à plat contre la roche, prête à opérer la poussée de détente, et, au top départ – claquement de doigt d'Eddy –, explosent les uns après les autres : course d'élan, bondissement dans les airs, hurlements sauvages, éclaboussures comme des détonations, appels et cris, les voix sont soulevées par l'écho de la mer, viennent rebondir sur le plongeoir.

[*Eddy et la fille sont seuls sur le Just Do It. Celle-ci refuse de sauter, puis se prépare, recule au dernier moment, plusieurs fois, elle a peur, répète à Eddy qu'elle a le vertige.*]

Eddy coupe court à la conversation, se racle la gorge et annonce d'une voix ferme ouais, ouais, alors on est pareils, t'as qu'à me suivre, t'as qu'à faire comme moi – il hésite à se rétracter soudain, sait qu'il joue gros : s'il saute le premier, il prend le risque que la fille s'échappe par l'arrière du Cap et atteigne la quatre voies avant que les autres soient remontés à temps pour la retenir, il sait aussi que ceux qui l'observent comme on s'obsède du chef ne seront pas dupes, et qu'il met en jeu son autorité. La fille l'interroge, t'as peur alors ? Eddy jette un œil en bas [...]. Ouais j'ai le vertige, c'est sûr, Eddy rigole, quand je saute j'hallucine, je me disloque, je deviens gigantesque, puis il regarde au loin et ajoute, s'enfoncer là-dedans, j'aime ça. Elle l'écoute, ajuste son maillot – les index lissent l'ourlet de la culotte, à même la peau des fesses –, puis il déclare ok, on va y aller en même temps. Elle hoche la tête, et un frisson la parcourt tout entière, passe sous sa peau, des picots de chair de poule apparaissent, les minipoils se dressent au garde-à-vous. Une fois en position de départ, d'un coup la voilà pâle, les cernes creusés, elle est exsangue. Eddy ne dit rien. Il voudrait tout arrêter mais sur le Just Do It, le scénario s'est emballé. Il vient à son tour se mettre en place à côté d'elle, ils font la même taille, trente centimètres les séparent. Ils prennent leur respiration, décomptent les secondes, trois, deux, un… go !, se précipitent alors dans le ciel, dans la mer, dans toutes les profondeurs possibles, et quand ils sont dans l'air, hurlent ensemble, un même cri, accueillis soudain plus vivants et plus vastes dans un plus vaste monde.

MAYLIS DE KERANGAL, *Corniche Kennedy*,

▲ Harold Williamson, *Spray*, 1940, huile sur toile, 60,5 x 86 cm (Bournemouth, Grande-Bretagne).

ÉCLAIRAGE

Le mot *bande*

À l'origine, la *bande* désigne **le drapeau** sous lequel **les troupes militaires** se réunissaient. Au fil du temps, la signification du mot a changé : la bande a fini par désigner **la troupe elle-même**. Aujourd'hui, on l'utilise pour parler d'un groupe, souvent uni par des liens d'amitié.

? QUESTIONS

LE TEXTE

COMPÉTENCE – JE LIS DES TEXTES VARIÉS ET ADAPTE MA LECTURE AU STYLE D'ÉCRITURE

La bande

1. Qui est le chef de la bande ? Relevez un indice qui vous a aidé à répondre.
2. Avec quel niveau de langue les personnages s'expriment-ils ? Justifiez en citant le texte.
3. D'après vous, pourquoi « la fille » n'est-elle jamais désignée par son prénom ?

Le grand frisson

4. Cherchez l'étymologie du terme « exsangue » (l. 30) et expliquez pourquoi la jeune fille est dans cet état.
5. D'après vous, qu'est-ce qui décide finalement la jeune fille à plonger ?
6. Dans la dernière phrase de l'extrait, relevez les termes qui montrent qu'un lien s'est créé entre Eddy et la jeune fille.
7. À votre avis, comment les membres de la bande réagiront-ils à ce plongeon ?
8. **a)** Décrivez le style d'écriture de Maylis de Kerangal. **b)** Aimez-vous sa manière d'écrire ? Expliquez votre réponse.

L'IMAGE

1. **a)** Où le spectateur de cette peinture est-il placé par rapport au personnage ? **b)** Quelle impression cela donne-t-il ?
2. Trouvez au moins deux points communs entre ce tableau et le texte.

Découvrir *Les Enfants de Timpelbach*

✔ **OBJECTIF** Je lis un roman racontant les aventures d'un groupe de jeunes en l'absence de leurs parents.

Dans la petite ville de Timpelbach, les parents ont disparu ! Une fois passées la stupéfaction et la joie de ne plus devoir obéir à personne, il faudra bien que les enfants du village s'organisent pour survivre à l'absence des adultes...

◀ Henry Winterfeld, *Les Enfants de Timpelbach*, Le Livre de poche, 2014.

HENRY WINTERFELD (1901-1990) est un écrivain allemand. Après des études musicales, il devient auteur de livres pour la jeunesse, comme *L'Affaire Caïus*. L'idée des *Enfants de Timpelbach* lui vient alors qu'il raconte des histoires à son fils, tombé malade de la scarlatine.

QUESTIONS **1**

La décision des parents

1. a) Qui est le narrateur ? **b)** Que sait-on de lui ?

2. a) À quel problème le groupe des parents de Timpelbach est-il confronté ?

3. a) Quelle décision prennent-ils ? **b)** Quel évènement les a poussés à prendre cette décision ?

4. a) Quels sont les évènements qui vont venir perturber l'organisation prévue par les parents ? **b)** Comment le narrateur a-t-il réussi à obtenir ces informations ?

▲ *Les Enfants de Timpelbach*, film de Nicolas Bary, 2008.

QUESTIONS **2**

Jeunes contre jeunes

1. Quelle première action les Pirates s'empressent-ils de faire lorsqu'ils découvrent que la ville est déserte ?

2. Citez au moins trois problèmes auxquels les enfants se trouvent confrontés en l'absence de leurs parents.

3. Qui est élu chef des opposants aux Pirates ?

4. Pour lutter contre les Pirates, les enfants s'organisent. Quel nom donnent-ils à leur bande ?

5. Retrouvez les tâches auxquelles sont assignés les enfants suivants : Louis Keller, Marianne Loose, Charlotte Drohne, Fred Bollner.

L'affrontement

6. Comment Thomas et ses amis s'y prennent-ils pour rapporter au village les sacs de pommes de terre ?

7. Quelles armes les enfants utilisent-ils pour se battre (chapitres 19 et 20) ?

8. Lors de la bataille contre les Pirates, le petit Henri est d'un précieux secours au groupe de Thomas. Que fait-il pour aider ses amis ?

3 « Les parents arrivent ! »

QUESTIONS

1. À quoi Oscar, Willy et Jean sont-ils condamnés pour leurs mauvaises actions ?
2. Qu'avaient prévu les enfants en cas de retour de leurs parents ?
3. La leçon que les parents voulaient donner à leurs enfants a-t-elle été utile ? Justifiez votre réponse.
4. **a)** Si vous deviez trouver deux adjectifs pour qualifier l'attitude des enfants au début du roman, lesquels choisiriez-vous ? **b)** Montrez, à travers deux exemples, que les enfants et les parents ont réappris à vivre en groupe.
5. D'après vous, quelle pourrait être la morale de cette histoire ?

4 Du livre au film

QUESTIONS

COMPÉTENCE – JE LIS DES IMAGES ET DES DOCUMENTS COMPOSITES (Y COMPRIS NUMÉRIQUES) ET JE LES METS EN RELATION AVEC DES TEXTES

1. Regardez l'adaptation cinématographique du livre par Nicolas Bary, en 2008. En quoi Marianne est-elle différente du personnage du roman ?
2. **a)** Dans le film, Oscar a une sœur. Comment s'appelle-t-elle ? **b)** Dans quel camp se trouve-t-elle ?
3. Parmi les personnages adultes du film, choisissez-en un qui n'existe pas dans le livre et décrivez-le en quelques lignes.
4. Un personnage, qui n'existe pas dans le livre, aide ses amis à vaincre Oscar en agitant la cloche de l'église. **a)** Comment s'appelle-t-il ? **b)** Quelle est sa particularité ? **c)** Quel est son lien de parenté avec Thomas ?
5. Trouvez-vous l'adaptation cinématographique de Nicolas Bary réussie ? En quelques lignes, rédigez votre réponse en vous appuyant au moins sur trois raisons.

▲ Images du tournage du film de Nicolas Bary, 2008.

Retrouvez sur www.lelivrescolaire.fr la bande-annonce du film *Les Enfants de Timpelbach*.

Bandes de copains

Comment le phénomène de groupe dynamise-t-il des œuvres d'art ?

1 La mêlée

▲ Robert Doisneau, *Les Pieds au mur*, 1937.

2 Amis avant tout

Et puis c'est en équipe qu'on a traversé les hivers
Et les étés ensoleillés, les barres de rire et les galères
Ils m' sont devenus indispensables comme chaque histoire a ses héros
Ils sont devenus mes frangins, mes copains, mes frérots
[...]
L'amitié c'est une autoroute avec de belles destinations
Elles sont toutes bien indiquées et ça devient vite une addiction
Ça ressemble un peu à l'amour mais en moins dur j'vais m'expliquer
C'est plus serein, moins pulsionnel donc forcément moins compliqué
Parait que l'entourage ça change vachement quand t'as la cote
C'est pour ça qu' c'est rassurant d'évoluer avec ses potes
Notre dur labeur paye, on voit les portes qui s'entrouvrent
Dorénavant les phases on les cherche plus on les trouve

▲ Grand Corps Malade, « Avec eux », album *Enfant de la ville*, 2008.

3 *Grease*

◀ *Grease*, film de Randal Gleiser, avec John Travolta (Danny Zuko), 1978.

100% NUMÉRIQUE **Retrouvez sur lelivrescolaire.fr d'autres chansons sur l'amitié.**

4 Bande de filles

▲ *Bande de filles,* film de Céline Sciamma, 2014.

▶ 5

?

QUESTIONS

1. **Doc. 1 a)** Combien sont-ils dans cette bande d'amis ? **b)** Pourquoi est-ce difficile de le savoir ? **c)** À votre avis, que peut penser le petit garçon qui les regarde ?
2. **Doc. 2 a)** Quels niveaux de langue Grand Corps Malade emploie-t-il ? **b)** Pourquoi utiliser la langue familière dans une chanson sur les copains ?
3. **Doc. 3 a)** À quoi voit-on que ces garçons font partie d'une même bande ? **b)** Qui semble être leur chef ? Justifiez votre réponse par deux éléments au moins.
4. **Doc. 4 a)** Comment est montrée l'amitié entre les deux filles au premier plan ? Commentez ce qu'elles font, mais aussi leur apparence. **b)** Les filles à l'arrière-plan font-elles partie de la même bande ?
5. **Doc. 5** Quels sont les signes de complicité entre les filles ?
6. **Doc. 3 et 4** Pourquoi est-il intéressant de représenter une bande en train de danser ?
7. **Doc. 1 à 5** Comment les images illustrent-elles le texte de Grand Corps Malade ? Associez chacune d'elle à une phrase ou une expression de la chanson.
8. **Doc. 1 à 5 a)** Quelles ressemblances et quelles différences remarquez-vous entre les bandes représentées sur cette page ? **b)** De quelle bande vous sentez-vous le plus proche ? Expliquez votre réponse.

ÉCLAIRAGE

Représenter une bande d'amis est intéressant car cela permet de montrer la **complexité des relations humaines.** Une bande, c'est finalement comme une **petite société** : certains membres peuvent se rapprocher, s'éloigner, prendre le dessus, trahir, partir, arriver... De plus, la jeunesse des membres d'une bande est source d'énergie et de **sentiments plus intenses.**

COMPÉTENCE

JE PARTICIPE DE FAÇON CONSTRUCTIVE À DES ÉCHANGES ORAUX

Ex. 1 JE RACONTE UN SOUVENIR

Votre meilleur(e) ami(e) fête son anniversaire. Vous lui écrivez une lettre pour lui dire d'abord tout ce qu'il/elle représente pour vous et ensuite pour évoquer le souvenir d'un moment que vous avez vécu ensemble et qui vous a marqué(e).

Méthode
› Respectez les codes de la lettre.
› Utilisez le champ lexical de l'amitié.
› Racontez un souvenir au passé (utilisez par exemple le passé composé).

Ex. 2 JE DÉCRIS UN RITUEL D'INTÉGRATION À UNE BANDE

À la manière de Maylis de Kerangal dans *Corniche Kennedy* (p. 154), imaginez l'épreuve qu'un adolescent doit passer pour s'intégrer à une bande et faites-en la description. Votre texte fera une dizaine de lignes et commencera par ces mots : « Pour entrer dans la bande, il faut... » .

Méthode
› Vous veillerez à ce que l'épreuve ne soit ni violente ni humiliante.
› Attention également à ponctuer correctement vos phrases et à employer des connecteurs (« d'abord », « ensuite », « enfin », etc.) pour les relier entre elles.

Ex. 3 J'IMAGINE UN DIALOGUE

1. Relisez le texte extrait du « Papa de Simon » de Maupassant (p. 148).
2. Le petit Simon rentre chez lui, en pleurs, et explique à sa mère tout ce qui vient de se passer. Celle-ci cherche à le réconforter : imaginez le dialogue entre ces deux personnages.

Méthode
› N'oubliez pas d'utiliser la ponctuation des paroles rapportées directement.
› Employez les champs lexicaux : celui de la tristesse pour Simon, celui de la tendresse pour sa mère.

Ex. 4 JE DÉVELOPPE UN PASSAGE DE ROMAN

1. Relisez le texte extrait de *No et moi*, de Delphine de Vigan (p. 152).
2. Pour ce grand jour, Léa Germain et Axelle Vernoux se sont retrouvées entre elles, dans la chambre de Léa, afin de se préparer à la fête. Faites le récit de ces préparatifs.

Méthode
› Vous mènerez votre récit à la 3e personne.
› Vous pouvez choisir d'écrire au passé ou au présent.
› Appuyez-vous sur le champ lexical des vêtements et décrivez les sentiments que ressentent Axelle et Léa à l'approche de la fête.

Ex. 5 JE CONSTRUIS UNE ARGUMENTATION

L'été arrive : vous souhaitez partir en colonie de vacances, mais vos parents s'y opposent et préfèrent que vous passiez les vacances en leur compagnie.

Dans un texte d'une dizaine de lignes, exposez trois raisons pour lesquelles, selon vous, ils devraient vous laisser partir en colonie de vacances.

Méthode
› Présentez vos trois raisons de la moins forte à la plus forte.
› Prévoyez leurs arguments pour les prendre de vitesse (« Vous allez me dire que ... mais ... »)

Ex. 1 J'IMAGINE UN DIALOGUE À PARTIR D'UNE IMAGE

▲ *L'Esquive*, film d'Abdellatif Kechiche, 2004.

▲ *La Cité rose*, film de Julien Abraham, 2013.

Choisissez l'une des deux images ci-dessus. En petit groupe, imaginez le dialogue que pourraient tenir les personnages, puis jouez-le devant vos camarades.

Méthode

› Observez l'arrière-plan de chacune des photos : l'endroit où se trouvent les personnages peut vous donner des idées pour imaginer votre dialogue.

› Vous pouvez utiliser un niveau de langue familier, mais évitez d'employer des termes grossiers.

Ex. 2 JE CONSTRUIS UNE ARGUMENTATION

1. Relisez le texte extrait du *Gone du Chaâba* d'Azouz Begag (p. 150).
2. Azouz a fini par se battre avec Moussaoui et Nasser et s'est fait punir par le maitre. Imaginez le discours qu'il pourrait tenir auprès du maitre pour lui expliquer son geste. Jouez-le ensuite devant vos camarades.

Méthode

› Le jeune Azouz s'adresse à son maitre : il doit donc le vouvoyer et rester respectueux.

› Vous êtes libre de faire ou non parler le maitre.

› Lorsque Azouz raconte ce qui s'est passé, cela doit être cohérent avec l'extrait du *Gone du Chaâba*.

› Lorsque vous jouerez ce texte, vous pouvez choisir un camarade pour jouer le rôle du maitre, même s'il s'agit d'un rôle silencieux.

Ex. 3 JE PARTICIPE À UN CERCLE DE LECTURE

Choisissez un livre sur l'amitié qui vous a plu et débattez-en avec la classe.

Méthode

› Commencez par résumer l'histoire (sans donner la fin !) et présenter les personnages.

› Donnez votre avis critique (dites ce que vous avez aimé et ce qui vous semble moins bien) et débattez avec les autres lecteurs.

› Vous pouvez vous répartir les rôles : une personne résume l'histoire, une autre dégage les avantages et les inconvénients, une autre propose et présente une illustration.

› Faites des liens et des comparaisons avec les lectures des autres élèves.

PARCOURS DE COMPÉTENCES

Ex. 4 JE PRÉSENTE UN EXPOSÉ

Choisissez une œuvre (film, chanson, photographie, peinture) qui met en scène un groupe de jeunes.

Faites-en une présentation orale devant vos camarades, en vous appuyant sur une présentation visuelle et/ou audio (clip, bande-annonce, images).

Méthode

› D'abord, vous présenterez l'œuvre choisie : titre, auteur, date, contexte…

› Ensuite, vous ferez un bref résumé ou une brève description de l'œuvre. S'il s'agit d'une chanson en langue étrangère, proposez une traduction.

› Puis vous analyserez les relations entre les personnages : comment se voit l'amitié ; comment le groupe n'efface pas l'individualité ; comment il peut y avoir des tensions au sein du groupe…

› Enfin, vous expliquerez si vous avez aimé ou non l'œuvre avec des arguments précis.

› Si vous faites des recherches sur internet, citez vos sources.

› N'oubliez pas que vos camarades auront besoin d'un support visuel pour comprendre votre propos, surtout s'il s'agit d'une photographie, d'une peinture ou d'un clip.

JE ME SITUE DANS MON PARCOURS DE COMPÉTENCES

ORAL – JE M'EXPRIME DE FAÇON MAITRISÉE EN M'ADRESSANT À UN AUDITOIRE

VIVRE EN SOCIÉTÉ, PARTICIPER À LA SOCIÉTÉ – AVEC AUTRUI : FAMILLES, AMIS, RÉSEAUX

8 En famille : Molière, *Le Malade imaginaire*

Objectifs :
- ✔ **J'étudie une célèbre pièce de théâtre qui montre la complexité des relations familiales.**
- ✔ **J'analyse divers procédés comiques et je comprends les buts de la comédie.**

?

Pour entrer dans le chapitre

1. Qu'est-ce qui différencie une pièce de théâtre d'un roman ou d'un poème ?
2. Que savez-vous sur Molière ?

L'image

1. Quel lien peut unir les deux personnages ?
2. Observez leur posture et l'expression de leur visage. Que peuvent-ils se dire ? Quel semble être le caractère de chacun d'eux ?

TEXTES ET IMAGES

HISTOIRE DES ARTS

EXPRESSION ÉCRITE ET ORALE p. 176

- ✔ Je rédige des didascalies, une nouvelle scène du *Malade imaginaire*, un monologue, une scène de conflit.
- ✔ J'intègre des éléments de dramaturgie dans le jeu, je fais des tours de parole, je fais une interview des amis de Molière.

LEXIQUE ET LANGUE 100% NUMÉRIQUE

- ✔ J'enrichis mon vocabulaire du théâtre.
- ✔ Je révise les types de phrase propres au théâtre, je transpose des textes à une autre personne.

PROJET – PARCOURS CITOYEN 100% NUMÉRIQUE

Démêler le vrai du faux

- ✔ Je joue un conflit parents-enfants et je réfléchis à la relation de confiance.

COMPLÉMENT NUMÉRIQUE

- ✔ Je retrouve une autre famille en crise dans *Les Fourberies de Scapin* de Molière (chapitre 100 % numérique).

Molière, *Le Malade imaginaire*, mise en scène de Gildas Bourdet, théâtre de l'Ouest parisien, 2003. ▶

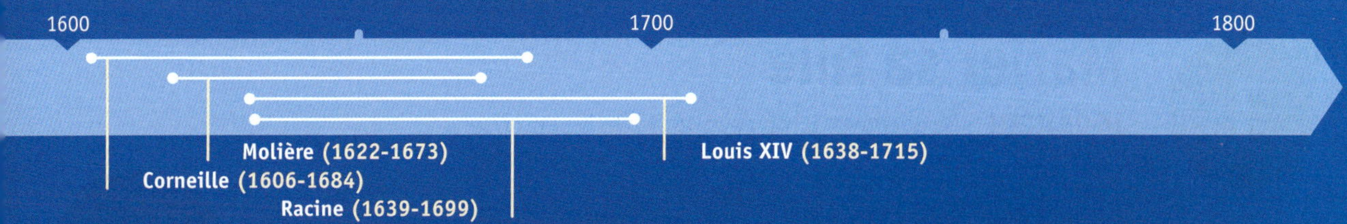
1600
1700
1800
Molière (1622-1673)
Corneille (1606-1684)
Racine (1639-1699)
Louis XIV (1638-1715)

1 Marier sa fille

✔ **OBJECTIF** Je découvre la pièce et une famille en crise.

MOLIÈRE

(1622-1673) est un dramaturge français qui a vécu sous le règne de Louis XIV. Il critique les défauts des hommes, mais toujours par le rire.
Le Malade imaginaire est sa dernière comédie. Il meurt peu après la quatrième représentation, alors qu'il jouait le personnage principal de la pièce.

Argan, un bourgeois qui semble très préoccupé par sa santé, appelle sa fille Angélique. Celle-ci vient accompagnée de sa servante, Toinette.

Acte I, scène 5

Argan, Angélique, Toinette

ARGAN *se met dans sa chaise.* – Oh çà, ma fille, je vais vous dire une nouvelle, où peut-être ne vous attendez-vous pas. On vous demande en mariage. Qu'est-ce que cela ? Vous riez ? Cela est plaisant oui, ce mot de mariage ! Il n'y a rien de plus drôle pour les jeunes filles. Ah ! nature, nature ! À ce que je puis voir, ma fille, je n'ai que faire de vous demander si vous voulez bien vous marier.

ANGÉLIQUE. – Je dois faire, mon père, tout ce qu'il vous plaira de m'ordonner.

ARGAN. – Je suis bien aise d'avoir une fille si obéissante : la chose est donc conclue, et je vous ai promise.

[*Angélique était persuadée que son père parlait de Cléante, le jeune homme dont elle est amoureuse. Mais ce n'est pas le cas ! Argan compte la marier à Thomas Diafoirus, le neveu de son médecin. Elle est sous le choc. Toinette intervient.*]

TOINETTE. – [...] Quelle est votre raison, s'il vous plaît, pour un tel mariage ?

ARGAN. – Ma raison est que, me voyant infirme et malade comme je le suis, je veux me faire un gendre et des alliés médecins, afin de m'appuyer de bons secours contre ma maladie, d'avoir dans ma famille les sources des remèdes qui me sont nécessaires, et d'être à même[1] des consultations et des ordonnances.

TOINETTE. – Eh bien, voilà dire une raison, et il y a du plaisir à se répondre doucement les uns aux autres. Mais, monsieur, mettez la main à la conscience ; est-ce que vous êtes malade ?

ARGAN. – Comment, coquine ! si je suis malade ! Si je suis malade, impudente[2] !

TOINETTE. – Eh bien, oui, monsieur, vous êtes malade ; n'ayons point de querelle là-dessus. Oui, vous êtes fort malade, j'en demeure d'accord, et plus malade que vous ne pensez : voilà qui est fait. Mais votre fille doit épouser un mari pour elle ; et, n'étant point malade, il n'est pas nécessaire de lui donner un médecin.

ARGAN. – C'est pour moi que je lui donne ce médecin, et une fille de bon naturel doit être ravie d'épouser ce qui est utile à la santé de son père.

Retrouvez un chapitre sur **Louis XIV** et le contexte historique des pièces de Molière dans votre manuel d'histoire-géographie sur lelivrescolaire.fr

1. Avoir à ma disposition.
2. Insolente.
3. Soit un capital d'environ 80 000 euros.

TOINETTE. – Ma foi, monsieur, voulez-vous qu'en amie je vous donne un conseil ?

ARGAN. – Quel est-il, ce conseil ?

TOINETTE. – De ne point songer à ce mariage-là.

ARGAN. – Et la raison ?

TOINETTE. – La raison, c'est que votre fille n'y consentira point.

ARGAN. – Elle n'y consentira point ?

TOINETTE. – Non.

ARGAN. – Ma fille ?

TOINETTE. – Votre fille. Elle vous dira qu'elle n'a que faire de monsieur Diafoirus, de son fils Thomas Diafoirus, ni de tous les Diafoirus du monde.

▲ Mise en scène de Claude Stratz, Comédie-Française, 2001.

ARGAN. – J'en ai affaire, moi, outre que le parti est plus avantageux qu'on ne pense. Monsieur Diafoirus n'a que ce fils-là pour tout héritier ; et, de plus, monsieur Purgon, qui n'a ni femme ni enfants, lui donne tout son bien en faveur de ce mariage ; et monsieur Purgon est un homme qui a huit mille bonnes livres de rente[3]. [...] On dira ce qu'on voudra ; mais je vous dis que je veux qu'elle exécute la parole que j'ai donnée.

TOINETTE. – Non ; je suis sûre qu'elle ne le fera pas.

ARGAN. – Je l'y forcerai bien.

TOINETTE. – Elle ne le fera pas, vous dis-je.

ARGAN. – Elle le fera, ou je la mettrai dans un couvent.

MOLIÈRE, *Le Malade imaginaire*, acte I, scène 5, 1673.

? QUESTIONS

LE TEXTE

COMPÉTENCE – J'INTERPRÈTE DES TEXTES LITTÉRAIRES EN PERCEVANT UN EFFET DE STYLE

Le père et la fille

1. Qu'annonce Argan à sa fille ?
2. **a)** Comment réagit-elle ? **b)** Pourquoi ?
3. Commentez la deuxième réplique d'Argan.

Le maitre et la servante

4. **a)** Quelles sont les deux raisons pour lesquelles Argan veut marier sa fille à Thomas Diafoirus ? **b)** Qui tirera profit de ce mariage ?
5. Quels sont les arguments de Toinette contre ce mariage ?
6. ■ Argan est-il un homme prêt à discuter ? Justifiez.
7. ■ Toinette dit (l. 28-29) : « Oui, vous êtes fort malade, [...] et plus malade que vous ne pensez. » De quelle maladie parle-t-elle ?
8. ■ Dans les dernières répliques, l'échange est plus vif. À quoi le voit-on ?
9. À la fin de l'échange, Toinette a-t-elle convaincu Argan ? Justifiez.

L'IMAGE

1. Identifiez les trois personnages présents sur l'image. À quoi reconnaissez-vous chacun ?
2. Quel jeu de scène peut-on imaginer, à partir de cette image, entre Toinette et Argan ?

2 L'amour conjugal

✔ **OBJECTIF** Je comprends les liens qui unissent Argan et sa femme.

Argan, très en colère que sa servante se permette de le contredire, appelle sa femme Béline pour qu'elle le console. Celle-ci accourt.

Acte I, scène 6

Béline, Angélique, Toinette, Argan

ARGAN. – Mamie[1], vous êtes toute ma consolation.

BÉLINE. – Pauvre petit-fils[2] !

ARGAN. – Pour tâcher de reconnaître l'amour que vous me portez, je veux, mon cœur, comme je vous ai dit, faire mon testament.

BÉLINE. – Ah mon ami, ne parlons point de cela, je vous prie ; je ne saurais souffrir[3] cette pensée, et le seul mot de testament me fait tressaillir de douleur.

ARGAN. – Je vous avais dit pour cela de parler à votre notaire.

BÉLINE. – Le voilà là-dedans que j'ai amené avec moi.

ARGAN. – Faites-le donc entrer, m'amour.

BÉLINE. – Hélas ! mon ami, quand on aime bien un mari, on n'est guère en état de songer à tout cela.

Acte I, scène 7

Le Notaire, Béline, Argan

[*Le notaire explique quel est le meilleur moyen pour qu'en cas de décès Béline hérite de l'argent d'Argan.*]

ARGAN. – Ma mie !

BÉLINE. – Oui, mon ami, si je suis assez malheureuse pour vous perdre…

ARGAN. – Ma chère femme !

BÉLINE. – La vie ne me sera plus de rien.

ARGAN. – M'amour !

BÉLINE. – Et je suivrai vos pas, pour vous faire connaître la tendresse que j'ai pour vous.

ARGAN. – Ma mie, vous me fendez le cœur ! Consolez-vous, je vous en prie.

LE NOTAIRE. – Ces larmes sont hors de saison[4] ; et les choses n'en sont point encore là.

BÉLINE. – Ah ! monsieur, vous ne savez pas ce que c'est qu'un mari qu'on aime tendrement.

ARGAN. – Tout le regret que j'aurai, si je meurs, ma mie, c'est de n'avoir point un enfant de vous[5]. Monsieur Purgon[6] m'avait dit qu'il m'en ferait faire un.

REPÈRE

Les types de comique

On distingue le comique de **gestes** (gifles, chutes, mimiques, etc.), de **mots** (jeux de mots, grossièretés, patois, etc.), de **situation** (ignorance, quiproquo, etc.), de **caractère** (personnage stupide, jaloux, etc.) et le comique de **répétition** (une situation ou une phrase qui se répète plusieurs fois).

1. Parfois écrit *ma mie,* ou *m'amie* : « mon amie » (terme affectif).
2. Terme affectif.
3. Accepter, supporter.
4. Il est inutile de pleurer maintenant.
5. Béline est la seconde femme d'Argan.
6. Médecin d'Argan.
7. D'argent.
8. Ne sont rien pour moi comparés à vous.

LE NOTAIRE. – Cela pourra venir encore.

ARGAN. – Il faut faire mon testament, m'amour, de la façon que monsieur dit ; mais, par précaution, je veux vous mettre entre les mains vingt mille francs en or que j'ai dans le lambris de mon alcôve, et deux billets payables au porteur, qui me sont dus, l'un par monsieur Damon, et l'autre par monsieur Gérante.

BÉLINE. – Non, non, je ne veux point de tout cela. Ah !... Combien dites-vous qu'il y a dans votre alcôve ?

ARGAN. – Vingt mille francs, m'amour.

BÉLINE. – Ne me parlez point de bien[7], je vous prie. Ah !... De combien sont les deux billets ?

ARGAN. – Ils sont, ma mie, l'un de quatre mille francs, et l'autre de six.

BÉLINE. – Tous les biens du monde, mon ami, ne me sont rien au prix de vous[8].

MOLIÈRE, *Le Malade imaginaire*, acte I, scènes 6 et 7, 1673.

▲ Argan, Béline et le notaire, mise en scène de Gildas Bourdet, Comédie-Française (Paris), 1991.

? QUESTIONS

LE TEXTE

COMPÉTENCE – J'INTERPRÈTE DES TEXTES LITTÉRAIRES EN M'APPUYANT SUR DES ÉLÉMENTS D'ANALYSE THÉÂTRALE

Argan

1. Quels sentiments Argan éprouve-t-il pour sa seconde épouse ? Justifiez votre réponse.

2. a) De quelle manière veut-il lui prouver ses sentiments ? **b)** Qu'en pensez-vous ?

3. Qu'est-ce qui montre dans ce passage qu'Argan est persuadé d'être très malade ?

Béline

4. a) Que veut dire Béline dans la dernière réplique de la scène 6 ? **b)** Relevez d'autres répliques semblables.

5. Pourquoi Béline a-t-elle amené son notaire ? Donnez deux réponses.

6. Relisez les répliques de Béline l. 34 à 38. Que révèlent-elles sur son caractère et son amour pour Argan ? Expliquez.

Jouer la comédie

7. Le sujet de cet extrait est-il comique ? Justifiez votre réponse.

8. ■ Expliquez comment Molière crée le comique. Trouvez au moins deux idées (voir *Repère*).

LES IMAGES

1. Comment le metteur en scène souligne-t-il l'aspect comique de la pièce ?

2. a) Que regarde Béline dans la deuxième image ? **b)** Qu'est-ce que cela montre d'elle ?

3 Élans d'indépendance

✔ **OBJECTIF** Je lis un texte qui questionne la place de la femme dans la société.

Argan accueille dans sa maison monsieur Diafoirus et son fils, en vue de conclure les fiançailles avec Angélique.

Acte II, scène 6

Béline, Argan, Toinette, Angélique, M. Diafoirus, Thomas Diafoirus

ARGAN. – Allons, ma fille, touchez dans la main de monsieur, et lui donnez votre foi, comme à votre mari.

ANGÉLIQUE. – Mon père !

ARGAN. – Eh bien, mon père ! Qu'est-ce que cela veut dire ?

ANGÉLIQUE. – De grâce, ne précipitez pas les choses. Donnez-nous au moins le temps de nous connaître, et de voir naître en nous, l'un pour l'autre, cette inclination[1] si nécessaire à composer une union parfaite.

THOMAS DIAFOIRUS. – Quant à moi, mademoiselle, elle est déjà toute née en moi ; et je n'ai pas besoin d'attendre davantage.

ANGÉLIQUE. – Si vous êtes si prompt[2], monsieur, il n'en est pas de même de moi ; et je vous avoue que votre mérite n'a pas encore assez fait d'impression dans mon âme.

ARGAN. – Oh ! bien, bien ; cela aura tout le loisir de se faire quand vous serez mariés ensemble.

ANGÉLIQUE. – Eh ! mon père, donnez-moi du temps, je vous prie. Le mariage est une chaîne où l'on ne doit jamais soumettre un cœur par force ; et, si monsieur est honnête homme, il ne doit point vouloir accepter une personne qui serait à lui par contrainte.

THOMAS DIAFOIRUS. – *Nego consequentiam*[3], mademoiselle ; et je puis être honnête homme et vouloir bien vous accepter des mains de monsieur votre père.

ANGÉLIQUE. – C'est un méchant moyen de se faire aimer de quelqu'un, que de lui faire violence. [...] Chacun a son but en se mariant. Pour moi, qui ne veux un mari que pour l'aimer véritablement, et qui prétends en faire tout l'attachement de ma vie, je vous avoue que j'y cherche quelque précaution. Il y en a d'autres qui prennent des maris seulement pour se tirer de la contrainte de leurs parents et se mettre en état de faire tout ce qu'elles voudront. Il y en a d'autres, madame[4], qui font du

1. Cette attirance.
2. Rapide.
3. Expression latine : *je nie la conséquence* (dans la phrase que vous venez de prononcer).
4. Elle s'adresse à Béline, sa belle-mère.
5. Argent qui, à la mort du mari, revient à l'épouse pour mener sa vie.
6. Supporter de vous.

ÉCLAIRAGE

Le mariage : enfermement ou épanouissement ?

Il n'est pas facile d'être femme au XVIIe siècle. La femme n'a **pas un statut social égal** à celui de l'homme. Enfant, elle est sous la **tutelle de son père** jusqu'à son mariage, où elle passe alors sous l'**autorité de son mari**. Deux alternatives existent : soit elle devient **religieuse**, mais elle est soumise aux règles du couvent, soit elle devient **veuve** après un mariage et elle acquiert ainsi une liberté sociale et peut-être financière.

mariage un commerce de pur intérêt ; qui ne se marient que pour gagner des douaires[5], que pour s'enrichir par la mort de ceux qu'elles épousent, et courent sans scrupule de mari en mari pour s'approprier leurs dépouilles. Ces personnes-là, à la vérité, n'y cherchent pas tant de façon et regardent peu à la personne.

BÉLINE. – Je vous trouve aujourd'hui bien raisonnante, et je voudrais bien savoir ce que vous voulez dire par là.

ANGÉLIQUE. – Moi, madame, que voudrais-je dire que ce que je dis ?

BÉLINE. – Vous êtes sotte, mamie, qu'on en saurait plus vous souffrir[6].

MOLIÈRE, *Le Malade imaginaire*, acte II, scène 6, 1673.

Mise en scène de Georges Werler, théâtre de la Porte-Saint-Martin (Paris), 2008.

?

QUESTIONS

LE TEXTE

COMPÉTENCE – J'UTILISE L'ÉCRIT POUR PENSER ET POUR APPRENDRE

La parole à la victime

1. a) Que réclame Angélique au début de l'extrait ? Citez deux phrases du texte. **b)** Pourquoi demande-t-elle cela ?

2. Comment les deux hommes réagissent-ils ?

3. Qu'en déduisez-vous sur la relation entre homme et femme au XVIIe siècle ?

4. Selon vous, pourquoi Angélique, qui avait laissé parler Toinette dans l'extrait 1 (p. 164), prend-elle ici la parole ?

Traité sur le mariage

5. ■ Combien de cas de figure Angélique évoque-t-elle sur l'attitude de la femme face au mariage (l. 24 à 36) ? Reformulez chacun en commençant par « On se marie par/pour... ».

6. a) Quel cas de figure concerne Angélique ? **b)** Lequel concerne en revanche sa belle-mère ? **c)** Relevez des termes qui opposent les deux comportements.

7. Comment Béline réagit-elle ?

8. a) Quels traits de caractère Angélique montre-t-elle sur l'ensemble de cet extrait ? **b)** Que peut-il, à votre avis, se passer ensuite ?

L'IMAGE

1. a) Qui sont les personnages à gauche de l'image ? **b)** Qu'exprime le visage de chacun d'eux ?

2. a) Qui est le personnage debout ? **b)** De quoi peut-il parler avec Argan ?

4 Bas les masques !

✔ **OBJECTIF** J'étudie un retournement de situation qui révèle l'hypocrisie d'un personnage.

Béralde, le frère d'Argan, tente de faire prendre conscience à celui-ci de son aveuglement vis-à-vis de Béline, qui a une influence négative sur sa famille. Toinette conseille à son maitre de simuler sa mort pour observer les réactions de chacun. Béralde se cache dans un coin de la pièce.

Acte III, scène 12

Béline, Toinette, Argan, Béralde

TOINETTE *s'écrie* – Ah ! mon Dieu ! Ah ! malheur ! quel étrange accident !

BÉLINE. – Qu'est-ce, Toinette ?

TOINETTE. – Ah ! madame !

BÉLINE. – Qu'y a-t-il ?

TOINETTE. – Votre mari est mort.

BÉLINE. – Mon mari est mort ?

TOINETTE. – Hélas ! oui. Le pauvre défunt est trépassé.

BÉLINE. – Assurément ?

TOINETTE. – Assurément. Personne ne sait encore cet accident-là, et je me suis trouvée ici toute seule. Il vient de passer entre mes bras. Tenez, le voilà tout de son long dans cette chaise.

BÉLINE. – Le Ciel en soit loué ! Me voilà délivrée d'un grand fardeau. Que tu es sotte, Toinette, de t'affliger de cette mort !

TOINETTE. – Je pensais, madame, qu'il fallût pleurer.

BÉLINE. – Va, va, cela n'en vaut pas la peine. Quelle perte est-ce que la sienne, et de quoi servait-il sur la terre ? Un homme incommode à tout le monde, malpropre, dégoûtant, sans cesse un lavement ou une médecine dans le ventre, mouchant, toussant, crachant toujours, sans esprit, ennuyeux, de mauvaise humeur, fatiguant sans cesse les gens, et grondant jour et nuit servantes et valets.

TOINETTE. – Voilà une belle oraison funèbre[1].

BÉLINE. – Il faut, Toinette, que tu m'aides à exécuter mon dessein[2], et tu peux croire qu'en me servant ta récompense est sûre. Puisque, par un bonheur, personne n'est encore averti de la chose, portons-le dans son lit, et tenons cette mort cachée jusqu'à ce que j'aie fait mon affaire. Il y a des papiers, il y a de l'argent, dont je veux me saisir, et il n'est pas juste que j'aie passé sans fruit[3] auprès de lui mes plus belles années. Viens, Toinette : prenons auparavant toutes ses clefs.

ARGAN, *se levant brusquement.* – Doucement !

BÉLINE, *surprise et épouvantée.* – Aïe.

ÉCLAIRAGE

Servantes et valets

Ce sont des **personnages clés** de la comédie. Hérités de l'esclave des comédies antiques et des valets de la *commedia dell'arte* (Arlequin, Scapin...), ils sont, grâce à leur astuce, ceux qui **mènent le jeu**. Chez Molière, ils **aident souvent les jeunes gens** contre un père borné.

1. Discours prononcé lors d'un enterrement.
2. Projet, but.
3. Profit.
4. Discours à la gloire d'une personne.

ARGAN. – Oui, madame ma femme, c'est ainsi que vous m'aimez ?

TOINETTE. – Ah ! ah ! le défunt n'est pas mort.

ARGAN, *à Béline qui sort.* – Je suis bien aise de voir votre amitié et d'avoir entendu le beau panégyrique[4] que vous avez fait de moi. Voilà un avis au lecteur qui me rendra sage à l'avenir, et qui m'empêchera de faire bien des choses.

BÉRALDE, *sortant de l'endroit où il s'est caché.* – Hé bien, mon frère, vous le voyez.

TOINETTE. – Par ma foi, je n'aurais jamais cru cela. Mais j'entends votre fille ; remettez-vous comme vous étiez et voyons de quelle manière elle recevra votre mort. C'est une chose qu'il n'est pas mauvais d'éprouver ; et puisque vous êtes en train, vous connaîtrez par là les sentiments que votre famille a pour vous.

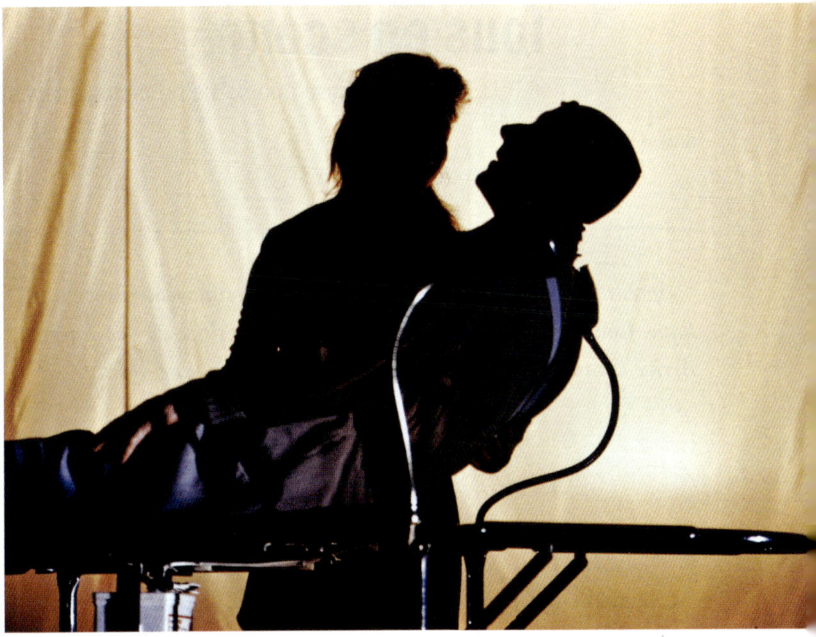

▲ Mise en scène de Hans Peter Cloos, théâtre national de Chaillot (Paris), 1990.

MOLIÈRE, *Le Malade imaginaire*, acte III, scène 12, 1673.

? QUESTIONS

LE TEXTE

COMPÉTENCE – JE LIS DES TEXTES VARIÉS, JE COMPRENDS LES IMPLICITES DU TEXTE ET FAIS DES HYPOTHÈSES DE LECTURE

Masque et désillusion

1. ■ **a)** À quelle réaction Argan pouvait-il s'attendre de la part de sa femme ? **b)** Écrivez une phrase qu'il aurait aimé entendre.
2. Au lieu de cela, comment Béline réagit-elle en apprenant la mort de son mari ? Justifiez en citant une réplique.
3. ■ **a)** Quel trait de caractère de Béline est ici dénoncé ? **b)** Quel a été le défaut d'Argan ?

La complexité des relations

4. **a)** Quel portrait Béline dresse-t-elle de son mari ? **b)** Pourquoi ce portrait est-il brutal ? **c)** Pourquoi est-il comique ?
5. **a)** À votre avis, de quels « papiers » Béline parle-t-elle (l. 26) ? **b)** Rappelez-vous l'insinuation d'Angélique envers sa belle-mère à l'acte II, scène 6 (p. 168). Avait-elle raison ? Justifiez.
6. Lorsque Argan affirme avoir entendu « un beau panégyrique » (l. 39-40) à son sujet, sur quel ton le dit-il ?
7. Quel enseignement Argan peut-il tirer de cet épisode ?
8. À votre avis, Argan aura-t-il la même désillusion avec sa fille ? Expliquez.

L'IMAGE

1. Qu'éclaire la lumière ? Que met-elle dans l'ombre ?
2. Quelle atmosphère donne-t-elle à la scène ?
3. Trouvez-vous ce choix de décor intéressant ? Expliquez votre réponse.

5 Tous en scène

✔ **OBJECTIF** J'analyse une scène de dénouement heureux.

Après avoir piégé Béline, Argan répète son stratagème avec Angélique. Contrairement à sa belle-mère, Angélique s'effondre de douleur. Arrive Cléante, le jeune homme dont elle est amoureuse.

Acte III, scène 14

Cléante, Angélique, Argan, Toinette, Béralde

CLÉANTE. – Qu'avez-vous donc, belle Angélique ? et quel malheur pleurez-vous ?

ANGÉLIQUE. – Hélas ! je pleure tout ce que dans la vie je pouvais perdre de plus cher et de plus précieux : je pleure la mort de mon père. [...] Laissons là toutes les pensées du mariage. Après la perte de mon père, je ne veux plus être du monde, et j'y renonce pour jamais[1]. Oui, mon père, si j'ai résisté tantôt à vos volontés, je veux suivre du moins une de vos intentions[2], et réparer par là le chagrin que je m'accuse de vous avoir donné. Souffrez[3], mon père, que je vous en donne ici ma parole, et que je vous embrasse pour vous témoigner mon ressentiment.

ARGAN *se lève.* – Ah ! ma fille !

ANGÉLIQUE, *épouvantée.* – Ahi !

ARGAN. – Viens. N'aie point de peur, je ne suis pas mort. Va, tu es mon vrai sang, ma véritable fille ; et je suis ravi d'avoir vu ton bon naturel.

ANGÉLIQUE. – Ah ! quelle surprise agréable ! Mon père, puisque, par un bonheur extrême, le ciel vous redonne à mes vœux, souffrez qu'ici je me jette à vos pieds, pour vous supplier d'une chose. Si vous n'êtes pas favorable au penchant de mon cœur, si vous me refusez Cléante pour époux, je vous conjure au moins de ne me point forcer d'en épouser un autre. C'est toute la grâce que je vous demande.

CLÉANTE, *se jette à genou.* – Eh ! monsieur, laissez-vous toucher à ses prières et aux miennes, et ne vous montrez point contraire aux mutuels empressements d'une si belle inclination[4].

BÉRALDE. – Mon frère, pouvez-vous tenir là contre ?

TOINETTE. – Monsieur, serez-vous insensible à tant d'amour ?

ARGAN. – Qu'il se fasse médecin, je consens au mariage. Oui, faites-vous médecin, je vous donne ma fille.

CLÉANTE. – Très volontiers, monsieur, s'il ne tient qu'à cela pour être votre gendre, je me ferai médecin, apothicaire[5] même, si vous voulez. Ce

▲ Mise en scène de Colette Roumanoff, Théâtre Fontaine, Paris, 2015.

1. Comprendre ici : *je veux me retirer dans un couvent.*
2. Argan avait souhaité que sa fille devienne religieuse.
3. Acceptez.
4. Attirance.
5. Pharmacien.
6. Charabia.

n'est pas une affaire que cela, et je ferais bien d'autres choses pour obtenir la belle Angélique.

BÉRALDE. – Mais, mon frère, il me vient une pensée. Faites-vous médecin vous-même. La commodité sera encore plus grande, d'avoir en vous tout ce qu'il vous faut.

TOINETTE. – Cela est vrai. Voilà le vrai moyen de vous guérir bientôt ; et il n'y a point de maladie si osée, que de se jouer à la personne d'un médecin.

ARGAN. – Je pense, mon frère, que vous vous moquez de moi. Est-ce que je suis en âge d'étudier ?

BÉRALDE. – Bon, étudier. Vous êtes assez savant ; et il y en a beaucoup parmi eux, qui ne sont pas plus habiles que vous.

ARGAN. – Mais il faut savoir bien parler latin, connaître les maladies, et les remèdes qu'il y faut faire.

BÉRALDE. – En recevant la robe et le bonnet de médecin, vous apprendrez tout cela, et vous serez après plus habile que vous ne voudrez.

ARGAN. – Quoi ? L'on sait discourir sur les maladies quand on a cet habit-là ?

BÉRALDE. – Oui. L'on n'a qu'à parler ; avec une robe, et un bonnet, tout galimatias[6] devient savant, et toute sottise devient raison.

MOLIÈRE, *Le Malade imaginaire*, acte III, scène 14, 1673.

Retrouvez sur www.lelivrescolaire.fr la répétition de la scène finale dans la mise en scène de C. Stratz.

ÉCLAIRAGE

La comédie-ballet

La pièce s'achève sur « *une **cérémonie burlesque** d'un homme qu'on fait médecin, en **récit, chant et danse*** », comme le précise Molière. C'est l'occasion pour le dramaturge de conclure avec éclat en **mêlant théâtre et ballet** qui enchantent le public de l'époque. Molière a souvent intercalé ce type de divertissement dans ses comédies, en collaboration avec des musiciens comme Lully ou Charpentier.

? QUESTIONS

COMPÉTENCE – JE COMPRENDS UN TEXTE EN M'APPUYANT SUR MES CONNAISSANCES LEXICALES ET GRAMMATICALES

Résolution d'un conflit père-fille

1. Quelles décisions Angélique prend-elle à l'annonce de la mort de son père ?
2. **a)** Quel registre (quelle tonalité) domine au début de l'extrait ? **b)** À quel moment précis le comique revient-il ?
3. Que demande Angélique à son père quand elle se rend compte qu'il est vivant ?
4. **a)** Quels personnages tentent de convaincre Argan de laisser sa fille épouser Cléante ? **b)** Y parviennent-ils ?
5. Quel personnage n'est pas présent dans cette scène de dénouement ? Pourquoi ?

Argan, médecin imaginaire

6. Montrez qu'Argan n'a pas totalement guéri de ses obsessions tandis qu'il donne son accord pour le mariage.
7. **a)** Quelle proposition Béralde fait-il à son frère pour le guérir de sa manie ? **b)** Que pensez-vous de cette proposition ?
8. ■ **a)** Quel groupe social Molière critique-t-il à la fin de l'extrait ? **b)** Quelles sont précisément les critiques envers ce groupe ?
9. **Synthèse :** Après avoir étudié ce texte, dites quelles sont les caractéristiques d'un dénouement dans une comédie.

Mises en scène du *Malade imaginaire* de Molière

Que révèlent les choix de mise en scène des interprétations d'une même pièce de théâtre ?

1 Mise en scène de François Bourcier

▲ Théâtre Sylvia Monfort, Paris, 1999.

ÉCLAIRAGE

Mettre en scène, c'est créer un spectacle à partir du texte de l'auteur. Il est donc possible de donner des **interprétations très différentes** d'une même pièce, d'une même scène, en jouant sur **les costumes, le décor, la gestuelle et le ton** que vont employer les comédiens.

COMPÉTENCE

JE LIS ET JE COMPRENDS DES IMAGES

2 Mise en scène de Frank Biagiotti

◀ Théâtre d'Altigone, Toulouse, 2007.

3 Mise en scène de Gildas Bourdet

▲ Théâtre de l'Ouest parisien, Paris, 2003.

4 Mise en scène de Claude Stratz

▲ Comédie-Française, Paris, 2011.

5 Mise en scène de Georges Werler

▲ Théâtre de la Porte-Saint-Martin, Paris, 2008.

100% NUMÉRIQUE

Retrouvez les frais de production du *Malade imaginaire* sous Louis XIV sur www.lelivrescolaire.fr.

? QUESTIONS

1. **Doc. 1 à 5 a)** Quand il est avec des médecins, Argan est-il montré en position de force ou de faiblesse ? Observez la position des personnages, les gestes, les expressions des visages. **b)** Expliquez ce rapport de force grâce à votre connaissance de la pièce.
2. **Doc. 1 a)** S'agit-il d'une mise en scène plutôt traditionnelle ou plutôt moderne ? Justifiez. **b)** Qu'y a-t-il de comique ?
3. **Doc. 2 a)** Comparez la taille du lit à celle d'Argan. Quelle image cela donne-t-il de lui ? **b)** Que fait Argan ? Sur quel aspect du personnage le metteur en scène insiste-t-il ?
4. **Doc. 3 et 4 a)** Quelles différences remarquez-vous entre ces deux mises en scène ? Observez les couleurs, les costumes, les décors, la position des personnages et les expressions des visages. **b)** Sur quel aspect de la pièce insiste chacune d'elles ? Sur quelle image Argan ne semble pas être un malade si « imaginaire » que ça ?
5. **Doc. 5** Comment le metteur en scène montre-t-il le rapport de force entre Argan et son médecin ? Commentez la position, les gestes mais aussi la taille des personnages.
6. **Doc. 5 a)** Le docteur tient le même instrument de médecine que sur l'image 3. Mais à quoi fait-il penser ici ? **b)** Quelle utilisation en fait-il ?
7. Quelles mises en scène préférez-vous ? Justifiez votre réponse.
8. **Synthèse.** Comparez les interprétations que proposent ces mises en scène. Vous devrez employer les mots suivants (que vous pourrez accorder) : *traditionnel - moderne - comique - pathétique - surprenant - intéressant - position - costume - décor - couleurs - malade - autoritaire.*

Ex. 1 J'ÉCRIS DES INDICATIONS THÉÂTRALES (DIDASCALIES)

Intégrez dans ce texte quatre à six indications scéniques.

Harpagon, un vieil homme avare, vient de découvrir le vol de son argent, qu'il avait enterré dans le jardin. Il revient dans sa maison.

HARPAGON. Au voleur ! Au voleur ! À l'assassin ! Au meurtrier ! Justice, juste ciel ! Je suis perdu, je suis assassiné ! On m'a coupé la gorge, on m'a dérobé mon argent ! [...] Où est-il ? Où se cache-t-il ? Que ferai-je pour le trouver ? Où courir ? Où ne pas courir ? N'est-il point là ? N'est-il point ici ? Qui est-ce ? Arrête ! Rends-moi mon argent, coquin ! ... Ah ! c'est moi. Mon esprit est troublé, et j'ignore où je suis, qui je suis, et ce que je fais. Hélas ! Mon pauvre argent, mon pauvre argent, mon cher ami, on m'a privé de toi ! [...] C'en est fait, je n'en puis plus, je me meurs, je suis mort, je suis enterré !

Molière, *L'Avare*, 1668.

Méthode

- Utilisez le participe présent ou le présent de l'indicatif.
- Les caractères sont en italique entre parenthèses.
- Une didascalie est une précision de geste, de déplacement, d'objets sur scène. Ce n'est pas un commentaire psychologique.
- N'écrivez pas : (*il est triste*) mais (*il met la main à son cœur*), ce qui donne une indication de jeu pour interpréter.

PARCOURS DE COMPÉTENCES

Ex. 2 J'ÉCRIS UNE SCÈNE THÉÂTRALE D'APRÈS UNE SITUATION DU *MALADE IMAGINAIRE*

Écrivez une scène théâtrale dans laquelle Argan, après avoir simulé sa mort auprès de sa femme Béline, utilise la même feinte pour mettre à l'épreuve les véritables sentiments d'Angélique.

Méthode

- Votre première réplique sera :
  TOINETTE. — Ah mon Dieu ! Ah malheur, quel fâcheux accident !
- Vous présenterez votre texte sous forme d'un dialogue théâtral sans oublier d'insérer quelques didascalies (au minimum 4).
- Le dialogue mettra en scène Toinette, Angélique, puis éventuellement Béralde. Vous veillerez à respecter le caractère des personnages.
- Votre texte ne dépassera pas une page dactylographiée.
- Attention, le correcteur d'orthographe ne corrige pas toutes les erreurs d'accord et d'homophonie !

Ex. 3 J'ÉCRIS UN MONOLOGUE PUIS UNE TIRADE DESTINÉS À DEUX PUBLICS DIFFÉRENTS

1. a) Seul(e) dans sa chambre, un ou une adolescent(e) prépare sa valise pour un voyage scolaire ou elle sélectionne les affaires qui pourront épater ses camarades et commente certains éléments. **b)** Commencez par : « Récapitulons. Un ... plus ... plus ... oh oh, voilà qui intéressera ... . »

2. Ses parents veulent savoir ce que leur enfant emporte. Imaginez sa réponse. Va-t-il leur dire exactement la même chose ? Imaginez sa tirade.

JE ME SITUE DANS MON PARCOURS DE COMPÉTENCES

ÉCRIRE – J'EXPLOITE MES LECTURES POUR ENRICHIR MON RÉCIT

4 J'ai su varier les types de phrase et utiliser un vocabulaire précis pour montrer le caractère et les réactions des personnages. Le dialogue est bien présenté, onomatopées et didascalies sont pertinentes.

1 Mon texte n'a pas la forme d'un dialogue théâtral et n'ai pas cohérent avec le texte de Molière.

2 Mon texte a la forme d'un dialogue théâtral et je n'ai pas oublié les didascalies, mais elles sont maladroites ou elles n'apportent rien à mon dialogue.

3 Mon texte est un dialogue théâtral. Les didascalies sont pertinentes et j'en ai varié la construction. Le rythme de la scène est un peu monotone.

Ex. 1 JE DIS UN TEXTE DE MANIÈRE EXPRESSIVE

Par groupe de deux, vous lirez ce texte plusieurs fois de manière à le connaitre presque par cœur.

Un père annonce à sa fille qu'il lui a choisi pour mari un vieil homme riche.

HARPAGON. – Vous l'épouserez dès ce soir.
ÉLISE. – Dès ce soir ?
HARPAGON. – Dès ce soir.
ÉLISE. – Cela ne sera pas, mon père.
HARPAGON. – Cela sera, ma fille.
ÉLISE. – Non.
HARPAGON. – Si.
ÉLISE. – Non, vous dis-je.
HARPAGON. – Si, vous dis-je.
ÉLISE. – C'est une chose où vous ne me réduirez[1] point.
HARPAGON. – C'est une chose où je te réduirai.
ÉLISE. – Je me tuerai plutôt que d'épouser un tel mari.
HARPAGON. – Tu ne te tueras point, et tu l'épouseras. Mais voyez quelle audace ! A-t-on jamais vu une fille parler de la sorte à son père !

Molière, *L'Avare*, 1668.

1. Forcerez.

Ex. 2 JE JOUE UN MONOLOGUE EN INTÉGRANT LES DIDASCALIES

Par groupe de deux, reprenez le texte de l'exercice 1 et jouez-le avec des didascalies.

Méthode
- Chacun garde son rôle de l'exercice 1 mais invente les didascalies pour les répliques de son camarade. Recopiez le texte en intégrant toutes les indications de jeu (déplacement, geste, ton).
- Jouez ensuite la scène en vous corrigeant l'un l'autre.
- Filmez-vous si possible pour améliorer votre jeu avant de proposer votre mise en scène à la classe.

Ex. 3 JE JOUE UN TEXTE EN INTÉGRANT DES ÉLÉMENTS DE MISE EN SCÈNE

Gardez le même texte que dans les exercices 1 et 2 et jouez-le cette fois-ci en intégrant des accessoires et des éléments du décor ou des costumes.

Ex. 4 J'IMPROVISE UNE SCÈNE DE CONFLIT

Imaginez un bref échange entre deux personnes partageant des avis contraires.

L'objet de la discussion peut porter sur le choix d'un film devant le cinéma, d'un lieu de vacances dans une agence touristique, d'un achat de vêtement dans un magasin, d'un plat dans un restaurant... ou tout autre désaccord de votre invention.

Méthode
- Mettez-vous par deux.
- Mettez-vous d'accord sur un canevas (les moments principaux). Trouvez chacun des arguments pour développer des répliques.
- Pensez aussi au jeu de comédien. Comment faire deviner au spectateur que l'on est devant un cinéma, dans un magasin, une agence touristique, un restaurant... ? Comment exprimer ses sentiments par la gestuelle ?

Ex. 5 JE RACONTE UNE PIÈCE DE THÉÂTRE EN ME CONCENTRANT SUR L'INTRIGUE

Devant la classe, par groupe de quatre élèves alignés, racontez l'intrigue d'une pièce.

Méthode
- Chaque groupe lit l'intrigue d'une autre pièce de Molière. Pendant cinq minutes de préparation, vous pouvez relire autant de fois que vous le souhaitez le document, en portant votre attention sur les liens entre les personnages et l'évolution de l'histoire.
- Placez-vous en ligne face à la classe et racontez à tour de rôle l'histoire. Votre temps de parole est limité à vingt secondes à chaque fois (votre professeur vous minute et vous interrompt d'un geste).
- Quand vous vous arrêtez, l'un de vos camarades enchaine en disant « Et alors » ou « Et puis aussi ». Tentez d'arriver à la fin ! Vous avez en tout trois minutes maximum.

Ex. 6 JE PRÉSENTE LA VIE DE MOLIÈRE SOUS FORME D'INTERVIEW

Répartissez les rôles par groupe de trois : l'un tiendra le rôle du journaliste ; les deux autres seront des amis qui ont côtoyé Molière et sont capables de donner des détails sur sa vie. Proposez cinq à six questions.

Méthode
- Informez-vous sur Molière de sa naissance à sa mort en consultant des sites relatant sa biographie, par exemple le site toutmolière (www.toutmoliere.net) ou celui de la Comédie-Française, aux pages patrimoine et histoire (www.comedie-francaise.fr).
- Retenez les étapes principales de sa vie : enfance, apprentissage avec les Béjart, succès et échecs avec Louis XIV...
- Le journaliste peut guider les réponses des deux personnes interrogées.

9 Les valeurs : du dialogue à la confrontation

Objectifs :
- ✔ **Je maitrise les différentes formes du dialogue : au théâtre et dans le récit.**
- ✔ **J'analyse la portée dynamique du conflit.**
- ✔ **J'observe comment les valeurs organisent les relations entre individu et société.**

? QUESTIONS

Pour entrer dans le chapitre

1. Qu'est-ce qu'un dialogue ?
2. a) Sur quel radical le mot *confrontation* est-il formé ? b) Trouvez d'autres mots construits sur le même radical.
3. Dans quelles circonstances le dialogue peut-il devenir une confrontation ?

L'image

1. Quelles différences remarquez-vous entre les deux personnages ?
2. Qu'exprime le visage de la femme à l'arrière-plan ?
3. Comprenez-vous sa réaction ?

Henri Cartier-Bresson, *Brasserie Lipp* (Paris), photographie, 1969. ▶

1600 1700 1800 1900 2000

Marivaux (1688-1763)

Victor Hugo (1802-1885)
Jules Vallès (1832-1885)

Fatou Diome (1968-)
Romain Puértolas (1975-)

1

« Une pensée bien hétéroclite ! »

✔ **OBJECTIF** J'étudie des points de vue opposés dans un dialogue de comédie.

MARIVAUX

(1688-1763) est, avec Beaumarchais, le grand dramaturge français du XVIIIe siècle. Dans ses pièces de théâtre (*L'Île des esclaves*, *Le Jeu de l'amour et du hasard*, *Les Fausses Confidences*), il observe et analyse avec finesse la société de son époque.

La pièce commence par une conversation entre Silvia et Lisette, sa femme de chambre.

SILVIA. – Mais, encore une fois, de quoi vous mêlez-vous ? Pourquoi répondre de mes sentiments[1] ?

LISETTE. – C'est que j'ai cru que, dans cette occasion-ci, vos sentiments ressembleraient à ceux de tout le monde. Monsieur votre père me demande si vous êtes bien aise[2] qu'il vous marie, si vous en avez quelque joie : moi, je lui réponds que oui ; cela va tout de suite[3] ; et il n'y a peut-être que vous de fille au monde, pour qui ce oui-là ne soit pas vrai ; le non n'est pas naturel.

SILVIA. – Le non n'est pas naturel ! Quelle sotte naïveté ! Le mariage aurait donc de grands charmes pour vous ?

LISETTE. – Eh bien, c'est encore oui, par exemple.

SILVIA. – Taisez-vous ; allez répondre vos impertinences ailleurs, et sachez que ce n'est pas à vous à juger de mon cœur par le vôtre.

LISETTE. – Mon cœur est fait comme celui de tout le monde. De quoi le vôtre s'avise-t-il de n'être fait comme celui de personne ?[4]

SILVIA. – Je vous dis que, si elle osait, elle m'appellerait une originale.

LISETTE. – Si j'étais votre égale, nous verrions.

SILVIA. – Vous travaillez à me fâcher, Lisette.

LISETTE. – Ce n'est pas mon dessein[5]. Mais dans le fond, voyons, quel mal ai-je fait de dire à monsieur Orgon que vous étiez bien aise d'être mariée ?

SILVIA. – Premièrement, c'est que tu n'as pas dit vrai ; je ne m'ennuie pas d'être fille.

LISETTE. – Cela est encore tout neuf.

SILVIA. – C'est qu'il n'est pas nécessaire que mon père croie me faire tant de plaisir en me mariant, parce que cela le fait agir avec une confiance qui ne servira peut-être de rien[6].

LISETTE. – Quoi ! vous n'épouserez pas celui qu'il vous destine ?

SILVIA. – Que sais-je ? peut-être ne me conviendra-t-il point, et cela m'inquiète.

LISETTE. – On dit que votre futur est un des plus honnêtes du monde ; qu'il est bien fait, aimable, de bonne mine ; qu'on ne peut pas avoir plus d'esprit, qu'on ne saurait être d'un meilleur caractère ; que voulez-vous de plus ? [...]

SILVIA. – Oui dans le portrait que tu en fais, et on dit qu'il y ressemble, mais c'est un on dit, et je pourrais bien n'être pas de ce sentiment-là, moi. Il est bel homme, dit-on, et c'est presque tant pis.

LISETTE. – Tant pis ! Tant pis ! Mais voilà une pensée bien hétéroclite !

SILVIA. – C'est une pensée de très bon sens. Volontiers un bel homme est fat[7] ; je l'ai remarqué.

LISETTE. – Oh ! Il a tort d'être fat ; mais il a raison d'être beau.

1. Se sentir responsable de mes sentiments.
2. Heureuse.
3. Cela va de soi.
4. Pourquoi le vôtre prétend-il de n'être fait comme celui de personne ?
5. But.
6. À rien.
7. Prétentieux, vaniteux.
8. Choses agréables, mais pas essentielles.
9. Juron marquant l'étonnement, l'indignation.

SILVIA. – On ajoute qu'il est bien fait ; passe !

LISETTE. – Oui-da ; cela est pardonnable.

SILVIA. – De beauté et de bonne mine je l'en dispense ; ce sont là des agréments[8] superflus.

LISETTE. – Vertuchoux[9] ! si je me marie jamais, ce superflu-là sera mon nécessaire.

MARIVAUX, *Le Jeu de l'amour et du hasard*, I, 1, 1730.

ÉCLAIRAGE

Le mariage au XVIIIe siècle

Dans la société française du XVIIIe siècle, aristocrates et bourgeois se marient rarement par amour. Le mariage est avant tout **un contrat passé entre deux familles** afin de garantir au mieux leurs intérêts. Les femmes sont soumises au choix de leurs pères : on parle alors de **mariage arrangé**.

100% NUMÉRIQUE Retrouvez sur Lelivrescolaire.fr, le point de vue d'un metteur en scène sur la pièce de Marivaux.

William Hogarth, *Mariage à la mode : le contrat de mariage*, 1743, huile sur toile, 69,9 x 90,8 cm (National Gallery, Londres).

? QUESTIONS

LE TEXTE

COMPÉTENCE – JE PRATIQUE L'ÉCRITURE D'INVENTION

Une scène d'exposition

1. Commencer *in medias res* (« au milieu des choses »), c'est commencer au cœur de l'action. **a)** Pourquoi peut-on dire que c'est le cas ici ? Justifiez en citant le texte. **b)** Quel est l'intérêt d'un tel début, d'après vous ?
2. **a)** Qui est monsieur Orgon (l. 19) ? **b)** Quel est son projet ?
3. Que reproche Silvia à Lisette, au début de la scène ?
4. ■ Imaginez et insérez au moins cinq didascalies (ton, geste...) dans cette scène de dispute.

Une pensée « hétéroclite »

5. **a)** Silvia approuve-t-elle le projet de son père ? **b)** Pourquoi ? Reformulez ses arguments.
6. « Il est bel homme, dit-on, et c'est presque tant pis. » (l. 34-35). Que veut dire Silvia ?
7. Que pense Lisette de l'attitude de Silvia ? Justifiez en citant le texte.
8. **a)** Quel sens Lisette donne-t-elle au mot « hétéroclite » (l. 36) ? **b)** Quels sont les autres sens de ce mot ?
9. Vous sentez-vous plus proche de l'opinion de Lisette ou de celle de Silvia ? Proposez une réponse argumentée. N'hésitez pas à nuancer votre réponse.

L'IMAGE

1. D'après vous, qui sont les personnages les plus importants ? Justifiez votre réponse.
2. **a)** Où se trouve la mariée ? **b)** Quel rôle semble-t-elle jouer dans la scène ?
3. **a)** Que tient en main l'homme le plus à droite du tableau ? **b)** En vous aidant de l'*Éclairage*, proposez une interprétation de cette scène.

2 « Pardon, bourgeoise ! »

✔ **OBJECTIF** Je lis le récit d'un dialogue et je distingue les paroles rapportées.

JULES VALLÈS

(1832-1885) est écrivain et journaliste. Dans la trilogie composé de *L'Enfant*, *Le Bachelier* et *L'Insurgé*, il évoque par le biais du roman sa jeunesse ; il y dévoile aussi sa haine des injustices liées à la société bourgeoise et à l'éducation qu'elle dispense.

Jacques Vingtras, le double de Jules Vallès, est un jeune homme d'extrême gauche qui rêve de faire la révolution pour restaurer la République. Poussé par sa mère, inquiète de la misère dans laquelle il vit, il s'est fiancé à une fille de famille bourgeoise pour laquelle il éprouve des sentiments. Mais un incident lui a fait prendre conscience de l'impossibilité de leur union.

L'argent – 100 000 francs ! 5 000 livres[1] de rente[2], 20 000 à la mort des parents. – C'est beau ! On imprime bien des appels aux armes avec ça.

Mais si elle ne pense pas comme moi !...

Elle dira alors que je la vole ou que je la trahis, quand mes colères républicaines sauteront sur le monde auquel elle appartient.

Je sais à quoi m'en tenir depuis l'autre matin. C'est fini pour toujours !

Nous étions allés dans un des faubourgs, où un vieux professeur ancien collègue de mon père a organisé une espèce de bureau de charité[3].

En revenant elle m'a dit :

« Quand nous serons mariés, vous ne me mènerez pas dans des quartiers tristes. – Moi d'abord, a-t-elle repris avec une mine de suprême dégoût, je n'aime pas les pauvres... »

Ah ! caillette[4] ! À qui j'étais capable d'enchaîner ma vie ! Fille d'heureux qui avais, sans t'en douter, le mépris de celui que tu voulais pour mari ! Car lui, il a été pauvre ! Comme tu le mépriserais si tu savais qu'il a eu faim !

Elle sent bien qu'elle a fait une blessure.

Me reprenant le bras, et plongeant ses yeux tendres dans la sévérité des miens :

« Vous ne m'avez pas comprise », murmure-t-elle, anxieuse d'effacer le pli qui est sur mon front.

Pardon, bourgeoise ! Le mot qui est sorti de vos lèvres est bien un cri de votre cœur et vos efforts pour réparer le mal n'ont fait qu'empoisonner la plaie.

Et j'en saigne et j'en pleure ! Car j'adorais cette femme qui était bien mise[5] et sentait si bon !

Mais n'ayez peur, camarades de combat et de misère, je ne vous lâcherai pas !

« Vous m'en voulez, on dirait que vous me haïssez depuis l'autre jour.

▲ F. H. Kaemmerer, *Un adieu poignant*, 1872 (collection privée).

1. Il est difficile d'établir des équivalences, mais il s'agit de sommes importantes (une livre et un franc de cette époque ont plus de valeur qu'un euro aujourd'hui).
2. Somme d'argent perçue régulièrement (comme un salaire) mais qui n'est pas obtenue par le travail.
3. Qui a pour rôle de s'occuper des plus pauvres.
4. Terme affectif.
5. Habillée.

Soyez franc, voyons, a-t-elle dit en se plantant devant moi.

– Eh bien oui, je vous en veux –, parce que vous aviez jeté un rayon de soleil dans l'ombre de ma jeunesse, et que j'ai soif de caresses et de bonheur. Mais j'ai encore plus soif de justice… un mot qui vous fait rire… n'est-ce pas ?

C'est comme cela pourtant… on ne vous a raconté que le côté drôle de ma vie de bohème… tandis que j'en ai gardé des impressions poignantes, la haine profonde des idées et des hommes qui écrasent les obscurs et les désarmés. De grands mots !… Que voulez-vous ? Ils traduisent l'état de ma cervelle et de mon cœur ! Il y avait place encore là-dedans pour votre charme et les joies douces que votre grâce m'eût données, mais il aurait fallu que vous eussiez avec votre belle santé de vierge, que vous eussiez un peu de ma maladie d'ancien pauvre… »

Et j'ai planté là celle qui était ma fiancée ! J'ai fui, enfonçant ma tête dans le collet[6] de ma redingote[7] comme une autruche, laissant ma mère désolée. J'ai filé par le premier train, désespéré.

JULES VALLÈS, *Le Bachelier*, chapitre XXVIII, 1881.

6. Col.

7. Vêtement d'homme long et ajusté à la taille.

REPÈRE

Le point de vue

› Dans ce texte, **le point de vue de la narration est interne** : nous sommes « dans la tête » de Vingtras et nous suivons ses pensées.

› Mais l'énonciation n'est pas simple, car celui-ci rejoue dans sa tête une scène qui l'a marqué. **Ce qui s'est dit pendant cette scène se mêle donc aux réflexions qu'il est en train de se faire.**

100% NUMÉRIQUE

Retrouvez sur www.lelivrescolaire.fr une vidéo sur la Commune de Paris pour comprendre le contexte historique du *Bachelier*.

? QUESTIONS

COMPÉTENCE – JE MAITRISE LE FONCTIONNEMENT DU VERBE ET SON ORTHOGRAPHE

Une énonciation complexe

1. a) Relevez un passage où le narrateur parle de sa fiancée à la 3e personne. **b)** Relevez-en un autre où il s'adresse à elle à la 2e personne. **c)** Comment expliquez-vous cela ?

2. ■ **a)** « Elle sent bien » (l. 16) et « murmure-t-elle » (l. 20). À quel temps ces deux verbes sont-ils conjugués ? **b)** Quelle est la valeur de ce temps ? **c)** Pourquoi cela peut-il compliquer la lecture ?

3. « Fille d'heureux qui avais […] » (l. 13-14). Le verbe est-il bien accordé ?

Une faille

4. Le narrateur ne s'est pas fiancé par contrainte. Qu'aimait-il chez cette jeune femme ? Citez le texte.

5. Quel est l'incident qui a remis en cause cette relation ?

6. a) Qu'a ressenti le narrateur à ce moment-là ? **b)** Qu'a-t-il compris ?

Une rupture

7. Dans un couple, les deux personnes n'ont pas toujours les mêmes opinions… Pourquoi Vingtras décide-t-il de quitter sa fiancée ? Donnez plusieurs raisons et justifiez en citant le texte.

8. a) Comprenez-vous sa décision ? **b)** Pensez-vous que ce choix le rendra plus heureux ?

9. Qu'en pense sa mère ? Pourquoi ?

10. Synthèse. Quelles sont les valeurs défendues par Vingtras ?

3 « Pourquoi n'es-tu pas à ta place ? »

✔ **OBJECTIF** Je comprends comment le conflit structure le récit.

VICTOR HUGO (1802-1885) a écrit des œuvres majeures dans tous les genres : roman (*Notre-Dame de Paris, Les Misérables*), poésie (*Les Châtiments, Les Contemplations*), théâtre (*Hernani, Ruy Blas*). Auteur engagé, il défend les « misérables » et condamne l'injustice. Plus d'un million de personnes assistent à ses funérailles nationales à Paris.

Ce récit est inspiré de faits réels. Claude Gueux, un ouvrier dans la misère, vole pour nourrir sa famille. Il est arrêté et condamné à une peine de cinq ans de prison. En détention, il se lie d'amitié avec Albin ; les deux hommes se soutiennent mutuellement. Mais un jour, Claude apprend qu'Albin a été transféré dans un autre quartier.

– Monsieur ! dit Claude.

Le directeur s'arrêta et se détourna à demi.

– Monsieur, reprit Claude, est-ce que c'est vrai qu'on a changé Albin de quartier ?

– Oui, répondit le directeur.

– Monsieur, poursuivit Claude, j'ai besoin d'Albin pour vivre.

Il ajouta :

– Vous savez que je n'ai pas assez de quoi manger avec la ration de la maison, et qu'Albin partageait son pain avec moi.

– C'était son affaire, dit le directeur.

– Monsieur, est-ce qu'il n'y aurait pas moyen de faire remettre Albin dans le même quartier que moi ?

– Impossible. Il y a décision prise.

– Par qui ?

– Par moi.

– Monsieur D., reprit Claude, c'est la vie ou la mort pour moi, et cela dépend de vous.

▲ *Claude Gueux*, téléfilm de Olivier Schatzky, 2009.

– Je ne reviens jamais sur mes décisions.

– Monsieur, est-ce que je vous ai fait quelque chose ?

– Rien.

– En ce cas, dit Claude, pourquoi me séparez-vous d'Albin ?

– Parce que, dit le directeur.

[Claude, rongé, par l'absence de son ami, insiste de nombreuses fois auprès du directeur : il est mis au cachot pour son « insolence ». À sa sortie, il retourne encore une fois voir le directeur.]

– Que fais-tu là, toi ? dit le directeur ; pourquoi n'es-tu pas à ta place ?

Car un homme n'est plus un homme là, c'est un chien, on le tutoie.

Claude Gueux répondit respectueusement :

– C'est que j'ai à vous parler, Monsieur le directeur.

– De quoi ?

– D'Albin.

– Encore ! dit le directeur.

– Toujours ! dit Claude.

– Ah çà, reprit le directeur continuant de marcher, tu n'as donc pas eu assez de vingt-quatre heures de cachot ?

Claude répondit en continuant de le suivre :

– Monsieur le directeur, rendez-moi mon camarade.

– Impossible.

– Monsieur le directeur, dit Claude avec une voix qui eût attendri le démon, je vous en supplie, remettez Albin avec moi, vous verrez comme je travaillerai bien. Vous qui êtes libre, cela vous est égal, vous ne savez pas ce que c'est qu'un ami ; mais, moi, je n'ai que les quatre murs de ma prison. [...] Moi je n'ai qu'Albin. Rendez-le-moi. [...]

– Impossible. C'est dit. Voyons, ne m'en reparle plus. Tu m'ennuies.

Et, comme il était pressé, il doubla le pas. Claude aussi. [...]

Claude toucha doucement le bras du directeur.

– Mais au moins que je sache pourquoi je suis condamné à mort[1]. Dites-moi pourquoi vous l'avez séparé de moi.

– Je te l'ai déjà dit, répondit le directeur, parce que.

Et, tournant le dos à Claude, il avança la main vers le loquet de la porte de sortie.

À la réponse du directeur, Claude avait reculé d'un pas. Les quatre-vingts statues qui étaient là virent sortir de son pantalon sa main droite avec la hache. Cette main se leva, et, avant que le directeur eût pu pousser un cri, trois coups de hache, chose affreuse à dire, assénés tous les trois dans la même entaille, lui avaient ouvert le crâne.

VICTOR HUGO, *Claude Gueux*, 1834.

REPÈRE

Conflits et récit

Les conflits successifs entre Claude Gueux et le directeur de la prison permettent à l'auteur de **structurer son récit.** Chaque dialogue augmente la tension et marque une étape vers la mort. Le récit se construit donc sur **l'opposition des personnages et des valeurs.**

100% NUMÉRIQUE

Retrouvez sur Lelivrescolaire.fr, un montage d'extraits de l'adaptation de *Claude Gueux*, téléfilm diffusé sur France 2 (2009).

1. Par manque de nourriture.

? QUESTIONS

COMPÉTENCE – JE LIS DES TEXTES VARIÉS, JE COMPRENDS LES IMPLICITES DU TEXTE ET FAIS DES HYPOTHÈSES DE LECTURE

Dialoguer pour comprendre

1. À quel sujet Claude interpelle-t-il monsieur D. ? Que veut-il savoir ?

2. Pourquoi est-ce si important pour Claude ? Donnez deux raisons au moins.

3. Quel type de réponse obtient-il ?

Le dialogue construit et renforce les oppositions

4. a) Quel pronom le directeur utilise-t-il pour s'adresser à Claude ? **b)** Relevez le commentaire du narrateur à propos de cet usage ? **c)** L'attitude de Claude à l'égard du directeur est-elle respectueuse ? Citez le texte pour justifier.

5. Parmi les quatre valeurs suivantes : ordre, solidarité, justice, respect, lesquelles pouvez-vous attribuer à Claude ? Justifiez vos réponses.

6. Le directeur partage-t-il les mêmes valeurs que Claude ?

Échec du dialogue et progression du récit

7. Qu'est-ce qui déclenche la violence de Claude Gueux ?

8. a) D'après vous, quelle sera la conséquence de son acte ? **b)** Vérifiez en faisant une recherche sur le vrai Claude Gueux.

9. Un peu après cet épisode, le narrateur s'interroge : « Lequel des deux était la victime de l'autre ? » En utilisant des éléments précis du texte, formulez une réponse personnelle.

10. ■ Que veut montrer Victor Hugo à travers ce récit ?

4 « Dans le même camion »

✔ **OBJECTIF** J'aborde le mélange des registres.

ROMAIN PUÉRTOLAS (né en 1975) a été tour à tour DJ, professeur de langues, employé d'aéroport ou lieutenant de police. Son premier roman, *L'Extraordinaire Voyage du fakir qui était resté coincé dans une armoire IKEA*, a été publié en 2013.

Grâce à l'aide financière de son village, un fakir indien se rend en France afin d'acheter un nouveau lit à clous. Une fois dans le magasin d'ameublement, il se trouve malencontreusement enfermé dans une armoire qui doit être livrée en Angleterre. Dans le camion chargé de la livraison, il rencontre des migrants illégaux.

« Eh bien, puisque vous me le demandez, je me nomme Ajatashatru Lavash, commença l'Indien en usant de son accent britannique le plus oxfordien[1] (une armoire ne pouvait pas avoir un si bel accent). Je suis rajasthanais. Peut-être n'allez-vous pas le croire mais je me suis retrouvé coincé dans cette armoire alors que j'en prenais les mesures dans un grand magasin français, enfin suédois. Je n'ai ni eau ni nourriture. Pourriez-vous me dire où nous sommes, s'il vous plaît ?

– On est dans un camion de marchandises, dit une voix.

– Un camion de marchandises ? Tiens-donc ! Et roule-t-on ?

– Oui, fit une autre voix.

– Bizarre, je ne sens rien, mais je vous crois si vous le dites, je n'ai pas trop le choix d'ailleurs. Et puis-je savoir vers où nous roulons, si ce n'est pas indiscret ?

– L'Angleterre.

– Enfin, j'espère, dit encore une autre voix.

– Vous espérez ? Et puis-je vous demander ce que vous faites dans un camion de marchandises dont vous ignorez avec certitude le cap ? [...] Au bout de quelques secondes, une voix plus grosse, plus puissante, sans doute celle du leader, prit le relais de la conversation et répondit.

L'homme dit qu'il s'appelait Wiraj (prononcez *Virage*), qu'ils étaient six dans ce camion et tous soudanais. [...]

Les clandestins avaient mis presque un an pour parcourir illégalement la même distance qu'un passager en règle aurait parcouru en à peine onze heures de vol. Un an de souffrance et d'incertitude contre onze heures assis confortablement dans un avion.

Wiraj et ses acolytes[2] avaient ensuite traîné trois jours dans la capitale avant de reprendre le train à destination de Calais, dernière étape avant le Royaume-Uni. Ils y étaient restés dix jours, aidés en grande partie par des volontaires de la Croix-Rouge[3], bénis soient-ils, qui leur avaient donné de quoi manger et un endroit pour dormir. [...] Pour la police ils étaient des clandestins, pour la Croix-Rouge, ils étaient des hommes en détresse. C'était déstabilisant de vivre avec une telle dualité[4] et cette peur au ventre.

Cette nuit, vers 2 heures, ils étaient montés dans un poids lourd alors que celui-ci roulait au pas dans la file de véhicules qui s'apprêtaient à prendre le tunnel sous la Manche.

REPÈRE

Les registres

Le registre (ou tonalité) d'un passage est **l'effet produit sur le lecteur**. Il existe une **dizaine de registres** (voir *Fiche méthode*, p. 495). Le registre comique cherche à divertir le lecteur, mais aussi à dédramatiser une situation angoissante. Au contraire, le registre pathétique inspire au lecteur des émotions tristes. **Un même texte peut comporter plusieurs registres.**

1. Oxford : prestigieuse université britannique.
2. Compagnons.
3. Organisme qui vient en aide aux plus démunis.
4. Ce qui est double par nature.
5. Invraisemblable.

– Vous voulez dire que vous êtes montés dans un camion en marche ? s'exclama Ajatashatru, comme si cela était le seul point de l'histoire qui avait vraiment de l'importance.

– Oui, répondit Wiraj de sa grosse voix. Le passeur a ouvert la porte avec une barre de métal et on a sauté à l'intérieur. Le chauffeur n'a même pas dû s'en rendre compte.

– Mais c'est très dangereux, ça !

– Ce qui est dangereux, c'était de rester au pays. On n'avait rien à perdre. Je suppose que c'est la même chose pour toi.

– Ah mais, vous faites erreur là, je ne suis pas un clandestin et je n'ai nullement l'intention de me rendre en Angleterre, se défendit l'Indien. Je vous l'ai dit, je suis un fakir tout ce qu'il y a de plus honorable [...] J'étais venu en France pour acheter un nouveau lit à clous et...

– Arrête tes bobards, coupa l'Africain qui ne croyait pas un seul instant l'histoire abracadabrante[5] de l'Indien. Nous sommes dans le même bateau.

– Dans le même camion..., rectifia l'autre à voix basse.

ROMAIN PUÉRTOLAS,
L'Extraordinaire Voyage du fakir qui était resté coincé dans une armoire IKEA

Migrants près de Calais, juillet 2015.

100% NUMÉRIQUE

Retrouvez sur Lelivrescolaire.fr, une présentation vidéo du livre par son auteur.

QUESTIONS

COMPÉTENCE – JE COMPRENDS UN TEXTE EN M'APPUYANT SUR MES CONNAISSANCES D'ANALYSE LITTÉRAIRE

Les forces en présence

1. Dressez un portrait psychologique du fakir : comment le décririez-vous ? Appuyez-vous sur le texte.
2. Lisez le dialogue (l. 45-51). **a)** Quel niveau de langue est employé par Wiraj ? par le fakir ? **b)** Quelle image cela donne-t-il des migrants ?
3. « Vous voulez dire que vous êtes montés dans un camion en marche ? » (l. 37) **a)** Pourquoi cette question peut-elle paraitre idiote si on la replace dans le contexte général ? **b)** Qu'est-ce que cela dit du fakir ?

Entre tragique et comique

4. **a)** La situation générale des personnages est-elle drôle ? **b)** Et la situation particulière de cette scène ?
5. Relevez des phrases qui appartiennent au registre comique (Voir Repère) et justifiez vos réponses.
6. Quel message l'incompréhension totale du fakir permet-elle à l'auteur de faire passer au lecteur ?
7. ■ À votre avis, quel est l'intérêt de ce mélange des registres ? Pourquoi l'auteur a-t-il choisi de traiter le thème des migrants sur ce ton-là ?

Découvrir *Le Ventre de l'Atlantique*

✔ **OBJECTIF** Je lis une œuvre intégrale et j'explore différentes visions du monde.

▲ Fatour Diome, *Le Ventre de l'Atlantique*, Le Livre de poche, 2005.

***Le Ventre de l'Atlantique* croise deux vies, deux destins, deux visions du monde. Salie, la narratrice, cherche à convaincre son frère Madické des difficultés et des douleurs qu'implique la vie d'émigré. Les dialogues deviennent inévitablement conflictuels.**

Remarque : Ce roman peut vous paraitre difficile. N'essayez pas de comprendre tous les mots et laissez-vous emporter par l'histoire !

FATOU DIOME

est née en 1968 sur la petite ile de Niodior, au Sénégal. À treize ans, elle décide de quitter son ile pour poursuivre des études qu'elle finance en faisant des petits boulots. Elle étudie la littérature à l'université de Dakar, puis émigre en France, où elle poursuit ses études jusqu'au doctorat. *Le Ventre de l'Atlantique* est son premier roman, en partie autobiographique.

QUESTIONS

1 Le cadre spatiotemporel

COMPÉTENCE – JE MOBILISE DES RÉFÉRENCES CULTURELLES POUR INTERPRÉTER DES PRODUCTIONS LITTÉRAIRES OU ARTISTIQUES

1. **Chapitre 1**

   a) Qui sont les deux personnages principaux ? **b)** Où se trouve chacun d'eux ?

2. **a)** À quelle date l'action du roman débute-t-elle ? **b)** À quel évènement précis cela correspond-il ?

3. **Chapitre 12**

   a) À quelle date se situe-t-on (p. 217) ? **b)** À quel évènement correspond cette date ?

4. **a)** D'après vos précédentes réponses, combien de temps dure l'action du roman ? **b)** Pour qui et pourquoi ces dates sont-elles si importantes ?

5. Menez une recherche sur l'ile de Niodor et situez-la précisément sur une carte. À quelle distance approximative se trouve-t-elle de la France ?

▲ *Jeunes gens jouant au football sur la plage de Ngor, Sénégal,* photographie de Philippe Lissac, XXIe siècle.

100% NUMÉRIQUE

Retrouvez sur www.lelivrescolaire.fr :
- **une interview de Fatou Diome au moment de la sortie du roman (archive INA) ;**
- **un lien vers un site consacré au livre.**

2

QUESTIONS

Les difficultés du dialogue

1. Par quel moyen Madické et la narratrice communiquent-ils ?
2. a) À propos de quel sujet échangent-ils la plupart du temps ? b) Que pense Salie de ces conversations (voir le chap. 2) ?
3. Au chapitre 9, la narratrice revient au village et se confronte à son frère et à ses amis. a) Quel personnage défend le même point de vue que Salie au sujet du départ pour la France ? b) Leurs propos sont-ils entendus ? Justifiez votre réponse.
4. a) Quel colis Salie reçoit-elle au chapitre 14 ? b) Qui le lui envoie ?
5. a) Quels sont désormais les projets de Madické ? b) Salie doit-elle en être satisfaite ?

▲ Une cabine téléphonique et sa propriétaire, Abidjan, Côte d'Ivoire, 2000.

3

QUESTIONS

Destins croisés

1. a) Comment la narratrice est-elle venue en France ? b) Y mène-t-elle une vie confortable et heureuse ?
2. a) Qui est l'homme de Barbès ? b) Quel portrait fait-il de la France (chap. 5) ?
3. a) En parcourant le chapitre 6, faites le récit de l'aventure de Moussa. b) Que pensez-vous du destin de ce jeune homme ?

Bousculer les idées reçues

4. a) Lorsque la narratrice revient dans son village (chap. 3 et 9), comment y est-elle reçue ? b) Est-ce surprenant ?
5. À la page 171, Fatou Diome écrit : « la communauté traditionnelle est sans doute rassurante mais elle vous happe et vous asphyxie [...]. Les liens tissés pour rattacher l'individu au groupe sont si étouffants qu'on ne peut songer qu'à les rompre. » Quelles valeurs met-elle ici en opposition ?
6. Expliquez de quelle manière la grand-mère bouscule les préjugés en acceptant d'élever Salie.
7. Relisez la dédicace. a) Comment l'auteure désigne-t-elle ses grands-parents ? b) Comment comprenez-vous cette métaphore ?

▲ Station de métro Barbès-Rochechouart, Paris.

Charlie Chaplin, le progrès et le bonheur

Le progrès de la société est-il un progrès pour l'individu ? Charlie Chaplin nous donne une réponse dans *Les Temps modernes*.

1 Les moutons de Panurge

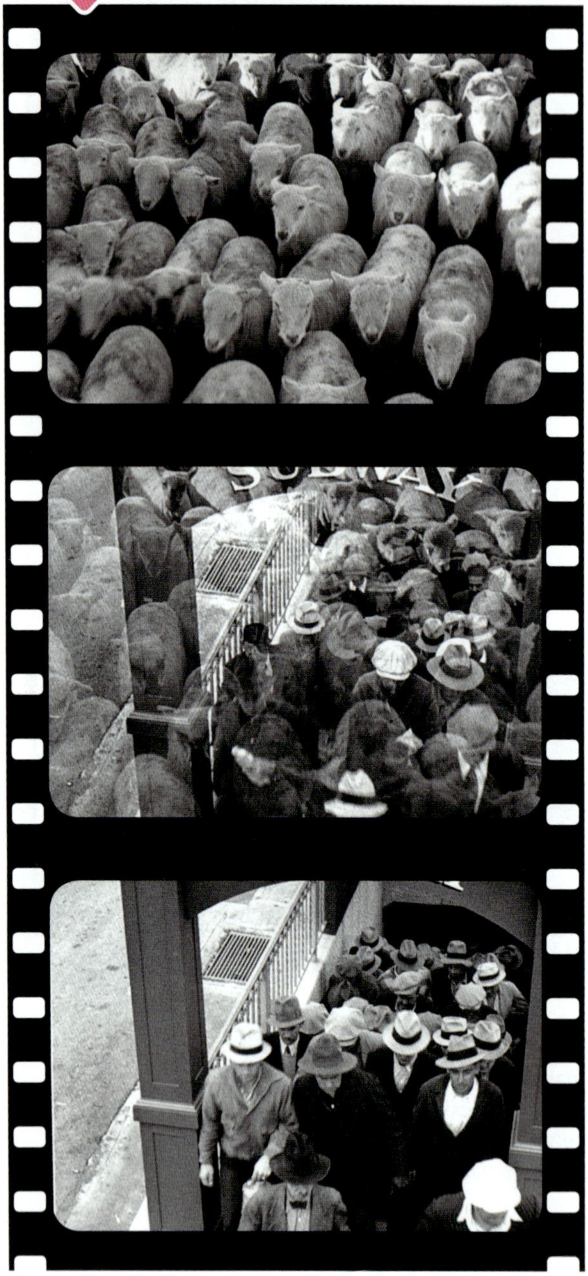

? QUESTIONS

1. **Doc. 1** Comparez les trois images. Que suggère Charlie Chaplin sur la situation des ouvriers ? Expliquez.
2. De quelle figure de style l'effet obtenu par le **fondu enchainé** se rapproche-t-il ?
3. **Doc. 2 a)** Que voit l'homme à travers la vitre de son bureau ? **b)** À quoi voyez-vous que cet homme de dos est le patron ? Justifiez votre réponse.
4. **Doc. 3** D'après vous, que dit l'homme à Charlot ? Que lui montre-t-il ?
5. Regardez le début du film. **a)** En quoi consiste le travail de Charlot ? **b)** Est-ce un travail intéressant ?
6. Quelles conséquences le travail a-t-il sur Charlot ? Observez ses gestes lors de la pause repas.
7. **Doc. 4 a)** Où se trouve Charlot ? **b)** Quelle place est donnée à l'homme dans cette usine ?
8. **Doc. 5** À quoi sert la machine que l'on essaie sur Charlot ? Est-elle un progrès pour l'homme ?
9. **Question guidée :**

D'après le début du film, que pense Charlie Chaplin des « temps modernes » ? Sont-ils un progrès pour la société ? pour l'individu ?

Guide
› Servez-vous de vos réponses aux questions précédentes.
› Écrivez un paragraphe organisé avec des connecteurs (*de plus, c'est pourquoi*…).
› N'oubliez pas d'illustrer vos idées par des exemples précis.

Fondu enchainé : une image se superpose à une autre et la remplace progressivement.

1800 — 1900 — 2000

- Révolution industrielle (XIXe siècle)
- Début du Taylorisme (années 1880)
- Début du cinéma muet (1900)
- Début du cinéma parlant (1927)
- *Les Temps modernes* (1936)
- Charlie Chaplin (1889-1977)

2 Le patron

5 L'ouvrier cobaye

3 Travail à la chaine

Les Temps modernes est le dernier **film muet** de Charlie Chaplin et le dernier film dans lequel apparait **le personnage emblématique de Charlot**. *Modern Times* est sorti en 1936, date à laquelle le cinéma parlant existe déjà : il prouve que **les images seules peuvent aussi transmettre un message fort**.

4 L'ouvrier fou

100% NUMÉRIQUE

Retrouvez sur www.lelivrescolaire.fr des activités autour de la série documentaire *Chaplin aujourd'hui* (MK2 et France 5).

COMPÉTENCES

- JE LIS DES IMAGES ET DES DOCUMENTS COMPOSITES (Y COMPRIS NUMÉRIQUES) EN UTILISANT QUELQUES OUTILS D'ANALYSE SIMPLES
- J'ADOPTE DES STRATÉGIES D'ÉCRITURE EFFICACES ET ADAPTÉES À LA PRODUCTION DEMANDÉE

Ex. 1 J'IMAGINE UN DIALOGUE À PARTIR D'UN TABLEAU

Rédigez un dialogue à partir du tableau proposé.

▲ William Henry Gore, *Séparation*, 1885.

Méthode

› Entrecoupez le dialogue de passages narratifs.

› Adoptez le point de vue de l'un des deux personnages : la scène est vue à travers ses yeux et nous avons accès à ses pensées, ses émotions.

› Vous pouvez vous aider de l'extrait de Jules Vallès (p. 182).

Ex. 2 JE PRENDS UNE DÉCISION SUITE À UN CONFLIT

Un violent conflit vient de vous opposer à un membre de votre entourage. Rédigez un texte de vingt à trente lignes qui exprimera le chemin de vos pensées jusqu'à une prise de décision.

Méthode

› Cette décision sera susceptible de changer votre vie, votre écrit devra donc exprimer vos hésitations et vos doutes.

› Pensez à utiliser la ponctuation appropriée.

Ex. 3 J'IMAGINE UNE SUITE DE TEXTE

« Arrête tes bobards, coupa l'Africain qui ne croyait pas un seul instant l'histoire abracadabrante de l'Indien. Nous sommes dans le même bateau.
– Dans le même camion…, rectifia l'autre à voix basse. »

R. Puértolas, *L'Extraordinaire Voyage du fakir qui était resté coincé dans une armoire IKEA*, Le dilettante, 2013.

Imaginez la suite du voyage jusqu'à l'ouverture des portes du camion.

Ex. 4 JE TRANSPOSE UN DIALOGUE ROMANESQUE EN DIALOGUE THÉÂTRAL

Transformez ce dialogue en scène de théâtre.

Deux époux se disputent.
– Daignerez-vous m'apprendre, madame, lui dit-il, où vous avez passé la matinée et peut-être la nuit ?
Ce peut-être apprit à madame Delmare que son absence avait été signalée assez tard. Son courage s'en augmenta.
– Non, monsieur, répondit-elle, mon intention n'est pas de vous le dire.
Delmare verdit de colère et de surprise.
– En vérité, dit-il d'une voix chevrotante, vous espérez me le cacher ?
– J'y tiens fort peu, répondit-elle d'un ton glacial. Si je refuse de vous répondre, c'est absolument pour la forme. Je veux vous convaincre que vous n'avez pas le droit de m'adresser cette question.
– Je n'en ai pas le droit, mille couleuvres ! Qui donc est le maître ici, de vous ou de moi ? qui donc porte une jupe et doit filer une quenouille ? Prétendez-vous m'ôter la barbe du menton ? Cela vous sied bien, femmelette !
– Je sais que je suis l'esclave et vous le seigneur. La loi de ce pays vous a fait mon maître. […] Vous avez le droit du plus fort, et la société vous le confirme ; mais sur ma volonté, monsieur, vous ne pouvez rien.

G. Sand, *Indiana*, 1832.

Méthode

› Respectez la présentation du dialogue de théâtre.

› Utilisez des didascalies pour le ton et les gestes des personnages.

Ex. 1 JE METS EN SCÈNE UN TEXTE

Avec un camarade, jouez le texte que vous avez écrit pour l'exercice 4.

Méthode

› Prenez le temps de réfléchir à la mise en scène : le ton sur lequel les répliques seront prononcées, mais aussi les expressions du visage, les gestes, les déplacements, etc.

› Si vous le souhaitez, vous trouverez un extrait plus long (avec un petit rôle pour un troisième personnage !) sur la version numérique de cette page.

PARCOURS DE COMPÉTENCES

Ex. 2 JE JOUE UN EXTRAIT DE COMÉDIE

Silvia se fait passer pour sa soubrette, Lisette, pour observer Dorante, que son père lui destine. Dorante a eu la même idée et se fait appeler Bourguignon. Ils tombent amoureux, croyant être épris l'un et l'autre d'un serviteur et d'une servante. Dorante se jette aux pieds de Silvia.

SILVIA. – Ah ! Nous y voilà ! Il ne manquait plus que cette façon-là à mon aventure. Que je suis malheureuse ! [...] Lève-toi donc, Bourguignon, je t'en conjure ; il peut venir quelqu'un. Je dirai ce qu'il te plaira ; que me veux-tu ? Je ne te hais point. Lève-toi ; je t'aimerais, si je pouvais ; tu ne me déplais point ; cela doit te suffire.
DORANTE. – Quoi ! Lisette, si je n'étais pas ce que je suis, si j'étais riche, d'une condition honnête, et que je t'aimasse autant que je t'aime, ton cœur n'aurait point de répugnance pour moi ?
S. – Assurément.
D. – Tu ne me haïrais pas ?
S. – Volontiers. Mais lève-toi.
D. – Tu parais le dire sérieusement, et, si cela est, ma raison est perdue. [...]
M. ORGON (*qui est au courant de tout, s'approchant*). – C'est bien dommage de vous interrompre ; cela va à merveille, mes enfants ; courage !
S. – Je ne saurais empêcher ce garçon de se mettre à genoux, monsieur. [...]
M. O. – [...] J'ai à te dire un mot, Lisette, et vous reprendrez votre conversation quand nous serons partis. Vous le voulez bien, Bourguignon ?

Marivaux, *Le Jeu de l'amour et du hasard*, II, 10.

Avec un camarade, apprenez par cœur ces répliques et mettez-les en scène. À vous de bien mettre le ton et la gestuelle qui conviennent à ce passage comique.

Ex. 3 J'IMPROVISE UN DIALOGUE

Après l'étude de l'extrait de Puértolas (p. 186), joignez-vous à un ou deux camarades et improvisez la suite du texte sous la forme d'un dialogue.

Méthode

› L'exercice consiste à improviser (et non lire ou réciter) en se mettant dans la peau du fakir enfermé dans l'armoire, de Wiraj et/ou d'un clandestin soudanais.

› Cela implique une bonne connaissance des personnages, de leur situation et de la singularité de leurs propos.

Ex. 4 J'ESSAIE DE CONVAINCRE QUELQU'UN

Quelqu'un qui est sourd s'est trompé de quai de métro. Vous devez réussir à le faire venir de votre côté. Trouvez des arguments et les bons gestes !

Méthode

Vous êtes deux, face à face, chacun à un bout de la salle. Vous avez rendez-vous sur un quai de métro ou de gare et l'un de vous s'est trompé de lieu de rendez-vous. Vous qui êtes au bon endroit interpelez l'autre pour lui dire de vous rejoindre. L'autre résiste, il pense que c'est bien ici le lieu de rendez-vous. Chacun trouve des arguments pour faire bouger l'autre en parlant fort.

100% NUMÉRIQUE Retrouvez sur www.lelivrescolaire.fr un outil permettrant de créer l'illusion du dialogue avec des personnages, des écrivains, des héros, etc.

JE ME SITUE DANS MON PARCOURS DE COMPÉTENCES

ORAL – J'EXPLOITE LES RESSOURCES EXPRESSIVES ET CRÉATIVES DE LA PAROLE

1. J'ai appris une partie de mon texte par cœur, mais j'ai besoin d'aide et c'est peu expressif.
2. J'ai appris mon texte par cœur, mais le ton et les gestes sont hésitants.
3. Mon jeu révèle ma bonne compréhension du texte. J'ai inclus des gestes adaptés. Le ton est bon.
4. Mon jeu met en valeur le texte, sa signification. Les gestes et le ton sont adaptés. Je sais aider mon camarade si besoin, en improvisant une réplique qui le guide.

VIVRE EN SOCIÉTÉ, PARTICIPER À LA SOCIÉTÉ. INDIVIDU ET SOCIÉTÉ : CONFRONTATIONS DE VALEURS ?

10 *Le Cid* entre amour, honneur et devoir

Objectifs :
- ✔ J'étudie des dialogues argumentés et la notion de dilemme.
- ✔ Je confronte le poids des valeurs et la force des sentiments.
- ✔ Je lis une œuvre théâtrale en vers.

? QUESTIONS

Pour entrer dans le chapitre

1. a) Qui était Rodrigo Díaz de Vivar ? Faites une recherche. b) Pourquoi vous pose-t-on cette question ?
2. Quelle est l'étymologie du mot « Cid » dans le surnom *El Cid* ?

L'image

1. Observez le costume du personnage. À votre avis, à quelle époque se passe l'histoire ?
2. La pièce s'annonce-t-elle plutôt comique ou tragique ? Justifiez votre réponse.
3. Selon vous, ce comédien joue-t-il un personnage important de la pièce ? Justifiez votre réponse.
4. Lisez la légende. Pourquoi le même nom revient-il deux fois ?

Pierre Corneille, *Le Cid*, mise en scène de Francis Huster, avec Francis Huster, 1994. ▶

1500 — 1600 — 1700

Baroque (milieu XVIe - début XVIIIe siècles)

Pierre Corneille (1606-1684)

Louis XIV (1638-1715)

Classicisme
(milieu XVIIe - début XVIIIe siècles)

1 La confrontation initiale

✔ **OBJECTIF** Je découvre comment se noue l'action théâtrale.

Dans les deux premières scènes, nous apprenons que Chimène et Rodrigue s'aiment et souhaitent se marier. Néanmoins, les jeunes gens ont besoin de l'accord de leurs pères.

Ces derniers désirent tous deux le poste de gouverneur[1] du fils du roi. Contrairement aux attentes, le roi de Castille choisit le plus vieux d'entre eux : don Diègue, père de Rodrigue. Le Comte, père de Chimène, est jaloux ; il demande des explications.

LE COMTE. – Les exemples vivants sont d'un autre pouvoir[2] ;
Un prince dans un livre apprend mal son devoir.
Et qu'a fait après tout ce grand nombre d'années,
Que ne puisse égaler une de mes journées ?
Si vous fûtes vaillant, je le suis aujourd'hui,
Et ce bras du royaume est le plus ferme appui.
Grenade et l'Aragon[3] tremblent quand ce fer brille ;
Mon nom sert de rempart à toute la Castille :
Sans moi, vous passeriez bientôt sous d'autres lois[4],
Et vous auriez bientôt vos ennemis pour rois.
Chaque jour, chaque instant, pour rehausser ma gloire,
Met lauriers sur lauriers, victoire sur victoire :
Le prince à mes côtés ferait dans les combats
L'essai de son courage à l'ombre de mon bras ;
Il apprendrait à vaincre en me regardant faire ;
Et pour répondre en hâte à son grand caractère
Il verrait...
DON DIÈGUE. – Je le sais, vous servez bien le roi,
Je vous ai vu combattre et commander sous moi :
Quand l'âge dans mes nerfs a fait couler sa glace,
Votre rare valeur a bien rempli ma place ;
Enfin, pour épargner les discours superflus[5],
Vous êtes aujourd'hui ce qu'autrefois je fus.
Vous voyez toutefois qu'en cette concurrence
Un monarque entre nous met quelque différence.
LE COMTE. – Ce que je méritais, vous l'avez emporté.
DON DIÈGUE. – Qui l'a gagné sur vous l'avait mieux mérité.
LE COMTE. – Qui peut mieux l'exercer en est bien le plus digne.
DON DIÈGUE. – En être refusé n'en est pas un bon signe.
LE COMTE. – Vous l'avez eu par brigue[6], étant vieux courtisan.
DON DIÈGUE. – L'éclat de mes hauts faits fut mon seul partisan.
LE COMTE. – Parlons-en mieux, le roi fait honneur à votre âge.
DON DIÈGUE. – Le roi, quand il en fait, le mesure au courage.
LE COMTE. – Et par là cet honneur n'était dû qu'à mon bras.

PIERRE CORNEILLE (1606-1684) s'est mis à écrire assez jeune des pièces de théâtre, genre à la mode au XVIIe siècle. Avec *L'Illusion comique*, *Le Cid*, puis plus tard avec ses tragédies classiques, comme *Cinna* et *Polyeucte*, il connait le triomphe. Mais un jeune auteur, Jean Racine, commence à lui faire de l'ombre. Corneille préfère alors cesser d'écrire.

1. Personne qui est chargée de l'éducation d'un jeune prince ou d'un jeune homme de famille noble.
2. Ont plus d'influence.
3. Royaumes d'Espagne.
4. Sous la domination ennemie.
5. Inutiles.
6. Manœuvre, intrigue.
7. Insolence.
8. Courageux, mais inconscient.
9. Gifle.

REPÈRE

La stichomythie

Dans cette forme de dialogue théâtral, les personnages se **répondent vers pour vers**, ce qui crée un **rythme rapide** et **augmente la tension dramatique**. Ce procédé est idéal pour **exprimer un conflit.**

DON DIÈGUE. – Qui n'a pu l'obtenir ne le méritait pas.
LE COMTE. – Ne le méritait pas ! Moi ?
DON DIÈGUE. – Vous.
LE COMTE. – Ton impudence[7],
Téméraire[8] vieillard, aura sa récompense.

(*Il lui donne un soufflet*[9].)

DON DIÈGUE, *mettant l'épée à la main.* – Achève, et prends ma vie après un tel affront,
Le premier dont ma race ait vu rougir le front.
LE COMTE. – Et que penses-tu faire avec tant de faiblesse ?
DON DIÈGUE. – Ô Dieu ! Ma force usée en ce besoin me laisse !

PIERRE CORNEILLE, *Le Cid*, I, 3, 1660.

Don Diègue venant de recevoir un soufflet, *Le Cid*, mise en scène de Francis Huster, théâtre du Rond-Point, Paris, 1985, avec Jean Marais (Don Diègue).

100% NUMÉRIQUE **Sur Lelivrescolaire.fr, comparez des mises en scène sur le site antigone-enligne (Éduthèque).**

? QUESTIONS

COMPÉTENCE – J'ÉCOUTE ET JE COMPRENDS UN DISCOURS ORAL EN DISTINGUANT LES SOUS-ENTENDUS

Valeurs contre valeurs

1. Sur quel sujet la discussion entre les deux pères porte-t-elle ? Aidez-vous de l'introduction.

2. a) « Vous êtes aujourd'hui ce qu'autrefois je fus. » dit don Diègue v. 212. Quelle opposition est mise en valeur par la disposition des mots dans ce vers ? **b)** Interprétez-vous cette phrase comme un argument en faveur de don Diègue ou du Comte ?

3. Mettez-vous à la place du roi de Castille : recherchez dans cette scène quelles qualités et valeurs possède chacun des deux concurrents (au moins deux pour chacun). Votre réponse s'appuiera sur un relevé précis.

Le rythme du dialogue

4. a) Quel changement de rythme observez-vous à partir du v. 215 ? **b)** Qu'est-ce que cela montre ?

5. Que montre la disposition du vers 225 ?

L'affront

6. ■ **a)** À quel moment l'affrontement verbal devient-il une confrontation physique ? **b)** Quel changement de pronom remarquez-vous ?

7. ■ Comment don Diègue réagit-il en recevant le soufflet ? Aidez-vous de la didascalie.

8. Comment comprenez-vous le dernier vers ?

9. D'après vous, quelles conséquences va avoir cette altercation sur l'avenir des deux jeunes amoureux ?

2 Le dilemme cornélien

✔ **OBJECTIF** J'aborde les enjeux du dilemme cornélien.

Don Diègue dégaine son épée mais le Comte, père de Chimène, le désarme immédiatement. Don Diègue est humilié. Il retrouve alors son fils, Rodrigue.

Acte I, scène 5 – Don Diègue, don Rodrigue

DON DIÈGUE. – Rodrigue, as-tu du cœur[1] ?
DON RODRIGUE. – Tout autre que mon père
L'éprouverait sur l'heure[2].
DON DIÈGUE. – Agréable colère !
Digne ressentiment[3] à ma douleur bien doux !
Je reconnais mon sang[4] à ce noble courroux ;
Ma jeunesse revit en cette ardeur si prompte.
Viens, mon fils, viens, mon sang, viens réparer ma honte ;
Viens me venger.
DON RODRIGUE. – De quoi ?
DON DIÈGUE. – D'un affront si cruel,
Qu'à l'honneur de tous deux il porte un coup mortel :
D'un soufflet. L'insolent en eût perdu la vie ;
Mais mon âge a trompé ma généreuse envie ;
Et ce fer que mon bras ne peut plus soutenir,
Je le remets au tien pour venger et punir.
Va contre un arrogant éprouver ton courage :
Ce n'est que dans le sang qu'on lave un tel outrage ;
Meurs, ou tue. Au surplus, pour ne te point flatter[5],
Je te donne à combattre un homme à redouter ;
Je l'ai vu, tout couvert de sang et de poussière,
Porter partout l'effroi dans une armée entière.
J'ai vu par sa valeur cent escadrons rompus ;
Et pour t'en dire encor quelque chose de plus,
Plus que brave soldat, plus que grand capitaine,
C'est…
DON RODRIGUE. – De grâce, achevez.
DON DIÈGUE. – Le père de Chimène.
DON RODRIGUE. – Le…
DON DIÈGUE. – Ne réplique point, je connais ton amour,
Mais qui peut vivre infâme est indigne du jour[6] ;
Plus l'offenseur est cher, et plus grande est l'offense.
Enfin tu sais l'affront, et tu tiens la vengeance :
Je ne te dis plus rien. Venge-moi, venge-toi ;
Montre-toi digne fils d'un père tel que moi.
Accablé des malheurs où le destin me range,
Je vais les déplorer. Va, cours, vole, et nous venge.

REPÈRE

Le dilemme

- Le dilemme est un **conflit intérieur** : il faut choisir entre deux options mais chacune présente des inconvénients.
- Dans les pièces de Corneille, le héros tragique est souvent confronté à un **dilemme imposé par le destin**, au point que l'on parle aujourd'hui de « **dilemme cornélien** ». Les valeurs telles que l'honneur, l'amour, le courage, le devoir sont mises en concurrence, ce qui crée chez le héros un **déchirement moral.**

1. Ici : courage.
2. En aurait la preuve immédiate.
3. Colère.
4. Mon fils, ma descendance.
5. Mentir.
6. Mais celui qui peut vivre sans honneur est indigne de vivre.

Acte I, scène 6 – Don Rodrigue

Percé jusques au fond du cœur
D'une atteinte imprévue aussi bien que mortelle,
Misérable vengeur d'une juste querelle,
Et malheureux objet d'une injuste rigueur,
Je demeure immobile, et mon âme abattue
Cède au coup qui me tue.
Si près de voir mon feu[7] récompensé,
Ô Dieu, l'étrange peine !
En cet affront mon père est l'offensé,
Et l'offenseur le père de Chimène !
[…]
Il faut venger un père, et perdre une maîtresse[8].
L'un m'anime le cœur, l'autre retient mon bras.
Réduit au triste choix ou de trahir ma flamme,
Ou de vivre en infâme[9],
[…]
Il vaut mieux courir au trépas[10].
Je dois à ma maîtresse aussi bien qu'à mon père ;
J'attire en me vengeant sa haine et sa colère ;
J'attire ses mépris en ne me vengeant pas.
À mon plus doux espoir l'un me rend infidèle,
Et l'autre indigne d'elle.
Mon mal augmente à le vouloir guérir ;
Tout redouble ma peine.
Allons, mon âme ; et puisqu'il faut mourir,
Mourons du moins sans offenser Chimène. […]

PIERRE CORNEILLE, *Le Cid*, I, 5 et 6, 1660.

7. Amour.
8. Personne aimée.
9. Personne qui a perdu son honneur.
10. À la mort.

▲ *Le Cid*, mise en scène de Wissam Arbache, théâtre de Gennevilliers, 2007.

? QUESTIONS

LE TEXTE

COMPÉTENCE – JE LIS DES TEXTES VARIÉS, JE COMPRENDS LES IMPLICITES DU TEXTE ET FAIS DES HYPOTHÈSES DE LECTURE

Un coup de théâtre (scène 5)

1. **a)** Que demande don Diègue à son fils ? **b)** Pourquoi ?
2. **a)** Que fait-il aux vers 272-273 ? **b)** Que symbolise ce geste ?

La stratégie argumentative de don Diègue

3. **a)** En quoi la première question de don Diègue est-elle un « piège » ? **b)** Sa stratégie fonctionne-t-elle ?
4. Pourquoi don Diègue retarde-t-il tellement le moment de révéler l'identité de son agresseur ?
5. **a)** De quelle manière désigne-t-il le Comte au vers 282 ? **b)** Pourquoi ?
6. **a)** Quels pronoms complètent le verbe « venger » aux vers 267, 287 et 290 ? **b)** Commentez.
7. Lorsque don Diègue demande à son fils de se battre pour lui, à quelles valeurs fait-il appel ? Citez le texte.

La naissance du dilemme (scène 6)

8. Reformulez clairement les deux possibilités qui s'offrent à Rodrigue.
9. Quelle troisième voie semble-t-il envisager à la fin de cet extrait ?

L'IMAGE

1. À quel moment du texte cette image correspond-elle ?
2. Observez les mains des comédiens. **a)** Qui tient l'épée ? **b)** En quoi ce choix de mise en scène est-il intéressant ?

Retrouvez sur www.lelivrescolaire.fr, des stances complètes dites par Gérard Philippe.

3 Des mots, un mort

✔ **OBJECTIF** J'étudie l'expression des valeurs.

Face au dilemme qui l'habite, Rodrigue suit son devoir et fait le choix de défendre l'honneur de sa famille. Il part venger son père.

Acte II, scène 2 – Le Comte, don Rodrigue

La place devant le palais royal.

DON RODRIGUE. – À moi, comte, deux mots.
LE COMTE. – Parle.
DON RODRIGUE. – Ôte-moi d'un doute.
Connais-tu bien don Diègue ?
LE COMTE. – Oui.
DON RODRIGUE. – Parlons bas ; écoute.
Sais-tu que ce vieillard fut la même vertu[1],
La vaillance et l'honneur de son temps ? Le sais-tu ?
LE COMTE. – Peut-être.
DON RODRIGUE. – Cette ardeur que dans les yeux je porte,
Sais-tu que c'est son sang ? le sais-tu ?
LE COMTE. – Que m'importe ?
DON RODRIGUE. – À quatre pas d'ici je te le fais savoir.
LE COMTE. – Jeune présomptueux[2] !
DON RODRIGUE. – Parle sans t'émouvoir[3].
Je suis jeune, il est vrai ; mais aux âmes bien nées
La valeur n'attend point le nombre des années.
LE COMTE. – Te mesurer à moi ! qui t'a rendu si vain[4],
Toi qu'on n'a jamais vu les armes à la main !
DON RODRIGUE. – Mes pareils à deux fois ne se font point connaître[5],
Et pour leurs coups d'essai veulent des coups de maître.
LE COMTE. – Sais-tu bien qui je suis ?
DON RODRIGUE. – Oui ; tout autre que moi
Au seul bruit de ton nom pourrait trembler d'effroi.
Les palmes[6] dont je vois ta tête si couverte
Semblent porter écrit le destin de ma perte.
J'attaque en téméraire[7] un bras toujours vainqueur,
Mais j'aurai trop de force, ayant assez de cœur.
À qui venge son père il n'est rien impossible.
Ton bras est invaincu, mais non pas invincible.
LE COMTE. – Ce grand cœur qui paraît aux discours que tu tiens
Par tes yeux, chaque jour, se découvrait aux miens ;
Et croyant voir en toi l'honneur de la Castille,
Mon âme avec plaisir te destinait ma fille.
Je sais ta passion, et suis ravi de voir

1. La vertu même, le courage incarné.
2. Prétentieux.
3. Sans t'agiter.
4. Arrogant.
5. Les hommes comme moi montrent leur valeur dès la première occasion.
6. Symbole de victoire.
7. Personne qui agit avec audace, jusqu'à l'imprudence.

Que tous ses mouvements[8] cèdent à ton devoir ;
Qu'ils n'ont point affaibli cette ardeur magnanime[9] ;
Que ta haute vertu répond à mon estime ;
Et que, voulant pour gendre un cavalier parfait,
Je ne me trompais point au choix que j'avais fait.
Mais je sens que pour toi ma pitié s'intéresse[10] ;
J'admire ton courage, et je plains ta jeunesse.
Ne cherche point à faire un coup d'essai fatal ;
Dispense ma valeur d'un combat inégal ;
Trop peu d'honneur pour moi suivrait cette victoire :
À vaincre sans péril, on triomphe sans gloire.
On te croirait toujours abattu sans effort ;
Et j'aurais seulement le regret de ta mort.
DON RODRIGUE. – D'une indigne pitié ton audace est suivie :
Qui[11] m'ose ôter l'honneur craint de m'ôter la vie !
LE COMTE. – Retire-toi d'ici.
DON RODRIGUE. – Marchons sans discourir.
LE COMTE. – Es-tu si las de vivre ?
DON RODRIGUE. – As-tu peur de mourir ?
LE COMTE. – Viens, tu fais ton devoir, et le fils dégénère[12]
Qui[13] survit un moment à l'honneur de son père.

PIERRE CORNEILLE, *Le Cid*, II, 2, 1660.

8. Élans (de la passion).
9. Généreuse, noble.
10. Se préoccupe.
11. Celui qui.
12. Devient.
13. S'il.

REPÈRE

La bienséance

- La bienséance désigne la **manière de bien se comporter**.
- À l'époque de Corneille, une règle de bienséance existe au théâtre : la **violence** ne peut être montrée sur scène. Les batailles et les duels se déroulent donc **hors scène** et sont **racontés au public**.

Le Cid, mise en scène de Thomas Le Douarec, théâtre Marigny, Paris, 1999.

QUESTIONS

LE TEXTE

COMPÉTENCE – JE COMPRENDS UN TEXTE EN M'APPUYANT SUR MES CONNAISSANCES LEXICALES ET GRAMMATICALES

Fin du dilemme

1. Pourquoi Rodrigue vient-il parler au Comte ?
2. Pourquoi le Comte refuse-t-il d'abord la demande de Rodrigue ? Relevez au moins deux arguments.
3. ■ Rodrigue tutoie le Comte. Que cherche-t-il à lui montrer ? Justifiez votre réponse.

Des personnages aux valeurs opposées ?

4. Quels sentiments le Comte éprouve-t-il pour Rodrigue ? Donnez-en au moins trois, en justifiant par des citations.
5. **a)** Recherchez la définition d'une maxime. **b)** Relevez dans cet extrait quatre phrases ou parties de phrases qui font penser à des maximes. **c)** À quelles valeurs renvoient-elles ?
6. **a)** À quel moment le Comte accepte-t-il le combat ? **b)** Pour quelle raison ?

L'IMAGE

1. **a)** Le metteur en scène respecte-t-il la règle de bienséance ? **b)** Pourquoi, selon vous ?
2. Observez les personnages au-dessus de la scène. Qu'ajoutent-ils à la pièce de Corneille ?

4 De la joute verbale à l'aveu de l'amour

✔ **OBJECTIF** Je m'interroge sur la force des sentiments.

Le duel s'est soldé par la mort du Comte. Chimène, sa fille, demande justice au roi : seule la mort de Rodrigue peut venger celle de son père. De retour chez elle, Chimène découvre Rodrigue, venu se livrer à elle afin qu'elle puisse venger son père.

Acte III, scène 4 – Don Rodrigue, Chimène, Elvire[1]

DON RODRIGUE. – N'épargnez point mon sang ; goûtez, sans résistance,
La douceur de ma perte et de votre vengeance.
CHIMÈNE. – Hélas !
DON RODRIGUE. – Écoute-moi.
CHIMÈNE. – Je me meurs.
DON RODRIGUE. – Un moment.
CHIMÈNE. – Va, laisse-moi mourir.
DON RODRIGUE. – Quatre mots seulement ;
Après, ne me réponds qu'avecque cette épée.
CHIMÈNE. – Quoi ? du sang de mon père encor toute trempée !
DON RODRIGUE. — Ma Chimène…
CHIMÈNE. – Ôte-moi cet objet odieux
Qui reproche[2] ton crime et ta vie à mes yeux.
DON RODRIGUE. – Regarde-le plutôt pour exciter ta haine,
Pour croître ta colère, et pour hâter ma peine.
CHIMÈNE. – Il est teint de mon sang.
DON RODRIGUE. – Plonge-le dans le mien,
Et fais-lui perdre ainsi la teinture du tien.
CHIMÈNE. – Ah ! quelle cruauté, qui tout en un jour tue
Le père par le fer, la fille par la vue !
Ôte-moi cet objet, je ne le puis souffrir[3] :
Tu veux que je t'écoute, et tu me fais mourir !
[…]
Ah ! Rodrigue ! Il est vrai, quoique ton ennemie,
Je ne puis te blâmer d'avoir fui l'infamie[4] ;
Et, de quelque façon qu'éclatent mes douleurs,
Je ne t'accuse point, je pleure mes malheurs.
Je sais ce que l'honneur, après un tel outrage,
Demandait à l'ardeur d'un généreux courage :
Tu n'as fait le devoir que d'un homme de bien ;
Mais aussi, le faisant, tu m'as appris le mien.
Ta funeste[5] valeur m'instruit par ta victoire ;
Elle a vengé ton père et soutenu ta gloire :
Même soin me regarde[6], et j'ai, pour m'affliger,
Ma gloire à soutenir, et mon père à venger.
Hélas ! Ton intérêt[7] ici me désespère.

1. Gouvernante et confidente de Chimène.
2. Rappelle douloureusement.
3. Je ne peux supporter de le voir.
4. La honte, le déshonneur.
5. Qui apporte le malheur, la mort.
6. Le même devoir m'attend.
7. L'intérêt (l'amour) que j'ai pour toi.
8. Soulagement.
9. Des sentiments qui me feraient renoncer à me venger.
10. Malgré ce que notre amour me dit en ta faveur.
11. Ma noblesse, mon courage.
12. Amoureux (Rodrigue).

Si quelque autre malheur m'avait ravi mon père,
Mon âme aurait trouvé dans le bien de te voir
L'unique allègement[8] qu'elle eût pu recevoir ;
Et contre ma douleur j'aurais senti des charmes,
Quand une main si chère eût essuyé mes larmes.
Mais il me faut te perdre après l'avoir perdu ;
Cet effort sur ma flamme à mon honneur est dû ;
Et cet affreux devoir, dont l'ordre m'assassine,
Me force à travailler moi-même à ta ruine.
Car enfin n'attends pas de mon affection
De lâches sentiments pour ta punition[9].
De quoi qu'en ta faveur notre amour m'entretienne[10],
Ma générosité[11] doit répondre à la tienne :
Tu t'es, en m'offensant, montré digne de moi ;
Je me dois, par ta mort, montrer digne de toi.
[…]
DON RODRIGUE. – […] Ton malheureux amant[12] aura bien moins de peine
À mourir par ta main qu'à vivre avec ta haine.
CHIMÈNE. – Va, je ne te hais point.
DON RODRIGUE. – Tu le dois.
CHIMÈNE. – Je ne puis.
[…]
DON RODRIGUE. – Que je meure !
CHIMÈNE. – Va-t'en.
DON RODRIGUE. – À quoi te résous-tu ?
CHIMÈNE. – Malgré des feux si beaux, qui troublent ma colère,
Je ferai mon possible à bien venger mon père ;
Mais, malgré la rigueur d'un si cruel devoir,
Mon unique souhait est de ne rien pouvoir.

PIERRE CORNEILLE, *Le Cid*, III, 4, 1660.

REPÈRE

La litote

« Va, je ne te hais point » est un célèbre exemple de litote. Cette **figure de style** consiste à dire moins, à atténuer ce qu'on veut dire, pour **suggérer davantage** ; par exemple, dire « Ce n'est pas mal… » pour laisser entendre « C'est exceptionnel ! »

? QUESTIONS

LE TEXTE

De la joute verbale…

1. a) Pourquoi Rodrigue vient-il voir Chimène ? **b)** Trouvez-vous cette démarche courageuse ? Justifiez votre réponse.

2. a) Quel objet fait tout particulièrement horreur à Chimène ? **b)** Pourquoi ? **c)** Imaginez les gestes qu'elle peut faire ?

3. Relevez les mots et les expressions qui traduisent la colère de Chimène.

… à l'aveu de l'amour

4. a) À quel moment la colère de Chimène s'apaise-t-elle ? **b)** Quelles raisons a-t-elle de ne pas en vouloir à Rodrigue ?

5. a) Que veut dire Chimène aux vers 930-932 ? Vous pouvez vous aider des vers 911-912. **b)** Quel lien établit-elle entre l'amour et la mort à la fin de sa tirade ?

6. « Va, je ne te hais point. » (v. 963). Qu'avoue Chimène par ces mots ?

7. a) De quelles autres manières désigne-t-elle ce sentiment (v. 983 à la fin) ? **b)** Quelle figure de style utilise-t-elle ?

8. Est-elle finalement décidée à accomplir son devoir ? Donnez votre interprétation du dernier vers du passage.

◀ *Le Cid*, mise en scène de Wissam Arbache, théâtre de Gennevilliers, 2007.

Le Cid, mise en scène de Brigitte Jaques-Wajeman, Comédie-Française, 2005. ▼

ÉCLAIRAGE

Les métaphores de l'amour

› Au XVIIe siècle, des mots comme *feu* ou *flamme* sont très souvent employés au **sens figuré** pour désigner l'amour, comme en témoignent encore aujourd'hui de **nombreuses expressions** : « déclarer sa flamme à quelqu'un », « les feux de l'amour », « bruler d'amour pour quelqu'un », une passion « torride » ou « ardente ».

› On trouve également d'autres images : « transport », « lien », « attachement », « penchant », « inclination ».

? QUESTIONS

LES IMAGES

COMPÉTENCE – JE LIS DES IMAGES ET DES DOCUMENTS COMPOSITES ET JE LES METS EN RELATION AVEC DES TEXTES

1. Il y a peu de lumière dans les deux mises en scène. Pourquoi, d'après vous ?
2. **a)** Quels éléments sont mis en valeur dans la mise en scène de Wissam Arbache ? **b)** De quelle manière sont-ils mis en valeur ?
3. À quel moment de la scène correspond chacune des deux images ? Justifiez vos réponses.

5 Le passé au service du présent

✔ **OBJECTIF** J'analyse un dénouement tragi-comique.

En attendant la justice du roi, Rodrigue est parti combattre. Il sauve le pays de l'attaque des Maures[1]*. À son retour, il est accueilli en héros (acte IV).*

Chimène annonce qu'elle épousera celui qui vengera son père en tuant Rodrigue. Le roi autorise un duel, mais fait promettre à Chimène d'épouser le vainqueur. Rodrigue gagne et s'adresse à Chimène devant le roi.

DON RODRIGUE. – [...]
Si tout ce qui s'est fait est trop peu pour un père,
Dites par quels moyens il vous faut satisfaire.
Faut-il combattre encor mille et mille rivaux,
Aux deux bouts de la terre étendre mes travaux,
Forcer moi seul un camp, mettre en fuite une armée,
Des héros fabuleux passer[2] la renommée ?
Si mon crime par là se peut enfin laver,
J'ose tout entreprendre, et puis tout achever ;
Mais si ce fier honneur, toujours inexorable[3],
Ne se peut apaiser sans la mort du coupable,
N'armez plus contre moi le pouvoir des humains :
Ma tête est à vos pieds, vengez-vous par vos mains ;
Vos mains seules ont droit de vaincre un invincible ;
Prenez une vengeance à tout autre impossible.
Mais du moins que ma mort suffise à me punir :
Ne me bannissez point de votre souvenir ;
Et puisque mon trépas[4] conserve votre gloire,
Pour vous en revancher conservez ma mémoire,
Et dites quelquefois, en déplorant mon sort :
« S'il ne m'avait aimée, il ne serait pas mort. »
CHIMÈNE. – Relève-toi, Rodrigue. Il faut l'avouer, Sire,
Je vous en ai trop dit pour m'en pouvoir dédire[5].
Rodrigue a des vertus[6] que je ne puis haïr ;
Et quand un roi commande, on lui doit obéir.
Mais à quoi que déjà vous m'ayez condamnée,
Pourrez-vous à vos yeux souffrir cet hyménée[7] ?
Et quand de mon devoir vous voulez cet effort,
Toute votre justice en est-elle d'accord ?
Si Rodrigue à l'État devient si nécessaire,
De ce qu'il fait pour vous dois-je être le salaire,
Et me livrer moi-même au reproche éternel
D'avoir trempé mes mains dans le sang paternel ?
DON FERNAND. – Le temps assez souvent a rendu légitime[8]
Ce qui semblait d'abord ne se pouvoir sans crime :
Rodrigue t'a gagnée, et tu dois être à lui.

ÉCLAIRAGE

Un monarque absolu

› Lors du **dénouement**, le roi rétablit l'ordre. Rodrigue s'est glorifié par ses exploits, mais cela ne sera reconnu que si le roi les reconnait lui-même. Rodrigue prouve sa valeur par rapport aux valeurs du passé, mais il est un homme du présent qui reconnait le pouvoir royal sur la justice et l'armée.

› Corneille vit sous le règne de Louis XIII, premier des gentilshommes et monarque absolu de droit divin. Seul juge, il est habilité à **valider ou non les desseins de chacun.**

1. Mot d'époque pour désigner un peuple d'Afrique du Nord.
2. Dépasser.
3. Inflexible, inébranlable.
4. Ma mort.
5. Revenir sur ce qui a déjà été dit.
6. Qualités.
7. Supporter ce mariage.
8. Juste, acceptable.

Mais quoique sa valeur t'ait conquise aujourd'hui,
Il faudrait que je fusse ennemi de ta gloire[9],
Pour lui donner si tôt le prix de sa victoire.
Cet hymen[10] différé ne rompt point une loi
Qui, sans marquer de temps, lui destine ta foi.
Prends un an, si tu veux, pour essuyer tes larmes.
Rodrigue, cependant[11] il faut prendre les armes.
Après avoir vaincu les Maures sur nos bords,
Renversé leurs desseins[12], repoussé leurs efforts,
Va jusqu'en leur pays leur reporter la guerre,
Commander mon armée, et ravager leur terre :
À ce nom seul de Cid ils trembleront d'effroi ;
Ils t'ont nommé seigneur, et te voudront pour roi.
Mais parmi tes hauts faits[13] sois-lui toujours fidèle :
Reviens-en, s'il se peut, encor plus digne d'elle ;
Et par tes grands exploits fais-toi si bien priser[14],
Qu'il lui soit glorieux alors de t'épouser.
DON RODRIGUE. – Pour posséder Chimène, et pour votre service,
Que peut-on m'ordonner que mon bras n'accomplisse ?
Quoi qu'absent de ses yeux il me faille endurer[15],
Sire, ce m'est trop d'heur[16] de pouvoir espérer.
DON FERNAND. – Espère en ton courage, espère en ma promesse ;
Et possédant déjà le cœur de ta maîtresse,
Pour vaincre un point d'honneur qui combat contre toi,
Laisse faire le temps, ta vaillance[17] et ton Roi.

PIERRE CORNEILLE, *Le Cid*, V, 7, 1660.

REPÈRE

La querelle du *Cid*

Malgré son immense succès, la pièce fait polémique à sa sortie. On lui reproche de **mêler comédie et tragédie**, de comporter **trop de péripéties**, de se dérouler sur une trop **longue période**. Enfin, beaucoup se scandalisent de l'amour de Chimène pour Rodrigue.

9. Ton honneur.
10. Mariage.
11. Pendant ce temps.
12. Projets.
13. Exploits.
14. Apprécier.
15. Malgré ce que je devrai supporter, loin de Chimène.
16. De bonheur.
17. Ton courage.

▲ *Le Cid*, mise en scène d'Alain Ollivier, théâtre Gérard Philipe, Saint Denis, 2007.

▲ *Le Cid*, film d'Anthony Mann, avec Charlton Heston (don Rodrigue), 1961.

? QUESTIONS

COMPÉTENCE – JE MOBILISE DES RÉFÉRENCES CULTURELLES POUR INTERPRÉTER DES PRODUCTIONS LITTÉRAIRES OU ARTISTIQUES

Dernier conflit de valeurs (v. 1781-1812)

1. **a)** Que demande Rodrigue à Chimène (v. 1789-1792) ? Reformulez avec vos propres mots. **b)** Pourquoi le vers 1793 est-il frappant ?
2. Quelle valeur s'oppose à la gloire de Rodrigue (v. 1789-1790) ? Et inversement, à quoi est opposée la gloire de Chimène (v. 1797) ?
3. Comprenez-vous pourquoi Rodrigue explique son crime par son amour pour Chimène (v. 1800) ?
4. **a)** Que vous rappelle le vers 1803 ? **b)** Quelle valeur vient compliquer le conflit qui oppose encore Rodrigue et Chimène ?

Le dénouement (v. 1833-fin)

5. **a)** Que pensez-vous du vers 1815 ? **b)** Comment Chimène est-elle considérée à la fin de la pièce ? Pourquoi doit-elle épouser Rodrigue ? Observez sa construction.
6. Quel compromis Don Fernand impose-t-il (v. 1816-1818) ?
7. À quel renversement des valeurs procède-t-il (v. 1821-1832) ?
8. ■ Relisez le dernier vers, qui conclut la pièce, et commentez l'ordre des mots « le temps, ta vaillance et ton Roi ».
9. Relevez des termes ou expressions des deux dernières répliques qui montrent que ce dénouement est heureux.
10. Pourquoi cette pièce n'est-elle pas une tragédie ?

Baroque et classicisme

Comment se traduit dans les œuvres d'art l'opposition de valeurs entre baroque et classicisme ?

À l'époque où Corneille rédige *Le Cid* s'opposent deux sensibilités artistiques que l'on nommera plus tard « baroque » et « classicisme ». Le mouvement baroque, laisse libre cours à l'imagination, à l'improvisation. Au contraire, le classicisme, qui se développe en France sous Louis XIII et Louis XIV (monarques autoritaires souhaitant tout contrôler) défend un art épuré et raisonné.

1 Une peinture baroque

▲ Pierre Paul Rubens, *L'Érection de la Croix* (tryptique), 1610-1611, huile sur toile, 460 x 490 cm (cathédrale Notre-Dame, Anvers).

2 Une église rococo

▲ Vue intérieure de l'église de Wies (Bavière), conçue par l'architecte Dominikus Zimmermann, 1745-1754.

Le rococo est une forme de baroque poussé à l'extrême.

3 Une place baroque

▲ Piazza Sant'Ignazio à Rome, conçue par l'architecte Filippo Raguzzini, 1727-1728.

4 Une peinture classique

▲ Claude Gellée dit « le Lorrain », *Énée à Délos*, 1672, huile sur toile, 99,7 x 134 cm (National Gallery, Londres).

5 Versailles, triomphe de l'architecture classique

▲ Pierre Patel, *Vue du château de Versailles*, 1668, huile sur toile, 115 x 161 cm (musée national du château de Versailles).

6 Façade du château de Versailles

▲ Versailles, façade du château (côté jardins).

Les différences entre les deux mouvements

Baroque	Classicisme
Instabilité, déséquilibre, irrégularité	Stabilité, équilibre, symétrie, régularité
Lignes courbes, spirales, tourbillons	Lignes droites, verticalité, horizontalité
Mouvement, changement, dynamisme, désordre	Fixité, harmonie, unité, ordre
Foisonnement, profusion, démesure, mélanges	Sobriété, simplicité, mesure, limites
Imagination, rêve, illusion	Vraisemblance
Cœur, sentiments	Raison, intellect
Fantaisie	Respect des règles

? QUESTIONS

1. **Doc. 1** Les postures dans lesquelles se trouvent les personnages donnent-elles une impression de stabilité ou de déséquilibre ? de fixité ou de mouvement ? Donnez un ou deux exemples précis.
2. **Doc. 1** Pourquoi peut-on dire que les corps des personnages au centre correspondent à l'esthétique baroque ? Aidez-vous de l'*Éclairage*.
3. **Doc. 1 a)** Que remarquez-vous juste à gauche du soleil ? Que risque-t-il de se passer ? **b)** Quel pourrait être le lien symbolique avec le sujet du tableau ?
4. **Doc. 2** Pourquoi peut-on dire que cette église est baroque ? Donnez plusieurs raisons, en vous aidant de l'*Éclairage*.
5. **Doc. 3 a)** Qu'est-ce que cet immeuble a d'étonnant ? **b)** Aimeriez-vous y habiter ? Pourquoi ?
6. **Doc. 3** Comparez la façade de cet immeuble à celle du château de Versailles (doc. 6). Quelles différences de formes observez-vous ?
7. **Doc. 4** Comparez ce tableau à celui de Rubens. Quelles différences principales remarquez-vous ?
8. **Doc. 4** Les lignes directrices sont-elles plutôt droites ou courbes ? verticales et horizontales, ou obliques ? Observez précisément la position des corps et les éléments d'architecture.
9. **Doc. 5 et 6** Pourquoi le château de Versailles, vu de l'extérieur, est-il un bon exemple d'architecture classique ? Observez la configuration du château ainsi que celle des jardins qui l'entourent.

100% NUMÉRIQUE

Retrouvez sur www.lelivrescolaire.fr :
- **une vidéo explicative sur le baroque ;**
- **une visite du château de Versailles et de son domaine.**

COMPÉTENCE

J'ÉTABLIS DES LIENS ENTRE DES PRODUCTIONS LITTÉRAIRES ET ARTISTIQUES ISSUES DE CULTURES ET D'ÉPOQUES DIVERSES

Ex. 1 J'ÉCRIS UN DIALOGUE CONFLICTUEL

Écrivez une scène de conflit verbal qui se passerait de nos jours, dans laquelle un jeune homme, pour soutenir l'honneur familial, provoquerait et défierait un personnage plus âgé ou plus respecté.

Méthode
- Commencez par imaginer le sujet du conflit.
- Lors de la rédaction de votre scène, essayez de faire monter progressivement la tension entre les personnages.
- Vous veillerez à ne jamais tomber dans l'insulte, ni dans la grossièreté.

Ex. 2 JE RACONTE UN DUEL

Le père de Rodrigue a assisté au duel entre le Comte et son fils. Imaginez le récit qu'il en fait au roi, en une vingtaine de lignes ou de vers.

Méthode
- Vous rédigerez votre texte au passé.
- Contrôlez soigneusement votre orthographe.

Ex. 3 JE TRANSPOSE DES VERS EN LANGAGE COURANT

Réécrivez en prose ce passage et en utilisant un niveau de langue courant.

DON DIÈGUE. – Ne réplique point, je connais ton amour,
Mais qui peut vivre infâme est indigne du jour[1] ;
Plus l'offenseur est cher, et plus grande est l'offense.
Enfin tu sais l'affront, et tu tiens la vengeance[2] :
Je ne te dis plus rien. Venge-moi, venge-toi ;
Montre-toi digne fils d'un père tel que moi.
Accablé des malheurs où le destin me range[3],
Je vais les déplorer. Va, cours, vole, et nous venge.

P. Corneille, *Le Cid*, 1660.

[1] Mais [...] jour : mais celui qui peut vivre sans honneur est indigne de vivre.

[2] Tu tiens la vengeance : tu tiens avec mon épée le moyen de nous venger.

[3] Où le destin me range : auxquels le destin me soumet.

Méthode
Utilisez un dictionnaire afin de comprendre les mots les plus complexes et transposer parfaitement leur sens.

Ex. 4 JE RÉPONDS À UNE QUESTION PAR UN PARAGRAPHE ARGUMENTÉ

Jusqu'où un adolescent peut-il aller aujourd'hui pour défendre ses choix, ses valeurs ? Vous tenterez de répondre à cette question en rédigeant un paragraphe construit.

Méthode
Attention, cette question en sous-entend une autre : qu'est-ce qui peut empêcher un adolescent de défendre ses choix ?

Vous pouvez explorer des domaines variés : amour, orientation scolaire, etc.

Ex. 5 ÉCRITURE COLLABORATIVE : J'ÉCRIS UN DIALOGUE À TROIS VOIX

Par groupe de trois élèves. Le groupe détermine un moment précis de la pièce. Chacun choisit un personnage et à tour de rôle écrit une réplique en tenant compte de la réplique précédente.

Méthode
L'exercice implique :
- Une bonne connaissance de la pièce.
- Une attention toute particulière à l'enchainement des répliques et à leur cohérence.
- Une présentation conforme aux règles du dialogue théâtral.

Ex. 6 DEUX FEMMES FONT L'ÉLOGE DE RODRIGUE

Une femme noble et sa suivante évoquent don Rodrigue. Elles envient Chimène. Admiratives du héros, elles font l'éloge de son honneur, de sa sensibilité et de sa bravoure.

Méthode
L'exercice implique :
- Une présentation conforme aux règles du dialogue théâtral.
- L'emploi de figures de style traduisant l'admiration (hyperboles, comparaisons, métaphores).

Ex. 1 JE PROPOSE UNE LECTURE ÉMOUVANTE DES STANCES

- Relisez plusieurs fois silencieusement les stances de Rodrigue (p. 198).
- Apposez-y quelques annotations de ton (ex : « triste », « hésitant », etc.), soulignez les mots les plus importants.
- Proposez une lecture oralisée du passage afin d'émouvoir vos auditeurs.

PARCOURS DE COMPÉTENCES

Ex. 2 JE DONNE MON AVIS ET J'ARGUMENTE

Si vous étiez à la place de Rodrigue, accepteriez-vous la demande de don Diègue (*Le Cid*, I, 5, v. 261-266)? Proposez une réponse à vos camarades en développant plusieurs arguments.

Ex. 3 JE COMMENTE UNE AFFICHE

Vous devez présenter à votre classe une analyse de cette affiche.

▲ Affiche du *Cid*, mise en scène de M. Montel, graphisme de L. Hudson, 2015.

Au préalable, vous préparerez votre intervention à l'écrit et effectuerez des recherches.

› Vous proposerez une description précise de l'image, des inscriptions, de leur typographie, etc. Vous vous intéresserez à la mise en lumière, aux couleurs choisies, aux objets représentés.

› Vous développerez une interprétation personnelle : quel aspect de l'œuvre de Corneille est mis en valeur sur cette affiche ? Quelles sont les attentes du spectateur ?

› Vous pouvez vous filmer pour vous améliorer.

Méthode
Vous pouvez aussi introduire des comparaisons avec d'autres affiches afin d'enrichir votre présentation.

Votre présentation durera environ cinq minutes.

Ex. 4 JE PARTICIPE À UN DÉBAT ET JE DÉVELOPPE DES ARGUMENTS

Rodrigue et Chimène doivent-ils se sentir coupables ?

Divisez la classe en deux groupes.

Préparez vos arguments puis organisez un débat.

Méthode
Pour que cette activité soit intéressante, elle nécessite du temps. Pour préparer les arguments, vous vous réunirez en petits groupes et vous vous reporterez au texte de Corneille.

Ex. 5 JE PRÉSENTE UNE RECHERCHE SUR LES MÉTIERS DU THÉÂTRE

› Après avoir fait la liste en classe des différents métiers du théâtre, vous en choisirez un.

› Vous mènerez une recherche précise sur ce métier, allant du parcours scolaire jusqu'aux conditions de travail.

› Vous parlerez environ cinq minutes.

› Vous illustrerez votre exposé par des images représentant le métier que vous avez choisi.

Méthode

› L'exposé ne s'adresse pas à votre enseignant mais à la classe : le but est donc que vos camarades, qui ne connaissent pas votre sujet, comprennent et retiennent quelque chose. Soyez clair et synthétique, proposez des exemples.

› Vous devrez connaitre assez bien vos notes pour ne pas avoir à les lire : vous pouvez y jeter un coup d'œil de temps à autre, mais n'oubliez pas que vous vous adressez à vos camarades et que c'est donc eux qu'il faut regarder (et non pas vos papiers).

JE ME SITUE DANS MON PARCOURS DE COMPÉTENCES

ORAL – JE PARTICIPE DE FAÇON CONSTRUCTIVE À DES ÉCHANGES ORAUX

1. Je n'ai rapporté qu'une partie des idées préparées et mon expression est maladroite.

2. J'ai réussi à exprimer mes idées, mais j'ai du mal à prendre en compte mon auditoire et/ou mes arguments sont trop peu développés.

3. J'ai réussi à exprimer clairement mes arguments par des phrases correctes et en m'adressant à mes camarades.

4. J'ai réussi à exprimer clairement mes arguments, en illustrant mes propos. Je sais répondre aux questions des autres.

11 L'habit fait-il le moine ?

Objectifs :
- ✔ **Je comprends les modalités et les objectifs de la satire et de l'ironie.**
- ✔ **Je découvre des œuvres d'époques et de genres variés dénonçant l'importance des apparences dans la société.**

?

Pour entrer dans le chapitre

1. Pour vous, l'apparence est-elle importante ? Répondez en donnant des exemples précis.
2. Que veut dire le proverbe : « L'habit ne fait pas le moine » ?
3. Quels films, livres, bandes-dessinées (etc.) pourraient illustrer ce proverbe ?

L'image

1. Comparez l'ours et son déguisement.
   a) Quel point commun ont-ils ? b) Quelles différences remarquez-vous ?
2. Quel proverbe pourrait illustrer cette image ? Justifiez votre réponse.

Image issue d'une publicité pour la marque FIAT, 2010. ▶

-500
0
500
1000
1500
2000
ANTIQUITÉ
MOYEN ÂGE
Ésope (VII-VIe siècles av. J.-C.)
Martial (vers 40-104)
La Rochefoucauld (1613-1680)
La Fontaine (1621-1695)
La Bruyère (1645-1696)
Montesquieu (1689-1755)
Voltaire (1694-1778)
Didier Daeninckx (1949-)

1 De l'épigramme à la *punchline*

✔ **OBJECTIF** Je compare des formes brèves satiriques à deux mille ans d'écart.

1. Trompeuses apparences

MARTIAL

(vers 40-104) est un poète latin essentiellement connu pour ses épigrammes, dans lesquelles il dénonce les petits défauts comme les grands vices de son époque.

Sur Gemellus et Alcine

Gemellus demande Maronille en mariage
et il désire, et il presse, et il prie, et il offre [des présents].
Est-elle si belle ? Mais non, rien n'est plus laid.
Qu'est-ce donc qu'il recherche et qui lui plaît en elle ? La toux. (I, 10)

Sur Gellia

Gellia a perdu son père, et ne le pleure pas quand elle est seule.
Voici quelqu'un : des larmes de commande jaillissent.
On ne pleure pas pour être admiré, Gellia ;
La vraie douleur, c'est la douleur sans témoin. (I, 33)

Sur Thaïs et Lecania

Thaïs a les dents noires, Lécania blanches comme neige.
Pourquoi ? Celle-là a gardé ses dents ; celle-ci les a achetées. (V, 43)

Contre Paula

Tu veux, Paula, te marier avec Priscus. Tu ne m'étonnes pas : tu as du goût.
Priscus ne veut pas se marier avec toi : lui aussi a du goût. (IX, 10)

MARTIAL, *Épigrammes*, Ier siècle ap. J.-C., traduction d'Yves Ouvrard, site de l'académie de Poitiers, 2001.

REPÈRE

Satire et épigramme

Une épigramme est un court poème satirique : elle **critique avec humour**.

L'épigramme se termine généralement par une **pointe**, une petite phrase cinglante.

? QUESTIONS

COMPÉTENCE – J'ADOPTE DES STRATÉGIES D'ÉCRITURE EFFICACES ET ADAPTÉES À LA PRODUCTION DEMANDÉE

Épigrammes (texte 1)

1. Quels sont les points communs entre ces quatre textes (structure, buts, ton, thématiques, etc.) ?
2. La critique exprimée est-elle implicite ou explicite ? Justifiez votre réponse par un exemple.
3. Reformulez chaque épigramme pour en faire comprendre la pointe (la chute).
4. **a)** Quelle épigramme préférez-vous ? **b)** Pourquoi ?
5. Ces vers du Ier siècle pourraient-ils encore s'appliquer à des situations d'aujourd'hui ? Justifiez votre réponse.

***Punchlines* (texte 2)**

6. Reformulez chacune des *punchlines* pour en faire comprendre le sens.
7. Lesquelles formulent une critique plutôt générale ? Justifiez, en analysant notamment les pronoms et la valeur des temps.
8. Comparez-les aux épigrammes de Martial, sur le fond (ce qui est dit) et sur la forme. Quelles ressemblances et quelles différences relevez-vous ?
9. Cherchez d'autres *punchlines* qui vous plaisent et recopiez-les.
10. ■ À votre tour, écrivez deux *punchlines* fustigeant le culte de la beauté et des apparences.
11. **Pour aller plus loin :**

Voici le texte original de la troisième épigramme :

Thais habet nigros, niveos Laecania dentes.
Quae ratio est ? Emptos haec habet, illa suos.

Quels mots reconnaissez-vous ? Aidez-vous de ce que les mots latins ont pu donner en français ou dans d'autres langues.

Remarque : *Emo/emptum* = acheter/acheté.

2. La *punchline*, épigramme du XXIe siècle ?

Il faut faire attention lorsqu'on utilise les mots
Le verbe du peuple ou le parler de la rue [...]
À force de vouloir se faire rue, on est devenu caniveau.

ABD AL MALIK, « Céline », *Gibraltar*, 2006.

Beaucoup d'MC[1] maquillent leur stricte débilité en street crédibilité.

YOUSSOUPHA, « Nouveau désordre », *À chaque frère*, 2007.

Bonhomme, c'est dans la tête, pas dans les bras.
Tout comme les valeurs d'la femme sont dans l'cœur pas dans les draps.

SCRED CONNEXION, « Bonhomme », *Ni vu ni connu*, 2009.

Parait que le swag fait vendre ?
Mais la qualité d'un sapin ne se juge pas à la luminosité de ses guirlandes.

NAKK, « Invincible », *Darksun*, 2012.

T'as encore moins de caractère qu'un tweet.

R.E.D.K, « Mars Music », *Chant de vision*, 2014.

1. Maitre de cérémonie : rappeur.

REPÈRE

La *punchline*

Ce terme qui vient de l'anglais désigne, littéralement, un « **vers coup de poing** ». La *punchline* est une phrase choc, un trait d'esprit, une réplique brillante, souvent drôle, destinée à **marquer les esprits**.

100% NUMÉRIQUE

Retrouvez sur Lelivrescolaire.fr des battles de rap :
- Sniper « Aketo vs Tunisiano » ;
- Wali, vainqueur des MCs League.

8 Mile, film de Curtis Hanson, avec Eminem dans son propre rôle, 2002.

2 L'apparence compte-t-elle plus que tout ?

✔ **OBJECTIF** J'étudie la portée des fables et des maximes.

1. Le Renard et la Panthère

ÉSOPE

(VIIe-VIe siècles avant J.-C.) est un écrivain grec, connu pour ses fables. Il a inspiré de nombreux auteurs tels le poète latin Phèdre (Ier siècle) et Jean de La Fontaine. Ses fables, très brèves, sont écrites en prose.

Le renard et la panthère contestaient[1] de leur beauté. La panthère vantait à tous coups la variété de son pelage. Le renard prenant la parole dit : « Combien je suis plus beau que toi, moi qui suis varié, non de corps, mais d'esprit. »

Cette fable montre que les ornements de l'esprit sont préférables à la beauté du corps.

ÉSOPE, *Fables*, VIIe - VIe siècle av. J.-C., traduction d'Émile Chambry, 1926.

1. Se disputaient au sujet.

2. Le Singe et le Léopard

JEAN DE LA FONTAINE

(1621-1695) est avant tout célèbre pour ses fables. Écrivain classique, il s'inspire beaucoup d'auteurs antiques, tels que le Grec Ésope et les poètes latins Phèdre et Horace.

Le singe avec le léopard
Gagnaient de l'argent à la foire ;
Ils affichaient[1] chacun à part.
L'un deux disait : « Messieurs, mon mérite et ma gloire
Sont connus en bon lieu ; le roi m'a voulu voir ;
Et si je meurs, il veut avoir
Un manchon[2] de ma peau : tant elle est bigarrée[3],
Pleine de tâches, marquetée,
Et vergetée, et mouchetée ! »
La bigarrure plaît ; partant[4] chacun le vit.
Mais ce fut bientôt fait, bientôt chacun sortit.
Le singe de sa part disait : « Venez, de grâce ;
Venez, Messieurs ; je fais cent tours de passe-passe.
Cette diversité dont on vous parle tant,
Mon voisin Léopard l'a sur soi seulement ;
Moi, je l'ai dans l'esprit : votre serviteur Gille,
Cousin et gendre de Bertrand
Singe du pape en son vivant,
Tout fraîchement en cette ville
Arrive en trois bateaux, exprès pour vous parler ;
Car il parle, on l'entend ; il sait danser, baller[5],
Faire des tours de toute sorte,
Passer en des cerceaux ; et le tout pour six blancs[6] !
Non, Messieurs, pour un sou ; si vous n'êtes contents,
Nous rendrons à chacun son argent à la porte. »

1. Présentaient leur numéro.
2. Vêtement que l'on met sur les manches et les mains pour avoir chaud.
3. « Bigarrée », « marquetée », « vergetée », « mouchetée », sont plus ou moins synonymes de « tachetée ».
4. Par conséquent.
5. Danser (dans un bal).
6. Ancienne monnaie.

Le singe avait raison. Ce n'est pas sur l'habit
Que la diversité me plaît, c'est dans l'esprit :
L'une fournit toujours des choses agréables ;
L'autre, en moins d'un moment, lasse les regardants.
Oh ! que de grands seigneurs, au léopard semblables,
N'ont que l'habit pour tous talents !

JEAN DE LA FONTAINE, *Fables*, IX, 3, 1678.

Le singe et le léopard, Illustration anonyme, vers 1880.

3. Maximes

FRANÇOIS DE LA ROCHEFOUCAULD (1613-1680), est un écrivain et moraliste français, auteur de nombreuses maximes fustigeant notamment les vices de la cour.

La vérité ne fait pas tant de bien dans le monde que ses apparences y font de mal.

❧

Le monde récompense plus souvent les apparences du mérite que le mérite même.

❧

Nous sommes si accoutumés à nous déguiser aux autres qu'enfin nous nous déguisons à nous-mêmes.

LA ROCHEFOUCAULD, *Maximes*, 1664.

Une **maxime** est une petite leçon de morale.

QUESTIONS

COMPÉTENCE – J'INTERPRÈTE DES TEXTES LITTÉRAIRES EN M'APPUYANT SUR DES ÉLÉMENTS D'ANALYSE DE LA FABLE

Le genre de la fable (textes 1 et 2)

1. ■ À quels éléments reconnaissez-vous que ces textes sont des fables ?
2. Comparez les deux fables en vous appuyant notamment sur leur forme et leur longueur. Qu'apporte La Fontaine au genre de la fable ?

Deux personnages antithétiques

3. **a)** Quel(s) défauts ou qualité(s) les animaux incarnent-ils dans chaque fable ? **b)** Quel choix vous semble le plus judicieux ? Justifiez.
4. Dans la fable de La Fontaine, lequel des deux discours vous semble le plus efficace ? Vous vous appuierez sur l'analyse de la longueur, des temps verbaux, des procédés stylistiques et des arguments pour répondre.

La morale

5. **a)** Relevez la morale dans la fable d'Ésope. **b)** Grâce à quelles caractéristiques l'avez-vous identifée ? **c)** Reformulez-la avec vos propres mots.
6. Qu'ajoute La Fontaine à cette leçon ?

La maxime (texte 3)

7. **a)** Quel temps est employé dans les maximes ? **b)** Quelle est sa valeur ?
8. Expliquez le sens de chacune de ces maximes à l'aide d'un exemple, d'une situation concrète.
9. Diriez-vous que les maximes proposent plutôt une vision optimiste ou pessimiste du genre humain ? Justifiez votre réponse.
10. Laquelle de ces phrases vous parait la plus juste ? Pourquoi ?
11. Selon La Fontaine, « Une morale nue apporte de l'ennui : Le conte fait passer le précepte avec lui. ». **a)** Que veut-il dire ? **b)** Êtes-vous d'accord avec lui ? Expliquez.
12. **Pour aller plus loin.** Imaginez une courte fable dont l'une de ces maximes serait la morale.

3 Les caprices de la mode

✔ **OBJECTIF** J'analyse deux textes satiriques sur le thème de la mode.

1. Les caprices de la mode

MONTESQUIEU (1689-1755) est un philosophe du siècle des Lumières. Après des études de droit et une brève carrière d'avocat, il voyage dans toute l'Europe où il observe les mœurs et les différents régimes politiques. Les *Lettres persanes* et *De l'Esprit des lois* lui apportent un immense succès.

Les Lettres persanes*, œuvre publiée anonymement à Amsterdam pour éviter la censure, est une fiction qui se présente comme la traduction de la correspondance de deux Persans, Usbek et Rica, qui voyagent en Europe. Leur étonnement devant les coutumes et les mœurs occidentales constitue une critique implicite de la société européenne.*

LETTRE XCIC

RICA À RHÉDI
À Venise.

Je trouve les caprices de la mode, chez les Français, étonnants. Ils ont oublié comment ils étaient habillés cet été ; ils ignorent encore plus comment ils le seront cet hiver : mais surtout on ne saurait croire combien il en coûte à un mari, pour mettre sa femme à la mode.

Que me servirait de te faire une description exacte de leur habillement et de leurs parures ? Une mode nouvelle viendrait détruire tout mon ouvrage, comme celui de leurs ouvriers ; et, avant que tu eusses reçu ma lettre, tout serait changé.

Une femme qui quitte Paris pour aller passer six mois à la campagne en revient aussi antique que si elle s'y était oubliée trente ans. Le fils méconnaît le portrait de sa mère, tant l'habit avec lequel elle est peinte lui paraît étranger ; il s'imagine que c'est quelque Américaine qui y est représentée, ou que le peintre a voulu exprimer quelqu'une de ses fantaisies.

▲ *Coiffure à l'échelle*, XVIIIe siècle.

Quelquefois les coiffures montent insensiblement ; et une révolution les fait descendre tout à coup. Il a été un temps que leur hauteur immense mettait le visage d'une femme au milieu d'elle-même : dans un autre, c'était les pieds qui occupaient cette place ; les talons faisaient un piédestal, qui les tenait en l'air. Qui pourrait le croire ? Les architectes ont été souvent obligés de hausser, de baisser et d'élargir leurs portes, selon que les parures des femmes exigeaient d'eux ce changement ; et les règles de leur art ont été asservies[1] à ces fantaisies. On voit quelquefois sur un visage une quantité prodigieuse de mouches[2], et elles disparaissent toutes le lendemain. Autrefois les femmes avaient de la taille, et des dents ; aujourd'hui il n'en est pas question. Dans cette changeante nation, quoi qu'en dise le critique, les filles se trouvent autrement faites que leurs mères.

Il en est des manières et de la façon de vivre comme des modes : les Français

1. Soumises.
2. Faux grains de beauté que l'on se collait sur le visage pour souligner la blancheur du teint.

changent de mœurs selon l'âge de leur roi. Le monarque pourrait même parvenir à rendre la nation grave, s'il l'avait entrepris. Le prince imprime le caractère de son esprit à la cour, la cour à la ville, la ville aux provinces. L'âme du souverain est un moule qui donne la forme à toutes les autres.

De Paris, le 8 de la lune de Saphar[3], 1717.

MONTESQUIEU, *Lettres persanes*, lettre XCIX, 1721.

3. Date du calendrier persan.

2. De la mode

JEAN DE LA BRUYÈRE (1645-1696) est l'auteur d'une œuvre unique, intitulée *Les Caractères*. On y trouve des maximes, mais surtout des petits portraits à travers lesquels La Bruyère fait la satire des comportements de son époque.

N... est riche, elle mange bien, elle dort bien ; mais les coiffures changent, et lorsqu'elle y pense le moins, et qu'elle se croit heureuse, la sienne est hors de mode.

Iphis voit à l'église un soulier d'une nouvelle mode ; il regarde le sien et en rougit ; il ne se croit plus habillé. Il était venu à la messe pour s'y montrer, et il se cache ; le voilà retenu par le pied dans sa chambre tout le reste du jour.

JEAN DE LA BRUYÈRE, *Les Caractères*, « De la mode », fragments 13 et 14, 1688.

REPÈRE

L'ironie

Très utilisée par les auteurs des Lumières, l'ironie consiste à **dire le contraire de ce que l'on pense, dans le but de se moquer**. Elle est donc généralement au service de la satire. Mais l'ironie ne fonctionne que si le destinataire comprend qu'il ne faut pas prendre ce qui est dit au premier degré.

100% NUMÉRIQUE

Retrouvez sur www.lelivrescolaire.fr quelques chansons pour prolonger la réflexion sur la mode et l'apparence : Beyoncé, « Pretty Hurts », MC Solaar, « Victime de la mode », Alain Souchon, « Foule sentimentale » et Jean-Jacques Goldman, « Les Choses ».

? QUESTIONS

LE TEXTE

COMPÉTENCE – JE COMPRENDS UN TEXTE EN M'APPUYANT SUR MES CONNAISSANCES LEXICALES ET GRAMMATICALES

Avant de lire les textes

1. Pour vous, qu'est-ce que la mode ?
2. Y êtes-vous sensible ? Pourquoi ?

Les caprices de la mode (texte 1)

3. Quelle est la situation d'énonciation de cette lettre ?
4. ■ Quelle caractéristique particulière de la mode est mise en évidence ? Appuyez-vous sur l'analyse précise du vocabulaire, des temps verbaux et des compléments circonstanciels.
5. Montrez que ce texte est satirique, en prenant des exemples précis.
6. Diriez-vous que les comportements décrits dans ce texte se retrouvent encore dans la société actuelle ?
7. Relisez le dernier paragraphe. Quelle critique plus sévère sous-tend la lettre de Rica ? Vous commenterez notamment la dernière phrase.

De la mode (texte 2)

8. Que sait-on de chacun des personnages ?
9. En quoi ces deux fragments peuvent-ils être comiques ?
10. Montrez que La Bruyère épingle dans ses portraits plusieurs défauts de ses contemporains.

L'IMAGE

1. Quel extrait ce dessin pourrait-il illustrer ? Expliquez.
2. **a)** Ce dessin est-il réaliste ? **b)** Comment appelle-t-on ce type d'image ?

4 Le borgne

✔ **OBJECTIF** J'étudie un extrait de conte philosophique dénonçant l'hypocrisie.

VOLTAIRE

(1694-1778) est un écrivain et philosophe des Lumières. Il participe à l'*Encyclopédie* et prend position dans les grands débats de son époque, luttant constamment contre l'intolérance religieuse et les injustices du pouvoir. Ses œuvres les plus célèbres sont ses contes philosophiques (*Candide*, *Zadig*, etc.), le *Dictionnaire philosophique* et sa correspondance, estimée à vingt-mille lettres.

Zadig ou la Destinée *relate les aventures d'un jeune homme qui va faire l'apprentissage du monde et de ses injustices dans un Orient imaginaire. Voici un extrait du premier chapitre, intitulé « Le borgne ».*

Zadig, avec de grandes richesses, et par conséquent avec des amis, ayant de la santé, une figure aimable, un esprit juste et modéré, un cœur sincère et noble, crut qu'il pouvait être heureux. Il devait se marier à Sémire, que sa beauté, sa naissance et sa fortune rendaient le premier parti[1] de Babylone. Il avait pour elle un attachement solide et vertueux, et Sémire l'aimait avec passion. Ils touchaient au moment fortuné[2] qui allait les unir, lorsque, se promenant ensemble vers une porte de Babylone, sous les palmiers qui ornaient le rivage de l'Euphrate, ils virent venir à eux des hommes armés de sabres et de flèches. C'étaient les satellites[3] du jeune Orcan, neveu d'un ministre, à qui les courtisans de son oncle avaient fait accroire que tout lui était permis. Il n'avait aucune des grâces ni des vertus de Zadig ; mais, croyant valoir beaucoup mieux, il était désespéré de n'être pas préféré. Cette jalousie, qui ne venait que de sa vanité, lui fit penser qu'il aimait éperdument Sémire. Il voulait l'enlever. Les ravisseurs la saisirent, et dans les emportements de leur violence ils la blessèrent, et firent couler le sang d'une personne dont la vue aurait attendri les tigres du mont Imaüs[4]. Elle perçait le ciel de ses plaintes. Elle s'écriait : « Mon cher époux ! on m'arrache à ce que j'adore. » Elle n'était point occupée de son danger ; elle ne pensait qu'à son cher Zadig. Celui-ci, dans le même temps, la défendait avec toute la force que donnent la valeur et l'amour. Aidé seulement de deux esclaves, [Zadig] mit les ravisseurs en fuite, et ramena chez elle Sémire évanouie et sanglante, qui en ouvrant les yeux vit son libérateur. Elle lui dit : « Ô Zadig ! je vous aimais comme mon époux ; je vous aime comme celui à qui je dois l'honneur et la vie. » [...] Sa blessure était légère ; elle guérit bientôt.

Zadig était blessé plus dangereusement ; un coup de flèche reçu près de l'œil lui avait fait une plaie profonde. Sémire ne demandait aux dieux que la guérison de son amant. Ses yeux étaient nuit et jour baignés de larmes : elle attendait le moment où ceux de Zadig pourraient jouir de ses regards ; mais un abcès survenu à l'œil blessé fit tout craindre. On envoya jusqu'à Memphis chercher le grand médecin Hermès, qui vint avec un nombreux cortège. Il visita le malade, et déclara qu'il perdrait l'œil ; il prédit même le jour et l'heure où ce funeste accident devait arriver. « Si c'eût été l'œil droit, dit-il, je l'aurais guéri ; mais les plaies de l'œil gauche sont incurables. » Tout Babylone, en plaignant la destinée de Zadig, admira la profondeur de la science d'Hermès. Deux jours après l'abcès perça de lui-même ;

1. Un mariage avec Sémire lui apporterait de nombreux avantages.
2. Heureux.
3. Serviteurs.
4. En Asie centrale.

▲ *Zadig*, gravure, 1809.

Zadig fut guéri parfaitement. Hermès écrivit un livre où il lui prouva qu'il n'avait pas dû guérir. Zadig ne le lut point ; mais, dès qu'il put sortir, il se prépara à rendre visite à celle qui faisait l'espérance du bonheur de sa vie, et pour qui seule il voulait avoir des yeux. Sémire était à la campagne depuis trois jours. Il apprit en chemin que cette belle dame, ayant déclaré hautement qu'elle avait une aversion[5] insurmontable pour les borgnes, venait de se marier à Orcan la nuit même. À cette nouvelle il tomba sans connaissance ; sa douleur le mit au bord du tombeau ; il fut longtemps malade, mais enfin la raison l'emporta sur son affliction[6] ; et l'atrocité de ce qu'il éprouvait servit même à le consoler.

VOLTAIRE, *Zadig ou la Destinée*, 1747.

REPÈRE

Le conte philosophique

Genre littéraire né au XVIIIe siècle sous la plume de Voltaire, le conte philosophique est, comme la fable, **un apologue** : l'**histoire** qu'il raconte est au service d'une **réflexion morale**.

5. Dégout.

6. Douleur profonde, accablement.

René Magritte, *Les Amants*, 1928, huile sur toile, 54 x 73 cm (MOMA, New York).

100% NUMÉRIQUE **Retrouvez sur Lelivrescolaire.fr d'autres contes philosophiques de Voltaire à lire ou à écouter.**

? QUESTIONS

LE TEXTE

COMPÉTENCE – J'EXPLOITE MES LECTURES POUR ENRICHIR UN RÉCIT

Un conte

1. Résumez les grandes étapes du récit.
2. Quelles caractéristiques du conte pouvez-vous identifier dans ce texte ?
3. **a)** Quelle décision Sémire prend-elle à la fin de l'extrait ? **b)** Comment se justifie-t-elle ?
4. **a)** Pourquoi cette décision parait-elle surprenante ? **b)** Quel trait de caractère du personnage est ainsi mis en évidence ?

Une critique sociale

5. De quels autres comportements Voltaire fait-il la satire dans ce texte ? Donnez des exemples précis.
6. Qui est aveugle, finalement, à la fin de ce texte ? Expliquez.
7. ■ Selon Saint-Exupéry, « On ne voit bien qu'avec le cœur. L'essentiel est invisible pour les yeux. » De quelles manières le texte de Voltaire pourrait-il illustrer cette phrase ?

L'IMAGE DE DROITE

1. Comment comprenez-vous le tableau de Magritte ?
2. Diriez-vous qu'il illustre le texte de Voltaire ou qu'il entre en contradiction avec lui ? Justifiez votre réponse.

5 L'aveugle

✔ **OBJECTIF** Je lis une nouvelle dénonçant le racisme.

DIDIER DAENINCKX

(né en 1949) est un écrivain français, auteur de récits policiers et de nouvelles. À travers ses récits, il dénonce souvent les injustices sociales, les abus de pouvoir, et n'hésite pas à traiter de sujets sensibles voire polémiques.

▲ *Beasts of no nation*, film de Cary Joji Fukunaga, avec Idris Elba, 2015.

Toujours en train de gueuler, d'éructer, d'agonir[1] ! Derrière son dos, ça fusait, les insultes. Le porc, l'ordure, le Führer... Impossible de tenir autrement. Les courbettes par-devant, les salamalecs, le miel, le cirage. Et l'antidote dès la porte franchie. Apprendre à sourire dans le vide en serrant les dents. Le pire, c'était les premiers temps, quand on arrivait à son service, alléché par le salaire de mille dollars nourri-logé... Il vous laissait approcher en vous regardant de ses yeux morts et vous plaquait les mains sur le visage, vérifiant l'ourlé des lèvres, l'épatement du nez, le grain de la peau, le crépu des cheveux. Au moindre doute le vieux se mettait à hurler de dégoût. « Enfants de pute, virez-moi ça, c'est un Noir ! » Le type y allait de sa protestation.

« Non, monsieur, je vous jure... »

Mais ça ne servait à rien. Il repartait plein d'amertume, un billet de cent dollars scotché sur la bouche, incapable de comprendre qu'il était tombé du bon côté et que l'horreur attendait les rescapés surpayés de la sélection.

L'aveugle habitait un château construit à flanc de colline, à quelques kilomètres de Westwood, et toute la communauté vivait en complète autarcie[2] sur les terres environnantes, cultivant le blé, cuisant le pain, élevant le bétail. Le vieux ne s'autorisait qu'un luxe : l'opéra et les cantatrices blanches qu'il faisait venir chaque fin de semaine et qui braillaient toutes fenêtres ouvertes, affolant la basse-cour.

Il ne dormait pratiquement pas, comme si l'obscurité qui l'accompagnait depuis sa naissance lui épargnait la fatigue. Ses gens lui devaient vingt-quatre heures quotidiennes d'allégeance[3]. Le toubib vivait en état d'urgence permanent et tenait grâce aux cocktails de Valium et de Temesta[4] qu'il s'ingurgitait matin midi et soir. Le vieux prenait un malin plaisir à l'asticoter, contestant ses diagnostics, refusant ses potions. Ces persécutions n'empêchèrent pas le docteur d'avertir son patient de la découverte d'un nouveau traitement qui parvenait à rendre la vue à certaines catégories d'aveugles. Le vieux embaucha

1. Injurier, insulter.
2. Coupée du monde extérieur.
3. Obéissance.
4. Tranquillisants puissants.
5. Célébrité, personne célèbre.
6. Substance anesthésiante, également utilisée comme « sérum de vérité » par les services spéciaux et les militaires.

une douzaine d'enquêteurs aryens et leurs investigations établirent que le procédé en question ne devait rien aux Noirs.

On fit venir à grands frais la sommité[5] et son bloc opératoire. Le vieux se coucha de bonne grâce sur le billard et s'endormit sous l'effet du Pentothal[6]. Il se réveilla dans le noir absolu et demeura trois longs jours la tête bandée, ignorant si ses yeux voyaient ou non ses paupières.

Le chirurgien retira enfin les pansements. Le vieux ouvrit prudemment les yeux et poussa un cri terrible. Un Noir à l'air terrible lui faisait face. Il se tourna vers le chirurgien, terrorisé.

« Qu'est-ce que ça veut dire ! Foutez-le dehors... »

Le toubib, qui nettoyait les instruments, s'approcha doucement de lui, posa la main sur son épaule et l'obligea à regarder droit devant lui.

« Alors il faut que vous sortiez... Ce que vous avez devant vous s'appelle une glace, monsieur : ceci est votre reflet. »

DIDIER DAENINCKX, « Le reflet », *Main courante*, © Éditions Verdier, 1994.

▲ Affiche pour la Semaine d'actions contre le racisme, 2007.

REPÈRE

La nouvelle

Une nouvelle est un **récit bref**, qui se termine souvent par une **chute** (une fin surprenante). Comme la fable, elle peut chercher à faire **réfléchir sur le monde**, mais elle est davantage ancrée dans la réalité.

100% NUMÉRIQUE Retrouvez sur www.lelivrescolaire.fr un court-métrage et une chanson sur le thème de la peur de l'autre.

QUESTIONS

LE TEXTE

COMPÉTENCE – JE COMPRENDS UN TEXTE EN M'APPUYANT SUR MES CONNAISSANCES LEXICALES ET GRAMMATICALES

1. Quelles sont vos premières impressions à la lecture de ce texte ? Développez votre réponse.
2. À quel genre littéraire ce texte appartient-il ? Justifiez par des éléments précis.
3. **a)** Dans le premier paragraphe, comment se comportent les domestiques vis-à-vis de leur employeur ? **b)** Pourquoi se comportent-ils ainsi ?
4. ■ Relevez deux passages au discours direct dans lesquels s'exprime le personnage principal. Quelle personnalité ses propos révèlent-ils ? Justifiez votre réponse en vous appuyant notamment sur les types de phrases et le vocabulaire.
5. Expliquez en quoi consiste la chute. Quel rôle joue le miroir ?
6. D'après vous, quel est le but de ce récit ?
7. Parmi les différents genres littéraires étudiés dans cette séquence, lequel vous parait le plus approprié pour faire réfléchir le lecteur ? Justifiez votre réponse.

L'IMAGE DE DROITE

Quel comportement cette affiche critique-t-elle ?

Oser dénoncer par la caricature

Comment fonctionne la caricature et jusqu'où peut-elle aller ?

1 Louis-Gargantua

▲ Honoré Daumier, *Gargantua*, 1832, lithographie, 21,4 x 30,5 cm (BnF).

Le roi Louis-Philippe (dernier roi de France, au XIXe siècle) est comparé à Gargantua, géant très gourmand, héros des romans de Rabelais (XVIe siècle). Ce dessin a valu six mois de prison à Honoré Daumier.

2 Yankee go home

▲ Fritz Behrendt, *20 ans après*, 1964.

En 1964, le général de Gaulle, antiaméricain, souhaite que les troupes américaines se retirent du sol français. Sa pancarte pourrait être traduite par : « Les Ricains, rentrez chez vous ».

3 Espionnages

▲ Plantu, dessin paru dans *Le Monde*, 13 novembre 2015.

En 2015, la France découvre qu'elle est espionnée par les services secrets allemands, en partie à la demande des services secrets américains… Au début du XXIe siècle, de nombreuses affaires d'espionnage entre pays occidentaux sont révélées.

ÉCLAIRAGE

La **liberté de la presse** est garantie en France par la Déclaration des Droits de l'Homme et du Citoyen (1789) – « *Article 11*. La **libre communication des pensées et des opinions** est un des droits les plus précieux de l'homme : tout citoyen peut donc parler, écrire, imprimer librement, **sauf à répondre à l'abus de cette liberté** dans les cas déterminés par la Loi ».

COMPÉTENCES

- JE LIS DES IMAGES ET DES DOCUMENTS COMPOSITES ET JE SAIS LES REPLACER DANS LEUR CONTEXTE HISTORIQUE ET CULTUREL
- JE MOBILISE DES RÉFÉRENCES CULTURELLES POUR INTERPRÉTER DES PRODUCTIONS LITTÉRAIRES OU ARTISTIQUES

100% NUMÉRIQUE

Retrouvez sur www.lelivrescolaire.fr :
- l'histoire de la caricature en France et les enjeux de la liberté d'expression (vidéo) ;
- la bande-annonce du documentaire *Fini de rire*, sur la liberté d'expression des caricaturistes dans le monde ;
- la Laïcité en question : « Peut-on rire de tout ? » (site de la BNF).

4 Caricaturer la religion ?

◄ *Alexamenos adore son dieu*, graffiti, IIe ou IIIe siècle, Rome.

Ce graffiti a été découvert en 1857 lors de fouilles archéologiques. Écrit dans un grec approximatif, il est sans doute l'œuvre d'un Romain se moquant d'un Grec converti à cette nouvelle religion qu'est alors le christianisme.

5 Le dessin : une arme ?

▲ Stéphane Moussin, *Ça tire vs satire*, 2015.

En janvier 2015, le journal satirique français *Charlie Hebdo* est victime d'un attentat : des djihadistes assassinent les personnes travaillant pour ce journal, en raison notamment de caricatures jugées offensantes.

6 Fais-nous rire

◄ Willem, *Fais nous rire*, 2013.

? QUESTIONS

1. **Doc. 1** **a)** Faites une recherche sur Gargantua. Qu'est-ce qui permet de comparer Louis-Philippe à ce géant ? **b)** Cette comparaison est-elle objective ou subjective ?
2. **Doc. 1** **a)** Relevez plusieurs éléments qui permettent d'opposer le roi et les autres personnages représentés. **b)** Quel message la caricature veut-elle faire passer à partir de cette opposition ?
3. **Doc. 2** **a)** Quelles sont les deux périodes historiques représentées ? Aidez-vous de la légende. **b)** Comment sont-elles opposées visuellement ? **c)** Qu'est-ce qui rend la situation comique ?
4. **Doc. 3** **a)** Qui sont les personnages représentés ? **b)** Comment les reconnait-on ? **c)** Le président français est-il représenté de manière flatteuse ? **d)** Qu'est-ce que le caricaturiste cherche à montrer en utilisant cette comparaison ?
5. **Doc. 4** **a)** Que représente le dessin du doc. 4 ? **b)** Ce dessin vous semble-t-il drôle ?
6. **Doc. 5** Cette caricature joue sur deux comparaisons, l'une sur l'image, l'autre sur les mots : expliquez comment chacune d'elle fonctionne.
7. **Doc. 6** **a)** Quels éléments vous permettent de reconnaitre les personnages autour du dessinateur ? **b)** Quelle difficulté du métier de caricaturiste ce dessin met-il en avant ?
8. **Doc. 1, 2 et 3** Regardez les traits des personnages et la situation dans laquelle ils sont placés : quels sont les moyens utilisés par les caricaturistes pour rendre les personnages grotesques ?
9. **Doc. 5 et 6** Comment ces dessins montrent-ils que la caricature a un impact fort sur le monde ?
10. **Doc. 5 et 6** Selon vous, la caricature peut-elle blesser ? Pourquoi ? Est-ce son objectif ?

Ex. 1 J'ÉCRIS UNE FABLE À LA MANIÈRE DE LA FONTAINE

Sur le modèle de La Fontaine dans « Le Singe et le Léopard » (p. 216), inventez une fable à propos de la société actuelle.

Méthode
› Respectez la forme de la fable : texte bref (en vers ou en prose), alternance de récit et de dialogues, présence d'une morale, etc.
› Choisissez des personnages animaux aux comportements opposés et rendez-les vivants grâce aux dialogues et aux actions.

Ex. 2 JE RÉDIGE UN ARTICLE DU DICTIONNAIRE PHILOSOPHIQUE DU XXIE SIÈCLE

BEAU, BEAUTÉ
Demandez à un crapaud ce que c'est que la beauté, le grand beau, le *to kalon*[1]. Il vous répondra que c'est la femelle avec deux gros yeux ronds sortant de sa petite tête, une gueule large et plate, un ventre jaune, un dos brun. Interrogez un nègre de Guinée ; le beau est pour lui une peau noire, huileuse, des yeux enfoncés, un nez épaté. Interrogez le Diable ; il vous dira que le beau est une paire de cornes, quatre griffes et une queue. Consultez enfin les philosophes, ils vous répondront par du galimatias[2] ; il leur faut quelque chose de conforme à l'archétype du beau en essence, au *to kalon.*

Voltaire, *Dictionnaire philosophique portatif*, 1764.

[1] En grec, « le beau ». [2] Charabia.

1. Faites des recherches sur le projet de *Dictionnaire philosophique* de Voltaire : quel était son objectif ?
2. Repérez les caractéristiques formelles de cet article. Présentation ? Tonalité ? Types et formes de phrase ? Temps et modes employés ?
3. Imaginez l'article « Beau, beauté », tel qu'on pourrait l'écrire aujourd'hui si l'on demandait à **a)** un styliste parisien, **b)** un vieil agriculteur, **c)** une Syrienne de huit ans, **d)** Dieu. Vous respecterez les contraintes formelles que vous avez relevées.
4. Imaginez ensuite une définition de la laideur en choisissant vos témoignages sur plusieurs siècles.

Ex. 3 J'ÉCRIS UNE LETTRE À LA MANIÈRE DE MONTESQUIEU

À la faveur d'un voyage dans le temps, Rica (p. 218) se trouve en France au XXIe siècle et s'étonne de la mode de l'époque.Rédigez la lettre qu'il pourrait envoyer à son ami Rhédi.
Vous pouvez vous inspirer des listes ci-dessous :

a) Verbes : *remarquer, observer, étudier, s'étonner de, s'indigner...*

b) Adjectifs qualificatifs : *ébahi, stupéfait, scandalisé, émerveillé, étrange, surprenant, inconcevable, remarquable, prodigieux...*

c) Expressions : *tu n'imagines pas... ; songe un peu... ; figure-toi... ; peut-on imaginer... ; nous n'avons point d'exemple dans notre pays... ; tout me semble ici...*

d) Sujets d'étonnement : *le coût exorbitant des vêtements, le diktat de la minceur, l'absence de confort ou de pudeur de certaines tenues...*

Méthode
› Respectez les codes de la lettre.
› Décrivez la mode actuelle en adoptant le regard naïf et critique d'un Persan du XVIIIe siècle que tout étonne.
› Utilisez abondamment le lexique du regard et du jugement et l'ironie (à l'aide d'hyperboles, d'antithèses, de comparaisons, etc.).

Ex. 4 JE RÉÉCRIS UN TEXTE EN CHANGEANT LE POINT DE VUE

À partir de la nouvelle « Le reflet » de Didier Daeninckx (p. 222), faites le récit de l'entretien d'embauche en adoptant le point de vue d'un candidat malheureux.

Méthode
› Respectez le système narratif du texte initial (troisième personne, temps verbaux, etc.) et le caractère du protagoniste.
› Alternez passages narratifs et dialogues.
› Développez l'analyse des sentiments des personnages.

Ex. 1 JE FAIS UN *BATTLE*

Par deux, faites un *battle* (p. 215) sur le thème de l'apparence.

Méthode
› Commencez par lister des détails dont vous allez faire la satire : coiffure, attitude, tenue vestimentaire, façon de parler, etc.
› Pour chaque détail retenu, préparez une *punchline* au brouillon.
› Attention : le *battle* doit rester bienveillant. Il s'agit de montrer sa vivacité d'esprit, pas de blesser l'autre.
› Les grossièretés et insultes ne sont pas autorisées.
› L'exercice prendra la forme d'une improvisation : il faudra donc être réactif, et adapter ce que vous avez prévu en fonction de ce dit votre adversaire.
› Les *battles* durent 2 minutes maximum. Une fois le temps écoulé, le public élit le gagnant.

Ex. 2 J'ENREGISTRE UNE ÉMISSION DE TÉLÉVISION HUMORISTIQUE SUR LA MODE

Un animateur de télévision invite des personnalités à venir présenter leur conception de la mode. Chacun expose son point de vue puis répond aux questions du journaliste.

Méthode

› Répartissez-vous les rôles. Choisissez un thème (la mode en France, en Angleterre, en Asie ; la mode à 10 ans, à 25 ans, à 70 ans...).

› Travaillez vos interventions à partir des textes du chapitre (formules frappantes, ironie, etc.).

› L'émission doit être satirique.

PARCOURS DE COMPÉTENCES

Ex. 3 JE PRÉSENTE UN EXPOSÉ DEVANT LA CLASSE

Choisissez un sujet parmi les suivants (ou un sujet libre, avec l'accord de votre professeur) et présentez à la classe un exposé d'une dizaine de minutes. Vous pourrez utiliser un support (diaporama, affiches).

a) La discrimination raciale. **b)** Les défilés de mode et la taille mannequin. **c)** Le sexisme.

Méthode

› Pendant vos recherches, notez scrupuleusement chacune de vos sources (titre du livre, auteur, nom du site internet, etc.).

› Vérifiez la qualité des informations en sélectionnant les sources les plus appropriées et en confrontant les données entre elles.

› Organisez votre exposé en deux ou trois parties.

› Entrainez-vous, en veillant à vous exprimer correctement, sans vocabulaire familier, et sans lire vos notes.

Ex. 4 J'ARGUMENTE POUR DÉFENDRE UN SLOGAN

1. Quelles sont les caractéristiques formelles d'un slogan ?
2. Choisissez l'un des exemples ci-dessous et rédigez un argumentaire d'une dizaine de lignes pour défendre cette position. Vous exprimerez au moins une fois la cause et la conséquence.

a) Il y a une journée de la femme par an. Il en manque 364. **b)** Je suis Charlie. **c)** Lorsque l'injustice devient la loi, la révolution devient une obligation. **d)** La retraite avant l'arthrite. **e)** Je préfère mourir debout que vivre à genoux. **f)** Mieux vaut un mariage gay qu'un mariage triste. **g)** Je ne veux pas perdre ma vie à la gagner. **h)** Le silence des pantoufles est parfois aussi inquiétant que le bruit des bottes. **i)** Il y a plus inconnu que le soldat inconnu : sa femme. **j)** Sous les pavés, la plage.

Ex. 5 JE DÉFENDS MES IDÉES DEVANT MES CAMARADES

Peut-on rire de tout ? Préparez au brouillon un discours argumenté répondant à cette question, puis prononcez-le (sans lire vos notes) devant la classe.

Méthode

› Avant de répondre à la question, cherchez au brouillon des arguments étayant les deux positions possibles. Une fois cette recherche effectuée, vous pourrez choisir la thèse que vous souhaitez défendre.

› Organisez vos idées de la plus évidente à la plus intéressante, utilisez des connecteurs logiques.

› Illustrez votre propos par des exemples concrets.

› Répondez dans votre discours aux arguments adverses.

› N'oubliez pas de modérer votre propos et de respecter les autres.

JE ME SITUE DANS MON PARCOURS DE COMPÉTENCES

ORAL – JE PARTICIPE DE FAÇON CONSTRUCTIVE À DES ÉCHANGES ORAUX

1. Je n'ai pas fait de plan, je n'ai pas noté toutes mes sources. Mon expression est maladroite. Ma présentation est incomplète.

2. Je sais restituer ce que j'ai préparé, mais mon expression n'est pas toujours adaptée et/ou je suis trop dépendant(e) de mes notes.

3. Je sais présenter un exposé développé préparé de cinq à dix minutes, en regardant mon auditoire et en m'adaptant à lui.

4. Je sais présenter un exposé développé préparé de dix minutes, en regardant mon auditoire et en m'adaptant à lui. J'ai cité mes sources et je sais répondre aux questions.

SUJET BREVET 5

Mouloud est mort

Lou Bertignac, une adolescente surdouée, a fait la rencontre dans une gare parisienne de No, jeune SDF de 18 ans. Son regard sur le monde qui l'entoure s'en trouve modifié.

Il y a quelques jours, Mouloud est mort. Depuis dix ans il vivait dehors, dans notre quartier. [...] Les élèves le connaissaient bien. Au début, on avait peur de lui. Et puis on s'était habitué. On le saluait. On s'arrêtait pour discuter. Il refusait d'aller dans des foyers parce qu'ils refusaient son chien. Même quand il faisait très froid. Les gens lui donnaient des couvertures, des vêtements, de la nourriture. Il avait ses habitudes au café d'en face, il buvait du vin dans des bouteilles en plastique. Pour Noël, on lui offrait des cadeaux. Mouloud était kabyle, il avait les yeux bleus. Il était beau. On racontait qu'il avait été ouvrier chez Renault pendant dix ans, et puis un jour sa femme était partie.

Mouloud a eu un malaise, on l'a emmené à l'hôpital, et le lendemain on a su qu'il était mort d'une embolie pulmonaire. Mon père a appris la nouvelle par les propriétaires du café. Là où Mouloud s'était installé, les gens ont commencé à coller des affiches, des lettres, des hommages, et même une photo de lui. Ils ont allumé des bougies et déposé des fleurs. Le vendredi suivant il y a eu un rassemblement, une trentaine de personnes sont venues autour de sa tente qui était restée là, personne n'avait voulu y toucher. Le lendemain *Le Parisien* a publié un article sur Mouloud, avec une photo de son coin transformé en autel.

La dame du bar d'en face a recueilli le chien de Mouloud. Les chiens on peut les prendre chez soi, mais pas les SDF. Moi je me suis dit que si chacun d'entre nous accueillait un sans-abri, si chacun décidait de s'occuper d'une personne, une seule, de l'aider, de l'accompagner, peut-être qu'il y en aurait moins dans la rue. Mon père m'a répondu que ce n'était pas possible. Les choses sont beaucoup plus compliquées qu'il y paraît. *Les choses sont ce qu'elles sont*, et il y en a beaucoup contre lesquelles on ne peut rien. Voilà sans doute ce qu'il faut admettre pour devenir adulte.

On est capable d'envoyer des avions supersoniques et des fusées dans l'espace, d'identifier un criminel à partir d'un cheveu ou d'une minuscule particule de peau, de créer une tomate qui reste trois semaines au réfrigérateur sans prendre une ride, de faire tenir dans une puce microscopique des milliards d'informations. On est capable de laisser mourir les gens dans la rue.

DELPHINE DE VIGAN, *No et moi*, © Éditions Jean-Claude Lattès, 2007.

▲ « Ayons l'élégance d'aider ceux qui n'ont rien. », campagne de sensibilisation de l'association Aurore (2015).

1re partie : compréhension, analyse et interprétation (1 h) ......

QUESTIONS (20 POINTS)

1. Qui est Mouloud ? Pour quelles raisons vivait-il dans la rue ? Citez le texte pour répondre. (1 point)
2. a) Qu'est-ce qu'un « autel » (l. 13) ? (0,5 point)
   ❒ Un établissement proposant des chambres.
   ❒ Un lieu de rassemblement pour les manifestations.
   ❒ Un espace servant au dépôt d'offrandes dans les lieux sacrés.
   b) Pourquoi la narratrice utilise-t-elle ce mot ? (1 point)
3. À quel moment le texte narratif devient-il argumentatif ? Justifiez votre réponse en vous appuyant sur des éléments précis du texte. (2,5 points)
4. a) Quelle est la classe grammaticale de « on » ? b) Qui est désigné par ce mot dans le premier paragraphe ? Et dans le dernier ? (2 points)
5. **« Si chacun d'entre nous accueillait un sans-abri,** [...] peut-être qu'il y en aurait moins dans la rue. » (l. 15-17) a) Indiquez la nature et la fonction de la proposition en gras. b) Réécrivez la phrase deux fois, en conjuguant le premier verbe au présent de l'indicatif puis au plus-que-parfait. Expliquez ce qui change dans les deux cas. c) Cette formulation donne-t-elle l'impression que son souhait est réalisable ? (2,5 points)
6. « *Les choses sont ce qu'elles sont.* » (l. 18) Pourquoi cette phrase est-elle écrite en italique ? Donnez au moins deux raisons. (2 points)
7. a) Comment est construit le dernier paragraphe ? Repérez au moins une figure de style. b) Que met en évidence cette construction ? Vous pourrez appuyer votre réponse sur l'explication de l'adjectif « capable », l. 20. (2,5 points)
8. Dans un paragraphe rédigé et construit, vous expliquerez ce qui révolte la narratrice dans la société d'aujourd'hui. (3.5 points)
9. À propos de l'image. a) À quel univers cette campagne de sensibilisation fait-elle référence ? Appuyez-vous sur le titre et sur le slogan. b) Pourquoi le rapprochement entre cet univers et celui des sans-abris rend-t-il le message plus frappant ? (2,5 points)

2e partie : rédaction et maitrise de la langue (2 h)

DICTÉE ET RÉÉCRITURE (10 POINTS)

1. Dictée : **DELPHINE DE VIGAN, *No et moi*, 2007.** Les dictées des brevets blancs sont regroupées à la fin du cahier d'exercices de 3e.
2. **Réécrivez le début du texte en remplaçant « Mouloud » par « Mouloud et Bruno ».**

Il y a quelques jours, Mouloud est mort. Depuis dix ans [...], il avait sa grille de métro, au croisement de deux rues, dans un renfoncement, juste à côté de la boulangerie. C'était son territoire. Sur le trajet de l'école élémentaire, pendant quelques années, je l'ai vu là, tous les matins et tous les soirs. Les élèves le connaissaient bien. Au début, on avait peur de lui.

TRAVAIL D'ÉCRITURE (20 POINTS)

Vous traiterez au choix l'un des deux sujets suivants. Votre texte aura une longueur minimale de deux pages.

SUJET DE RÉFLEXION

Comme la narratrice, le sort réservé aux sans-abris vous révolte. Vous décidez d'écrire une lettre au ministre du Logement, dans laquelle vous dénoncerez cette situation, exposerez votre souhait de voir changer les choses et ferez des propositions.

Vous respecterez les codes de la lettre, le niveau de langue attendu et vous soignerez la pertinence et la force de vos arguments.

SUJET D'INVENTION

Imaginez l'article du *Parisien* consacré à Mouloud (l. 13). Vous pourrez rappeler des éléments biographiques, raconter sa vie dans la rue et les circonstances de sa mort. Vous parlerez aussi des réactions après son décès et concluerez sur la situation des sans-abris en général. Votre texte respectera les codes de l'article de presse et sera cohérent avec l'extrait de *No et moi*.

SUJET BREVET 6

« L'ordre marchand »

Dans cette œuvre, l'auteure revient sur soixante ans d'histoire, des années 1940 aux années 2000. Elle étudie les mœurs de ses contemporains, notamment en matière de consommation.

L'ordre marchand se resserrait, imposait son rythme haletant. Les achats munis d'un code-barres passaient avec une célérité[1] accrue du plateau roulant au chariot dans un bip discret escamotant[2] le coût de la transaction en une seconde. Les articles de la rentrée scolaire surgissaient dans les rayons avant que les enfants ne soient encore en vacances, les jouets de Noël le lendemain de la Toussaint et les maillots de bain en février. Le temps des choses nous aspirait et nous obligeait à vivre sans arrêt avec deux mois d'avance. Les gens accouraient aux « ouvertures exceptionnelles » du dimanche, les soirs jusqu'à onze heures, le premier jour des soldes constituait un événement couvert par les médias. « Faire des affaires », « profiter des promotions » était un principe indiscuté, une obligation. [...]

Pour les adolescents – surtout ceux qui ne pouvaient compter sur aucun autre moyen de distinction sociale – la valeur personnelle était conférée par les marques vestimentaires, *L'Oréal parce que je le vaux bien.* Et nous, contempteurs sourcilleux[3] de la société de consommation, on cédait au désir d'une paire de bottes qui, comme jadis la première paire de lunettes solaires, plus tard une minijupe, des pattes d'ef, donnait l'illusion brève d'un être neuf. Plus que la possession, c'était cela, cette sensation que les gens poursuivaient dans les gondoles de Zara et de H&M et que leur procurait immédiatement, sans effort, l'acquisition des choses : un supplément d'être. [...]

L'imagination commerciale était sans bornes. Elle annexait à son profit tous les langages, écologique, psychologique, se parait[4] d'humanisme et de justice sociale, nous enjoignait[5] de « lutter tous ensemble contre la vie chère », prescrivait : « faites-vous plaisir », « faites des affaires ». Elle ordonnait la célébration des fêtes traditionnelles, Noël et la Saint-Valentin, accompagnait le ramadan. Elle était une morale, une philosophie, la forme incontestée de nos existences. La vie. La vraie. Auchan.

C'était une dictature douce et heureuse contre laquelle on ne s'insurgeait pas, il fallait seulement se protéger de ses excès, éduquer le consommateur, définition première de l'individu. Pour tout le monde, y compris les immigrants clandestins entassés sur une barque vers la côte espagnole, la liberté avait pour visage un centre commercial, des hypermarchés croulant sous l'abondance.

ANNIE ERNAUX, *Les Années*, © Éditions gallimard, 2008.

▲ Armand, *Poubelle de Jim Dine*, 1961, plexiglas et détritus (collection Ileana et Michael Sonnabend, New York).

1. Rapidité.
2. Faisant disparaitre.
3. Nous qui méprisions.
4. S'ornait.
5. Ordonnait.

▲ Duane Hanson, *Supermarket Shopper*, 1970, sculpture (Ludwig Collection, Aachen, Allemagne).

Le jour de l'épreuve, vous pourrez parfois vous aider du corpus d'histoire-géographie pour comprendre le contexte de l'extrait. Retrouvez dans votre manuel d'histoire-géographie les « Trente Glorieuses » vues par Charles de Gaulle en sujet de brevet (chapitre 11).

Retrouvez la 1re partie de l'épreuve sur : www.lelivrescolaire.fr

100% NUMÉRIQUE

Zoom sur la 2e partie de l'épreuve

DICTÉE ET RÉÉCRITURE (10 POINTS)

1. **Dictée : GEORGES PEREC, *Les Choses*, 1965.** Les dictées des brevets blancs sont regroupées à la fin du cahier d'exercices de 3e.
2. **Réécrivez le début du texte d'A. Ernaux (jusqu'à « deux mois d'avance », l. 7) en conjuguant les verbes au futur simple.**

TRAVAIL D'ÉCRITURE (20 POINTS)

Vous traiterez au choix l'un des deux sujets suivants. Votre texte aura une longueur minimale de deux pages.

SUJET DE RÉFLEXION

Pensez-vous que la consommation mène au bonheur ? Vous répondrez à cette question en veillant à respecter l'emploi de la première personne et l'organisation de votre texte, la pertinence de l'argumentation et la correction de la langue.

SUJET D'INVENTION

Racontez le premier jour des soldes. Vous utiliserez l'imparfait et certains procédés du texte d'Annie Ernaux pour renforcer l'idée de bousculade et d'excès.

Votre récit débouchera sur une interrogation sur le monde contemporain. Vous respecterez les code du récit (chronologie, système des temps) et vous conclurez sur une réflexion.

Corrigé (sujet de réflexion)

- Le sujet concerne la société de consommation. Essayez de reformuler avec vos mots : est-ce qu'acheter et posséder des choses rend heureux ? On vous demande votre avis personnel, vous écrirez à la première personne.
- On vous demande de surveiller l'organisation de votre texte : vous devez répondre sous la forme de paragraphes, reliés par des connecteurs logiques.
- On vous demande aussi de veiller à l'argumentation : vous devez donc écrire des paragraphes argumentés, pour convaincre votre lecteur, grâce aux modalisateurs et aux figures de style (l'insistance par exemple). N'oubliez pas les exemples, qui soutiennent l'argumentation. Tirez vos exemples de l'histoire, de la littérature et de votre culture personnelle.
- Hiérarchisez vos arguments (au moins trois) pour finir par le plus convaincant.
- Dans une introduction, expliquez ce qu'on appelle la société de consommation et rappelez la question à laquelle vous devez répondre. Dans la conclusion, rappelez brièvement votre réponse.

MÉTHODE

a) Analysez le sujet, reformulez-le.

b) Commencez par ce qui se rapporte au contenu :
- De quel sujet devez-vous parler ?
- Qui parle à qui ?

c) Regardez ensuite ce qui se rapporte à la forme attendue :
- Vous demande-t-on de présenter vos arguments sous une forme spécifique (lettre, discours) ? Notez sur un brouillon les codes de présentation de la forme attendue.
- Vous propose-t-on un plan à suivre ? Un nombre d'arguments, un type d'exemples ?

d) Au brouillon, notez toutes vos idées comme elles vous viennent. Organisez-les ensuite de façon logique, de la moins importante à la plus percutante, en les numérotant par exemple. Associez à chacune au moins un exemple et un connecteur logique (*tout d'abord, de plus, enfin*...). Utilisez un code couleur si cela vous aide.

e) Ne rédigez pas tout au brouillon : préparez seulement la première et la dernière phrase.

f) Pendant la rédaction, allez à la ligne après l'introduction, après chaque argument et pour votre conclusion. Évitez les phrases trop longues.

g) Relisez-vous : vérifiez que vos phrases ont un sens, surveillez l'orthographe (voir *Fiche méthode 6* p.380) et assurez-vous que vous avez bien répondu à la question posée dans le sujet !

Vivre en société, participer à la société

A. VIVRE EN SOCIÉTÉ, PARTICIPER À LA SOCIÉTÉ : LES RELATIONS AVEC AUTRUI, ENTRE ÉPANOUISSEMENT ET ENFERMEMENT

En 5e, je découvre comment la vie en société est construite sur les relations en groupe (famille et amis).

› Écrire sur les relations avec autrui permet d'explorer la **complexité des relations humaines**, des **émotions** et des **sentiments** (amitié, amour, jalousie, admiration, etc.).

› Pour la jeunesse, la vie en société passe par le **désir de faire partie d'une bande d'amis.** Il peut correspondre au souhait de **se fondre dans le groupe** (*No et moi*), de **vivre une vie plus intense** (*Corniche Kennedy*) ou bien de **réunir ses forces pour lutter contre une menace** (*Les Enfants de Timpelbach*).

› Pour intégrer une bande, l'adolescent doit parfois passer une épreuve, qui sert de **rite d'intégration.** Les phénomènes de bande entrainent aussi souvent des **phénomènes d'exclusion.**

› Dans *Le Malade imaginaire*, Molière utilise des **personnages types**, sur le modèle de la ***commedia dell'arte***, pour évoquer les relations familiales : à travers le rire, l'auteur met en garde contre le **désir de supériorité des uns sur les autres** (Argan), qui met à mal l'équilibre familial.

✔ La complexité des relations humaines

✔ La bande : appartenance et exclusion

✔ L'équilibre fragile des relations familiales

B. VIVRE EN SOCIÉTÉ, PARTICIPER À LA SOCIÉTÉ : S'AFFIRMER EN TANT QU'INDIVIDU PAR LA CONFRONTATION DES VALEURS

En 5e, j'ai découvert que la vie en société commence par la vie au sein d'un groupe (famille ou amis). En 4e, je découvre comment l'individu peut s'affirmer dans la société, en défendant ses valeurs parfois contre les autres.

› Dans le roman ou au théâtre, le **dialogue** est la forme privilégiée pour exprimer une opposition de valeurs : les réactions des autres incitent à **développer sa propre pensée**, soit pour l'**affirmer**, soit pour la **nuancer.**

› Grâce au dialogue, le point de vue des personnages peut **évoluer** et les amener à prendre des décisions importantes : le dialogue structure donc la **progression de l'intrigue.**

› Dans les extraits étudiés, les **valeurs individuelles** s'opposent souvent aux **valeurs ou habitudes sociales**, présentant des personnages qui veulent marquer leur différence.

› Un personnage peut aussi dialoguer avec lui-même : il rencontre alors un **dilemme.** Dans *Le Cid*, Corneille met l'accent sur les **conflits psychologiques** qui animent les personnages.

› *Le Cid* met en scène un système de valeurs opposées : la **jeunesse** s'oppose à la **vieillesse**, l'**amour** fait face à l'**honneur** et les **valeurs médiévales de la noblesse** entrent en conflit avec la **justice du roi.**

✔ Le dialogue structure l'intrigue

✔ Valeurs individuelles contre valeurs sociales

✔ Dilemme, conflits psychologiques

C. VIVRE EN SOCIÉTÉ, PARTICIPER À LA SOCIÉTÉ EN DÉNONÇANT SES TRAVERS

En 5e, j'ai découvert que la vie en société commence par les relations en groupe, puis, en 4e, que les valeurs de l'individu peuvent entrer en conflit avec les valeurs de la société. En 3e, je découvre que participer à la société, c'est aussi, parfois, savoir critiquer ses défauts.

› La **satire** est la **dénonciation** par le **rire**. Pratiquée depuis l'Antiquité dans la littérature, dans les **maximes** et les **fables** par exemple, elle se glisse dans la **presse**, notamment à travers la **caricature**.

› L'idée de **plaire** et d'**instruire** en même temps remonte à l'Antiquité. « ***Castigat ridendo mores*** » (« elle corrige les mœurs par le rire ») est devenue la devise de la comédie classique (Molière).

› L'**humour** et l'**ironie** sont des **armes de dénonciation efficaces** : elles **ridiculisent l'adversaire**, permettent de **contourner la censure** et d'**amuser** le lecteur, l'amenant ainsi plus facilement à la **réflexion**.

✔ **Dénoncer par le rire : la satire**

✔ **Humour et ironie**

Ce que j'ai vu tout au long du CYCLE 4

5e

GENRES
- Roman
- Autobiographie
- Théâtre
- Comédie

REGISTRES
- Comique
- Pathétique

AUTEURS CLÉS
- Molière (XVIIe)
- Guy de Maupassant (XIXe)

PERSONNAGES MARQUANTS

- Argan
- Angélique
- Antoinette

MOUVEMENTS LITTÉRAIRES
- Le classicisme

ENJEUX LITTÉRAIRES
- Les procédés comiques au service de la réflexion
- Exprimer la complexité des relations humaines par le dialogue

4e

GENRES
- Roman
- Théâtre
- Tragicomédie

REGISTRES
- Tragique
- Pathétique
- Polémique

AUTEURS CLÉS
- Pierre Corneille (XVIIe)
- Marivaux (XVIIIe)
- Victor Hugo (XIXe)

PERSONNAGES MARQUANTS

- Claude Gueux
- Rodrigue et Chimène

MOUVEMENTS LITTÉRAIRES
- Le baroque
- Le classicisme
- Le romantisme

ENJEUX LITTÉRAIRES
- Le dialogue comme structure de l'intrigue
- Les enjeux du dilemme cornélien

3e

GENRES
- Épigramme
- Fable
- Maxime
- Roman épistolaire
- Conte philosophique
- Nouvelle

REGISTRES
- Satirique
- Comique
- Pathétique

AUTEURS CLÉS
- Ésope (VIIe - VIe av. J.-C.)
- Jean de La Fontaine (XVIIe)
- F. de La Rochefoucauld (XVIIe)
- Jean de La Bruyère (XVIIe)
- Montesquieu (XVIIIe)
- Voltaire (XVIIIe)

PERSONNAGES MARQUANTS

- Zadig
- Usbek et Rica

MOUVEMENTS LITTÉRAIRES
- Le classicisme
- Les Lumières

ENJEUX LITTÉRAIRES
- La dénonciation par le rire : la satire
- Les différentes formes de l'argumentation

CYCLE 4

Thème 3

Regarder le monde, inventer des mondes

5e

Questionnement

IMAGINER DES UNIVERS NOUVEAUX

12 La magie des *Mille et Une Nuits*

13 Territoires imaginaires

Questionnement

LA FICTION POUR INTERROGER LE RÉEL

14 Aux frontières du réel

15 *Germinal*, un roman et un film

4e

3e

Questionnement

VISIONS POÉTIQUES DU MONDE

16 Nuits lyriques

17 Le monde moderne en poésie

12 La magie des *Mille et Une Nuits*

Objectifs :
- ✔ **Je découvre des contes qui proposent la représentation de mondes merveilleux et je m'interroge sur les pouvoirs de l'imagination.**
- ✔ **Je me demande ce que ces textes apportent à notre perception de la réalité.**

? QUESTIONS

Pour entrer dans le chapitre

1. Qu'est-ce qu'un conte ? Proposez une définition.
2. Sauriez-vous expliquer ce qu'est un conte *merveilleux* ?
3. Qu'évoquent pour vous les contes des *Mille et Une Nuits* ?

L'image

1. Observez les habits des personnages et l'arrière-plan. Dans quelle région du monde la scène se passe-t-elle ?
2. Selon vous, quelle est la relation entre les deux personnages ? Observez notamment les deux mains du sultan.

Hermann Emil Sprengel, *Shéhérazade*, 1881, ▶ huile sur toile, 95 x 110 cm (collection privée).

-500 | 0 | 500 | 1000 | 1500 | 2000

ANTIQUITÉ — MOYEN ÂGE

Premiers contes d'origine indienne (IIIe siècle)

Parvenu en Orient, l'ensemble s'enrichit de nombreux contes et se fixe par écrit (IXe-XVIIe siècles)

Traduction française d'Antoine Galland, qui les fait découvrir à l'Occident (1704-1717)

Adaptations au cinéma (XXe-XXIe siècles)

1 Complot contre la sultane

✔ **OBJECTIF** Je découvre la mise en place d'une intrigue.

Un jour, un sultan surprend une conversation entre trois sœurs. Elles s'amusent à formuler un vœu : l'ainée s'imagine épouser le boulanger du sultan, la deuxième le cuisinier du sultan, et la cadette le sultan lui-même. Celui-ci décide de réaliser leurs vœux et organise les trois mariages. Mais les deux sœurs ainées sont jalouses du bonheur de leur petite sœur.

▲ Illustration de Léon Carré pour *Les Mille et Une Nuits*, tome 11, 1926-1932.

Le temps des couches[1] arriva, et la sultane se délivra[2] heureusement d'un prince beau comme le jour. Ni sa beauté, ni sa délicatesse, ne furent capables de toucher ni d'attendrir le cœur des sœurs impitoyables. Elles l'enveloppèrent de langes assez négligemment, le mirent dans une petite corbeille, et abandonnèrent la corbeille au courant de l'eau d'un canal qui passait au pied de l'appartement de la sultane ; et elles remplacèrent l'enfant par un petit chien mort, en publiant que la sultane en avait accouché. Cette nouvelle désagréable fut annoncée au sultan ; et le sultan en conçut une indignation qui aurait pu être funeste[3] à la sultane si son grand vizir ne lui avait expliqué que sa Majesté ne pouvait pas, sans injustice, la regarder comme responsable des bizarreries de la nature.

[*L'intendant des jardins trouve le panier sur le canal.*]

L'intendant des jardins fut extrêmement surpris de voir un enfant enveloppé dans la corbeille, et un enfant, qui, bien que tout juste né, comme il était aisé de le voir, n'en avait pas moins des traits d'une grande beauté. Il y avait longtemps que l'intendant des jardins était marié ; mais bien qu'il eût très envie d'avoir des enfants, le ciel n'avait pas encore fécondé ses vœux jusqu'alors. […] Il entra dans l'appartement de sa femme :

« Ma femme, dit-il, nous n'avions point d'enfant, en voici un que Dieu nous envoie. Je vous le recommande ; faites-lui chercher une nourrice promptement[4], et prenez-en soin comme de notre fils ; je le reconnais pour tel dès à présent. »

[*L'année suivante, la sultane accouche d'un prince, que les sœurs remplacent par un chat. L'enfant est aussi adopté par l'intendant des jardins.*]

La sultane enfin accoucha une troisième fois, non pas d'un prince, mais d'une princesse : l'innocente eut le même sort que les princes ses frères. Les deux sœurs, qui avaient résolu de ne pas mettre fin à leurs entreprises détestables tant qu'elles n'auraient pas vu la sultane leur cadette au moins rejetée, chassée et humiliée, lui firent le même traitement, en l'exposant sur le canal. La princesse fut secourue et

Les Mille et Une Nuits est un recueil de contes d'origines diverses. Les plus anciens viennent d'Inde, et dateraient du IIIe siècle. D'abord transmis oralement par les marchands (qui se les racontaient pour se divertir pendant leurs voyages), ces contes sont parvenus en Perse (Iran) puis dans le monde arabe, s'enrichissant de nouvelles histoires. Au XVIIIe siècle, le Français Antoine Galland découvre ce recueil, le traduit et y ajoute quelques contes qu'il a écrits lui-même, comme l'histoire d'Aladdin ou celle d'Ali Baba.

1. Grossesses.
2. Accoucha.
3. Fatale.
4. Rapidement.
5. Purifier, débarrasser.
6. Petite pièce.

arrachée à une mort certaine par la compassion et par la charité de l'intendant des jardins, comme les deux princes ses frères, avec lesquels elle fut nourrie et élevée.

À cette inhumanité les deux sœurs ajoutèrent le mensonge et l'imposture comme auparavant : elles montrèrent un morceau de bois, en assurant faussement que c'était ce dont la sultane avait accouché.

Le sultan Khosrouschah ne put se contenir, quand il eut appris ce nouvel accouchement extraordinaire.

« Quoi, dit-il, cette femme indigne de ma couche remplirait donc mon palais de monstres si je la laissais vivre davantage ? Non, cela n'arrivera pas, ajouta-t-il ; elle est un monstre elle-même, je veux en purger[5] le monde. [...]

Qu'on lui fasse un réduit[6] de charpente à la porte de la principale mosquée, avec une fenêtre toujours ouverte ; qu'on l'y renferme avec un habit des plus grossiers, et que chaque musulman qui ira à la mosquée faire sa prière lui crache au nez en passant. Si quelqu'un y manque, je veux qu'il soit exposé au même châtiment. »

« Histoire des deux sœurs jalouses »,
Les Mille et Une Nuits, tome 3, traduction d'Antoine Galland,
1704, syntaxe modernisée.

▲ Nicolas Poussin, *Moïse sauvé des eaux*, 1638 (musée du Louvre, Paris).

ÉCLAIRAGE

Sauvé des eaux

Alors que les Hébreux sont réduits en esclavage par Pharaon, celui-ci décide que tous les nouveaux-nés masculins doivent être tués. Une mère cache son enfant dans un panier et le dépose sur le Nil. La fille de Pharaon le trouve et l'adopte : elle l'appelle « **Moïse** », ou « Moussa » en arabe, ce qui signifie « **sauvé des eaux** ». On retrouve cet épisode dans le Coran, la Bible et la Torah.

?

QUESTIONS

COMPÉTENCE – JE LIS DES ŒUVRES LITTÉRAIRES ET DÉCOUVRE DES ŒUVRES MAJEURES DE LA LITTÉRATURE

Le début d'un conte

1. Où l'histoire se déroule-t-elle ?
2. Pourquoi peut-on dire que la situation des sœurs est typique d'un conte ? Justifiez en donnant des exemples pris dans d'autres contes que vous connaissez.
3. Le chiffre trois revient souvent dans les contes. Est-ce le cas dans cet extrait ?
4. **a)** Par quelle formule se termine habituellement un conte de fées ? **b)** Comparez avec cet extrait.
5. **Synthèse.** Ce début de conte est-il plutôt traditionnel ou plutôt original ? Proposez une réponse nuancée et justifiez par des exemples.

Des personnages opposés

6. **a)** Comment le jeune prince est-il décrit ? **b)** Les sœurs ainées sont-elles émues par ce bébé ? Qu'est-ce que cela montre d'elles ?
7. **a)** De quoi les sœurs ainées sont-elles jalouses ? **b)** Que font-elles pour se venger ? **c)** D'après vous, pourquoi se vengent-elles de cette manière ?
8. Qui sont les personnages positifs dans cet extrait ? Expliquez votre réponse.
9. **a)** Comment le sultan réagit-il au premier accouchement de sa femme ? **b)** Et au troisième ? **c)** Que pensez-vous de sa réaction ?
10. Pensez-vous que le sultan est un être mauvais ou qu'il est victime du complot des sœurs ainées ?

2 Le vieux derviche

✔ **OBJECTIF** J'étudie la présentation d'une quête.

Les années ont passé. L'intendant des jardins et sa femme sont morts. Les trois enfants du sultan, Bahman, Perviz et Parizade, vivent ensemble en paix. Mais un jour, ils apprennent d'une mystérieuse vieille femme l'existence de trois objets merveilleux. Bahman décide de partir à l'aventure : il veut les rapporter chez eux. En chemin, il rencontre un vieux derviche[1].

« Bon derviche, reprit le prince Bahman, je viens de loin, et je cherche l'oiseau qui parle, l'arbre qui chante et l'eau jaune. Je sais que ces trois choses sont quelque part ici aux environs ; mais j'ignore l'endroit où elles sont précisément. Si vous le savez, je vous conjure[2] de m'enseigner le chemin, afin que je ne prenne pas l'un pour l'autre, et que je ne perde pas le fruit du long voyage que j'ai entrepris. »

[*Le derviche ne veut pas révéler au jeune homme ce qu'il cherche.*]

« C'est que le danger auquel vous vous exposez est plus grand que vous ne pouvez le croire. D'autres seigneurs, en grand nombre, qui n'avaient ni moins de hardiesse, ni moins de courage que vous pouvez en avoir, sont passés par ici et m'ont fait la même demande que vous m'avez faite. Après que je n'eus rien oublié pour les détourner de passer outre[3], ils n'ont pas voulu me croire : je leur ai enseigné le chemin malgré moi, en me rendant à leurs instances[4]; et je puis vous assurer qu'ils ont tous échoué, et que je n'en ai pas vu revenir un seul. Pour peu donc que vous aimiez la vie, et que vous vouliez suivre mon conseil, vous n'irez pas plus loin, et vous retournerez chez vous. » Le prince Bahman persista dans sa résolution.

[...]

▲ Derviche de Perse.

« Puisque je ne puis obtenir de vous, dit-il, que vous m'écoutiez, et que vous profitiez de mes conseils, prenez cette boule, et quand vous serez à cheval, jetez-la devant vous, et suivez-la jusqu'au pied d'une montagne où elle s'arrêtera. Quand elle sera arrêtée, vous mettrez pied à terre, et vous laisserez votre cheval la bride sur le cou, qui demeurera à la même place en attendant votre retour. En montant, vous verrez à droite et à gauche une grande quantité de grosses pierres noires, et vous entendrez une confusion de voix de tous les côtés qui vous diront mille injures pour vous décourager, et pour faire en sorte que vous ne montiez pas jusqu'au haut ; mais gardez-vous bien de vous effrayer, et surtout, de tourner la tête pour regarder derrière vous ; en un instant vous seriez changé en une pierre noire, semblable à celles que vous verrez, lesquelles sont autant de seigneurs comme vous, qui n'ont pas réussi dans leur entreprise, comme je vous le disais. Si vous évitez le danger que je ne

1. Ermite (sage religieux) oriental.
2. Supplie.
3. Décourager de continuer leur chemin.
4. Prières.

Illustration de Léon Carré pour *Les Mille et Une Nuits*, tome 3, 1926-1932.

vous dépeins que légèrement, afin que vous y fassiez bien réflexion, et que vous arriviez au haut de la montagne, vous y trouverez une cage, et dans la cage l'oiseau que vous cherchez. Comme il parle, vous lui demanderez où sont l'arbre qui chante, et l'eau jaune ; et il vous l'enseignera. Je n'ai rien à vous dire davantage : voilà ce que vous avez à faire, et voilà ce que vous avez à éviter ; mais si vous vouliez me croire, vous suivriez le conseil que je vous ai donné, et vous ne vous exposeriez pas à la perte de votre vie. »

« Histoire des deux sœurs jalouses », *Les Mille et Une Nuits*, tome 3, traduction d'Antoine Galland, 1704, syntaxe modernisée.

REPÈRE

Le registre merveilleux

Dans un texte merveilleux, **le surnaturel, la magie « existent »** et ne sont pas étonnants. Par exemple, une fée peut changer une citrouille en carrosse sans que le personnage en soit particulièrement surpris. Le monde merveilleux est donc **différent du nôtre**.

?

QUESTIONS

COMPÉTENCE – JE LIS DES TEXTES VARIÉS ET ADAPTE MA LECTURE À L'OBJECTIF POURSUIVI

Une quête dangereuse

1. Que demande Bahman au derviche ?

2. a) Quelle est la première réponse du derviche ? Que tente-t-il de faire ? **b)** Quels exemples donne-t-il pour illustrer son propos ?

3. a) Pourquoi sa réponse peut-elle donner encore plus envie de continuer ? **b)** Si vous étiez à la place de Bahman, voudriez-vous continuer ?

4. a) Quel danger le derviche évoque-t-il dans sa deuxième réponse ? **b)** Que faut-il faire pour surmonter cette épreuve ?

Des éléments merveilleux

5. a) Quels sont les objets de la quête ? **b)** Pourquoi s'agit-il d'éléments merveilleux (voir *Repère*) ?

6. a) Quel objet le derviche donne-t-il à Bahman ? **b)** S'agit-il d'un objet merveilleux ?

7. En quoi Bahman sera-t-il transformé s'il échoue à l'épreuve ?

8. Pensez-vous qu'il réussira ? Expliquez votre réponse.

3 Une princesse à l'aventure

✔ **OBJECTIF** Je comprends quelles sont les qualités de l'héroïne.

Bahman a eu peur : il a été immédiatement transformé en pierre. Perviz connait le même sort. Parizade décide de partir à son tour. Elle rencontre le derviche, qui la met en garde de la même manière qu'il l'avait fait pour ses frères.

« J'avoue que ces voix, telles que vous me les représentez, sont capables d'épouvanter les plus assurés ; mais comme dans toutes les entreprises de grande conséquence et périlleuses[1], il n'est pas défendu d'user d'adresse[2], je vous demande si l'on pourrait s'en servir dans celle-ci, qui m'est d'une si grande importance. »

– Et de quelle adresse voudriez-vous user ? demanda le derviche.

– Il me semble, répondit la princesse, qu'en me bouchant les oreilles avec du coton, si fortes et si effroyables que les voix puissent être, elles en seraient frappées avec beaucoup moins d'impression ; comme aussi elles feraient moins d'effet sur mon imagination, mon esprit demeurerait dans la liberté de ne pas se troubler jusqu'à perdre l'usage de la raison.

– Madame, reprit le derviche, de tous ceux qui jusqu'à présent se sont adressés à moi pour s'informer du chemin que vous me demandez, je ne sais si quelqu'un s'est servi de l'adresse que vous me proposez. Ce que je sais, c'est que pas un ne me l'a proposée, et que tous y ont péri[3]. » [...]

▲ Maxfield Parrish, *The Spirit of transportation*, 1920, huile sur toile (collection privée).

La princesse Parizade, après avoir remercié le derviche et pris congé de lui, remonta à cheval ; elle jeta la boule, et elle la suivit par le chemin qu'elle prit en roulant : la boule continua son roulement et enfin, elle s'arrêta au pied de la montagne.

La princesse mit pied à terre ; elle se boucha les oreilles de coton et après qu'elle eut bien considéré le chemin qu'elle avait à tenir pour arriver en haut de la montagne, elle commença à monter d'un pas égal avec intrépidité[4]. Elle entendit les voix, et elle s'aperçut d'abord que le coton lui était d'un grand secours. Plus elle avançait, plus les voix devenaient fortes et se multipliaient, mais non pas au point de lui faire une impression capable de la troubler. Elle entendit plusieurs sortes d'injures et de railleries piquantes par rapport à son sexe[5], qu'elle méprisa et dont elle ne fit que rire.

« Je ne m'offense ni de vos injures, ni de vos railleries, disait-elle en elle-même. Dites encore pire, je m'en moque, et vous ne m'empêcherez pas de continuer mon chemin. »

[Parizade ne se laisse pas impressionner, parvient en haut de la montagne et trouve l'oiseau qui parle, l'arbre qui chante et l'eau jaune. La jeune femme

1. Importantes et dangereuses.
2. De se servir de la ruse.
3. Tous sont morts.
4. Courage.
5. Au fait qu'elle soit une femme.

demande alors à l'oiseau le moyen de délivrer ses frères.]

« Jetez les yeux ici à l'entour, ajouta-t-il, et voyez si vous n'y voyez pas une cruche.

– Je l'aperçois, dit la princesse.

– Prenez-la, dit-il ; et en descendant la montagne, versez un peu de l'eau dont elle est pleine sur chaque pierre noire, ce sera le moyen de retrouver vos deux frères. »

La princesse Parizade prit la cruche, et en emportant avec soi la cage avec l'oiseau, le flacon et la branche, à mesure qu'elle descendait, elle versait de l'eau de la cruche sur chaque pierre noire qu'elle rencontrait, et chacune se changeait en homme. [...] De la sorte, elle reconnut les princes Bahman et Perviz, qui la reconnurent aussi, et qui vinrent l'embrasser.

« Histoire des deux sœurs jalouses »,
Les Mille et Une Nuits, tome 3, traduction d'Antoine Galland, 1704, syntaxe modernisée.

Maxfield Parrish, *La Princesse Parizade rapportant l'arbre qui chante*, 1906, huile sur toile (American Illustrators Gallery, New York).

? QUESTIONS

LE TEXTE

COMPÉTENCE – J'ÉTABLIS DES LIENS ENTRE DES PRODUCTIONS LITTÉRAIRES ET ARTISTIQUES ISSUES DE CULTURES ET D'ÉPOQUES DIVERSES

Une héroïne

1. **a)** Quelle idée Parizade a-t-elle pour surmonter l'épreuve ? **b)** Qu'en pense le derviche ? **c)** Et vous, qu'en pensez-vous ? Est-ce une bonne idée ?
2. Parizade utilise le même stratagème qu'un célèbre héros antique qui devait affronter une épreuve similaire. **a)** De qui s'agit-il ? **b)** Quelle était son épreuve ?
3. Parizade réussit là où tous les autres ont échoué. Quelle est sa force ?
4. Que fait-elle dès qu'elle a trouvé les objets magiques ?
5. **a)** Quelles qualités Parizade montre-t-elle dans ce passage ? **b)** Cette princesse correspond-elle aux princesses des contes merveilleux que vous connaissez ? Justifiez votre réponse.

Le merveilleux

6. Quels sont les éléments merveilleux qui apparaissent dans cet extrait ?
7. **a)** Est-ce grâce au merveilleux que Parizade réussit l'épreuve ? **b)** Pourquoi ? Aidez-vous de vos réponses précédentes.
8. **a)** À quel moment le merveilleux vient-il en aide à Parizade ? **b)** De quelle manière ?

L'IMAGE DE DROITE

1. **a)** Quelles sont les caractéristiques orientales du costume de Parizade ? **b)** Que tient-elle ?
2. Comment le peintre montre-t-il la réussite de Parizade ?

4 Un jardin merveilleux

✔ **OBJECTIF** J'analyse les caractéristiques d'éléments merveilleux.

Bahman, Perviz et Parizade sont revenus chez eux. Le sultan rencontre les deux frères au cours d'une journée de chasse et les trois hommes se lient d'amitié sans connaitre le lien qui les unit. L'oiseau qui parle conseille à la princesse d'inviter le sultan à diner et de lui servir des concombres farcis aux perles.

La princesse ouvrit une porte qui donnait sur le jardin ; et ce qui frappa d'abord les yeux du sultan fut la gerbe[1] d'eau jaune, couleur d'or. Surpris par un spectacle si nouveau pour lui, et après l'avoir regardée quelque temps avec admiration :

« D'où vient cette eau merveilleuse, dit-il, qui fait tant de plaisir à voir ? Où en est la source ? Et par quel art en a-t-on fait un jet si extraordinaire, et auquel je ne crois pas qu'il y ait rien de pareil au monde ? Je veux voir cette merveille de près. »

La princesse continua de le conduire, et elle le mena vers l'endroit où l'arbre harmonieux était planté.

En approchant, le sultan, qui entendit un concert tout différent de ceux qu'il avait jamais entendus, s'arrêta et chercha des yeux où étaient les musiciens ; et comme il n'en vit aucun ni près ni loin, et que cependant il entendait le concert assez distinctement pour en être charmé :

« Ma belle, dit-il, en s'adressant à la princesse Parizade, où sont les musiciens que j'entends ? Sont-ils sous terre ? Sont-ils invisibles dans l'air ? Avec des voix si excellentes et si charmantes, ils ne craindraient rien s'ils se montraient : au contraire, ils feraient plaisir. »

« Sire, répondit la princesse en souriant, ce ne sont pas des musiciens qui forment le concert que vous entendez, c'est l'arbre que votre Majesté voit devant elle ; et si elle veut se donner la peine d'avancer de quatre pas, elle n'en doutera pas, et les voix seront plus distinctes. […] Cet arbre n'a pas d'autre nom que celui d'arbre qui chante, et il n'en croît[2] pas dans le pays ; il serait trop long de raconter par quelle aventure il se trouve ici. »

[Le sultan admire à nouveau l'eau jaune.]

« Selon vous, ma belle, dit-il, en s'adressant toujours à la princesse, cette eau n'a pas de source, et elle ne vient d'aucun endroit aux environs, par un conduit amené

▲ Jean-François Larrieu, *L'Arbre de vie*, 2012.

1. Jet.
2. Pousse.
3. Dans quel but.

sous terre ; au moins je comprends qu'elle est étrangère, de même que l'arbre qui chante. »

« Sire, reprit la princesse, cela est comme votre Majesté le dit ; et pour preuve que l'eau ne vient pas d'ailleurs, c'est que le bassin est d'une seule pièce, et qu'ainsi elle ne peut venir ni par les côtés, ni par-dessous ; et ce qui doit rendre l'eau plus admirable à votre Majesté, c'est que je n'en ai jeté qu'un flacon dans le bassin, et qu'elle a foisonné comme elle le voit, par une propriété qui lui est particulière. »

[Le sultan entre dans le salon et découvre l'oiseau qui parle. Il se met ensuite à table.]

Le sultan qui vit devant lui le plat de concombres qu'il croyait farcis à l'ordinaire y porta d'abord la main, et son étonnement fut extrême de les voir farcis de perles.

« Quelle nouveauté ! », dit-il. À quel dessein[3] une farce de perles ? Les perles ne se mangent pas ! »

Il regardait déjà les deux princes et la princesse pour leur demander ce que cela signifiait ; mais l'oiseau l'interrompit :

« Sire, votre Majesté peut-elle être dans un étonnement si grand d'une farce de perles qu'elle voit de ses yeux, elle qui a cru si facilement que la sultane son épouse avait accouché d'un chien, d'un chat, d'un morceau de bois ? »

« Histoire des deux sœurs jalouses »,
Les Mille et Une Nuits, tome 3, traduction Antoine Galland,
1704, syntaxe modernisée.

▲ Fausto et Felice Niccolini, *Les Maisons et Monuments de Pompéi*, illustration, XIXe siècle.

100% NUMÉRIQUE

Sur www.lelivrescolaire.fr, retrouvez mille et une ressources sur les *Mille et Une Nuits*.

QUESTIONS

COMPÉTENCE – JE COMPRENDS UN TEXTE EN M'APPUYANT SUR MES CONNAISSANCES LEXICALES ET GRAMMATICALES

Un jardin merveilleux

1. ■ Que ressent le sultan en découvrant le jardin ? Pourquoi ? Justifiez en citant des mots du texte et en observant la ponctuation.
2. À partir des questions du sultan et des réponses de Parizade, reformulez précisément ce qui est magique dans : **a)** l'eau jaune, **b)** l'arbre qui chante.
3. Comparez la situation de Bahman, Perviz et Parizade avec celle qu'ils ont connue au moment de leur naissance.

Une révélation

4. Pourquoi le sultan est-il surpris du plat qui lui est servi ?
5. Relisez l'intervention de l'oiseau à la fin de l'extrait. **a)** Que reproche l'oiseau au sultan ? **b)** Qu'est-ce que cette intervention révèle des connaissances de l'oiseau ?
6. **Synthèse. a)** Quelles sont les valeurs défendues par le conte ? **b)** Inventez une morale qui exprimera le sens de ce conte.
7. Le conte n'est pas tout à fait terminé. Quelles peuvent être la suite et la fin de l'histoire ?

Découvrir les *Contes très merveilleux des quatre coins du monde*

✔ **OBJECTIF** Je pars à la découverte des contes du monde entier.

Dans ce recueil, vous allez découvrir des contes venant des quatre coins du monde. Nous vous invitons à lire plus précisément les contes « Le jardin merveilleux » (p. 16), « Les deux princes » (p. 84), et « L'oiseau de soie d'or » (p. 157).

◀ Praline Gay-Para, *Contes très merveilleux des quatre coins du monde*, Actes Sud, 2014.

PRALINE GAY-PARA

(née en 1956) est une conteuse française d'origine libanaise. Elle écrit, mais surtout elle raconte dans des spectacles, des contes du monde entier.

QUESTIONS

1

Le jardin merveilleux (p. 16)

COMPÉTENCE – J'ÉTABLIS DES LIENS ENTRE DES PRODUCTIONS LITTÉRAIRES ET ARTISTIQUES ISSUES DE CULTURES ET D'ÉPOQUES DIVERSES

Une découverte extraordinaire

1. a) Quels liens unissent les deux pères ? **b)** À quel milieu social appartiennent-ils ?

2. Comment Assan montre-t-il son amitié à Hassan ?

3. a) Que trouve Hassan ? **b)** Pourquoi ne veut-il pas le garder ?

4. a) Quelle solution Assan propose-t-il ? **b)** Comment les jeunes mariés réagissent-ils ? **c)** Que pensez-vous de cette réaction ?

Un merveilleux jardin

5. a) Qui vont-ils voir pour demander conseil ? **b)** Qui a la parole la plus sage ? **c)** Est-ce surprenant ?

6. a) Que fait le jeune homme avec l'or ? **b)** Est-ce ce qui était prévu ?

7. Que font les oiseaux ? Pourquoi ?

8. a) Que se passe-t-il lorsque les puissants viennent dans le jardin ? **b)** Selon vous, pourquoi ?

9. Que se passe-t-il lorsque des miséreux viennent dans ce jardin ?

10. ■ **a)** Comparez ce conte à « L'histoire des deux sœurs jalouses » étudiée dans les *Textes et images*. **b)** Comparez ce conte à la fable de La Fontaine intitulée « Le Laboureur et ses enfants » que vous trouverez sur la version numérique de cette page.

▲ Jan Brueghel l'Aîné, *Le Jardin d'Eden avec la chute de l'homme*, 1616, huile sur toile (collection privée).

100% NUMÉRIQUE **Sur Lelivrescolaire.fr, écoutez P. Gay-Para raconter le conte « Les Deux Cailloux ».**

2

QUESTIONS

Les deux princes (p. 84)

1. À quelle région du monde ce pays imaginaire vous fait-il penser ?
2. a) Que fait la reine ? Pourquoi ? b) Les deux frères sont-ils vraiment obligés de partir ?
3. a) Peut-on dire que l'ermite est un magicien ? ■ b) À quel personnage de « L'histoire des deux sœurs jalouses » vous fait-il penser ? Justifiez vos réponses.
4. Chaque année, le dieu Dragon réclame un sacrifice humain. a) Cela vous fait-il penser à une autre histoire ? b) Comment cela se termine-t-il dans ce conte ?
5. La fin du conte vous semble-t-elle juste pour tous les personnages ? Justifiez votre réponse.

▲ Soierie représentant un dragon, Chine.

▲ Gustav Klimt, *L'Arbre de vie*, 1905-1909 (MAK, Vienne).

3

QUESTIONS

L'oiseau de soie d'or (p. 157)

1. a) Pourquoi le jeune homme part-il ?
   b) Pourquoi le loup l'aide-t-il ?
2. a) Quels sont les deux pouvoirs du loup ? b) Que faut-il faire pour être emmené au loin par lui ?
3. a) Quels animaux merveilleux le jeune homme doit-il chercher ? b) Quel est leur point commun ?
4. a) Quelles sont les recommandations données par le loup pour les attraper ? b) Le jeune homme les respecte-t-il ? c) Pourquoi ?
5. La fin de ce conte vous semble-t-elle juste ? Justifiez votre réponse.

4

Lire des contes merveilleux

1. Les contes de ce recueil viennent des quatre coins du monde. a) Qu'est-ce qui les différencie ? b) Néanmoins, qu'ont-ils en commun ?
2. a) Quel est le conte que vous avez préféré ? b) Selon vous, quels sont les ingrédients d'un bon conte ?

L'art de conter

Qu'est-ce qu'être conteur ?

1 Le troubadour

John William Waterhouse, *Le Décaméron*, 1916.
Un troubadour était un compositeur, poète et musicien médiéval qui interprétait ses ou des œuvres littéraires.

2 Conteur kamishibai

Conteur kamishibai à Tokyo (Japon), en 1946.
Le kamishibai (*kami* : papier / *shibai* : théâtre) est une forme de conte qui vient des temples bouddhistes japonais du XIIe siècle. Les moines utilisaient des parchemins imagés pour illustrer leurs histoires.

3 La grand-mère conteuse

Gravure sur bois, d'après les dessins de Gustave Doré, 1862.

4 Le conteur « Brother Blue »

▲ Le célèbre conteur « Brother Blue » (Hugh Morgan Hill) devant un public d'écoliers, Boston (États-Unis), 1973.

5 La tribu écoute un conte

▲ Photographie, Soudan, fin du XXe siècle.

Des membres de la tribu des Shilluks sont rassemblés à l'ombre d'un arbre pour écouter un conte.

? QUESTIONS

1. a) Dans quel pays ou sur quel continent se situe chacune de ces scènes ? b) Dans quel lieu se passent-elles ? c) Savez-vous ce qu'est un « arbre à palabres » ?
2. a) À quelles époques se situent les scènes représentées ? b) Pensez-vous que l'art de conter est une invention moderne ?
3. **Doc. 3** Quel lien unit le public à sa conteuse ? Peut-on dire la même chose pour les doc. 2 et 4 ? Justifiez votre réponse.
4. a) Sur chacune de ces images, quel âge a le public ? b) Est-il nombreux ? c) Pensez-vous que les contes sont destinés à un public en particulier ?
5. a) Dans quelle position les auditeurs sont-ils représentés ? b) Qu'expriment leurs visages ?
6. a) Comment reconnaissez-vous le conteur ? b) Selon vous, quelles qualités faut-il pour être un bon conteur ?
7. **Doc. 1, 2 et 4** Regardez avec attention les différents objets dont se servent les conteurs. Quelles techniques utilisent-ils pour capter l'attention de leur auditoire ? Laquelle préférez-vous ?
8. Selon vous, est-ce plus agréable de lire un conte dans un livre ou d'écouter un conteur ? Trouver plusieurs avantages à chacune des situations.

ÉCLAIRAGE

› En France, l'école n'est devenue obligatoire qu'en 1882. Avant, seules les classes aisées savaient lire. **Les contes se transmettaient principalement à l'oral** et chaque conteur avait sa manière à lui de raconter l'histoire.

› De nos jours, une grande partie de la population mondiale sait lire. Mais même dans les pays où l'accès à internet permet de lire gratuitement de chez soi des millions de contes du monde entier, les conteurs n'ont pas disparu, car **l'art de raconter à l'oral est irremplaçable**.

Sur www.lelivrescolaire.fr, retrouvez des sites permettant d'écouter des contes du monde entier.

COMPÉTENCE
JE PARTICIPE DE FAÇON CONSTRUCTIVE À DES ÉCHANGES ORAUX

Ex. 1 JE DÉCRIS UN LIEU MERVEILLEUX

Choisissez l'un des lieux suivants et décrivez-le :

a) Le château invisible. **b)** Le palais liquide. **c)** La maison à l'envers. **d)** La chambre double. **e)** Le salon aux mille miroirs magiques. **f)** La cave des murmures. **g)** Le jardin sans couleurs.

Méthode

› Votre texte commencera par « La jeune fille découvrit alors… ».

› Vous emploierez l'imparfait de l'indicatif.

› Organisez votre description par des indications de lieu et éventuellement de temps.

Ex. 2 J'INVENTE UN CONTE MERVEILLEUX

Suivez les quatre étapes de la méthode.

Méthode

› **Étape 1.** Choisissez les éléments principaux de votre conte :
• le personnage principal (fille ou garçon ? âge ? surnom ? qualités et défauts ? heureux ou malheureux ?) ;
• son but (trouver l'amour ? rompre un mauvais sort ? aider quelqu'un ? prouver quelque chose ?) ;
• les péripéties (quelles épreuves ? qui l'aide ? comment ? qui veut l'empêcher d'atteindre son but ?) ;
• le merveilleux (au moins un personnage, un objet et un lieu merveilleux).

Remarque : les chiffres 3, 7 et 12 reviennent souvent dans les contes. Utilisez l'un d'eux.

› **Étape 2.** En vous aidant du schéma narratif, faites le plan de votre conte : notez les grandes étapes qui mèneront de la situation initiale à la situation finale.

› **Étape 3.** Rédigez votre conte à l'aide d'un traitement de texte. Vous écrirez le récit à l'imparfait et au passé simple.

› **Étape 4.** Relisez-vous. Vérifiez que vous n'avez pas oublié de mots, que les verbes sont accordés avec leur sujet et que les adjectifs sont accordés avec les noms auxquels ils se rapportent.

Faites lire votre texte à un camarade. Comprend-il tout ce que vous avez écrit ?

› **Étape 5.** Illustrez votre conte en choisissant des images ou en dessinant vous-même.

Ex. 3 J'ÉCRIS UNE PARODIE DE CONTE

Prenez un conte très connu et réécrivez-le de façon humoristique en changeant certains éléments.

Méthode

› Vous pouvez modifier la caractéristique principale d'un personnage traditionnel (l'ogre n'est pas du tout effrayant ou n'a pas faim, la fée se trompe dans ses formules et crée des catastrophes, le prince charmant n'est pas vraiment charmant) ou d'un élément merveilleux (les bottes de sept lieues ne veulent plus rétrécir, la baguette magique est en panne).

› Vous pouvez introduire des éléments modernes pour créer un décalage, un anachronisme (la fée a changé sa baguette magique pour une télécommande, le prince arrive à moto).

› Vous pouvez créer un décalage comique en introduisant du vocabulaire familier (mais pas vulgaire) dans les paroles de personnages nobles.

Ex. 4 J'INVENTE UN AUTRE DÉNOUEMENT POUR UN CONTE CÉLÈBRE

Dans *La Belle au bois dormant*, le prince réveille la Belle d'un baiser.

> Elle gisait là si belle qu'il ne pouvait en détourner les yeux, il se pencha et lui donna un baiser. Alors qu'il l'effleurait de ses lèvres, la Belle au Bois Dormant, battit des paupières, se réveilla et le regarda avec affection. [...] Enfin les noces du prince avec la Belle au Bois Dormant purent être données avec faste et ils vécurent heureux jusqu'à leurs derniers jours.
>
> J. et W. Grimm, « La Belle au bois dormant », 1812.

Imaginez ce qui se serait passé si en embrassant et en réveillant la princesse, le prince s'était transformé en grenouille…

Ex. 5 JE RACONTE UN CONTE EN CHANGEANT DE POINT DE VUE

> Ils virent que la maison était faite de pain d'épice et recouverte de gâteau. [...] Hansel, qui trouvait le toit très bon, en fit tomber un gros morceau par terre ; Gretel découpa une vitre entière, s'assit par terre et se mit à manger. Tout à coup, la porte s'ouvrit et une femme très vieille, appuyée sur une canne, sortit de la maison. Hansel et Gretel eurent si peur qu'ils laissèrent tomber tout ce qu'ils avaient dans les mains.
>
> J. et W. Grimm, « Hansel et Gretel », 1812.

Racontez cet épisode du point de vue de la sorcière.

Ex. 1 J'INVENTE UN CONTE À PLUSIEURS VOIX

En vous aidant du schéma narratif, vous allez inventer un conte à plusieurs.

Méthode

- Un premier élève est désigné. Il invente la situation initiale et l'élément déclencheur d'un conte, puis il raconte ce début d'histoire devant la classe.
- Une fois qu'il a terminé, il désigne un autre élève pour prendre le relais et raconter une péripétie.
- Celui-ci désigne ensuite un troisième élève qui va raconter une deuxième péripétie. Le troisième élève va à son tour désigner un quatrième élève pour raconter une troisième péripétie.
- Enfin, le quatrième élève en désigne un cinquième pour raconter l'élément de résolution et la situation finale du conte. Quand vous êtes dans le public, il faut donc être très attentif à l'histoire, car vous pouvez à tout moment être désigné(e) pour raconter la suite du conte.

PARCOURS DE COMPÉTENCES

Ex. 2 JE CONTE DE FAÇON EXPRESSIVE

Choisissez un conte et entrainez-vous chez vous à le raconter de façon expressive. Vous pouvez vous éloigner du texte original. Articulez bien, n'hésitez pas à agrémenter votre récit d'onomatopées et d'interjections ou même de gestes. Faites varier votre voix (murmures, cris…) et n'oubliez pas la valeur des silences. Vous devez ménager le suspense et faire vibrer votre public.

En classe, plusieurs élèves sont choisis pour conter leur récit. Un vote général permet de désigner le meilleur conteur.

Méthode

- Utilisez des formules d'adresse au public, comme « Que croyez-vous qu'il arriva ? », « Vous souvenez-vous de… ? », « Imaginez un peu… ».
- Vous pouvez prévoir des accessoires ou des instruments de musique.

Ex. 3 JE RACONTE À PARTIR D'UNE IMAGE

▲ W. R. Symonds, *La Princesse et la Grenouille*, 1894.

Par groupes de trois, imaginez une histoire à partir de l'image puis racontez-la aux autres élèves. Décidez des grandes lignes et improvisez.

Ex. 4 J'IMPROVISE À PARTIR D'UN TEXTE

Il était une fois une veuve qui avait deux filles. L'ainée et la mère étaient toutes deux désagréables et orgueilleuses. La cadette était le vrai portrait de son père pour la douceur et l'honnêteté. La mère la faisait manger à la cuisine et travailler sans cesse. […] Un jour qu'elle allait puiser de l'eau à la fontaine, elle rencontra une bonne femme qui lui demanda de l'eau. Ayant bu, celle-ci la remercia et, la trouvant si bonne et si honnête, lui fit un don : « À chaque parole que vous direz, il vous sortira de la bouche ou une fleur, ou une pierre précieuse. »

Texte librement adapté des « Fées » de C. Perrault.

Inventez la suite du texte.

Vous pouvez utiliser les mimes, les bruitages… N'hésitez pas à bien mettre le ton. La classe vote ensuite pour la meilleure version.

PARCOURS DE COMPÉTENCES

ORAL – J'EXPLOITE LES RESSOURCES EXPRESSIVES ET CRÉATIVES DE LA PAROLE

1. Je sais lire un texte mais je commets quelques erreurs (ponctuation, prononciation) et/ou je bute sur quelques mots.
2. Je sais lire un texte, sans buter sur les mots et en respectant la ponctuation. Mais je ne transmets aucun sentiment à mon auditoire.
3. Ma lecture révèle ma bonne compréhension du texte. Le ton et le débit de paroles varient selon la situation.
4. Ma lecture met en valeur le texte : j'ai réussi à créer du suspense.

13 Territoires imaginaires

Objectifs :
- ✔ Je parcours des territoires qui stimulent l'imaginaire.
- ✔ Je comprends les caractéristiques de ces mondes nouveaux et leurs liens avec notre monde.

? QUESTIONS

Pour entrer dans le chapitre

1. Citez au moins une histoire (livre, bande-dessinée, film, série, etc.) qui se passe dans un lieu imaginaire. Quelles sont les caractéristiques de ce lieu ?
2. Préférez-vous les histoires qui se déroulent dans des lieux réels ou imaginaires ? Expliquez votre réponse.

L'image

1. Décrivez l'image. Qu'est-ce qui ressemble à notre monde et qu'est-ce qui en fait un territoire imaginaire ?
2. Observez les enfants. Quels peuvent être leurs sentiments ?
3. Voudriez-vous vous retrouver à la place des personnages ? Expliquez pourquoi.

À la croisée des mondes (Le Miroir d'ambre), ▶ illustration de John Howe, 2002.

1900
2000

Pierre Boulle (1912-1994)
Diana Wynne Jones (1934-2011)
Pierre Christin (1938-)
Hayao Miyazaki (1941-)
Enki Bilal (1951-)
F. Place (1957-)
J. K. Rowling (1965-)

1

Des châteaux surprenants

✔ **OBJECTIF** Je découvre comment la magie transforme des lieux connus.

1. Le château de Poudlard

Harry Potter, élevé par son oncle et sa tante après la mort de ses parents, entre à onze ans dans une école de sorcellerie, Poudlard. Il découvre les lieux.

Harry [...] essayait de trouver son chemin dans le labyrinthe du château.

Il y avait cent quarante-deux escaliers, à Poudlard, des larges, des étroits, des courbes, des carrés, des délabrés, certains avec une ou deux marches escamotables[1] qu'il fallait se souvenir d'enjamber pour ne pas tomber, ou d'autres qui menaient ailleurs le vendredi. Il y avait aussi les portes qui refusaient de s'ouvrir si on ne le leur demandait pas poliment ou si on ne les chatouillait pas au bon endroit, et d'autres qui n'étaient que des pans de mur déguisés en portes. Il était aussi très difficile de se souvenir où les choses se trouvaient, car tout bougeait sans cesse. [...]

Quant aux fantômes, ils ne facilitaient pas la tâche. C'était toujours un choc désagréable lorsque l'un d'eux traversait une porte au moment où on essayait de l'ouvrir. Quasi-Sans-Tête était toujours heureux d'aider les nouveaux de Gryffondor à trouver leur chemin, mais Peeves, l'esprit frappeur, était pire que deux portes verrouillées et un faux escalier ; il bombardait les nouveaux de morceaux de craie, tirait les tapis sous leurs pieds, renversait des corbeilles à papier sur leur tête ou se glissait silencieusement derrière eux et leur attrapait le nez en hurlant : « JE T'AI EU ! » d'une voix perçante.

J.K. ROWLING, *Harry Potter à l'école des sorciers*, Gallimard Jeunesse, trad. Jean-François Ménard, 1998.

J. K. ROWLING (née en 1965) est mondialement connue grâce à la série *Harry Potter*, traduite en plus de vingt langues et adaptée au cinéma.

1. Qui disparaissent.

REPÈRE

Merveilleux et *fantasy*

Harry Potter et *Le Château de Hurle* s'inspirent du merveilleux traditionnel (personnages, magie, combat du bien contre le mal...) en le renouvelant. Ils appartiennent au genre qu'on appelle *fantasy* (« imagination » en anglais).

◀ L'arrivée des jeunes sorciers à Poudlard, image de *Harry Potter à l'école des sorciers*, film de Chris Columbus, 2001, © J. K. Rowling 1997 pour l'édition originale.

2. Le château de Hurle

DIANA WYNNE JONES

(1934-2011) a écrit de nombreux romans de *fantasy* pour enfants et adultes. Publié en 1986, *Le Château de Hurle* a été adapté au cinéma par Hayao Miyazaki.

Transformée en vieillarde par une sorcière, Sophie quitte la ville. C'est alors que sur sa route apparait un étrange château qui se déplace, propriété d'un magicien nommé Hurle.

De près, le château était encore plus laid, beaucoup trop haut pour son assise et d'allure biscornue[1]. [...]

Mais il lui fut impossible de l'atteindre ! C'était comme si un mur invisible arrêtait sa main à quelques centimètres du battant. [...]

Mais sur un pan de mur en retrait, elle aperçut une troisième porte, beaucoup plus petite et discrète.

– Ah ! Voici enfin la porte de service !

Le château s'ébranla de nouveau comme Sophie atteignait la porte. Le sol tremblait, les murailles craquaient et frémissaient, et la porte fit mine de s'éloigner latéralement.

– Non, non ! Ne faites pas ça ! s'égosilla Sophie. Elle courut après la porte et lui asséna un grand coup de bâton en lui criant de s'ouvrir.

La porte s'ouvrit brusquement sans cesser de s'éloigner. Furieuse et claudiquante[2], Sophie réussit à poser un pied sur le seuil. Elle sautilla, se hissa tant bien que mal en travers, se rétablit tandis que le château prenait de la vitesse sur le sol accidenté de la colline. Les énormes blocs noirs qui encadraient la porte tressautaient et grinçaient effroyablement. Avec tous ces à-coups, il n'était pas étonnant que l'édifice eût un air de guingois[3]. C'était même un miracle qu'il ne tombât pas en morceaux.

1. Bizarre, tordue.
2. Qui avance en boitant.
3. Qui va de travers.

▲ *Le Château ambulant*, film de Hayao Miyazaki, 2004.

? QUESTIONS

COMPÉTENCE – J'INTERPRÈTE DES TEXTES LITTÉRAIRES EN FORMULANT DES IMPRESSIONS DE LECTURE

Poudlard, une étrange école

1. Comparez Poudlard à un château traditionnel de conte de fées : quels sont les points communs et les différences ?
2. Citez les différents êtres magiques rencontrés.
3. Aimeriez-vous être élève dans cette école ? Pourquoi ?

Le château de Hurle

4. En quoi ce château est-il étonnant ? Citez les éléments merveilleux.
5. **a)** Rappelez la définition de la personnification. **b)** Pourquoi peut-on dire que ce château est personnifié ?
6. **a)** Quel type de sons produit ce château ? **b)** Est-ce effrayant ?

2 Une ville de rêve

✔ **OBJECTIF** Je découvre une BD qui nous transporte ailleurs.

ENKI BILAL

(né en 1951 à Belgrade, dans l'ex-Yougoslavie) a fui la guerre avec sa famille et s'est réfugié en France à l'âge de 10 ans. Il est réalisateur, dessinateur et scénariste de BD.

PIERRE CHRISTIN

(né en 1938) est écrivain et scénariste de BD. Il est notamment connu pour sa série *Valérian, agent spatiotemporel*.

QUESTIONS

COMPÉTENCE – J'ÉTABLIS DES LIENS ENTRE DES PRODUCTIONS LITTÉRAIRES ET ARTISTIQUES ISSUES DE CULTURES ET D'ÉPOQUES DIVERSES

Une ville envoutante

1. a) Sous quels angles le personnage est-il vu dans les trois premières vignettes ? b) Observez l'arrière-plan. Qu'est-ce que cela permet de montrer ?
2. a) Décrivez la ville. Quelles sont ses caractéristiques ? b) Feuilletez le chapitre. De quel architecte célèbre Bilal s'est-il sans doute inspiré ?

REPÈRE

Le vocabulaire de la BD

Une page de BD se nomme une **planche**. Chaque image, délimitée par un cadre, constitue une **vignette**. Les vignettes forment des **bandes**, d'où le terme « bande dessinée ». Les paroles des personnages sont notées dans les **bulles** ; les commentaires du narrateur dans les **cartouches**.

C■MPÉTENCE – JE LIS DES IMAGES

Un vol féerique

3. ■ **a)** Qu'est-ce que le manège a de particulier ? **b)** Observez la patte du lion sur la vignette 6. Quel est l'effet créé ?
4. Quelles créatures mythologiques identifiez-vous ?
5. Aimeriez-vous partager le vol de Paulo ? Pourquoi ?

QUESTIONS

QUESTIONS

Un retour brutal à la réalité

6. Quelle vignette fait la transition entre le rêve et la réalité ?
7. Dans quelle situation la famille de Paulo se trouve-t-elle ? Justifiez votre réponse.
8. Comparez le monde du rêve et celui de la réalité (situations, vêtements, couleurs, etc.). Que remarquez-vous ?
9. Pourquoi Paulo rêve-t-il ?

Légendes d'aujourd'hui T3 :
« La ville qui n'existait pas »
de BILAL ET CHRISTIN © CASTERMAN, 2006.

3 Le pays des Géants

✔ **OBJECTIF** Je rencontre un peuple imaginaire.

FRANÇOIS PLACE

(né en 1957) travaille d'abord comme illustrateur auprès de studios de graphisme et de publicité, puis pour des ouvrages documentaires et des romans. Il écrit et dessine ensuite ses propres albums.

Un jour de 1849, le narrateur Archibald Leopold Ruthmore achète à Londres une dent démesurée, qui appartiendrait à un géant. Après des années de recherche, il conclut que le peuple de géants existe bien. Il monte une expédition et part, solitaire, à leur recherche dans la jungle d'Asie.

Quelque chose me souleva dans les airs. Quatre énormes têtes, entièrement tatouées, me contemplaient avec insistance. Je perdis connaissance. Lorsque je repris mes esprits, beaucoup plus tard sans doute, ce fut pour constater que tout ce cauchemar avait laissé place au plus beau des rêves. Ici s'étendait le pays des Géants. Ils avaient dû prendre grand soin de moi car toute fatigue m'avait abandonné. Au contraire, j'étais dans un état de bien-être absolu et trouvais presque naturel de côtoyer aussi simplement ces colosses à voix de sirène qui m'avaient accueilli avec tant de bienveillance. Il ne me restait plus qu'à les connaître et les comprendre. Une tâche largement à la hauteur d'Archibald Leopold Ruthmore, tout bien considéré !

Dès le début de notre rencontre, ils prirent soin de moi comme d'un enfant. Je me souviens de nos premiers vrais échanges lors d'interminables veillées nocturnes : des nuits entières, leurs voix s'entremêlaient pour appeler une à une les étoiles. Une mélodie fluide, complexe, répétitive, un tissage merveilleux de notes graves, profondes, orné de variations ténues[1], de trilles[2] épurés, d'envolées cristallines[3]. Musique céleste, infiniment subtile, que seule une oreille inattentive aurait pu trouver monotone et qui transportait mon âme bien au-delà des limites de l'entendement[4]. J'étais, par chance et de longue date, un observateur attentif des mouvements des astres et de la voûte céleste. J'entrepris une sorte de dictionnaire bilingue et assignai[5] à chaque constellation la phrase musicale lui correspondant. [...]

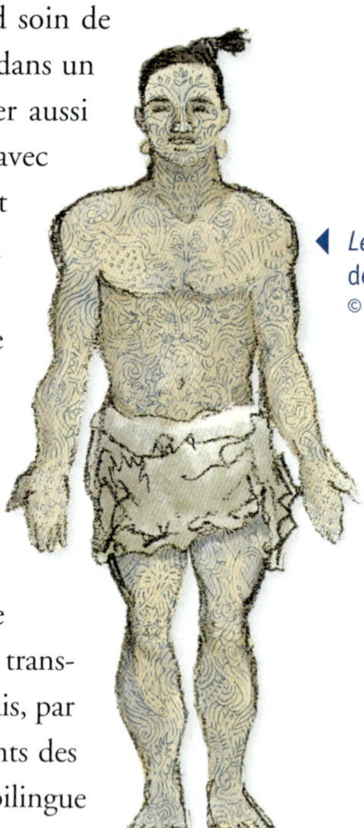

◀ *Les Derniers Géants* de François Place © Casterman, 2008.

Leur origine me plongeait dans des abîmes de perplexité. Étaient-ils les derniers descendants de la lignée des Atlantes[6] ? Pourquoi n'avaient-ils pas d'enfants ? Avaient-ils, dans d'autres contrées inaccessibles, quelques parents éloignés ? Je comptais sur la peau de Géol, constellée[7] d'étoiles et d'objets célestes, quarante et une apparitions de la comète Halley, ce qui le créditait d'une existence de plus de trois mille ans ! J'identifiai les stries[8] régulières ornant leurs poignets comme des successions de périodes de veille et de sommeil. Selon mes calculs, ils dormaient près de deux cents ans pour des périodes de veille de trois ans au maximum. Au printemps, pendant des jours et des jours, je les vis se mesurer en joutes[9] courtoises, chacun faisant montre d'adresse,

1. Légères, délicates.
2. Chant qui ressemble à celui d'un oiseau.
3. Comme du cristal.
4. Ce qui était compréhensible.
5. Attribuai.
6. Peuple mythique de l'Antiquité.
7. Recouverte.
8. Marques.
9. Combats.
10. Éternellement.

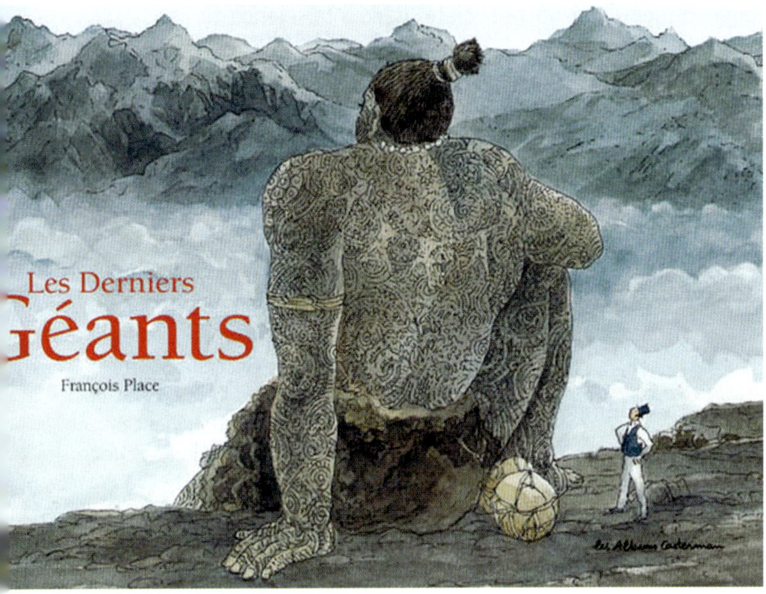

d'agilité, de force et de panache, sous les encouragements chantés du reste de la tribu. Il y avait des lancers de rochers, des concours de saut, de danse ou de lutte. La nuit, ils célébraient joyeusement le cycle des saisons, la course des astres, les mariages sans cesse contrariés de l'eau, de la terre, de l'air et du feu. Ils semblaient parfaitement et immuablement[10] heureux. Mais je finis par me lasser de ces chants trop mélodieux, de ces interminables parades, auxquelles je ne pouvais évidemment prendre part. Mon regard se perdait au-delà des cimes éclatantes, cherchant en vain le gris perle des ciels londoniens.

Il y avait près de dix mois que j'étais parmi eux...

Extrait de *Les Derniers Géants* de FRANÇOIS PLACE © CASTERMAN, 2008.

REPÈRE

L'utopie

Une utopie (littéralement : « en aucun lieu ») est un monde qui n'existe nulle part. L'utopie nous plonge dans **un monde parfait, une société idéale, heureuse et sans défaut**. Elle nous amène à réfléchir sur nous-mêmes et sur notre bonheur.

Sur www.lelivrescolaire.fr, retrouvez un lien pour découvrir l'album en ligne.

?

QUESTIONS

LE TEXTE

COMPÉTENCE – JE LIS DES TEXTES VARIÉS, JE COMPRENDS LES IMPLICITES DU TEXTE ET FAIS DES HYPOTHÈSES DE LECTURE

Une rencontre inhabituelle

1. Où se trouve le narrateur ? Citez le texte.
2. Selon vous, que s'est-il passé juste avant cet extrait ?
3. Le narrateur est-il bien accueilli par les Géants ? Justifiez.

Un peuple étrange

4. Quelles sont les particularités physiques des Géants ? Relevez quelques détails.
5. Quelles sont leurs activités ?
6. Sont-ils heureux ? Justifiez et expliquez.

Un pays idéal ?

7. ■ Quelles leçons pourrait-on tirer de leur mode de vie ?
8. ■ Le narrateur a-t-il des critiques à faire sur ce pays ?
9. **a)** Quels sentiments éprouve-t-il à la fin de l'extrait ? Pourquoi ? **b)** Comprenez-vous ses sentiments ?

LES IMAGES

1. **a)** Où se situe le pays des Géants ? **b)** Quelle impression cela donne-t-il ?
2. **a)** Dans quelle attitude chacun des deux personnages est-il représenté ? **b)** Pourquoi, selon vous ?

4 Une planète inconnue

✔ **OBJECTIF** Je porte un nouveau regard sur notre société grâce à la science-fiction.

PIERRE BOULLE

(1912-1954) travaille trois ans dans des plantations en Malaisie avant de s'engager, lors de la Seconde Guerre mondiale, pour la Libération de la France. Il devient ensuite écrivain, publie le *Pont de la rivière Kwaï* (1952) et la *Planète des singes* (1963).

Le narrateur, Ulysse Mérou, participe à une expédition explorant l'espace à la recherche d'autres formes de vie. Le vaisseau atterrit sur Soror, une planète ressemblant étrangement à la Terre. Mais le narrateur et ses équipiers se font capturer par des singes, qui dominent le territoire.

La deuxième journée se passa comme la première. Les singes ne s'occupèrent de nous que pour nous apporter à manger. J'étais de plus en plus perplexe au sujet de ce bizarre comportement quand, le lendemain, commença pour nous une série de tests, dont le souvenir m'humilie aujourd'hui mais qui me procurèrent alors une distraction.

Le premier me parut tout d'abord assez insolite. Un des gardiens s'approcha de moi, tandis que son compère opérait dans une autre cage[1]. Mon gorille gardait une main cachée derrière son dos ; de l'autre, il tenait un sifflet. Il me regarda pour attirer mon attention, porta le sifflet à sa bouche et en tira une succession de sons aigüs ; cela, pendant une minute entière. Puis il démasqua son autre main, me montrant avec ostentation[2] une de ces bananes dont j'avais apprécié la saveur et dont tous les hommes se montraient friands. Il tint le fruit devant moi, sans cesser de m'observer.

J'allongeai le bras, mais la banane était alors hors de portée et le gorille ne s'approchait pas. Il paraissait déçu et semblait désirer un autre geste. Au bout d'un moment, il se lassa, cacha de nouveau le fruit, et recommença de siffler. J'étais nerveux, intrigué par ces simagrées[3] et je faillis perdre patience quand il le brandit encore hors de mon atteinte. Je réussis pourtant à rester calme, essayant de deviner ce qu'il attendait de moi, car il avait l'air de plus en plus surpris, comme devant un comportement anormal. Il refit le même manège cinq ou six fois puis, découragé, passa à un autre prisonnier.

J'eus un net sentiment de frustration quand je constatai que

1. S'occupait d'une autre cage.
2. De manière insistante.
3. Manières, comédies pour attirer l'attention (du latin *simius*, « singe »).
4. Voir *Éclairage*.

ÉCLAIRAGE

Pavlov est un scientifique russe qui a travaillé notamment sur les **réflexes** (peut-on les modifier ? en apprendre de nouveaux ?). Cet extrait reprend la première expérience célèbre qu'il a menée dans ce domaine : pourquoi un chien produit-il de la salive quand il voit un aliment ?

▲ *La Planète des singes*, film de Franklin J. Schaffner, 1968.

100% NUMÉRIQUE

Sur www.lelivrescolaire.fr, retrouvez les bandes-annonces des adaptations cinématographiques du roman.

celui-ci recevait la banane, lui, dès la première expérience et il en fut de même du suivant. Je surveillai de près l'autre gorille qui se livrait à la même cérémonie dans la rangée d'en face. Comme il en était arrivé à Nova, je ne perdis aucune des réactions de celle-ci. Il siffla, ensuite brandit un fruit comme son camarade. Aussitôt, la jeune fille s'agita, remuant les mâchoires, et...

La lumière se fit brusquement dans mon esprit. Nova, la radieuse Nova, s'était mise à saliver abondamment à la vue de cette friandise, comme un chien à qui l'on présente un morceau de sucre. C'était ce qu'attendait le gorille ; cela seulement pour aujourd'hui.

J'avais compris, vous dis-je, et je n'en étais pas peu fier ! J'avais entrepris autrefois des études de biologie et les travaux de Pavlov[4] n'avaient pas de secrets pour moi. Il s'agissait ici d'expérimenter sur les hommes les réflexes qu'il avait étudiés sur les chiens. Et moi, moi si stupide quelques instants auparavant, maintenant, avec ma raison et ma culture, non seulement je saisissais l'esprit de ce test, mais je prévoyais ceux qui devaient suivre.

La planète des singes de PIERRE BOULLE

▲ *La Planète des singes*, film de F. J. Schaffner, 1968.

REPÈRE

La science-fiction

La science-fiction s'interroge sur ce que **pourrait être le futur**, en imaginant les évolutions de la **science** et la **technologie**. Cette vision du futur nous pousse à nous interroger sur notre présent.

? QUESTIONS

LE TEXTE

COMPÉTENCE – JE M'EXPRIME DE FAÇON MAITRISÉE EN FORMULANT UN AVIS PERSONNEL, UN RESSENTI

Une situation déroutante

1. Où le narrateur se trouve-t-il précisément ?
2. a) Quel test subit-il ? b) Qui le lui fait passer ?
3. Le narrateur réussit-il ce test ? Expliquez votre réponse.
4. a) Quel est le but de ce test, selon le narrateur ? Relevez la phrase qui l'explique. b) Quel sentiment le narrateur éprouve-t-il quand il le comprend ?

Un miroir de notre société

5. Pourquoi peut-on dire que cette scène offre un miroir à notre société ?
6. Selon vous, une telle situation pourrait-elle se produire ?
7. Quelles réflexions sur les humains en tirons-nous ?
8. Les hommes ont baptisé cette planète *Soror*. Ce nom vous semble-t-il bien choisi ? Cherchez le sens de ce mot en latin.

LES IMAGES

1. Comment ces images montrent-elles la domination des singes sur les hommes ?
2. Quelles réflexions amènent-elles sur le comportement de l'homme avec les animaux ?

Découvrir *Le Voyage de Chihiro*

✔ **OBJECTIF** Je découvre un monde fascinant qui fait réfléchir au nôtre.

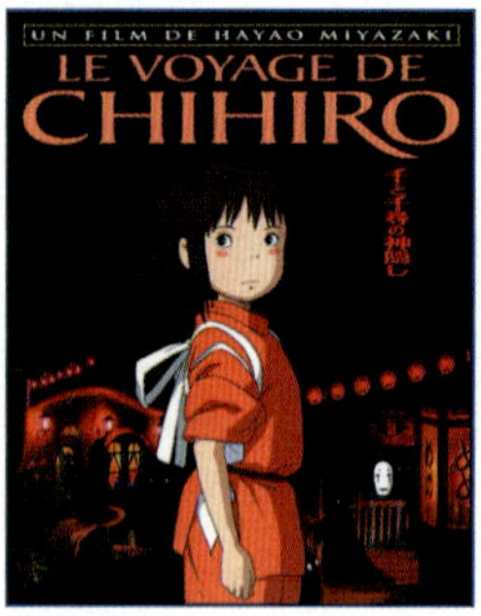

La famille de Chihiro déménage. Alors qu'ils sont sur le point d'arriver dans leur nouveau village, ils se trompent de route, traversent une forêt et découvrent un lieu bien étrange.

HAYAO MIYAZAKI

(né en 1941) est un réalisateur de films d'animation japonais qui connait un immense succès.

◀ *Le voyage de Chihiro*, film de Hayao Miyazaki, 2002.

1 QUESTIONS

Le passage

COMPÉTENCE – JE LIS DES IMAGES ET DES DOCUMENTS COMPOSITES EN UTILISANT QUELQUES OUTILS D'ANALYSE CINÉMATOGRAPHIQUE

Du réel à l'imaginaire

1. Quelle image a-t-on de chacun des trois personnages (Chihiro, son père et sa mère) au début du film ? Donnez des exemples précis.

2. Pourquoi se retrouvent-ils au milieu de la forêt ?

3. Quel lieu symbolique permet de passer du monde réel au monde imaginaire ?

Un monde étrange

4. a) Dans quel lieu la famille de Chihiro se retrouve-t-elle ? **b)** Qu'a-t-il d'étrange ?

5. a) Que ressent Chihiro à ce moment-là ? Justifiez votre réponse. **b)** Ses parents réagissent-ils de la même manière ? Expliquez.

6. Pourquoi s'éloigne-t-elle de ses parents ?

7. Qui rencontre-t-elle ? Quels conseils ce personnage lui donne-t-il ?

8. À quels évènements terrifiants Chihiro est-elle confrontée à ce moment-là ?

▲ Chihiro et ses parents.

▲ Un monde étrange.

100% NUMÉRIQUE

Retrouvez sur Lelivrescolaire.fr :
- **la bande-annonce du film ;**
- **un lien pour mieux connaitre H. Miyazaki et découvrir les cinquante livres de jeunesse qu'il faut avoir lu selon lui.**

2 QUESTIONS

L'autre monde

Un monde différent

1. a) Quel est ce monde dans lequel se retrouve Chihiro ? b) Y est-elle bien acceptée ? Pourquoi ?
2. a) Décrivez le lieu où vivent les habitants. Quelle est sa fonction ? Quels services y propose-t-on ? b) Montrez que ce lieu peut être vu de manière symbolique.
3. En faisant des recherches, retrouvez des éléments merveilleux venus de la tradition japonaise, par exemple le shintô.

Un monde qui fait écho au nôtre

4. Que doit faire Chihiro pour survivre dans ce monde ?
5. L'établissement des bains est construit en hauteur. a) Qui habite tout en haut ? b) Qui vit tout en bas ? c) Que symbolisent les étages ?
6. a) Quel est le don de « Sans visage » ? b) Quelle est la réaction des habitants lorsqu'ils découvrent ce don ? c) Quel lien voyez-vous avec la société de notre époque ?
7. Que pensez-vous de l'éducation du bébé de Yubâba ?
8. Quels autres aspects de notre monde réel sont critiqués à travers ce monde imaginaire ?

▲ L'établissement des bains.

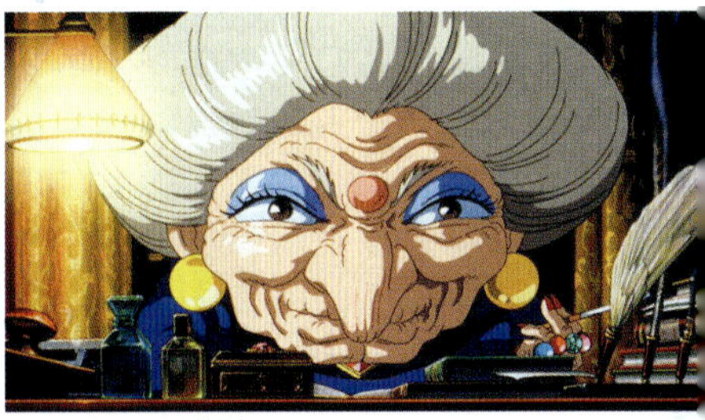

▲ Yubâba.

3 QUESTIONS

Un voyage initiatique

Chihiro et Sen

1. a) Qui est Sen ? b) Que veut-elle ? Donnez au moins trois buts.
2. Quelles sont les difficultés qu'elle rencontre ? Quelles qualités lui permettent de les surmonter ?

L'apprentissage

3. Chihiro est-elle un personnage exceptionnel ? Expliquez votre réponse.
4. a) Comparez l'attitude et le caractère de Chihiro au début et à la fin du film. Quels changements remarquez-vous ? b) Selon vous grâce à qui et à quoi a-t-elle grandi finalement ?

Retour à la réalité ?

5. Quand Chihiro revient dans le monde réel, Miyazaki fait référence à un mythe grec antique. Sauriez-vous l'identifier ?
6. Chihiro a-t-elle rêvé ? Donnez votre point de vue. Comparez par exemple la réaction des parents et celle de Chihiro quand ils se retrouvent, l'état de la voiture ou encore la végétation entre le début et la fin du film.

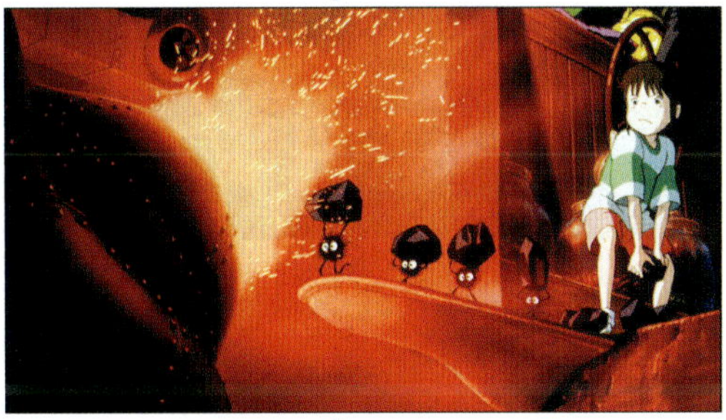

▲ La chaufferie.

▲ L'entrée du tunnel.

Gaudí, architecte de l'imaginaire

Comment un artiste peut-il créer des mondes nouveaux avec ses œuvres architecturales ?

1 Casa Batlló

▲ Antoni Gaudí, Casa Batlló, 1904-1907 (Barcelone).

La Casa Batlló est un immeuble d'habitation commandé par un riche industriel, Josep Batlló. La couleur de la façade est due à des disques de céramique. Elle rappelle le **mouvement impressionniste**.

2 Intérieur de la Casa Batlló

▲ Antoni Gaudí, Casa Batlló, 1906, cheminée de céramique (Barcelone).

3 Parc Güell

▲ Entrée du parc, 1900-1914 (Barcelone).

Le parc devait accueillir soixante maisons mais seules trois furent achevées.

Les toits des maisons sont couverts de mosaïque, tout comme les chapeaux des cheminées sur lesquels les taches blanches sont créées avec des éléments de vaisselle (tasses et bols).

Impressionnisme : mouvement pictural français de la fin du XIXe siècle. Les artistes peignent par petites touches de couleurs.

Basilique : grande église.

Nef : salle allongée qui traverse la basilique sur toute sa longueur.

Cathédrale gothique : elle se caractérise notamment par leur grande hauteur et de nombreuses ouvertures laissant entrer la lumière.

100% NUMÉRIQUE

Sur www.lelivrescolaire.fr, découvrez :
- **d'autres œuvres d'Antonio Gaudí ;**
- **une présentation virtuelle de la Sagrada Família une fois qu'elle sera terminée (vidéo).**

1000 — 1500 — 2000

Édification des principales cathédrales gothiques (XII-XIIIe siècles)

Antoni Gaudí (1852-1926)

L'impressionnisme (2e moitié du XIXe siècle)

L'Art nouveau (1890-1910)

ÉCLAIRAGE

Antoni Gaudí est un architecte **espagnol** et un artiste incontournable de l'**Art nouveau**, mouvement qui s'est développé au tournant du XXe siècle. Les artistes souhaitent alors inventer de nouvelles formes en s'inspirant notamment de la **nature**. Ils ont aussi pour ambition de créer un **art total** : ils ne se contentent pas d'imaginer les plans des édifices, ils créent aussi le mobilier et la décoration intérieure.

? QUESTIONS

1. **Doc. 1** À quel animal le toit vous fait-il penser ?
2. **Doc. 1** À quoi les balcons vous font-ils penser ?
3. **Doc. 2** Comment Gaudí transforme-t-il les éléments fonctionnels de la maison (portes, cheminée) en œuvres d'art ?
4. **Doc. 3** **a)** Pourquoi ces maisons sont-elles surprenantes ? **b)** Selon vous, de quel conte merveilleux Gaudí s'est-il inspiré ? Expliquez.
5. **Doc. 4** **a)** Quels sont les points communs entre la Sagrada Família et les cathédrales gothiques ? **b)** Pourquoi l'œuvre de Gaudí reste-t-elle originale ?
6. **Doc. 5** Pourquoi compare-t-on la nef de la Sagrada Família à une forêt ?
7. **Doc. 1 à 5** Que pensez-vous de l'utilisation de la couleur dans l'architecture de Gaudí ?
8. **Question guidée :**

En vous aidant de vos réponses, faites la synthèse des sources d'inspiration de Gaudí qui lui permettent d'inventer une architecture nouvelle.

Guide

› Commencez par montrer qu'il s'inspire de formes artistiques existantes.

› Expliquez ensuite ses emprunts à l'univers merveilleux des contes de fées.

› Montrez enfin qu'il s'inspire de la nature.

4 Basilique de la Sagrada Família

▲ Commencée en 1882 (Barcelone).

La Sagrada Família est loin d'être terminée quand Gaudí décède en 1926. Comme les bâtisseurs des **cathédrales gothiques** du Moyen Âge, il savait qu'il fallait plus que le temps d'une vie d'homme pour édifier une **basilique**. La Sagrada Família devrait être achevée en 2026.

5 Nef de la basilique

▲ Voute vue de dessous.

COMPÉTENCE

JE MOBILISE DES RÉFÉRENCES CULTURELLES POUR INTERPRÉTER DES PRODUCTIONS ARTISTIQUES

Ex. 1 JE CRÉE UN CARNET DE VOYAGE IMAGINAIRE

Voyager dans le temps est devenu possible. Profitant d'une promotion sur les voyages de moins de 200 ans, vous partez en vacances à Paris, en 2200. Vous rédigez un carnet de voyage.

Vous cherchez à décrire la ville, mais aussi à donner vos impressions, vos réactions. Choisissez au moins quatre thèmes (la ville, les habitants, la gastronomie, les rues, une fête, etc.)

Vous pouvez publier votre carnet sous forme numérique (en utilisant par exemple un logiciel comme Didapages, Emaze ou Madmagz) ou au format papier.

▲ Albert Robida, *Paris en l'an 2000*, 1902.

Ex. 2 JE RECRÉE L'ATLANTIDE

Faites des recherches sur la cité perdue de l'Atlantide et rédigez une description. Attention, vous ne devez pas copier un texte existant !

Vous imaginerez une ile antique, vous décrirez ses habitants et vous ferez comprendre au lecteur pourquoi cette ile est une utopie, un idéal qui doit nous faire réfléchir.

PARCOURS DE COMPÉTENCES

Ex. 3 J'IMAGINE UN RÉCIT À PARTIR D'UN LIEU

1. Lisez la description ci-dessous puis intégrez-la à un récit que vous inventerez. Rédigez en ligne sur une plateforme collaborative.
2. En vous aidant des fils vert, bleu, rouge du manuel en version numérique, vous commenterez le texte de vos camarades pour qu'ils puissent l'améliorer.
3. Enfin, corrigez votre propre texte en tenant compte des commentaires de vos camarades.

C'est le lac, juste au pied des parois rocheuses, qui se trouve à l'extrémité ouest de Narnia. La Grande Cascade s'y déverse avec un roulement de tonnerre incessant, et le fleuve de Narnia s'en écoule de l'autre côté. La cascade fait danser l'eau du lac, qui bouillonne et tournoie sans cesse comme si elle était en ébullition, et c'est pour cela, bien sûr, qu'on lui a donné ce nom : le lac du Chaudron. C'est au début du printemps qu'il est le plus actif, quand la cascade est gonflée de toute la neige fondue qui vient des montagnes de l'Ouest inexploré, au-delà de Narnia.

C. S. Lewis, *Le Monde de Narnia*, Gallimard Jeunesse, 2008.

Ex. 4 J'IMAGINE UNE LETTRE ÉCRITE PAR CHIHIRO

J'imagine la lettre que Chihiro (voir p. 262-263) pourrait écrire à Haku, après avoir repris une vie normale dans sa nouvelle ville.

Méthode
› Respectez les codes d'écriture d'une lettre.
› Donnez des éléments du quotidien de Chihiro.

JE ME SITUE DANS MON PARCOURS DE COMPÉTENCES

ÉCRIRE – J'ADOPTE DES STRATÉGIES D'ÉCRITURE EFFICACES

1 J'ai besoin d'aide pour utiliser la plateforme numérique collaborative. Mes commentaires sont peu utiles à mes camarades et je n'arrive pas à améliorer mon texte.

2 Je sais utiliser une plateforme numérique collaborative sans aide. Mes commentaires sont respectueux, mais maladroits et/ou peu pertinents. Je ne sais pas tenir compte des commentaires des autres pour corriger mon texte.

3 Je sais partager et annoter un document. Mes commentaires permettent à mes camarades d'apporter des corrections à leur texte. J'ai du mal à corriger le mien.

4 Je sais me servir d'une plateforme collaborative, mettre mes connaissances au service des autres et corriger mes propres écrits.

› Exprimez sa nostalgie du monde de Haku.
› Insérez des éléments du film.
› N'oubliez pas de relire votre lettre pour l'orthographe et la syntaxe.

PARCOURS DE COMPÉTENCES

Ex. 1 JE PARTICIPE À UN DÉBAT

Faut-il, en tant qu'explorateur ou anthropologue, aller à la rencontre des peuples oubliés ou doit-on les laisser en paix ?

Cherchez des arguments et des exemples puis débattez en groupe de cette question.

Ex. 2 JE PRÉPARE UN PROJET DE JEU VIDÉO SITUÉ DANS LE FUTUR

Vous allez présenter le scénario et la mission du héros d'un jeu vidéo créé par vos soins dans un univers futuriste. Cette mission peut consister à combattre une menace collective ou à mener à bien une quête individuelle.

Réalisez une courte bande-annonce de ce projet.

Méthode
› Par petits groupes, choisissez le cadre spatial, le héros et sa mission, les obstacles.
› Présentez à la classe votre projet et expliquez votre scénario. Tenez compte des remarques de vos camarades.
› Regardez une bande-annonce sur la version numérique du manuel et montez votre propre vidéo, en utilisant un logiciel simple (Movie Maker par exemple).

Ex. 3 J'IMAGINE UNE ÉMISSION DE RADIO À PARTIR DE L'EXTRAIT DE *LA PLANÈTE DES SINGES*

Vous participez à une émission de radio destinée à informer le peuple des singes du sort des hommes capturés, et à répondre aux questions liées à leur découverte.

Méthode
› Par petits groupes, répartissez-vous les rôles (animateur, singe qui a participé à la capture, singe scientifique, singe politique).
› Organisez le déroulé de l'émission (thèmes abordés, questions, ordre de parole…).
› Enregistrez-vous. Veillez à respecter les prises de parole et à maintenir un niveau de langue correct.
› Mettez votre émission sur une plateforme collaborative comme Padlet ou Google Drive.

Ex. 4 JE RÉALISE UN EXPOSÉ SUR *LE VOYAGE DE CHIHIRO*

Voici des thèmes de réflexion sur le film de Miyazaki : Yubâba - Chihiro et Sen - Haku - Les esprits - L'établissement des bains. Choisissez un sujet puis présentez le résultat de votre réflexion à la classe.

Méthode
› Pensez à décrire le lieu ou le personnage, expliquer son rôle. Demandez-vous quelles sont les sources de Miyazaki.
› Préparez un support visuel.

Retrouvez sur www.lelivrescolaire.fr des conseils de méthode pour les ex. 1 et 4 d'expression écrite, et ex. 2 d'expression orale.

JE ME SITUE DANS MON PARCOURS DE COMPÉTENCES

ORAL – JE PARTICIPE DE FAÇON CONSTRUCTIVE À DES ÉCHANGES ORAUX

1 Je participe au débat, mais mes prises de parole sont maladroites. Je n'attends pas d'avoir la parole. Je n'écoute pas les interventions des autres participants. Je n'ai pas assez préparé mes idées.

2 Je sais participer à un dialogue : je me fais comprendre des autres. Je tiens compte des autres mais j'ai du mal à répondre à mes camarades en faisant avancer le débat. Mes connaissances sont un peu imprécises.

3 Je sais participer à un échange verbal et je sais le faire progresser. Mes connaissances sur le sujet sont précises, mais j'ai encore du mal à défendre mon point de vue de manière argumentée.

4 Je sais développer mes idées, défendre mon point de vue à l'oral. J'ai préparé le débat : j'ai des connaissances précises.

14 Aux frontières du réel

Objectifs : ✔ Je comprends quelles sont les caractéristiques du registre fantastique.
✔ Je comprends comment le récit fantastique interroge les limites du réel.

?

Pour entrer dans le chapitre

1. Que signifie le mot *fantastique* ?
2. Qu'attendez-vous d'un récit fantastique ? Pouvez-vous donner le titre d'un récit fantastique ?
3. Connaissez-vous la différence entre merveilleux et fantastique ? entre science-fiction et fantastique ?

L'image

1. Que représente cette affiche ?
2. Quel élément du physique de la jeune femme vous parait inquiétant ?
3. Quels autres éléments (personnages, couleurs, etc.) nous plongent dans un univers étrange ?

Affiche du film *Les Noces funèbres*, ▶ de Tim Burton, 2005.

-500
0
500
1000
1500
2000
ANTIQUITÉ
MOYEN ÂGE
Pline le Jeune (61-112)
Nicolas Gogol (1809-1852)
Edgar Allan Poe (1809-1849)
Guy de Maupassant (1850-1893)
Richard Matheson (1926-2013)

Un malentendu fatal.
Les Noces Funèbres
de Tim Burton

1 L'amour, la mort

✔ **OBJECTIF** J'étudie un début de nouvelle fantastique.

GUY DE MAUPASSANT (1850-1893) a écrit de nombreux romans et nouvelles réalistes. Mais à la fin de sa vie, le déclin de sa santé et ses angoisses lui inspirent plus d'une trentaine de nouvelles fantastiques, dans lesquelles il développe son gout pour l'étrange et l'inquiétant. Ces nouvelles connaissent un immense succès et font de lui un des maitres de ce genre.

Je l'avais aimée éperdument ! Pourquoi aime-t-on ? Est-ce bizarre de ne plus voir dans le monde qu'un être, de n'avoir plus dans l'esprit qu'une pensée, dans le cœur qu'un désir, et dans la bouche qu'un nom : un nom qui monte incessamment, qui monte, comme l'eau d'une source, des profondeurs de l'âme, qui monte aux lèvres, et qu'on dit, qu'on redit, qu'on murmure sans cesse, partout, ainsi qu'une prière.

Je ne conterai point notre histoire. L'amour n'en a qu'une, toujours la même. Je l'avais rencontrée et aimée. Voilà tout. Et j'avais vécu pendant un an dans sa tendresse, dans ses bras, dans sa caresse, dans son regard, dans ses robes, dans sa parole, enveloppé, lié, emprisonné dans tout ce qui venait d'elle, d'une façon si complète que je ne savais plus s'il faisait jour ou nuit, si j'étais mort ou vivant, sur la vieille terre ou ailleurs.

Et voilà qu'elle mourut. Comment ? Je ne sais pas, je ne sais plus.

Elle rentra mouillée, un soir de pluie, et le lendemain, elle toussait. Elle toussa pendant une semaine environ et prit le lit.

Que s'est-il passé ? Je ne sais plus.

Des médecins venaient, écrivaient, s'en allaient. On apportait des remèdes ; une femme les lui faisait boire. Ses mains étaient chaudes, son front brûlant et humide, son regard brillant et triste. Je lui parlais, elle me répondait. Que nous sommes-nous dit ? Je ne sais plus. J'ai tout oublié, tout, tout ! Elle mourut, je me rappelle très bien son petit soupir, son petit soupir si faible, le dernier.

La garde dit : « Ah ! » Je compris, je compris ! Je n'ai plus rien su. Rien. Je vis un prêtre qui prononça ce mot : « Votre maîtresse. » Il me sembla qu'il l'insultait. Puisqu'elle était morte on n'avait plus le droit de savoir cela. Je le chassai. Un autre vint qui fut très bon, très doux. Je pleurai quand il me parla d'elle.

On me consulta sur mille choses pour l'enterrement. Je ne sais plus.

Je me rappelle cependant très bien le cercueil, le bruit des coups de marteau quand on la cloua dedans. Ah ! Mon Dieu !

Elle fut enterrée ! Enterrée ! Elle ! Dans ce trou ! Quelques personnes étaient venues, des amies. Je me sauvai. Je courus.

Je marchai longtemps à travers des rues. Puis je rentrai chez moi. Le lendemain je partis pour un voyage.

GUY DE MAUPASSANT, « La morte », 1887.

1

Gustave Klimt, *Allégorie de l'amour*, 1895, huile sur toile, 60 x 44 cm (Musée d'histoire de l'art, Vienne). ▶

2

Anne-Louis Girodet, *Les Funérailles d'Atala*, 1808, huile sur toile, 207 x 267 cm (musée du Louvre, Paris).

REPÈRE

Le genre fantastique

Le fantastique ne doit pas être confondu avec la *fantasy* ou le merveilleux, que vous avez vus l'année dernière car il a pour cadre **le monde réel**, celui dans lequel nous vivons, que nous connaissons ou croyons connaitre. Un **évènement surnaturel**, s'y produit, qui sème **la confusion dans l'esprit du personnage et du lecteur.** Est-ce vrai ? Est-ce un cauchemar ?

100% NUMÉRIQUE

Retrouvez sur www.lelivrescolaire.fr l'enregistrement audio de cette nouvelle et de nombreux autres textes.

? QUESTIONS

LE TEXTE

Le cadre du récit

1. Où et quand cette histoire se déroule-t-elle ?
2. Le cadre est-il réaliste ou merveilleux ? Justifiez par quelques exemples.

Le témoignage du narrateur

3. **a)** À quelle personne le récit est-il mené ? **b)** Quel point de vue narratif est donc utilisé ?
4. Dans quel état se trouve le narrateur ? Justifiez votre réponse en vous appuyant notamment sur la ponctuation.
5. **a)** Quelle est la cause de cet état ? **b)** Relevez le champ lexical qui insiste sur cette tragédie.
6. Les évènements sont-ils rapportés avec précision ? Pourquoi ?

Le thème de l'amour

7. Relisez les deux premiers paragraphes. Comment qualifieriez-vous cette histoire d'amour ?
8. **a)** Que nous apprend l'intervention du premier prêtre ? **b)** Cela change-t-il votre point de vue sur cette histoire d'amour ?

LES IMAGES

COMPÉTENCE – JE LIS DES IMAGES ET DES DOCUMENTS COMPOSITES ET JE LES METS EN RELATION AVEC DES TEXTES

1. **Image 1** Quels liens pouvez-vous faire entre le tableau de Klimt (à gauche) et le texte de Maupassant ?
2. **Image 2** Quels éléments du tableau de Girodet (ci-dessus) sont mis en valeur par la lumière et la structure de l'image ? Servez-vous de la règle des tiers (voir *Fiche méthode* p. 496).

2

Entre raison et déraison

✔ **OBJECTIF** J'analyse la mise en place d'un cadre propice au fantastique.

Hier, je suis rentré à Paris.

Quand je revis ma chambre, notre chambre, notre lit, nos meubles, toute cette maison où était resté tout ce qui reste de la vie d'un être après sa mort, je fus saisi par un retour de chagrin si violent que je faillis ouvrir la fenêtre et me jeter dans la rue. Ne pouvant plus demeurer au milieu de ces choses, de ces murs qui l'avaient enfermée, abritée, et qui devaient garder dans leurs imperceptibles fissures mille atomes d'elle, de sa chair et de son souffle, je pris mon chapeau, afin de me sauver. Tout à coup, au moment d'atteindre la porte, je passai devant la grande glace du vestibule[1] qu'elle avait fait poser là pour se voir, des pieds à la tête, chaque jour, en sortant, pour voir si toute sa toilette allait bien, était correcte et jolie, des bottines à la coiffure. Et je m'arrêtai net en face de ce miroir qui l'avait si souvent reflétée. Si souvent, si souvent, qu'il avait dû garder aussi son image.

J'étais là debout, frémissant, les yeux fixés sur le verre, sur le verre plat, profond, vide, mais qui l'avait contenue tout entière, possédée autant que moi, autant que mon regard passionné. Il me sembla que j'aimais cette glace – je la touchai, – elle était froide ! Oh ! le souvenir ! le souvenir ! Miroir douloureux, miroir brûlant, miroir vivant, miroir horrible, qui fait souffrir toutes les tortures ! Heureux les hommes dont le cœur, comme une glace où glissent et s'effacent les reflets, oublie tout ce qu'il a contenu, tout ce qui a passé devant lui, tout ce qui s'est contemplé, miré dans son affection, dans son amour ! Comme je souffre ! Je sortis et, malgré moi, sans savoir, sans le vouloir, j'allai vers le cimetière.

Je trouvai sa tombe toute simple, une croix de marbre, avec ces quelques mots : « Elle aima, fut aimée, et mourut. »

Elle était là, là-dessous, pourrie ! Quelle horreur ! Je sanglotais, le front sur le sol. J'y restai longtemps, longtemps.

Puis je m'aperçus que le soir venait. Alors un désir bizarre, fou, un désir d'amant désespéré s'empara de moi. Je voulus passer la nuit près d'elle, dernière nuit, à pleurer sur sa tombe. Mais on me verrait, on me chasserait. Comment faire ? Je fus rusé. Je me levai et me mis à errer dans cette ville des disparus. J'allais, j'allais. Comme elle est petite cette ville à côté de l'autre, celle où l'on vit ! Et

1. Entrée.
2. Les morts.

▲ Berthe Morisot, *La Psyché*, 1876, huile sur toile, 65 x 54 cm (musée Thyssen-Bornemisza, Madrid).

pourtant comme ils sont plus nombreux que les vivants, ces morts. Il nous faut de hautes maisons, des rues, tant de place, pour les quatre générations qui regardent le jour en même temps, boivent l'eau des sources, le vin des vignes et mangent le pain des plaines.

Et pour toutes les générations des morts, pour toute l'échelle de l'humanité descendue jusqu'à nous, presque rien, un champ, presque rien ! La terre les reprend, l'oubli les efface. Adieu !

Au bout du cimetière habité, j'aperçus tout à coup le cimetière abandonné, celui où les vieux défunts[2] achèvent de se mêler au sol, où les croix elles-mêmes pourrissent, où l'on mettra demain les derniers venus. Il est plein de roses libres, de cyprès vigoureux et noirs, un jardin triste et superbe, nourri de chair humaine.

J'étais seul, bien seul. Je me blottis dans un arbre vert. Je m'y cachai tout entier, entre ces branches grasses et sombres.

Et j'attendis, cramponné au tronc comme un naufragé sur une épave.

GUY DE MAUPASSANT, « La morte », 1887.

▲ Caspar David Friedrich, *Le Cimetière*, 1825, huile sur toile, 144 x 11 cm (Galerie Neue Meister, Dresde).

Le romantisme noir

Le romantisme noir est un courant artistique qui privilégie **le fantastique et la nuit**, dont il cherche à montrer les beautés. Ses thèmes de prédilection sont **la mort, le cauchemar et l'angoisse**. Les scènes se déroulent souvent de nuit, dans des **lieux désolés**, comme **un cimetière**.

? QUESTIONS

COMPÉTENCE – JE COMPRENDS UN TEXTE EN M'APPUYANT SUR MES CONNAISSANCES LEXICALES ET GRAMMATICALES

À Paris

1. Que ressent le narrateur en rentrant chez lui ? Pourquoi ?
2. ■ **a)** Dans quel état se trouve-t-il en apercevant le miroir ? Justifiez en citant des mots, mais aussi en commentant la ponctuation et les temps employés. **b)** Pourquoi est-il dans cet état ?
3. Quelle figure de style est employée à propos du miroir ? Qu'est-ce que cela indique sur l'état mental du personnage ?
4. Comment comprenez-vous la phrase l. 20 à 25 (« Heureux les hommes [...] ») ?
5. Comparez les deux descriptions de la femme dans ce texte (l. 10-11 et l. 31-32). Quel changement constatez-vous et quel est l'effet produit ?

Au cimetière

6. Pourquoi le narrateur se rend-il au cimetière ? Illustrez votre réponse d'une citation du texte.
7. Que pensez-vous de l'inscription qui se trouve sur la tombe ?
8. **a)** Le soir tombe. Que décide de faire le narrateur ? **b)** Cette décision est-elle réfléchie ? Justifiez en citant le texte.
9. Dans quelle partie du cimetière le narrateur se trouve-t-il à la fin de l'extrait ? Qu'a-t-elle de particulier ?
10. Montrez que le cadre est particulièrement propice à la survenue d'évènements étranges.

3 Un cauchemar ?

✔ **OBJECTIF** Je découvre les caractéristiques du fantastique et le mécanisme de la chute.

Caspar David Friedrich, *Abbaye dans une forêt de chênes*, 1809-1810, huile sur toile, 110,4 x 171 cm (Alte Nationalgalerie, Berlin).

Quand la nuit fut noire, très noire, je quittai mon refuge et me mis à marcher doucement, à pas lents, à pas sourds, sur cette terre pleine de morts.

J'errai longtemps, longtemps, longtemps. Je ne la retrouvais pas. Les bras étendus, les yeux ouverts, heurtant des tombes avec mes mains, avec mes pieds, avec mes genoux, avec ma poitrine, avec ma tête elle-même, j'allais sans la trouver. Je touchais, je palpais comme un aveugle qui cherche sa route, je palpais des pierres, des croix, des grilles de fer, des couronnes de verre, des couronnes de fleurs fanées ! Je lisais les noms avec mes doigts, en les promenant sur les lettres. Quelle nuit ! quelle nuit ! Je ne la retrouvais pas !

Pas de lune ! Quelle nuit ! J'avais peur, une peur affreuse dans ces étroits sentiers, entre deux lignes de tombes ! Des tombes ! des tombes ! des tombes ! Toujours des tombes ! À droite, à gauche, devant moi, autour de moi, partout, des tombes ! Je m'assis sur une d'elles, car je ne pouvais plus marcher tant mes genoux fléchissaient.

J'entendais battre mon cœur ! Et j'entendais autre chose aussi ! Quoi ? Un bruit confus innommable ! Était-ce dans ma tête affolée, dans la nuit impénétrable, ou sous la terre mystérieuse, sous la terre ensemencée de cadavres humains, ce bruit ? Je regardais autour de moi !

Combien de temps suis-je resté là ? Je ne sais pas. J'étais paralysé par la terreur, j'étais ivre d'épouvante, prêt à hurler, prêt à mourir.

Et soudain il me sembla que la dalle de marbre sur laquelle j'étais assis remuait. Certes, elle remuait, comme si on l'eût soulevée. D'un bond je me jetai sur le tombeau voisin, et je vis, oui, je vis la pierre que je venais de quitter se dresser toute droite ; et le mort apparut, un squelette nu qui, de son dos courbé, la rejetait. Je voyais, je voyais très bien, quoique la nuit fut profonde. Sur la croix je pus lire : « Ici repose Jacques Olivant, décédé à l'âge de cinquante et un ans. Il aimait les siens, fut honnête et bon, et mourut dans la paix du Seigneur. »

Maintenant le mort aussi lisait les choses écrites sur son tombeau. Puis il ramassa une pierre dans le chemin, une petite pierre aiguë, et se mit à les gratter avec soin, ces choses. Il les effaça tout à fait, lentement, regardant de ses yeux vides la place où tout à l'heure elles étaient gravées ; et du bout de l'os qui avait

REPÈRE

Dire la peur

L'auteur peut utiliser **le champ lexical de la peur et de l'angoisse**. Il peut aussi insister sur ses **manifestations physiques** (battement de cœur, sueurs...). La **ponctuation**, le rythme des phrases, les **interjections** et les onomatopées traduisent aussi la peur, ainsi que **les verbes d'impuissance et d'ignorance**.

1. Qui calomnient, qui dénigrent.
2. Pures.
3. Honnêtes.
4. Du verbe *feindre* : faire semblant.
5. Voile servant à couvrir le visage d'un mort.

été son index, il écrivit en lettres lumineuses comme ces lignes qu'on trace aux murs avec le bout d'une allumette :

« Ici repose Jacques Olivant, décédé à l'âge de cinquante et un ans. Il hâta par ses duretés la mort de son père dont il désirait hériter, il tortura sa femme, tourmenta ses enfants, trompa ses voisins, vola quand il le put et mourut misérable. »

Quand il eut achevé d'écrire, le mort immobile contempla son œuvre. Et je m'aperçus, en me retournant, que toutes les tombes étaient ouvertes, que tous les cadavres en étaient sortis, que tous avaient effacé les mensonges inscrits par les parents sur la pierre funéraire, pour y rétablir la vérité.

Et je voyais que tous avaient été les bourreaux de leurs proches, haineux, déshonnêtes, hypocrites, menteurs, fourbes, calomniateurs[1], envieux, qu'ils avaient volé, trompé, accompli tous les actes honteux, tous les actes abominables, ces bons pères, ces épouses fidèles, ces fils dévoués, ces jeunes filles chastes[2], ces commerçants probes[3], ces hommes et ces femmes dits irréprochables.

Ils écrivaient tous en même temps, sur le seuil de leur demeure éternelle, la cruelle, terrible et sainte vérité que tout le monde ignore ou feint[4] d'ignorer sur la terre.

Je pensai qu'elle aussi avait dû la tracer sur sa tombe.

Et sans peur maintenant, courant au milieu des cercueils entrouverts, au milieu des cadavres, au milieu des squelettes, j'allai vers elle, sûr que je la trouverais aussitôt.

▲ Eugène Delâtre, *En visite* ou *La Mort vêtue de fourrures*, 1897, estampe, 50,6 x 32,6 cm (BnF, Paris).

Je la reconnus de loin, sans voir le visage enveloppé du suaire[5].

Et sur la croix de marbre où tout à l'heure j'avais lu : « Elle aima, fut aimée, et mourut. », j'aperçus : « Étant sortie un jour pour tromper son amant, elle eut froid sous la pluie, et mourut. » Il paraît qu'on me ramassa, inanimé, au jour levant, auprès d'une tombe.

GUY DE MAUPASSANT, « La morte », 1887.

?

QUESTIONS

COMPÉTENCE – JE LIS DES TEXTES VARIÉS ET ME SERS D'ÉLÉMENTS DU RÉCIT POUR LES COMPRENDRE

Le surnaturel

1. Quel procédé l'auteur utilise-t-il pour illustrer l'errance physique et mentale de son narrateur ? (l. 19)

2. Dans le deuxième paragraphe l'essentiel des verbes est à l'imparfait. **a)** Relevez ces verbes. **b)** Quelle est la valeur de l'imparfait ?

3. Quel changement se produit à partir de la ligne 22 ?

4. Le narrateur est-il sûr de ce qu'il voit ? Expliquez votre réponse.

5. Relevez le champ lexical de la peur. Quelle progression constatez-vous ?

La chute et le sens de la nouvelle

6. Comparez les deux inscriptions funèbres du premier revenant. Quelles sont les différences ?

7. À la fin du texte, quel portrait de l'humanité dresse le narrateur ? Appuyez votre réponse sur le champ lexical dominant et les figures de style.

8. ■ Comparez les deux inscriptions qui concernent la femme aimée. Que comprend-on ?

9. **a)** Sait-on exactement ce qui est arrivé au narrateur ? Citez le texte pour justifier votre réponse. **b)** Comment pourrait-on expliquer ce qui s'est produit au cimetière ? Nuancez votre réponse.

4 Un portrait vivant

✔ **OBJECTIF** Je consolide mes acquis sur le fantastique.

NICOLAS GOGOL (1809-1852) est un écrivain russe, né dans l'Ukraine actuelle. Il est considéré comme l'un des écrivains majeurs de la littérature russe. On retient de lui, notamment, ses nouvelles : « Le manteau », « Le nez », « Le journal d'un fou ».

Tchartkov est peintre à Saint-Pétersbourg. Il achète un jour un étrange portrait chez un brocanteur. Une nuit, le tableau semble soudainement prendre vie.

Tchartkov s'approcha encore une fois du portrait pour examiner ces yeux extraordinaires et s'aperçut non sans effroi qu'ils le regardaient. Ce n'était plus là une copie de la nature, mais bien la vie étrange dont aurait pu s'animer le visage d'un cadavre sorti du tombeau. Était-ce un effet de la clarté lunaire, cette messagère du délire qui donne à toutes choses un aspect irréel ? Je ne sais, mais il éprouva un malaise soudain à se trouver seul dans la pièce. Il s'éloigna lentement du portrait, se détourna, s'efforça de ne plus le regarder, mais son œil, impuissant à s'en détacher, louchait sans cesse de ce côté. Finalement, il eut même peur d'arpenter[1] ainsi la pièce : il croyait toujours que quelqu'un allait se mettre à le suivre, et se retournait craintivement. Sans être peureux, il avait les nerfs et l'imagination fort sensibles, et ce soir-là il ne pouvait s'expliquer sa frayeur instinctive. Il s'assit dans un coin, et là encore il eut l'impression qu'un inconnu allait se pencher sur son épaule et le dévisager. Les ronflements de Nikita[2], qui lui arrivaient de l'antichambre, ne dissipaient point sa terreur. Il quitta craintivement sa place, sans lever les yeux, se dirigea vers son lit et se coucha. À travers les fentes du paravent[3], il pouvait voir sa chambre éclairée par la lune, ainsi que le portrait accroché bien droit au mur et dont les yeux, toujours fixés sur lui avec une expression de plus en plus effrayante, semblaient décidément ne vouloir regarder rien d'autre que lui. Haletant[4] d'angoisse, il se leva, saisit un drap et, s'approchant du portrait, l'en recouvrit tout entier.

Quelque peu tranquillisé, il se recoucha et se prit à songer à la pauvreté, au destin misérable des peintres, au chemin semé d'épines qu'ils doivent parcourir sur cette terre ; cependant, à travers une fente du paravent, le portrait attirait toujours invinciblement son regard. Le rayonnement de la lune avivait[5] la blancheur du drap, à travers lequel les terribles yeux semblaient maintenant transparaître. Tchartkov écarquilla[6] les siens, comme pour bien se convaincre qu'il ne rêvait point. Mais non… il voit pour de bon, il voit nettement : le drap a disparu et, dédaignant tout ce qui l'entoure, le portrait entièrement découvert regarde droit vers lui, plonge, oui, c'est le mot exact, plonge au tréfonds[7] de son âme…

Son cœur se glaça. Et soudain il vit le vieillard remuer, s'appuyer des deux mains au cadre, sortir les deux jambes, sauter dans la pièce. La fente ne laissait plus entrevoir que le cadre vide. Un bruit de pas retentit, se rapprocha. Le cœur du pauvre peintre battit violemment. La respiration coupée par l'effroi, il s'attendait à voir le vieillard surgir auprès de

1. Marcher en long et en large.
2. Son valet.
3. Utilisé pour cacher le lit quand il n'y a pas de chambre à coucher.
4. Respirant précipitamment.
5. Accentuait.
6. Ouvrit grand.
7. Au plus profond.

REPÈRE

Merveilleux et fantastique

« On sonne à votre porte, vous ouvrez. Un homme à tête de cheval entre.

Si vous vous évanouissez, on est dans le fantastique.

Si vous lui demandez : Un thé ou un café ?, on est dans le merveilleux. »

JEAN-LOUIS LE CRAVER

lui. Il surgit bientôt en effet, roulant ses grands yeux dans son impassible visage de bronze. Tchartkov voulut crier : il n'avait plus de voix ; il voulut remuer : ses membres ne remuaient point. La bouche bée, le souffle court, il contemplait l'étrange fantôme dont la haute stature se drapait dans son bizarre costume asiatique. Qu'allait-il entreprendre ? [...] Il fit un suprême effort pour bouger, poussa un cri et…

NICOLAS GOGOL, « *Le portrait* », 1835, traduction de par Henri Mongault.

100% NUMÉRIQUE
Retrouvez sur Lelivrescolaire.fr l'adaptation cinématographique de 1915.

▲ Gustave Courbet, *Le Désespéré*, 1853-1855, huile sur toile, 45 x 54 cm (musée d'Orsay, Paris).

? QUESTIONS

LE TEXTE

COMPÉTENCE – J'EXPLOITE MES LECTURES POUR ENRICHIR UN RÉCIT ET JE CONNAIS LES DIFFÉRENTS GENRES LITTÉRAIRES

1. Quels éléments de l'histoire (moment de la journée, lieu, état ou caractère du personnage principal, etc.) sont propices au basculement dans le fantastique ? Offrez une réponse précise, illustrée de citations.
2. a) Quel est le point de vue narratif utilisé ? b) Pourquoi est-ce important dans un récit fantastique ?
3. Lignes 27 à 31 : le temps de conjugaison change. a) Quel est le temps employé ? b) Quelle est sa valeur ? c) Quel est l'effet souhaité par l'auteur ?
4. Quel sens est particulièrement sollicité ? Relevez-en le champ lexical.
5. Quelles sont les réactions physiques de Tchartkov face au surnaturel ? De quel état d'esprit témoignent-elles ?
6. En vous aidant de vos réponses précédentes et de votre étude de « La morte » de Maupassant, expliquez pourquoi cet extrait relève du registre fantastique. Aidez-vous de la *Fiche méthode* p. 494.
7. ■ Écrivez la chute de cette nouvelle après les points de suspension. En trois à cinq lignes seulement, surprenez vos lecteurs.

L'IMAGE

Quels points communs trouvez-vous entre le texte de Gogol et le tableau de Courbet ?

Découvrir « Le jeu du bouton »

✔ **OBJECTIF** J'étudie une nouvelle fantastique contemporaine.

Dans l'Amérique du XXe siècle, le quotidien d'un couple ordinaire est perturbé par un étrange représentant commercial. Que vend-il ? À quoi sert donc cette boite qu'il tient tant à leur laisser ?

◀ Richard Matheson, *Nouvelles*, tome 3 (1959-2003), J'ai Lu, 2004.

RICHARD MATHESON

(1926-2013) est un écrivain et scénariste américain. Il a écrit plusieurs romans et nouvelles de science-fiction et d'épouvante, souvent adaptées au cinéma : *L'homme qui rétrécit*, *Je suis une légende*, « Duel ».

1 L'apparition d'une étrange boite

QUESTIONS

Le cadre de la nouvelle

1. Quel lien unit Arthur et Norma ? Que sait-on d'eux ?
2. Où vivent-ils ? Est-ce un cadre réaliste ?
3. **a)** Repérez dans toute la nouvelle quelques indications de temps. **b)** Sont-elles nombreuses ? Quel est l'effet créé ?

Une étrange livraison

4. Que découvre Norma en rentrant chez elle ?
5. Relevez les éléments qui décrivent Mr Steward. Sont-ils nombreux ? Que sait-on de lui ?
6. Parait-il sympathique ? Justifiez votre réponse.

▲ *The Box*, adaptation au cinéma du « Jeu du bouton », film de Richard Kelly, 2009.

2 La chute

QUESTIONS

La fin du jeu

1. La proposition de Mr Steward est-elle rationnelle ? Que pensez-vous des réactions de Norma et d'Arthur ?
2. Que ressent Norma au moment d'appuyer sur le bouton ?
3. Quelle est la chute de la nouvelle ? Pourquoi est-elle surprenante ?

Une fin sans explication

4. Comment comprenez-vous la dernière phrase de la nouvelle ?
5. Donnez deux explications à ce dénouement (rationnelle et surnaturelle). Laquelle choisissez-vous et pourquoi ?
6. Comparez cette nouvelle au récit de la chute d'Adam et Ève dans la Genèse : quelle leçon pouvez-vous tirer de cette comparaison ?

Découvrir *10 Nouvelles fantastiques de l'Antiquité à nos jours*

✔ **OBJECTIF** Je compare différents types de fantastique.

La littérature fantastique se développe considérablement depuis le XIXe siècle mais le surnaturel suscite la curiosité depuis toujours. Spectres, cauchemars et autres disparitions inexpliquées sont au cœur de ce recueil.

◀ *10 Nouvelles fantastiques de l'Antiquité à nos jours*, Flammarion Jeunesse, 2010.

EDGAR ALLAN POE

(1809-1849) est un poète et nouvelliste américain. On le considère comme l'inventeur du roman policier et l'une des plus belles plumes de la littérature fantastique. Il a été traduit en français par Ch. Baudelaire.

QUESTIONS

D'un fantastique à l'autre

COMPÉTENCE – J'ÉTABLIS DES LIENS ENTRE DES PRODUCTIONS LITTÉRAIRES ET ARTISTIQUES ISSUES DE CULTURES ET D'ÉPOQUES DIVERSES

Pline le Jeune, « La maison hantée » et Maupassant, « Qui sait ? »

1. Quelle expérience surnaturelle intervient dans chacune des nouvelles ?
2. Rappelez le cadre spatio-temporel de cette expérience pour chaque nouvelle : qu'ont-ils en commun ?
3. Quel est le principal trait de caractère du narrateur de « Qui sait ? » ? En quoi cela le rapproche-t-il d'Athénodore ? Pourquoi est-ce important ?
4. Le témoignage du narrateur de « Qui sait ? » vous semble-t-il crédible ? Pourquoi ?
5. Comment l'expérience surnaturelle est-elle expliquée dans « La maison hantée » ? Est-ce fantastique ?

Poe, « Le masque de la mort rouge »

6. Rappelez le début de l'intrigue. Quel adjectif décrit selon vous l'atmosphère de la nouvelle ?
7. Pourquoi la chambre de velours noir est-elle angoissante ?
8. Qu'est-ce qui rend l'apparition de la mort rouge spectaculaire ? Comment comprenez-vous la chute de la nouvelle ?
9. Offrez une explication rationnelle et une autre irrationnelle à la chute de la nouvelle.

Le recueil

10. Choisissez une autre nouvelle du recueil et expliquez en quelques lignes pourquoi elle vous a plu ou au contraire déçu.

▲ Francisco de Goya, *Le Sabbat des sorcières* (ou *Le Grand Bouc*), 1823, huile sur plâtre, 140 x 438 cm (musée du Prado, Madrid).

La représentation fantastique de la femme en peinture

Comment la peinture transforme-t-elle la femme en être fantastique, à la fois fascinant et inquiétant ?

1 Une femme funeste

Carlos Schwabe, *La Mort et le Fossoyeur,* 1900, aquarelle, gouache et mine de plomb sur papier, 75 x 55,5 cm (musée du Louvre, Paris).

2 Une apparition féminine

Moritz von Schwind, *Apparition dans la forêt,* vers 1858, huile sur toile, 42 x 63 cm (collection Schack, Munich).

3 Une femme intrigante

Gustave Klimt, *La Médecine*, 1900-1907, reproduction de la toile détruite en 1945.

ÉCLAIRAGE

Dans les arts, **la représentation de la femme est souvent sublimée** : tantôt elle est une Madone ou une Vierge, symbole de pureté et de perfection, tantôt elle est **un être fantastique et énigmatique**, sorcière ou sirène, **qui fascine autant qu'elle inquiète.** Au XIXe siècle, le romantisme noir (*Éclairage* p. 273) privilégie cette dernière représentation, développant **des images oniriques** et fantastiques de la femme, en réaction au rationalisme des Lumières du siècle précédent. Il influence les mouvements picturaux qui lui succèdent comme le symbolisme et l'Art nouveau.

1800 | 1900 | 2000

Apparition dans la forêt, M. von Schwind (1858)
Méduse, A. Böcklin (vers 1878)
Trois femmes et trois loups, E. Grasset (1892)
La Médecine, G. Klimt (1900-1907)
La Mort et le Fossoyeur, C. Schwabe (1900)

4 Une femme spectrale

▲ Eugène Grasset, *Trois femmes et trois loups*, 1892, aquarelle et encre de chine, 35,3 x 27,3 cm (musée des Arts décoratifs, Paris).

5 Une femme effrayante

▲ Arnold Böcklin, *Méduse*, huile sur toile, vers 1878 (collection privée).

? QUESTIONS

1. **Doc. 1 a)** Décrivez le personnage féminin. **b)** En vous aidant du titre, précisez qui ce personnage symbolise. **c)** Quels éléments vous paraissent fantastiques dans ce tableau ? Justifiez.
2. **Doc. 2 a)** Comment le caractère inquiétant de la femme est-il mis en valeur ? Observez les contrastes de couleur. **b)** Quels éléments du décor sont des indices du caractère fantastique de la scène ?
3. **Doc. 3 a)** Quel est l'animal qui accompagne cette femme ? **b)** Quelle symbolique cet animal confère-t-il à la femme ? **c)** Selon vous, l'animal se confond-il avec la femme ? Comparez les formes et les couleurs de l'animal avec les motifs de la robe.
4. **Doc. 2 et 4 a)** Quelles ressemblances et différences remarquez-vous entre ces deux tableaux ? **b)** À quel être fantastique les figures féminines de Schwind et de Grasset vous font-elles penser ? Justifiez votre réponse.
5. **Doc. 5 a)** À l'aide du titre, expliquez quel personnage mythique est ici représenté. **b)** Comment le peintre accentue-t-il le caractère funèbre de ce portrait féminin ? Observez le choix des couleurs. **c)** À quel autre tableau les serpents de la chevelure vous font-ils penser ?
6. **Question guidée :**
   En vous appuyant sur l'œuvre de votre choix, dites si la représentation picturale de la femme appartient plutôt au monde du rêve ou au monde du cauchemar.

   Guide
   › Présentez d'abord l'œuvre (nom de l'artiste, titre, date, lieu de conservation, mouvement artistique).
   › Répondez ensuite à la question en vous référant au tableau pour justifier vos remarques.
   › Expliquez enfin ce que vous ressentez en regardant cette représentation fantastique de la femme.

COMPÉTENCE
■ **JE LIS DES IMAGES ET DES DOCUMENTS COMPOSITES EN UTILISANT QUELQUES OUTILS D'ANALYSE SIMPLES**

Ex. 1 JE POURSUIS LA DESCRIPTION D'UN LIEU INQUIÉTANT

Continuez la description de ce manoir à la manière de Maupassant, en rendant ce lieu étrange et inquiétant. Vous pouvez choisir de le décrire de jour ou de nuit.

> Le manoir semblait abandonné depuis vingt ans. La barrière ouverte et pourrie tenait debout on ne sait comment. L'herbe emplissait les allées ; on ne distinguait plus les plates-bandes du gazon.
>
> G. de Maupassant, « Apparition », 1884.

Ex. 2 JE TRANSFORME UN PERSONNAGE DE CONTE EN PERSONNAGE ÉTRANGE ET INQUIÉTANT

Cette image représente La Belle au bois dormant.

1. Qu'est-ce qui pourrait appartenir au fantastique dans cette image ?
2. Décrivez la Belle en la transformant en personnage inquiétant.

▲ Sir Edward Burne-Jones, *Étude pour la Belle au bois dormant*, série Briar Rose, vers 1881 (collection privée).

Ex. 3 J'ÉCRIS LA SUITE D'UNE NOUVELLE FANTASTIQUE

> Hermann s'avança vers le cercueil. Il s'agenouilla un moment sur les dalles jonchées de branches de sapin. Puis il se leva, et, pâle comme la mort, il monta les degrés du catafalque et s'inclina…
>
> A. Pouchkine, « La dame de pique », 1849.

Écrivez la suite de cette nouvelle en imaginant l'irruption d'un phénomène surnaturel. Vous décrirez ce phénomène et la peur ressentie par le personnage.

Méthode
- Cherchez le sens du mot *catafalque*.
- Commencez votre texte par un connecteur temporel.
- Utilisez le vocabulaire des perceptions auditives et visuelles.
- Utilisez le vocabulaire du doute et celui de la peur, de manière à en faire sentir l'augmentation progressive.

Attention : votre récit ne doit pas tomber dans l'épouvante !

Ex. 4 J'ÉCRIS UNE NOUVELLE AYANT POUR THÈME UN OBJET QUI S'ANIME

Lisez la nouvelle « La Vénus d'Ille » de Prosper Mérimée. À votre tour, écrivez une nouvelle fantastique ayant pour thème un objet qui s'anime.

Méthode
- Choisissez d'abord l'objet ou les objets qui prendront vie.
- Choisissez un cadre réaliste (le lecteur doit adhérer à ce que vous racontez).
- Créez ensuite une ambiance inquiétante : moment de la journée, conditions météorologiques, lieu qui sont propices à l'irruption du surnaturel.
- Choisissez le phénomène surnaturel en lien avec l'objet qui s'anime.
- N'oubliez pas l'hésitation finale : le lecteur doit avoir le choix entre une interprétation vraisemblable et une interprétation surnaturelle.
- La narration se fera à la première personne du singulier.
- Décrivez la peur du narrateur : lexique de la peur, manifestations physiques.
- Utilisez des figures de style : comparaisons, métaphores pour décrire le phénomène surnaturel.
- Décrivez le doute du narrateur : phrases interrogatives, verbes de doute, phrases inachevées.

Sur www.lelivrescolaire.fr, retrouvez la nouvelle « La Vénus d'Ille » de Prosper Mérimée via Wikisource.

Ex. 5 J'ÉCRIS UNE NOUVELLE À PLUSIEURS MAINS

Par groupe de cinq, rédigez un texte fantastique à choix multiples.

Méthode
- Établissez d'abord au brouillon un scénario en six étapes et répartissez les cinq premières entre vous. Choisissez ensemble à quel temps et à quelle personne vous rédigerez.
- Chacun rédige ensuite son étape, en proposant trois fins possibles.
- À nouveau en groupe, par le vote, désignez pour chaque étape votre fin préférée.
- Chacun rédige ensuite l'étape 6, la chute de la nouvelle, puis la propose au groupe pour que celui-ci élise sa préférée.
- Chacun relit les textes de ses camarades pour les aider à améliorer l'orthographe et la syntaxe.

Ex. 1 J'IMAGINE UNE NOUVELLE FANTASTIQUE À PARTIR D'UNE PREMIÈRE DE COUVERTURE

À partir de cette illustration, imaginez une histoire collective. Un élève va commencer son récit, puis désigner un autre élève qui prendra la suite. À la fin de l'exercice, les élèves qui n'ont pas participé au récit jugeront si cette histoire correspond aux caractéristiques du fantastique.

PARCOURS DE COMPÉTENCES

Ex. 2 JE LIS AVEC EXPRESSIVITÉ POUR FAIRE FRISSONNER MON AUDITOIRE

La classe se divise en trois groupes : deux groupes de lecteurs, un groupe de juges.

Chaque personne du groupe des lecteurs lit un extrait au choix de la nouvelle « La morte », avec expressivité.

Dans l'autre groupe, un élève lit à son tour le même extrait. C'est à ce même groupe de lire ensuite, et ansi de suite.

Les juges éliront le groupe qui a réussi à recréer une atmosphère étrange et à faire frissonner son auditoire.

Méthode

› Lisez avec expressivité.

› Essayez de traduire l'angoisse du narrateur, en insistant, par exemple, sur les répétitions, sur les phrases exclamatives. Ne négligez pas les silences.

Ex. 3 J'IMAGINE DES CHUTES DE NOUVELLES FANTASTIQUES (TRAVAIL DE GROUPE)

Racontez une histoire fantastique en complétant le début d'un récit proposé par un autre groupe.

Méthode

› Divisez la classe en quatre ou six groupes (selon le nombre d'élèves). Chaque groupe cherche pendant dix minutes le début d'une histoire fantastique (situation initiale, irruption d'un phénomène surnaturel).

› Chaque groupe soumet son histoire à l'un des autres groupes, qui doit trouver une chute en dix minutes.

› Chaque groupe raconte ensuite l'histoire en entier, en rappelant l'histoire proposée et en ajoutant sa chute. Essayez de captiver votre auditoire en racontant votre histoire et de le surprendre par votre dénouement. N'oubliez pas de répartir votre temps de parole à l'intérieur du groupe.

› Vous pouvez enfin voter pour la meilleure histoire.

Ex. 4 JE RÉÉCRIS UNE PARTIE DE L'HISTOIRE

Imaginez que le narrateur de « La morte » voit une image s'animer dans le reflet du miroir (p. 272). Décrivez ce qu'il voit, à l'oral, en jouant la scène.

Méthode

› Prenez cinq minutes pour imaginer ce que vous allez voir dans le miroir.

› Improvisez devant la classe en imaginant que vous êtes vous-même face au miroir.

JE ME SITUE DANS MON PARCOURS DE COMPÉTENCES

ORAL – J'EXPLOITE LES RESSOURCES EXPRESSIVES ET CRÉATIVES DE LA PAROLE

1. Je sais lire un texte déjà étudié en classe, mais je commets quelques erreurs (ponctuation, prononciation) et/ou je bute sur quelques mots.
2. Je sais lire un texte étudié en classe. Mais je ne transmets aucun sentiment à mon auditoire.
3. Ma lecture révèle ma bonne compréhension du texte. Le ton et le débit de parole varient selon la situation.
4. Ma lecture met en valeur le texte : j'ai réussi à faire frissonner mon auditoire.

15 *Germinal*, un roman et un film

Objectifs :
- ✔ Je découvre le réalisme et le naturalisme.
- ✔ Je m'interroge sur la capacité de la fiction à représenter la société.
- ✔ J'étudie un roman et son adaptation cinématographique.

? QUESTIONS

Pour entrer dans le chapitre

1. Quels changements se produisent dans la société à la fin du XIXe siècle ? Reportez-vous à cours d'histoire.
2. Citez au moins deux romans ou nouvelles écrits au XIXe siècle.
3. Qu'évoque pour vous l'univers de la mine ?

L'image

1. Comment comprenez-vous le titre ? Sur quel mot est-il formé ? Quel mot se cache en son cœur ? À quelle période historique fait-il aussi référence ?
2. À partir de cette affiche, quelles sont vos hypothèses sur l'histoire de *Germinal* ?

Affiche du film *Germinal*, de Claude Berri, 1993. ▶

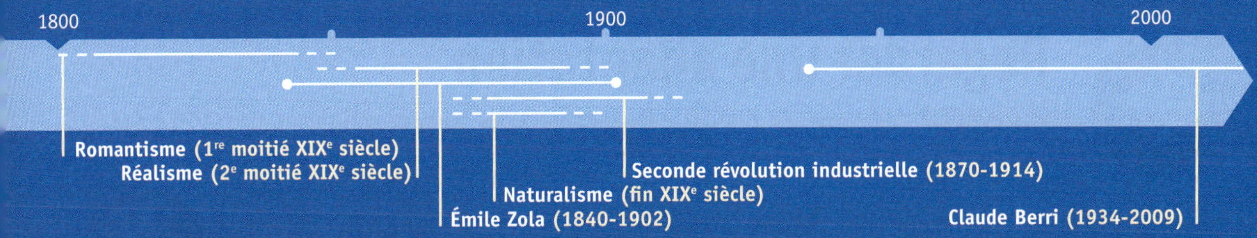
1800
1900
2000
Romantisme (1re moitié XIXe siècle)
Réalisme (2e moitié XIXe siècle)
Seconde révolution industrielle (1870-1914)
Naturalisme (fin XIXe siècle)
Émile Zola (1840-1902)
Claude Berri (1934-2009)

UN FILM DE
CLAUDE BERRI
Germinal
D'APRES LE ROMAN D'
EMILE ZOLA

Regarder une adaptation

✔ **OBJECTIF** J'analyse un film et je le compare à des passages du roman dont il est tiré.

◀ Claude Berri, *Germinal*, 1993.

Parmi les romans d'Émile Zola, *Germinal* est celui qui a rencontré le plus grand succès. Il a fait l'objet de plusieurs adaptations au cinéma, dont celle de Claude Berri qui a remporté deux Césars. D'où vient la force de cette œuvre ?

ÉMILE ZOLA

(1840-1902) est l'auteur d'un cycle de vingt romans dépeignant la société française de son époque à travers les personnages d'une même famille qui évoluent dans des milieux très variés : *Les Rougon-Macquart*. Il y consacre vingt années de sa vie et rencontre un grand succès.

CLAUDE BERRI

(1934-2009) a réalisé de nombreux films, dont plusieurs adaptations d'œuvres littéraires (comme *Jean de Florette* et *Manon des sources* de Marcel Pagnol). Il a aussi produit des comédies populaires comme *Astérix et Obélix : Mission Cléopâtre* ou *Bienvenue chez les Ch'tis*.

QUESTIONS

1 La vie des mineurs

COMPÉTENCE – JE LIS DES IMAGES ET DES DOCUMENTS COMPOSITES ET JE LES METS EN RELATION AVEC DES TEXTES

Le film, du début au chapitre 10 du DVD (54')

1. Quelles sont les conditions de vie et de travail des mineurs ? Quels détails vous frappent ?
2. Lorsque la Maheude se rend chez les Grégoire, quels éléments soulignent qu'ils n'appartiennent pas au même milieu social ? Vous pouvez vous aider de l'image « Deux milieux sociaux » ci-dessous.
3. Étienne crée une caisse de prévoyance. De quoi s'agit-il ?
4. Que pensez-vous de la réaction des différents personnages lors de l'accident de Jeanlin ?

Comparer avec le roman : parties I à III

5. Film chap. 2 / roman I, 3 : **a)** Lors de la première descente d'Étienne dans la mine, quelles impressions sont mises en avant dans le film ? Par quels moyens ? **b)** Et dans le roman ?
6. Image « Fin de journée » : Étienne est-il intégré au groupe ? Proposez une réponse nuancée.
7. Film chap. 6 / roman II, 5 : **a)** Comment peut-on qualifier ce qui se passe entre Catherine et Chaval ? **b)** Dans cette scène, quelles différences observez-vous entre le roman et le film ? À votre avis, pourquoi ?

▲ Deux milieux sociaux opposés.

▲ Fin de journée.

2

QUESTIONS

La grève

Le film, du chapitre 11 au chapitre 17 (55′ - 1 h 40)

1. Pourquoi les mineurs se mettent-ils en grève ?
2. Quels sont les principaux arguments de ceux qui s'opposent à la grève ?
3. Que pensez-vous de l'attitude des bourgeois ? Appuyez-vous sur des éléments précis.
4. Que ressent le spectateur devant la violence de la foule ?
5. Selon vous, comment le film va-t-il se terminer ?

Comparer avec le roman : parties IV et V

6. Roman IV, 3 : Quelles sont les motivations d'Étienne ?
7. **a)** Roman V, 3 : Quel rôle joue Maheu à Jean-Bart ? **b)** Comment son rôle est-il mis en valeur dans les images ci-contre ?
8. Film chap. 17 : Comment le cadrage et la musique mettent-ils en valeur la marche de la foule ?

▲ Saboter la mine.

▲ La révolte : Maheu (G. Depardieu) et la Maheude (Miou-Miou).

▲ Souvarine (L. Terzieff).

▲ Catherine (J. Henry) et Étienne (Renaud).

3

QUESTIONS

La catastrophe

Le film, du chapitre 18 à la fin

1. Quels éléments rendent la situation de plus en plus grave ?
2. D'après vous, qui est responsable de la mort de Maheu ?
3. **a)** Que fait Souvarine ? **b)** Pourquoi ?
4. **a)** Pourquoi Étienne hait-il Chaval ? Donnez deux raisons. **b)** Que finit-il par faire ?
5. Que pensez-vous de l'histoire de Catherine et Étienne ? Estimez-vous que le photogramme ci-contre l'illustre bien ?
6. À votre avis, que ressent Étienne à la fin du film ?

Comparer avec le roman : parties VI et VII

7. Roman VI, 4 : Que fait Jeanlin ? Selon vous, pourquoi cette dimension du personnage a-t-elle été supprimée dans le film ?
8. Film chap. 22 / Roman VI, 5 : **a)** Combien y a-t-il de morts dans le roman ? et dans le film ? **b)** Qu'en pensez-vous ?
9. Lorsque les personnages sont piégés sous terre, quelles sensations le film provoque-t-il ? Par quels moyens ?
10. **Synthèse. a)** Quelles sont les principales différences entre le roman et le film ? **b)** Le film est-il, selon vous, une bonne adaptation du roman ?

1 Deux ouvriers

✔ **OBJECTIF** J'étudie un incipit réaliste.

Voici le début du roman.

Dans la plaine rase, sous la nuit sans étoiles, d'une obscurité et d'une épaisseur d'encre, un homme suivait seul la grande route de Marchiennes à Montsou, dix kilomètres de pavé coupant tout droit, à travers les champs de betteraves. [...]

L'homme était parti de Marchiennes vers deux heures. Il marchait d'un pas allongé, grelottant sous le coton aminci de sa veste et de son pantalon de velours. Un petit paquet, noué dans un mouchoir à carreaux, le gênait beaucoup ; et il le serrait contre ses flancs, tantôt d'un coude, tantôt de l'autre, pour glisser au fond de ses poches les deux mains à la fois, des mains gourdes[1] que les lanières du vent d'est faisaient saigner. Une seule idée occupait sa tête vide d'ouvrier sans travail et sans gîte[2], l'espoir que le froid serait moins vif après le lever du jour. Depuis une heure, il avançait ainsi, lorsque sur la gauche, à deux kilomètres de Montsou, il aperçut des feux rouges, trois brasiers brûlant au plein air, et comme suspendus. D'abord, il hésita, pris de crainte ; puis, il ne put résister au besoin douloureux de se chauffer un instant les mains.

[Les feux sont ceux d'une mine, le Voreux. Là, l'homme se présente : il s'appelle Étienne Lantier et il marche à la recherche d'un emploi depuis une semaine. Un vieil ouvrier lui répond.]

– Moi, dit-il, je suis de Montsou, je m'appelle Bonnemort.

– C'est un surnom ? demanda Étienne étonné.

Le vieux eut un ricanement d'aise, et montrant le Voreux :

– Oui, oui… On m'a retiré trois fois de là-dedans en morceaux, une fois avec

REPÈRE

Le réalisme

Le mouvement réaliste s'oppose au romantisme, à ses exagérations, son attention au « moi » de l'écrivain. Les écrivains réalistes veulent **décrire de la manière la plus juste possible la société de leur époque.**

En amont de la rédaction de *Germinal*, Émile Zola lit beaucoup, visite un coron, s'entretient avec les travailleurs, descend dans une mine. **La documentation** qu'il rassemble est constituée de près de mille feuillets. Plusieurs descriptions du roman sont des **transpositions exactes de ses observations.**

1. Engourdies par le froid.
2. Sans domicile.
3. Estomac.
4. Retraite.

▲ Étienne découvre la mine.

tout le poil roussi, une autre avec de la terre jusque dans le gésier[3], la troisième avec le ventre gonflé d'eau comme une grenouille… Alors, quand ils ont vu que je ne voulais pas crever, ils m'ont appelé Bonnemort, pour rire.

Sa gaieté redoubla, un grincement de poulie mal graissée, qui finit par dégénérer en un accès terrible de toux. La corbeille de feu, maintenant, éclairait en plein sa grosse tête, aux cheveux blancs et rares, à la face plate, d'une pâleur livide, maculée de taches bleuâtres. Il était petit, le cou énorme, les mollets et les talons en dehors, avec de longs bras dont les mains carrées tombaient à ses genoux. Du reste, comme son cheval qui demeurait immobile sur les pieds, sans paraître souffrir du vent, il semblait en pierre, il n'avait l'air de se douter ni du froid ni des bourrasques sifflant à ses oreilles. Quand il eut toussé, la gorge arrachée par un raclement profond, il cracha au pied de la corbeille, et la terre noircit.

▲ Bonnemort (J. Carmet).

Étienne le regardait, regardait le sol qu'il tachait de la sorte.

– Il y a longtemps, reprit-il, que vous travaillez à la mine ?

Bonnemort ouvrit tout grands les deux bras.

– Longtemps, ah ! oui !… Je n'avais pas huit ans, lorsque je suis descendu, tenez ! juste dans le Voreux, et j'en ai cinquante-huit, à cette heure. Calculez un peu… […] Ils me disent de me reposer, continua-t-il. Moi, je ne veux pas, ils me croient trop bête !… J'irai bien deux années, jusqu'à ma soixantaine, pour avoir la pension[4] de cent quatre-vingts francs. Si je leur souhaitais le bonsoir aujourd'hui, ils m'accorderaient tout de suite celle de cent cinquante. Ils sont malins, les bougres !…

ÉMILE ZOLA, *Germinal*, partie I, chapitre 1, 1885.

? QUESTIONS

LE TEXTE

Un homme seul dans un lieu particulier

1. Qu'avez-vous appris du personnage principal, cet « homme » (l. 2 et 6) ?
2. L'endroit où il se trouve est-il accueillant ? Justifiez votre réponse par des éléments du texte.
3. **a)** À quel moment de la journée le roman commence-t-il ? **b)** À votre avis, pourquoi le narrateur fait-il ce choix ?
4. Le personnage principal et le lecteur ne connaissent rien, à priori, au monde de la mine. **a)** Qui va l'éclairer ? **b)** De qui ce personnage est-il le porte parole ?
5. Quelle image a-t-on déjà de ce monde ?

La rencontre

6. Quels points communs et différences relevez-vous entre les deux personnages ?
7. **a)** Quelle métaphore caractérise le rire de Bonnemort ? **b)** Quelle image nous donne-t-elle de lui ?
8. **a)** Pourquoi Bonnemort veut-il continuer à travailler ? **b)** Pensez-vous qu'il fait le bon choix ?
9. Souhaitez-vous à Étienne d'être embauché dans la mine ? Proposez une réponse argumentée.

LES IMAGES

COMPÉTENCE – JE LIS DES IMAGES ET DES DOCUMENTS COMPOSITES ET JE COMPRENDS LEURS CARACTÉRISTIQUES

1. À quel personnage s'identifie-t-on dans l'image de gauche ? Observez l'endroit où est placée la caméra.
2. **a)** Les plans sont-ils en plongée ou en contre plongée ? (voir *Fiche méthode* p. 497) **b)** Quel effet cela crée-t-il ?

2 La semence germait

✔ **OBJECTIF** Je lis un discours dénonçant l'injustice.

Pour protester contre une baisse de leur salaire, les mineurs se sont mis en grève. Mais après deux mois, rien n'a changé, et certains estiment qu'il faut reprendre le travail. Étienne n'est pas de cet avis. Galvanisé par la présence de la belle Catherine, il s'adresse à la foule.

– Camarades, vous avez entendu[1], voilà un de nos anciens, voilà ce qu'il a souffert et ce que nos enfants souffriront, si nous n'en finissons pas avec les voleurs et les bourreaux.

Il fut terrible, jamais il n'avait parlé si violemment. D'un bras, il maintenait le vieux Bonnemort, il l'étalait comme un drapeau de misère et de deuil, criant vengeance. En phrases rapides, il remontait au premier Maheu[2], il montrait toute cette famille usée à la mine, mangée par la Compagnie, plus affamée après cent ans de travail ; et, devant elle, il mettait ensuite les ventres de la Régie[3], qui suaient l'argent, toute la bande des actionnaires entretenus comme des filles[4] depuis un siècle, à ne rien faire, à jouir de leur corps. N'était-ce pas effroyable ? un peuple d'hommes crevant au fond de père en fils, pour qu'on paie des pots-de-vin[5] à des ministres, pour que des générations de grands seigneurs et de bourgeois donnent des fêtes ou s'engraissent au coin de leur feu ! Il avait étudié les maladies des mineurs, il les faisait défiler toutes, avec des détails effrayants : l'anémie, les scrofules, la bronchite noire, l'asthme qui étouffe, les rhumatismes[6] qui paralysent. Ces misérables, on les jetait en pâture aux machines, on les parquait ainsi que du bétail dans les corons[7], les grandes Compagnies les absorbaient peu à peu, réglementant l'esclavage, menaçant d'enrégimenter tous les travailleurs d'une nation, des millions de bras, pour la fortune d'un millier de paresseux. Mais le mineur n'était plus l'ignorant, la brute écrasée dans les entrailles du sol. Une armée poussait des profondeurs des fosses, une moisson de citoyens dont la semence germait et ferait éclater la terre, un jour de grand soleil. Et l'on saurait alors si, après quarante années de service, on oserait offrir cent cinquante francs de pension à un vieillard de

1. Bonnemort a évoqué les défaites qui ont marqué toutes les tentatives des mineurs pour améliorer leur sort.
2. Le vrai nom de Bonnemort est Vincent Maheu.
3. L'administration, la direction.
4. Prostituées.
5. Argent qui sert à corrompre.
6. Maladies et complications médicales qui touchent souvent les mineurs.
7. Habitations construites pour loger les mineurs.

Étienne s'adresse à la foule des mineurs. ▶

soixante ans, crachant de la houille[8], les jambes enflées par l'eau des tailles. Oui ! le travail demanderait des comptes au capital[9], à ce dieu impersonnel, inconnu de l'ouvrier, accroupi quelque part, dans le mystère de son tabernacle[10], d'où il suçait la vie des meurt-de-faim qui le nourrissaient ! On irait là-bas, on finirait bien par lui voir la face aux clartés des incendies, on le noierait sous le sang, ce pourceau[11] immonde, cette idole monstrueuse, gorgée de chair humaine !

Il se tut, mais son bras, toujours tendu dans le vide, désignait l'ennemi, là-bas, il ne savait où, d'un bout à l'autre de la terre. Cette fois, la clameur de la foule fut si haute, que les bourgeois de Montsou l'entendirent et regardèrent du côté de Vandame, pris d'inquiétude à l'idée de quelque éboulement formidable. Des oiseaux de nuit s'élevaient au-dessus des bois, dans le grand ciel clair.

Lui, tout de suite, voulut conclure.

– Camarades, quelle est votre décision ?… Votez-vous la continuation de la grève ?

– Oui ! oui ! hurlèrent les voix.

– Et quelles mesures arrêtez-vous ?… Notre défaite est certaine, si des lâches descendent demain[12].

Les voix reprirent, avec leur souffle de tempête :

– Mort aux lâches !

ÉMILE ZOLA, *Germinal*, partie IV, chapitre 7, 1885.

REPÈRE

Donner voix au peuple

L'écrivain réaliste a pour ambition de **décrire la société dans sa totalité** : haute bourgeoisie, petits commerçants, mais aussi la classe sociale qui était jusque là très peu représentée dans la littérature : **le « petit peuple »**, celle que Victor Hugo appelait **les « misérables »**. Dans *Germinal*, Zola donne voix à **la classe ouvrière**, née avec la révolution industrielle et qui souffre parfois de conditions de travail inhumaines.

8. Du charbon.
9. Argent que possèdent les propriétaires des usines.
10. Dans le catholicisme, meuble sacré.
11. Porc.
12. Reprennent le travail demain.

? QUESTIONS

LE TEXTE

C■MPÉTENCE – JE COMPRENDS UN TEXTE EN M'APPUYANT SUR MES CONNAISSANCES D'ANALYSE LITTÉRAIRE

Une dénonciation de l'injustice

1. Quelles sont les étapes de l'argumentation d'Étienne ?
2. ■ Relevez une phrase exprimant l'opposition de deux mondes. Pouvez-vous identifier une figure de style ?
3. ■ Quelle figure de style est utilisée à la fin du passage à propos du capital (l. 36-44) ? Quel est l'effet produit ?
4. ■ Comment le texte donne-t-il le sentiment d'entendre Étienne parler ?
5. Le discours d'Étienne est-il efficace ? Commentez les réactions de la foule et justifiez votre réponse en citant le texte.

Étienne, un double de Zola ?

5. Étienne dit avoir étudié les maladies des mineurs. Quel parallèle peut-on établir avec la démarche réaliste de Zola ?
6. **a)** Recherchez ce que signifie « germinal ». **b)** Quel est le sens de l'expression métaphorique « la semence germait » (l. 29-30) ? **c)** À quelle saison cette expression fait-elle référence ? **d)** Inventez une expression métaphorique illustrant cette germination à partir de votre réponse à la question précédente.
7. Lisez les deux dernières pages du roman. Que pouvez-vous dire d'Étienne ?

L'IMAGE 1

1. Comment Étienne se distingue-t-il de la foule ?
2. **a)** Recherchez qui est Renaud. Qu'est-ce qui caractérise ses chansons ? **b)** Que pensez-vous de ce choix de distribution pour le rôle d'Étienne ?

3

« La vision rouge de la révolution »

✔ **OBJECTIF** Je m'interroge sur la caractérisation du peuple.

▲ Les grévistes.

Les mineurs se rendent à la fosse voisine pour tenter d'y étendre la grève. Sur leur chemin se trouvent l'ingénieur de la mine (Négrel), sa fiancée (Cécile), sa maitresse (Madame Hennebeau) et deux amies (Lucie et Jeanne). Effrayés, ces bourgeois se cachent dans une grange. À travers les fentes de la porte, ils regardent passer la foule.

– Prenez vos flacons, la sueur du peuple qui passe ! murmura Négrel, qui, malgré ses convictions républicaines[1], aimait à plaisanter la canaille[2] avec les dames.

Mais son mot spirituel[3] fut emporté dans l'ouragan des gestes et des cris. Les femmes avaient paru, près d'un millier de femmes, aux cheveux épars, dépeignés par la course, aux guenilles[4] montrant la peau nue, des nudités de femelles lasses d'enfanter des meurt-de-faim. Quelques-unes tenaient leur petit entre les bras, le soulevaient, l'agitaient, ainsi qu'un drapeau de deuil et de vengeance. D'autres, plus jeunes, avec des gorges gonflées de guerrières, brandissaient des bâtons ; tandis que les vieilles, affreuses, hurlaient si fort, que les cordes de leurs cous décharnés semblaient se rompre. Et les hommes déboulèrent ensuite, deux mille furieux, des galibots, des haveurs, des raccommodeurs[5], une masse compacte qui roulait d'un seul bloc, serrée, confondue, au point qu'on ne distinguait ni les culottes[6] déteintes, ni les tricots de laine en loques, effacés dans la même uniformité terreuse. Les yeux brûlaient, on voyait seulement les trous des bouches noires, chantant *La Marseillaise*[7], dont les strophes se perdaient en un mugissement confus, accompagné par le claquement des sabots sur la terre dure. Au-dessus des têtes, parmi le hérissement des barres de fer, une hache passa, portée toute droite ; et cette hache unique, qui était comme l'étendard de la bande, avait, dans le ciel clair, le profil aigu d'un couperet de guillotine.

– Quels visages atroces ! balbutia madame Hennebeau.

1. Il a des opinions favorables au peuple.
2. À se moquer du peuple.
3. Fin et drôle.
4. Vieux vêtements déchirés.
5. Trois métiers de la mine.
6. Pantalons.
7. Chanson révolutionnaire interdite sous le Premier et le Second Empire (*Germinal* se passe durant le Second Empire), elle devient l'hymne national de la République française en 1879.

Négrel dit entre ses dents :

– Le diable m'emporte si j'en reconnais un seul ! D'où sortent-ils donc, ces bandits-là ?

Et, en effet, la colère, la faim, ces deux mois de souffrance et cette débandade enragée au travers des fosses, avaient allongé en mâchoires de bêtes fauves les faces placides des houilleurs de Montsou. À ce moment, le soleil se couchait, les derniers rayons, d'un pourpre sombre, ensanglantaient la plaine. Alors, la route sembla charrier du sang, les femmes, les hommes continuaient à galoper, saignants comme des bouchers en pleine tuerie.

– Oh ! Superbe ! dirent à demi-voix Lucie et Jeanne, remuées dans leur goût d'artistes par cette belle horreur.

Elles s'effrayaient pourtant, elles reculèrent près de Madame Hennebeau, qui s'était appuyée sur une auge. L'idée qu'il suffisait d'un regard, entre les planches de cette porte disjointe, pour qu'on les massacrât la glaçait. Négrel se sentait blêmir, lui aussi, très brave d'ordinaire, saisi là d'une épouvante supérieure à sa volonté, une de ces épouvantes qui soufflent de l'inconnu.

Dans le foin, Cécile ne bougeait plus. Et les autres, malgré leur désir de détourner les yeux, ne le pouvaient pas, regardaient quand même.

C'était la vision rouge de la révolution qui les emporterait tous, fatalement, par une soirée sanglante de cette fin de siècle. Oui, un soir, le peuple lâché, débridé, galoperait ainsi sur les chemins ; et il ruissellerait du sang des bourgeois.

ÉMILE ZOLA, *Germinal*, Partie V, chapitre 5, 1885.

ÉCLAIRAGE

Écrire la misère

› **Les écrivains réalistes envisagent la société de manière neutre, objective.** « Le romancier ne juge pas, ne condamne pas, n'absout pas. Il expose les faits. » (Champfleury). Mais ce projet est parfois difficile à respecter.

› Zola, à qui le succès a permis de vivre confortablement, vient du peuple et a connu la pauvreté. À vingt ans, il n'a ni ressources, ni emploi, ni diplôme (il a raté deux fois le baccalauréat) et doit aider sa mère financièrement.

› En décrivant un milieu aussi misérable que celui de *Germinal*, Zola ne peut s'empêcher d'en **dénoncer les injustices.**

PASSERELLE HISTOIRE

Sur www.lelivrescolaire.fr, retrouvez le chapitre d'histoire sur la révolution industrielle.

? QUESTIONS

LE TEXTE

COMPÉTENCE – JE MOBILISE DES RÉFÉRENCES CULTURELLES POUR INTERPRÉTER DES PRODUCTIONS LITTÉRAIRES OU ARTISTIQUES

L'opposition de deux mondes

1. Que décrit le texte ?
2. Relevez plusieurs détails soulignant la misère des ouvriers.
3. Les bourgeois semblent-ils comprendre les grévistes ? Illustrez votre réponse de citations du texte.

Une révolte

4. ■ Relevez des références à la Révolution française. Quel est l'effet produit ?
5. De quel registre relève ce texte ? (Voir *Fiche méthode* p. 495)
6. **a)** Quel est le sens du dernier paragraphe ? **b)** De qui le narrateur est-il la voix ? **c)** Les verbes des lignes 45 à 48 sont conjugués au conditionnel. Quelle est la valeur de ce mode, ici ?

Une ambigüité du naturalisme

7. **a)** D'où la scène est-elle racontée ? **b)** À quels personnages devrait-on donc s'identifier ? **c)** Est-ce le cas ? Expliquez.
8. Cet extrait est-il une bonne illustration du projet réaliste ? (Voir *Repère* p. 288) Proposez une réponse nuancée.

L'IMAGE

1. Quel personnage ouvre la marche ? Comparez avec sa situation au début du roman (p. 288).
2. Quelle est la couleur de son manteau ? Pourquoi cette couleur interpelle-t-elle ?

4 Un besoin irrésistible de tuer

✔ **OBJECTIF** Je souligne les caractéristiques particulières du naturalisme à travers le portrait d'un personnage.

◀ Catherine empêche Étienne de tuer Chaval.

Vaincus, les mineurs ont repris le travail sans obtenir d'amélioration. Mais un anarchiste, Souvarine, sabote la mine qui s'effondre. Sous terre, trois mineurs sont piégés ensemble : Étienne, son rival Chaval et Catherine Maheu, dont Étienne est amoureux mais qui est en couple avec Chaval, bien qu'il la brutalise. Étienne a déjà failli tuer Chaval.

Une nouvelle journée s'achevait, et Chaval s'était assis près de Catherine, partageant avec elle sa dernière moitié de tartine. Elle mâchait les bouchées péniblement, il les lui faisait payer chacune d'une caresse, dans son entêtement de jaloux qui ne voulait pas mourir sans la ravoir, devant l'autre[1]. Épuisée, elle s'abandonnait. Mais, lorsqu'il tâcha de la prendre[2], elle se plaignit.

– Oh ! laisse, tu me casses les os.

Étienne, frémissant, avait posé son front contre les bois, pour ne pas voir. Il revint d'un bond, affolé. [...]

– Si tu ne la lâches pas, je t'étrangle !

Vivement, l'autre se mit debout, car il avait compris, au sifflement de la voix, que le camarade allait en finir. La mort leur semblait trop lente, il fallait que, tout de suite, l'un des deux cédât la place. C'était l'ancienne bataille qui recommençait, dans la terre où ils dormiraient bientôt côte à côte ; et ils avaient si peu d'espace, qu'ils ne pouvaient brandir leurs poings sans les écorcher.

1. Devant Étienne.
2. Sexuellement.

▲ Chaval et Catherine (J.-R. Milo et J. Henry).

– Méfie-toi, gronda Chaval. Cette fois, je te mange.

Étienne, à ce moment, devint fou. Ses yeux se noyèrent d'une vapeur rouge, sa gorge s'était congestionnée d'un flot de sang. Le besoin de tuer le prenait, irrésistible, un besoin physique, l'excitation sanguine d'une muqueuse qui détermine un violent accès de toux. Cela monta, éclata en dehors de sa volonté, sous la poussée de la lésion héréditaire. Il avait empoigné, dans le mur, une feuille de schiste[3], et il l'ébranlait, et il l'arrachait, très large, très lourde. Puis, à deux mains, avec une force décuplée, il l'abattit sur le crâne de Chaval.

Celui-ci n'eut pas le temps de sauter en arrière. Il tomba, la face broyée, le crâne fendu. La cervelle avait éclaboussé le toit de la galerie, un jet pourpre coulait de la plaie, pareil au jet continu d'une source. Tout de suite, il y eut une mare, où l'étoile fumeuse de la lampe se refléta. L'ombre envahissait ce caveau[4] muré, le corps semblait, par terre, la bosse noire d'un tas d'escaillage[5].

Et, penché, l'œil élargi, Étienne le regardait. C'était donc fait, il avait tué. Confusément, toutes ses luttes lui revenaient à la mémoire, cet inutile combat contre le poison qui dormait dans ses muscles, l'alcool lentement accumulé de sa race. Pourtant, il n'était ivre que de faim, l'ivresse lointaine des parents avait suffi. Ses cheveux se dressaient devant l'horreur de ce meurtre, et malgré la révolte de son éducation, une allégresse faisait battre son cœur, la joie animale d'un appétit enfin satisfait.

ÉMILE ZOLA, *Germinal*, Partie VII, chapitre 5, 1885.

3. Roche.
4. Tombe.
5. Débris de roche (vocabulaire minier).

REPÈRE

Le naturalisme

› Le naturalisme poursuit les mêmes buts que le réalisme mais s'en distingue par **une approche plus scientifique, plus expérimentale du récit.**

› L'auteur naturaliste n'invente pas ses personnages, il les dote de certaines caractéristiques, de certains **gènes héréditaires** ; il les confronte à leur **généalogie**, leurs qualités et surtout leurs **tares** ; il les place dans un certain milieu, puis **il « voit » ce qui se produit, comme un scientifique qui ferait une expérience.** Zola est l'homme du naturalisme.

Sur www.lelivrescolaire.fr retrouvez l'arbre généalogique des Rougon-Macquart.

? QUESTIONS

COMPÉTENCE – JE M'EXPRIME DE FAÇON MAITRISÉE EN FORMULANT UN AVIS PERSONNEL, UN RESSENTI

La mine

1. Quelles sont les éléments qui créent une tension maximale ? Pensez à la relation entre les trois personnages, à la situation dans laquelle ils se trouvent.
2. Pourquoi peut-on dire que la mine n'est pas seulement un lieu réaliste, mais aussi un lieu symbolique ?
3. Qu'est-ce qui déclenche la colère d'Étienne ?
4. Dans le film (chap. 25), comment cette scène est-elle traitée ?

Le meurtre

5. Le meurtre perpétré par Étienne est-il prémédité, réfléchi ? Justifiez en citant le texte.
6. Sur la version numérique de cette page, regardez l'arbre généalogique des Rougon-Macquart. **a)** Quel est le destin de la mère d'Étienne ? **b)** Et de son frère Jacques ? **c)** Quel est le « poison » d'Étienne ?
7. Selon le dernier paragraphe, qui est responsable du meurtre ? Répondez de manière approfondie, en illustrant votre propos de citations.
8. ■ Que pensez-vous de la vision exprimée à la fin de ce texte ? L'homme est-il libre et responsable de ses actes ?

Le réalisme en peinture

Quelles sont les caractéristiques de la peinture réaliste ?

Les peintres réalistes s'écartent des traditionnels sujets mythologiques, religieux ou historiques pour décrire les objets et les situations ordinaires qui les entourent.

1 Un enterrement

▲ Gustave Courbet, *Un Enterrement à Ornans*, 1849-50, huile sur toile, 315 x 668 cm (musée d'Orsay, Paris).

Courbet décrit une scène ordinaire de la vie de son village natal, Ornans. Le tableau est très grand. Ce format était habituellement destiné aux peintures religieuses, mythologiques ou historiques (scènes de batailles, par exemple).

2 Une définition du réalisme

Champfleury reprend les critiques sur le tableau de Courbet de façon ironique pour mieux les combattre :

« M. Courbet est un factieux[1] pour avoir représenté de bonne foi des bourgeois, des paysans, des femmes de village de grandeur naturelle. Ç'a été là le premier point. **On ne veut pas admettre qu'un casseur de pierre vaut[2] un prince** : la noblesse se gendarme[3] de ce qu'il est accordé tant de mètres de toile à des gens du peuple ; seuls les souverains ont le droit d'être peints en pied, avec leurs décorations, leurs broderies et leurs physionomies officielles. Comment ? Un homme d'Ornans, un paysan enfermé dans son cercueil, se permet de rassembler à son enterrement une foule considérable : des fermiers, des gens de bas étage… »

Champfleury, « Du Réalisme », *Lettres à Madame George Sand*, 1857.

1. Provocateur.
2. Est l'égal de.
3. Proteste.

COMPÉTENCE

JE LIS DES IMAGES ET DES DOCUMENTS COMPOSITES (Y COMPRIS NUMÉRIQUES) ET JE COMPRENDS LEURS CARACTÉRISTIQUES

Sur www.lelivrescolaire.fr retrouvez une présentation du réalisme présenté par le musée d'Orsay et du tableau *Un Enterrement à Ornans*.

3 Le travail paysan

▲ Jean-François Millet, *Les Glaneuses*, 1857, huile sur toile, 83,8 × 111,8 cm (musée d'Orsay, Paris).

4 Le labourage

▲ Rosa Bonheur, *Labourage nivernais*, 1849, huile sur toile, 133 × 260 cm (musée d'Orsay, Paris).

5 Les lutteurs

▲ Émile Friant, *La Lutte*, 1889, huile sur toile, 180,3 x 113,9 cm (musée Fabre, Montpellier).

? QUESTIONS

1. **Doc. 1 a)** Quelles classes sociales sont représentées ? Distinguez les différents groupes de personnages.
2. **Doc. 2 a)** Pourquoi la taille du tableau choque-t-elle les critiques d'art de l'époque ? **b)** Les reproches formulés par les détracteurs de Courbet vous semblent-ils justifiés ?
3. **Doc.1** Le chien aussi a été critiqué. Essayez d'expliquer pourquoi, en commentant sa place par rapport aux autres personnages, les contrastes de couleurs et en vous aidant de vos réponses précédentes.
4. **Doc. 3 a)** Quels éléments visuels montrent que les personnages incarnent le monde paysan ? **b)** Pourquoi la position des personnages donne-t-elle l'impression que la scène est prise sur le vif ?
5. **Doc. 1 et 3** Comparez et commentez le choix des couleurs.
6. **Doc. 4 a)** Quel type d'activité humaine est représenté ? **b)** Qui des paysans ou des bœufs est le plus mis en valeur par l'artiste ? **c)** Par quels moyens picturaux ?
7. **Doc. 5 a)** Où la scène se déroule-t-elle ? Décrivez les différents plans du tableau. **b)** Avec quel élément la couleur de la peau des deux lutteurs se confond-elle ? **c)** Qu'est-ce qui contribue à rendre ce tableau vivant ?
8. **Doc. 3 et 4 a)** Quelles similitudes et différences constatez-vous entre ces deux tableaux ? **b)** Dans ces deux tableaux, qu'est-ce que les peintres essaient de représenter ? **c)** Dans quel autre tableau trouve-t-on un animal ?
9. **Synthèse.** Quelles sont les caractéristiques de la peinture réaliste ?
10. Trouvez-vous ces œuvres belles ? Expliquez votre réponse.

Ex. 1 JE M'INSPIRE D'UN PLAN DE MON QUARTIER

1. Choisissez un endroit de votre quartier ou village où vous trouvez qu'il pourrait se passer beaucoup de choses.
2. Observez le croquis que Zola a tiré de sa visite des corons. Au milieu d'une feuille, dessinez un croquis de l'endroit que vous avez choisi.
3. Avec des flèches, légendez votre croquis en donnant des détails sur au moins cinq lieux : personnages qu'on peut y croiser, histoires qui peuvent s'y passer, ambiance.

Méthode
Pour faire un croquis, partez de la réalité, mais n'hésitez pas à la modifier et à la simplifier. Mettez en valeur cinq à dix lieux intéressants.

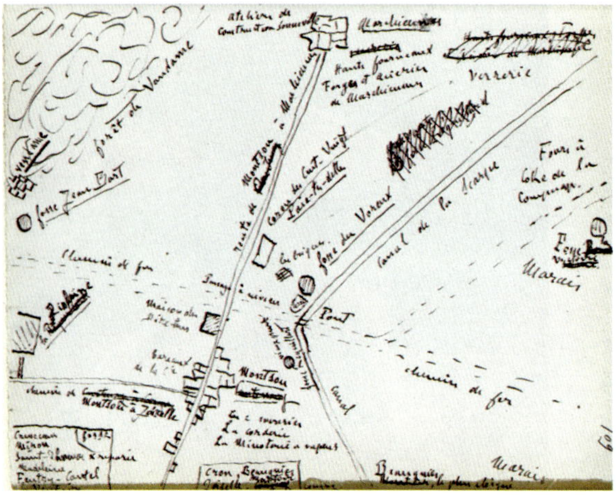

▲ Émile Zola, *Plan schématique du coron avec notes descriptives*, 1884, extrait de ses carnets préparatoires pour *Germinal*.

Ex. 2 JE RÉDIGE UN PORTRAIT PHYSIQUE ET MORAL

1. Relisez le portrait de Bonnemort (p. 288). Que nous apprend son apparence physique ?
2. Rédigez un portrait de Souvarine ou de Catherine. Établissez des liens entre son apparence physique et son caractère.

PARCOURS DE COMPÉTENCES

Ex. 3 J'ÉCRIS UN DISCOURS ENGAGÉ SUR LE TRAVAIL DES ENFANTS

1. En prenant des notes, consultez sur internet ces trois documents : la présentation du travail des enfants sur le site de l'Unicef, un documentaire sur le travail des enfants (par exemple *Enfants forçats* de la chaine Arte) et le discours de Victor Hugo du 15 janvier 1850 sur l'éducation.
2. À partir de vos notes et de votre imagination, rédigez un discours dénonçant le travail des enfants.

Méthode
- › Consultez les documents en pensant à l'objectif de l'exercice.
- › Notez les faits qui vous marquent.
- › Comparez vos notes avec celles de vos camarades.
- › Entourez ce qui vous semble le plus utile avant de rédiger.

Ex. 4 JE CONSTRUIS UN PERSONNAGE SELON LA MÉTHODE NATURALISTE

1. Relisez le *Repère* p. 295. Choisissez deux milieux sociaux dans la France d'aujourd'hui : imaginez un personnage issu d'un de ces mondes et plongé dans l'autre.
2. Rédigez ensuite une fiche pour votre personnage.

Méthode
Pour construire un personnage, définissez son identité (nom, prénom), ses qualités, son principal défaut, son milieu familial et social d'origine, l'univers dans lequel il est plongé, les personnages qui vont l'influencer (dans le bon ou le mauvais sens), comment ils vont influencer, la catastrophe qui va se produire, les conséquences de cette catastrophe.

JE ME SITUE DANS MON PARCOURS DE COMPÉTENCES

ÉCRIRE - J'EXPLOITE MES LECTURES POUR ENRICHIR MON RÉCIT

1 J'ai des connaissances mal assurées sur les documents à consulter. Mes notes sont trop brèves, je ne peux pas m'appuyer sur des exemples précis.

2 J'ai une connaissance partielle correcte des documents cités. Mes notes sont sommaires, mon discours s'en inspire, mais c'est trop court ou trop peu engagé.

3 J'ai une connaissance assez complète des documents cités. Mes notes m'ont donc servi à rédiger un discours argumenté correct.

4 Ma connaissance du thème est assurée. J'ai même repris des exemples dans le roman évoqué dans ce chapitre. Mon discours est engagé et bien structuré.

Ex. 5 J'EXPRIME MES IMPRESSIONS DE LECTURE

Lisez le texte ci-dessous et dites ce que vous avez pensé de *Germinal*.

> À propos de la série des *Rougon-Macquart*, Zola écrit : « Je crois y avoir mis, malgré le noir pessimisme qui s'y trouve, un grand amour de la vie, en en exaltant continuellement les forces. J'ai aimé la vie, j'en ai montré l'effort continu avec passion, malgré tout le mal, tout l'écœurement qu'elle peut contenir ».
>
> Notes générales sur les *Rougon-Macquart*.

Selon vous, quel aspect domine dans *Germinal* : le « noir pessimisme » ou « l'amour de la vie » ? Développez votre réponse dans un paragraphe argumenté, en vous appuyant sur des éléments précis du roman ou du film.

Ex. 1 J'EXPLIQUE ORALEMENT LA SIGNIFICATION DU NOM D'UN PERSONNAGE

1. En groupe, sur de petits papiers, chaque élève note le nom de trois personnages de *Germinal*. À tour de rôle, les élèves tirent un papier et doivent dire à quoi leur fait penser ce nom.
2. Parmi les explications proposées, le groupe élit trois noms à présenter à la classe.

Méthode
Pour interpréter un nom, pensez à son origine, aux mots qui le forment ou auxquels il ressemble, à ses sonorités. Vos impressions peuvent être personnelles. En revanche, l'objectif est de montrer que le nom va bien au personnage : inspirez-vous de ce que vous connaissez de lui.

Ex. 2 J'IMPROVISE UN DIALOGUE

1. Choisissez une situation dans laquelle un nouveau venu interroge un ancien. La situation peut être extraordinaire ou banale : arrivée dans un collège, un club sportif, une fête, etc.
2. Définissez quelques traits de caractère de ces deux personnages. Improvisez ensuite ce dialogue.

Ex. 3 JE LIS UN DISCOURS DE FAÇON EXPRESSIVE

Choisissez un passage du texte p. 290 et entrainez-vous à le lire comme si vous deviez enthousiasmer une foule.

Méthode
Pour lire un discours, repérez différents moments dans le texte et décidez sur quel ton vous allez les lire. Articulez bien et marquez des pauses. Soyez naturel(le) : pensez au sens de ce que vous êtes en train de dire. Regardez votre auditoire, tenez-vous droit(e) et faites des gestes modérés.

Ex. 4 EN GROUPE, JE PRÉSENTE LE RÉSULTAT DE MES RECHERCHES

Sujets d'exposés :

- Le travail des enfants en France : en quoi consistait-il ? Quand a-t-il été interdit ?
- Le travail des enfants dans le monde : en quoi consiste-t-il ? Où est-il pratiqué ? Où est-il interdit et pourquoi ?
- Les mines dans le monde : où sont-elles principalement situées (sur une carte) ? Qu'en extrait-on ? Quelles sont les entreprises qui les exploitent ?
- Les conditions de travail des mineurs dans le monde : quelles sont-elles ?
- La pollution engendrée par les mines : en quoi consiste-t-elle ?
- Les grandes catastrophes minières du XXe siècle : que s'est-il passé ?
- Les grandes grèves du XXe siècle en France : date, secteurs concernés, motifs, résolution (qui a obtenu gain de cause ?).
- La reconversion des mines en France : que deviennent les anciens lieux miniers ?
- L'habitat ouvrier : quelles formes a-t-il pris en France ?
- Sebastião Salgado, reportage dans la mine d'or de Serra Pelada : quelle image de la mine ce photographe nous donne-t-il ?
- L'œuvre de Ken Loach : quels en sont les thèmes récurrents ? En quoi est-ce un réalisateur engagé ?
- Pierre Bachelet, « Les Corons » : quel rôle cette chanson tient-elle dans le Nord ?
- Le chanteur Renaud : sur quels thèmes a-t-il écrit des chansons engagées ou contestataires ?

Méthode
- Annoncez d'abord votre sujet.
- Organisez l'exposé en deux à quatre parties essentielles permettant de répondre à la question qui vous a été posée. Expliquez avec vos propres mots pour que la classe comprenne.
- Écrivez au tableau les mots techniques, noms propres, dates, etc., mais n'en donnez pas beaucoup.
- Terminez par un rapide récapitulatif, remerciez et demandez s'il y a des questions.

Ex. 5 JE PARTICIPE AU PROCÈS D'ÉTIENNE

Imaginez qu'un gendarme, en observant le corps de Chaval, comprend que sa mort n'est pas accidentelle. Étienne est jugé. En classe entière, organisez son procès. Quel sera le verdict ?

16 Nuits lyriques

Objectifs :
- ✔ J'étudie les caractéristiques de la poésie lyrique du romantisme à nos jours.
- ✔ J'identifie les ressources d'un texte poétique.
- ✔ Je découvre de nouveaux rapports au monde.

? QUESTIONS

Pour entrer dans le chapitre

1. À quoi reconnait-on la poésie ? Organisez votre réponse sous forme de carte mentale.
2. Quels poètes français ou étrangers connaissez-vous ? Et quels poèmes ?
3. Pourriez-vous réciter un ou plusieurs vers ou tout un poème que vous avez particulièrement aimé ?

L'image

1. a) Quels sont les deux plans de l'image ?
   b) Pourquoi sont-ils distingués ainsi ?
2. Que peut symboliser ce visage ?
3. Qu'est-ce qui vous frappe sur cette photographie ? Qu'est-ce qu'elle vous inspire ?

Œuvre du street-artist Philippe Echaroux, photographie ▶
d'une performance de ses projections in situ,
projet Painting With Lights, Barcelona, 2014.

1750 — 1800 — 1850 — 1900 — 1950 — 2000

- Alphonse de Lamartine (1790-1869)
- Victor Hugo (1802-1885)
- Charles Baudelaire (1821-1867)
- William E. Henley (1849-1903)
- Anna de Noailles (1876-1933)
- Jean Giono (1895-1970)
- Pablo Neruda (1904-1973)

1 Le lyrisme romantique

✔ **OBJECTIF** Je définis le lyrisme et les thèmes chers aux auteurs romantiques.

1. Le Lac

ALPHONSE DE LAMARTINE

(1790–1869) est un écrivain romantique et homme politique français. Avec *Méditations poétiques*, son premier recueil, il surprend le public de l'époque par sa sensibilité, sa sincérité. Son recueil marque le début du romantisme dans la poésie française.

Le poète retourne près d'un lac où il était avec sa bienaimée. Contemplant le paysage, seul désormais car son amante est morte, il se souvient de cette nuit de bonheur.

Ainsi, toujours poussés vers de nouveaux rivages,
Dans la nuit éternelle emportés sans retour,
Ne pourrons-nous jamais sur l'océan des âges
Jeter l'ancre un seul jour ?
[...]
« Ô temps[1] ! suspends ton vol, et vous, heures propices[2] !
Suspendez votre cours :
Laissez-nous savourer les rapides délices
Des plus beaux de nos jours !
[...]
Mais je demande en vain quelques moments encore,
Le temps m'échappe et fuit ;
Je dis à cette nuit : Sois plus lente ; et l'aurore
Va dissiper la nuit.

Aimons donc, aimons donc ! de l'heure fugitive,
Hâtons-nous, jouissons !
L'homme n'a point de port, le temps n'a point de rive ;
Il coule, et nous passons ! »
[...]
Ô lac ! rochers muets ! grottes ! forêt obscure !
Vous, que le temps épargne ou qu'il peut rajeunir,
Gardez de cette nuit, gardez, belle nature,
Au moins le souvenir !

ALPHONSE DE LAMARTINE, « Le Lac », *Méditations poétiques*, 1820.

Sur Lelivrescolaire.fr, retrouvez une vidéo sur le tableau de Monet et l'impressionnisme.

1. Le poète se souvient des paroles prononcées par sa bienaimée.
2. Agréables, favorables.

REPÈRE

Le lyrisme romantique

Le lyrisme désigne **l'expression de sentiments personnels.** La poésie romantique est souvent lyrique : l'**amour**, mais également la **nostalgie**, le **regret du temps qui passe** sont des sentiments fréquemment exprimés par les romantiques.

Face au monde qui change et déçoit, le poète **se réfugie dans la nature**, immuable et rassurante.

Claude Monet, *Impression, soleil levant*, 1872, huile sur toile, 48 x 63 cm (musée Marmottan, Paris).

2. Soleils couchants

Ce poème est le dernier d'un ensemble de six poèmes sur le thème du soleil couchant. Ils forment une méditation mélancolique sur le passage du temps, thème cher aux romantiques.

VICTOR HUGO (1802-1885), poète, romancier, dramaturge, homme politique engagé, s'érige comme le chef de file du mouvement romantique. Il publie *Les Feuilles d'Automne* alors qu'il a une trentaine d'années.

Le soleil s'est couché ce soir dans les nuées[1].
Demain viendra l'orage, et le soir, et la nuit ;
Puis l'aube, et ses clartés de vapeurs obstruées[2] ;
Puis les nuits, puis les jours, pas du temps qui s'enfuit !
Tous ces jours passeront ; ils passeront en foule
Sur la face des mers, sur la face des monts,
Sur les fleuves d'argent, sur les forêts où roule
Comme un hymne confus des morts que nous aimons.

Et la face des eaux, et le front des montagnes,
Ridés et non vieillis, et les bois toujours verts
S'iront rajeunissant ; le fleuve des campagnes
Prendra sans cesse aux monts le flot qu'il donne aux mers.

Mais moi, sous chaque jour courbant plus bas ma tête,
Je passe, et, refroidi sous ce soleil joyeux,
Je m'en irai bientôt, au milieu de la fête,
Sans que rien manque au monde, immense et radieux !

VICTOR HUGO, « Soleils couchants », VI, *Les Feuilles d'automne*, 1831.

1. Nuages.
2. Obstruées : bouchées (par les vapeurs). Ici, l'adjectif qualifie « clartés ».

?

QUESTIONS

LES TEXTES

COMPÉTENCE – J'INTERPRÈTE DES TEXTES LITTÉRAIRES EN M'APPUYANT SUR DES ÉLÉMENTS D'ANALYSE POÉTIQUE

Le temps

1. Texte 1 a) Que désigne l'expression « nuit éternelle » au début du poème ? **b)** La nuit est-elle la complice ou l'ennemie du poète ?

2. Texte 1 De quoi l'eau est-elle la métaphore ? Justifiez par des exemples.

3. Texte 2 a) Relevez les moments de la journée évoqués dans le premier quatrain. **b)** Quel effet produit cette énumération ?

4. a) Quels sentiments Lamartine et Hugo expriment-ils par rapport au temps qui passe ? Justifiez en citant les poèmes. **b)** Comment se manifestent leurs sentiments ? Appuyez-vous notamment sur la ponctuation et les champs lexicaux.

Le lieu

5. Dans quel cadre sont situées les scènes évoquées dans ces poèmes ? Justifiez votre réponse en relevant un champ lexical.

6. Comparez la dernière strophe du texte 1 et la troisième strophe du texte 2. **a)** Quelle qualité possède la nature selon les poètes ? **b)** À l'inverse, qui n'a pas cette possibilité ?

7. a) Que demande Lamartine à la nature dans cette dernière strophe ? **b)** Comparez la nature et la poésie.

L'IMAGE

1. Selon vous, ce tableau cherche-t-il à représenter la réalité ? Expliquez votre opinion.

2. Regardez la vidéo sur la version numérique. Quel lien pouvez-vous faire entre l'impressionnisme et la représentation du paysage par les poètes romantiques ?

Le moi au centre de l'expérience poétique

✔ **OBJECTIF** J'étudie la place du « je » dans le poème lyrique.

1. À la nuit

ANNA DE NOAILLES (1876-1933), comtesse d'origine roumaine, a commencé à écrire des poèmes à l'âge de seize ans. Elle fut célébrée, admirée par toute une génération. Les plus grands écrivains se retrouvent dans son salon littéraire.

▲ Vincent Van Gogh, *Nuit étoilée sur le Rhône*, 1888, huile sur toile, 72,5 x 92 cm (musée d'Orsay, Paris).

Voici les quatre dernières strophes d'un poème d'Anna de Noailles intitulé « À la nuit ».

Nuit penchée au-dessus des villes et des eaux,
Toi qui regardes l'homme avec tes yeux d'étoiles,
Vois mon cœur bondissant, ivre comme un bateau[1],
Dont le vent rompt le mât et fait claquer la toile !

Regarde, nuit dont l'œil argente[2] les cailloux,
Ce cœur phosphorescent dont la vive brûlure
Éclairerait, ainsi que les yeux des hiboux,
L'heure sans clair de lune où l'ombre n'est pas sûre.

Vois mon cœur plus rompu, plus lourd et plus amer
Que le rude filet que les pêcheurs nocturnes
Lèvent, plein de poissons, d'algues et d'eau de mer
Dans la brume mouillée, agile et taciturne[3].

À ce cœur si rompu, si amer et si lourd,
Accorde le dormir sans songes et sans peines,
Sauve-le du regret, de l'orgueil, de l'amour,
Ô pitoyable nuit, mort brève, nuit humaine !...

ANNA DE NOAILLES, « À la nuit », *Le Cœur innombrable*, 1901.

100% NUMÉRIQUE

Sur www.lelivrescolaire.fr :
- **découvrez « Le Bateau ivre » de Rimbaud ;**
- **écoutez « Invictus » en version originale, lu par Morgan Freeman (Nelson Mandela dans *Invictus*). Mandela a expliqué que ce poème l'avait aidé à surmonter ses vingt-sept ans de prison.**

1. Référence à un célèbre poème d'Arthur Rimbaud, « Le Bateau ivre ».
2. Verbe formé à partir du nom « argent ».
3. Sombre, mélancolique.

2. Invictus

WILLIAM ERNEST HENLEY

(1849-1903) est un poète, critique littéraire et éditeur britannique, principalement connu pour son poème « Invictus ». Amputé de la jambe gauche, il a inspiré à son ami R. L. Stevenson le personnage du pirate Long John Silver dans *L'Ile au trésor*.

Le poète écrit ce texte en 1875, à vingt-cinq ans, alors qu'il vient de subir une amputation de la jambe. Le titre « Invictus » (donné 25 ans plus tard par un critique littéraire) signifie « invaincu » en latin.

Dans les ténèbres qui m'enserrent,
Noires comme un puits où l'on se noie,
Je rends grâce aux dieux quels qu'ils soient,
Pour mon âme invincible et fière,

Dans de cruelles circonstances,
Je n'ai ni gémi ni pleuré,
Meurtri par cette existence,
Je suis debout bien que blessé,

En ce lieu de colère et de pleurs,
Se profile l'ombre de la mort,
Et je ne sais ce que me réserve le sort,
Mais je suis et je resterai sans peur,

Aussi étroit soit le chemin,
Nombreux les châtiments infâmes,
Je suis le maître de mon destin
Je suis le capitaine de mon âme.

WILLIAM ERNEST HENLEY, « Invictus », 1888, 2009 (traduction pour la version française du film *Invictus* de Clint Eastwood).

ÉCLAIRAGE

Extrait du poème en anglais

Out of the night that covers me,
Black as the pit from pole to pole,
I thank whatever gods may be
For my unconquerable soul.
[...]
It matters not how strait the gate,
How charged with punishments the scroll,
I am the master of my fate :
I am the captain of my soul.

? QUESTIONS

LES TEXTES

COMPÉTENCE – J'INTERPRÈTE DES TEXTES LITTÉRAIRES EN SITUANT L'ŒUVRE DANS SON CONTEXTE HISTORIQUE

Deux visions de la nuit

1. **Texte 1 a)** À qui la poétesse s'adresse-t-elle ? **b)** Comment s'appelle cette figure de style ?
2. **Texte 2 a)** Relevez tous les termes associés à la nuit. **b)** Comment ces termes sont-ils connotés ?
3. **Texte 2** Le poète évoque-t-il une nuit réelle ? Expliquez.
4. Quelle image de la nuit est donnée dans chacun des poèmes ? Justifiez en citant les textes.

Une tonalité lyrique

5. Quel est le sujet principal de ces poèmes ? Dans quel but sont-ils écrits ?
6. **Texte 1** Chacune des trois premières strophes de l'extrait rapproche le cœur de la poétesse d'un autre élément. Nommez les figures de style utilisées et expliquez ce qu'elles expriment.
7. **Texte 1 a)** Quels sentiments dominent dans ce poème ? **b)** Que demande la poétesse à la nuit dans la dernière strophe ?
8. **Texte 2** Quelle image le poète donne-t-il de lui ?
9. ■ **Texte 2** Ce poème a été critiqué de manière négative par les autorités religieuses. Pourquoi, selon vous ? Commentez notamment le dernier vers, en expliquant la métaphore.

L'IMAGE

1. Caractérisez la nuit représentée sur ce tableau. Quelle image Van Gogh donne-t-il de la nuit ?
2. De quel poème pouvez-vous rapprocher ce tableau ? Justifiez votre réponse.

3 Le lyrisme amoureux

✔ **OBJECTIF** Je découvre le lyrisme élégiaque.

Je peux écrire les vers les plus tristes cette nuit.

Écrire, par exemple : « La nuit est étoilée
et grelottent, bleus, les astres au lointain. »

Le vent de la nuit tourne dans le ciel et chante.

Je puis écrire les vers les plus tristes cette nuit.
Je l'ai aimée, et parfois elle aussi m'aima.

Dans les nuits comme celle-ci je l'ai tenue dans mes bras.
Je l'ai embrassée tant de fois sous le ciel infini.

Elle m'aima, parfois moi aussi je l'ai aimée.
Comment ne pas avoir aimé ses grands yeux fixes.

Je peux écrire les vers les plus tristes cette nuit.
Songer que je ne l'ai pas. Sentir que je l'ai perdue[1].

Entendre la nuit immense, plus immense sans elle.
Et le vers tombe sur l'âme comme la rosée sur l'herbe.

Qu'importe que mon amour n'ait pu la garder.
La nuit est étoilée et elle n'est pas avec moi.

C'est tout. Au loin quelqu'un chante. Au loin.
Mon âme n'est pas satisfaite, l'ayant perdue.

Comme pour la rapprocher mon regard la cherche.
Mon cœur la cherche, et elle n'est pas avec moi.

La même nuit qui fait blanchir les mêmes arbres.
Nous autres, ceux d'alors, déjà ne sommes plus les mêmes.

Déjà je ne l'aime plus, c'est vrai, mais combien l'ai-je aimée.
Ma voix recherchait le vent pour toucher son oreille.

À un autre. Elle sera à un autre. Comme avant mes baisers.
Sa voix, son corps clair. Ses yeux infinis.

Déjà je ne l'aime plus, c'est vrai, mais peut-être que je l'aime.
L'amour est si court, et l'oubli est si long.

PABLO NERUDA (1904-1973) est un poète, diplomate et homme politique chilien. Il publie *Vingt poèmes d'amour et une chanson désespérée* à seulement vingt ans et connait, grâce à ce recueil, un grand succès. Il y célèbre la femme, dans des vers sensuels et surprenants. Il a reçu le prix Nobel de littérature en 1971.

▲ Marc Chagall, *Paysage bleu*, 1949, gouache et pastel sur papier, 79 x 57,5 cm (Von der Heydt Museum, Wuppertal).

1. Ou « Regretter de l'avoir perdue. »

Parce qu'en des nuits comme celle-ci je l'ai tenue dans mes bras,
mon âme n'est pas satisfaite, l'ayant perdue.

Bien que celle-ci soit l'ultime douleur qu'elle m'inflige,
et ceux-ci soient les ultimes vers que je lui écris.

PABLO NERUDA, *Vingt Poèmes d'amour et une chanson désespérée*, poème 20, traduit par Claude Couffon et Christian Rinderknecht, © Éditions Gallimard, 1998.

▲ Marc Chagall, *Les amants bleus*, 1914 (collection privée).

ÉCLAIRAGE

Début du poème en espagnol

Puedo escribir los versos mas tristes esta noche.

Escribir, por ejemplo: « La noche esta estrellada, y
tiritan, azules, los astros, a lo lejos ».

El viento de la noche gira en el cielo y canta.

Puedo escribir los versos mas tristes esta noche.
Yo la quise, y a veces ella también me quiso.

En las noches como esta la tuve entre mis brazos.
La bese tantas veces bajo el cielo infinito.

Ella me quiso, a veces yo también la quería.
Como no haber amado sus grandes ojos fijos.

Puedo escribir los versos mas tristes esta noche.
Pensar que no la tengo. Sentir que la he perdido.

REPÈRE

L'élégie

L'élégie est une forme de **poème lyrique** qui exprime un **sentiment de tristesse, de douleur** due (le plus souvent) à l'**absence de l'être aimé**. Ce mot viendrait du grec *é-legein,* « dire hélas », dire la plainte.

Sur www.lelivrescolaire.fr, découvrez d'autres poèmes du même recueil.

QUESTIONS

COMPÉTENCE – JE MAITRISE LE FONCTIONNEMENT DU VERBE ET SON ORTHOGRAPHE

Un poème d'amour

1. Que sait-on de la femme aimée ?
2. Les sentiments du poète pour cette femme sont-ils clairs ? Expliquez en citant le texte.
3. Quelle forme d'amour est évoquée dans ce poème ? Justifiez en citant le texte.
4. Les traducteurs ont hésité pour la traduction du vers 12 (voir *note 1*). Comparez les deux possibilités et, à la lumière du poème, dites celle qui vous semble la plus intéressante et expliquez votre avis.

Une élégie

5. **a)** À quelle personne s'exprime le poète ? **b)** Quelle personne désigne la femme aimée ? **c)** Pourquoi le poète ne s'adresse-t-il pas directement à elle ?
6. ■ **a)** À quels temps le verbe « aimer » est-il conjugué ? **b)** Qu'évoque la phrase au futur ?
7. **a)** Dans quel état se trouve le poète ? **b)** Montrez que la nuit est propice à l'expression de ces sentiments.
8. Rapprochez les vers 21 et 22 des vers de Lamartine et d'Hugo (voir p. 302-303).
9. **a)** Relevez des répétitions dans le poème. À quelle autre forme d'art cela fait-il penser ? **b)** Quel sentiment cela souligne-t-il ?

4 « Ô rafraîchissantes ténèbres ! »

✔ **OBJECTIF** J'analyse l'expression lyrique dans un poème en prose.

1. Un poème en prose

CHARLES BAUDELAIRE

(1821-1867) est un écrivain français qui a profondément renouvelé la poésie française. Dans son recueil *Le Spleen de Paris*, également connu sous le titre *Petits poèmes en prose*, il reprend la forme du poème en prose inaugurée par Aloysius Bertrand (1807-1841) dans *Gaspard de la nuit*.

LE CRÉPUSCULE DU SOIR

Le jour tombe. Un grand apaisement se fait dans les pauvres esprits fatigués du labeur[1] de la journée ; et leurs pensées prennent maintenant les couleurs tendres et indécises du crépuscule.

Cependant du haut de la montagne arrive à mon balcon, à travers les nues[2] transparentes du soir, un grand hurlement, composé d'une foule de cris discordants, que l'espace transforme en une lugubre harmonie, comme celle de la marée qui monte ou d'une tempête qui s'éveille.

Quels sont les infortunés que le soir ne calme pas, et qui prennent, comme les hiboux, la venue de la nuit pour un signal de sabbat[3] ? Cette sinistre ululation[4] nous arrive du noir hospice perché sur la montagne ; et, le soir, en fumant et en contemplant le repos de l'immense vallée, hérissée de maisons dont chaque fenêtre dit : « C'est ici la paix maintenant ; c'est ici la joie de la famille ! » je puis, quand le vent souffle de là-haut, bercer ma pensée étonnée à cette imitation des harmonies de l'enfer.

[...]

Ô nuit ! ô rafraîchissantes ténèbres ! vous êtes pour moi le signal d'une fête intérieure, vous êtes la délivrance d'une angoisse ! Dans la solitude des plaines, dans les labyrinthes pierreux d'une capitale, scintillement des étoiles, explosion des lanternes, vous êtes le feu d'artifice de la déesse Liberté !

Crépuscule, comme vous êtes doux et tendre ! Les lueurs roses qui traînent encore à l'horizon comme l'agonie du jour sous l'oppression victorieuse de sa nuit, les feux des candélabres[5] qui font des taches d'un rouge opaque sur les dernières gloires du couchant, les lourdes draperies qu'une main invisible attire des profondeurs de l'Orient, imitent tous les sentiments compliqués qui luttent dans le cœur de l'homme aux heures solennelles de la vie.

On dirait encore une de ces robes étranges de danseuses, où une gaze[6] transparente et sombre laisse entrevoir les splendeurs amorties d'une jupe éclatante, comme sous le noir présent transperce le délicieux passé ; et les étoiles vacillantes d'or et d'argent, dont elle est semée, représentent ces feux de la fantaisie qui ne s'allument bien que sous le deuil profond de la Nuit.

CHARLES BAUDELAIRE, « Le Crépuscule du soir »,
Le Spleen de Paris, 1869.

1. Travail.
2. Nuages, ciel.
3. Ici : culte rendu au diable par une assemblée de sorciers et sorcières.
4. Cri des oiseaux de nuit.
5. Support à plusieurs branches destinées à recevoir des cierges.
6. Étoffe légère et transparente.

REPÈRE

Baudelaire et le poème en prose

Baudelaire, dans la préface du *Spleen de Paris*, écrit : « Quel est celui de nous qui n'a pas, dans ses jours d'ambition, rêvé **le miracle d'une prose poétique, musicale** sans rythme et sans rime, assez souple et assez heurtée pour **s'adapter aux mouvements lyriques de l'âme**, aux ondulations de la rêverie, aux soubresauts de la conscience ? »

2. Texte écho

Le texte de la page de gauche reprend un poème, précédemment publié dans Les Fleurs du mal *en 1857. En voici quelques vers.*

LE CRÉPUSCULE DU SOIR

[...]

Ô soir, aimable soir, désiré par celui
Dont les bras, sans mentir, peuvent dire : Aujourd'hui
Nous avons travaillé ! - C'est le soir qui soulage
Les esprits que dévore une douleur sauvage,
Le savant obstiné dont le front s'alourdit,
Et l'ouvrier courbé qui regagne son lit. [...]

Recueille-toi, mon âme, en ce grave moment,
Et ferme ton oreille à ce rugissement.
C'est l'heure où les douleurs des malades s'aigrissent[1] ! [...]
L'hôpital se remplit de leurs soupirs. - Plus d'un
Ne viendra plus chercher la soupe parfumée,
Au coin du feu, le soir, auprès d'une âme aimée.

CHARLES BAUDELAIRE, « Le crépuscule du soir », *Les Fleurs du mal*, 1857.

1. S'intensifient.

100% NUMÉRIQUE — Sur www.lelivrescolaire.fr, découvrez les versions intégrales de ces textes.

▲ John Atkinson Grimshaw, *Une rue de nuit*, fin du XIXe siècle (collection privée).

QUESTIONS

COMPÉTENCE – JE LIS DES ŒUVRES LITTÉRAIRES ET ANALYSE LES CARACTÉRISTIQUES DE LA POÉSIE EN PROSE

Une prose poétique

1. ■ **a)** A première vue, **le texte 1** est-il un poème ? Expliquez votre réponse. **b)** Quels éléments du texte se rapportent au genre narratif ?
2. **a)** Qui sont les personnages qui peuplent cette nuit ? **b)** Comment la perception du poète permet-elle de les évoquer ?
3. **a)** Quelles sont les différentes sources de lumière dont parle le poème ? **b)** Quelles couleurs sont évoquées ? **c)** Cela vous semble-t-il évident dans un poème sur la nuit ?
4. Lisez le **texte écho**. **a)** Quels éléments communs repérez-vous ? **b)** Quel texte vous semble le plus poétique ? Pourquoi ?

Un texte lyrique

5. **a)** Quel est le cadre spatio-temporel du poème ? Citez le texte. **b)** Comparez avec les auteurs romantiques (voir p. 302-303).
6. **a)** Qui parle ? À qui ? Justifiez vos réponses par des éléments précis. **b)** Comment s'appelle cette figure de style ?
7. Dans quel passage du texte la présence du poète est-elle la plus visible ?

5 L'appel de la nuit

✔ **OBJECTIF** J'étudie la façon dont la prose poétique intensifie notre rapport au monde.

JEAN GIONO

(1895-1970) est un écrivain français dont les premiers romans se passent dans le monde rural provençal, l'univers de son enfance. Il chante la nature pour y faire rêver son lecteur.

Cet extrait constitue l'incipit du roman de Jean Giono, Que ma joie demeure.

C'était une nuit extraordinaire. Il y avait eu du vent, il avait cessé, et les étoiles avaient éclaté comme de l'herbe. Elles étaient en touffes avec des racines d'or, épanouies, enfoncées dans les ténèbres et qui soulevaient des mottes luisantes de nuit.

Jourdan ne pouvait pas dormir. Il se tournait, il se retournait.

« Il fait un clair de toute beauté », se disait-il. Il n'avait jamais vu ça. Le ciel tremblait comme un ciel de métal. On ne savait pas de quoi puisque tout était immobile, même le plus petit pompon d'osier. Ça n'était pas le vent. C'était tout simplement le ciel qui descendait jusqu'à toucher la terre, racler les plaines, frapper les montagnes et faire sonner les corridors des forêts. Après, il remontait au fond des hauteurs.

Jourdan essaya de réveiller sa femme.

« Tu dors ?

– Oui.

– Mais tu réponds ?

– Non.

– Tu as vu la nuit ?

– Non.

– Il fait un clair superbe. »

Elle resta sans répondre et fit aller un gros soupir, un claqué des lèvres et puis un mouvement d'épaules comme une qui se défait d'un fardeau.

« Tu sais à quoi je pense ?

– Non.

– J'ai envie d'aller labourer entre les amandiers.

– Oui.

– La pièce, là, devant le portail.

– Oui.

– En direction de Fra-Josépine.

– Oh ! oui », dit-elle.

Elle bougea encore deux ou trois fois ses épaules et finalement elle se coucha en plein sur le ventre, le visage dans l'oreiller.

« Mais, je veux dire maintenant », dit Jourdan.

Il se leva. Le parquet était froid, le pantalon de velours glacé. Il y avait des éclats de nuit partout dans la chambre. Dehors on voyait presque comme en plein jour le plateau et la forêt Grémone. Les étoiles s'éparpillaient partout.

Jourdan descendit à l'étable. Le cheval dormait debout.

« Ah ! dit-il, toi tu sais, au moins. Voilà que tu n'as pas osé te coucher. »

Il ouvrit le grand vantail. Il donnait directement sur le large du champ.

REPÈRE

La prose poétique

Dans un texte narratif, les descriptions s'appuient souvent sur des **figures de style**, sur le **rythme** de la phrase ou bien sur les **sonorités**. Dans ce cas, on parle de **prose poétique**. L'association des deux termes est justifiée par l'attention portée à des **codes qui appartiennent plutôt à la poésie**. Néanmoins, le texte reste **globalement narratif** car il raconte une histoire, avec des personnages.

1. Grande lanterne.
2. Verbe formé sur le mot « charbon » pour désigner l'action de noircir avec du charbon.
3. Charrue utilisée à la fin du XIXe siècle.
4. Qui a de la volonté.

Quand on avait vu la lumière de la nuit, comme ça, sans vitre entre elle et les yeux, on connaissait tout d'un coup la pureté, on s'apercevait que la lumière du fanal[1], avec son pétrole, était sale, et qu'elle vivait avec du sang charbonné[2].

Pas de lune, oh ! Pas de lune. Mais on était comme dessous des braises, malgré ce début d'hiver et le froid. Le ciel sentait la cendre. C'est l'odeur des écorces d'amandiers et de la forêt sèche.

Jourdan pensa qu'il était temps de se servir du brabant[3] neuf. La charrue avait encore les muscles tout bleus de la dernière foire, elle sentait le magasin du marchand mais elle avait l'air volonteuse[4]. C'était l'occasion ou jamais. Le cheval s'était réveillé. Il était venu jusque près de la porte pour regarder.

Il y a sur la terre de beaux moments bien tranquilles.

JEAN GIONO, *Que ma joie demeure*,

▲ Jean-François Millet, *Nuit étoilée*, v. 1850-1865 (Yale University Art Gallery, New Haven, États-Unis).

100% NUMÉRIQUE

Sur www.lelivrescolaire.fr, écoutez *Jésus, que ma joie demeure* de J.S. Bach, célèbre cantate qui a inspiré le titre du roman de Giono.

? QUESTIONS

LE TEXTE

COMPÉTENCE – JE LIS DES TEXTES VARIÉS ET ME SERS DE LA NATURE DES DOCUMENTS POUR LES COMPRENDRE

« Une nuit extraordinaire »

1. Où et quand se déroule la scène ? Soyez le plus précis possible.
2. Pourquoi le narrateur décrit-il la nuit comme « extraordinaire » (l. 1) ? Donnez au moins deux caractéristiques paradoxales de cette nuit particulière.
3. Commentez la description des étoiles, au début du texte. Quelles sont les figures de style employées ? Quel effet cela produit-il sur le lecteur ?
4. Commentez la description de la lumière artificielle (l. 40-45) : comment l'auteur crée-t-il une forte opposition avec la lumière des étoiles ?

Une expérience poétique

5. Quel effet cette nuit produit-elle sur Jourdan ? Trouvez-vous cela surprenant ? Comparez notamment avec la réaction de sa femme.
6. **a)** Par les yeux de qui le lecteur découvre-t-il la nuit ? **b)** Citez au moins une phrase pour justifier votre réponse et qui exprime les sentiments du personnage.
7. Ce texte vous parait-il poétique ? Appuyez votre réponse sur des figures de style et des effets de musicalité et de rythme.
8. **a)** Quelle décision Jourdan prend-il pour apprécier pleinement la nuit ? **b)** Comment l'aspect poétique du texte rend-il compte de cette expérience intense ?

L'IMAGE

1. Quelle est la source de lumière de ce tableau ? Quels effets cette lumière crée-t-elle sur le paysage ?
2. À votre avis, quel sentiment le peintre a-t-il voulu exprimer dans ce tableau ? Justifiez votre réponse.
3. Quels liens pouvez-vous établir entre cette toile et l'extrait du roman de Jean Giono ?

Visions poétiques de la nuit

Comment peindre l'obscurité de la nuit permet-il de mettre en lumière des émotions profondes ?

La nuit inspire car elle est au croisement entre pénombre et lumière. La vision romantique lyrique fait de ce moment une interaction entre l'homme et l'univers infini. Mais la nuit révèle aussi une vision cauchemardesque pendant laquelle se déchainent les forces inconscientes du songe.

1 Nuit étoilée

Edvard Munch, *Nuit d'étoiles, paysage nocturne en Europe du Nord*, 1923-1924, huile sur toile, 139 x 119 cm (Munch Museet, Oslo).

COMPÉTENCE
JE MOBILISE DES RÉFÉRENCES CULTURELLES POUR INTERPRÉTER DES PRODUCTIONS LITTÉRAIRES OU ARTISTIQUES

2 Allégorie de la nuit

Alfons Mucha, *Clair de Lune*, 1902.

Cette œuvre fait partie d'un ensemble de quatre panneaux décoratifs.

1500 1600 1700 1800 1900 2000

Le Cauchemar, Füssli (1781)
Rivage au clair de lune, Friedrich (1835)
Claire de lune, A. Mucha (1902)
Nuit d'étoiles, E. Munch (1923-1924)

3 Nuit noire

▲ Caspar David Friedrich, *Rivage au clair de lune*, 1835, huile sur toile, 170 x 135 cm, (Kunsthalle, Hambourg).

4 Nuit cauchemardesque

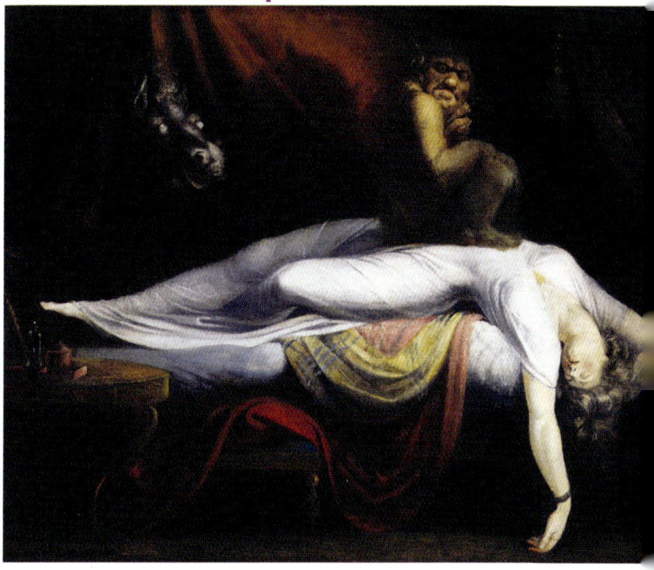

▲ Johann Heinrich Füssli, *Le Cauchemar*, 1781, huile sur toile, 102 x 127 cm (Institute of Arts, Detroit).

? QUESTIONS

1. **Doc. 1 a)** Où se trouve le peintre à votre avis ? **b)** Qu'est-ce que cette vision de la nuit a de particulier, d'original ?
2. **Doc. 1 a)** Quelles ressemblances voyez-vous avec Nuit étoilée sur le Rhône de Van Gogh (p. 304) ? **b)** Comment comprenez-vous cette remarque de Van Gogh : « Souvent, il me semble que la nuit est encore plus richement colorée que le jour » ?
3. **Doc. 2 a)** Qu'est-ce qu'une allégorie ? **b)** Quelles caractéristiques de la nuit identifiez-vous sur ce personnage ?
4. **Doc. 3 a)** Quelle vision de la nuit est proposée par ce tableau ? Justifiez votre réponse par des éléments précis. **b)** De quel type de littérature rapprocheriez-vous ce tableau ? Donnez au moins deux arguments.
5. **Doc. 1 et 3** Comparez ces deux tableaux. Qu'ont-ils en commun ? De quelles manières s'opposent-ils ? Comparez notamment les couleurs, la lumière et la composition de l'image.
6. **Doc. 4 a)** De quelle manière le cauchemar est-il représenté ? **b)** Quel personnage vous semble le plus inquiétant ? **c)** Observez les couleurs et les postures.
7. **Doc. 4** De quelles façons les monstres s'opposent-ils à la femme ? Observez les couleurs, la lumière et la posture des personnages.
8. **Doc. 2 et 4** Comment les personnages féminins donnent-ils deux visions opposées de la nuit ?
9. **Synthèse.** Quelles différences facettes de la nuit sont représentées par ces tableaux ? De quelles manières ?
10. Quelle œuvre préférez-vous ? Pourquoi ?

Retrouvez sur www.lelivrescolaire.fr, une vidéo qui analyse le tableau de Füssli.

Ex. 1 JE CÉLÈBRE UN MOMENT DE LA JOURNÉE OU DE L'ANNÉE

À la manière d'Anna de Noailles (p. 304), rédigez deux strophes en vers réguliers ou libres, qui célèbrent soit un moment de la journée, soit un moment de l'année.

Méthode
› Cherchez deux associations insolites, au moins, pour désigner le moment choisi (exemple : printemps et vide-grenier).
› Associez un sentiment.
› Préférez les groupes nominaux, avec des expansions. Choisissez une liste de mots qui créent une assonance ou une allitération (exemple : « vent, virulent, voltiger, vrombissant »).

PARCOURS DE COMPÉTENCES

Ex. 2 J'ÉCRIS UN POÈME LYRIQUE

À la manière de V. Hugo (p. 303), écrivez un poème lyrique, où le paysage traduit un « état d'âme ».

Méthode
› Choisissez un paysage qui vous plait.
› Quel sentiment vous inspire ce paysage ? Établissez le champ lexical de ce sentiment.

Vous pouvez utiliser http://dico.isc.cnrs.fr/dico/fr/

› Choisissez les types de strophe et de vers que vous souhaitez écrire ainsi que le schéma des rimes.
› Bonus : créez des assonances et/ou des allitérations.

Ex. 3 JE SAIS DONNER UNE TONALITÉ FANTASTIQUE À MON POÈME EN PROSE

À partir du tableau de Joseph Vernet, reproduit sur cette page, imaginez un poème en prose. Vous veillerez à donner une tonalité fantastique à ce texte, notamment en exploitant la présence de la tour, au bord de l'eau.

Méthode
› Regardez les personnages de ce tableau et imaginez pourquoi ils se trouvent là.
› Rédigez à la première personne comme si vous étiez l'un des personnages.
› Employez le champ lexical de la peur et du doute pour accentuer le registre fantastique de votre texte.
› Alternez les passages narratifs et descriptifs.
› Employez des figures de style pour renforcer le caractère poétique de votre description.

▲ Joseph Vernet, *Scène de nuit sur la côte méditerranéenne avec pêcheurs et bateaux*, 1753, huile sur toile, 96,5 x 134,6 cm (musée Thyssen-Bornemisza, Madrid).

JE ME SITUE DANS MON PARCOURS DE COMPÉTENCES

ÉCRIRE – J'ADOPTE DES STRATÉGIES D'ÉCRITURE EFFICACES

1 Je cherche les informations utiles (paysage, sentiment), mais j'ai parfois besoin que l'on m'indique où. Mon champ lexical est peu développé.

2 Je sais chercher mes informations dans les sites donnés en exemple, mais je ne cherche pas ailleurs. Mon champ lexical s'arrête à cela.

3 Je sais rechercher les informations sur les supports cités et ailleurs. Mon champ lexical est développé.

4 Je sais m'approprier les informations trouvées dans diverses sources : j'ai noté sur mon brouillon, sélectionné, regroupé. J'ai utilisé un dictionnaire des rimes pour le bonus.

Ex. 4 J'ÉCRIS UN POÈME LYRIQUE ÉLÉGIAQUE

À la manière de Pablo Neruda (p. 306), écrivez un poème élégiaque, en vers libres.

Méthode

› Imaginez la raison de cette tristesse (un ami qui vous a oublié, une dispute avec les parents, une punition injuste, la perte d'un être aimé, etc.).

› Notez tous les mots et expressions qui vous passent par la tête à propos de ce thème.

› Cherchez le champ lexical de la tristesse et classez les mots par intensité du sentiment (faible, fort, très fort).

Vous pouvez utiliser http://dico.isc.cnrs.fr/dico/fr/

› Rédigez à la première personne et employez une ponctuation expressive (points d'exclamation, d'interrogation, de suspension).

› Soignez le rythme et les sonorités de votre poème grâce notamment aux anaphores, assonances et allitérations.

Ex. 5 J'ÉCRIS UNE SUITE DE TEXTE

Écrivez la suite de l'incipit de Giono, p. 310.

Méthode

› Respectez le statut du narrateur et le cadre spatio-temporel.

› Respectez le style de l'auteur (passages de description poétique, métaphores surprenantes, etc.).

› Introduisez un élément perturbateur.

Ex. 1 JE FAIS UN CONCOURS DE « CADAVRE EXQUIS »

Le « cadavre exquis » est un jeu inventé par les surréalistes, écrivains qui cherchaient à avoir accès à une réalité inconsciente. Ce jeu suppose que chaque participant écrive une partie d'une phrase mais sans savoir ce que le précédent a écrit, dans l'ordre S-V-COD.

À vous d'écrire « un cadavre exquis » sur le thème de l'eau.

Méthode

Chaque groupe doit avoir une feuille ; chaque élève la replie à chaque étape pour cacher ce qu'il a écrit avant de la passer au voisin. Étapes :

› Élève 1 : un GN (article + nom) en lien avec le thème.

› Élève 2 : un adjectif qui se rapporte aux humains.

› Élève 3 : un verbe transitif direct.

› Élève 4 : un GN inattendu pour le thème.

› Élève 5 : un adjectif de votre choix.

› En groupe : dépliez la feuille, corrigez les éventuelles erreurs d'accord et lisez la phrase obtenue.

Ex. 2 JE LIS UN POÈME ET J'ENREGISTRE MA LECTURE

Lisez le poème de Lamartine (p. 302) à haute voix, de manière claire et intelligible et enregistrez-vous.

Méthode

› Entrainez-vous par étape : séparez d'abord chaque syllabe, faites ensuite les liaisons, essayez d'être bien audible à voix basse puis à voix haute, mettez enfin le ton.

› Enregistrez-vous sur votre portable, tablette (applications type Dictaphone ou Sound Recorder) ou sur l'ordinateur grâce au logiciel Audacity.

› Envoyez votre fichier à votre professeur qui vous fera écouter les meilleures lectures afin de voter pour votre lecture préférée.

Ex. 3 JE DIS UN SLAM LYRIQUE À PLUSIEURS

Par groupe de 3-4 élèves, écrivez un slam lyrique puis déclamez-le.

> Ça commence par un moment de flottement quand le soleil recule
> Un parfum d'hésitation qu'on appelle le crépuscule
> Les dernières heures du jour sont avalées par l'horizon,
> Pour que la nuit règne sans partage, elle a gagné, elle a raison
> En fait j'aime cet instant, j'vois le changement d'atmosphère
> Et si j'y pense un peu j'me demande comment ça peut se faire
> Ce miracle quotidien, le perpétuel mystère qui fait qu'en quelques secondes on passe du coté obscur de la terre
>
> Grand Corps Malade, « La Nuit »,
> album *Enfant de la ville*, 2008

Méthode

› Établissez, en classe entière, les critères de réussite de votre slam.

› Par groupe, choisissez un thème (le matin, l'hiver, etc.) et un sentiment (la joie, la tristesse, etc.).

› Cherchez des mots correspondant aux champs lexicaux définis et notez-les.

› À tour de rôle, chacun écrit une phrase pour poursuivre le poème. Faites au moins quatre tours.

› Chaque groupe dit à voix haute le slam.

› La classe vote pour le slam le plus réussi.

Retrouvez les slams de Grand Corps Malade.

SUJET BREVET 11

Nuit de guerre

Inspiré par les nuits passées dans les tranchées, le poète Guillaume Apollinaire écrit ce poème nocturne et le dédie à Lou, la femme qu'il aime.

LA NUIT D'AVRIL 1915

À L. de C.-C[1].

Le ciel est étoilé par les obus des Boches[2]
La forêt merveilleuse où je vis donne un bal
La mitrailleuse joue un air à triples-croches[3]
Mais avez-vous le mot
Eh ! oui le mot fatal
Aux créneaux Aux créneaux Laissez là les pioches

Comme un astre éperdu qui cherche ses saisons
Cœur obus éclaté tu sifflais ta romance
Et tes mille soleils ont vidé les caissons[4]
Que les dieux de mes yeux remplissent en silence
Nous vous aimons ô vie et nous vous agaçons

Les obus miaulaient un amour à mourir
Un amour qui se meurt est plus doux que les autres
Ton souffle nage au fleuve où le sang va tarir[5]
Les obus miaulaient
Entends chanter les nôtres
Pourpre amour salué par ceux qui vont périr

Le printemps tout mouillé la veilleuse l'attaque
Il pleut mon âme il pleut mais il pleut des yeux morts
Ulysse que de jours pour rentrer dans Ithaque
Couche-toi sur la paille et songe un beau remords[6]
Qui pur effet de l'art soit aphrodisiaque[7]
Mais
orgues[8]
aux fétus[9] de la paille où tu dors
L'hymne de l'avenir est paradisiaque

GUILLAUME APOLLINAIRE, *Calligrammes*, 1918.

Le jour de l'épreuve, vous pourrez parfois vous aider du corpus d'histoire-géographie pour comprendre le contexte de l'extrait. Sur Lelivrescolaire.fr retrouvez un tableau d'Otto Dix sur la violence de la guerre en sujet de brevet (chapitre 1 du manuel d'histoire géographie).

1. Louise de Chatillon-Coligny, « Lou ».
2. Nom péjoratif donné aux Allemands.
3. Type de note de musique.
4. Grandes caisses servant au transport de munitions et de vivres.
5. S'écouler jusqu'à épuisement.
6. Chose qu'on regrette.
7. Qui suscite le désir amoureux.
8. Instrument de musique ou engin militaire doté de canons.
9. Brin de paille.

Félix Vallotton, *Verdun. Tableau de guerre interprété, projections colorées noires, bleues et rouges, terrains dévastés, nuées de gaz*, 1917 (musée de l'Armée, Paris).

1re Partie : compréhension, analyse et interprétation (1h) ....

QUESTIONS (20 POINTS)

1. À quel genre littéraire ce texte appartient-il ? Relevez au moins trois indices qui justifient votre réponse. (1,5 point)
2. a) À quel évènement historique ce poème fait-il référence ? (0,5 point)
   - ❒ La guerre de Cent Ans.
   - ❒ La Première Guerre mondiale.
   - ❒ La Seconde Guerre mondiale.

   b) Relevez le champ lexical de la guerre : est-il très présent ? Qu'en pensez-vous ? (2 points)
3. a) « Le ciel est étoilé par les obus des Boches » (v. 1) Quelle figure de style est employée dans ce vers ? b) Relevez un autre vers qui utilise la même image. c) En quoi cette association est-elle surprenante et quel effet produit-elle ? (2 points)
4. a) De quel « bal » (v. 2) est-il question dans ce poème ? b) Relevez plusieurs termes appartenant au champ lexical de la musique. c) La tonalité est-elle plutôt triste ou joyeuse ? (2,5 points)
5. a) Dans la 3e strophe, de quel sentiment est-il surtout question ? b) Que pensez-vous de l'apparition de ce thème au milieu de la guerre ? (2 points)
6. Selon vous, pourquoi le poète fait-il allusion à Ulysse et à son long voyage de retour vers Ithaque ? (1,5 point)
7. a) Comment l'adjectif « paradisiaque » (v. 26) est-il formé et que signifie-t-il ? b) Comment comprenez-vous que le poème puisse se terminer sur ce mot ? Appuyez votre réponse sur l'ensemble du texte. (2,5 points)
8. Pourquoi peut-on dire que ce poème est lyrique ? Justifiez votre réponse à l'aide d'exemples variés et en vous appuyant sur les réponses précédentes. (3,5 points)
9. **À propos de l'image.** Pensez-vous que le tableau de F. Vallotton illustre au mieux le poème d'Apollinaire ? Justifiez votre réponse en vous appuyant sur des exemples précis du texte et sur le vocabulaire d'analyse d'image. (2 points)

2e partie : rédaction et maîtrise de la langue (2 h)

DICTÉE ET RÉÉCRITURE (10 POINTS)

1. Dictée : **LOUIS-FERDINAND CÉLINE, *Voyage au bout de la nuit*, 1932.** Les dictées des brevets blancs sont regroupées à la fin du cahier d'exercices de 3e.
2. **Réécrivez le passage suivant (v. 1 à 6) en transposant à l'imparfait de l'indicatif les verbes conjugués au présent de l'indicatif.**

Le ciel est étoilé par les obus des Boches
La forêt merveilleuse où je vis donne un bal
La mitrailleuse joue un air à triples-croches
Mais avez-vous le mot
Eh ! oui le mot fatal
Aux créneaux Aux créneaux Laissez là les pioches

TRAVAIL D'ÉCRITURE (20 POINTS)

Vous traiterez au choix l'un des deux sujets suivants. Votre texte aura une longueur minimale de deux pages.

SUJET DE RÉFLEXION

D'après vous, l'expression artistique (littérature, théâtre, cinéma, musique, peinture, etc.) apporte-t-elle quelque chose à l'évocation des évènements du passé ? À l'aide d'exemples historiques et/ou personnels de votre choix, vous présenterez votre réflexion dans un développement argumenté et organisé. Votre texte fera, au moins, deux pages.

Sujet de brevet 2014, France métropolitaine, série générale.

SUJET D'INVENTION

Vous raconterez en prose, sous forme de journal intime, la nuit d'un soldat dans une tranchée de guerre, lors d'une attaque surprise de l'ennemi. Votre texte fera au moins deux pages. Vous écrirez à la 1re personne du singulier un récit au passé. Vous prendrez soin de faire ressortir les émotions du narrateur. Vous respecterez la cohérence historique.

SUJET BREVET 12

Spleen nocturne

Charles Baudelaire (1821-1867) décrit dans ce poème des Fleurs du mal *une facette d'un état d'âme particulier, le spleen. Le poème s'intitulait d'ailleurs, dans la première édition du recueil, « Spleen », comme d'autres pièces de ce chef-d'œuvre de la poésie moderne.*

LA CLOCHE FÊLÉE[1]

Il est amer et doux, pendant les nuits d'hiver,
D'écouter, près du feu qui palpite et qui fume,
Les souvenirs lointains lentement s'élever
Au bruit des carillons[2] qui chantent dans la brume,

Bienheureuse la cloche au gosier vigoureux
Qui, malgré sa vieillesse, alerte et bien portante,
Jette fidèlement son cri religieux,
Ainsi qu'un vieux soldat qui veille sous la tente !

Moi, mon âme est fêlée, et lorsqu'en ses ennuis
Elle veut de ses chants peupler l'air froid des nuits,
Il arrive souvent que sa voix affaiblie

Semble le râle[3] épais d'un blessé qu'on oublie
Au bord d'un lac de sang, sous un grand tas de morts,
Et qui meurt, sans bouger, dans d'immenses efforts.

CHARLES BAUDELAIRE, « La cloche fêlée », *Les Fleurs du mal*, édition de 1861.

1. Fendue.
2. Ensemble de cloches, qui produit des airs généralement gais.
3. Bruit émis par une personne en train de mourir.

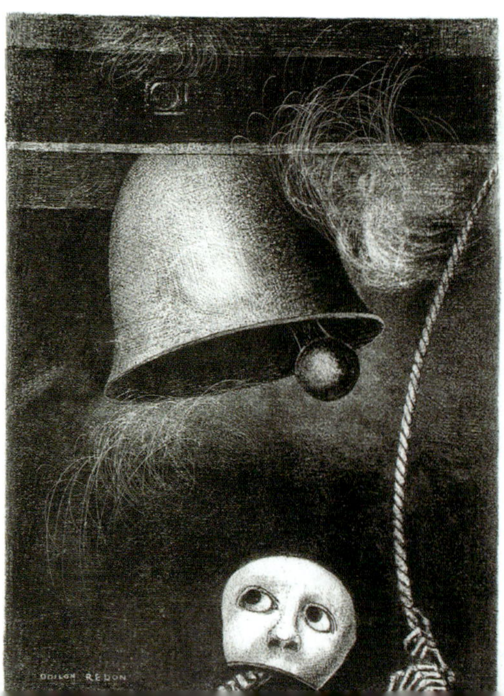

Odilon Redon, *Un masque sonne le glas funèbre*, lithographie extraite du recueil *À Edgar Poe*, 19,2 x 15,8 cm, 1882 (Los Angeles County Museum of Art, Los Angeles, États-Unis).

Retrouvez la 2e partie de l'épreuve sur : www.lelivrescolaire.fr

100% NUMÉRIQUE

? QUESTIONS (20 POINTS)

1. À quel genre appartient ce texte ? Relevez au moins trois indices pour justifier votre réponse. (1 point)

2. a) Quelle figure de style est employée dans l'expression « Il est amer et doux » (v. 1) ? b) Sur quelle opposition se construit donc ensuite ce poème ? (1,5 points)

3. a) Dans la deuxième strophe, relevez des expressions qui montrent que la cloche est personnifiée. b) De quelle qualité Baudelaire pare-t-il la cloche ? Relevez trois adjectifs qualificatifs justifiant votre réponse. c) Quel est le ton général de cette strophe ? (2,5 points)

4. Le vers 7 est-il un alexandrin ? Quel phénomène remarquez-vous ? (1 point)

5. a) Quel est le sujet des deux tercets ? b) Comment ce sujet est-il mis en valeur ? (1,5 points)

6. Pourquoi, selon vous, le poète a-t-il choisi de faire rimer le mot « ennuis » (v. 9) avec le mot « nuits » (v. 10) ? (1,5 points)

7. Quel est, dans le poème, le point commun entre la cloche des deux premières strophes et l'âme des deux dernières ? Sur quel point Baudelaire les compare-t-il ? Relevez notamment un champ lexical présent dans l'ensemble du poème. (2 points)

8. a) Quelles sont les caractéristiques de l'âme dans les tercets ? Citez des expressions précises. b) En quoi la description de l'âme s'oppose-t-elle à celle de la cloche ? Vous vous appuierez notamment sur les comparaisons utilisées dans l'un et l'autre cas. (2 points)

9. a) Quelles sont les connotations de la dernière strophe ? Citez précisément le texte pour répondre. b) Relevez les propositions subordonnées relatives qui caractérisent le « blessé ». c) En quoi peut-on dire qu'il y a une progression vers l'horreur ? (2,5 points) Quelles figures de style appuient cette progression ? Citez-en au moins deux.

10. a) Qui est finalement « la cloche fêlée » du titre ? b) Comment décririez-vous l'état d'esprit du poète ? Tentez de donner ici une définition du spleen. (3 points)

11. À propos de l'image. Selon vous, pourquoi peut-on associer cette illustration au poème ? Justifiez votre réponse avec des exemples précis du texte. (1,5 points)

Coup de pouce

Présentez l'image : l'image étudiée est une lithographie en noir et blanc d'Odilon Redon, artiste singulier de la fin du XIXe siècle. Elle est datée de 1882 : elle a donc été réalisée quelques années seulement après la mort de Charles Baudelaire. Son titre, *Un masque sonne le glas funèbre*, et le fait qu'elle appartienne au recueil *À Edgar Poe* indiquent qu'elle s'inscrit dans le registre fantastique. Saviez-vous que Redon admirait Poe autant que Baudelaire et qu'on doit à ce dernier la première traduction française du recueil de nouvelles de l'écrivain américain ? Pour répondre à la question, appuyez-vous :

- sur **le thème de l'image**. Les deux œuvres sont liées par la présence de la cloche et par celle de la mort (représentée par un squelette). Le titre indique qu'on sonne le glas (sonnerie des morts).
- sur **la tonalité de l'image**. L'œuvre est en noir et blanc, le thème est sombre et pourtant il y a quelque chose de « doux et amer » à la fois dans la représentation de la mort avec ses grands yeux et le mouvement de la cloche qui sonne à tout-va.

MÉTHODE

Avant d'interpréter une image, lisez bien la légende, qui peut apporter des informations utiles : artiste, titre, date, nature, dimensions, lieu de conservation. Utilisez ces informations pour présenter rapidement l'image au début de votre réponse.

Si on vous demande quels liens vous pouvez faire avec le texte étudié, vous devez avoir une idée précise de l'image :

- Que voit-on ? Comment l'image est-elle organisée ? Qu'est-ce qui est mis en avant et comment (premier plan, couleurs, proportions, lumière) ?
- Y a-t-il un ou des détails qui vous interpellent ? Pourquoi ? Votre première impression est souvent la bonne !
- Quels sont les matériaux utilisés ? une technique originale peut en dire long sur l'œuvre.
- Enfin, quelle peut être la fonction de l'image : descriptive ? argumentative ? esthétique (pour susciter l'émotion) ?

En résumé, posez-vous trois questions : quoi ? comment ? pourquoi ?

17 Le monde moderne en poésie

Objectifs :
- ✔ **Je découvre des formes modernes de poésie lyrique.**
- ✔ **Je porte un regard poétique sur le monde qui m'entoure.**
- ✔ **Je comprends que la poésie joue de toutes les ressources de la langue pour célébrer le monde et en interroger le sens.**

?

Pour entrer dans le chapitre

1. Quels poèmes ou poètes des XXe et XXIe siècles connaissez-vous ?
2. Selon vous, qu'est-ce qui caractérise la poésie moderne ?
3. Quelles sont les caractéristiques du registre lyrique ?

L'image

1. De quel type de lieu s'agit-il ?
2. Pourquoi peut-on parler d'un lieu moderne ?
3. Comment l'art transfigure-t-il ce lieu ?

Église Santa Barbara de Llanera, décorée par Okuda. ▶ Photographie prise à l'ouverture du Kaos Temple, le 9 décembre 2015 à la Iglesia Skate dans les Asturies, Espagne ; performance de l'athlète Danny Leon.

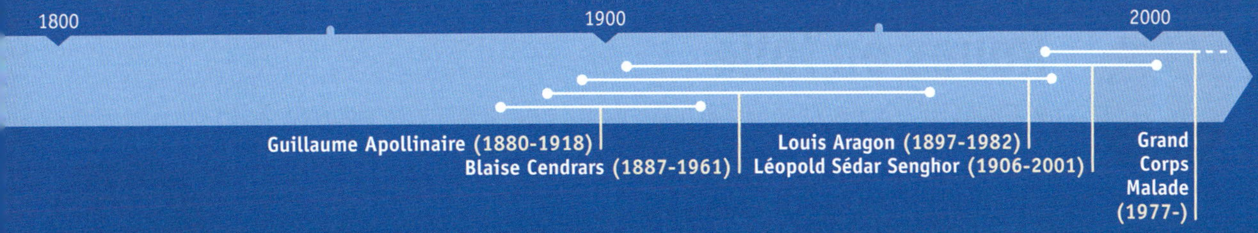
1800
1900
2000
Guillaume Apollinaire (1880-1918)
Blaise Cendrars (1887-1961)
Louis Aragon (1897-1982)
Léopold Sédar Senghor (1906-2001)
Grand Corps Malade (1977-)

Red Bull

1 Roues en folie

✔ **OBJECTIF** Je découvre une écriture inspirée par une réalité moderne.

BLAISE CENDRARS

(1887-1961) est le pseudonyme (formé sur « braises, cendres, art ») de Frédéric Sauser, écrivain suisse. Grand voyageur, jongleur, chercheur d'or, passionné d'art africain et de cinéma, il perd le bras droit pendant la Première Guerre mondiale. Son œuvre célèbre l'aventure et la modernité en mêlant réalité et imaginaire.

À seize ans, Cendrars fugue et prend un train pour Moscou.

En ce temps-là j'étais en mon adolescence
J'avais à peine seize ans et je ne me souvenais déjà plus de mon enfance
J'étais à 16 000 lieues[1] du lieu de ma naissance
J'étais à Moscou, dans la ville des mille et trois clochers et des
[sept gares
Et je n'avais pas assez des sept gares et des mille et trois tours
Car mon adolescence était si ardente et si folle
Que mon cœur tour à tour brûlait comme le temple d'Ephèse ou comme
[la Place Rouge de Moscou
quand le soleil se couche. [...]
J'avais faim
Et tous les jours et toutes les femmes dans les cafés et tous les verres
J'aurais voulu les boire et les casser
Et toutes les vitrines et toutes les rues
Et toutes les maisons et toutes les vies
Et toutes les roues des fiacres[2] qui tournaient en tourbillon sur les mauvais
[pavés
J'aurais voulu les plonger dans une fournaise[3] de glaives[4]
Et j'aurais voulu broyer tous les os
Et arracher toutes les langues

[Le poète se rend en Chine par le Transsibérien, plus longue ligne de chemin de fer du monde. Il est d'abord enthousiasmé par cette aventure.]

Et pourtant, et pourtant
J'étais triste comme un enfant.
Les rythmes du train
La « moëlle chemin-de-fer[5] » des psychiatres américains
Le bruit des portes des voix des essieux grinçant sur les rails congelés
Le ferlin[6] d'or de mon avenir
Mon browning[7] le piano et les jurons des joueurs de cartes dans le comparti-
[ment d'à côté
L'épatante présence de Jeanne[8]
L'homme aux lunettes bleues qui se promenait nerveusement dans le couloir
[et qui me regardait en passant
Froissis de femmes
Et le sifflement de la vapeur[9]
Et le bruit éternel des roues en folie dans les ornières du ciel
Les vitres sont givrées
Pas de nature !

1. Ancienne unité de distance (1 lieue = env. 4 km).
2. Voiture à cheval.
3. Brasier, feu.
4. Épées.
5. Inflammation de la moëlle épinière que l'on croyait causée par les voyages en train.
6. Petite monnaie.
7. Revolver américain confié au poète par le bijoutier qu'il accompagne.
8. Prostituée parisienne rencontrée dans le train ; le poète se lie avec elle et lui dédie le poème.
9. C'est un train à vapeur.

Et derrière les plaines sibériennes, le ciel bas et les grandes ombres des
[Taciturnes[10] qui montent et qui descendent [...]
Je reconnais tous les pays les yeux fermés à leur odeur
Et je reconnais tous les trains au bruit qu'ils font
Les trains d'Europe sont à quatre temps tandis que ceux
[d'Asie sont à cinq ou sept temps
D'autres vont en sourdine, sont des berceuses
Et il y en a qui dans le bruit monotone des roues me
[rappellent la prose lourde de Maeterlinck[11]
J'ai déchiffré tous les textes confus des roues et j'ai
[rassemblé les éléments épars d'une violente beauté
Que je possède
Et qui me force.

BLAISE CENDRARS, *Prose du Transsibérien et de la petite Jehanne de France*, 1913, Fondation Martin Bodmer/PUF, 2011.

10. Lieux silencieux : forêts ou montagnes.

11. Écrivain belge, prix Nobel de littérature en 1911.

Robert Delaunay, *Air, fer et eau* (détail), 1937, gouache et crayon sur papier (collection privée).

100% NUMÉRIQUE Retrouvez sur www.lelivrescolaire.fr l'histoire du Transsibérien (vidéo INA).

? QUESTIONS

LE TEXTE

COMPÉTENCE – J'UTILISE DES REPÈRES ÉTYMOLOGIQUES ET D'HISTOIRE DE LA LANGUE

Le lyrisme du voyage

1. Selon vous, pourquoi le poète est-il parti de chez lui ? Justifiez votre réponse.

2. Quels sentiments et émotions exprime-t-il ?

3. Le poème est dédié « aux musiciens ». Qu'est-ce qui le rend musical ? Observez le rythme, les sonorités (assonances, allitérations, etc). Donnez des exemples précis.

4. En quoi peut-on dire que ce poème est lyrique ? Donnez plusieurs arguments, illustrés d'exemples.

Une poésie nouvelle

5. En quoi la forme du poème (la manière dont il est écrit) est-elle moderne ?

6. En quoi le contenu du poème est-il moderne pour l'époque ?

7. ■ **a)** Cherchez l'étymologie du mot *émotion*. **b)** Quels sont les différents sens du mot *transport* ? **c)** Quels liens pouvez-vous faire entre le voyage en train et la poésie ? Approfondissez le plus possible votre réponse.

L'IMAGE

Quels liens faites-vous entre le tableau et le poème ? Commentez le sujet du tableau, mais aussi la manière dont il est peint.

2 Une époque nouvelle

✔ **OBJECTIF** J'analyse un calligramme, une poésie jouant sur deux arts.

GUILLAUME APOLLINAIRE

(1880-1918), né d'une mère polonaise et d'un père italien, s'engage dans l'armée en 1914, ce qui lui permet d'obtenir la nationalité française. Lié à de nombreux écrivains et peintres de son temps, il laisse une œuvre novatrice qui a eu une grande influence sur les artistes du XXe siècle.

Le 31 du mois d'Août 1914 [1]
Je partis de Deauville un peu avant minuit
Dans la petite auto de Rouveyre

Avec son chauffeur nous étions trois

Nous dîmes adieu à toute une époque
Des géants furieux se dressaient sur l'Europe
Les aigles quittaient leur aire[2] en attendant le soleil
Les poissons voraces[3] montaient des abîmes
Les peuples accouraient pour se connaître à fond
Les morts tremblaient de peur dans leurs sombres demeures

Les chiens aboyaient vers là-bas où étaient les frontières
Je m'en allais portant en moi toutes ces armées qui se battaient
Je les sentais monter en moi et s'étaler les contrées où elles serpentaient
Avec les forêts les villages heureux de la Belgique
Francorchamps avec l'Eau Rouge et les pouhons[4]
Région par où se font toujours les invasions
Artères ferroviaires où ceux qui s'en allaient mourir saluaient encore une fois
la vie colorée [...]

Et des bergers gigantesques menaient
De grands troupeaux muets qui broutaient les paroles
Et contre lesquels aboyaient tous les chiens sur la route

Je n'oublierai jamais ce voyage nocturne où nul de nous ne dit un mot

Ô
dé
part
sombre
où mouraient
nos 3 phares

ô
nuit
tendre
d'avant
la guerre

ô
vil
lages où se hâtaient
n
s

MARÉCHAUX-FERRANTS RAPPELÉS

ENTRE MINUIT ET UNE HEURE DU MATIN

v e r s LISIEUX la très bleue

ou bien

v e r s Versailles d'or

et 3 fois nous nous arrêtâmes pour changer un pneu qui avait éclaté

1. La mobilisation générale marquant le début de la guerre a lieu le 1er aout, en réalité. Apollinaire est peut-être influencé par une chanson populaire, « Le 31 du mois d'aout ».
2. Nid d'un aigle.
3. Prêts à dévorer.
4. Sources d'eau gazeuse.

Et quand après avoir passé l'après-midi
Par Fontainebleau
Nous arrivâmes à Paris
Au moment où l'on affichait la mobilisation
Nous comprîmes mon camarade et moi
Que la petite auto nous avait conduits dans une époque
Nouvelle
Et bien qu'étant déjà tous deux des hommes mûrs
Nous venions cependant de naître

GUILLAUME APOLLINAIRE, « La Petite Auto », *Calligrammes, Poèmes de la paix et de la guerre (1913-1916)*, 1918.

ÉCLAIRAGE

L'Esprit nouveau

L'Esprit nouveau est un **courant poétique** du début du XXe siècle, représenté notamment par Guillaume **Apollinaire** et Blaise **Cendrars**. Son projet est de **renouveler la poésie**, un peu comme la peinture cubiste entend renouveler l'art pictural. Pour cela, les poètes emploient un grand nombre de formes, en particulier le **vers libre** et le **calligramme**, abandonnent la ponctuation et évoquent des inventions de la **technique moderne**.

Lucian Bernhard, affiche publicitaire pour les automobiles allemandes Adler (« l'aigle »), 1913, lithographie.

? QUESTIONS

LE TEXTE

COMPÉTENCE – JE COMPRENDS UN TEXTE EN M'APPUYANT SUR MES CONNAISSANCES LEXICALES ET GRAMMATICALES / D'ANALYSE LITTÉRAIRE

Une époque nouvelle

1. **a)** Que remarquez-vous d'original dans la forme du poème ? **b)** Comment nomme-t-on la partie située au centre (après le vers 21) ?
2. **a)** Résumez le poème en une phrase ou deux. **b)** Quelle est « l'époque nouvelle » (v. 27-28) qu'évoque le poète ?
3. En quoi ce poème vous semble-t-il moderne ? Commentez sa forme, mais aussi son thème.

Un lyrisme en images

4. Quels sentiments le poète exprime-t-il face à « l'époque nouvelle » qui se présente à lui ?
5. ■ Choisissez une métaphore dans le poème et expliquez-la.
6. Montrez que ce poème est à la fois très réaliste et très imagé.

L'IMAGE

1. Quels liens pouvez-vous établir entre cette affiche et le poème ?
2. **a)** Quel est le principal argument de vente de cette publicité ? **b)** Quelle figure de style est ici utilisée ?

3 Crier la France en s'abattant

✔ **OBJECTIF** J'étudie un poème lyrique et engagé.

LOUIS ARAGON

(1897-1982) est un poète, romancier et journaliste français. Il vit l'horreur de la Première Guerre mondiale (étudiant en médecine, il est mobilisé comme brancardier) puis celle de la Deuxième. Décoré pour sa bravoure en 1940, il s'engage ensuite dans la Résistance, notamment par ses textes.

Pendant l'Occupation, un groupe de résistants est particulièrement actif en région parisienne : le groupe Manouchian. L'armée allemande publie une affiche soulignant que ces Résistants ont des noms étrangers et qu'ils font du tort à la France. Vingt-trois membres (dont une femme) sont arrêtés et fusillés en 1944. Onze ans plus tard, Aragon compose ce poème en leur mémoire.

Vous n'avez réclamé la gloire ni les larmes
Ni l'orgue ni la prière aux agonisants
Onze ans déjà que cela passe vite onze ans
Vous vous étiez servis simplement de vos armes
La mort n'éblouit pas les yeux des Partisans[1]

Vous aviez vos portraits sur les murs de nos villes
Noirs de barbe et de nuit hirsutes menaçants
L'affiche qui semblait une tache de sang
Parce qu'à prononcer vos noms sont difficiles
Y cherchait un effet de peur sur les passants

Nul ne semblait vous voir français de préférence
Les gens allaient sans yeux pour vous le jour durant
Mais à l'heure du couvre-feu des doigts errants
Avaient écrit sous vos photos MORTS POUR LA FRANCE[2]
Et les mornes matins en étaient différents

Tout avait la couleur uniforme du givre
À la fin février pour vos derniers moments
Et c'est alors que l'un de vous dit calmement[3]
Bonheur à tous Bonheur à ceux qui vont survivre
Je meurs sans haine en moi pour le peuple allemand

Adieu la peine et le plaisir Adieu les roses
Adieu la vie adieu la lumière et le vent
Marie-toi sois heureuse et pense à moi souvent
Toi qui vas demeurer dans la beauté des choses
Quand tout sera fini plus tard en Erivan[4]

Un grand soleil d'hiver éclaire la colline
Que la nature est belle et que le cœur me fend
La justice viendra sur nos pas triomphants
Ma Mélinée ô mon amour mon orpheline
Et je te dis de vivre et d'avoir un enfant

100% NUMÉRIQUE **Retrouvez sur Lelivrescolaire.fr un chapitre consacré à la poésie engagée.**

1. Des résistants. Manouchian et ses camarades avaient refusé qu'on leur bande les yeux pour leur exécution.
2. Mention récompensant les soldats tués au combat, normalement attribuée par l'État.
3. Le passage en italique est inspiré de la dernière lettre de Manouchian à sa femme.
4. Erevan, capitale de l'Arménie. Missak Manouchian et sa femme Mélinée sont d'origine arménienne.

Ils étaient vingt et trois quand les fusils fleurirent
Vingt et trois qui donnaient leur cœur avant le temps
Vingt et trois étrangers et nos frères pourtant
Vingt et trois amoureux de vivre à en mourir
Vingt et trois qui criaient la France en s'abattant.

LOUIS ARAGON, « Strophes pour se souvenir »,
Le Roman inachevé, © Éditions Gallimard, 1956.

La poésie engagée

Le poète engagé met son **art au service d'une cause** : il témoigne d'une situation indigne ou injuste, **défend** une cause, rend **hommage** à des figures héroïques pour ne pas qu'on les oublie. La poésie engagée est ancrée dans la réalité, dans l'**Histoire**.

▲ « Affiche rouge », réalisée par les services de propagande allemands, 1944.

QUESTIONS

LE TEXTE

COMPÉTENCE – J'INTERPRÈTE DES TEXTES LITTÉRAIRES EN SITUANT L'ŒUVRE DANS SON CONTEXTE LITTÉRAIRE ET HISTORIQUE

Une réhabilitation

1. Que fait Aragon dans ce poème ? Pourquoi l'écrit-il ?
2. Identifiez une comparaison dans la deuxième strophe. Qu'exprime-t-elle ?
3. D'après Aragon, comment la population a-t-elle réagi à cette affiche ?
4. **a)** Quel portrait Aragon dresse-t-il du groupe Manouchian ? **b)** Comment expliquez-vous l'adjectif « menaçants » (v. 7) ?
5. Comment comprenez-vous le dernier vers ?

Un lyrisme engagé

6. Choisissez un passage et expliquez en quoi il est lyrique.
7. **a)** Quelle(s) figure(s) de style reconnaissez-vous au vers 31 ? **b)** Quelle est l'effet produit ?
8. **a)** Étudiez l'énonciation : qui parle à qui dans les différentes parties du poème ? **b)** Quelle dimension cela donne-t-il au texte ?
9. Selon vous, pourquoi Aragon a-t-il mêlé un lyrisme amoureux à son propos politique ?

100% NUMÉRIQUE

Retrouvez sur www.lelivrescolaire.fr :
- **une mise en contexte et explication de « l'Affiche rouge » ;**
- **Qui était Missak Manouchian ?**

4

Métamorphoses de New York

✔ **OBJECTIF** J'étudie le pouvoir des métaphores pour décrire une mégapole.

LÉOPOLD SÉDAR SENGHOR

(1906-2001) est né au Sénégal, a étudié en France et a mené une carrière politique dans ces deux pays. Quand le Sénégal, devient indépendant, il y est élu président. Dans sa poésie, Senghor revendique sa « négritude » (voir *Éclairage*) tout en célébrant l'homme et le monde dans leur universalité.

Senghor a visité New York lors d'un voyage officiel. Il évoque dans ce poème les sentiments mêlés qu'a éveillés en lui cette mégapole pleine de contrastes.

À New York

(Pour un orchestre de jazz : solo de trompette)

I

New York ! D'abord j'ai été confondu[1] par ta beauté, ces grandes filles
[d'or aux jambes longues.
Si timide d'abord devant tes yeux de métal bleu, ton sourire de givre
Si timide. Et l'angoisse au fond des rues à gratte-ciel
Levant des yeux de chouette parmi l'éclipse du soleil.
Sulfureuse[2] ta lumière et les fûts[3] livides, dont les têtes foudroient le ciel
Les gratte-ciel qui défient les cyclones sur leurs muscles d'acier et leur peau
[patinée de pierres.
Mais quinze jours sur les trottoirs chauves de Manhattan
– C'est au bout de la troisième semaine que vous saisit la fièvre en un bond
[de jaguar
Quinze jours sans un puits ni pâturage, tous les oiseaux de l'air
Tombant soudain et morts sous les hautes cendres des terrasses.
Pas un rire d'enfant en fleur, sa main dans ma main fraîche
Pas un sein maternel, des jambes de nylon. Des jambes et des seins sans sueur
[ni odeur.
Pas un mot tendre en l'absence de lèvres, rien que des cœurs artificiels payés
[en monnaie forte
Et pas un livre où lire la sagesse. La palette du peintre fleurit des cristaux de
[corail.
Nuits d'insomnie ô nuits de Manhattan ! si agitées de feux follets, tandis que
[les klaxons hurlent des heures vides
Et que les eaux obscures charrient[4] des amours hygiéniques, tels des fleuves en
[crue des cadavres d'enfants.

II

[…] Harlem[5] Harlem ! voici ce que j'ai vu Harlem Harlem ! Une brise verte
[de blés sourdre[6] des pavés labourés par les pieds nus de danseurs Dans[7]
Croupes ondes de soie et seins de fers de lance, ballets de nénuphars
[et de masques fabuleux […]
Écoute New York ! ô écoute ta voix mâle de cuivre ta voix vibrante de hautbois,
[l'angoisse bouchée de tes larmes tomber en gros caillots de sang
Écoute au loin battre ton cœur nocturne, rythme et sang du tam-tam, tam-
[tam sang et tam-tam.

1. Stupéfait.
2. Diabolique.
3. Colonnes.
4. Transportent.
5. Quartier afro-américain de New York.
6. Sortir de terre.
7. Peuple de Côte d'Ivoire.

III

New York ! je dis New York, laisse affluer le sang noir dans ton sang
Qu'il dérouille tes articulations d'acier, comme une huile de vie
Qu'il donne à tes ponts la courbe des croupes et la souplesse des lianes.

LÉOPOLD SÉDAR SENGHOR, « New York », *Éthiopiques*, Le Seuil, 1956.

100% NUMÉRIQUE — **Retrouvez sur lelivrescolaire.fr une vidéo INA sur Senghor et la négritude.**

▲ Jeremy Mann, *Nuits de Manhattan*, 2013, huile sur toile.

▲ Archibald J. Motley Jr., *Scène de rue, Chicago*, 1936, huile sur toile, © Valerie Gerrard Browne.

La négritude

C'est un courant littéraire initié par **Senghor** et le poète antillais **Césaire**, dans les années **1930**. Elle affirme que les Noirs ont une **culture commune** dont ils doivent être **fiers**. Politiquement, elle encourage les colonies à revendiquer leur **indépendance.** Sur le plan littéraire, elle se caractérise par la référence à la nature et aux **traditions africaines**, et par un travail spécifique sur le rythme et la musicalité.

QUESTIONS

COMPÉTENCE – J'INTERPRÈTE DES TEXTES LITTÉRAIRES EN FORMULANT DES IMPRESSIONS DE LECTURE

Un poème lyrique

1. **a)** Quel quartier de New York est évoqué dans la première strophe ? **b)** De quelle manière particulière est-il décrit aux vers 11 à 14 ? Justifiez en relevant notamment une anaphore.
2. Quels sont les sentiments successifs du poète dans cette première strophe ?
3. **a)** Quel quartier de New York Senghor apprécie-t-il particulièrement ? **b)** Pourquoi ?
4. En quoi ce poème est-il lyrique ?

Deux quartiers opposés

5. **a)** Quelle est la différence entre les vers 7 et 17 ? **b)** Comment comprenez-vous la métaphore « trottoirs chauves » (v. 5) ?
6. De quelles manières ces quartiers sont-ils opposés par Senghor ?

Un poème engagé

7. **a)** Quels sont les modes verbaux utilisés dans la troisième strophe ? **b)** Qu'expriment-ils ?
8. **a)** Que demande Senghor à New York ? **b)** Que cela signifie-t-il, concrètement ? **c)** Selon vous le message de ce poème est-il encore d'actualité ?
9. ■ Choisissez un passage du poème que vous aimez et expliquez votre choix.

5 Tremper sa plume dans l'asphalte

✔ **OBJECTIF** Je réfléchis aux enjeux actuels de la poésie.

FABIEN MARSAUD

(né en 1977) se destine à une carrière sportive, mais un accident le laisse handicapé et l'oblige à se réorienter. Il découvre alors le slam, genre qu'il contribue à faire connaitre au grand public grâce au succès de ses albums, sous le nom de Grand Corps Malade.

Le deuxième album de Grand Corps Malade s'intitule Enfant de la ville. *En voici le morceau éponyme (celui qui donne son nom à l'album).*

Si la campagne est côté face, je suis un produit du côté pile
Là où les apparts s'empilent, je suis enfant de la ville
Je ressens le cœur de la ville qui cogne dans ma poitrine
J'entends les sirènes qui résonnent mais est-ce vraiment un crime
D'aimer le murmure de la rue et l'odeur de l'essence
J'ai besoin de cette atmosphère pour développer mes sens

[Refrain] (bis) *Je suis un enfant de la ville, je suis un enfant du bruit*
J'aime la foule quand ça grouille, j'aime les rires et les cris
J'écris mon envie de croiser du mouvement et des visages
Je veux que ça claque et que ça sonne, je ne veux pas que des vies sages

Je trempe ma plume dans l'asphalte, il est peut-être pas trop tard
Pour voir un brin de poésie même sur nos bouts de trottoirs
Le bitume est un shaker où tous les passants se mélangent
Je ressens ça à chaque heure et jusqu'au bout de mes phalanges
Je dis pas que le béton c'est beau, je dis que le béton c'est brut
Ca sent le vrai, l'authentique, peut-être que c'est ça le truc
Quand on le regarde dans les yeux, on voit bien que s'y reflètent nos vies
Et on comprend que slam et hip-hop ne pouvaient naître qu'ici
Difficile de traduire ce caractère d'urgence
Qui se dégage et qu'on vit comme une accoutumance

◀ Charlotte Johnson Wahl, *Métro de New York*, 1994, huile sur toile (collection privée).

Besoin de cette agitation qui nous est bien familière
Je t'offre une invitation dans cette grande fourmilière
J'suis allé à New York, je me suis senti dans mon bain
Ce carrefour des cultures est un dictionnaire urbain
J'ai l'amour de ce désordre et je ris quand les gens se ruent
Comme à l'angle de Broadway et de la 42ème rue

[Refrain] (bis)

Je me sens chez moi à Saint-Denis, quand y'a plein de monde sur les quais
Je me sens chez moi à Belleville ou dans le métro new-yorkais
Pourtant j'ai bien conscience qu'il faut être sacrément taré
Pour aimer dormir coincé dans 35 mètres carrés
Mais j'ai des explications, y'a tout mon passé dans ce bordel
Et face à cette folie, j'embarque mon futur à bord d'elle
À bord de cette pagaille qui m'égaye depuis toujours
C'est beau une ville la nuit, c'est chaud une ville le jour
Moi dans toute cette cohue je promène ma nonchalance
Je me balade au ralenti et je souris à la chance

GRAND CORPS MALADE, « Enfant de la ville »,
album *Enfant de la ville*, © Anouche productions, 2008.

▲ Bill Jacklin, *Honk Kong Suite*, 1994, eau-forte (collection privée).

REPÈRE

Le slam

Le slam est une forme de **poésie orale** née aux États-Unis dans les années 1980. C'est une forme **vivante**, **ludique** et **rythmée** (*to slam* en anglais signifie « claquer »), à la croisée de la poésie, de la musique et du spectacle. Le slam se pratique **devant un public** au cours de performances sur une scène ouverte.

100% NUMÉRIQUE

Retrouvez sur wwwlelevrescolaire.fr les slams de Grand Corps Malade.

? QUESTIONS

COMPÉTENCE – JE CONNAIS LA DIFFÉRENCE ENTRE L'ORAL ET L'ÉCRIT

La ville comme inspiration

1. Quelle image de la ville se dégage de ce texte ?
2. Relevez un passage illustrant chacun des sens suivants : vue, ouïe, odorat, toucher.
3. Relevez une rime ou un autre effet sonore que vous trouvez intéressant et expliquez pourquoi.
4. Relevez une métaphore et expliquez-la.
5. **a)** Selon vous, la ville est-elle un bon sujet de poésie ? **b)** Connaissez-vous d'autres poèmes consacrés à la ville ?

Une nouvelle figure de l'artiste

6. Quelle image le poète donne-t-il de lui-même ?
7. Au vers 22, quelle relation le poète instaure-t-il avec le lecteur ?
8. Relevez un passage dans un niveau de langue familier. Quel est l'effet produit ?
9. **a)** Jugez-vous ce texte lyrique ? **b)** Pourquoi ?
10. **Pour aller plus loin.** Écoutez la chanson. Qu'apporte la musique au texte ?

L'art éphémère

Quelles sont les caractéristiques et les enjeux de l'art éphémère ?

1 Un art de l'envol

▲ Compagnie « Les Plasticiens Volants », Carnaval de Nice, 2015.

2 Un art éblouissant

▲ Vue de la cathédrale Saint-Jean pendant la Fête des Lumières, Lyon, 2012.

3 Ouvrir l'œil

▲ JR et Liu Bolin, *JR Through the Eye of Liu Bolin*, 2012, photographie, 146 x 200 cm, New York.

Ouvrez l'œil, l'artiste JR se camoufle dans l'œuvre.

ÉCLAIRAGE

› L'art éphémère utilise différentes techniques : **pochoir**, **grattage**, mais aussi **lumière**, **hologramme**, **installation**, **performance...**

› Il nécessite un autre médium pour en **conserver une trace** : photographie ou vidéo. Ainsi les créations du Chinois Liu Bolin ne peuvent qu'être photographiées avant de disparaitre.

› Proche du ***street art***, l'art éphémère s'installe dans l'espace public pour être **vu de tous**. C'est ce qui le rend vulnérable et **périssable**, quand il n'est pas assimilé au vandalisme et souvent détruit.

4 Des arbres pollués

▲ Alexandre Orion dit Ossario, *Des arbres pollués*, photographie d'un mur, technique du graffiti inversé, 2008.

La végétation n'est pas peinte : Ossario a nettoyé le mur que la pollution a sali.

5 Un art qui se décompose

Klaus Pichler, *Fraises*, 2014. ▶

Cette œuvre appartient à un projet artistique (projet « Un tiers ») dénonçant le gaspillage alimentaire. L'artiste a pris une série de photographies illustrant le gaspillage de nourriture dans les pays développés (un tiers de la production mondiale, selon un rapport de l'ONU).

? QUESTIONS

1. **Doc. 1 à 5** Observez chaque œuvre et, pour chacune, dites pourquoi il s'agit d'art éphémère. Vous pouvez vous aider des liens proposés sur la version numérique de cette page.
2. **Doc. 1 et 2** **a)** Dans quel type de manifestation ces œuvres apparaissent-elles ? **b)** Observez maintenant les couleurs choisies : à quel sentiment contribuent-elles ?
3. **Doc. 3 et 4** **a)** Où se trouvent ces œuvres ? **b)** Quelles techniques sont employées ? Sauriez-vous définir le graffiti inversé ? **c)** Quel rapport voyez-vous entre art éphémère et modernité ?
4. **Doc. 4 et 5** **a)** Que dénoncent ces œuvres ? **b)** Comment ? Pour le doc. 4, appuyez-vous sur la technique employée et le motif choisi ; pour le doc. 5, observez les lumières et le choix des objets. **c)** Pourquoi l'aspect éphémère de l'œuvre est-il particulièrement adapté aux objectifs des artistes ?
5. **Doc. 1 à 5** **a)** Quelles sont les deux facettes du monde moderne que mettent en avant ces œuvres ? **b)** En quoi est-ce poétique de les présenter ainsi ? Justifiez votre opinion en illustrant vos arguments par des exemples d'art éphémère.
6. **Pour aller plus loin.** En vous appuyant sur les documents, proposez une définition de l'art éphémère. Vous vous aiderez de l'*Éclairage*.

100% NUMÉRIQUE

Retrouvez sur www.lelivrescolaire.fr les techniques d'Ossario, de Liu Bolin, et une vidéo de la Fête des Lumières à Lyon.

COMPÉTENCE

J'ÉTABLIS DES LIENS ENTRE DES PRODUCTIONS LITTÉRAIRES ET ARTISTIQUES ISSUES DE CULTURES ET D'ÉPOQUES DIVERSES

Ex. 1 J'ÉCRIS L'ÉLOGE D'UN MOYEN DE TRANSPORT MODERNE

Rédigez un texte en prose d'environ vingt lignes exprimant votre amour pour le moyen de transport de votre choix. Vous le décrirez d'une façon élogieuse en mettant en avant vos sentiments personnels.

Méthode
› Choisissez au moins cinq caractéristiques précises de ce moyen de transport.
› Cherchez au moins un détail qui vous semble original.
› Enrichissez votre texte de termes mélioratifs pour renforcer votre éloge.
› Mettez en avant des expériences, sensations et sentiments personnels.

Ex. 2 JE COMPOSE UN CALLIGRAMME

Créez un calligramme (p. 324) représentant un objet moderne.

Méthode
Commencez par composer le texte (avec des effets poétiques), puis imaginez un dessin (choisissez une forme simple, facile à identifier et assez grande pour que le texte soit lisible), et enfin disposez les mots sur le tracé du dessin. Donnez un titre à votre calligramme.

Ex. 3 J'ÉCRIS UN POÈME ENGAGÉ

1. Choisissez un sujet sur le monde actuel (comme p. 328), qui vous tient à cœur, puis rédigez un poème engagé. En petit groupe, chacun lit son texte.
2. Choisissez-en un pour le retravailler ensemble avec des figures de style, rimes, rythmes, assonances et allitérations, orthographe. Lisez-le ensuite à la classe.

Ex. 4 J'ÉCRIS À PARTIR DE MÉTAPHORES

Choisissez trois métaphores parmi les poèmes du chapitre. Composez ensuite un poème à partir de ces métaphores. Pensez à donner un titre à votre œuvre. Justifiez votre choix de forme poétique.

Ex. 5 J'ARGUMENTE UN CHOIX ESTHÉTIQUE

Préférez-vous un slam sous forme de texte ou sous forme de chanson (voir p. 330) ? Cherchez trois raisons de suivre votre choix. Échangez avec votre voisin pour trouver plus d'idées. Rédigez ensuite votre réponse avec des exemples.

Ex. 6 J'ÉCRIS UN POÈME LYRIQUE

Choisissez une réalité moderne qui suscite chez vous des émotions. Rédigez un poème lyrique, en vers libres, sur le sujet que vous avez choisi. Rédigez ensuite quelques lignes pour expliquer en quoi votre texte est lyrique.

Ex. 7 J'INVENTE DES OBJETS SURRÉALISTES

1. Cherchez les caractéristiques du mouvement surréaliste.
2. Choisissez trois objets modernes et imaginez comment vous pourriez les métamorphoser de façon surréaliste.
3. Donnez-leur un nom qui soit à la fois pertinent et mystérieux. Mélangez des éléments ordinaires et surprenants.
4. Présentez ces différents noms à vos voisins. Parviendront-ils à deviner en quoi consistent vos créations ?

Ex. 8 JE PARTAGE UNE EXPÉRIENCE PERSONNELLE

Observez l'œuvre de Salvador Dalí ci-dessous. Elle appartient au mouvement surréaliste.

1. Imaginez trois utilisations qu'on peut faire de cet objet.
2. Rédigez un mode d'emploi à partir d'une de ces utilisations.

Méthode
Cherchez sur internet de véritables modes d'emploi et repérez la façon dont ils sont écrits. Écrivez votre texte en les imitant.

▲ Salvador Dalí, *Téléphone Homard*, 1936, acier, papier et plastique, 17,8 x 33 x 17,8 cm (Tate Collection, Londres).

Ex. 9 JE PARTAGE UNE EXPÉRIENCE PERSONNELLE

À quel moment avez-vous eu le sentiment d'entrer dans une nouvelle période de votre vie ? Au brouillon, faites une liste de sensations et d'idées que vous avez eues avant et après ce changement. Rédigez ensuite un poème en vers libres.

Méthode
Pour exprimer l'évolution, organisez votre texte en trois strophes : avant, l'événement lui-même, après. Utilisez des répétitions et des antithèses.

Ex. 1 JE MIME

En groupe, écrivez sur des petits papiers des verbes exprimant un changement. À tour de rôle, vous en tirez un et devez le faire deviner par un mime. Vos camarades ont 20 secondes pour le deviner.

Profitez de cet exercice pour travailler votre gestuelle : choisissez minutieusement vos gestes, ne les multipliez pas, n'allez pas trop vite.

PARCOURS DE COMPÉTENCES

Ex. 2 JE METS EN VOIX UN SLAM

Choisissez un passage d'un texte de Grand Corps Malade (voir p. 330) ou d'un autre auteur de slam. Apprenez-le par cœur. Entrainez-vous à le dire de façon rythmée et expressive, en faisant entendre tous les jeux de sonorités.

Ex. 3 JE DÉCLAME UN POÈME

Choisissez une strophe du poème p. 326. Relisez-la jusqu'à avoir le sentiment de l'avoir bien comprise. Apprenez-la par cœur. Entrainez-vous à la dire à voix haute de façon expressive. Enregistrez-vous sur un logiciel comme Audacity et envoyez le fichier à votre professeur.

> **Méthode**
> Indiquez le titre du texte et l'auteur, privilégiez la lenteur et la régularité, respectez les rythmes et la prononciation des « e », marquez toutes les pauses nécessaires (ponctuation, fin de vers), articulez nettement et faites les liaisons indispensables.

Ex. 4 J'APOSTROPHE MA VILLE

Qu'avez-vous à dire à votre ville ? Préparez des idées au brouillon. En petit groupe, chacun improvise à tour de rôle. Commencez comme Senghor (p. 328) : « [nom de la ville], je dis [nom de la ville]… ».

> **Méthode**
> Pour tenir 30 secondes, osez développer plusieurs idées, utiliser des répétitions, faire des associations d'idées surprenantes, mentionner des détails.

Ex. 5 J'IMPROVISE UN POÈME RIMÉ

En petit groupe, écrivez chacun deux sons sur des morceaux de papier. À tour de rôle, tirez deux papiers au hasard et improvisez un court poème rimant avec ces deux sons (sans répéter le même mot).

À la fin, votez pour élire la création la plus poétique.

Ex. 6 J'ARGUMENTE LE CHOIX D'UN POÈME

Quel texte du chapitre trouvez-vous le plus poétique ? Relisez-le. Choisissez des extraits pour justifier votre préférence et préparez des arguments. En petit groupe, chacun expose en 30 secondes son opinion. Votez ensuite pour un texte. Préparez ensemble une argumentation et désignez un orateur. Celui-ci défend votre choix devant les autres groupes.

Ex. 7 JE RÉFLÉCHIS À LA DIFFÉRENCE ENTRE VERS LIBRES ET VERS RÉGULIERS

1. Choisissez un passage d'un poème en vers libres. En vous en inspirant, écrivez un poème en vers réguliers.
2. Choisissez un passage de « Strophes pour se souvenir » (p. 326). En vous en inspirant, écrivez un poème en vers libres.
3. Quelle forme préférez-vous ? Pourquoi ?

Ex. 8 J'EXPRIME UNE PRÉFÉRENCE

Quel moyen de transport préférez-vous ? Pourquoi ? Préparez des arguments. En petit groupe, chacun dispose de 30 secondes pour exposer son choix. Faites ensuite un bilan individuel, par écrit, de vos échanges : avez-vous changé d'avis ? Avez-vous entendu une vision des choses à laquelle vous n'aviez pas pensé ?

JE ME SITUE DANS MON PARCOURS DE COMPÉTENCES

ORAL – J'EXPLOITE LES RESSOURCES EXPRESSIVES ET CRÉATIVES DE LA PAROLE

1 J'ai appris mon texte en partie, mais mon oral est monotone.

2 J'ai appris mon texte, j'ai insisté sur quelques mots, quelques sonorités, mais c'est saccadé, trop rapide ou trop lent.

3 J'ai appris mon texte, j'ai repéré les jeux de sonorités, le rythme. Je ne copie pas Grand Corps Malade. Je ne récite pas.

4 Mon oral met en valeur le texte : sonorités, rythme, voix expressive. J'ai même ajouté une gestuelle adaptée.

SUJET BREVET 13

« Nous voulons la patrie de nos pères »

Jean Amrouche (1906-1962) est un écrivain d'origine kabyle, de confession catholique et d'expression française qui a pris parti pour l'indépendance de l'Algérie.

On avait prononcé les plus hautes paroles de fraternité
on avait fait les plus saintes promesses.

Algériens, disait-on, à défaut d'une patrie naturelle perdue
voici la patrie la plus belle
la France
chevelue[1] de forêts profondes hérissée de cheminées d'usine,
lourde de gloire de travaux et de villes
de sanctuaires [...]

Mais on leur a pris la patrie de leurs pères
on ne les a pas reçus à la table de la France.
Longue fut l'épreuve du mensonge et de la promesse non tenue
d'une espérance inassouvie
longue, amère
trempée dans les sueurs de l'attente déçue
dans l'enfer de la parole trahie [...]

Alors vint une grande saison de l'histoire
portant dans ses flancs une cargaison d'enfants indomptés
qui parlèrent un nouveau langage
et le tonnerre d'une fureur sacrée :
on ne nous trahira plus
on ne nous mentira plus
on ne nous fera pas prendre des vessies peintes
de bleu de blanc et de rouge
pour les lanternes[2] de la liberté
nous voulons habiter notre nom
vivre ou mourir sur notre terre mère [...]

Nous voulons la patrie de nos pères
la langue de nos pères [...]

Nous ne voulons plus errer en exil
dans le présent sans mémoire et sans avenir

Ici et maintenant
nous voulons
libres à jamais sous le soleil dans le vent
la pluie ou la neige
notre patrie : l'Algérie.

JEAN AMROUCHE, « Le Combat algérien », *Poèmes algériens* (extraits), 1958.

1. Référence à l'appellation « Gaule chevelue » que les Romains utilisaient en raison des nombreuses forêts gauloises.
2. Prendre des vessies pour des lanternes : se faire des illusions.

Le jour de l'épreuve, vous pourrez parfois vous aider du corpus d'histoire-géographie pour comprendre le contexte de l'extrait. Retrouvez dans votre manuel d'histoire-géographie des documents liés à l'indépendance de l'Algérie en corpus de brevet (chapitre 5).

Marc Riboud, *Foule, le jour de l'Indépendance*, Alger, 1962, photographie, épreuve gélatino-argentique (Centre Pompidou – musée national d'Art moderne, Paris).

1re partie : compréhension, analyse et interprétation (1 h) ....

QUESTIONS (20 POINTS)

1. Choisissez et recopiez la phrase la plus pertinente. (1 point)
   - ❐ Jean Amrouche critique l'indépendance de l'Algérie.
   - ❐ Jean Amrouche réclame l'indépendance de l'Algérie.
   - ❐ Jean Amrouche célèbre l'indépendance de l'Algérie.
2. a) Quels sont les différents temps verbaux employés dans le poème ? b) En regroupant ces temps en passé, présent et avenir, repérez trois parties dans le poème et donnez à chacune un titre. (2 points)
3. Dans la deuxième strophe, quel est l'effet produit par les rejets et enjambements ? (1,5 point)
4. a) Expliquez la formation des adjectifs « inassouvie » (v. 15) et « indomptés » (v. 21). b) Quelle image de la colonisation cela donne-t-il ? (2 points)
5. Comment est décrite la France ? Relevez notamment les vers où il est question des symboles de la France (la devise et le drapeau) et commentez-les. (2,5 points)
6. a) À quelle classe grammaticale appartiennent les mots « on » et « nous » ? b) À qui renvoient-ils dans le poème ? c) Comment sont-ils répartis dans le poème et quel est l'effet produit ? (2,5 points)
7. D'après vous, que veut dire le poète dans le vers : « nous voulons habiter notre nom » (v. 29) ? (1,5 point)
8. Comment le dernier mot du poème est-il mis en valeur ? (1,5 point)
9. Relevez une phrase qui résume bien le poème selon vous, et expliquez pourquoi. (3 points)
10. **À propos de l'image.** a) Quels points communs voyez-vous entre le poème et la photographie ? Appuyez-vous notamment sur le contexte historique. b) Lequel des deux documents est le plus lyrique, selon vous ? Justifiez. (2,5 points)

2e partie : rédaction et maitrise de la langue (2 h)

DICTÉE ET RÉÉCRITURE (10 POINTS)

1. **Dictée : KATEB YACINE, *Nedjma*, 1956.** Les dictées des brevets blancs sont regroupées à la fin du cahier d'exercices de 3e.
2. **Réécrivez ce passage en remplaçant « Algériens » par « Algérien ».**

Algériens, disait-on, acceptez le plus royal des dons
ce langage
le plus doux, le plus limpide et le plus juste vêtement
de l'esprit.
Mais on leur a pris la patrie de leurs pères
on ne les a pas reçus à la table de la France.

TRAVAIL D'ÉCRITURE (20 POINTS)

Vous traiterez au choix l'un des deux sujets suivants. Votre texte aura une longueur minimale de deux pages (sauf mention contraire).

SUJET DE RÉFLEXION

« Nous ne voulons plus errer en exil / dans le présent sans mémoire et sans avenir ». Selon vous, est-il important de connaitre l'histoire de son pays ? Pourquoi ? Vous répondrez à cette question en vous appuyant sur trois arguments et en prenant soin de les organiser de manière logique. Vous les illustrerez par des exemples précis.

SUJET D'INVENTION

Composez un poème construit sur une répétition de « nous voulons ». Cette formule devra revenir plusieurs fois, à des endroits importants du poème. Vous pouvez choisir une forme classique (strophes régulières, même type de vers) ou irrégulière (strophes et vers inégaux). Votre texte devra être rimé et fera environ une page (25-30 vers environ).

SUJET BREVET 14

Poésie de l'usine

Dans un long poème, le poète belge francophone Émile Verhaeren (1855-1916) décrit, avec un mélange d'admiration et d'effroi, les usines, qui ont transformé le paysage à la fin du XIXe siècle.

Se regardant avec les yeux cassés de leurs fenêtres
Et se mirant dans l'eau de poix[1] et de salpêtre[2]
D'un canal droit, marquant sa barre à l'infini,
Face à face, le long des quais d'ombre et de nuit,
Par à travers les faubourgs lourds
Et la misère en pleurs de ces faubourgs,
Ronflent terriblement usine et fabriques.

Rectangles de granit et monuments de briques,
Et longs murs noirs durant des lieues[3],
Immensément, par les banlieues ;
Et sur les toits, dans le brouillard, aiguillonnées
De fers et de paratonnerres,
Les cheminées.

Se regardant de leurs yeux noirs et symétriques,
Par la banlieue, à l'infmi.
Ronflent le jour, la nuit,
Les usines et les fabriques.

[...]

Ici, sous de grands toits où scintille le verre,
La vapeur se condense en force prisonnière :
Des mâchoires d'acier mordent et fument ;
De grands marteaux monumentaux
Broient des blocs d'or sur des enclumes,
Et, dans un coin, s'illuminent les fontes[4]
En brasiers tors[5] et effrénés qu'on dompte.

[...]

Au long du vieux canal à l'infini
Par à travers l'immensité de la misère
Des chemins noirs et des routes de pierre,
Les nuits, les jours, toujours,
Ronflent les continus battements sourds,
Dans les faubourgs,
Des fabriques et des usines symétriques.

ÉMILE VERHAEREN, « Les usines », *Les Villes tentaculaires*, 1895.

▲ Vincent Van Gogh, *Usines à Clichy*, 1887, huile sur toile (musée d'art de Saint-Louis, États-Unis).

1. Matière collante noire.
2. Sel minéral blanchâtre.
3. Ancienne unité de longueur (environ 3-4 km).
4. Alliage de fer et de carbone, matériau.
5. Tordu.

Retrouvez la 1re partie de l'épreuve sur : www.lelivrescolaire.fr

100% NUMÉRIQUE

Zoom sur la 2e partie de l'épreuve

DICTÉE ET RÉÉCRITURE (10 POINTS)

1. Dictée : **VICTOR HUGO, « Melancholia »,** ***Les Contemplations, 1856.*** Les dictées des brevets blancs sont regroupées à la fin du cahier d'exercices de 3e.

2. **Réécrivez au passé composé ces vers du poème d'Émile Verhaeren.**

Ici, sous de grands toits où scintille le verre,
La vapeur se condense en force prisonnière :
Des mâchoires d'acier mordent et fument ;
De grands marteaux monumentaux
Broient des blocs d'or sur des enclumes,
Et, dans un coin, s'illuminent les fontes
En brasiers tors et effrénés qu'on dompte.
Là-bas, les doigts méticuleux des métiers prestes,
[...] Tissent des draps, avec des fils qui vibrent [...].
Des bandes de cuir transversales
Courent de l'un à l'autre bout des salles.

TRAVAIL D'ÉCRITURE (20 POINTS)

Vous traiterez au choix l'un des deux sujets suivants. Votre texte aura une longueur minimale de deux pages.

SUJET DE RÉFLEXION

Pensez-vous que les zones urbaines, les usines, les autoroutes, les aéroports, les tours, etc. défigurent le paysage ou trouvez-vous que ces lieux peuvent avoir un certain charme ? Vous répondrez de manière construite et organisée, en illustrant vos arguments par des exemples tirés de votre culture personnelle ou vus en cours d'histoire-géographie, par exemple en histoire des arts (architecture).

SUJET D'INVENTION

À la manière d'Émile Verhaeren, décrivez votre collège en en faisant un monstre gigantesque. Votre description sera écrite en prose et au présent. Vous emploierez des métaphores, des personnifications et des hyperboles pour donner un sentiment d'étrangeté, et vous utiliserez un vocabulaire riche et varié. Vous veillerez à organiser votre description (par étage, intérieur/extérieur...).

Coup de pouce (sujet d'invention)

- Que signifie « À la manière d'Émile Verhaeren » ? Comme on vous l'explique, il s'agit de décrire un collège en faisant ressortir son étrangeté, sa monstruosité, comme les usines prennent vie dans le poème.
- Concernant le contenu, on vous demande aussi d'utiliser certaines figures de style : prenez modèle sur Verhaeren si vous n'avez pas d'idée. Par exemple, comme les forges des usines mordent les ouvriers, vous pouvez penser à la cantine qui avale goulument les élèves à l'heure du déjeuner.
- Enfin, on vous demande d'organiser votre rédaction. Vous pouvez donc décrire le collège par étage, par zone d'activité (la cantine, la cour, les couloirs, le CDI...) ou vu de l'extérieur puis de l'intérieur.

MÉTHODE

Le sujet d'invention ne vous autorise pas à tout : au contraire, vous devez bien respecter les consignes. Notez d'abord au brouillon ce qu'on attend de vous :

- quel est le thème ? quels sont les personnages ? qui parle à qui ? quand et pourquoi ?
- quelle forme vous propose-t-on ? un récit ? une lettre ? un journal ? une scène de théâtre ? un dialogue ? un article ? un poème ? Si rien n'est précisé, vous pouvez être plus ou moins original.
- devez-vous respecter un registre ? un temps ?
- vous propose-t-on un plan ?
- devez-vous utiliser des figures de style ? lesquelles ?

Au brouillon, notez vos idées dans l'ordre où elles vous viennent. Organisez ensuite avec des numéros ou un code couleur les idées entre elles : ne rédigez pas tout au brouillon mais préparez seulement un plan. Si certaines phrases ou expressions vous plaisent beaucoup, notez-les et intégrez-les ensuite.

N'oubliez pas de vous relire pour être sûr d'avoir répondu au sujet, pour vérifier que toutes vos phrases ont un sens et corriger les erreurs d'orthographe.

Regarder le monde, inventer des mondes

A. REGARDER LE MONDE, INVENTER DES MONDES EN CRÉANT DES UNIVERS NOUVEAUX

En 5e, je découvre comment la littérature permet de créer des univers imaginaires.

› De nombreux textes littéraires sont construits sur des mondes imaginaires : les **contes merveilleux**, les textes de **fiction**, les **utopies**, la **science-fiction**, par exemple.

› Les contes des *Mille et Une Nuits* sont des **contes merveilleux** : ils se déroulent dans un autre monde, où **la magie n'est pas surprenante.**

› L'histoire n'est pas située à une **époque** ou dans un **lieu précis.** Cette absence de précisions a permis aux contes d'être sans cesse **repris** et **adaptés.**

› Certains textes de fiction sont inspirés de **lieux réels** qui invitent à l'imagination, mais d'autres fois c'est une **géographie imaginaire** complète qui est créée.

› Mais ces mondes imaginaires sont aussi le support de **questionnements sur notre monde.** Ainsi, les **utopies** nous font réfléchir sur les défauts de notre société, de même que la **science-fiction** qui nous projette dans un futur hypothétique.

✔ **Merveilleux, utopie, science-fiction**

✔ **Espaces réels, géographie imaginaire**

✔ **Questionnement sur notre monde**

B. REGARDER LE MONDE, INVENTER DES MONDES : UTILISER LA FICTION POUR INTERROGER LE RÉEL

En 5e, j'ai étudié la création de mondes nouveaux. En 4e, je découvre comment les représentations fictionnelles du monde permettent de porter un regard différent sur le réel.

› L'**artiste réaliste** se donne pour projet de **représenter la société de son époque** de la manière la plus objective possible. Il présente dans leur cadre de vie des **personnages ordinaires.**

› Le **naturalisme** ajoute au réalisme une **dimension scientifique.** Zola, dans Germinal, décrit une **réalité précise du XIXe siècle** : l'industrialisation, les conditions de vie misérables des ouvriers, le début des syndicats, les premières grandes grèves. Mais il ajoute à cette description minutieuse **une réflexion sur l'hérédité**, qui influence notre comportement.

› Néanmoins, *Germinal* n'est pas une simple expérimentation : Zola met le peuple au premier plan et lui donne une voix. C'est donc une œuvre qui cherche à **faire réagir le lecteur.**

› Le **récit fantastique** est ancré dans un **univers réaliste**, mais le cadre fait naitre une atmosphère inquiétante. L'**irruption du surnaturel** crée une **angoisse** car elle ne devrait pas avoir lieu, elle est **logiquement impossible.**

✔ **Réalisme : représenter la société de son époque**

✔ **Naturalisme : dimension scientifique**

✔ **Fantastique : irruption du surnaturel**

C. REGARDER LE MONDE, INVENTER DES MONDES : LE REGARD POÉTIQUE POUR INTENSIFIER NOTRE PRÉSENCE AU MONDE

En 5e, j'ai découvert la création d'univers imaginaires, en 4e j'ai étudié le renouvèlement du regard sur le monde qui nous entoure par la fiction. En 3e, je découvre les particularités du regard poétique sur le monde.

› La poésie lyrique est fondée sur le **lyrisme**, c'est-à-dire l'**expression des sentiments personnels** : l'**amour**, mais aussi l'**émotion face à la fragilité de la vie et au temps qui passe** en sont les thèmes principaux.

› Face aux bouleversements de la société au XIXe siècle, l'artiste **romantique** se réfugie dans la **nature**, immuable et rassurante ; mais il est aussi attiré par la **nuit**, qui apaise les villes et ramène le silence.

› Pour la **poésie moderne**, marquée par les révolutions technologiques et les conflits meutriers du XXe siècle, **tout thème peut être poétique.** Le regard des poètes est parfois critique, parfois enthousiaste et souvent surprenant.

› Le **rythme**, les **images** et la **musicalité** du texte apportent de la beauté au sujet décrit. Les formes poétiques évoluent : avec le **poème en prose** et la **prose poétique**, le monde quotidien influence de plus en plus l'écriture poétique.

✔ **Le lyrisme : l'expression des sentiments personnels**

✔ **La poésie comme réponse aux bouleversements**

✔ **Nouvelles formes : poème en prose, prose poétique**

Ce que j'ai vu tout au long du CYCLE 4

5e

GENRES

› Conte
› Roman • utopie
• science-fiction
› Bande dessinée

REGISTRES

› Merveilleux
› *Fantasy*

AUTEURS CLÉS

• Pierre Boulle (XXe)
• Hayao Miyazaki (XXe)
• Enki Bilal (XXe)
• J. K. Rowling (XXe)

MOUVEMENTS LITTÉRAIRES

ENJEUX LITTÉRAIRES

› La représentation littéraire d'un imaginaire cohérent et structuré

4e

GENRES

› Nouvelle réaliste
› Roman naturaliste

REGISTRES

› Réaliste
› Fantastique

AUTEURS CLÉS

• Nicolas Gogol (XIXe)
• Edgar Allan Poe (XIXe)
• G. de Maupassant (XIXe)
• Émile Zola (XIXe)

MOUVEMENTS LITTÉRAIRES

› Le réalisme
› Le naturalisme

ENJEUX LITTÉRAIRES

› Les esthétiques réaliste et naturaliste dans la représentation de la société
› L'interrogation du réel par le fantastique

3e

GENRES

› Poésie • de forme traditionnelle
• poème en prose
• slam
› Roman • prose poétique

REGISTRES

› Lyrique
• lyrisme élégiaque

AUTEURS CLÉS

• Alphonse de Lamartine (XIXe)
• Victor Hugo (XIXe)
• Ch. Baudelaire (XIXe)
• Pablo Neruda (XXe)
• Jean Giono (XXe)

MOUVEMENTS LITTÉRAIRES

› Le romantisme

ENJEUX LITTÉRAIRES

› Utiliser les ressources de la langue pour renouveler notre rapport au monde

CYCLE 4

Thème 4

Agir sur le monde

5e

Questionnement

HÉROS, HÉROÏNES ET HÉROÏSMES

18 Héros et héroïnes d'hier et d'aujourd'hui

Questionnement

INFORMER, S'INFORMER, DÉFORMER ?

19 L'information, des textes aux médias

4e

3e

Questionnement

AGIR DANS LA CITÉ : INDIVIDU ET POUVOIR

20 Dénoncer la guerre : *Mémoires d'un rat* de Pierre Chaine

21 Antigone : une voix face au pouvoir

AGIR SUR LE MONDE – HÉROS, HÉROÏNES ET HÉROÏSMES

18 Héros et héroïnes d'hier et d'aujourd'hui

Objectifs :
- ✔ Je lis des textes mettant en scène des héroïnes et des héros.
- ✔ Je découvre le registre épique et ses évolutions au fil du temps.
- ✔ Je réfléchis à ce que l'héroïsme représente pour moi.

? QUESTIONS

Pour entrer dans le chapitre

1. Pour vous, qu'est-ce qu'un héros ? Donnez des exemples.
2. **a)** De quels héros de l'Antiquité vous souvenez-vous ? **b)** Pourquoi ces personnages sont-ils des héros ?
3. Que vous évoque le Moyen Âge ?
4. Savez-vous ce qu'est une épopée ?

L'image

1. Selon vous, que ressent cet enfant ? Justifiez.
2. Quels points communs voyez-vous entre les chevaliers Jedi dans *Star Wars* et les chevaliers du Moyen Âge ?
3. Estimez-vous que ce costume est plus adapté aux garçons qu'aux filles ?

Jeune garçon participant à un atelier « Jedi », États-Unis, 2015. ▶

-500 | 0 | 500 | 1000 | 1500 | 2000

ANTIQUITÉ — MOYEN ÂGE — ÉPOQUE MODERNE

Virgile (70 - 19 av. J.-C.)

La Chanson de Roland (fin du XIe siècle)

Chrétien de Troyes (vers 1135 vers 1190)

Casimir Delavigne (1793-1843)

J. R. R. Tolkien (1892-1973)

1 Trois héroïnes au combat

✔ **OBJECTIF** Je lis des textes épiques mettant en scène des héroïnes.

Certes, le héros guerrier traditionnel est généralement masculin. Mais, même dans les textes les plus anciens, cela n'a pas toujours été le cas !

1. Camille, nouvelle Amazone

VIRGILE
(vers 70-19 av. J.-C.) est un poète latin. Alors que Rome sort d'une longue période de guerres civiles, Auguste, le premier empereur, veut établir son autorité. Virgile lui invente un ancêtre mythique, Énée, dont les aventures doivent être à la hauteur des héros grecs de l'*Iliade* et l'*Odyssée*.

Énée a fui la guerre de Troie avec pour mission de fonder Rome, capitale d'un nouvel empire. Mais il doit d'abord vaincre les peuples qui tentent de le chasser d'Italie, dont les Volsques, menés par leur reine Camille.

Mais au milieu des massacres bondit une Amazone[1], le flanc découvert
pour mieux combattre ; c'est Camille avec son carquois[2].
Tantôt son bras répand une pluie serrée de souples javelots,
tantôt sa droite infatigable brandit une forte hache à deux tranchants.
Sur son épaule, sonnent l'arc d'or et les armes de Diane[3]. [...]
Qui est la première victime de ton trait, vierge farouche, qui la dernière ?
Combien de corps moribonds[4] étends-tu sur le sol ?
Il y a d'abord là devant elle, Eunée, le fils de Clytius,
la poitrine découverte, qu'elle transperce d'une longue pique de bois.
Vomissant des flots de sang, il tombe, mord la terre sanglante
et en mourant se tord autour de sa blessure.
[...] Au loin paraît Ornytus,
le chasseur, avec ses armes singulières et son cheval iapyge[5] :
une peau de jeune taureau couvre les larges épaules du guerrier ;
la gueule béante et les mâchoires d'un loup
aux crocs blancs protègent son énorme tête
et un épieu grossier arme ses mains ; il va et vient

1. Femme guerrière mythique du Moyen-Orient. Les Amazones se coupaient le sein droit pour mieux tirer à l'arc.
2. Étui qui sert à porter les flèches.
3. Déesse romaine de la chasse.
4. Mourants.
5. Du Sud de l'Italie.

REPÈRE

L'épopée

Une épopée est un texte racontant les **exploits des héros** qui combattent pour **défendre leur peuple et leurs valeurs.** Le **registre épique amplifie** les évènements (hyperboles, énumérations, répétitions), les **dramatise** pour créer du suspense (présent de narration, personnifications) et **accentue** l'opposition entre le héros et son adversaire (antithèses).

▲ Steven S. DeKnight, *Spartacus : la Guerre des damnés*, série télévisée, 2012.

parmi les escadrons qu'il domine de toute la tête. Sans peine,
Camille le cueille, sa colonne venant de tourner bride[6] ;
elle le transperce et, pleine d'agressivité, ajoute :
« Croyais-tu, Tyrrhénien, poursuivre des bêtes dans tes forêts ?
Il est arrivé le jour où les armes d'une femme confondront votre jactance[7]. »
[...] Fuyant Orsiloque
qui l'a pourchassée dans un large cercle, elle, de l'intérieur du cercle
l'esquive par une volte et de poursuivie, devient poursuivante.
Dressée alors de toute sa taille, par deux fois de sa hache puissante
elle frappe l'armure et les os de l'homme qui la prie et la supplie ;
la cervelle s'échappe toute tiède de la blessure et lui inonde le visage.

VIRGILE, *Énéide*, chant XI, vers 648-654, traduction d'A.-M. Boxus et J. Poucet, 1998-2001,

6. Son groupe venant de s'enfuir.
7. Anéantiront votre orgueil.

2. Jeanne d'Arc

CASIMIR DELAVIGNE (1793-1843) est un poète et dramaturge français. Ses œuvres patriotiques rencontrent un grand succès au XIXe siècle.

La guerre de Cent Ans, à la fin du Moyen Âge, oppose la France et l'Angleterre. Jeanne d'Arc, une fille de dix-sept ans d'origine modeste, prend les armes pour sauver la France occupée par l'ennemi.

Une femme, arrêtant ces bandes formidables,
Se montra dans nos champs de leur foule inondés ;
Et ce torrent vainqueur expira dans les sables
Que naguère il couvrait de ses flots débordés.

Une femme paraît, une vierge, un héros ; [...]

L'aube du jour voit briller ton armure,
L'acier pesant couvre ta chevelure,
Et des combats tu cours braver le sort.
Qui t'inspira de quitter ton vieux père,
De préférer aux baisers de ta mère
L'horreur des camps, le carnage et la mort ?
C'est Dieu qui l'a voulu, c'est le dieu des armées. [...]

L'ange exterminateur bénit ton étendard ;
Il mit dans tes accents un son mâle et terrible,
La force dans ton bras, la mort dans ton regard.

CASIMIR DELAVIGNE, « La Vie de Jeanne d'Arc » (extraits),
Les Messéniennes, livre I, 1818.

▲ Affiche pour le film *Jeanne d'Arc*, réalisé par Luc Besson, 1999.

3. La blonde et le monstre

J. R. R. TOLKIEN (1892-1973) est un romancier anglais. Spécialiste de la langue médiévale, il crée un univers de *fantasy*, la Terre du Milieu, qu'il développe après la Seconde Guerre mondiale, dans *Le Seigneur des anneaux* avec une tonalité plus sombre.

Le roi des Rohirrim est tué par un Nazgûl, être terrifiant qui chevauche un immense dragon. Un certain Dernhelm tente de protéger le cadavre.

« Ne t'interpose pas entre le Nazgûl et sa proie ! [...]

Une épée résonna comme on la tirait du fourreau.

– Faites ce que vous voulez ; mais je l'empêcherai dans la mesure où je le pourrai.

– M'empêcher, moi ? Pauvre fou. Aucun homme vivant ne le peut !

Merry[1] entendit alors de tous les sons à cette heure le plus étrange. Il semblait que Dernhelm riait, et la voix claire était comme le tintement de l'acier.

– Mais je ne suis pas un homme vivant ! C'est une femme que tu vois. Je suis Eowyn[2], la fille d'Eomund. Tu te tiens entre moi et mon seigneur et parent. Va-t'en, si tu n'es pas immortel ! Car, vivant ou sombre non-mort, je te frapperai si tu le touches. »

La créature ailée lança contre elle des cris aigus [...]. Soudain, la grande bête battit de ses hideuses ailes, et le vent en était nauséabond. Elle s'éleva de nouveau d'un bond ; puis se laissa vivement tomber sur Eowyn, poussant des cris aigus et frappant du bec et des serres.

Elle ne sourcilla toujours pas : vierge des Rohirrim, fille de rois, mince mais telle une lame d'acier, belle mais terrible. Elle porta un coup rapide, habile et mortel. Elle fendit le cou tendu, et la tête tranchée tomba comme une pierre. Elle fit un saut en arrière tandis que l'immense forme s'écrasait, ses vastes ailes étendues, pour se recroqueviller sur le sol ; et avec sa chute, l'ombre disparut. Une lumière tomba sur Eowyn, et ses cheveux brillèrent dans le soleil levant.

J. R. R. TOLKIEN, *Le Seigneur des anneaux*, tome III, livre IV, 1955, trad. F. Ledoux © Christian Bourgois, 1973.

1. Ce personnage, un hobbit, est témoin de la scène.
2. Nièce du roi, elle s'est déguisée en homme pour pouvoir combattre.

? QUESTIONS

COMPÉTENCE – J'INTERPRÈTE DES TEXTES LITTÉRAIRES EN PERCEVANT UN EFFET DE STYLE

Trois guerrières

1. **Texte 1** De quelles guerrières mythiques Camille est-elle rapprochée ?
2. **Texte 2** Qu'est-ce qui surprend le poète ?
3. Relevez dans les textes 1 et 3 une phrase dans laquelle l'héroïne revendique sa féminité.
4. **Textes 1 à 3 a)** Quelles sont les qualités communes à ces trois héroïnes ? **b)** Pour qui combattent-elles ? Pour elles-mêmes ? Aidez-vous du paratexte.
5. **a)** Selon vous, est-ce surprenant de voir une femme combattre ? **b)** Pensez-vous que de nos jours les filles peuvent choisir qui elles veulent être ?

Le registre épique

6. Lisez l'encadré *Repère* p. 346. Lequel de ces textes vous semble le plus épique ? Lequel le serait le moins ? Justifiez.
7. ■ Dans chaque texte, relevez une figure de style caractéristique du registre épique. Quel est l'effet produit ?
8. **Pour aller plus loin.** Ces trois textes ont été écrits peu après des guerres traumatisantes. À votre avis, pourquoi les sociétés pouvaient-elles prendre plaisir à lire ces récits ?

2 Devenir chevalier

✔ **OBJECTIF** Je découvre les étapes de l'initiation d'un chevalier.

1. Apprendre à manier les armes

CHRÉTIEN DE TROYES

(vers 1135 - entre 1181 et 1191) est originaire de Champagne. Il a été poète de cour et a écrit les principaux romans de chevalerie en ancien français.

Le père et les frères de Perceval sont morts au combat. Pour le préserver, sa mère l'élève loin du monde de la chevalerie, mais un jour il voit des chevaliers et a une révélation : il veut en devenir un. Il part à la cour du roi Arthur, gagne une armure au combat puis arrive chez le seigneur Gornemant, sans avoir jamais reçu de formation.

Le seigneur était expert dans le maniement de l'écu, du cheval et de la lance, car il l'avait appris dès l'enfance. Quand il eut fait sa démonstration, il revint vers le jeune homme qui l'avait regardé, émerveillé, en notant le moindre détail. [...]

– Ce qu'on ne sait pas, on peut l'apprendre, si l'on veut s'en donner la peine. Mon cher ami, dans tous les métiers, il faut courage, effort et expérience. Ce sont les trois conditions pour acquérir n'importe quel savoir. Mais puisque tu ne l'as jamais fait ni vu faire par quiconque, il est normal que tu l'ignores : il n'y a aucune honte à cela.

Il le fit monter à cheval, et le jeune homme se servit de la lance et de l'écu comme s'il avait toujours vécu parmi les tournois et les guerres ou parcouru le monde en quête de batailles et d'aventures. Tout cela lui venait de Nature : lorsque Nature est favorable et que l'on y met tout son cœur, rien ne peut être difficile. Le noble seigneur était ravi des bonnes dispositions de son élève.

ANNE-MARIE CADOT-COLIN, d'après Chrétien de Troyes, *Perceval ou le Conte du Graal*

▲ Combat de chevaliers, miniature d'un manuscrit du *Roman de Lancelot*, XVᵉ siècle.

2. Être adoubé

Gornemant a compris que, malgré son manque de connaissances, Perceval mérite de devenir chevalier. Il décide de l'adouber.

Au petit matin, le seigneur se leva et rejoignit le jeune homme dans sa chambre. Il lui fit apporter une chemise et des braies de fine toile de lin, des chausses teintes en rouge et une cotte de soie violette, tissée en Inde[1]. […]

Le seigneur se courba pour lui chausser l'éperon droit : c'était alors la coutume lorsqu'on adoubait un chevalier. Chacun[2] voulut lui donner une pièce de son armement. Gornemant enfin prit l'épée, il la lui ceignit[3] en lui donnant l'accolade[4] :

– Avec l'épée, je te confère l'ordre de chevalerie, l'ordre le plus élevé que Dieu ait créé, un ordre qui n'admet aucune bassesse.

Puis il ajouta ces paroles, pour l'instruire de ses devoirs :

– Cher frère, souviens-toi bien de ceci : si tu as le dessus dans un combat avec un chevalier et si ton adversaire implore sa grâce, surtout, ne le tue pas : épargne-le ! Garde-toi aussi d'être trop bavard : celui qui ne sait pas tenir sa langue finit toujours par dire quelque chose de blâmable. S'il t'arrive en chemin de trouver quelqu'un dans la détresse, homme ou femme, dame ou demoiselle, viens-lui en aide, tu feras bien. Une dernière chose enfin, mais très importante : entre souvent dans les églises pour prier Dieu le Créateur, afin qu'il ait pitié de ton âme et qu'il te protège en ce monde comme son fidèle chrétien.

– Soyez béni, seigneur, car vous m'avez dit exactement les mêmes choses que ma mère[5].

ANNE-MARIE CADOT-COLIN, d'après Chrétien de Troyes, *Perceval ou le Conte du Graal* © Le livre de poche jeunesse, 2014.

ÉCLAIRAGE

L'ancien français

› À l'époque romaine, dans tout le sud de l'Europe, on parle latin.

› Vers l'an mille, on parle des versions du latin qui ont tellement évolué qu'on ne se comprend pas d'un pays à l'autre. Ce sont les langues romanes.

› L'ancien français est à **mi-chemin entre le latin et le français moderne.**

1. Par la qualité du tissage et leur teinture, tous ces vêtements sont luxueux.
2. Chacun des chevaliers présents dans le château de Gornemant.
3. Du verbe *ceindre*, passer autour des hanches (penser à *ceinture*).
4. « Fait de rapprocher les cous » (*cols*) : prendre dans ses bras.
5. En laissant Perceval partir, sa mère lui a donné quelques recommandations.

◂ Enluminure pour *le Roman de Troie* de Benoit de Sainte-Maure, vers 1350 (BnF).

3. Avoir un nouveau modèle

« Soyez béni, seigneur, car vous m'avez dit exactement les mêmes choses que ma mère », dit Perceval. Voici ce que répond Gornemant dans le texte original, en ancien français (les autres extraits que vous avez lus sont des traductions). Que comprenez-vous ? Aidez-vous de l'encadré Méthode.

Or nel dites jamés, biau frere,
fet li prodon[1], que vostre mere
vos ait apris et anseignié.
De ce mie ne vos blas gié[2]
se vos l'avez dit jusque ci,
mes des or[3], la vostre merci,
vos pri que vos an chastiez,
que se vos plus le diseiez,
a folie le tanroit l'an[4].
Por ce vos pri, gardez vos an.
– Et que dirai ge donc, biau sire ?
– Li vavasors[5], ce poëz dire,
qui vostre esperon vos chauça,
le vos aprist et anseigna.

CHRÉTIEN DE TROYES, *Perceval ou le Conte du Graal*, fin du XIIe siècle.

1. Le prudhomme : Gornemant.
2. De cela je ne vous blâme pas du tout.
3. Désormais.
4. On le tiendrait (prendrait) pour de la folie (bêtise).
5. Le vavasseur : titre de noblesse de Gornemant.

MÉTHODE

Lire l'ancien français

D'abord, imaginez le **sens global** de la réponse de Gornemant. Puis lisez à haute voix en **oubliant l'orthographe**. Relisez plusieurs fois en vous appuyant sur les mots qui ressemblent au français moderne, sans vous focaliser sur les mots étranges.

? QUESTIONS

LE TEXTE

COMPÉTENCE – J'INTERPRÈTE DES TEXTES LITTÉRAIRES EN SITUANT L'ŒUVRE DANS SON CONTEXTE LITTÉRAIRE ET HISTORIQUE

Devenir chevalier

1. D'après Gornemant, pour apprendre, « il faut courage, effort et expérience » (texte 1, l. 6). Qu'en pensez-vous ?
2. Gornemant est-il un bon maitre, d'après vous ? Justifiez votre réponse.
3. Pourquoi Gornemant accepte-t-il d'adouber Perceval ? Donnez au moins deux raisons en vous référant au texte 1.
4. Parmi les vêtements et objets que reçoit Perceval lors de la cérémonie (texte 2), lequel est le plus important ? Justifiez votre réponse.
5. D'après ces extraits, l'esprit chevaleresque est-il inné ou acquis (est-ce qu'on nait chevalier ou est-ce qu'on le devient) ? Proposez une réponse nuancée.

Les valeurs du chevalier

6. **Texte 2 a)** Quels sont les devoirs d'un chevalier ? **b)** Quel semble être le devoir le plus important ?
7. **Texte 2** l. 12 à 20 : **a)** Quel mode verbal Gornemant utilise-t-il principalement ? **b)** Quelle est sa valeur ?
8. Quelle place les chevaliers ont-ils dans la société du Moyen Age ? Justifiez en citant le texte.

L'IMAGE DE GAUCHE

1. Qu'est-ce qu'une enluminure ?
2. Quels éléments de l'image correspondent au texte 2 ?

3 Avant et après l'initiation

✔ **OBJECTIF** Je comprends quelles sont les valeurs du héros médiéval.

Nous sommes au début du roman. Perceval vient de quitter sa mère et n'a pas encore été adoubé par Gornemant. Un jour, il passe devant une tente ; sans réfléchir, il y entre et trouve une jeune fille, seule, qui se réveille en sursaut.

« Demoiselle, je vous salue, comme ma mère me l'a appris. Elle m'a bien recommandé de saluer les jeunes filles.

La jeune fille tremblait de peur, car le garçon lui semblait fou. Elle-même se tenait pour folle d'être restée ainsi toute seule.

Jeune homme, passe ton chemin, lui dit-elle, avant que mon ami ne te trouve ici !

– Avant de partir, je dois vous donner un baiser ! C'est ce que ma mère m'a enseigné[1].

– Jamais tu ne m'embrasseras, répondit-elle. Fuis avant que mon ami ne vienne ! Il s'appelle l'Orgueilleux de la Lande, et c'est un chevalier redoutable : il te tuera !

Mais le jeune homme était robuste. Il la prit dans ses bras maladroitement ; elle eut beau se débattre, il l'immobilisa et lui prit vingt baisers à la suite, sans qu'elle puisse l'en empêcher. [...]

– Jeune fille, grand merci ! Je suis fort content de vous avoir rencontrée : vos baisers étaient bien agréables.

Elle se mit à pleurer [...].

Mais le jeune homme ne s'en souciait guère.

[Perceval a été adoubé. Il est devenu un grand chevalier, tant par ses exploits guerriers que par son comportement exemplaire. Un jour, il rencontre une jeune fille dans un état déplorable, qui n'est autre que la demoiselle de la tente, et son compagnon, qui l'a punie car il pense qu'elle lui a été infidèle.]

– Maintenant, comme tu vois, mon amie doit payer pour sa folie. J'en ai fait le serment : son palefroi[2] ne sera pas soigné, sa robe ne sera pas changée jusqu'à ce que j'aie vaincu celui qui lui a fait violence. Je ne serai satisfait que lorsque je lui aurai coupé la tête.

Perceval l'avait bien écouté. Il lui répondit sur chaque point :

– Ami, sache-le : elle a dès maintenant fini de payer sa faute. Car c'est moi qui l'ai embrassée malgré elle, et elle en fut très affligée[3]. [...]

– Par ma tête, dit l'Orgueilleux, tu viens de reconnaître ton crime, c'est incroyable ! Tu as pleinement mérité la mort.

[Perceval et l'Orgueilleux se battent.]

À la fin, l'Orgueilleux dut s'avouer vaincu et demanda grâce. Perceval n'avait pas oublié l'enseignement du noble seigneur.

– Chevalier, lui dit-il, je ne te ferai pas grâce tant que tu n'auras pas fait

REPÈRE

Le roman de chevalerie

Il narre les aventures d'un chevalier : ses exploits, ses échecs, ses rencontres. Inspiré de poèmes, de légendes et de chansons de geste, il est écrit en vers ou en prose et en **ancien français**, d'où son nom de « **roman** » (le français est une langue **romane**).

1. Elle a dit : « si une jeune fille t'accorde un baiser, c'est déjà beaucoup ; n'en demande pas davantage ».
2. Cheval.
3. Triste, désespérée.
4. Sous ses ordres.

grâce à ton amie. Elle n'a pas mérité, je peux le jurer, ce que tu lui as fait endurer.

Et le chevalier jaloux, qui chérissait, en fait, la jeune fille, eut honte de sa folie et répondit :

– Seigneur, je suis prêt à réparer mes torts. Je ferai tout ce qu'elle voudra, car j'ai le cœur bien triste du mal que je lui ai fait.

– Va donc au manoir le plus proche, et fais-lui donner les soins dont elle a besoin. Fais-la baigner et reposer jusqu'à ce que sa santé revienne ; lorsqu'elle sera guérie, prépare-toi à l'emmener, bien vêtue et bien parée, à la cour du roi Arthur. C'est là en effet que tu iras : tu le salueras de ma part, et tu te mettras à sa merci[4]. »

ANNE-MARIE CADOT-COLIN, d'après Chrétien de Troyes, *Perceval ou le Conte du Graal*

▲ *Chevalier faisant la cour à sa dame*, enluminure pour un manuscrit du *Codex Manesse*, XIVᵉ siècle.

100% NUMÉRIQUE Sur www.lelivrescolaire.fr, retrouvez une explication de ce qu'est l'amour courtois dans un épisode de l'émission *D'Art d'Art*.

? QUESTIONS

LE TEXTE

COMPÉTENCE – JE LIS DES TEXTES VARIÉS, JE COMPRENDS LES IMPLICITES DU TEXTE ET FAIS DES HYPOTHÈSES DE LECTURE

Comparer deux comportements

1. **a)** Comment qualifiez-vous le comportement de Perceval lors de la première rencontre avec la jeune fille ? Donnez au moins deux adjectifs et justifiez. **b)** Selon vous, sa conduite est-elle excusable ?
2. **a)** Quelles sont ses qualités lors de la deuxième rencontre ? **b)** Remplit-il les devoirs du chevalier (voir p. 350) ?
3. Selon vous, Perceval fait-il un bon héros ? Expliquez.

Réfléchir aux relations entre hommes et femmes

4. Que pensez-vous du sort de la jeune femme ?
5. **a)** Pourquoi l'Orgueilleux se comporte-t-il ainsi avec elle ? **b)** Quel changement Perceval provoque-t-il chez lui ?
6. Recherchez ce qu'est l'amour courtois. Selon vous, pourquoi ce code a-t-il été mis en place ?

L'IMAGE

1. À quel milieu social appartiennent les deux personnages ?
2. Est-ce l'homme ou la femme qui montre un signe de soumission ?

4 Roland sonne l'olifant

✔ **OBJECTIF** Je réfléchis aux forces et aux faiblesses du héros.

L'empereur Charlemagne a conquis l'Espagne et rentre en France. Roland, son neveu, mène le groupe qui ferme la marche ; mais il est trahi par Ganelon, un chevalier jaloux de lui, et tombe dans un guet-apens de leurs ennemis. Roland refuse d'appeler au secours.

La Chanson de Roland est anonyme. L'un des manuscrits est signé par un certain Turold, mais on ne sait pas s'il est l'auteur ou un copiste.

La bataille est prodigieuse et acharnée. Les Francs se battent avec violence et fureur. Ils tranchent les poings, les flancs, les échines, les vêtements jusqu'aux chairs vives. Sur l'herbe verte, le sang coule à flots. [...]

Aux quatre premiers assauts, les Francs l'ont emporté, mais le cinquième est rude et pénible pour eux. Ils sont tous tués, sauf soixante d'entre eux, que Dieu a épargnés. Avant de mourir, ils vendront cher leur vie.

Le comte Roland voit le carnage des siens. Il appelle Olivier, son compagnon : [...]

« Je sonnerai l'olifant[1], et Charlemagne l'entendra. Je vous le jure, les Francs reviendront.

– Le déshonneur sera pour nous, et la honte sur nos lignages[2], rétorque Olivier. Quand je vous l'ai demandé, vous n'avez pas voulu le faire. Le roi présent, nous n'aurions pas eu ces pertes. [...]

– Notre bataille a été rude, mes deux bras sont tout sanglants d'avoir porté tant de coups. [...]

– C'est votre faute : vous avez confondu vaillance et folie. La mesure vaut mieux que la témérité. Les Francs sont morts à cause de votre inconscience. Jamais plus nous ne servirons Charlemagne. Votre vaillance, Roland, nous a été fatale ! [...] »

▲ *Olifant attribué à Roland,* XIe siècle (musée Paul-Dupuy, Toulouse).

L'archevêque[3] les entend se quereller. Il s'approche d'eux et les blâme :

« Seigneur Roland, et vous, Olivier, au nom de Dieu, cessez votre dispute ! Sonner du cor ne peut nous servir à rien, mais il faut le faire cependant : le roi viendra avec ses Francs, et il nous vengera. Quand nos compagnons mettront pied à terre, ils nous trouveront morts et taillés en pièces. Ils nous mettront en bière et pleureront de douleur et de pitité ; puis ils nous enterreront dans des cimetières bénis, où les loups et les chiens ne pourront nous dévorer.

– C'est bien parlé, seigneur », dit Roland.

Roland a porté l'olifant à ses lèvres. Il l'embouche, sonne de tout son souffle. Hauts sont les monts, et le son porte loin. Sur trente lieues[4] on l'entend résonner. Charlemagne l'entend, avec toute son armée. [...]

L'empereur fait sonner ses cors. Les Francs mettent pied à terre et s'équipent. Ils ont de bons hauberts, des épées et des heaumes ornés d'or, des épieux solides, et des gonfanons blancs et vermeils. Ils sont montés sur leurs destriers et piquent des éperons durant toute la traversée des cols. [...]

1. Cor taillé dans une défense d'éléphant.
2. Familles.
3. Membre haut placé du clergé.
4. Environ cent kilomètres.
5. Péjoratif : ceux qui ne suivent pas la bonne religion.

Les clairons sonnent, derrière et devant, répondant à l'olifant. L'empereur chevauche, bouillant de colère. Sur son haubert est déployée sa barbe blanche. Les Francs le suivent, remplis de fureur et de chagrin. Ils prient Dieu de conserver Roland en vie jusqu'à ce qu'ils arrivent au champ de bataille. Mais à quoi bon ? C'est inutile. Ils sont partis trop tard et ne pourront arriver là-bas à temps. [...]

Soixante mille clairons sonnent de toute leur puissance. Les monts retentissent et les vallées leur répondent. Les païens[5] l'entendent. Ils ne le prennent pas à la légère et se disent entre eux :

« Charlemagne ne va pas tarder à être sur nous ! [...] »

Pleins de colère et de fureur, les païens s'enfuient.

ANNE-MARIE CADOT-COLIN, *La Chanson de Roland*

▲ Enluminure pour un manuscrit allemand de *La Chanson de Roland*, XIIIe siècle.

REPÈRE

La chanson de geste

Une chanson de geste (du latin *gesta* : « actions accomplies ») est un long poème rapportant les exploits des héros. Si elle s'inspire de faits historiques, l'objectif n'est pas de délivrer un cours d'histoire, mais de célébrer la nation française qui est en train de se construire.

QUESTIONS

LE TEXTE

COMPÉTENCE – J'INTERPRÈTE DES TEXTES LITTÉRAIRES EN SITUANT L'ŒUVRE DANS SON CONTEXTE LITTÉRAIRE ET HISTORIQUE

Roland, un héros ?

1. **a)** Comment la bataille est-elle décrite dans le premier paragraphe ? **b)** Relevez une hyperbole.

2. Que reproche Olivier à Roland ? Reformulez avec vos propres mots.

3. Selon vous, Roland s'est-il comporté en héros en refusant d'appeler à l'aide ?

4. Pourquoi l'archevêque souhaite-t-il que Roland appelle Charlemagne ? Donnez deux raisons.

Une chanson de geste

5. **a)** Comment l'armée de Charlemagne est-elle décrite à la fin du texte ? **b)** Quels sentiments cette description suscite-t-elle ?

6. **a)** De quelle manière les « païens » réagissent-ils en entendant arriver Charlemagne et ses hommes ? **b)** Pourquoi ?

7. ■ Cette chanson de geste est inspirée de faits historiques : au VIIIe siècle, l'armée de Charlemagne est attaquée par des Basques. Au XIe siècle, les auteurs transforment ces Basques en musulmans. **a)** Recherchez ce que sont les croisades. **b)** À votre avis, pourquoi les auteurs ont-ils fait cette modification ?

8. Quelle place le texte donne-t-il à la religion ?

9. **Synthèse.** Après avoir lu le *Repère*, expliquez quelles caractéristiques de la chanson de geste sont présentes dans cet extrait.

L'IMAGE DE DROITE

1. Comment Roland est-il mis en valeur ?

2. Comment est montrée la situation terrible dans laquelle il se trouve ? Observez les éléments qui entourent le personnage.

5 Nouvelles visions du héros

✔ **OBJECTIF** Je réfléchis à la diversité des figures de héros.

TAMMY OLER

est une journaliste new-yorkaise spécialisée dans la culture populaire. *Slate* est un magazine américain en ligne.

Au XXe siècle s'est développé un nouveau type de héros : les superhéros. Issus des comics, *les bandes dessinées américaines, ce sont majoritairement des hommes blancs et musclés. Mais les mentalités évoluent, et en 2014 apparait une nouvelle série,* Ms. Marvel, *qui met en scène une jeune américaine musulmane d'origine pakistanaise.*

Après seulement deux numéros, la série *Ms. Marvel*[1] est devenue une référence : elle a reçu un accueil enthousiaste des lecteurs et de la critique et s'est classée au sommet des ventes de bandes dessinées en ligne.

L'héroïne a la faculté de transformer son apparence ; l'auteure, G. Willow Wilson[2], utilise ce superpouvoir pour faire réfléchir sur l'identité, la foi, le fait de grandir. Ce n'est pas la première bande dessinée à mettre en scène un superhéros musulman, mais elle a conquis le public car elle est passionnante et favorise l'identification du lecteur. [...]

Marvel[3] a eu l'audace de prendre une nouvelle direction au sein d'une industrie qui met rarement en avant des superhéros qui ne soient pas blancs. Ms. Marvel a les traits de Kamala Khan, une adolescente de Jersey City qui a du mal à savoir qui elle est (à la fois américaine de première génération, musulmane, habitante de Jersey, fan de culture populaire), avant même de devenir un superhéros. [...] Avoir le pouvoir de transformer son apparence ne rend pas sa vie plus facile, comme elle s'en rend compte rapidement, mais cela lui donne plus de pouvoir et d'autonomie, ainsi que l'occasion de réfléchir à qui elle est et à qui elle veut être. [...]

Alors qu'auparavant les deux principaux éditeurs de bande dessinée[4] prétendaient toujours que les séries consacrées à des superhéros féminins ou de couleur allaient droit à l'échec, le succès commercial et critique de ces deux séries[5] change la donne. C'est réjouissant, d'autant qu'elles présentent des personnages bien construits, un discours sur la société plutôt constructif et des costumes qui ne sont pas ridicules (ou

◀ G. Willow Wilson, et Adrian Alphona, *Ms. Marvel*, volume 2, 2015.

1. *Ms.*, prononcé [Miz], désigne en anglais une femme sans préciser si elle est mariée ou pas. Il remplace « miss » et « Mrs ».
2. Américaine convertie à l'islam.
3. Marvel est une maison d'édition spécialisée dans les *comics*.
4. Marvel et DC Comics.
5. *Ms. Marvel* et une autre série, *Captain Marvel*, dont le héros est aussi une femme.
6. Dans les autres séries, les costumes féminins sont souvent irréalistes et très sexualisés.

du moins pas plus que pour les superhéros masculins[6]). Ce sont des œuvres qui partent du principe que les lecteurs de bande dessinée représentent un large spectre d'êtres humains — ce qui, d'ailleurs, est le cas. [...]

Marvel et DC ont fait des efforts pour remédier au manque de diversité de leurs superhéros, en partie grâce à des séries consacrées à des héroïnes, dont Black Widow, Miss Hulk et Electra. Bien sûr, il existe de nombreux autres éditeurs, qu'ils soient commerciaux ou indépendants, en dehors de Marvel et DC, mais ce sont tout de même ces deux grandes maisons qui comptent le plus car ce sont elles qui créent le panthéon des superhéros qui accèdent aux salles de cinéma et au rayon déguisement des supermarchés.

TAMMY OLER, *Slate*, 7 avril 2014, traduction d'Isabelle d'Orsetti.

100% NUMÉRIQUE

Sur Lelivrescolaire.fr, retrouvez un article plus approfondi sur ce thème.

▲ G. Willow Wilson et Adrian Alphona, *Ms. Marvel*, Marvel Now !, n°1, 2014.

QUESTIONS

COMPÉTENCE – J'EXPLOITE MES LECTURES POUR ENRICHIR UN RÉCIT

Un renouvellement des superhéros

1. Proposez dix mots qui vous viennent à l'esprit quand vous entendez « superhéros ».
2. Qu'est-ce qui rend le personnage de Kamala Khan original ?
3. a) Quel est le superpouvoir de Kamala ?
   b) Que lui permet ce superpouvoir ?
4. Quel est le point de vue de l'article sur ce nouveau personnage ? Justifiez en citant des phrases du texte.
5. D'après vous, de quel autre héros ou héroïne du chapitre Kamala se rapproche-t-elle le plus ? Expliquez.

Pourquoi lit-on des histoires de superhéros ?

6. Un personnage parfait est-il intéressant ? Rédigez une réponse nuancée en faisant référence aux textes de ce chapitre.
7. ■ Décrivez le superhéros ou la superhéroïne dont vous aimeriez lire les aventures. Ce peut être un personnage existant ou de votre invention. Quels sont ses pouvoirs ? Ses qualités ? Ses ennemis ?
8. Pour vous, quel support (livre, bande dessinée, cinéma, jeu vidéo) est le plus approprié aux histoires de superhéros ? Pourquoi ?

Le héros face au dragon : la lutte contre le mal

Comment le combat du héros contre le mal est-il représenté ?

L'héroïsme du chevalier se révèle principalement au combat. Le dragon, créature imaginaire symbolisant le mal, est l'un de ses adversaires habituels. Le Nazgûl qu'affronte Eowyn (voir p. 348) chevauche une sorte de dragon.

1 Saint Georges (peinture)

▲ Raphaël, *Saint Georges et le dragon,* 1506, huile sur toile, 28 x 22 cm (Washington).

Saint Georges (Georges de Lydda, vers 275-303) est le saint patron des chevaliers. Sa légende raconte qu'un dragon terrorisait une ville en dévorant quotidiennement deux jeunes gens. Le jour où la fille du roi allait être dévorée, saint Georges est arrivé et, avec l'aide de Dieu, a tué le dragon. La ville s'est ensuite convertie au christianisme.

2 Saint Georges (vitrail)

▲ Jean Besseyrias, *Saint Georges combattant le dragon*, XIXe siècle, vitrail (église de Saint-Jory-Las-Bloux, Dordogne).

Un épisode célèbre de la légende de Tristan et Iseut reprend l'histoire de saint Georges : Tristan sauve une ville du dragon et obtient ainsi la main d'Iseut, princesse d'Irlande, que son roi veut épouser.

Barlotière : armature de métal qui soutient les panneaux de verre composant un vitrail.

3 Yvain

▲ Enluminure, XVᵉ siècle (bibliothèque de l'Arsenal, Paris).

Yvain, un chevalier de la Table ronde, voit un jour un combat entre un lion et un dragon. Il décide de venir en aide à l'un des deux animaux.

4 Le prince

▲ *La Belle au bois dormant,* adaptation de Walt Disney, 1959.

Dans cette adaptation, le Prince est retenu prisonnier par Maléfique, qui a pris la forme d'un dragon redoutable. Pour retrouver la Belle au bois dormant, il doit d'abord tuer le dragon.

? QUESTIONS

1. **Doc. 1** Comparez les couleurs du cheval et du dragon. Que symbolisent-elles ?
2. **Doc. 2** **a)** Un vitrail est traversé par la lumière. Quel personnage sera le plus lumineux ? **b)** Pourquoi ce choix ? **c)** Comment les **barlotières** soulignent-elles l'opposition des personnages ?
3. **Doc. 1** **a)** Qui est la femme à droite de l'image ? **b)** Que fait-elle ? Pourquoi ? **c)** Que symbolise le cercle autour de la tête du chevalier (doc. 1 et 2) ? Le savez-vous ?
4. **Doc. 1 et 2** Comment la domination du chevalier est-elle montrée ?
5. **Doc. 3** **a)** À quel animal Yvain vient-il en aide ? **b)** Pourquoi ? Que symbolise chacun de ces deux animaux ?
6. **Doc. 4** **a)** Quels éléments de l'image montrent que le Prince est dans une situation difficile ? **b)** Pourquoi est-il important qu'un héros rencontre des situations difficiles ?
7. **Doc. 5** **a)** À votre avis, pourquoi Erik XIV a-t-il choisi d'avoir une représentation d'Hercule sur sa cuirasse ? **b)** Le combat contre le dragon n'est pas l'une des épreuves les plus célèbres d'Hercule. Selon vous, pourquoi le roi a-t-il néanmoins choisi cet épisode ?

5 Erik XIV de Suède et Hercule

▲ Armure d'Erik XIV de Suède (détail), vers 1562, métal - poids total 60 kg (Dresde).

Lors de ses douze travaux, Hercule combat plusieurs monstres, comme Ladon (représenté ici).

COMPÉTENCES

- JE LIS DES IMAGES ET JE COMPRENDS LEURS CARACTÉRISTIQUES
- JE LIS DES IMAGES ET JE SAIS LES REPLACER DANS LEUR CONTEXTE HISTORIQUE ET CULTUREL

Ex. 1 J'ÉCRIS À PARTIR D'UN DESSIN

1. Dessinez un héros.
2. En petit groupe, présentez votre dessin à vos camarades en expliquant vos choix (posture, costume, accessoires, etc).
3. Rédigez le portrait d'un héros en vous inspirant des éléments que vous avez trouvés intéressants dans votre dessin et ceux de vos camarades.

Ex. 2 JE RACONTE L'ÉVOLUTION D'UNE PERSONNE

Un jour, un évènement vous a fait grandir. Racontez-le en trois paragraphes (comment vous étiez avant, ce qui s'est passé, ce que cela a changé).

Ex. 3 JE CHOISIS UN HÉROS NATIONAL GRÂCE À UNE CARTE MENTALE

Vous êtes président de la République et vous devez remettre une décoration à un héros. À qui allez-vous la donner ? Vous pouvez choisir une célébrité ou imaginer un héros.

Méthode

› Faites d'abord une liste des valeurs que vous souhaitez mettre en avant. Quelles qualités vous semblent importantes dans la France d'aujourd'hui ?

› Soulignez celles que vous trouvez les plus importantes.

› Autour de chacune des valeurs soulignées, faites une liste de héros et héroïnes possibles.

› Rédigez enfin quelques lignes pour expliquer votre choix.

Ex. 4 JE RACONTE UN ÉPISODE HÉROÏQUE

Souvenez-vous des livres que vous avez lus, des films que vous avez vus, et choisissez un épisode qui, selon vous, illustre bien ce qu'est l'héroïsme.

Racontez cet épisode en utilisant le registre épique (voir *Repère* p. 346).

Ex. 1 JE DÉCLAME COMME UN TROUBADOUR

1. Apprenez par cœur une strophe (ou « laisse ») de *La Chanson de Roland*.
2. Choisissez quelles émotions vous voulez susciter chez votre auditoire. Entrainez-vous à réciter le texte en mettant en valeur certains passages pour provoquer ces émotions.
3. Recherchez sur internet des images de troubadours et trouvères. Choisissez un accessoire que vous porterez pour la récitation.

PARCOURS DE COMPÉTENCES

Ex. 2 J'ÉCOUTE EN SÉLECTIONNANT LES INFORMATIONS

Vous allez regarder la vidéo « D'Achille à Zidane » éditée par la BnF. Elle évoque des évènements que, normalement, vous ne connaissez pas ; il y a des choses que vous ne comprendrez pas. Mais écoutez attentivement pour répondre à la question : qu'est-ce qui fait évoluer la définition du héros ?

Retrouvez sur www.lelivrescolaire.fr :
- **le texte de *La Chanson de Roland* (Ex. 1) ;**
- **la vidéo « D'Achille à Zidane » (Ex. 2).**

JE ME SITUE DANS MON PARCOURS DE COMPÉTENCES

ORAL – JE COMPRENDS ET J'INTERPRÈTE DES MESSAGES COMPLEXES

1. Je ne peux pas répondre à la question car je n'ai pas su être attentif tout au long de la vidéo. Je me suis senti rapidement perdu à cause du vocabulaire ou du nombre d'informations.
2. J'ai su m'appuyer sur des mots-clés, mais mon interprétation du message est trop imprécise et/ou je commets des erreurs de sens.
3. J'ai compris l'ensemble du message, je peux en rapporter les idées principales, mais j'ai du mal à faire le lien avec la question qui m'est posée.
4. J'ai compris le message, je m'en suis approprié les idées car je suis capable de les reformuler et de les utiliser pour répondre à la question qui m'est posée.

Ex. 3 AU SEIN D'UN GROUPE, JE PRÉSENTE MON HÉROS PRÉFÉRÉ

1. Choisissez un héros ou une héroïne : personnage de la mythologie, de roman ou de film, célébrité, homme politique, sportif, etc.

   Réfléchissez à ces trois questions. Qu'est-ce qui le rend spécial ? Quelles valeurs représente-t-il ? Pourquoi l'avez-vous choisi ?
2. En petit groupe, chacun présente à tour de rôle son héros et sa réponse aux trois questions. Un élève note le nom de tous les héros.
3. Faites ensemble un bilan. Vos choix se ressemblent-ils ?
4. Un élève restitue votre travail à la classe : noms des héros et points communs.

Méthode
Pour analyser les valeurs incarnées par un personnage, on peut se poser les questions suivantes. Quelle leçon de vie puis-je tirer de son parcours ? Quelle pourrait être sa devise ?

Ex. 4 EN GROUPE, JE PRÉSENTE UN HÉROS OU UNE HÉROÏNE DE L'HISTOIRE DE FRANCE

1. Chaque groupe choisit un héros ou une héroïne de l'histoire de France.
2. Chez vous ou au CDI, cherchez les réponses aux questions suivantes. Qui est-il ? À quelle époque a-t-il vécu ? Quelles valeurs incarne-t-il ? A-t-il toujours été admiré, et l'est-il par tout le monde ?
3. Vous passez ensemble à l'oral.

Méthode
› Pour préparer un exposé engroupe : répartissez-vous la parole pour que tous les membres parlent à peu près autant.
› Chronométrez l'ensemble pour ne pas dépasser la durée indiquée.
› Le premier à passer présente le thème ; chaque élève commence en faisant un lien avec ce qui vient d'être dit.

PARCOURS DE COMPÉTENCES

Ex. 5 JE METS EN SCÈNE UNE PARODIE DE ROMAN DE CHEVALERIE

1. Par petit groupe, sur le site www.kaamelott.co, regardez un épisode de la série *Kaamelott* parmi les suivants : dans le Livre I, tome 2, les épisodes 1, 4, 27, 30, 39, 41, 43, 44, 46 ou 49.
2. Choisissez un échange amusant de répliques et transcrivez-en le texte.
3. Échangez ces textes entre groupes. Vous recevez donc le texte d'un épisode que vous n'avez pas regardé. Décidez comment vous allez le mettre en scène.
4. Jouez ensuite devant la classe.

Méthode
Mettre en scène un texte, c'est choisir qui va jouer quel personnage, où les acteurs se placent, ce qu'ils regardent, leurs gestes, leur ton, etc.

JE ME SITUE DANS MON PARCOURS DE COMPÉTENCES

CULTURE – J'ÉTABLIS DES LIENS ENTRE DES PRODUCTIONS LITTÉRAIRES ET ARTISTIQUES ISSUES DE CULTURES ET D'ÉPOQUES DIVERSES

1. J'ai eu des difficultés à transcrire les répliques : le texte écrit est peu compréhensible. Il n'y a aucune mise en page. Je n'ai pas réussi à traduire la parodie.

2. J'ai su transcrire le texte, il est lisible, mais il reste trop d'erreurs d'orthographe. J'ai compris l'intention parodique mais je n'ai pas su la traduire.

3. J'ai su transcrire le texte, l'orthographe est correcte, j'ai choisi de conserver certaines marques d'oral utiles pour le sens ou le comique de la situation, et j'ai su en enlever d'autres.

4. J'ai su retranscrire le texte sans erreur. J'ai su proposer une mise en page adaptée. Le comique est parfaitement sensible dans mon texte.

AGIR SUR LE MONDE. INFORMER, S'INFORMER, DÉFORMER ?

19 L'information, des textes aux médias

Objectifs :
- ✔ **Je compare différentes manières de traiter une information.**
- ✔ **J'apprends à m'informer par moi-même en identifiant des sources et un contexte.**
- ✔ **Je m'interroge sur les rôles du journaliste.**

? QUESTIONS

Pour entrer dans le chapitre

1. **a)** Quelles sont les différentes sources d'informations que vous connaissez ? Faites une liste et donnez des exemples. **b)** Lesquelles sont les plus fiables, selon vous ? Expliquez.
2. Comment vous informez-vous personnellement ?
3. Pensez-vous qu'il est plus facile de s'informer aujourd'hui qu'auparavant ? Expliquez.

L'image

1. **a)** Pourquoi peut-on dire que ces deux photographies sont comparables ? **b)** Que montre cette comparaison ?
2. Selon vous, l'évolution des technologies change-t-elle le rôle des journalistes ?
3. Peut-on dire que de nos jours, grâce à nos *smartphones* et aux réseaux sociaux, nous sommes tous journalistes ?

TEXTES ET IMAGES

HISTOIRE DES ARTS

EXPRESSION ÉCRITE ET ORALE p. 378

LEXIQUE ET LANGUE 100% NUMÉRIQUE

PROJET – PARCOURS CITOYEN 100% NUMÉRIQUE

En haut : annonce de l'élection du pape Benoit XVI, Vatican, Rome, 2005. ▶
En bas : annonce de l'élection du pape François, Vatican, Rome, 2013.

3 Revue de presse sur les migrants

✔ **OBJECTIF** Je compare différentes manières de traiter une information.

1. L'information brute

Agence France-Presse @afpfr — Suivre

Nombre record de 107.500 migrants aux frontières de l'UE en juillet (Frontex)
u.afp.com/Z5Xp #AFP

▲ Dépêche AFP du 18 aout 2015.

ÉCLAIRAGE

L'AFP (Agence France-Presse) est une agence de presse mondiale chargée de **collecter, vérifier, recouper** l'information, afin de la diffuser sous une forme **neutre, fiable et utilisable** directement par tous types de médias (radios, télévision, presse écrite, sites internet, réseaux sociaux) mais aussi par des grandes entreprises et administrations.

100% NUMÉRIQUE

2. Un envoyé spécial

Reportage de Martin Weill en Turquie, Le Petit Journal *de Canal +, 7 septembre 2015.*

100% NUMÉRIQUE

3. Une vidéo explicative

Francesca Fattori et Olivier Clairouin, « Migrants : la crise européenne expliquée en cartes », vidéo explicative du Monde.fr, 3 septembre 2015.

QUESTIONS

COMPÉTENCE – J'ÉCOUTE ET JE COMPRENDS UN DISCOURS ORAL EN HIÉRARCHISANT LES INFORMATIONS

1. **Doc. 2 et 3 a)** Quelles différences remarquez-vous entre ces deux documents ? Donnez-en au moins trois. **b)** Lequel vous semble le plus proche du doc. 1 ? Pourquoi ?
2. **Doc. 2** À quel type de public ce journal s'adresse-t-il, selon vous ? Justifiez votre réponse.
3. **Doc. 2 a)** D'où partent les migrants ? **b)** Qui sont les passeurs ? **c)** Quels sont les risques de la traversée ?
4. **Doc. 3** Prenez des notes en visionnant la vidéo. Qu'avez-vous retenu ?
5. **a)** Quels sont les avantages et les inconvénients de chacun de ces médias ?
b) Lequel préférez-vous ? Pourquoi ?

100% NUMÉRIQUE

4. Deux articles se répondent

Comparez le traitement de la crise dans deux articles très différents : Floris de Bonneville, « L'invasion, c'est maintenant ! » (Boulevard Voltaire, aout 2015) et la réponse de Jean Ortiz, « Non à "l'invasion" des migrants ! » (L'Humanité.fr, 28 aout 2015).

PASSERELLE GÉOGRAPHIE

Plus d'informations sur les migrations dans votre manuel d'histoire-géographie (géographie, chapitre 3) ou sur Lelivrescolaire.fr.

fondement, ainsi que de recevoir un quelconque avantage en raison de la publication ou de la suppression d'une information.

9. Ne jamais confondre le métier de journaliste avec celui du publicitaire ou du propagandiste ; n'accepter aucune consigne, directe ou indirecte, des annonceurs.

10. Refuser toute pression et n'accepter de directive rédactionnelle que des responsables de la rédaction.

Tout journaliste digne de ce nom se fait un devoir d'observer strictement les principes énoncés ci-dessus ; reconnaissant le droit en vigueur dans chaque pays, le journaliste n'accepte, en matière d'honneur professionnel, que la juridiction de ses pairs, à l'exclusion de toute ingérence[4] gouvernementale ou autre.

Charte de déontologie de Munich, signée le 24 novembre 1971.

REPÈRE

Les métiers du journalisme

Le terme *journaliste* recouvre en réalité **différents types de métiers ou statuts** difficilement comparables : correspondant de guerre, envoyé spécial, journaliste d'investigation, dessinateur de presse, journaliste reporter d'images, photojournaliste, secrétaire de rédaction, critique littéraire, de cinéma ou musical, journaliste sportif, présentateur télévisé, pigiste…

▲ De gauche à droite : Vorochilov, Molotov, Staline et Yezhov (ou Iejov), Moscou, 1937.

▲ La même photographie modifiée quelques années plus tard.

? QUESTIONS

LES TEXTES

Les sources de la presse (texte 1)

1. Pour Camus, qu'est-ce qui semble contraire aux valeurs du journalisme ?
2. Quelles sont les valeurs qui sont défendues ?

La déontologie des journalistes (texte 2)

3. **a)** En vous aidant d'un dictionnaire, donnez la définition du mot « déontologie ». **b)** Donnez des exemples d'autres métiers qui sont soumis à une déontologie.
4. Relevez les verbes à l'infinitif dans chaque article. Qu'expriment-ils pour les journalistes ?
5. **a)** Quel article affirme la liberté de la presse ? **b)** Dans cette déclaration, la liberté de la presse a-t-elle des limites ? Justifiez.
6. Quelle distinction est faite dans l'article 9 ?
7. M. Lousteau et M. Walter (voir p. 364-365) seraient-ils en accord avec cette charte ? Justifiez.

Les fondements du journalisme

8. L'article 7 de la charte de déontologie est-il en accord avec les propos d'Albert Camus qui écrit « un journal indépendant donne l'origine de ses informations » ?
9. **a)** Selon vous, ces devoirs du journaliste sont-ils systématiquement respectés ? **b)** Doivent-ils l'être ?

LES IMAGES

COMPÉTENCE – JE LIS DES IMAGES ET DES DOCUMENTS COMPOSITES ET JE SAIS TRAITER L'INFORMATION

1. **a)** Qu'est-ce qui a été modifié entre la première et la deuxième image ? **b)** Pourquoi ? Faites une recherche.
2. Analysez ces deux images en fonction des textes de cette page.
3. **a)** Y a-t-il beaucoup d'images modifiées dans les médias selon vous ? **b)** En recherchant sur internet, trouvez d'autres exemples plus nuancés. Peut-on dire qu'il s'agit de photographies de presse ?

2 Les devoirs du journaliste

✔ **OBJECTIF** Je m'interroge sur le rôle du journalisme.

1. Les sources de la presse

ALBERT CAMUS

(1913-1960) est un romancier, philosophe, dramaturge et essayiste. Homme engagé, il prend part à la Résistance pendant la Seconde Guerre mondiale, notamment à travers ses publications dans le journal *Combat*. Il reçoit le prix Nobel de littérature en 1957.

Quelques mois après le début de la Seconde Guerre mondiale, Albert Camus rédige un article qui ne sera jamais publié. L'auteur y défend la liberté de la presse en contexte de guerre. La journaliste Macha Séry retrouve l'article dans des archives et le publie dans le journal Le Monde *en 2012. En voici un extrait.*

En face de la marée montante de la bêtise, il est nécessaire [...] d'opposer quelques refus. Toutes les contraintes du monde ne feront pas qu'un esprit un peu propre accepte d'être malhonnête. Or, et pour peu qu'on connaisse le mécanisme des informations, il est facile de s'assurer de l'authenticité d'une nouvelle. C'est à cela qu'un journaliste libre doit donner toute son attention. [...]

En conséquence, un journal indépendant donne l'origine de ses informations, aide le public à les évaluer, répudie[1] le bourrage de crâne, supprime les invectives[2], pallie[3] par des commentaires l'uniformisation des informations et, en bref, sert la vérité dans la mesure humaine de ses forces. Cette mesure, si relative qu'elle soit, lui permet du moins de refuser ce qu'aucune force au monde ne pourrait lui faire accepter : servir le mensonge.

ALBERT CAMUS, article publié par le journal *Le Monde*, le 18 mars 2012.
Interdit par la censure, l'article dont ce passage est extrait aurait dû paraitre dans *Le Soir républicain* du 25 novembre 1939 © Catherine et Jean Camus.

1. Refuse.
2. Injures.
3. Remédie.

2. La déontologie des journalistes

Rédigée et approuvée à Munich en 1971, la Déclaration des devoirs et des droits des journalistes a été adoptée depuis par la plupart des syndicats de journalistes d'Europe.

Les devoirs essentiels du journaliste dans la recherche, la rédaction et le commentaire des événements sont :

1. Respecter la vérité, quelles qu'en puissent être les conséquences pour lui-même, et ce, en raison du droit que le public a de connaître la vérité.

2. Défendre la liberté de l'information, du commentaire et de la critique.

3. Publier seulement les informations dont l'origine est connue ou, dans le cas contraire, les accompagner des réserves nécessaires ; ne pas supprimer les informations essentielles et ne pas altérer[1] les textes et documents.

4. Ne pas user de méthodes déloyales pour obtenir des informations, des photographies et des documents.

5. S'obliger à respecter la vie privée des personnes.

6. Rectifier toute information publiée qui se révèle inexacte.

7. Garder le secret professionnel et ne pas divulguer la source des informations obtenues confidentiellement.

8. S'interdire le plagiat[2], la calomnie, la diffamation[3] et les accusations sans

1. Modifier, changer.
2. Copie frauduleuse.
3. Parole ou écrit mensonger qui porte atteinte à l'honneur et à la réputation de quelqu'un.
4. Participer aux affaires d'autrui sans en avoir le droit.

audacieux et souples. Duroy, nommé chef des Échos, lui semblait un garçon précieux. [...]

C'est par eux [les Échos] qu'on lance les nouvelles, qu'on fait courir les bruits, qu'on agit sur le public et sur la rente[3]. Entre deux soirées mondaines, il faut savoir glisser, sans avoir l'air de rien, la chose importante, plutôt insinuée que dite. Il faut, par des sous-entendus, laisser deviner ce qu'on veut, démentir de telle sorte que la rumeur s'affirme, ou affirmer de telle manière que personne ne croie au fait annoncé. Il faut que, dans les Échos, chacun trouve, chaque jour, une ligne au moins qui l'intéresse, afin que tout le monde les lise. [...]

L'homme qui les dirige et qui commande au bataillon des reporters doit être toujours en éveil, et toujours en garde, méfiant, prévoyant, rusé, alerte[4] et souple, armé de toutes les astuces et doué d'un flair infaillible pour découvrir la nouvelle fausse du premier coup d'œil, pour juger ce qui est bon à dire et bon à celer[5], pour deviner ce qui portera sur le public ; et il doit savoir le présenter de telle façon que l'effet en soit multiplié.

GUY DE MAUPASSANT, *Bel-Ami*, 1885.

1. Fonction de député.
2. Rusés, malins.
3. Argent gagné.
4. Agile, vif, éveillé.
5. Cacher, dissimuler.

▲ Couverture de *Gil Blas* du 14 août 1892, illustrée par T.-A. Steinlein.

REPÈRE

L'essor de la presse

Au XIXe siècle, la presse **se développe grâce à de nouveaux moyens techniques.**

Les écrivains s'intéressent naturellement à ce phénomène : ils sont souvent journalistes, mais publient également leurs **œuvres littéraires sous forme de feuilletons**, selon le même principe que nos séries télévisées.

? QUESTIONS

LES TEXTES

COMPÉTENCE – JE MAITRISE DAVANTAGE L'ARGUMENTATION, JE SAIS EXPLIQUER ET JUSTIFIER

Une leçon de journalisme (texte 1)

1. **a)** Que demande Lousteau à Lucien ? Quels conseils lui donne-t-il ? **b)** Quelles sont les réactions successives de Lucien ?
2. **a)** Quelle définition Lousteau donne-t-il du journaliste ? **b)** Quelle figure de style emploie-t-il ? **c)** Que veut-il dire ?
3. Que pensez-vous de cette leçon de journalisme ?

Un journal d'argent (texte 2)

4. **a)** Quelle image est donnée de M. Walter, directeur du journal ? **b)** Aime-t-il le journalisme ? Proposez une réponse approfondie.
5. **a)** Quel type de journalistes M. Walter apprécie-t-il ? **b)** Comparez cette image du journaliste avec celle de l'extrait 1.
6. **a)** Quels sont les objectifs de la rubrique « Les Échos » ? **b)** Quel type de presse cela peut-il évoquer ?

La critique du journalisme

7. ■ Quelle vision du journalisme ces deux textes donnent-ils ? Justifiez.
8. ■ Les journalistes évoqués dans ces deux textes ont-ils pour but d'informer ?
9. ■ Quelles sont, selon vous, les qualités nécessaires pour être un bon journaliste ?

L'IMAGE

1. Observez la première page de ce journal. Qu'annonce-t-elle comme contenu ?
2. Que pouvez-vous dire sur les rapports entre presse et littérature au XIXe siècle grâce aux deux textes proposés et à cette couverture ?

5. Deux « Une »

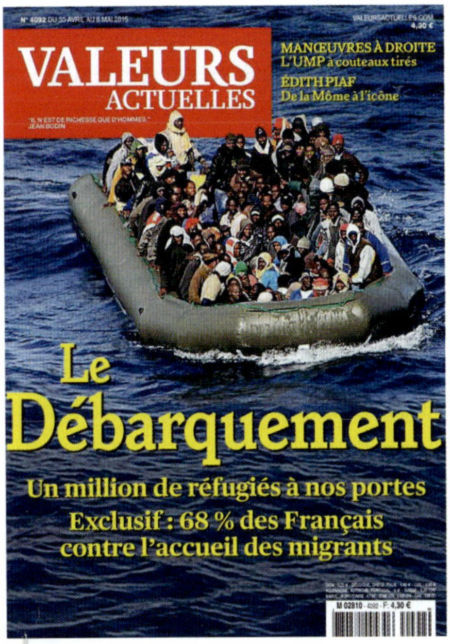

Une du magazine *Valeurs actuelles*, 30 avril 2015.

Une de l'hebdomadaire *Télérama*, 13 juin 2015.

? QUESTIONS

COMPÉTENCE – JE LIS DES IMAGES ET DES DOCUMENTS COMPOSITES (Y COMPRIS NUMÉRIQUES) ET JE LES METS EN RELATION AVEC DES TEXTES

Pour répondre, vous pouvez vous aider de la page spéciale presse du site BnF.fr

1. **a)** Quelle scène est représentée sur les deux couvertures ? **b)** Observez les dates et rappelez le contexte historique.
2. **a)** Observez les deux photographies : quelles sont leurs points communs ? et leurs différences ? **b)** De quelle manière le choix du cadrage (voir *Fiche méthode* p. 496) permet-il de donner deux interprétations différentes de la crise des migrants ?
3. **a)** Comparez les deux titres : les deux magazines insistent-ils sur la même chose ? **b)** Comment sont présentés les migrants dans *Valeurs actuelles* ? et dans *Télérama* ? Demandez-vous notamment à quel champ lexical appartient chacun des deux titres.
4. Lisez le texte qui accompagne chaque une et comparez le choix des chiffres. Quels aspects sont traités par chaque magazine ?

6. Un éditorial

Un éditorial est un article généralement placé en première ou deuxième page du journal. Il donne l'opinion politique de l'éditorialiste et la ligne éditoriale de la rédaction : il est donc beaucoup plus engagé que les articles d'information.

« Donnez-moi vos pauvres, vos exténués… »

Ce sont quelques vers gravés dans le bronze, au pied de la statue de la Liberté dont la torche se dresse haut dans le ciel, à l'entrée du Nouveau Monde. Ils sont extraits d'un poème écrit en 1883 par Emma Lazarus, fille d'une famille de juifs portugais installée à New York, révulsée par les pogroms[1] russes et sûre que son pays serait le refuge des réprouvés[2]. « Donnez-moi vos pauvres, vos exténués, qui en rangs pressés aspirent à vivre libres. […] Envoyez-les moi, les déshérités, que la tempête m'apporte. J'élève ma lumière et j'éclaire la porte d'or ! »

1. Attaques des chrétiens contre les juifs en Russie, à la fin du XIXe et au début du XXe siècle.
2. Exclus.

Les autorités américaines ont choisi cet hymne à l'accueil, à la compassion et à l'humanité pour donner une devise à la statue de Bartholdi, érigée en 1886 à l'initiative de républicains français. Elles y ont vu le symbole de leur nation, où se réfugiaient tant d'Européens chassés par la violence, la discrimination et la misère du Vieux Continent. L'Europe d'aujourd'hui, vers laquelle convergent aussi des légions de « pauvres et d'exténués », aura-t-elle le courage d'imiter l'Amérique ? Ou bien, en lieu et place de la Statue de la Liberté, construira-t-elle un autre monument : une clôture de barbelés surmontée d'un mirador ?

Si l'on use de ce ton quelque peu solennel, c'est que l'Europe se trouve face à un tournant historique. Trois conflits où les pays du Nord ont été impliqués à divers titres, ceux d'Irak, de Syrie et de Libye, auxquels s'ajoutent les exactions[3] d'une dictature implacable, celle d'Erythrée, ont jeté sur les routes de l'exil des millions de réfugiés, comme l'avait fait en son temps le conflit yougoslave. Ces hommes et ces femmes aux abois[4] voient dans l'Europe démocratique le refuge qui leur permettra de reconstruire leur existence brisée. Jean-Christophe Dumont, spécialiste des migrations à l'OCDE[5], évalue à plus d'un million le nombre de ces réprouvés qui frapperont cette année ou l'année prochaine à la porte du continent. Un chiffre réaliste, attesté par l'augmentation brutale des arrivées enregistrées depuis quelques mois, qui dépassent de loin celles constatées auparavant.

Pessimiste, désabusé, rétracté par l'angoisse identitaire et le refus de l'avenir, le Vieux Continent peut choisir la fermeture. [...] Cette politique, qu'une grande partie de l'opinion réclame, nierait les valeurs mêmes de l'Union européenne.

Elle nierait aussi bien… la réalité. Quoi qu'en disent les démagogues à la Le Pen, ces murs n'arrêteront pas des réfugiés prêts à risquer la mort pour les franchir, comme le font ceux qui s'embarquent sur des cercueils flottants pour rallier Kos ou Lampedusa[6]. Il faudra dépenser des milliards pour barricader l'Europe, tout en comptabilisant froidement le nombre des noyés hebdomadaires.

Il existe une autre politique, plus conforme aux chartes[7] dont on se réclame et dont le coût financier ne serait guère supérieur. Ouvrir les frontières sans conditions ? Certainement pas. Mais organiser et réguler l'accueil. [...] Chassés de chez eux par la violence, ces arrivants n'ont d'autre but que de se faire une petite place au soleil. Nombre d'entre eux, comme le montre le précédent yougoslave, retourneront dans leur pays une fois la paix civile revenue. Réaliste et humaine, cette politique que préconisent nombre d'experts qui n'ont rien d'utopistes échevelés[8] est la seule conforme aux valeurs qui nous réunissent, autant qu'à la logique du monde contemporain.

LAURENT JOFFRIN, « Donnez-moi vos pauvres, vos exténués… » (extraits), *Libération*, 20 aout 2015.

3. Violences.
4. Affolés.
5. Organisation de Coopération et de Développement Économique.
6. Iles de la Méditerranée où abordent les migrants.
7. Les différentes conventions et traités auxquelles adhère la France, comme la Déclaration universelle des droits de l'homme ou la Convention relative au statut des réfugiés du Haut-Commissariat des Nations Unies aux droits de l'homme.
8. Ici : fous.

? QUESTIONS

1. a) À quoi le titre de l'éditorial fait-il référence ? b) À quelle période et à quel contexte historique l'éditorialiste compare-t-il l'arrivée des migrants en Europe ?
2. a) Comment sont décrits les migrants ? Citez au moins trois groupes nonimaux qui font référence aux réfugiés. b) Comment définiriez-vous le point de vue de l'éditorialiste sur ces personnes ?
3. a) Quelle est la définition du mot *monument* (l. 14) ? b) Comparez cette définition au monument dont parle L. Joffrin.
4. Commentez l'expression « cercueils flottants » (l. 28). Quel est le registre employé ?
5. a) À quelle opinion politique s'oppose l'éditorialiste ? Justifiez votre réponse en citant le texte. Résumez les deux positions avec vos propres mots. b) À quelle une (p. 369) associeriez-vous plutôt chacune de ces opinions ?
6. Relevez des marques du registre didactique (qui cherche à informer) et expliquez l'objectif de cet éditorial.

4 Internet, un « Far West de l'info » ?

✔ **OBJECTIF** J'analyse divers points de vue sur les évolutions du traitement de l'information à l'ère d'internet.

1. L'information à l'ère d'internet

Le journalisme d'il y a 10 ans n'est pas le même qu'aujourd'hui. Le Web 2.0 a vu le jour, les smartphones sont dans toutes les poches, ou presque, et la nouvelle technologie a envahi les foyers. Éric Scherer, directeur de la prospective et de la stratégie numérique du groupe France Télévisions, le confirme : « *pratiquement tout ce qui bouleverse et restructure les médias et les métiers du journalisme d'aujourd'hui n'existait tout simplement pas en l'an 2000* ».

L'ère du numérique a commencé. « *Le smartphone devient le centre de nos vies numériques [...], internet est désormais sur soi et plus seulement chez soi* », souligne l'ancien journaliste de l'AFP. Pour lui, les journalistes doivent se réinventer, s'ils ne veulent pas disparaître : « *l'innovation est leur seule assurance vie* ». [...]

Internet est devenu le nouveau centre d'information des internautes. Il rend accessible l'actualité en temps réel. Dans ce nouveau monde numérique, les journalistes « *ne sont plus les seuls vulgarisateurs*[1] *d'un monde complexe. Ils ne sont plus les seuls à pouvoir nous mettre en prise avec le reste du monde. Ils ne sont plus les seuls à avoir accès, à détenir ou à pouvoir publier l'information* », garantit l'ancien journaliste de Reuters. Les réseaux sociaux sont devenus des concurrents, le « journalisme citoyen » s'est développé, chacun est devenu un média, affirme-t-il.

La toile laisse libre court aux expressions des personnes, tout le monde y va de son commentaire. Mais pour Pascal Pailladet, journaliste au magazine *La Vie*, le journalisme citoyen « *est un effet de mode, ou du moins un leurre*[2] *; même s'il correspond à une frustration et à un désir des citoyens de prendre la parole* ». « *On ne s'improvise pas journaliste, comme on ne s'improvise pas plombier ou avocat. Mener une enquête en profondeur demande une formation et un savoir-faire* », atteste-t-il. Le journalisme citoyen n'est pas prêt de détrôner le journaliste professionnel. Une enquête, un reportage, une investigation ne s'improvisent pas, même sur le net.

Le rôle du journaliste sur internet ne s'arrête pas là. « *Le web, c'est bien souvent encore le Far West de l'info !* » déplore Éric Scherer. « *Même abreuvé*[3] *et assailli d'informations, l'internaute n'est pas forcément bien informé* », souligne Hélène Rochette, journaliste à *Télérama*. « *L'information est devenue une denrée banale, comme l'eau ou l'air que nous respirons* », note Éric Scherer. Face à l'infobésité que subissent les internautes, le journaliste se doit de filtrer, organiser et hiérarchiser les données, pour rendre l'actualité plus accessible. Il reste un gage[4] de qualité de l'information s'il conserve ses réflexes d'analyse, de recul et de critique.

CHARLOTTE PENOT, « Le web journalisme – l'info dans son temps ? », publié sur le blog *Bookstory*, le 29 juin 2011.

1. Personne qui explique de manière simple des réalités complexes.
2. Une tromperie, une illusion.
3. Inondé.
4. Une garantie.

La thèse d'A. Christin (EHESS, Princeton[1]) révèle les tensions entre logiques d'audience[2] et ligne éditoriale[3] de qualité dans les rédactions.

Sur les sites internet d'information, les audiences sont-elles les rédactrices en chef ?

[...] Tous les rédacteurs en chef ont l'œil rivé à « Chartbeat » [...], outil de mesure d'audience en temps réel. Pour le média, le clic est un revenu publicitaire. Pour l'individu, auteur de l'article, c'est agréable quand un article fait du clic. Cela peut même être considéré comme un indicateur de sa valeur, voire de son existence.

La notion de ligne éditoriale a-t-elle disparu ?

Face à la pression du marché, il y a une forte tension entre un impératif de quantité et la qualité, c'est-à-dire une ligne éditoriale respectable. Les rédactrices et rédacteurs en chef ont des arbitrages à faire sur cette question essentielle. Un gros site américain a carrément supprimé sa rubrique « International », faute d'audience. Les sites de news essaient généralement de garder un équilibre en subventionnant un sujet sur la Syrie, par exemple, par des diaporamas people ou autres petits articles de type « liste » – comme « Top dix des stéréotypes sur les Parisiens » – qui vont cartonner. [...]

100% NUMÉRIQUE

Retrouvez sur Lelivrescolaire.fr un épisode de l'émission *C'est pas sorcier* consacré à la presse à l'heure d'internet.

Parviennent-elles à maintenir cet équilibre ?

C'est très dur, sachant que de petits articles de deux paragraphes avec trois liens peuvent être réalisés en 20 minutes. Le calcul, que tout le monde fait, c'est qu'un journaliste peut faire 30 petits papiers[4] de ce type par jour alors qu'en se consacrant trois jours à un sujet d'enquête ou à un reportage, son papier fera 20 000 clics au mieux. Les sites d'info se comparent beaucoup et ont toujours un œil les uns sur les autres. Il y a un nivellement[5] par le bas et la comparaison leur permet de justifier certains choix. Ils se disent : « Si untel fait pas mal de people, je peux bien en faire un peu plus. »

Ces évolutions impactent-elles la manière dont les journalistes mesurent la valeur de leur travail ?

Pour un journaliste, comme pour un médecin, la mesure de la valeur passait auparavant uniquement par le respect et la reconnaissance des pairs[6]. C'est le sens des prix remis par des journalistes à leurs confrères. Sur le web, la mesure de la popularité d'un article auprès du public induit un autre ordre de valeur.

[...] Le clic est décrié par tout le monde, mais le fait d'avoir un papier très cliqué est valorisé, comme si cela indiquait la valeur du papier, voire une façon d'exister de l'auteur de l'article. Tous espèrent écrire l'article qui obtiendra à la fois la reconnaissance des pairs et une forte popularité. C'est très rare, mais il y a des reportages, des enquêtes, qui rencontrent un succès inattendu auprès du public. Le problème, c'est que si vous devez produire beaucoup de papiers, vous n'avez pas le temps de faire autre chose.

« Course à l'audience, uniformisation, le journalisme web tiré vers le bas », propos recueillis par Isabelle Maradan, © Isabelle Maradan / *lexpress.fr* / 5 juillet 2014.

1. Deux écoles ou universités prestigieuses, en France et aux États-Unis.
2. Nombre de lecteurs.
3. Ce qui définit un journal par rapport à un autre : la manière de traiter les informations, les valeurs, etc.
4. Articles.
5. Uniformisation, égalisation.
6. Ici : des autres journalistes.

3. 4. et 5. « Les Décodeurs » et le datajournalisme

Le journaliste Samuel Laurent présente la rubrique « Les Décodeurs » sur LeMonde.fr. Cette vidéo est accompagnée de deux documents, l'un sur « Les Décodeurs », l'autre sur le datajournalisme.

Martin Vidberg, blog « L'actu en patates », *LeMonde.fr*, 8 janvier 2014.

Un dessin de presse a une durée de vie très courte car il réagit à l'actualité. Ici, il est question de deux faits divers (l'accident du pilote de Formule 1 Michael Schumacher et les propos extrémistes de l'humoriste Dieudonné) qui ont primé sur des informations plus sérieuses au début de l'année 2014.

QUESTIONS

COMPÉTENCE – JE LIS DES IMAGES ET DES DOCUMENTS COMPOSITES ET JE SAIS LES REPLACER DANS LEUR CONTEXTE HISTORIQUE ET CULTUREL

Texte 1

1. Pour quelles raisons le journalisme a-t-il changé au début du XXIe siècle ?
2. Qu'est-ce qu'internet et les *smartphones* ont changé dans notre rapport à l'information ? Donnez au moins deux réponses et justifiez en citant le texte.
3. **a)** Qu'est-ce que le « journalisme citoyen » (l. 26) ? Proposez une définition. **b)** Expliquez la formation du néologisme « infobésité » (l. 34) et proposez une définition.
4. À l'heure d'internet, quels sont les rôles des journalistes professionnels ?

Texte 2

5. Sur quoi porte la thèse d'Angèle Christin ? Reformulez avec vos propres mots.
6. **a)** À quoi correspond le « clic » dont parle Angèle Christin ? **b)** Pourquoi est-il important ? Donnez deux réponses et justifiez en citant le texte.
7. D'après ce qui est expliqué dans cette interview, internet a-t-il augmenté ou diminué la qualité de l'information ? Pourquoi ?

Textes 3 à 5

8. **Doc. 3 et 4 a)** Quels sont les objectifs des « Décodeurs » ? **b)** Comparez avec les rôles donnés aux journalistes professionnels dans le texte 1.
9. Quels moyens sont utilisés par « Les Décodeurs » pour atteindre leurs objectifs ?
10. **Doc 3 à 5 a)** En quoi consiste le datajournalisme ? Proposez une définition avec vos propres mots. **b)** De quelles manières le datajournalisme répond-il aux nouvelles manières de s'informer ? Proposez plusieurs raisons.

Découvrir « Le salaire du sniper »

✔ **OBJECTIF** Je m'interroge sur la morale du journalisme à travers une nouvelle contemporaine.

▲ Didier Daeninckx, « Le salaire du sniper », *Passages d'enfer*, 1998.

La nouvelle « Le salaire du sniper » appartient au recueil *Passages d'enfer*, publié en 1998. L'histoire se déroule à Kotorosk, ville imaginaire d'Europe de l'Est. Deux journalistes français couvrent un conflit armé qui s'éternise. Un jour, leur supérieur les appelle de Paris : l'audience de leur journal baisse. Que peuvent-ils faire pour y remédier ?

DIDIER DAENINCKX

(né en 1949) est un auteur de romans policiers, de nouvelles, d'essais et de scénarios de bande dessinée. Écrivain engagé, il fait une place importante à la critique sociale et politique dans son œuvre (*Meutres pour mémoire*).

QUESTIONS

1 « Il n'y a rien de pire qu'un conflit qui s'éternise »

La situation initiale

1. **a)** Quel est le cadre spatio-temporel de la nouvelle ? **b)** Comment le qualifieriez-vous ? Justifiez en citant le texte.

2. **a)** Dans quelles conditions vit le personnage principal ? **b)** Pourquoi ?

3. Quelle image est donnée de lui ?

L'élément déclencheur

4. **a)** Quel personnage fait démarrer l'action ? **b)** De quelle manière ?

5. **a)** Que sait-on de lui ? **b)** Comment s'exprime-t-il ?

6. **a)** Qu'annonce-t-il à Delorce ? **b)** Comment comprenez-vous la phrase : « Ils ne parlent pas avec des mots, mais avec des chiffres » ?

7. **a)** Quelle est la réponse de Delorce ?

100% NUMÉRIQUE

Retrouvez sur Lelivrescolaire.fr des images d'archives télévisuelles de la guerre de Bosnie (1992-1995).

Des journalistes interrogeant des membres de l'armée ukrainienne, photographie de Scott Peterson, 2015. ▼

2 Être journaliste

QUESTIONS

COMPÉTENCE – JE MOBILISE DES RÉFÉRENCES CULTURELLES POUR INTERPRÉTER DES PRODUCTIONS LITTÉRAIRES OU ARTISTIQUES

Le théâtre de la guerre

1. Quels journalistes Delorce critique-t-il ? Pour quelles raisons ?
2. Quel exemple Polex lui oppose-t-il ?
3. Où se rendent les journalistes pour trouver une solution ?
4. **Pour aller plus loin :** Cherchez l'histoire de la célèbre photographie de la prise de Berlin (ci-dessous, à gauche). **a)** Pourquoi a-t-elle été retouchée ? **b)** À quelles autres photographies du chapitre cela vous fait-il penser ? Pourquoi ?

« Une petite poupée au regard bleu »

5. Quel souvenir Delorce raconte-t-il à son compagnon ?
6. Pourquoi raconte-t-il cette anecdote ?
7. **a)** Quelle vision du journalisme est représentée par le photographe dont il parle ? **b)** Respecte-t-il les règles déontologiques du métier de journaliste ? (voir *Repère* p. 367)
8. Que pense Delorce de cette manière d'exercer le métier de journaliste ?

▲ Une petite fille rassure sa poupée dans les décombres de sa maison bombardée, Londres, 1940.

3 « Le Gavroche de Kotorosk »

QUESTIONS

« Tu es sur une piste ? »

1. Quelle est la « piste » de Philippe ?
2. Comment a-t-il obtenu cette piste ?
3. Le marché proposé est-il moral ? Justifiez votre réponse.

« Il sait ce qu'il fait »

4. **a)** Comment est décrit le lieu où les deux journalistes retrouvent Yochka ? **b)** Comparez avec le lieu où ils habitent.
5. Quel est le but de ce rendez-vous ?
6. Quelle image le lecteur a-t-il de Yochka ?
7. **a)** Pourquoi Philippe a-t-il demandé à Yochka d'escalader les fortifications ? **b)** Cette demande est-elle raisonnable ? Justifiez en citant le texte.

La chute

8. Qu'arrive-t-il au « Gavroche de Kotorosk » ?
9. Quelles en sont les conséquences pour les deux journalistes ?
10. **a)** Que révèle la chute de la nouvelle ? **b)** Quelle réaction cette chute vous inspire-t-elle ?

▲ Un soldat de l'armée rouge brandit le drapeau soviétique au sommet du Reichstag, à Berlin, en 1945.

▲ *American sniper*, film de Clint Eastwood, 2015.

Photographe de guerre

Quel rôle joue le photographe de guerre dans l'information ?

1 Robert Capa

◀ Photographie de Robert Capa, débarquement des troupes alliées américaines, Normandie (France), 6 juin 1944.

Robert Capa suit les premiers soldats américains à débarquer en Normandie pour libérer la France occupée par l'Allemagne nazie, dans un secteur que les alliés ont nommé Omaha Beach, puis surnommé « Bloody Omaha » (Omaha la sanglante) car de nombreux soldats y furent tués par les Allemands, protégés dans les bunkers.

2 Nick Ut

▲ Photographie de Nick Ut, *Jeune fille fuyant le village de Trang-Bang*, 8 juin 1972.

Dans le Sud-Vietnam, l'aviation sud-vietnamienne décide de bombarder le village de Trang-Bang tenu par le Viêt-Cong (forces armées communistes). La fillette a enlevé ses vêtements car elle a été brûlée au napalm (substance inflammable à base d'essence conçue pour coller à ce qu'elle touche).

3 David Burnett

▲ Photographie de David Burnett, (la même scène vue de dos), 8 juin 1972.

100% NUMÉRIQUE

Sur www.lelivrescolaire.fr, situez la photographie de Bülent Kılıç dans le contexte politique avec une interview de Dimitri Beck, directeur de Polka Magazine.

COMPÉTENCE

JE LIS DES IMAGES ET DES DOCUMENTS COMPOSITES (Y COMPRIS NUMÉRIQUES) ET JE COMPRENDS LEURS CARACTÉRISTIQUES

4 Bülent Kılıç

Photographie de Bülent Kılıç, Kobané (Syrie), 30 janvier 2015.

La ville de Kobané (majoritairement habitée par des Kurdes, qui se battent pour avoir leur propre pays) est située en Syrie tout près de la frontière turque. Elle a été le théâtre d'affrontements très violents entre Daech et les Kurdes. Au premier plan, un *sniper* kurde.

5 Youssef Boudlal

Photographie de Youssef Boudlal, Faysh Khabur (Irak, frontière avec la Syrie), 2014.

Les Yézidis sont persécutés par Daech, qui les considère comme des « adorateurs du diable » et les tue s'ils ne se convertissent pas à l'islam. Cette fille de six ans, qui a fui avec sa famille la ville de Sinjar (Irak), attend des secours kurdes. Il fait 45° C.

ÉCLAIRAGE

Une photographie touche plus directement qu'un long article : elle ne nécessite pas le temps et l'effort de la lecture, et à l'heure d'internet elle est plus facilement partagée sur les réseaux sociaux. Néanmoins, une photographie a généralement besoin d'être accompagnée de mots pour être comprise et jouer son rôle d'information.

Une photographie n'est pas nécessairement plus objective qu'un article : le photographe choisit son sujet, et par le cadrage il choisit ce qu'il veut montrer de ce sujet et la manière dont il veut le montrer.

QUESTIONS

1. **Doc. 1** **a)** Où se trouve Robert Capa par rapport aux soldats ? **b)** Quelle image donne-t-il du métier de photojournaliste ? Jusqu'où est-il prêt à aller pour son métier ?
2. **Doc. 2** **a)** Décrivez l'expression des visages des enfants qui courent. **b)** Quels enfants retiennent le plus votre attention ? Pourquoi ?
3. **Doc. 2 et 3** À votre avis, où se trouve le photographe du document 3 sur le document 2 ?
4. **Doc. 2 et 3** La photographie de Nick Ut est devenue extrêmement célèbre ; celle de David Burnett, non. Expliquez pour quelles raisons, en observant le cadrage, les différents plans, la position des personnages, etc. Pour le cadrage, servez-vous de la règle des tiers (voir *Fiche méthode* p. 496).
5. **Doc. 4** **a)** Décrivez les deux plans de l'image. Sur quel plan Bülent Kılıç fait-il la mise au point ? **b)** De quelle manière témoigne-t-il des ravages de la guerre ? **c)** Où s'est-il placé pour prendre cette photographie ? Pourquoi ?
6. **Doc. 5** **a)** De quelle manière Youssef Boudlal témoigne-t-il des ravages de cette guerre ? **b)** Qu'exprime le visage de cette petite fille ? **c)** De quelle autre photographie celle de Youssef Boudlal vous semble-t-elle plus proche ? Pourquoi ?
7. **Doc. 1 à 5** Quelles émotions les photographes cherchent-ils à susciter ?
8. **Question guidée :**

   Comment faire prendre conscience des ravages d'une guerre par une photographie ? Comparez ce que les photoreporters choisissent de photographier, l'endroit où ils se placent pour déclencher, les moyens qu'ils utilisent pour retenir l'attention du public.

Ex. 1 JE DÉVELOPPE MON POINT DE VUE PERSONNEL DANS UN PARAGRAPHE ARGUMENTÉ

Choisissez l'une des citations. En vous appuyant sur les textes et les ressources étudiés au cours de ce chapitre, donnez votre point de vue sur cette citation.

> « J'appelle journalisme tout ce qui aura moins de valeur demain qu'aujourd'hui. »
>
> André Gide
>
> « Le but du journalisme n'est ni de déplaire ni de complaire. C'est de remuer la plume dans la plaie. La plume, et aujourd'hui le micro et la caméra. »
>
> Patrick Poivre d'Arvor

Méthode

› J'analyse la citation en distinguant son thème (de quoi parle-t-elle ?) et sa thèse (quelle est l'idée défendue ?).

› Au brouillon, je formule clairement mon point de vue personnel (« Je pense que… ») en une phrase.

› Au brouillon, je trouve une liste d'arguments dans le chapitre ou dans mes connaissances personnelles.

› Au propre, je rédige un ou plusieurs paragraphes argumentés en veillant à nuancer mes propos.

Ex. 2 JE RÉDIGE UN FAIT DIVERS

Rédigez un article de fait divers à partir de l'image proposée ci-contre : imaginez un récit narrant les évènements qui ont mené à cette arrestation.

◀ « Un jeune marié arrêté pendant un repas de noces », *Le Petit Journal*, 2 décembre 1928.

Méthode

› Au brouillon, construisez votre récit à partir de la fin, c'est-à-dire l'arrestation du jeune marié.

› Utilisez les temps du récit : l'imparfait et le passé simple, mais aussi le plus-que-parfait.

› Présentez les personnages et la situation dramatique.

› Insérez des dialogues entre les personnages.

PARCOURS DE COMPÉTENCES

Ex. 3 JE RÉDIGE UNE PAGE DE JOURNAL

Par groupe, vous allez rédiger un journal sur le thème du journalisme (divers articles, comme l'histoire du journalisme, les nouvelles technologies et la presse, le dessin de presse…).

Commencez par consulter l'exposition de la BnF sur l'histoire du journalisme (http://expositions.bnf.fr/presse/expo/salle1/index.htm), puis faites des recherches sur différents sites. Vous veillerez à ce que votre professeur valide le thème de votre page.

Vous pourrez utiliser le site Madmagz pour mettre votre journal en forme numérique (https://madmagz.com/fr).

Méthode

› Vous nommerez les sites consultés.

› Vous inclurez des images libres de droit.

› Vous veillerez à la correction orthographique de vos articles.

Ex. 4 JE RÉDIGE UN COURT ARTICLE

Parcourez la liste des dépêches de l'AFP et choisissez-en une par groupe de deux.

Chacun rédige de son côté l'article correspondant.

Vous comparerez ensuite les deux traitements de l'information.

JE ME SITUE DANS MON PARCOURS DE COMPÉTENCES

ÉCRIRE – J'ADOPTE DES STRATÉGIES D'ÉCRITURE EFFICACES

1. Mes recherches sur internet ont été difficiles et mes images ne sont pas toutes libres de droit. Mon article est incomplet ou mal rédigé. Et/ou Le modèle de page que j'ai choisi n'est pas forcément adapté.

2. J'ai choisi un modèle adapté à mon article, mais mes sources ou notes sont trop superficielles. Mon article aurait pu être plus complet. Cependant mon thème est respecté.

3. Mon article est adapté au modèle de page, mon ou mes images sont cohérentes et libres de droit. Mon article est complet.

4. Mon intonation est journalistique et mes formulations recherchées. J'ai pu aider mes camarades.

Méthode

› Donnez un titre à votre article.

› Utilisez le traitement de texte.

› Fournissez les principaux éléments de la situation d'énonciation : qui ? où ? quand ? comment ? pourquoi ?

› Essayez de rester objectif et de présenter les faits sans donner votre opinion (sauf pour la critique).

Ex. 1 J'INTERROGE QUELQU'UN DANS LE CADRE D'UNE INTERVIEW

Préparez une interview ayant pour thème la presse et les médias contemporains. Vous interrogerez un adulte ou un camarade du collège sur son rapport à la presse et ce qu'il pense des médias. L'interview pourra être enregistrée.

Ex. 2 JE RÉSUME ET J'EXPLIQUE À L'ORAL LE CONTENU D'UN ARTICLE DE PRESSE

Parcourez la presse numérique sur internet, lisez un article qui retient votre attention et présentez-le rapidement à l'oral à votre professeur et à vos camarades.

Méthode

› Annoncez le titre de l'article, le nom du journaliste et le contenu de l'article.

› Résumez les principaux faits évoqués dans l'article.

› Expliquez pourquoi vous avez choisi cet article et donnez votre opinion personnelle.

Ex. 3 JE PARTICIPE À UN DÉBAT SUR UNE QUESTION D'ACTUALITÉ

Propositions de sujets de débat sur la presse :

› « Internet et les nouveaux médias sont-ils bénéfiques à l'information ? »

› « La presse est-elle véritablement libre ? »

› « Peut-on tout dire ? Quelles sont les limites de la liberté d'expression ? »

Parcourez les journaux et la presse en ligne, suggérez un sujet de société ou traitez un des sujets proposés. Renseignez-vous sur ce sujet en faisant des recherches. Déterminez votre opinion et préparez vos arguments et exemples. Participez au débat dans le respect de chacun. Faites un bilan de ce débat : qu'avez-vous appris ? Vos opinions ont-elles évolué ?

Ex. 4 JE PRÉSENTE À L'ORAL UNE RECHERCHE SUR UN ASPECT DU JOURNALISME

Faites une recherche sur l'un des aspects du journalisme : la presse papier en France, la presse dans le monde, les différentes rubriques d'un journal, le journalisme télévisuel ou radio, les nouveaux médias, une émission de type journalistique que vous appréciez ou que vous avez découvert, un journaliste célèbre… Présentez à l'oral à la classe le résultat de votre recherche en cinq minutes.

Méthode

› Choisissez un thème qui vous intéresse, complémentaire de celui des autres travaux.

› Multipliez vos sources, notez-les, citez-les.

› Construisez votre exposé avec plusieurs parties thématiques.

› Appuyez-vous sur un diaporama et/ou des extraits pour illustrer votre propos.

Ex. 5 JE FAIS UN LANCEMENT DE SUJET COMME DANS UN JOURNAL TÉLÉVISÉ

TITRE : « Des chiffres catastrophiques pour la sécurité routière avec près de 8 500 tués en 1998. Le bilan n'a pas été aussi lourd depuis dix ans. »

LANCEMENT : « La route a fait l'année dernière 23 morts par jour en France. Un bilan très préoccupant pour les autorités qui ont constaté une augmentation du nombre de tués de 5,6 %. Les jeunes de 18 à 24 ans sont particulièrement touchés. La route est pour eux la première cause de mortalité. Des jeunes qui en quelques instants voient leur destin brisé. »

COMMENTAIRE : « Pour Audrey, 25 ans, tout a basculé le 25 mars dernier. Ce jour-là, avec son ami, elle est victime d'un accident de la route … »

Fiche « Présenter le journal télévisé », sur le site de 24 h dans une rédaction (www.24hdansuneredaction.com).

À la manière du lancement d'un journal télévisé, présentez un fait d'actualité avec une lecture expressive qui varie les tons, adapte le volume de la voix, varie les rythmes de lecture et laisse des temps de pause. Vous pouvez insister sur certains mots ou groupes de mots et marquer les interrogations et les exclamations.

Méthode

› Entrainez-vous à lire suffisamment fort, de manière expressive, ni trop lentement ni trop rapidement.

› Vous pouvez utiliser des fiches ou taper le texte qui défilera sur un logiciel de vidéo ou de prompteur.

› Distinguez les étapes en lisant différemment le titre, le lancement et le commentaire.

› Ne restez pas les yeux fixés sur votre texte.

Sur www.lelivrescolaire.fr retrouvez le Mur de la presse (derniers articles de la presse en ligne).

VIVRE EN SOCIÉTÉ, PARTICIPER À LA SOCIÉTÉ – DÉNONCER LES TRAVERS DE LA SOCIÉTÉ

20 Dénoncer la guerre : *Mémoires d'un rat* de Pierre Chaine

Objectifs : ✔ Je découvre une œuvre qui porte un regard satirique sur la Première Guerre mondiale.

? QUESTIONS

Pour entrer dans le chapitre

1. Qu'avez-vous retenu de votre cours d'histoire sur la Première Guerre mondiale ? (Qui oppose-t-elle ? En quoi est-elle différente des guerres précédentes ? Pourquoi est-elle si meurtrière ? Qu'est-ce qu'une guerre de tranchées ? etc.) Rassemblez vos souvenirs au tableau, en créant une carte mentale.

L'image

1. Quelles sont vos premières réactions en voyant cette photographie de la Première Guerre mondiale ?
2. a) Que porte le chien ? b) Quel est son rôle ? c) Pourquoi n'est-ce pas un soldat qui remplit ce rôle ?
3. En quoi cette photographie montre-t-elle l'horreur de la guerre ?

Chien messager de l'armée française portant un masque à gaz, printemps 1917. ▶

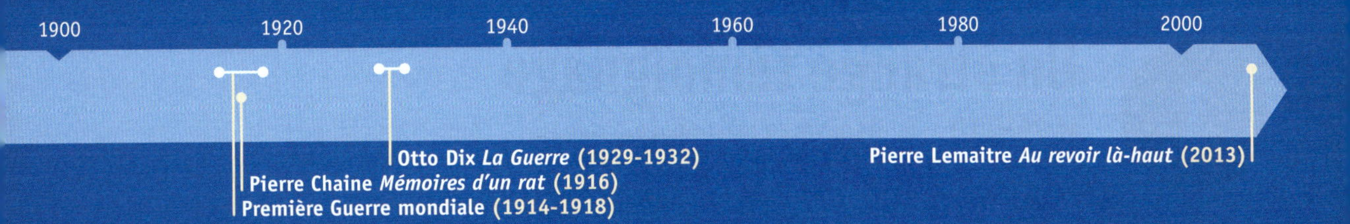
1900
1920
1940
1960
1980
2000
Otto Dix *La Guerre* (1929-1932)
Pierre Chaine *Mémoires d'un rat* (1916)
Première Guerre mondiale (1914-1918)
Pierre Lemaitre *Au revoir là-haut* (2013)

1 Un étrange témoignage

✔ **OBJECTIF** Je découvre le personnage principal et j'entre dans le récit.

Voici le début du récit. Le narrateur se présente et présente son projet d'écriture.

Je ne suis pas un rat d'opéra ; n'attendez pas de moi des récits polissons ni des contes égrillards[1]. Je ne suis pas non plus un rat de cave dont les lumières pourraient être utiles aux amateurs de pinard. Enfin ce serait m'offenser que de me confondre avec un vil[2] rat d'hôtel. Né dans les camps, j'ai connu, dès l'âge le plus tendre, le tumulte des champs de bataille ; mes parents m'ont nourri d'espoirs glorieux et de détritus militaires. Vous avez déjà deviné que l'auteur de ces lignes est un des innombrables rats de tranchées qui, de la mer aux Vosges, ont juré de tenir, eux aussi, « jusqu'au bout ! » [...]

L'histoire impartiale[3] dira un jour quel fut notre rôle. Combien de soldats se seraient laissé surprendre par l'ennemi, si notre activité nocturne n'avait stimulé leur vigilance ! Grâce à nous, le poilu ne dort jamais que d'un œil.

Malgré nos services, les ingrats se plaignent de notre importunité[4] ! Ils ne devraient pas oublier, au moins, le commode prétexte que nous leur fournissons pour obtenir le renouvellement des vivres de réserve et des effets[5] de toutes sortes : des rats les ont mangés ! [...]

La prose des journaux a donné aux lecteurs l'habitude d'un tel diapason[6] que le ton de mes mémoires va leur paraître bien terne. Le plat que je leur sers est fade en vérité comparé aux ragoûts épicés que cuisinent les grands quotidiens. On ne retrouvera pas sous ma plume l'héroïsme souriant et bavard des « récits du front », ni les blessés qui refusent de se faire évacuer, ni les mutilés impatients de retourner au feu, ni les morts qui veulent rester debout. Un humble rat de tranchée ne peut offrir qu'une littérature plus terre à terre.

Du moins ne relèvera-t-on pas dans mon texte ces grossières erreurs qui font la joie des combattants. [...]

D'autres ne se complaisent que dans l'étalage ou plus exactement dans l'étal d'une répugnante boucherie. Ce ne sont que ventres ouverts, tripes au soleil, cervelles jaillissantes, cadavres grouillants et autres horreurs.

J'avoue, quant à moi, avoir toujours détourné la tête en traversant les charniers[7] de la guerre moderne. Si j'avais pu ne pas respirer, je me serais de même épargné les pestilences[8] de l'atmosphère.

À quoi bon ces descriptions malsaines puisqu'elles n'ont pas le pouvoir de supprimer les guerres ? Ces tableaux sont douloureux s'ils évoquent en nous des visions vécues. Ils sont inutiles s'ils s'adressent à l'imagination des curieux : rien ne pourra jamais donner la sensation d'un champ de bataille à celui qui

PIERRE CHAINE

(1882-1963) est un écrivain français. Quand éclate la Première Guerre mondiale, il est très tôt envoyé au combat. C'est dans les tranchées, en 1915, qu'il écrit le récit satirique qui le rendra célèbre : *Mémoires d'un rat*, d'abord publié en feuilleton dans un journal pacifiste très populaire. En 1918, Pierre Chaine écrira la suite : *Commentaires de Ferdinand, ancien rat de tranchées*.

▲ Illustration d'Eugène Leliepvre pour *Mémoire d'un rat* (Philophil.com)

1. Polissons, coquins.
2. Méprisable.
3. Juste, objective.
4. Fait de déranger.
5. Affaires.
6. D'une telle harmonie.
7. Fosses où l'on entasse les cadavres.
8. Puanteurs.

n'en a pas vu. Avant cette guerre, il existait déjà sur ce sujet des descriptions réalistes et ceux qui les avaient lues ont été surpris par la réalité.

On peut donc affirmer hardiment que toute description de bataille, où l'auteur s'attache à pousser le côté macabre et répugnant du décor, ne répond pas à la vision qu'en a eue le soldat.

PIERRE CHAINE, *Mémoires d'un rat*, partie I, chapitre 1, © Éditions Magnard, 2015.

▲ Paul Castelnau, *Vente des journaux sur un éventaire*, Rexpoëde (Nord), 6 septembre 1917.

PASSERELLE HISTOIRE

Sur www.lelivrescolaire.fr, retrouvez le chapitre d'histoire sur la Première Guerre mondiale.

Sur www.lelivrescolaire.fr, approfondissez la question de la propagande et censure pendant la Première Guerre mondiale.

? QUESTIONS

LE TEXTE

COMPÉTENCE – JE LIS DES TEXTES VARIÉS ET ME SERS DE MES CONNAISSANCES CULTURELLES POUR LES COMPRENDRE

Un narrateur particulier

1. a) Qu'est-ce que le narrateur de ce récit a de particulier ? **b)** À quels types de texte cela vous fait-il penser ? Justifiez votre réponse.

2. Quelles informations donne-t-il sur lui ?

3. a) Quelle est sa revendication aux lignes 9 à 15 ? **b)** Qu'en pensez-vous ?

Des Mémoires

4. ■ Le narrateur apprécie-t-il la façon dont les journaux traitent de la guerre ? Pourquoi ? Expliquez précisément.

5. a) Quelle figure de style relevez-vous au début du quatrième paragraphe (l. 16 à 26) ? **b)** Quelle crainte exprime-t-elle ?

6. a) Quelle autre figure de style identifiez-vous dans la phrase suivante ? Que souligne-t-elle ? **b)** Quels buts le narrateur se donne-t-il en écrivant ce récit ?

7. À votre avis, pourquoi l'auteur n'écrit-il pas de « vrais » Mémoires, en son nom propre ?

L'IMAGE DE DROITE

1. Quels rôles les journaux pouvaient-ils jouer pendant la guerre ?

2. La censure a été rétablie dès 1914. Pourquoi, à votre avis ?

3. Dans le journal *Le Matin* du 15 septembre 1914, on pouvait lire : « *Les éclats d'obus vous font seulement des bleus.* » Que pensez-vous de cette « information » ? Quel est son but ?

2 Le soldat Ferdinand

✔ **OBJECTIF** J'étudie une critique des grandeurs et décadences de l'armée.

Pour améliorer les conditions d'hygiène, une campagne de dératisation est lancée : les soldats recevront une prime pour chaque rat capturé. Le narrateur se fait prendre mais il est finalement sauvé par un colonel, qui estime qu'un rat peut servir d'avertisseur en cas d'attaque par les gaz. Le soldat Juvenet adopte alors le narrateur et le nomme Ferdinand.

▲ Des soldats (allemands) montrent les rats qu'ils ont pris.

Les paroles que le colonel avait prononcées à mon sujet pendant la courte entrevue que j'ai rapportée plus haut provoquèrent en moi une étrange répercussion : du jour où il eut ainsi disposé de ma vie, un lien mystérieux m'unit au régiment. Je sentis qu'en effet je ne m'appartenais plus ; j'étais un rouage minuscule mais nécessaire dans le prodigieux engrenage de l'armée.

La grandeur et le sublime du rôle qu'on m'avait imposé donnaient à ma personne une valeur nouvelle ; oui, la mission de sacrifice que j'avais à remplir, en cas d'attaque, me rehaussait prodigieusement à mes propres yeux car je m'en savais autant de gré[1] que si je l'avais choisie moi-même volontairement.

J'espérais bien au fond qu'il n'y aurait jamais dans notre secteur d'attaque par les gaz, ce qui me dispenserait d'accomplir ma mission et de consommer mon sacrifice. Mais l'obligation d'être un héros constitue en soi un honneur, même si l'occasion ne doit jamais se présenter d'être héroïque ; et le geste n'en demeurait pas moins beau pour être indéfiniment retardé.

Un indispensable secours moral me manquait encore pour soutenir mon ardeur et mon zèle : je ne portais aucun signe sensible de mon état. Juvenet y pourvut ingénieusement ; il était perruquier dans le civil et connaissait le secret des teintures. Quelques jours à peine après ma conscription[2] (car il me répugne à présent d'employer le terme de capture), il m'aspergea avec je ne sais quelle drogue, à la grande hilarité de la tranchée ; après quoi il me présenta par dérision un miroir qui provenait du démontage d'un périscope. Je pus alors constater que ma robe gris-brun était devenue bleu horizon. Je dois d'ailleurs avouer que ma nouvelle livrée[3] était beaucoup plus voyante que mon pelage naturel, bien qu'elle eût la prétention de me rendre invisible.

Pour compléter l'uniforme, Juvenet inscrivit au minium[4] sur mon dos le numéro du régiment et me posa trois brisques[5] de la même couleur à la naissance de

1. J'en étais autant satisfait.
2. Recrutement, appel à rejoindre l'armée.
3. Mon nouveau costume.
4. Peinture antirouille.
5. Les galons que porte un soldat sur sa manche.

▲ Portrait d'un poilu français vêtu de son uniforme bleu horizon (photographie colorisée).

l'épaule gauche. Je me laissai faire sans bouger et cette attitude fut mise sur le compte de mon abrutissement alors qu'elle était un effet de ma bonne volonté.

Cette fois je portais les stigmates[6] visibles de la grandeur et de la servitude militaires. J'étais immatriculé[7] ! j'étais soldat ! il me sembla que je devenais un autre rat. Je n'éprouvai plus qu'une pitié arrogante pour les vulgaires rongeurs dont la vie ou la mort importait peu au salut de la patrie. Insensiblement je m'identifiai avec l'armée en général et en particulier avec le régiment dont je portais le glorieux numéro. Mais j'étais surtout honoré d'appartenir à la douzième escouade de la onzième compagnie. C'est ainsi que naquit en moi l'esprit de corps[8].

PIERRE CHAINE, *Mémoires d'un rat*, partie II, chapitre 1,© Éditions Magnard, 2015.

6. Les traces.
7. J'avais un numéro de soldat !
8. Sentiment d'appartenance à un groupe, à ses valeurs.

▲ C. R. W. Nevinson, *Les Chemins de la gloire*, 1917, huile sur toile, 45,7 x 61 cm (Imperial War Museum, Londres).

100% NUMÉRIQUE

Sur www.lelivrescolaire.fr, retrouvez un lien pour mieux comprendre ce qu'est un Poilu et un autre pour découvrir la Grande Guerre en dessins.

? QUESTIONS

LE TEXTE

COMPÉTENCE – JE LIS DES TEXTES VARIÉS, JE COMPRENDS LES IMPLICITES DU TEXTE ET FAIS DES HYPOTHÈSES DE LECTURE

L'habit fait-il le soldat ?

1. Quels signes montrent que Ferdinand appartient désormais à l'armée ?
2. a) De quelles manières Ferdinand change-t-il, une fois devenu soldat ? b) Quel sentiment domine en lui à ce moment-là ?
3. a) Comment considère-t-il désormais les autres rats ? b) De quel sentiment fait-il preuve ?

Un soldat heureux ?

4. a) Dans quel but Ferdinand a-t-il été intégré à l'armée ? b) Que pense-t-il de cette mission ? Répondez de manière approfondie et nuancée, en citant le texte.
5. a) À quel vocabulaire les termes « rouage » et « engrenage » (l. 5 et 6) appartiennent-ils ? b) Quelle image cela donne-t-il des soldats et de l'armée ?
6. Quelle critique le narrateur formule-t-il à la fin du quatrième paragraphe ?
7. ■ Que dénonce l'auteur, Pierre Chaine, dans cet extrait ?

L'IMAGE DE DROITE

1. Commentez le titre *Les Chemins de la gloire*. Comment faut-il le comprendre ?
2. À quel passage du texte le titre du tableau fait-il écho ?
3. Recherchez pourquoi cette toile a été interdite en 1918.

3 L'ennemi, si proche

✔ **OBJECTIF** J'analyse un extrait mettant en cause les valeurs de la guerre.

Le narrateur accompagne son maitre Juvenet et raconte son quotidien.

Juvenet à son créneau était un guetteur débonnaire[1]. Il existait des consignes formelles : *harceler nuit et jour l'ennemi ; tirer sur tous les points de stationnement qu'on a pu repérer : créneau d'observation, entrée d'abri, chantier de travailleurs, feuillées*[2], *etc.*

Ces prescriptions avaient pour but de maintenir dans la troupe l'esprit offensif, si difficile à conserver quand des armées se trouvent en contact depuis plus de deux ans.

En dépit de toutes les circulaires, Juvenet derrière son créneau évoquait moins un chasseur à l'affût qu'un marin en vigie, comparaison d'autant plus exacte qu'il se servait davantage de sa lorgnette[3] que de son fusil. [...]

Quand il arrivait à Juvenet de découvrir dans un coin de boyau[4] ou dans un repli de terrain un ennemi qui, se croyant en sécurité, vaquait à ses occupations, faisait sa toilette, ou cherchait ses poux, son premier sentiment n'était pas la haine, mais la curiosité. [...]

Cette silhouette minuscule, c'était un soldat comme lui qui accomplissait le même service sous un uniforme différent. Tous deux couraient les mêmes dangers, souffraient des mêmes intempéries, travaillaient aux mêmes corvées. Bien que ces gestes pareils fussent consacrés à des causes adverses, ils constituaient en fait une communauté de vie et de préoccupations qui suffisait à créer un point de contact, d'où naissait, malgré l'hostilité ambiante, une obscure sympathie.

J'en eus la preuve un jour que Juvenet était occupé à suivre dans sa jumelle les mouvements d'un Boche.

Un sergent passa qui lui demanda :

– Qu'est-ce que vous voyez d'intéressant ?

– J'en vois un, répondit Juvenet, qui est en train de poser tranquillement culotte.

– Eh bien, qu'est-ce que tu attends pour le démolir ? reprit l'autre, car c'est le privilège des poilus d'être tutoyés au gré des circonstances et de la fantaisie des chefs.

– Vous croyez, sergent, qu'il faut tirer ? hésita Juvenet. Ça n'est pas un bien beau moment pour se faire tuer.

Et il ajouta, découragé : « Si on ne peut même plus poser culotte ! »

Mais le sergent insista :

– Crois-tu qu'il te raterait à l'occasion ?

Cet argument sembla convaincre Juvenet et il mit en joue en grommelant : « Je vas toujours le laisser se reculotter. »

1. (Trop) bienveillant, indulgent.
2. Fosse où les soldats font leurs besoins.
3. Sa longue-vue, ses jumelles.
4. Tranchée.
5. Était parti rapidement (argot).

▲ Heinrich, *Guerre de position : pause dans une tranchée allemande*, 1915-1916, carte postale photographique.

Le coup partit et mon maître assura que la balle n'avait pas dû passer loin car le Boche avait « trissé »[5] et s'était « cavalé en vitesse ». Mais Juvenet est un excellent tireur, sûr de son arme comme de lui-même et je l'ai toujours soupçonné d'avoir manqué le but exprès.

Cette manifestation de l'esprit offensif lui paraissait peu glorieuse. Il lui semblait que pour avoir le droit de tuer il fallait soi-même courir un risque équivalent.

En vain lui répétait-on que l'agression allemande nous avait mis une fois pour toutes en état de légitime défense, il ne pouvait s'empêcher d'appliquer à chaque cas en particulier les règles de l'honnêteté et de l'honneur. [...]

Pourtant Juvenet lisait les journaux ; mais les récits des crimes allemands ne le révoltaient pas autant que des journalistes auraient pu se l'imaginer. Son esprit simpliste admettait difficilement qu'il y eût une morale de la guerre parce que la guerre lui apparaissait comme la négation de la morale.

PIERRE CHAINE, *Mémoires d'un rat*, partie II, chapitre 1, © Éditions Magnard, 2015.

100% NUMÉRIQUE

Sur Lelivrescolaire.fr, retrouvez des liens pour approfondir la question de la fraternité avec l'ennemi lors de la Grand Guerre.

Heinrich, *Guerre de position : approvisionnement des soldats allemands*, 1915-1916, carte postale photographique.

?

QUESTIONS

LE TEXTE

COMPÉTENCE – JE LIS DES TEXTES VARIÉS ET ADAPTE MA LECTURE À L'OBJECTIF POURSUIVI

Portrait d'un soldat débonnaire

1. a) Quelles consignes sont données aux soldats ?
   b) Quel est le but de ces consignes ?
2. Que ressent Juvenet quand il voit un soldat allemand ? Citez deux sentiments.
3. Quelle image est donnée de l'ennemi dans cet extrait ? Sur quoi le narrateur insiste-t-il ?
4. a) Cherchez l'étymologie du mot *sympathie*.
   b) Pourquoi peut-on dire qu'il est employé dans son sens étymologique l. 23 ?

« À vaincre sans péril, on triomphe sans gloire. » (Corneille, *Le Cid*)

5. Que symbolise le personnage du sergent ? Justifiez votre réponse.
6. Pourquoi Juvenet fait-il exprès de rater l'Allemand ?
7. a) Quelles valeurs Juvenet respecte-t-il ?
   b) Quel est son point de vue sur la guerre ?
8. ■ Entre le sergent et Juvenet, quel personnage représente les idées de l'auteur, selon vous ? Justifiez votre réponse.

LES IMAGES

1. Que font les soldats ? Que ne font-ils pas ?
2. Quels liens voyez-vous entre ces photographies et l'extrait de *Mémoires d'un rat* ?
3. Observez les légendes. Qui sont ces soldats ?

4 Verdun

✔ **OBJECTIF** Je lis un extrait évoquant l'une des batailles les plus meurtrières de la Grande Guerre.

Juvenet et Ferdinand sont à Verdun, lieu de l'une des batailles les plus meurtrières de la Première Guerre mondiale.

Le champ de bataille de Verdun pouvait se diviser en trois zones, qui se succédaient de l'arrière à l'avant.

La première ne possédait pas du côté de l'arrière une frontière précise. Elle commençait où tombaient les derniers obus et s'étendait jusqu'à la zone des boyaux.

L'entrée dans la zone des boyaux n'était pas déterminée, comme on pourrait le croire par l'existence matérielle de ces derniers, mais par le moment où la prudence exigeait qu'on y descendît.

À cette époque, ce point psychologique était marqué géographiquement par le tunnel de Tavannes.

On ne saurait exagérer le rôle que joua ce tunnel dans la défense de Verdun. C'était le seul abri pour les réserves, pour les blessés, pour les munitions et pour les vivres. On y goûtait la plus douce satisfaction qu'on puisse éprouver sous les obus ; celle de sentir une montagne sur sa tête. Là, s'accumulaient les biscuits, la chandelle et l'alcool solidifié. [...]

▲ Le tunnel de Tavannes.

Le moment arriva pourtant où à notre tour il fallut sortir.

La zone des boyaux nous sembla courte. [...]

À mesure que nous avancions, les parapets s'abaissèrent peu à peu de chaque côté et le fossé ne devint guère plus profond que ceux qui longent les grandes routes : puis brusquement le boyau ne fut plus qu'une piste à peine tracée au milieu des trous d'obus. C'était la troisième zone qui commençait.

Il fallait bien trois quarts d'heure environ, à des hommes chargés, pour traverser la nuit le terrain découvert qui nous séparait encore des premières lignes. Bien que je n'aie jamais vu l'Océan, je crois pouvoir donner une idée exacte du panorama en le comparant à une mer qui se serait figée au plus fort de la tempête.

Qui donc aurait pu se douter que nous traversions une forêt, si les cartes n'avaient pas donné la dénomination de bois à ces déserts pétrifiés où quelques souches noircies demeuraient les seuls vestiges des anciens ombrages ? Les oiseaux et tous les autres animaux avaient abandonné depuis longtemps ces champs maudits, à l'exception des mouches, des vers et des hommes qui, seuls, avaient pu s'y maintenir. Je puis affirmer que j'étais l'unique rat de toute la contrée.

▲ Image publiée dans *Le Miroir*, 10 décembre 1916.

Le chemin n'était qu'une succession de montées et de descentes pour passer d'un entonnoir dans un autre. Combien de fois Juvenet ne tomba-t-il pas sur les genoux en franchissant ces vagues solidifiées ! Mais, après chaque chute, il se relevait dans un sursaut d'énergie, car le spectacle des corps mutilés qui pourrissaient tout le long de cette voie n'était pas pour engager même les plus las[1] à céder à leur fatigue. […]

Mais notre guide […] nous conduisit sans encombre jusque dans notre tranchée, si je puis donner ce nom à un petit fossé que nos prédécesseurs avaient hâtivement creusé pendant la dernière nuit. Ils nous passèrent les consignes succinctement[2] et s'éclipsèrent avec la précipitation de gens qui ne voudraient pour rien au monde changer leur sort contre le nôtre.

Restés seuls, notre première impression fut celle d'un isolement terrible. Murés entre deux zones de mort, nous nous sentions déjà retranchés des vivants.

PIERRE CHAINE, *Mémoires d'un rat*, partie III, chapitre 6, © Éditions Magnard, 2015.

▲ Soldats français durant la bataille de Verdun, photographie, 1916.

1. Fatigués.
2. Rapidement.

▲ Verdun, après la guerre (fort de Douaumont).

Sur www.lelivrescolaire.fr, retrouvez un lien pour mieux comprendre la bataille de Verdun.

? QUESTIONS

COMPÉTENCE – J'INTERPRÈTE DES TEXTES LITTÉRAIRES EN FORMULANT DES IMPRESSIONS DE LECTURE

Trois zones

1. Qu'est-ce qui caractérise chacune des trois zones évoquées dans l'extrait ?

2. Comment le tunnel de Tavannes est-il décrit ? Que représente-t-il ?

3. a) Dans quelle zone le régiment de Juvenet se rend-il ? **b)** Comment le trajet est-il décrit ?

4. À chaque chute, Juvenet se relève rapidement malgré la fatigue. Pour quelles raisons ?

« Retranchés des vivants »

5. a) À quoi le paysage est-il assimilé aux lignes 39 à 41 ? **b)** Que souligne cette figure de style ?

6. a) Quels sont les seuls êtres vivants à être encore présents dans cette zone ? **b)** Qu'est-ce que cela montre sur la place qui est laissée à l'homme ?

7. a) Quelle image est donnée de la guerre et des soldats dans cet extrait ? **b)** Comparez avec les récits de guerre évoqués p. 382.

Découvrir *Au revoir là-haut* de Pierre Lemaitre

✔ **OBJECTIF** Je lis une œuvre qui dénonce des dérives morales nées de la Grande Guerre.

Au sortir de la Grande Guerre, le devoir de mémoire obsède le gouvernement et les Français, qui acclament les morts comme des héros. Les survivants, les « gueules cassées », sont abandonnés de tous. Alors que la course au profit sur le dos des morts est lancée, deux rescapés des tranchées décident de monter une arnaque aussi spectaculaire qu'immorale.

◀ Pierre Lemaitre, *Au revoir là-haut*, Le Livre de poche, 2013.

PIERRE LEMAITRE (né en 1951) est un romancier et scénariste français. Ses romans policiers rencontrent un vif succès. En 2013, il délaisse le genre policier pour écrire *Au revoir là-haut,* qui recevra le prix Goncourt.

QUESTIONS

1 Un « entrelacs d'amitiés et de relations » (p. 317)

COMPÉTENCE – JE LIS DES TEXTES VARIÉS ET ME SERS DE MES CONNAISSANCES CULTURELLES POUR LES COMPRENDRE

Albert et Édouard

1. Albert Maillard et Édouard Péricourt sont « liés par une histoire commune mais ne se connaissent pas » (p. 119). **a)** Quelle est cette histoire commune ? **b)** Où et comment se sont-ils rencontrés ?
2. **a)** Comment Albert se comporte-t-il ensuite avec Édouard ? **b)** Selon vous, pourquoi ?
3. Que ressent Édouard vis-à-vis d'Albert et du geste héroïque qu'il a accompli pour lui ?

Pradelle

4. **a)** Qui est d'Aulnay-Pradelle ? Relisez les chapitres 2 et 32. **b)** Comment est-il décrit ?
5. Quelles relations entretient-il :
   a) avec Albert et Édouard ?
   b) avec la famille Péricourt ?

Des personnages hantés par leur passé familial

6. **a)** À qui Albert pense-t-il régulièrement ? **b)** Est-ce un personnage positif ou négatif pour lui ?
7. **a)** Quelles relations M. Péricourt entretenait-il avec son fils avant la guerre ? **b)** Qu'est-ce qui change ensuite et à quel moment ?
8. **a)** Qu'est-il arrivé aux ancêtres de Pradelle ? **b)** Reste-t-il d'autres membres de sa famille ? **c)** Comment cela influence-t-il ses actes ?

◀ Cimetière de Verdun, photographie autochrome de Jules Gervais-Courtellemont, 1916.

Sur www.lelivrescolaire.fr, retrouvez un lien vers une interview de Pierre Lemaitre présentant son roman.

QUESTIONS

2 Les conséquences de la guerre

Le traumatisme des démobilisés

1. a) Quelle est la conséquence physique de la guerre pour Édouard ? **b)** Pourquoi prend-il une nouvelle identité ?

2. De quoi a-t-il impérativement besoin ?

3. Quelle est la conséquence psychologique de la guerre pour Albert ?

4. Quelle scène se répète aux chapitres 3 et 25 ?

Une société qui refuse les survivants

5. a) Pourquoi Albert ne peut-il pas reprendre son emploi ? **b)** Que fait-il ?

6. Relisez le chapitre 11 : comment les anciens combattants sont-ils vus par ceux de l'arrière ?

7. a) Comment les morts à la guerre sont-ils considérés par la société ? **b)** Pour quels personnages ce devoir de mémoire est-il important ?

L'escalade dans les mensonges

8. Quels mensonges Albert raconte-t-il à la famille Péricourt **a)** dans la lettre ? **b)** lors du diner ?

9. a) Pourquoi est-il obligé de mentir à Madeleine lorsqu'il la rencontre ? **b)** Qui lui soumet cette solution (chapitre 9) ?

▲ Inauguration du monument aux morts de la Première Guerre mondiale dans un village de Bretagne, années 1920.

◀ Un groupe de « gueules cassées », anciens soldats mutilés ou invalides, années 1920, photographie.

QUESTIONS

3 Tirer profit de la guerre

Déçus par l'armistice

1. a) Comment Albert découvre-t-il le complot de Pradelle dans le premier chapitre ? **b)** Comment l'explique-t-il ?

2. Que cherche Pradelle à travers la guerre ?

Faire affaire avec les morts

3. a) En quoi consiste le travail de Pradelle après la guerre ? **b)** En quoi est-ce une « injure aux morts » (chapitre 21) ?

4. Que découvre Merlin en inspectant les cimetières ?

5. Pradelle parvient-il à acheter son silence ?

L'escroquerie d'Édouard et Albert

6. a) Quelle idée Édouard a-t-il pour faire fortune ? **b)** Quelle est la réaction d'Albert ?

7. Pensez-vous que ce projet soit immoral ?

8. Selon vous, Albert est-il un héros ?

Représenter la guerre : Otto Dix

J'analyse l'œuvre d'un peintre marqué par la guerre.

1 L'allégorie de la guerre

▲ Otto Dix, *La Guerre*, 1929-1932, triptyque, tempéra sur panneau de bois, 270 cm x 430 cm (Neue Meister, Dresde).

Otto Dix peint ce **triptyque** plus de dix ans après la guerre, en utilisant technique et format anciens. Le **retable** est en effet habituellement utilisé à la fin du Moyen Âge et à la Renaissance pour des sujets religieux et la **tempéra** a été remplacée à la fin du XVe siècle par la peinture à l'huile. Ce triptyque raconte une histoire et se lit de gauche à droite. Le personnage à droite (voir zoom) est un autoportrait du peintre.

Retable : Panneaux religieux, sculptés ou peints, se trouvant à l'arrière de l'autel.

Tempéra : Peinture utilisant le jaune d'œuf pour lier les couleurs.

Triptyque : Tableau en trois parties ou panneaux.

Otto Dix (1891-1969) est un peintre allemand qui participe à la Première Guerre mondiale. Il **dénonce** ensuite les **atrocités des combats** dans plusieurs œuvres : *La Tranchée* (1918), *Les joueurs de skat* (1920), *La Guerre* (1929-1932). Les œuvres d'Otto Dix seront considérées comme de « **l'art dégénéré** » par les **nazis** et plusieurs seront détruites à partir de 1933.

COMPÉTENCE

JE M'EXPRIME DE FAÇON MAITRISÉE EN FAISANT UN COMPTE RENDU

1750 — 1800 — 1850 — 1900 — 1950 — 2000

Naissance d'Otto Dix (1891)
La Tranchée (1918)
Les Joueurs de Skat (1920)
La Guerre (1929-1932)
Mort d'Otto Dix (1969)

2 Dans les tranchées

▲ Otto Dix, *La Tranchée*, 1918, gouache, 39 x 41 cm (collection privée).

100% NUMÉRIQUE

Sur Lelivrescolaire.fr, retrouvez un lien pour :
- **mieux connaitre l'œuvre d'Otto Dix.**
- **découvrir la Grande Guerre à travers les arts.**

3 Les gueules cassées

▲ Otto Dix, *Les joueurs de skat*, 1920, peinture et collage, 110 x 97 cm (Neue Nationalgalerie, Berlin).

? QUESTIONS

1. **Doc. 1** Lisez ce tableau comme une histoire. Quel est le point de départ ? Quelle est la scène centrale ? Comment le récit s'achève-t-il ?
2. **Doc. 1 a)** Commentez le panneau central. Comment les soldats sont-ils représentés ? Décrivez plusieurs personnages. **b)** À votre avis, pourquoi ce panneau a-t-il été mis au centre du triptyque ?
3. **Doc. 1** Que représente le panneau inférieur ? Expliquez votre réponse.
4. **Doc. 1** Le panneau de droite représente le peintre. **a)** Comment se distingue-t-il des autres personnages ? **b)** Quelle image donne-t-il de lui ?
5. **Doc. 2** Quelle impression générale se dégage du tableau ? Expliquez comment le peintre a créé cette impression, en vous appuyant sur l'organisation du tableau, les couleurs et l'expression des visages.
6. **Doc. 1 et 2 a)** Commentez les points communs et les différences entre ces deux œuvres. **b)** Laquelle vous semble la plus efficace pour dénoncer la guerre ? Justifiez votre point de vue.
7. **Doc. 3 a)** Observez attentivement les détails des corps et décrivez notamment les mains et les pieds du personnage de gauche. **b)** Que montre Otto Dix dans ce tableau ?
8. **Doc. 3 a)** Que distingue-t-on dans le lampadaire ? Qu'est-ce que cela pourrait symboliser ? **b)** En quoi cela contraste-t-il avec l'activité de ces anciens combattants ?
9. Otto Dix écrit : « Je crois que personne d'autre n'a vu comme moi la réalité de cette guerre, les déchirements, les blessures, la douleur. » (*Entretiens*, 1961). Selon vous, cela se voit-il dans ses œuvres ? Rédigez un paragraphe argumenté et illustré par des détails de ces trois œuvres.

Ex. 1 J'ÉCRIS UN PLAIDOYER POUR LA PAIX

Vous avez été envoyé à Verdun. Devant cette atroce boucherie, vous avez le sentiment d'un gâchis immense. Vous écrivez une tribune dans un journal pour faire entendre votre point de vue.

Méthode
- › Organisez votre texte en paragraphes pour qu'il soit clair.
- › Employez le registre pathétique ; utilisez des phrases interrogatives et exclamatives pour marquer votre incompréhension et vos émotions.
- › Proposez des exemples pour donner une vision concrète et incarnée de cette bataille : des détails, des histoires personnelles sont souvent plus touchants que des chiffres.
- › Utilisez des métaphores et des comparaisons pour frapper l'imagination.

Ex. 2 JE RÉALISE UNE ANTHOLOGIE POÉTIQUE ET JE JUSTIFIE MES CHOIX

Réalisez une anthologie à partir des *Calligrammes* de Guillaume Apollinaire.

Méthode
- › Cherchez le rapport entre Apollinaire et la Grande Guerre.
- › Lisez les *Calligrammes* http://gallica.bnf.fr/ark:/12148/bpt6k1049438w/f11.image
- › Choisissez vos cinq préférés.
- › Justifiez vos choix en une dizaine de lignes : « J'ai aimé ce calligramme… J'ai choisi ce calligramme parce que… »
- › Veillez au soin apporté à la présentation de votre anthologie.

PARCOURS DE COMPÉTENCES

Ex. 3 JE RÉALISE UN ABÉCÉDAIRE DE LA GRANDE GUERRE

Choisissez l'un des livres proposés pour ce chapitre sur www.lelivrescolaire.fr. Lisez-le et rendez compte de votre lecture sous forme d'un abécédaire.

Méthode
- › Choisissez au moins 10 lettres de l'alphabet.
- › Pour chaque lettre, trouvez un mot (et un seul) en rapport avec le livre que vous venez de lire et justifiez ce choix.
- › Recopiez un passage qui fait référence au mot choisi et indiquez le numéro de la page où se situe le passage recopié.
- › Définissez chaque mot en tenant compte du contexte dans lequel il se trouve (choisissez la bonne définition).
- › Illustrez chaque mot (dessin, collage…).
- › Créez une belle première page (nom de l'auteur, titre de l'œuvre, illustration).

Ex. 4 J'ÉCRIS UN CALLIGRAMME À LA MANIÈRE D'APOLLINAIRE

À la manière d'Apollinaire, écrivez un calligramme sur le thème de votre choix (l'amour, l'amitié, la jeunesse…), en adoptant un ton désabusé.

Ex. 1 JE RÉCITE UN POÈME

Lisez à voix haute, de manière expressive, le poème suivant.

JE ME SITUE DANS MON PARCOURS DE COMPÉTENCES

ÉCRIRE – J'UTILISE L'ÉCRIT POUR PENSER ET POUR APPRENDRE

1 Mon abécédaire est incomplet : mes définitions/mes définitions sont partielles, je n'ai pas cité mes sources. ET/OU il manque des citations. La forme (ou le support) n'est pas adaptée.

2 J'ai réalisé les 26 lettres, mais il y a des répétitions (synonymes) ou des erreurs de compréhension. Mon projet final manque d'originalité dans la forme et la présentation.

3 J'ai réalisé un abécédaire complet. Mes citations et images sont cohérentes. L'expression est correcte.

4 J'ai réalisé un abécédaire complet et original, dans sa forme, son support. Mes images sont toutes libres de droit, mes sources citées. Mes choix sont cohérents et justifiés.

Si je mourais là-bas...

Si je mourais là-bas sur le front de l'armée
Tu pleurerais un jour ô Lou ma bien-aimée
Et puis mon souvenir s'éteindrait comme meurt
Un obus éclatant sur le front de l'armée
Un bel obus semblable aux mimosas en fleur

Et puis ce souvenir éclaté dans l'espace
Couvrirait de mon sang le monde tout entier
La mer les monts les vals et l'étoile qui passe
Les soleils merveilleux mûrissant dans l'espace
Comme font les fruits d'or autour de Baratier [...]

Lou si je meurs là-bas souvenir qu'on oublie
– Souviens-t'en quelquefois aux instants de folie
De jeunesse et d'amour et d'éclatante ardeur -
Mon sang c'est la fontaine ardente du bonheur
Et sois la plus heureuse étant la plus jolie

Ô mon unique amour et ma grande folie

30 janv. 1915, Nîmes.

G. Apollinaire, *Poèmes à Lou*, 1947.

Méthode

› Entrainez-vous à lire ce poème. Respectez le rythme des vers et faites ressentir les émotions qu'ils contiennent.

› Enregistrez votre lecture (sur votre téléphone, ou sur un ordinateur avec un logiciel comme Audacity).

› Mettez votre enregistrement dans un dossier partagé (dossier Drive, ou mur Padlet par exemple) afin qu'il soit écouté et commenté en cours.

Ex. 2 JE LIS UNE LETTRE DE POILUS DE MANIÈRE EXPRESSIVE

Recherchez sur internet des lettres de Poilus, lisez-les et choisissez-en une. Vous la lirez devant la classe et justifierez votre choix.

Ex. 3 JE PRÉSENTE DES RECHERCHES À MES CAMARADES

1915

Je vais te donner quelques détails comment nous avons passé la nuit dans la tranchée. Celle que nous avons occupée a une longueur de cent mètres à peu près, construite à la lisière d'un petit bois (…) ; elle est profonde d'un mètre, la terre rejetée en avant, ce qui fait que l'on peut passer debout sans être vu. La largeur est généralement de quinze centimètres et l'on fait de place en place des endroits un peu plus larges de façon à pouvoir se croiser quand on se rencontre. Dans le fond de la tranchée et sous le terrain, on creuse de petites caves où un homme peut tenir couché, c'est pour se garantir des éclats d'obus.

Adolphe Wegel.

J.-P. Guéno, *Paroles de Poilus*, Librio, 1998.

Faites des recherches sur les tranchées pendant la Grande Guerre :

a) les différents types de tranchées ;

b) la structure d'une tranchée. Expliquez le vocabulaire qui y est associé (*boyau, parados…*) ;

c) les exemples de noms donnés à des tranchées.

Ex. 4 J'ANALYSE UNE IMAGE

◀ « XXe siècle. Guerrier Boche », eau-forte, 1915.

1. Quel est le but de cette image ?
2. Quels moyens met-elle en œuvre pour y parvenir ? Observez notamment le vocabulaire employé, l'arme que tient le personnage ; demandez-vous ce qu'il porte sur le visage et la manière dont celui-ci est représenté.

Ex. 5 JE DÉCRIS ET JE COMMENTE LA « UNE » D'UN JOURNAL DE GUERRE

Sixième année. — N° 150. Le Numéro : 25 centimes. DIMANCHE 8 Octobre 1916.

LE MIROIR

PUBLICATION HEBDOMADAIRE, 18, Rue d'Enghien, PARIS

LE MIROIR paie n'importe quel prix les documents photographiques relatifs à la guerre, présentant un intérêt particulier.

APRÈS UN DUEL A MORT ENTRE UN FRANÇAIS ET UN ALLEMAND DEVANT COMBLES

L'offensive qui devait nous donner Combles les a mis face à face dans une tranchée bouleversée. Comme les guerriers de jadis, ils ont lutté corps à corps de toute leur vigueur, de toute leur haine, jusqu'à la mort.

◀ Une du journal *Le Miroir*, 8 octobre 1916.

Décrivez la photographie choisie pour la « une », lisez la légende et commentez-les à la lumière de tout ce que vous avez appris dans ce chapitre.

Ex. 6 JE DÉBATS EN CLASSE

Le Président Obama a dit : « La guerre est nécessaire pour instaurer la paix. » Êtes-vous d'accord ?

Débattez sur ce thème en classe.

Méthode

› Préparez des arguments sur les deux points de vue.

› Faites deux groupes et débattez de ce sujet.

SUJET BREVET 7

La victoire de Verdun

Le rat Ferdinand raconte le dernier assaut allemand lors de la bataille de Verdun.

Dix heures vingt-cinq ! Onze heures moins un quart ! Onze heures ! » Qu'attendions-nous ? La nuit bienfaisante qui apporte toujours quelque répit.

[...] Comme je regardais machinalement du côté de l'ennemi, j'aperçus des formes grises qui remuaient au ras du sol. C'étaient les Allemands qui s'avançaient sous la protection de leur artillerie dont l'action redoublait en ce moment d'intensité, à dessein de[1] favoriser la progression de l'infanterie.

Leur tactique réussissait à merveille. Personne autour de moi ne les voyait car chacun se recroquevillait dans son coin. Je poussai des cris de détresse en exécutant des bonds désordonnés et je me démenai tant et si fort que l'étrangeté de mon attitude attira l'attention de Juvenet. Il me crut sans doute blessé, car il se leva pour venir me prendre, et dans son mouvement il jeta instinctivement un regard par-dessus le parapet : les premiers assaillants se trouvaient déjà à portée de grenade.

– Les voilà ! cria-t-il en empoignant son fusil.

– Kamarade ou kapout[2] ! hurlait le plus proche.

Mais Juvenet, sans épauler, le descendit d'une balle, au jugé.

Les suivants arrivèrent, jetant des grenades à manche, mais les nôtres répondaient déjà. Les Boches[3], constatant que nous n'étions pas tous exterminés, n'insistèrent pas et se replièrent en abandonnant leurs morts et leurs blessés.

– Elle est loupée leur attaque, constata Juvenet.

En effet, cette attaque montée avec de puissants moyens d'artillerie, échoua. Ce fut le dernier soubresaut[4] du kronprinz[5] devant Verdun. S'il avait franchi nos lignes ce jour-là, ses troupes auraient pu facilement pousser jusqu'au tunnel de Tavannes ; le fort de Souville était tourné et Verdun ne résistait pas à un nouvel assaut.

Donc si Verdun fut sauvé c'est un peu grâce à moi dont les cris donnèrent à temps l'éveil à ses défenseurs. Et, si le général Nivelle put en qualité de vainqueur de la Meuse prendre le commandement en chef des armées c'est parce qu'un rat patriote se trouvait au bon moment sur le parapet de la tranchée.

Je ne rapporte pas ce fait pour soutenir des prétentions à une pension ni à quelque récompense honorifique, mais seulement pour démontrer combien, à la guerre, les petites causes peuvent engendrer de grands effets.

PIERRE CHAINE, *Mémoires d'un rat*, partie III, chapitre 7, © Éditions Magnard, 2015.

Le jour de l'épreuve, vous pourrez parfois vous aider du corpus d'histoire-géographie pour comprendre le contexte de l'extrait. Retrouvez dans votre manuel d'histoire-géographie l'extrait du journal d'un soldat français (chapitre 1).

1. Pour.
2. « Camarade ou t'es mort ».
3. Nom péjoratif donné aux Allemands.
4. Sursaut.
5. Guillaume de Prusse, prince allemand.

Claude Grange et Mathieu Forest, *Monument aux enfants de Verdun morts pour la France*, sculpture, 1928 (Verdun).

1re partie : compréhension, analyse et interprétation (1 h) ......

QUESTIONS (20 POINTS)

1. Dans quel état d'esprit les soldats sont-ils au début du texte ? Justifiez votre réponse. (2 points)
2. « La nuit bienfaisante qui apporte toujours quelque répit » (l. 2-3). **a)** Quelle est la valeur du présent dans cette phrase ? Justifiez votre réponse. **b)** L'attente des soldats va-t-elle être comblée ? Expliquez. (2 points)
3. « Mais Juvenet, sans épauler, le descendit <u>d'une balle</u>, <u>au jugé</u>. » (l. 17) **a)** Quelle est la fonction grammaticale de chacun des groupes soulignés ? **b)** Que signifie « au jugé » ? Aidez-vous du contexte. (2 points)
4. Dans la phrase, « Elle est loupée leur attaque » (l. 21), quel est le niveau de langue employé ? Appuyez votre réponse sur deux éléments. **b)** Comment décririez-vous la tonalité générale du texte ? Justifiez votre réponse en citant des éléments précis. (3 points)
5. **a)** Quelle est l'identité du narrateur ? **b)** Quel rapport Ferdinand et Juvenet semblent-ils entretenir ? Accompagnez votre réponse d'une citation précise du texte. **c)** Quel extrait du texte faudrait-il retirer pour maintenir l'illusion que le narrateur est un soldat ? (3 points)
6. Dans la phrase « S'il avait franchi nos lignes... » (l. 24-25), le système hypothétique porte sur : ❒ le présent. ❒ le passé. ❒ le futur. (1 point)
7. **a)** Dans l'avant-dernier paragraphe (l. 27 à 30), pourquoi peut-on dire que les phrases sont à la forme emphatique ? **b)** Relevez une autre phrase à la forme emphatique dans le deuxième paragraphe (l. 4 à 7). Pourquoi le narrateur emploie-t-il cette forme ? (3 points)
8. « À la guerre, les petites causes peuvent engendrer de grands effets », dit le narrateur à la fin du texte. Quel est le sens de cette maxime dans le contexte du récit ? (2 points)
9. **À propos de l'image. a)** Selon vous, pourquoi ce monument représente-t-il plusieurs soldats vêtus d'uniformes différents ? **b)** Quelle est leur posture ? Pourquoi sont-ils représentés de cette façon ? (2 points)

2e Partie : rédaction et maîtrise de la langue (2h)

DICTÉE ET RÉÉCRITURE (10 POINTS)

1. Dictée : **Extrait d'une lettre d'HENRI FLOCH du 30 mai 1917, *Paroles de poilus, lettres et carnets du Front (1914-1918)*, 1998.** Les dictées des brevets blancs sont regroupées à la fin du cahier d'exercices de 3e.
2. **Dans le passage suivant, remplacez *moi* par *nous* et faites toutes les modifications nécessaires.**

Personne autour de moi ne les voyait car chacun se recroquevillait dans son coin. Je poussai des cris de détresse en exécutant des bonds désordonnés et je me démenai tant et si fort que l'étrangeté de mon attitude attira l'attention de Juvenet. Il me crut sans doute blessé, car il se leva pour venir me prendre.

TRAVAIL D'ÉCRITURE (20 POINTS)

Vous traiterez au choix l'un des deux sujets suivants. Votre texte aura une longueur minimale de deux pages.

SUJET DE RÉFLEXION

On a souvent besoin d'un plus petit que soi. Êtes-vous d'accord avec cette maxime ? Vous répondrez de manière organisée en prenant appui sur des exemples artistiques, littéraires, culturels et historiques de votre connaissance. Organisez votre propos de manière logique.

SUJET D'INVENTION

Racontez la même scène du point de vue du soldat Juvenet. Vous prendrez soin de respecter la cohérence entre les deux récits. Vous utiliserez les temps du passé, en respectant la chronologie de la nuit de l'attaque. Vous rendrez compte des émotions ressenties par Juvenet.

SUJET BREVET 8

Résister contre l'horreur

Marianne Cohn, Allemande entrée dans la Résistance en France, fait passer des enfants vers la Suisse. Arrêtée et torturée une première fois en 1943, elle aurait alors écrit ce poème. Elle meurt en 1944, sous la torture, sans avoir parlé ni trahi.

JE TRAHIRAI DEMAIN

Je trahirai demain pas aujourd'hui.
Aujourd'hui, arrachez-moi les ongles,
Je ne trahirai pas.

Vous ne savez pas le bout de mon courage.
Moi je sais.
Vous êtes cinq mains dures avec des bagues.
Vous avez aux pieds des chaussures
Avec des clous.

Je trahirai demain, pas aujourd'hui,
Demain.
Il me faut la nuit pour me résoudre,
Il ne faut pas moins d'une nuit
Pour renier, pour abjurer[1], pour trahir.

Pour renier mes amis,
Pour abjurer le pain et le vin,
Pour trahir la vie,
Pour mourir.

Je trahirai demain, pas aujourd'hui.
La lime[2] est sous le carreau,
La lime n'est pas pour le barreau,
La lime n'est pas pour le bourreau[3],
La lime est pour mon poignet.

Aujourd'hui je n'ai rien à dire,
Je trahirai demain.

MARIANNE COHN, « Je trahirai demain pas aujourd'hui », 1943, poèmes choisis par Yves Ménager dans *Paroles de déportés*, Éditions ouvrières/Éditions de l'Atelier, 2001.

▲ Paul Colin, *La Marianne aux stigmates*, affiche, 17 aout 1944.

1. Abandonner sa croyance.
2. Peut-être une allusion à une tentative d'évasion proposée par son réseau et qu'elle a refusée, par peur des représailles sur les enfants dont elle était chargée.
3. Celui qui torture.

Le jour de l'épreuve, vous pourrez parfois vous aider du corpus d'histoire-géographie pour comprendre le contexte de l'extrait. Retrouvez dans votre manuel d'histoire-géographie la Une du journal *Libération* du 1er mars 1943 sur le rassemblement du Peuple français (chapitre 4).

Retrouvez la 1re partie de l'épreuve sur : www.lelivrescolaire.fr

100% NUMÉRIQUE

Zoom sur la 1re partie de l'épreuve

QUESTIONS (20 POINTS)

1. a) En vous appuyant sur la 1re strophe, résumez la situation dans laquelle se trouve la poétesse. b) À quoi fait référence ici le verbe « trahir » ? (1,5 point)

2. a) En vous appuyant sur le contexte historique, identifiez « le vous » (v. 6-7). b) De quelle manière ces personnes sont-elles déshumanisées ? (2 points)

3. a) Comment sont évoquées les tortures subies ? b) Ces formulations en atténuent-elles ou, au contraire, accentuent-elles l'horreur ? Développez votre point de vue et justifiez-le. (3 points)

4. a) Dans la 4e strophe, que pourrait-on comprendre en lisant seulement le 1er vers (« Pour renier mes amis ») ? b) Que comprend-on à la fin de la strophe ? Qui la jeune femme va-t-elle vraiment trahir ? (2 points)

5. a) Quelle est la figure de style employée dans la 5e strophe ?
   - ❒ Une antithèse.
   - ❒ Une assonance.
   - ❒ Une anaphore.
   - ❒ Une annonciation.

   b) Quel changement dans la construction de la phrase constatez-vous entre les v. 20 et 22 ? c) Quel geste est ainsi mis en valeur ? (2,5 points)

Corrigé

a) Dans cette question, vous êtes aidé par le QCM. Une antithèse marque une opposition (*anti*), une assonance est un effet de sonorité (*sonance*), une annonciation n'est pas une figure de style. Reste donc l'anaphore, répétition d'un même mot ou expression en début de vers. Il faut préciser dans votre réponse quel mot est répété, pour prouver que vous n'avez pas répondu au hasard. → La figure de style utilisée dans la 5e strophe est une anaphore : le groupe nominal « la lime » est répété en début de vers du v. 19 au v. 22.

b) On vous donne un indice, utilisez-le ! Regardez la construction : on passe d'une construction négative à une construction affirmative.

c) Le dernier vers met en valeur la décision de Marianne Cohn : elle n'utilisera pas la lime pour s'échapper ni pour agresser son bourreau, mais pour se trancher les veines.

MÉTHODE

› Au brevet, il y a souvent une question portant sur les figures de style. Vous devez donc connaitre leur définition (voir la *fiche sur les figures de style* p. 433) et savoir les repérer dans un texte.

› Pour répondre de façon complète à ce type de question, commencez par rappeler la définition de la figure de style concernée. Puis, en citant le texte, expliquez sur quel(s) mot(s) porte la figure. Vous ne devez pas donner l'impression de répondre au hasard.

› Enfin, il vous est souvent demandé d'expliquer l'effet produit. Il s'agit de dire pourquoi l'auteur n'a pas dit les choses plus simplement, de manière plus directe pourquoi il a choisi de mettre en valeur l'expression en question.

› Aidez-vous des indications données sur la fiche p. 433 mais appliquez-les au cas précis que vous avez à analyser.

6. a) « Je trahirai demain, pas aujourd'hui » revient comme un refrain. Quels sont les éléments qui font de ce texte un poème ? b) Selon vous, le texte aurait-il été plus fort ou moins fort s'il avait été écrit comme un récit ? Expliquez précisément votre point de vue. (3 points)

7. Quels éléments du texte font de Marianne Cohn une figure héroïque ? Répondez de manière développée en citant des passages précis. (3 points)

8. **À propos de l'image.** a) Quelle France représente Marianne sur cette affiche ? b) Pourquoi peut-on dire que la représentation des horreurs de la guerre est figurée de manière poétique ? c) Quels liens pouvez-vous faire avec le poème de Marianne Cohn ? (3 points)

21 Antigone, une voix face au pouvoir

Objectifs :
- ✔ Je découvre un symbole de résistance au pouvoir.
- ✔ Je m'interroge sur la façon dont un mythe antique peut faire écho aux bouleversements historiques majeurs du XXe siècle.
- ✔ J'aborde un mythe tragique et ses réécritures.

? QUESTIONS

Pour entrer dans le chapitre

1. a) Connaissez-vous l'histoire d'Œdipe ?
   b) Qui est Antigone par rapport à Œdipe ?
2. Pouvez-vous nommer une personne qui a incarné (ou incarne) une forme de résistance à un pouvoir injuste, autoritaire ?
3. Parmi les personnages de théâtre que vous connaissez, lesquels sont des figures d'opposition au pouvoir en place ?

L'image

1. Entre ces deux personnages, qui domine l'autre ?
2. Quel semble être le caractère d'Antigone (à gauche sur la photo) ?
3. Comment l'image montre-t-elle qu'Antigone sort du cadre, des limites qui sont normalement les siennes ?

Mise en scène de Marc Paquien, théâtre du Vieux Colombier (Comédie-Française), 2012, avec Françoise Gillard (Antigone) et Bruno Raffaelli (Créon). ▶

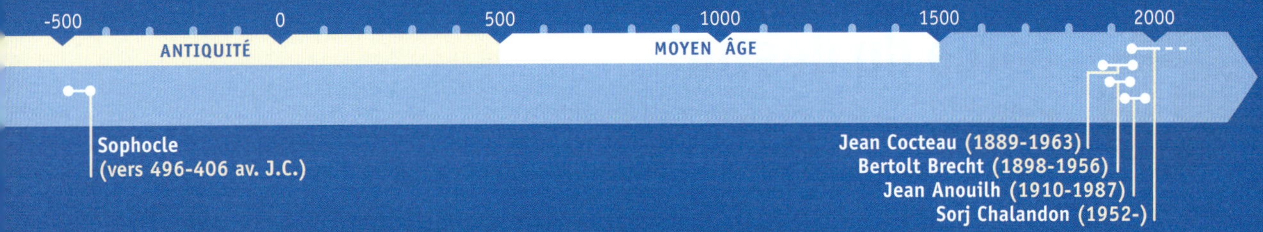
-500
0
500
1000
1500
2000
ANTIQUITÉ
MOYEN ÂGE
Sophocle
(vers 496-406 av. J.C.)
Jean Cocteau (1889-1963)
Bertolt Brecht (1898-1956)
Jean Anouilh (1910-1987)
Sorj Chalandon (1952-)

1 Force du destin

✔ **OBJECTIF** Je découvre la notion de tragédie.

1. Sophocle

SOPHOCLE
(vers 496-406 avant J.-C.) est un dramaturge grec, connu pour ses tragédies. Il a écrit plus d'une centaine de pièces dont *Œdipe Roi* et *Antigone*, mais seules sept nous sont parvenues. Ses pièces sont considérées comme des œuvres littéraires majeures.

Dans le théâtre antique, le chœur a pour rôle de commenter la pièce pour les spectateurs et de délivrer le sens de la tragédie.

LE CHŒUR. – Quand les dieux ont une fois ébranlé une maison, il n'est point de désastre qui n'y vienne frapper les générations tour à tour.

On croirait voir la houle[1] du grand large, quand, poussée par les vents de Thrace[2], et par leurs brutales bourrasques, elle court au-dessus de l'abîme marin et va roulant le sable noir qu'elle arrache à ses profondeurs, cependant que, sous les rafales, les caps heurtés de front gémissent bruyamment.

Ils remontent de loin, les maux que je vois, sous le toit des Labdacides[3], toujours, après les morts, s'abattre sur les vivants, sans qu'aucune génération jamais libère la suivante : pour les abattre, un dieu est là qui ne leur laisse aucun répit. L'espoir attaché à la seule souche demeurée vivace illuminait tout le palais d'Œdipe, et voici cet espoir fauché à son tour !

SOPHOCLE, *Antigone*, pièce représentée vers 441 avant J.-C., *Tragédies complètes*, traduction de Paul Mazon © Les Belles Lettres, 1962.

1. Les vagues.
2. Région au nord-est de la Grèce.
3. La famille d'Œdipe et Antigone ; c'est la famille des rois de Thèbes.

2. Jean Anouilh

JEAN ANOUILH
(1910-1987) est un dramaturge qui puise souvent son inspiration dans les mythes et tragédies de l'Antiquité (*Eurydice*, *Antigone*, *Médée*). *Antigone* est l'une de ses pièces majeures. Elle a été mise en scène pour la première fois en 1944, sous l'occupation allemande, et a connu un grand succès.

Un décor neutre. Trois portes semblables. Au lever du rideau, tous les personnages sont en scène. Ils bavardent, tricotent, jouent aux cartes. Le Prologue[1] *se détache et s'avance.*

LE PROLOGUE. – Voilà. Ces personnages vont vous jouer l'histoire d'Antigone. Antigone c'est la petite maigre qui est assise là-bas, et qui ne dit rien. Elle regarde droit devant elle. Elle pense. Elle pense qu'elle va être Antigone tout à l'heure, qu'elle va surgir soudain de la maigre jeune fille noiraude et renfermée que personne ne prenait au sérieux dans la famille et se dresser seule en face du monde, seule en face de Créon, son oncle, qui est le roi. Elle pense qu'elle va mourir, qu'elle est jeune et qu'elle aussi, elle aurait bien aimé vivre. Mais il n'y a rien à faire. Elle s'appelle Antigone et il va falloir qu'elle joue son rôle jusqu'au bout... Et, depuis que ce rideau s'est levé, elle sent qu'elle s'éloigne à une vitesse vertigineuse de sa sœur Ismène, qui bavarde et rit avec un jeune homme, de nous tous, qui sommes là bien tranquilles à la regarder, de nous qui n'avons pas à mourir ce soir.

Le jeune homme avec qui parle la blonde, l'heureuse Ismène, c'est Hémon, le fils de Créon. Il est le fiancé

100% NUMÉRIQUE **Retrouvez sur www.lelivrescolaire.fr le prologue d'Anouilh, mis en scène par Nicolas Briançon.**

d'Antigone. [...]

Cet homme robuste, aux cheveux blancs, qui médite là, près de son page[2], c'est Créon. C'est le roi. Il a des rides, il est fatigué. Il joue au jeu difficile de conduire les hommes. Avant, du temps d'Œdipe, quand il n'était que le premier personnage de la cour, il aimait la musique, les belles reliures[3], les longues flâneries chez les petits antiquaires de Thèbes. Mais Œdipe et ses fils sont morts. Il a laissé ses livres, ses objets, il a retroussé ses manches et il a pris leur place. Quelquefois, le soir, il est fatigué, et il se demande s'il n'est pas vain[4] de conduire les hommes. Si cela n'est pas un office sordide[5] qu'on doit laisser à d'autres, plus frustes[6]... Et puis, au matin, des problèmes précis se posent, qu'il faut résoudre, et il se lève, tranquille, comme un ouvrier au seuil de sa journée.

JEAN ANOUILH, *Antigone*, © Éditions de la Table ronde, 1946.

1. Ici : personnage chargé d'introduire l'intrigue.
2. Serviteur.
3. Les beaux livres.
4. Inutile.
5. Une fonction répugnante.
6. Grossiers.

REPÈRE

Le mythe d'Antigone

Antigone est la **fille d'Œdipe**, le roi de Thèbes. Après la mort d'Œdipe, les deux frères d'Antigone, Étéocle et Polynice, se sont battus à mort car Polynice voulait s'emparer du pouvoir qu'Étéocle refusait de partager. L'oncle d'Antigone, Créon, a interdit qu'on respecte les **rites funéraires** traditionnels et qu'on enterre **Polynice**, le rebelle. Mais Antigone a décidé de **désobéir** et d'enterrer son frère, **même au prix de sa vie**.

Antigone de Jean Anouilh, mise en scène de Maïlys Castets, Compagnie Le Mille-Feuille, 2015. ▼

« L'*Antigone* de Sophocle, lue et relue, et que je connaissais par cœur depuis toujours, a été **un choc** soudain pour moi pendant la guerre [...]. Je l'ai réécrite à ma façon, avec la résonance de **la tragédie que nous étions alors en train de vivre** », écrit Jean Anouilh.

QUESTIONS

COMPÉTENCE – JE COMPRENDS UN TEXTE EN M'APPUYANT SUR MES CONNAISSANCES LEXICALES ET GRAMMATICALES

Entrer dans les textes (textes 1 et 2)

1. **a)** Les deux extraits expliquent-ils de la même façon les malheurs qui s'abattent sur les Labdacides ? **b)** Pourquoi à votre avis ?
2. Des deux textes, lequel vous semble exprimer le poids du destin de façon plus poétique ? de façon plus concrète ?

Un prologue surprenant (texte 2)

3. ■ **a)** Relisez les lignes 1-2 et 8-10. Quel champ lexical pouvez-vous relever ? **b)** À qui le Prologue s'adresse-t-il ?
4. **a)** Qui désigne le pronom « nous » (l. 11-12) ? **b)** Quel endroit désigne l'adverbe « là » (l. 11) ? Et l'adverbe « là-bas » (l. 2) ?
5. En quoi le début de cette pièce est-il surprenant ?
6. L'intrigue est censée se passer dans l'Antiquité. **a)** Repérez néanmoins un anachronisme dans le portrait de Créon. **b)** Quel effet cela crée-t-il ?

Mise en place du tragique (texte 2)

7. Quelles oppositions physiques et morales relevez-vous entre Antigone et les autres personnages ?
8. Que sait-on de l'avenir d'Antigone ? Justifiez en citant le texte.
9. En quoi le Prologue annonce-t-il une histoire tragique ?

2 Deux sœurs face à leur conscience

✔ **OBJECTIF** J'étudie deux stratégies argumentatives.

1. Sophocle

Au début de la pièce, Antigone et sa sœur Ismène discutent. Faut-il obéir à Créon et ne pas enterrer leur frère ?

ISMÈNE. – Quoi ! tu songes à l'ensevelir[1], en dépit de la défense faite à toute la cité ?

ANTIGONE. – C'est mon frère – et le tien, que tu le veuilles ou non. J'entends que nul ne soit en droit de dire que je l'ai trahi.

ISMÈNE. – Mais malheureuse, si Créon s'y oppose !

ANTIGONE. – Créon n'a pas à m'écarter des miens. [...]

ISMÈNE. – [...] Pour moi, en tout cas, je supplie les morts sous la terre de m'être indulgents, puisqu'en fait je cède à la force ; mais j'entends obéir aux pouvoirs établis. Les gestes vains[2] sont des sottises.

ANTIGONE. – Sois tranquille, je ne te demande plus rien – et même si tu voulais plus tard agir, je n'aurai pas la moindre joie à te sentir à mes côtés. Sois donc, toi, ce qu'il te plaît d'être : j'enterrerai, moi, Polynice et serai fière de mourir en agissant de telle sorte. C'est ainsi que j'irai reposer près de lui, chère à qui m'est cher, saintement criminelle. Ne dois-je pas plus longtemps plaire à ceux d'en bas[3] qu'à ceux d'ici, puisqu'aussi bien c'est là-bas qu'à jamais je reposerai ? Agis, toi, à ta guise[4], et continue à mépriser tout ce qu'on prise[5] chez les dieux.

ISMÈNE. – Je ne méprise rien ; je me sens seulement incapable d'agir contre le gré[6] de ma cité.

SOPHOCLE, *Antigone*, pièce représentée vers 441 avant J.-C., *Tragédies complètes*, traduction de Paul Mazon, © Les Belles Lettres, 1962.

1. L'enterrer.
2. Inutiles.
3. Les morts (qui sont aux Enfers).
4. Comme tu le souhaites.
5. Aime.
6. La volonté.

100% NUMÉRIQUE

Retrouvez sur Lelivrescolaire.fr un texte écho : un extrait de l'*Antigone* de Brecht.

2. Jean Anouilh

ISMÈNE. – Tu sais, j'ai bien pensé, Antigone.

ANTIGONE. – Oui.

ISMÈNE. – J'ai bien pensé toute la nuit. Tu es folle.

ANTIGONE. – Oui.

ISMÈNE. – Nous ne pouvons pas.

ANTIGONE *après un silence, de sa petite voix.* – Pourquoi ?

ISMÈNE. – Il nous ferait mourir.

ANTIGONE. – Bien sûr. À chacun son rôle. Lui, il doit nous faire mourir, et nous, nous devons aller enterrer notre frère. C'est comme cela que ç'a été distribué. Qu'est-ce que tu veux que nous y fassions ?

▲ *Antigone* de Jean Anouilh, mise en scène de Marc Paquien, théâtre du Vieux Colombier (Comédie-Française), 2012.

ISMÈNE. – Je ne veux pas mourir.

ANTIGONE, *doucement.* – Moi aussi j'aurais bien voulu ne pas mourir.

ISMÈNE. – Écoute, j'ai bien réfléchi toute la nuit. Je suis l'aînée. Je réfléchis plus que toi. Toi, c'est ce qui te passe par la tête tout de suite, et tant pis si c'est une bêtise. Moi, je suis plus pondérée[1]. Je réfléchis.

ANTIGONE. – Il y a des fois où il ne faut pas trop réfléchir.

ISMÈNE. – Si, Antigone. D'abord c'est horrible, bien sûr, et j'ai pitié moi aussi de mon frère, mais je comprends un peu notre oncle.

ANTIGONE. – Moi je ne veux pas comprendre un peu.

ISMÈNE. – Il est le roi, il faut qu'il donne l'exemple.

ANTIGONE. – Moi, je ne suis pas le roi. Il ne faut pas que je donne l'exemple, moi… Ce qui lui passe par la tête, la petite Antigone, la sale bête, l'entêtée, la mauvaise, et puis on la met dans un coin ou dans un trou. Et c'est bien fait pour elle. Elle n'avait qu'à ne pas désobéir !

ISMÈNE. – Allez ! Allez !... Tes sourcils joints, ton regard droit devant toi et te voilà lancée sans écouter personne. Écoute-moi. J'ai raison plus souvent que toi.

ANTIGONE. – Je ne veux pas avoir raison.

JEAN ANOUILH, *Antigone*, © Éditions de la Table ronde, 1946.

1. Calme, modérée.

▲ *Antigone* de Jean Anouilh, mise en scène de Thorsten Tobor, Espace Marcel Achard, Sainte-Foy-lès-Lyon, 2013 (Adaptation Tilemannschule Limburg).

ÉCLAIRAGE

Les rites funéraires

Ils étaient **très importants** dans la Grèce antique. Pour les Grecs, les morts ne pouvaient pas trouver **le repos éternel** si ces rites n'étaient pas accomplis : un mort ne pouvait pas rester **sans sépulture**. Rappelez-vous dans l'*Iliade*, la douleur de **Priam** face à Achille qui ne voulait pas lui rendre le corps de son fils **Hector** !

? QUESTIONS

LES TEXTES

COMPÉTENCE – J'INTERPRÈTE DES TEXTES LITTÉRAIRES EN SITUANT L'ŒUVRE DANS SON CONTEXTE LITTÉRAIRE ET HISTORIQUE

Sophocle

1. Pour quelles raisons Ismène refuse-t-elle d'enterrer son frère ?
2. **a)** Antigone accepte-t-elle ces arguments ? **b)** Pourquoi ? Reformulez ses propos.
3. Antigone se définit comme « saintement criminelle » (l. 14). **a)** Quelle figure de style identifiez-vous ? **b)** Que veut dire Antigone ?

Anouilh

4. **a)** Relisez les répliques d'Ismène. Quel rôle se donne-t-elle par rapport à sa petite sœur ? **b)** Parvient-elle à convaincre Antigone ?
5. En quoi la réplique d'Antigone (l. 10-13) rappelle-t-elle le prologue ?
6. Comparez les répliques d'Antigone et d'Ismène (l. 14-16). **a)** À quels modes et temps les verbes sont-ils conjugués ? **b)** Que souligne Antigone dans sa réplique ?
7. Comparez le personnage d'Antigone chez Sophocle et Anouilh. Quelles ressemblances et quelles différences remarquez-vous ?
8. ■ La pièce d'Anouilh est écrite et jouée pendant l'occupation allemande. Quel écho ce dialogue peut-il avoir avec la situation de la France à cette époque ?

LES IMAGES

1. Identifiez Antigone et Ismène sur chaque image et justifiez votre réponse.
2. De quelles manières les deux sœurs s'opposent-elles ?

3 Antigone face au tyran

✔ **OBJECTIF** Je comprends la dimension politique de la tragédie.

1. Sophocle

Antigone a été arrêtée et conduite à Créon. Elle lui tient tête...

ANTIGONE. – Tu me tiens dans tes mains : veux-tu plus que ma mort ?

CRÉON. – Nullement : avec elle, j'ai tout ce que je veux.

ANTIGONE. – Alors pourquoi tarder ? Pas un mot de toi qui me plaise, et j'espère qu'aucun ne me plaira jamais. Et, de même, ceux dont j'use ne sont-ils pas faits pour te déplaire ? Pouvais-je cependant gagner plus de noble gloire que celle d'avoir mis mon frère au tombeau ? Et c'est bien ce à quoi tous ceux que tu vois là applaudiraient aussi, si la peur ne devait leur fermer la bouche. Mais c'est – entre beaucoup d'autres – l'avantage de la tyrannie qu'elle a le droit de dire et de faire absolument ce qu'elle veut.

CRÉON. – Toi seule penses ainsi parmi ces Cadméens[1].

ANTIGONE. – Ils pensent comme moi, mais ils tiennent leur langue.

SOPHOCLE, *Antigone*, pièce représentée vers 441 avant J.-C.,
in *Tragédies complètes*, traduction de Paul Mazon, © Les Belles Lettres, 1962.

▲ *Antigone* de Sophocle, mise en scène d'Adel Hakim, théâtre des Quartiers d'Ivry, mars 2012, avec les acteurs du théâtre National Palestinien.

1. Habitants de Thèbes (la ville a été fondée par Cadmos).

2. Jean Anouilh

ANTIGONE. – Vous êtes odieux !

CRÉON. – Oui, mon petit. C'est le métier qui le veut. Ce qu'on peut discuter, c'est s'il faut le faire ou ne pas le faire. Mais si on le fait, il faut le faire comme cela.

ANTIGONE. – Pourquoi le faites-vous ?

CRÉON. – Un matin, je me suis réveillé roi de Thèbes. Et Dieu sait si j'aimais autre chose dans la vie que d'être puissant...

ANTIGONE. – Il fallait dire non, alors !

CRÉON. – Je le pouvais. Seulement, je me suis senti tout d'un coup comme un ouvrier qui refusait un ouvrage. Cela ne m'a pas paru honnête. J'ai dit oui.

ANTIGONE. – Eh bien, tant pis pour vous. Moi, je n'ai pas dit « oui » ! Qu'est-ce que vous voulez que cela me fasse, à moi, votre politique, votre nécessité, vos pauvres histoires ? Moi, je peux dire « non » encore à tout ce que je n'aime pas et je suis seul juge. Et vous, avec votre couronne, avec vos gardes, avec votre attirail, vous pouvez

100% NUMÉRIQUE

Retrouvez sur Lelivrescolaire.fr :
- **Jean Vilar parle de la pièce de Sophocle ;**
- **deux mises en scène d'Anouilh : Éric Civanyan (1987) et Nicolas Briançon (2003).**

seulement me faire mourir parce que vous avez dit « oui ».

CRÉON. – Écoute-moi.

ANTIGONE. – Si je veux, moi, je peux ne pas vous écouter. Vous avez dit « oui ». Je n'ai plus rien à apprendre de vous. Pas vous. Vous êtes là, à boire mes paroles. Et si vous n'appelez pas vos gardes, c'est pour m'écouter jusqu'au bout.

CRÉON. – Tu m'amuses !

ANTIGONE. – Non. Je vous fais peur. C'est pour cela que vous essayez de me sauver. Ce serait tout de même plus commode de garder une petite Antigone vivante et muette dans ce palais. Vous êtes trop sensible pour faire un bon tyran, voilà tout. Mais vous allez tout de même me faire mourir tout à l'heure, vous le savez, et c'est pour cela que vous avez peur. C'est laid un homme qui a peur.

CRÉON, *sourdement.* – Eh bien, oui, j'ai peur d'être obligé de te faire tuer si tu t'obstines. Et je ne le voudrais pas. [...]

ANTIGONE. – Pauvre Créon ! Avec mes ongles cassés et pleins de terre et les bleus que tes gardes m'ont faits aux bras, avec ma peur qui me tord le ventre, moi je suis reine.

JEAN ANOUILH, *Antigone*, © Éditions de la Table ronde, 1946.

▲ *Antigone* de Jean Anouilh, mise en scène de Nicolas Briançon, théâtre Marigny (Paris), 2003.

? QUESTIONS

LES TEXTES

COMPÉTENCE – JE LIS DES IMAGES ET DES DOCUMENTS COMPOSITES ET JE LES METS EN RELATION AVEC DES TEXTES

Sentiments et politique

1. Quels sentiments Antigone et Créon éprouvent-ils l'un pour l'autre dans l'extrait de Sophocle ? Et dans celui d'Anouilh ? Justifiez.

2. Dans quelle pièce Créon semble-t-il être le plus enclin à discuter avec Antigone ?

Quel tyran ?

3. Comment Antigone définit-elle la tyrannie chez Sophocle ?

4. **a)** Dans le texte d'Anouilh, quelle image Créon donne-t-il de son rôle de roi ? **b)** Semble-t-il heureux d'être roi ?

5. Que signifie et implique l'expression « dire oui » chez Anouilh ?

Antigone résistante

6. **a)** Dans le texte d'Anouilh, relevez les expressions qui montrent qu'Antigone connait le sort qui l'attend. **b)** Quelle est son attitude ?

7. **a)** Relevez, dans chaque extrait, une phrase qui indique que Créon aime que ses sujets se taisent. **b)** Entre Antigone et Créon, qui domine l'autre ? Justifiez.

8. **a)** Dans l'extrait d'Anouilh, comment comprenez-vous la dernière réplique d'Antigone ? **b)** À quelle réplique s'oppose-t-elle ? Cherchez la même anaphore.

LES IMAGES

1. ■ Dans chaque mise en scène, de quelle manière la violence exercée par Créon sur Antigone s'illustre-t-elle ?

2. Dans la mise en scène d'Adel Hakim (image de gauche, montrez que le décor ajoute de la tension à la scène.

4 Quel sens donner à sa vie ?

✔ **OBJECTIF** J'approfondis la notion d'engagement.

Jean Anouilh

Créon ne veut pas condamner à mort Antigone, qui devait épouser son fils Hémon. La voyant à un moment sur le point de renoncer au devoir qu'elle voulait suivre, il lui fait entrevoir un avenir heureux avec son fiancé.

CRÉON. – Ne reste pas trop seule. Va voir Hémon ce matin. Marie-toi vite.

ANTIGONE, *dans un souffle.* – Oui.

CRÉON. – Tu as toute ta vie devant toi. Notre discussion était bien oiseuse[1], je t'assure. Tu as ce trésor, toi encore.

ANTIGONE. – Oui.

CRÉON. – [...] Marie-toi vite, Antigone, sois heureuse. La vie n'est pas ce que tu crois. C'est une eau que les jeunes gens laissent couler sans le savoir, entre leurs doigts ouverts. Ferme tes mains, ferme tes mains, vite. Retiens-la. Tu verras, cela deviendra une petite chose dure et simple qu'on grignote, assis au soleil. [...] Tu l'apprendras toi aussi, trop tard, la vie c'est un livre qu'on aime, c'est un enfant qui joue à vos pieds, un outil qu'on tient dans sa main, un banc pour se reposer le soir devant la maison. Tu vas me mépriser encore, mais de découvrir cela, tu verras, c'est la consolation dérisoire de vieillir, la vie, ce n'est peut-être tout de même que le bonheur.

ANTIGONE, *murmure, le regard perdu.* – Le bonheur...

CRÉON, *a un peu honte soudain.* – Un pauvre mot, hein ?

ANTIGONE, *doucement.* – Quel sera-t-il, mon bonheur ? Quelle femme heureuse deviendra-t-elle, la petite Antigone ? Quelles pauvretés faudra-t-il

1. Inutile, vide de sens.
2. Morceau déchiré, arraché.

▲ *Antigone* de Sophocle, mise en scène d'Ivo van Hove, Barbican, Londres, 2015.

qu'elle fasse elle aussi, jour par jour, pour arracher avec ses dents son petit lambeau[2] de bonheur ? Dites, à qui devra-t-elle mentir, à qui sourire, à qui se vendre ? Qui devra-t-elle laisser mourir en détournant le regard ?

CRÉON, *hausse les épaules*. – Tu es folle, tais-toi.

ANTIGONE. – Non, je ne me tairai pas ! Je veux savoir comment je m'y prendrai, moi aussi, pour être heureuse. Tout de suite, puisque c'est tout de suite qu'il faut choisir. Vous dites que c'est si beau la vie. Je veux savoir comment je m'y prendrai pour vivre.

CRÉON. – Tu aimes Hémon ?

ANTIGONE. – Oui, j'aime Hémon. J'aime un Hémon dur et jeune ; un Hémon exigeant et fidèle, comme moi. Mais si votre vie, votre bonheur doivent passer sur lui avec leur usure, si Hémon ne doit plus pâlir quand je pâlis, s'il ne doit plus me croire morte quand je suis en retard de cinq minutes, s'il ne doit plus se sentir seul au monde et me détester quand je ris sans qu'il sache pourquoi, s'il doit devenir près de moi le monsieur Hémon, s'il doit apprendre à dire « oui », lui aussi, alors je n'aime plus Hémon !

CRÉON. – Tu ne sais plus ce que tu dis. Tais-toi.

ANTIGONE. – Si, je sais ce que je dis, mais c'est vous qui ne m'entendez plus. Je vous parle de trop loin maintenant, d'un royaume où vous ne pouvez plus entrer, avec vos rides, votre sagesse, votre ventre. (*Elle rit*). [...] Vous me dégoûtez tous avec votre bonheur ! Avec votre vie qu'il faut aimer coûte que coûte. On dirait des chiens qui lèchent tout ce qu'ils trouvent. Et cette petite chance pour tous les jours, si on n'est pas trop exigeant. Moi, je veux tout, tout de suite, – et que ce soit entier – ou alors je refuse ! Je ne veux pas être modeste, moi, et me contenter d'un petit morceau si j'ai été bien sage. Je veux être sûre de tout aujourd'hui et que cela soit aussi beau que quand j'étais petite – ou mourir.

JEAN ANOUILH, *Antigone*, © Éditions de la Table ronde, 1946.

?

QUESTIONS

LE TEXTE

COMPÉTENCE – J'INTERPRÈTE DES TEXTES LITTÉRAIRES EN M'APPUYANT SUR DES ÉLÉMENTS D'ANALYSE THÉÂTRALE

Quelle conception du bonheur ?

1. Quelle figure de style Créon emploie-t-il pour décrire une vie heureuse ?

2. a) Qu'est-ce que le bonheur pour Créon ?
b) Quelle image cela donne-t-il de lui ?

3. Quelle erreur stratégique commet-il face à Antigone ?

4. Antigone a-t-elle la même conception du bonheur que Créon ?

L'exigence d'Antigone

5. a) Quel portrait Antigone fait-elle de Créon ?
b) Que reproche-t-elle à Créon et à tous ceux qui lui ressemblent ?

6. « S'il doit devenir près de moi le monsieur Hémon, s'il doit apprendre à dire « oui », lui aussi, alors je n'aime plus Hémon. » Que veut dire Antigone ?

7. Qu'attend Antigone d'Hémon ?

8. Quels traits de caractère d'Antigone sont mis en évidence dans ce passage ?

La reine Antigone

9. ■ Montrez qu'Antigone prend progressivement le pouvoir dans cet extrait. Appuyez-vous sur les didascalies et la répartition de la parole entre les deux personnages.

10. « Moi, je suis reine » affirmait Antigone à la fin de l'extrait précédent. Qu'est-ce qui fait d'elle une « reine » dans ce passage ?

11. À quel rapport de force les spectateurs de 1944 ont-ils pu penser en assistant à ce duel verbal ?

L'IMAGE

1. À quel passage du texte peut correspondre cette photographie ? Justifiez.

2. Vous êtes metteur en scène : quelles indications donnez-vous aux comédiens pour la suite de l'extrait ?

5 Adieux à la vie

✔ **OBJECTIF** Je repère les éléments de réécriture d'une pièce à l'autre.

1. Sophocle

Antigone est condamnée à être emmurée vivante et se retrouve seule.

ANTIGONE. – Ô tombeau, chambre nuptiale[1] ! Retraite[2] souterraine, ma prison à jamais ! En m'en allant vers vous, je m'en vais vers les miens, qui, déjà morts pour la plupart, sont les hôtes de Perséphone[3], et vers qui je descends, la dernière de toutes et la plus misérable, avant d'avoir usé jusqu'à son dernier terme ma portion de vie. Tout au moins, en partant, gardé-je l'espérance d'arriver là-bas chérie de mon père, chérie de toi, mère, chérie de toi aussi, frère bien-aimé, puisque c'est moi qui de mes mains ai lavé, paré vos corps ; c'est moi qui vous ai offert les libations[4] funéraires. Et voilà comment aujourd'hui, pour avoir, Polynice, pris soin de ton cadavre, voilà comment je suis payée ! Ces honneurs funèbres pourtant, j'avais raison de te les rendre, aux yeux de tous les gens de sens. Si j'avais eu des enfants, si c'était mon mari qui se fût trouvé là à pourrir sur le sol, je n'eusse certes pas assuré cette charge contre le gré de la cité. Quel est donc le principe auquel je prétends avoir obéi ? Comprends-le bien : un mari mort, je pouvais en trouver un autre et avoir de lui un enfant, si j'avais perdu mon premier époux ; mais, mon père et ma mère une fois dans la tombe, nul autre frère ne me fût jamais né. Le voilà, le principe pour lequel je t'ai fait passer avant tout autre.

SOPHOCLE, *Antigone*, pièce représentée vers 441 avant J.-C., *Tragédies complètes*, traduction de Paul Mazon, © Les Belles Lettres, 1962.

1. Qui concerne le mariage, la nuit de noces.
2. Lieu coupé du monde.
3. Déesse des Enfers dans la mythologie grecque.
4. Offrandes aux dieux.

? QUESTIONS

L'IMAGE

1. **a)** En quoi le costume d'Antigone évoque-t-il une tenue de mariée ? **b)** En relisant attentivement les extraits, expliquez le choix d'un tel costume.
2. **a)** De quelle couleur le décor est-il ? **b)** Que symbolise traditionnellement cette couleur ?
3. Lors de la mise en scène, le plateau se relevait en s'inclinant peu à peu. À votre avis, quel est l'effet recherché ?

▲ *Antigone* de Sophocle, mise en scène de Jacques Nichet, théâtre de l'Odéon (Paris), 2004.

2. Jean Cocteau

JEAN COCTEAU
(vers 1889-1963)
est un poète, dramaturge, dessinateur et cinéaste français.

Cocteau a adapté la pièce de Sophocle en 1922 et réécrit ici le monologue d'Antigone au seuil de la mort.

ANTIGONE. – Adieu. Qu'on me vole ma part de vie. Je vais revoir mon père, ma mère, Étéocle. Quand vous êtes morts je vous ai lavés, je vous ai fermé les yeux. Je t'ai aussi fermé les yeux, Polynice – et j'ai eu raison. Car jamais je n'aurais fait cet effort mortel pour des enfants ou un époux. Un époux, un autre peut le remplacer. Un fils, on peut en concevoir un autre. Mais, comme nos parents sont morts, je ne pouvais espérer des frères nouveaux. C'est en vertu de ce principe que j'ai agi, qu'on me frappe, que Créon me prive du mariage et de la maternité.

JEAN COCTEAU, *Antigone*, in *Théâtre complet*, Bibliothèque de la Pléiade,
© Éditions Gallimard, 1922.

Mise en scène de Declan Donnellan, Old Vic Theatre, Londres, 1999.

100% NUMÉRIQUE
Retrouvez sur Lelivrescolaire.fr une répétition d'*Antigone* par le théâtre de la Chamaille à Nantes.

3. Bertolt Brecht

BERTOLT BRECHT
(vers 1898-1956)
est un dramaturge et metteur en scène allemand.

Voici l'adaptation de Brecht, datée de 1947.

ANTIGONE. – Hommes de la cité de mes pères,
Je parcours mon dernier chemin,
Pour la dernière fois je regarde
L'éclat du soleil. C'est donc vrai,
Je ne le verrai plus jamais ?
Celui qui ferme pour toujours
Les yeux des hommes, le dieu des morts,
Me conduit vivante à l'Achéron[1].
Et je vais, sans voile de noces,
Sans cortège ni chant de fête,
Moi, fiancée de l'Achéron.

1. Le fleuve qui mène aux Enfers dans la mythologie grecque.

BERTOLT BRECHT, *Antigone*, © L'Arche Éditeur, traduction de Maurice Regnaut, 1962.

4. Jean Anouilh

Antigone a refusé de dire « oui ». Restée seule avec le garde chargé de la surveiller, elle apprend comment elle doit mourir : elle sera emmurée vivante.

ANTIGONE. – Ô tombeau ! Ô lit nuptial ! Ô ma demeure souterraine !... (*Elle est toute petite au milieu de la grande pièce nue. On dirait qu'elle a un peu froid. Elle s'entoure de ses bras. Elle murmure.*) Toute seule...

[*Elle se décide à dicter une lettre d'adieu au garde.*]

Écris : « Mon chéri... »

LE GARDE, *qui a pris son carnet et suce sa mine.* – C'est pour votre bon ami ?

ANTIGONE. – Mon chéri, j'ai voulu mourir et tu ne vas peut-être plus m'aimer...

LE GARDE, *répète lentement de sa grosse voix en écrivant.* – « Mon chéri, j'ai voulu mourir et tu ne vas peut-être plus m'aimer... »

ANTIGONE. – Et Créon avait raison, c'est terrible, maintenant, à côté de cet homme, je ne sais plus pourquoi je meurs. J'ai peur...

LE GARDE, *qui peine sur sa dictée.* – « Créon avait raison, c'est terrible... »

ANTIGONE. – Oh ! Hémon, notre petit garçon. Je le comprends seulement maintenant combien c'était simple de vivre...

LE GARDE, *s'arrête.* – Eh ! Dites, vous allez trop vite. Comment voulez-vous que j'écrive ? Il faut le temps tout de même...

ANTIGONE. – Où en étais-tu ?

LE GARDE, *se relit.* – « C'est terrible maintenant à côté de cet homme... »

ANTIGONE. – Je ne sais plus pourquoi je meurs.

LE GARDE, *écrit, suçant sa mine.* – « Je ne sais plus pourquoi je meurs... » On ne sait jamais pourquoi on meurt.

ANTIGONE, *continue.* – J'ai peur... (*Elle s'arrête. Elle se dresse soudain.*) Non. Raye tout cela. Il vaut mieux que jamais personne ne le sache. C'est comme s'ils devaient me voir nue et me toucher quand je serais morte. Mets seulement : « Pardon. » [...] Pardon, mon chéri. Sans la petite Antigone, vous auriez tous été bien tranquilles. Je t'aime... [...]

LE GARDE. – C'est une drôle de lettre.

ANTIGONE. – Oui, c'est une drôle de lettre.

JEAN ANOUILH, *Antigone*, © Éditions de la Table ronde, 1946.

▲ La lettre d'Antigone, *Antigone* de Jean Anouilh, mise en scène de Maïlys Castets, 2015.

QUESTIONS

COMPÉTENCE – J'ÉTABLIS DES LIENS ENTRE DES PRODUCTIONS LITTÉRAIRES ET ARTISTIQUES ISSUES DE CULTURES ET D'ÉPOQUES DIVERSES

Sophocle

1. Antigone regrette-t-elle d'avoir renoncé à épouser Hémon et d'avoir fait passer son bonheur personnel après son devoir ? Répondez de manière précise.
2. Quel registre domine dans cet extrait ? Justifiez votre réponse.

Anouilh

3. Relisez le début de l'extrait. Que remarquez-vous ?
4. **a)** Quel personnage Anouilh ajoute-t-il ? **b)** Quel effet sa présence produit-elle ? Atténue-t-elle le pathétique, ou au contraire l'accentue-t-elle ? Répondez de manière précise et nuancée.

Comparaison des quatre versions

5. Parmi les versions de Cocteau, Brecht et Anouilh, laquelle vous semble la plus proche du texte de Sophocle ? Observez le fond (ce qui est dit), mais aussi la forme (le style d'écriture).
6. Quelle version vous semble la plus éloignée de celle de Sophocle ?
7. Quelle version vous touche le plus ? Pourquoi ?

6 Antigone à Beyrouth

✔ **OBJECTIF** Je découvre qu'Antigone demeure éternellement actuelle.

SORJ CHALANDON (né en 1952) est un journaliste et écrivain français, né à Tunis. Son travail a été couronné par de nombreux prix. Le roman intitulé *Le Quatrième Mur* (prix Goncourt des lycéens 2013) a pour cadre la guerre du Liban, qu'il a couverte comme journaliste dans les années quatre-vingts.

George s'est vu confier un projet : faire jouer Antigone *d'Anouilh à Beyrouth, au cœur de la guerre, par des gens appartenant à chacun des camps ennemis. Il commence par rencontrer les acteurs et leurs familles. Yassine est un combattant palestinien ; il est le frère d'Imane, qui interprétera Antigone.*

Le grand frère d'Imane avait un visage très doux et le regard tranquille.

– Alors c'était vous ? Le Français du théâtre ?

Oui, j'étais ce Français-là. Il m'a regardé. Il parlait un mauvais anglais.

– Et vous êtes venu faire la paix au Liban ?

Il ne se moquait pas. Il voulait m'entendre. J'ai souri.

– Je veux juste donner à des adversaires une chance de se parler.

– À des ennemis.

– Si vous voulez.

– Se parler en récitant un texte qui n'est pas d'eux, c'est ça ?

– En travaillant ensemble autour d'un projet commun.

Il a rectifié la bretelle de son fusil d'assaut.

– C'est une forme de répit, alors ?

J'aimais bien le mot. J'ai dit oui. Le théâtre était un répit.

[*George rencontre ensuite le frère de Charbel, qui jouera le rôle de Créon. C'est un milicien chrétien.*]

– Parle-moi d'*Antigone.*

Voix tranquille. Il m'étudiait, dos au mur, étirant ses bras au plus haut. J'ai ouvert mon sac.

– *Antigone* a été écrit par...

– Arrête, je sais ça. Parle-moi de ton projet.

J'ai inspiré en grand. Ça y était. [...] J'ai expliqué que mon ami avait eu l'idée de voler deux heures à la guerre, en prélevant un cœur dans chaque camp. Il écoutait, je crois. Il s'étirait sur le sol, me regardait parfois.

– Pourquoi le Liban ?

– Pour Damour[1] et la Quarantaine[2], justement.

– Renvoyé dos à dos.

– Souffrance à souffrance.

SORJ CHALANDON, *Le Quatrième Mur*, © Éditions Grasset, 2013.

1. Massacre de chrétiens par des Palestiniens.
2. Massacre de Palestiniens par des chrétiens.

ÉCLAIRAGE

› « Ce livre se passe au Liban mais le pays de ce livre, c'est la guerre, quelle qu'elle soit », Sorj Chalandon.

› Sur la guerre au Liban, voir p. 134.

?

COMPÉTENCE – JE MAITRISE DAVANTAGE L'ARGUMENTATION, JE SAIS EXPLIQUER ET JUSTIFIER

1. ■ Quel est le but ce de projet théâtral ? Citez des phrases du texte.
2. Que pensez-vous de ce projet ? Justifiez votre opinion.

100% NUMÉRIQUE

Retrouvez sur Lelivrescolaire.fr :
- **Sorj Chalandon présente *Le Quatrième Mur* ;**
- **Les massacres de Damour et de la Quarantaine.**

Image du pouvoir, pouvoir de l'image, au XXe siècle

Comment le pouvoir de l'image est-il utilisé par les régimes autoritaires et par ceux qui le contestent ?

Antigone incarne la résistance face au pouvoir autoritaire. Ce mythe a trouvé une grande résonance au XXe siècle, qui a connu de nombreux régimes autoritaires. La force de l'image est utilisée aussi bien par ceux qui détiennent le pouvoir et veulent en faire la propagande, que par ceux qui le contestent.

1 Propagande pour Hitler

▲ Affiche de propagande du parti nazi, 1935.

2 Propagande pour Staline

▲ Affiche de propagande soviétique, 1941.

L'affiche porte le slogan suivant : « Notre armée et notre pays sont puissants grâce à l'âme de Staline ».

3 Du tyran à l'enfant

▲ *Le Dictateur*, film de Charlie Chaplin, 1940.

Le *Dictateur* de Chaplin est une parodie du régime nazi. Dans cette scène, il joue avec un ballon représentant le monde, qu'il rêve de conquérir.

Retrouvez sur www.lelivrescolaire.fr la scène du globe du *Dictateur* (vidéo).

COMPÉTENCE

JE LIS DES IMAGES ET DES DOCUMENTS COMPOSITES ET JE SAIS LES REPLACER DANS LEUR CONTEXTE HISTORIQUE ET CULTUREL

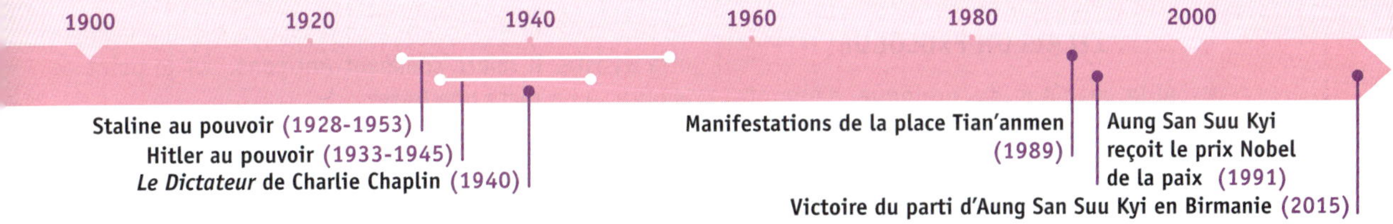

4 Du chef au clown

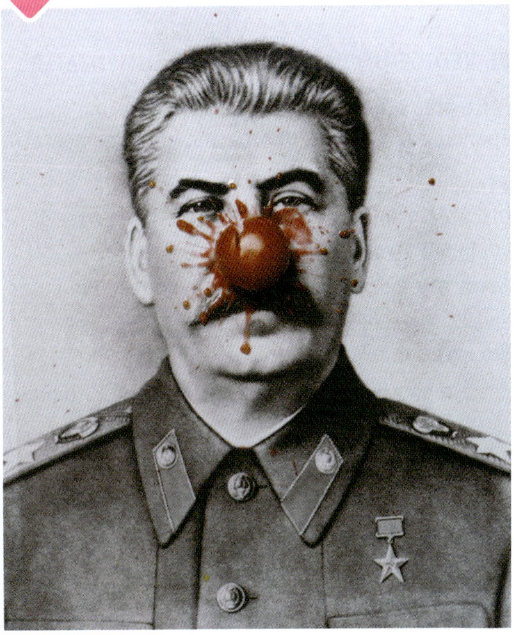

▲ Affiche pour le téléfilm *Red Monarch*, de Jack Gold, 1983.

5 L'homme de Tian'anmen

▲ Jeff Widener, Photographie de la place Tian'anmen, 1989.

En 1989, des milliers d'étudiants, d'intellectuels et d'ouvriers occupent la place Tian'anmen, à Pékin, pour protester contre la corruption et réclamer plus de démocratie et de libertés. Ce vaste mouvement de contestation est violemment réprimé par l'armée.

6 Aung San Suu Kyi

The Lady, film de Luc Besson, 2011. ▶

Ce film retrace la vie d'Aung San Suu Kyi, femme politique birmane (prix Nobel de la paix en 1991), figure de l'opposition non-violente à la dictature militaire (junte) de son pays. Elle est placée en résidence surveillée par la junte de 1990 à 2010.

? QUESTIONS

1. **Doc. 1** **a)** Combien de personnages voyez-vous ? **b)** En quoi cette affiche pourrait-elle illustrer cette devise nazie : « un peuple, un territoire, un guide » ?
2. **Doc. 1 et 2** **a)** Dans quelle posture les dictateurs ont-il choisi de se faire représenter ? Pourquoi ? **b)** Par quels moyens Staline et Hitler sont-ils magnifiés ? Appuyez-vous sur l'angle de prise de vue et les proportions entre les différents personnages.
3. **Doc. 3** Quelle image Chaplin donne-t-il d'Hitler ? Comment ? Comparez avec l'image du dictateur dans le doc. 1.
4. **Doc. 4** En quoi ce détournement est-il un acte de subversion, non seulement de l'image, mais aussi du pouvoir de Staline ? Justifiez.
5. **Doc. 5** Quelle image cette photographie donne-t-elle du pouvoir chinois en 1989 ? Expliquez.
6. **Doc. 6** **a)** Pourquoi cette scène est-elle frappante ? Analysez sa construction. **b)** Faites des recherches sur la photographie intitulée « La fille à la fleur » de Marc Riboud (1967). Quel message Luc Besson a-t-il voulu faire passer en s'inspirant de cette photographie ?
7. **Doc. 1 à 6** Résumez les traits communs aux représentations des dictateurs et les moyens utilisés pour les critiquer et faire acte de résistance.

Ex. 1 J'ÉCRIS UN PROLOGUE

À la manière du prologue d'Anouilh (p. 402), imaginez le début d'une pièce de théâtre.

Méthode
- Vous vous inspirerez de la photographie ci-dessous.
- Vous commencerez par : « *Voilà. Ces personnages vont vous jouer l'histoire de...* ».
- Pensez à définir les personnages sur le plan physique, moral, social, relationnel (au choix).
- Donnez les premiers indices de l'intrigue.

▲ *Where is Boston*, mise en scène d'Alban Valembois, représentation à l'Université de Bordeaux, mars 2014.

Ex. 2 J'ÉCRIRE UNE SCÈNE THÉÂTRALE

Imaginez une scène de théâtre dans laquelle un personnage de votre choix a pris une décision importante. Il s'adresse à un proche qui tente de le dissuader.

Méthode
- Vous présenterez votre texte sous forme d'un dialogue théâtral, sans oublier d'insérer quelques didascalies.
- Votre première réplique sera : « *Écoute. J'ai bien réfléchi.* »
- Le dialogue fera apparaitre l'opposition des caractères et des points de vue.

Ex. 3 J'ÉCRIS UNE LETTRE

Imaginez la lettre qu'Antigone prisonnière aurait eu le temps d'écrire à sa nourrice. La jeune fille exprimera dans une partie les sentiments qu'elle éprouve quelques minutes avant de mourir et dans une autre justifiera ses actes. Elle achèvera sa lettre par des paroles réconfortantes pour sa nourrice.

Vous pouvez auparavant relire la scène située au début de la pièce d'Anouilh, entre Antigone et sa nourrice.

Ex. 4 J'ADOPTE UN AUTRE POINT DE VUE

À partir du dialogue entre Antigone et le garde dans la pièce d'Anouilh (p. 412), imaginez que le garde rentre le soir chez lui et raconte à sa femme la scène à laquelle il a assisté. Il relate comment Antigone, sur le point de mourir, lui a dicté une lettre.

Méthode

Vous écrirez cette scène sous forme de scène de théâtre, en intégrant des didascalies. Vous tiendrez compte des caractéristiques du garde (caractère et langage).

Ex. 5 JE RÉDIGE UN PARAGRAPHE ARGUMENTATIF

Faut-il être prêt à donner sa vie pour défendre une cause ? Vous répondrez en rédigeant un paragraphe argumentatif.

Méthode
- Discutez d'abord de l'expression « donner sa vie ». Comment l'entendez-vous ?
- Après avoir défini l'expression, répondez par l'affirmative ou la négative.
- Proposez un exemple en le détaillant.
- Votre réponse sera comprise entre 10 et 15 lignes.

Ex. 6 J'ORGANISE UNE DISCUSSION AVEC DES ARGUMENTS ET CONTRE-ARGUMENTS

Antigone décide de mourir au nom d'un idéal, alors que Créon lui conseille de faire des compromis pour vivre heureuse. Quelle position vous semble préférable ?

Méthode

Vous vous appuierez sur les arguments proposés dans la pièce d'Anouilh, mais aussi sur des exemples tirés de votre culture personnelle (lecture, histoire, films, etc.).

Ex. 1 JE PRÉSENTE L'INTRIGUE D'UNE PIÈCE OU D'UN ROMAN

Racontez une intrigue théâtrale portant sur la réflexion du pouvoir.

Méthode
- Par groupe de trois ou quatre, lisez le synopsis (sur internet ou sur un document distribué par le professeur) d'une des pièces suivantes : *Le roi Lear* de Shakespeare, *Horace* de Corneille, *Andromaque* de Racine, *Caligula* de Camus.
- Vous avez 5 minutes de préparation avant de présenter l'intrigue à vos camarades.
- Mettez-vous en ligne devant la classe et racontez. Ne cherchez pas à tout dire, faites circuler la parole.
- Quand un autre camarade du groupe enchaine, il dit « Et puis aussi ». Il peut revenir un peu en arrière.

EXPRESSION ORALE

PARCOURS DE COMPÉTENCES

Ex. 2 JE PRÉSENTE UN EXPOSÉ

Faites une recherche sur l'histoire d'Œdipe et présentez-la en classe.

Méthode

› Vous exposerez les principales étapes de sa vie : sa naissance, ses épreuves, la fin de sa vie, sa descendance. Pensez à bien annoncer chaque étape avant le développement.

› Vous vous appuierez sur trois à quatre supports iconographiques.

› La présentation durera 5 minutes.

Ex. 3 JE METS EN SCÈNE UN MONOLOGUE

Complétez le prologue d'Anouilh (p. 402) ou le monologue de Brecht (p. 411) par des didascalies qui vous semblent appropriées, puis expérimentez les indications données par le jeu.

Méthode

› Mettez-vous par groupe de deux et soyez tour à tour le metteur en scène ou l'acteur.

› Dans vos indications, ne vous limitez pas au ton, proposez une mise en espace, une position ou gestuelle du corps, un ou des accessoires.

› Attention à ne pas être redondant avec le texte déjà écrit en mimant les propos.

Ex. 4 JE PARTICIPE À UN DÉBAT EN CLASSE

Tragédie et politique : chez Anouilh, Créon veut maintenir à tout prix l'ordre de la cité, alors qu'Antigone revendique le droit de désobéir pour respecter d'autres lois.
Organisez un débat dans la classe. Pourquoi est-il nécessaire que les hommes respectent des lois ? Désobéir peut-il se justifier dans certains cas ? Vous pouvez vous appuyer sur des exemples de votre choix.

Ex. 5 JE METS EN SCÈNE UN DUO

Mettez en scène les deux extraits proposés p. 404-405.

Méthode

› Attachez-vous surtout aux déplacements sur la scène pour exprimer les relations entre les deux sœurs : recherchez comment exprimer l'opposition chez Sophocle, l'affection chez Anouilh, par la mise en espace, la position du corps par rapport à l'autre, les déplacements.

› Dans un second temps, improvisez la scène sans le texte en main. Ne cherchez pas à reprendre les mots, mais l'idée des répliques.

Ex. 6 JE METS EN SCÈNE UNE PAROLE CHORALE

Reprenez la tirade du chœur qui définit la tragédie en la distinguant du drame et proposez une lecture chorale , puis une représentation du chœur devant la classe.

> C'est propre, la tragédie. C'est reposant, c'est sûr. [...] Dans le drame, on se débat parce qu'on espère en sortir. Là c'est gratuit. Et il n y a plus rien à tenter, enfin !
>
> J. Anouilh, *Antigone*, Éditions de La Table ronde, 1946.

Méthode

Vous êtes par groupe de cinq ou six.

› Sur les 25 lignes, vous allez supprimer des passages (de un tiers à la moitié) mais en veillant à ce que le texte reste cohérent.

› Choisissez divers modes d'expression : des phrases à l'unisson, à plusieurs, en cascade ? Une voix qui émerge du chœur ? Des paroles répétées ?

› À vous de faire résonner la parole !

JE ME SITUE DANS MON PARCOURS DE COMPÉTENCES

ORAL – JE M'EXPRIME DE FAÇON MAITRISÉE EN M'ADRESSANT À UN AUDITOIRE

1. J'ai des connaissances mal assurées sur l'histoire d'Œdipe. Je ne reprends pas toutes les étapes demandées et mes images supports ne sont pas adaptées.
2. J'ai une connaissance moyenne de l'histoire d'Œdipe. J'ai présenté les étapes demandées. J'ai du mal à utiliser les images supports ou celles-ci ne sont que moyennement adaptées.
3. J'ai une bonne connaissance de l'histoire d'Œdipe, mes images sont correctes.
4. J'ai une très bonne connaissance de l'histoire d'Œdipe. J'ai choisi des supports variés et artistiques intéressants. Je fais des liens pertinents entre ces œuvres et le thème.

SUJET BREVET 9

Une voix face au pouvoir

Robert Desnos (1900-1945) est un poète français. Membre de la Résistance, il mourut en juin 1945, quelques jours après la libération du camp de Theresienstadt où il avait été déporté en 1944.

LA VOIX

Une voix, une voix qui vient de si loin
Qu'elle ne fait plus tinter les oreilles,
Une voix, comme un tambour, voilée
Parvient pourtant, distinctement, jusqu'à nous.

Bien qu'elle semble sortir d'un tombeau
Elle ne parle que d'été et de printemps.
Elle emplit le corps de joie,
Elle allume aux lèvres le sourire.

Je l'écoute. Ce n'est qu'une voix humaine
Qui traverse les fracas de la vie et des batailles,
L'écroulement du tonnerre et le murmure des bavardages.

Et vous ? Ne l'entendez-vous pas ?
Elle dit : « La peine sera de courte durée »
Elle dit : « La belle saison est proche. »

Ne l'entendez-vous pas ?

ROBERT DESNOS, « La voix », *Contrée suivi de Calixto*, 1942-1943, © Éditions Gallimard.

Le jour de l'épreuve, vous pourrez parfois vous aider du corpus d'histoire-géographie pour comprendre le contexte de l'extrait. Retrouvez sur Lelivrescolaire.fr un témoignage de Primo Levi, déporté à Auschwitz en sujet de brevet (chapitre 3 du manuel d'histoire-géographie).

▲ Banksy, *Colombe de la paix avec gilet pare-balle*, graffiti sur mur, Bethléem, Palestine, XXIe siècle.

1re partie : compréhension, analyse et interprétation (1 h)

QUESTIONS (20 POINTS)

1. Cochez la ou les affirmations exactes parmi celles-ci. Ce texte est un poème :
   - ❒ dont les vers sont d'égale longueur.
   - ❒ dont les vers comportent des rimes.
   - ❒ dont les vers sont structurés en strophes.
   - ❒ qui comporte des images : comparaison et métaphore. (1 point)
2. Ce poème est lié au contexte historique dans lequel il a été écrit. **a)** Quelle strophe et quelles expressions renvoient à une période tourmentée ? **b)** Qui est désigné par « nous » (v. 4) ? (1,5 point)
3. **a)** Relevez dans chacune des deux premières strophes un mot exprimant la concession et précisez la classe grammaticale de l'un d'eux. **b)** Trouvez dans chacun des deux quatrains une paire de mots qui s'opposent. **c)** Que souhaite ainsi souligner le poète ? (3 points)
4. Qui « une voix humaine » (v. 9) peut-elle représenter, à votre avis ? Aidez-vous du contexte historique et justifiez votre réponse. (1,5 point)
5. **a)** Relisez les paroles énoncées au discours direct à la fin du poème : quel temps verbal est utilisé ? **b)** Quelle métaphore est employée ? **c)** Cette métaphore était déjà présente au début du poème : à quel endroit ? **d)** En vous appuyant sur ces réponses, indiquez de quel type de message la voix est porteuse. (3,5 points)
6. Qui pourrait être « vous » (v. 12 et 15) ? Quelle est la vocation d'un tel poème ? (2 points)
7. **a)** Quelles sont les particularités du dernier vers ? Observez notamment la mise en page du poème et les rimes. **b)** À votre avis, pourquoi le poète a-t-il choisi la forme interrogative ? (2 points)
8. Pourquoi, selon vous, le poème se nomme-t-il « La voix » et non « Une voix » ? Proposez une explication argumentée. (3 points)
9. **À propos de l'image. a)** Que symbolise la colombe ? **b)** Comment interprétez-vous la présence d'un gilet pare-balle sur l'oiseau ? **c)** Quels liens pouvez-vous établir entre le poème de Desnos et cette œuvre ? (2,5 points)

2e partie : rédaction et maîtrise de la langue (2 h)

DICTÉE ET RÉÉCRITURE (10 POINTS)

1. **Dictée : CHARLES DE GAULLE, *Discours à l'occasion du 60e anniversaire de l'Alliance française*, 1943.**
   Les dictées des brevets blancs sont regroupées à la fin du cahier d'exercices de 3e.
2. **Réécrivez le début du poème jusqu'à « printemps » (v. 6) en remplaçant « une voix » par « des voix » et en conjuguant les verbes au passé composé.**

Une voix, une voix qui vient de si loin
Qu'elle ne fait plus tinter les oreilles,
Une voix, comme un tambour, voilée
Parvient pourtant, distinctement, jusqu'à nous.
Bien qu'elle semble sortir d'un tombeau
Elle ne parle que d'été et de printemps.

TRAVAIL D'ÉCRITURE (20 POINTS)

Vous traiterez au choix l'un des deux sujets suivants. Votre texte aura une longueur minimale de deux pages.

SUJET DE RÉFLEXION

Que peut l'art face à un pouvoir oppressif ?

Vous répondrez à cette question dans un devoir argumenté et construit. Vous trouverez vos exemples dans diverses formes d'art (peinture, écrit, chanson, film…) et vous ferez appel à votre connaissance du monde et de l'histoire.

SUJET D'INVENTION

Dans un régime dictatorial, une personne écrit une lettre à un proche. Il évoque l'angoisse et les dangers quotidiens ; il témoigne des luttes et des actions menées pour résister, il exprime l'espoir de lendemains meilleurs.

Rédigez cette lettre en respectant les codes de la lettre et de la situation d'énonciation. Vous insérerez des passages narratifs décrivant le quotidien et exprimerez les émotions et les sentiments de l'auteur de la lettre.

SUJET BREVET 10

« Accepter d'être un homme »

Le roi Créon a condamné Antigone à mort parce qu'elle n'a pas respecté ses ordres. Son fils, Hémon, est le fiancé d'Antigone.

HÉMON *entre en criant.* – Père !

CRÉON *court à lui, l'embrasse.* – Oublie-la, Hémon ; oublie-la, mon petit.

HÉMON. – Tu es fou, père. Lâche-moi.

CRÉON *le tient plus fort.* – J'ai tout essayé pour la sauver, Hémon. J'ai tout essayé, je te le jure. Elle ne t'aime pas. Elle aurait pu vivre. Elle a préféré sa folie et la mort.

HÉMON *crie, tentant de s'arracher à son étreinte.* – Mais, père, tu vois bien qu'ils l'emmènent ! Père, ne laisse pas ces hommes l'emmener !

CRÉON. – Elle a parlé maintenant. Tout Thèbes sait ce qu'elle a fait. Je suis obligé de la faire mourir.

HÉMON *s'arrache de ses bras.* – Lâche-moi !

Un silence. Ils sont l'un en face de l'autre. Ils se regardent.

LE CHŒUR, *s'approche.* – Est-ce qu'on ne peut pas imaginer quelque chose, dire qu'elle est folle, l'enfermer ?

CRÉON. – Ils diront que ce n'est pas vrai. Que je la sauve parce qu'elle allait être la femme de mon fils. Je ne peux pas.

LE CHŒUR. – Est-ce qu'on ne peut pas gagner du temps, la faire fuir demain ?

CRÉON. – La foule sait déjà, elle hurle autour du palais. Je ne peux pas.

HÉMON. – Père, la foule n'est rien. Tu es le maître.

CRÉON. – Je suis le maître avant la loi. Plus après.

HÉMON. – Père, je suis ton fils, tu ne peux pas me la laisser prendre.

CRÉON. – Si, Hémon. Si, mon petit. Du courage. Antigone ne peut plus vivre. Antigone nous a déjà quittés tous.

HÉMON. – Crois-tu que je pourrai vivre, moi, sans elle ? Crois-tu que je l'accepterai, votre vie ? Et tous les jours, depuis le matin jusqu'au soir, sans elle. Et votre agitation, votre bavardage, votre vide, sans elle.

CRÉON. – Il faudra bien que tu acceptes, Hémon. Chacun de nous a un jour, plus ou moins triste, plus ou moins lointain, où il doit enfin accepter d'être un homme. Pour toi, c'est aujourd'hui… Et te voilà devant moi avec ces larmes au bord de tes yeux et ton cœur qui te fait mal – mon petit garçon, pour la dernière fois… Quand tu te seras détourné, quand tu auras franchi ce seuil tout à l'heure, ce sera fini.

JEAN ANOUILH, *Antigone,* © Éditions de la Table ronde, 1946.

▲ Victorine Angélique Genève-Rumilly, *La mort d'Antigone*, XIXe siècle (musée de Grenoble, France).

Retrouvez la 2e partie de l'épreuve sur : www.lelivrescolaire.fr

100% NUMÉRIQUE

Zoom sur la 1re partie de l'épreuve

QUESTIONS (20 POINTS)

1. Quelles caractéristiques font de ce texte un texte théâtral ? (1 point)
2. Quel lien unit les deux personnages ? Vous justifierez votre réponse en vous appuyant sur le texte. (1 point)
3. a) « Oublie-la » (l. 2) - « Lâche-moi ! » (l. 4) : quel est le type de phrase utilisé et le mode verbal employé ? b) Quelle image cela donne-t-il de la situation ? c) Observez les didascalies jusqu'à la ligne 14 : en quoi les gestes de Créon et de Hémon traduisent-ils aussi cette situation ? (2,5 points)
4. Quelles sont les raisons invoquées par Créon pour ne pas sauver Antigone ? Cochez les réponses exactes.
   - ❐ Antigone a enfreint la loi.
   - ❐ Antigone a outragé les dieux.
   - ❐ Antigone veut mourir.
   - ❐ Les Thébains ont connaissance de la vérité.
   - ❐ Antigone n'assurera pas le bonheur de Hémon.

   (1,5 point)
5. a) Dans le dialogue entre le chœur et Créon (l. 15-21), repérez deux expressions répétées par l'un puis par l'autre. b) Quel effet la répétition du chœur produit-elle ? c) À l'inverse, quelle image Créon donne-t-il de lui-même dans ces deux répliques ? (2,5 points)
6. a) Quel sentiment domine la dernière réplique de Hémon (l. 29-29) ? b) Pourquoi peut-on dire que cette réplique est lyrique ? Observez notamment le type de phrase, le rythme et les répétitions. (3 points)

Corrigé

Il faut rappeler la définition de lyrique et expliquez pourquoi ce passage l'est en citant le texte précisément.

› Un passage est lyrique lorsqu'il exprime des sentiments personnels sur un mode poétique.

› Où trouvez-vous les marques d'un sentiment personnel ? Recherchez les indices de la 1re personne (« moi, je »).

› Quel sentiment ? Hémon parle de son amour pour Antigone : il imagine la vie sans elle et cela le désespère, comme le montrent les questions rhétoriques (l. 27-28).

› Son émotion se traduit par différents procédés poétiques : les anaphores (« Crois-tu ? »), la triple répétition en fin de phrase, comme un refrain (« sans elle »), les phrases nominales et le rythme ternaire (« votre agitation, votre bavardage, votre vide »).

MÉTHODE

Si l'on vous demande quelle est la tonalité d'un texte (registre) ou si le texte est lyrique, tragique, comique ou épique..., vous devez connaitre ces notions et leurs caractéristiques, pour pouvoir les repérer et justifier votre réponse.

Voici quelques repères pour chacun des principaux registres :

› comique : jeux de mots, répétitions, exagérations, comparaisons... ;

› tragique : exagérations, antithèses, connotations négatives (la mort, la fatalité...) ;

› pathétique : exclamations, questions rhétoriques, champs lexicaux de la souffrance, métaphores...

› lyrique : champ lexical du sentiment, pronoms personnels de la 1re personne, exclamations, exagérations...

› épique : champ lexical de l'action, superlatifs, répétitions, hyperboles...

N'oubliez pas qu'un texte peut comporter plusieurs tonalités.

7. a) Que signifie concrètement « le seuil » d'une maison ? b) Que symbolise « le seuil » (l. 35) que va franchir Hémon ? (2 points)
8. Créon est le roi, mais le trouvez-vous puissant ? Vous apporterez une réponse nuancée et fondée sur des citations précises du texte. (2,5 points)
9. Au cours de la scène, Créon est partagé entre deux attitudes à l'égard de son fils. Quelles sont-elles ? Appuyez-vous sur le texte et ce que vous avez repéré dans les questions précédentes pour présenter une réponse développée. (2,5 points)
10. À propos de l'image. a) Quels sont les trois personnages représentés ? Comment les avez-vous reconnus ? b) Comparez les regards de Créon et de Hémon : qu'est-ce qui caractérise chacun d'eux et quel lien faites-vous avec le texte étudié ? (1,5 point)

SYNTHÈSE DU THÈME

Agir sur le monde

A. AGIR SUR LE MONDE EN SE COMPORTANT DE MANIÈRE HÉROÏQUE

En 5ᵉ, je découvre les caractéristiques du héros ou de l'héroïne et leur rôle dans la société.

› Le héros se distingue par ses **qualités hors du commun** : des qualités **physiques**, comme la force, mais aussi **morales**, telles que courage, générosité, sens de la justice.

› Mais souvent, il n'est pas parfait : il a des **failles** qui l'humanisent et permettent au lecteur de **s'identifier** à lui. Les romans comme *Perceval* montrent l'**apprentissage** du héros : il doit grandir et se découvrir pour pouvoir agir sur le monde.

› Il lutte rarement pour lui-même ou pour sa propre gloire : il défend des **valeurs**, sa **patrie** ou encore **une personne qu'il aime**. Les **textes épiques**, qui célèbrent les exploits des héros, ont pour but de **rassembler une communauté** autour de valeurs communes incarnées par ces héros.

› De nos jours, les superhéros sont fortement représentés, mais des figures héroïques plus **originales** apparaissent : hommes ou femmes, de toutes origines, ce sont des personnages **qui nous ressemblent**. Ils interrogent la manière dont les personnes ordinaires peuvent agir dans la société.

- ✔ Qualités hors du commun
- ✔ Failles et apprentissage
- ✔ Rassembler autour de valeurs communes
- ✔ De nouvelles figures héroïques

B. AGIR SUR LE MONDE PAR L'INFORMATION

En 5ᵉ, j'ai découvert comment les héros et héroïnes agissent sur le monde. En 4ᵉ, je m'interroge sur le rôle des médias, l'importance de la diffusion de l'information et ses limites.

› Transmettre des informations est un moyen d'agir sur le monde. Les journalistes ont donc une véritable **responsabilité** envers le public, car l'information transmise influence leurs opinions.

› Mais une information transmise par un média n'est pas un **fait brut** : un même évènement n'est pas montré de la même façon par des médias ayant une **ligne éditoriale** différente.

› Une information est toujours transmise à travers **le prisme d'un regard** : croiser différentes sources et faire preuve d'**esprit critique** sont donc essentiels. Une photographie n'est pas non plus un gage de vérité : les retouches ou encore l'angle de la prise de vue peuvent **modifier son message d'origine**.

› À l'heure d'internet, la transmission de l'information évolue : l'actualité est donnée en temps réel et le **« journalisme citoyen »** se développe. Mais attention : recevoir beaucoup d'informations ne veut pas dire être bien informé.

- ✔ Responsabilité des médias
- ✔ Fait brut – information
- ✔ Nécessité d'un esprit critique

C. AGIR DANS LA CITÉ : ÉCRIRE POUR RÉSISTER AUX DÉRIVES DU POUVOIR

En 5e, j'ai découvert comment le héros ou l'héroïne peut agir sur le monde, en 4e je me suis interrogé(e) sur le rôle des médias dans la société. En 3e, je découvre des textes littéraires qui s'opposent aux dérives du pouvoir, incitent à réfléchir et à ne pas se laisser trop facilement influencer.

› Des Mémoires, des témoignages littéraires peuvent vouloir **rétablir la vérité** sur des faits controversés ou tout simplement montrer une autre vérité, **personnelle**, **différente des discours officiels**. C'est par exemple ce que fait Pierre Chaine dans *Mémoires d'un rat*, en montrant la guerre du point de vue des « petits », de ceux qui habituellement n'ont pas la parole.

› Dès son origine, la **tragédie** a eu une forte **dimension politique** : elle permettait d'**éduquer** les citoyens en les amenant à réfléchir sur des questions religieuses, politiques, philosophiques.

› Mais les réécritures, comme celle d'*Antigone*, montrent l'**actualité du mythe**, sa résonance avec l'histoire contemporaine : dans le contexte des conflits du XXe, la pièce continue d'interroger le thème de l'**autorité politique**, les **rapports de force**, la **liberté de conscience** et l'**engagement**.

✔ **Donner à entendre une autre vérité**

✔ **Faire réfléchir le lecteur**

✔ **Actualité du mythe d'Antigone**

Ce que j'ai vu tout au long du CYCLE 4

5e

GENRES

› Épopée
› Poésie
› Roman • roman de chevalerie
› Article

REGISTRES

› Épique
› Comique
› *Fantasy*

AUTEURS CLÉS

• Virgile (Ier av. J.-C.)
• Chrétien de Troyes (XIIe)
• J. R. R. Tolkien (XXe)

PERSONNAGES MARQUANTS

› Jeanne d'Arc
› Perceval
› Roland

ENJEUX LITTÉRAIRES

› La diversité des figures du héros et de l'héroïne et de leurs représentations

4e

GENRES

› Roman
› Articles
› Charte

REGISTRES

› Polémique
› Satirique

AUTEURS CLÉS

• Guy de Maupassant (XIXe)
• Honoré de Balzac (XIXe)
• Albert Camus (XXe)

PERSONNAGES MARQUANTS

› Bel-Ami

ENJEUX LITTÉRAIRES

› Les enjeux du rapport entre objectivité et subjectivité
› L'usage des mots pour manipuler ou influencer

3e

GENRES

› Roman
› Théâtre
  • tragédie

REGISTRES

› Satirique
› Pathétique
› Tragique
› Polémique

AUTEURS CLÉS

• Sophocle (Ve av. J.-C.)
• Jean Cocteau (XXe)
• Bertolt Brecht (XXe)
• Pierre Chaine (XXe)
• Jean Anouilh (XXe)
• Pierre Lemaitre (XXe)

PERSONNAGES MARQUANTS

› Antigone
› Œdipe

ENJEUX LITTÉRAIRES

› Le statut du texte littéraire vis-à-vis de l'Histoire
› Le pouvoir des mots face aux dérives des puissants

J'étudie la langue au CYCLE 4

Lexique

Construction et sens des mots

Histoire des mots

Grammaire

Les classes grammaticales

Les fonctions grammaticales

La phrase

Le texte

Conjugaison

Orthographe

1 La formation des mots

Cahier d'exercices 5e p. 10

Observer

Ex. 1 Pays, payer, impayé, paysan, dépaysé, prépayé, paysage, paysagiste.

a) Classez ces mots en deux familles.
b) Comment les avez-vous différenciées ?

Leçon

JE DÉCOUVRE

Radical et famille de mots

› Le **radical** est l'**élément de base** d'un mot, c'est-à-dire la partie qui contient le **sens principal** du mot. L'ensemble des mots qui ont le même radical forment une **famille de mots.**
• *geler, gel, dégel, congeler, congélateur*

› À la suite de l'évolution de la langue française au cours de son histoire, un radical peut se trouver sous des **formes légèrement différentes.** • *mer, amerrir, émerger,* mais aussi *marin, maritime*

› Certains mots peuvent donner l'impression d'être de la même famille, mais en réalité **leur radical a un sens différent.** • *terre* et *terreur* • *sale* et *saler*

Les mots simples

› Les mots simples sont uniquement constitués d'un **radical**, on ne peut pas les décomposer en plusieurs morceaux (préfixes et suffixes). • *livre, voix, stylo, table, etc.*

Les mots construits

On distingue deux types de mots construits : les mots **dérivés** et les mots **composés.**

Les mots dérivés

À partir d'un même radical, on peut former des mots de la même famille en ajoutant :

› un **préfixe**, placé avant le radical, qui modifie le sens du mot. Il peut se transformer au contact du radical.
• *faire → défaire, refaire*
• *ad-* (« vers ») : *admirer, adoucir, atterrir, accourir, apporter,* etc.

› Le suffixe est un élément placé **après le radical**. La plupart servent uniquement à **modifier la classe grammaticale** d'un mot. Attention, il peut se modifier au contact d'un radical. • *vert, verdâtre*
• *facile* (adjectif), *faciliter* (verbe), *facilement* (adverbe)

› Certains suffixes **ajoutent une signification** au mot. En voici des exemples :

Suffixes	Sens	Exemples
-ard, -asse, -âtre, -aud	Dépréciatif	*braillard, blanchâtre, rougeaud*
-elle, -et, -elet, -ille, -illon, -on, etc.	Diminutif	*ruelle, garçonnet, fillette, oisillon*
-able, -ible, -uble (adjectifs)	Possibilité	*mangeable, crédible, soluble*

Les mots composés

› Un mot composé est formé de deux mots simples, qui peuvent être :
› **juxtaposés.** • *vert pomme, bleu turquoise*
› **soudés.** • *piquenique, portemanteau*
› **reliés par un trait d'union.** • *chou-fleur, lave-linge*
› **reliés par une préposition.** • *salle à manger, pomme de terre*

2 Champ lexical champ sémantique dénotation – connotation

Cahier d'exercices 5e p. 12
Cahier d'exercices 4e p. 10
Cahier d'exercices 3e p. 10

Observer

Ex. 1 **« Je ne supporte pas l'odeur du camembert, dit Maria. – C'est pourtant drôlement bon », dit Yannis.**

Pour Yannis, le camembert évoque-t-il quelque chose de positif ou de négatif ? Et pour Maria ?

Ex. 2 **Assis à leur bureau, les élèves travaillent en silence. De temps à autre, on entend le bruissement d'une page de dictionnaire qui se tourne, le chuchotement des stylos sur les cahiers, le tapotement des doigts sur une tablette, quelques soupirs de concentration. L'exercice terminé, deux élèves viennent au tableau le corriger.**

1. a) Un certain nombre de mots de ce texte se rapportent au même thème. Lequel ?
   b) Justifiez en citant les mots concernés.
2. Quel autre champ lexical pouvez-vous identifier ?

Leçon

JE DÉCOUVRE

Champ lexical, champ sémantique

› Le **champ sémantique** est **l'ensemble des sens d'un mot**, tels qu'on peut les trouver dans un article de dictionnaire.
- *Règle : 1. outil permettant de mesurer des longueurs ; 2. loi.*
- *Bras : 1. membre supérieur du corps humain* (Il la prit dans ses bras.) ;
  2. personne qui travaille, agit (L'usine manquait de bras.) ;
  3. partie d'une machine (On débarque les marchandises grâce au bras d'une grue.) ;
  4. partie d'un cours d'eau (Un pont fut construit sur le bras du fleuve.).

› Le **champ lexical** est **l'ensemble des mots qui, dans un texte, se rapportent à une même idée** ou une même notion.
- *Joie : s'émerveiller, heureux, bonheur, éclata de rire, yeux pétillants, etc.*

→ REMARQUES

› Un mot peut appartenir à plusieurs champs lexicaux, selon le contexte dans lequel il se trouve.
- *épée* peut appartenir au champ lexical de l'escrime (ou plus largement du sport) ou de la guerre.

› Le mot *champ* au singulier s'écrit sans *-s*.

Dénotation et connotation

› On appelle **dénotation** les sens **neutres** d'un mot, ceux que l'on trouve dans les dictionnaires.
- *Bonnet : pièce de vêtement que l'on porte sur la tête.*

› On appelle **connotation** les **images**, **émotions**, **sentiments** que ce mot évoque.
- *Bonnet : froid, hiver, neige, ski…* voir p. 431

› Si la **dénotation** d'un mot est **fixe**, les **connotations** d'un mot peuvent **varier** selon les personnes et le contexte dans lequel elles se trouvent.
- *Le mot **Noël** peut évoquer une fête religieuse importante, des retrouvailles en famille autour d'un bon repas, un jour triste où tout est fermé, les trajets en voiture vers la maison des grands-parents, le stress des cadeaux à acheter, etc.*

3 Les niveaux de langue

Cahier d'exercices 5e p. 14
Cahier d'exercices 4e p. 12
Cahier d'exercices 3e p. 12

Observer

Ex. 1 **A.** T'as l'heure ? **B.** Est-ce que vous avez l'heure, s'il vous plait ? **C.** Je vous prie de m'excuser. Auriez-vous l'heure, s'il vous plait ?

Ce lundi matin, quand vous arrivez au collège, tout vous semble un peu étrange… Vous finissez par vous demander s'il n'y a pas eu un changement d'heure pendant le weekend. Laquelle de ces phrases pourriez-vous adresser à : un surveillant ? un copain ? un adulte que vous ne connaissez pas ?

Ex. 2 Veuillez agréer, Madame la directrice, l'expression de ma très haute considération. Bisous :) Mat

1. Qu'est-ce qui ne va pas dans cette fin de lettre ?
2. Faites les modifications nécessaires pour la rendre cohérente.

Leçon

JE DÉCOUVRE

Les niveaux de langue varient en fonction de la **situation** de communication : **personne** à qui l'on s'adresse, **message** que l'on veut transmettre, **image** que l'on veut donner de soi.

Les trois niveaux de langue

- Le **niveau familier** est employé avec des **proches**.
- Le **niveau courant** s'emploie dans les **situations de la vie quotidienne**.
- Le **niveau soutenu** s'emploie dans les **situations officielles**.

Les différences entre les niveaux de langue

	Niveau soutenu	Niveau courant	Niveau familier
Vocabulaire	Recherché. *se restaurer*	Neutre. *manger*	Relâché. *bouffer*
	Riche et précis. *préparer le repas*	Moins riche. *faire à manger*	Moins précis. *faire la bouffe*
Construction des phrases	Constructions grammaticales complexes. *Quelque acariâtre qu'il fût, je ne l'en appréciais pas moins.*	Règles de construction de la phrase respectées. *Il est pénible mais je l'aime bien.*	Règles pas toujours respectées. *Ce type, sérieux, il est grave, mais bon tu vois je le kiffe.*
Cas des phrases interrogatives voir p. 456	Inversion du sujet. *Es-tu là ?*	Emploi de *Est-ce que*. *Est-ce que tu es là ?*	Simple point d'interrogation. *Tu es là ?*
Prononciation	Toutes les syllabes sont prononcées. *Je ne sais pas.*	Quelques syllabes peuvent sauter. *Je n'sais pas.*	Des mots entiers peuvent être avalés. *« Chépa »*

J'APPROFONDIS

Attention, certaines tournures sont systématiquement perçues comme **familières** :

- **sujet supprimé** • *Faut qu'on se bouge !* ou **redoublé** • ***La chaise, elle** est cassée.*
- ***ne* de négation supprimé** (surtout à l'écrit) • *Je sais pas.*
- ***à* au lieu de *de*** pour l'appartenance • *La voiture à ma mère.*
- un **simple point d'interrogation** pour les questions • *Tu fais quoi ?*
- phrases **complexes** construites comme une **suite de phrases simples** (très familier) • *Je sais pas c'est qui* (au lieu de *Je ne sais pas qui c'est*). voir p. 457
  • *Je pense j'ai raison* (au lieu de *Je pense que j'ai raison*).

JE PERFECTIONNE

Écrire une lettre officielle

Une lettre officielle doit être rédigée dans un niveau de langue **soutenu**.

- **Formule d'appel** :
  - neutre : • *Madame Dupont,*
  - à une personne que l'on connait : • *Chère Madame Dupont,*
  - à un supérieur : • *Madame la Principale,* (on met le titre, la fonction)
  - quand on ne connait pas l'identité de la personne à qui l'on s'adresse (à éviter) : • *Madame, Monsieur, / Mesdames, Messieurs,*
- **Formule de politesse** :
  - neutre, dans un mail : • *Cordialement,*
  - à un supérieur, dans un mail : • *Respectueusement, Respectueuses salutations,*
  - à un supérieur, dans une lettre : • *Je vous prie d'accepter, Madame la Principale, mes respectueuses salutations,*

4 Les mots de la poésie et du théâtre

Cahier d'exercices 4e p. 13
Cahier d'exercices 3e p. 13

Leçon

LE LEXIQUE DE LA POÉSIE

Les vers

J'APPROFONDIS

Déterminer la longueur d'un vers

Pour déterminer la longueur d'un vers, il faut **compter le nombre de syllabes** qui le composent.
• *Je/par/ti/rai./Je/sais/que/tu/m'a/ttends.* (Victor Hugo, « Demain dès l'aube »)
Ce vers comporte douze syllabes.

Attention à la voyelle *e* :

- Elle est **sonore** et **compte dans la syllabe** quand elle est **entre deux consonnes**.
- Mais elle **ne compte pas** :
  - quand elle est **devant une autre voyelle** ou un ***h* muet**
  - **à la fin d'un vers**, y compris pour les mots qui se terminent par *-es* ou *-ent*.
    • *Heureuse la beauté que le poèt**(e)** ador**(e)** !* (Alphonse de Lamartine, « À Elvire »)

JE PERFECTIONNE

Diérèse et synérèse

- Certains mots ont deux sons vocaliques qui se suivent.
  - On les prononce en **diérèse** quand on les lit en **deux syllabes**. • *nu-it, mu-et*
  - On les prononce en **synérèse** quand on les lit en **une seule syllabe**. • *nuit, muet*
- Le choix de les lire en diérèse ou en synérèse dépend du rythme du poème, c'est-à-dire de la longueur des autres vers. Cela permet souvent d'insister sur un mot.

J'APPROFONDIS

Les différents types de vers

- Les vers les plus utilisés sont les **vers pairs**, notamment les **vers longs**.

3 syllabes = trisyllabe	6 syllabes = hexasyllabe	**10 syllabes = décasyllabe**
5 syllabes = pentasyllabe	8 syllabes = octosyllabe	**12 syllabes = alexandrin**

Les strophes

Les strophes les plus courantes sont :

2 vers = le distique	**4 vers = le quatrain**	8 vers = le huitain
3 vers = le tercet	6 vers = le sizain	10 vers = le dizain

Leçon

J'APPROFONDIS

Les rimes

Les rimes vont par deux et sont disposées selon trois combinaisons possibles :

Rimes suivies (ou « plates »)

*Tu ressembles parfois à ces beaux hori**zons*** **(A)**
*Qu'allument les soleils des brumeuses sai**sons**...* **(A)**
*Comme tu resplendis, paysage m**ouillé*** **(B)**
*Qu'enflamment les rayons tombant d'un ciel br**ouillé** !* **(B)**
(Charles Baudelaire, « Ciel brouillé »)

Rimes croisées

*Tandis que les crachats rouges de la mitr**aille*** **(A)**
*Sifflent tout le jour par l'infini du ciel bl**eu** ;* **(B)**
*Qu'écarlates ou verts, près du Roi qui les r**aille*** **(A)**
*Croulent les bataillons en masse dans le f**eu**.* **(B)**
(Arthur Rimbaud, « Le mal »)

Rimes embrassées

*Quand vous serez bien vieille, au soir, à la chand**elle**,* **(A)**
*Assise auprès du feu, dévidant et fil**ant**,* **(B)**
*Direz, chantant mes vers en vous émerveill**ant** :* **(B)**
*« Ronsard me célébrait du temps que j'étais b**elle** ».* **(A)**
(Pierre de Ronsard, « Quand vous serez bien vieille... »)

JE PERFECTIONNE

L'alternance des rimes

- La rime est **féminine** si elle se termine par un ***e* muet** (orthographié *-e*, *-es* ou *-ent*).
- La rime est **masculine** quand elle s'achève par **une autre lettre**.

Dans la poésie classique, les rimes doivent **alterner** : si la rime A est féminine, la rime B doit être masculine.

La richesse des rimes

La richesse d'une rime se définit par le **nombre de sons identiques** que l'on entend à la fin des deux vers. voir p. 432

- Les rimes **pauvres** ont **un seul** son en commun. • *d**ou**x/p**ou**x*
- Les rimes **suffisantes** ont **deux** sons en commun. • *n**ei-ges**/sacril**è-ges***
- Les rimes **riches** possèdent **au moins trois** sons en commun. • ***a-r-mes**/l**a-r-mes***

ATTENTION : deux sons identiques peuvent s'écrire différemment. voir p. 487

LE LEXIQUE DU THÉÂTRE

J'APPROFONDIS

Didascalies et répliques

Dans un texte théâtral, on peut distinguer **deux types d'énoncés** :

- **les didascalies**, parties du texte qui **ne sont pas destinées à être prononcées sur scène** (indications de changements d'actes et de scènes, indications sur le jeu des acteurs : gestes, ton, etc.).
- les **répliques** (prises de parole des personnages), qui sont **destinées à être prononcées sur scène**.

Les différents types de répliques particulières

- Une **tirade** est une **réplique longue**. La tirade ralentit le rythme de l'intrigue ; cela correspond à un moment important où l'attention est centrée sur un personnage qui développe ses pensées.
- Un **monologue** est une **tirade prononcée par un personnage seul sur scène**. Au théâtre, le spectateur ne peut connaitre les pensées d'un personnage que si celui-ci les exprime à voix haute.
- Un **aparté** est une réplique **prononcée « à part »** (pour qu'elle soit entendue par un personnage mais pas par un autre, ou alors quand elle n'est pas adressée aux autres personnages mais aux spectateurs).
- La **stichomythie** est une **succession de répliques brèves**. Elle crée un rythme très rapide, dynamique, qui convient bien aux scènes d'affrontement entre deux personnages.

5 Le lexique des sentiments et des émotions

Cahier d'exercices 5e p. 16
Cahier d'exercices 4e p. 16

Observer

Ex. 1 **A.** Il était triste ; puis il mangea un morceau de madeleine et fut heureux.

B. Et bientôt, machinalement, accablé par la morne journée et la perspective d'un triste lendemain, je portai à mes lèvres une cuillerée du thé où j'avais laissé s'amollir un morceau de madeleine. Mais à l'instant même où la gorgée mêlée des miettes du gâteau toucha mon palais, je tressaillis, attentif à ce qui se passait d'extraordinaire en moi. Un plaisir délicieux m'avait envahi.

(M. Proust, *Du côté de chez Swann*, 1913.)

1. Ces deux textes montrent le passage d'un sentiment à l'autre. Lesquels ?
2. Quel texte préférez-vous ? Pourquoi ?

Leçon

JE DÉCOUVRE

Exprimer des sentiments et des émotions

La langue française est riche, et il existe de nombreux mots pour exprimer des sentiments et des émotions ! Les connaitre permet de varier le vocabulaire, mais aussi de **nuancer**, de **préciser** ses sentiments. Voici quelques exemples :

	Verbes	Noms	Adjectifs
Joie	se satisfaire de, sourire, prendre plaisir à, rire, s'enthousiasmer pour, rayonner, s'illuminer de joie	contentement, satisfaction, joie, gaieté, allégresse, bonheur, félicité, enchantement, euphorie, ravissement	satisfait, content, joyeux, gai, heureux, enthousiaste, rayonnant, radieux, ravi, enchanté
Tristesse	regretter, déplorer, pleurer, se lamenter, souffrir, être abattu	amertume, chagrin, peine, douleur, affliction, tourment, regret, nostalgie, mélancolie, désespoir, abattement, accablement	chagriné, morose, malheureux, peiné, affligé, nostalgique, mélancolique, désespéré, tourmenté, inconsolable, abattu, accablé
Amour	apprécier, tenir à, aimer, s'éprendre de, adorer, raffoler de, être fou de, brûler pour, être passionné par, chérir, vénérer	attachement, affection, penchant, engouement, amitié, tendresse, attirance, élan, flamme, ardeur, passion, adoration	amoureux, ami, passionné, amateur, fanatique, exalté
Colère	s'énerver, s'emporter (contre), se fâcher, s'indigner (de), être scandalisé/excédé/irrité/exaspéré par	énervement, colère, indignation, emportement, irritation, exaspération, fureur	énervé, fâché, furieux, indigné, irrité, exaspéré
Peur	avoir peur, craindre, appréhender, redouter, être effrayé/paniqué/horrifié/angoissé/épouvanté/terrorisé par	préoccupation, appréhension, stress, trac, peur, crainte, inquiétude, panique, angoisse, terreur, épouvante, effroi	soucieux, préoccupé, inquiet, craintif, stressé, peureux, paniqué, angoissé, terrifié
Étonnement	interroger, surprendre, déstabiliser, interpeler, étonner, troubler, dérouter	trouble, saisissement, ébahissement, stupeur	déstabilisé, troublé, frappé, renversé, stupéfié, interloqué, abasourdi, épaté, estomaqué, médusé, ébahi
Doute	douter, hésiter, soupçonner, se méfier de, se demander, pressentir, présumer, croire, imaginer	doute, incertitude, défiance, hésitation, tâtonnement, soupçon, méfiance, confusion	incertain, indécis, vague, confus, hésitant, équivoque, ambigu, douteux, suspect

6 Le lexique de l'argumentation

Cahier d'exercices 3e p. 16

Leçon

JE PERFECTIONNE

Des mots pour défendre son opinion

	Connecteurs	Constructions verbales
S'impliquer personnellement	selon moi, à mon avis, d'après moi	en ce qui me concerne, je suis d'avis que, j'estime que
Donner son avis avec certitude voir p. 464	assurément, certainement, sans aucun doute, indubitablement, évidemment, incontestablement, manifestement, à l'évidence	- je suis persuadé, convaincu, certain que - je proclame haut et fort que - il va de soi que, il est évident que - il est certain, indéniable, indubitable que
Donner son avis avec prudence	- peut-être, sans doute, probablement, vraisemblablement - du moins, tout au moins	- emploi du conditionnel voir p. 478 - il me semble que, il est probable que, il se peut que, il est possible que, il serait étonnant/surprenant que

Organiser ses idées

	Connecteurs	Constructions verbales
Commencer	avant toute chose, au préalable, en guise de préambule, tout d'abord, en premier lieu	pour commencer, pour débuter
Ajouter une idée	puis, ensuite, en second lieu, par ailleurs, (d'une part...) d'autre part, en outre, de surcroît	j'ajoute que, à cela s'ajoute que, il ne faut pas oublier non plus que
Ajouter une idée plus forte	à plus forte raison, a fortiori, d'autant plus que, mieux encore, bien plus	qui plus est
Achever	enfin, finalement, en définitive, en guise de conclusion, somme toute	pour terminer, pour conclure

Le pour et le contre

	Connecteurs	Constructions verbales
Exprimer son accord	absolument, effectivement, exactement, parfaitement, évidemment	je partage le point de vue/l'avis/l'opinion, j'approuve
Exprimer son désaccord	absolument pas, bien sûr que non, c'est faux	je rejette, je nie, je m'inscris en faux contre, je m'élève contre, je m'oppose à, je désapprouve, je condamne, je déplore, je regrette, je juge avec sévérité
Introduire une contradiction	cependant, néanmoins, toutefois, en revanche, au contraire, pourtant, seulement	si ce n'est que
Exprimer la concession	certes, bien entendu, en dépit du fait que, quoique voir p. 488, bien que, même si	je conviens, je concède, je reconnais, j'admets, il est vrai que, il est possible que
Éviter un malentendu	non pas pour... mais afin de, loin de moi l'idée de	afin d'éviter tout quiproquo/malentendu, entendons-nous bien, comprenons-nous bien

La **concession** – du latin *cum*, « avec » et *cedo*, « marcher » – consiste à **accepter certains arguments de l'adversaire** (à le suivre, à « marcher avec lui ») voir p. 434. La concession permet de montrer que l'on ne juge pas à l'emporte-pièce, mais que l'on est capable de **nuances**.

7 Les figures de style

Cahier d'exercices 5e p. 18
Cahier d'exercices 4e p. 18
Cahier d'exercices 3e p. 18

Leçon

JE DÉCOUVRE

Les figures de ressemblance et d'opposition

La comparaison	**rapproche** un élément d'un autre à l'aide d'un **outil de comparaison** (*comme, tel, ainsi que, plus… que, autant que, semblable à*, etc.). • *Paul est doux **comme** un agneau.*
La métaphore	**rapproche** un élément d'un autre **directement**, sans outil de comparaison. • *C'est un agneau !* Quand la métaphore se développe sur plusieurs lignes ou vers, on dit qu'elle est « **filée** ».
La personnification	**prête** des caractéristiques **humaines** à un élément **inanimé** ou un **animal**. • *Le crépuscule ami s'endort dans la vallée.* (A. de Vigny, « La maison du berger »)
La périphrase	**remplace** un mot par une **expression de même sens**. *Il maitrise parfaitement la langue de Shakespeare.* (= l'anglais)
Une allégorie	**représente** de manière **concrète** une réalité **abstraite**. • *Cupidon est une allégorie de l'amour : les yeux bandés représentent l'aveuglement de l'amour, la flèche représente la blessure de l'amour.*
Une métonymie	**remplace un mot par un autre** selon un **lien logique** (contenu/contenant ; œuvre/auteur ; partie/tout, matière/objet, etc.). • *Boire un verre. Croiser le fer.*

L'antithèse	**rapproche deux éléments opposés** pour souligner un contraste. • *Je vis, je meurs.* (L. Labé)
L'antiphrase	consiste à **dire le contraire de ce que l'on veut vraiment exprimer** ; elle est souvent ironique. • *Prends ton temps surtout, hein !* = dépêche toi !
Un oxymore	**oppose** deux mots **juxtaposés**. • *Le soleil noir de la mélancolie.* (G. de Nerval, « El Desdichado »)

J'APPROFONDIS

Les figures d'amplification et d'atténuation

L'hyperbole	**exagère**, amplifie la réalité. • *Je meurs de soif.* voir p. 464
L'accumulation	consiste à **énumérer des éléments** pour donner une impression de grande quantité ou pour insister sur un aspect. • *Des liquides rouges, jaunes, verts, bruns, de toutes les nuances.* (G. de Maupassant, *Bel-Ami*)
La gradation	est une **succession d'éléments ordonnés** de manière croissante ou décroissante. • *Va, cours, vole et nous venge.* (P. Corneille, *Le Cid*)

L'euphémisme	**atténue** un propos désagréable ou choquant. • *Il nous a quittés.* (= il est mort)
La litote	consiste à dire **moins** pour suggérer **plus**. • *Va, je ne te hais point.* (= je t'aime) (P. Corneille, *Le Cid*). Au contraire de l'euphémisme, la litote n'a pas pour but d'atténuer le propos, mais de lui donner plus de force : on atténue ce que l'on dit pour amplifier ce que l'on veut dire. voir p. 464

JE DÉCOUVRE

Les figures de répétition

La répétition	permet de mettre en valeur ce qui est répété ou de donner du rythme. • *Le héron au **long** bec emmanché d'un **long** cou.* (J. de La Fontaine)
L'anaphore	est une **répétition en début de phrase**, de proposition ou de vers. Elle permet de mettre en valeur ce qui est répété ou de donner du rythme. • ***Toujours** aimer, **toujours** souffrir, **toujours** mourir.* (P. Corneille, *Suréna*)
L'assonance	consiste à **répéter un son voyelle** ; il s'agit d'une figure musicale, sonore. • *Tout m'afflige et me nuit et conspire à me nuire.* (J. Racine, *Phèdre*)
L'allitération	consiste à **répéter un son consonne** ; il s'agit d'une figure musicale, sonore. • *Pour qui sont ces serpents qui sifflent sur nos têtes.* (J. Racine, *Andromaque*)
La paronomase	consiste à **rapprocher des mots qui ont des sonorités identiques** ou similaires. • *Il **pleure** dans mon cœur comme il **pleut** sur la ville.* (P. Verlaine, *Romances sans paroles*) voir p. 434-435

8 Étymologie et néologie

Cahier d'exercices 5e p. 20
Cahier d'exercices 4e p. 20
Cahier d'exercices 3e p. 21

Observer

Ex. 1

1. Sachant que *phage* veut dire « mangeur » en grec, que signifient les mots *chronophage* et *bibliophage* ?
2. a) Qu'est-ce qu'un animal *carnivore* ? b) Que signifie le radical latin *-vore* ? c) Dans quel verbe français le retrouve-t-on ?
3. Ayant cela en tête, donnez le sens des mots savants suivants : *insectivore, larvivore, granivore*.

Leçon

JE DÉCOUVRE

Étymologie voir p. 493

› Le mot *étymologie* vient du grec *étymon*, « le vrai sens » et *logos*, « la science ». C'est donc la science qui recherche **l'origine et le premier sens des mots**.

› De nombreux mots de la langue française viennent du grec et du latin ; connaitre ces racines permet de mieux comprendre le lexique français.

- *Compatir*, du latin *cum*, « avec » et *patior*, « souffrir », signifie « être touché par les malheurs d'autrui ».
- *Un pyromane*, du grec *pyro*, « le feu », et *mane*, « la folie », est quelqu'un qui met le feu sous le coup de la folie.

Préfixes latins à connaitre

Préfixes	Sens	Exemples	Préfixes	Sens	Exemples
ad- (ac-, ar-, af-, al-, a-)	vers	*accourir*	*inter-*	entre	*interligne*
anté-	avant	*antérieur*	*intra-*	dedans	*intramusculaire*
bis-, bi-	deux	*bicolore*	*multi-*	nombreux	*multicolore*
co-, col-, com-, con-	avec	*coéquipier*	*post-*	après	*postérieur*
dé-, dés-, dis-	1. séparation 2. au contraire de	*déterrer, désarmer*	*pré-*	devant, avant	*préhistoire*
ex-, extra-	hors, loin de	*expatrier, extraordinaire*	*r(e)-, re-*	à nouveau	*rouvrir*
in-, im-, il-, ir-	1. dans 2. au contraire de	*infiltrer, impossible*	*sur-, super-, supra-*	au-dessus	*supermarché*

Préfixes grecs à connaitre

Préfixes	Sens	Exemples	Préfixes	Sens	Exemples
a-	préfixe négatif	*aphone*	*ortho-*	droit	*orthographe*
anti-	contre	*antipathique*	*para-*	contre, le long de	*paravent*
auto-	soi-même	*autocritique*	*péri-*	autour	*périmètre*
hyper-	au-dessus	*hypermarché*	*poly-*	plusieurs	*polythéiste*
hypo-	en dessous	*hypothermie*	*télé-*	loin de	*télévision*

J'APPROFONDIS

Quelques radicaux latins à connaitre

Radicaux	Sens	Exemples	Radicaux	Sens	Exemples
aqua	eau	*aquarium*	*vore*	manger	*omnivore*
audi	entendre	*audition*	*fère*	porter	*somnifère*
duc	conduire	*gazoduc*	*cide*	tuer	*herbicide*

Quelques radicaux grecs à connaitre

Radicaux	Sens	Exemples	Radicaux	Sens	Exemples
anthrop	être humain	*philanthrope*	*logie*	étude	*météorologie*
bibli	livre	*bibliothèque*	*path*	souffrance	*psychopathe*
bio	vie	*biographie*	*phage*	mangeur	*bactériophage*
chrono	temps	*chronologie*	*phil*	amour	*philosophe*
crato	pouvoir	*démocratie*	*phob*	peur	*phobie*
géo	terre	*géographie*	*phon*	parole	*aphone*
graph	écrire	*graphologie*	*théo*	dieu	*monothéisme*
hippo	cheval	*hippodrome*	*therm*	chaleur	*isotherme*

JE PERFECTIONNE

L'évolution des mots, du latin au français moderne

› Le français a tendance à **raccourcir** les mots ou groupes de mots. Par exemple, à l'oral, le *ne* de la négation est souvent supprimé : • *Je ne sais pas → J'sais pas.* voir p. 428

› Les mots **latins** étaient **plus longs** : la **dernière syllabe** a souvent **disparu** avant le Moyen Âge, pour créer les mots français. • *Companionem → compagnon* • *Mercedem → merci*

› Les **voyelles finales** des mots latins ont **disparu**, sauf le ***a*** qui devient ***e***. • *Hora → heure*

Un exemple d'évolution de la prononciation d'un mot : le mot *cheval* vient du latin *caballum*.

• Latin : *[kaballoum]*
↳ Ier siècle avant J.-C. : *[kaballou]*
↳ Ve siècle : *[tchyaballo]*
↳ VIe siècle : *[tchévallo]*
↳ XIIIe siècle : *[cheval]*

J'APPROFONDIS

La néologie

› La néologie consiste à **créer de nouveaux mots**, qu'on appelle **« néologismes »**. Elle permet donc d'enrichir la langue pour pouvoir formuler de nouvelles idées ou parler de nouveaux objets.

› Les néologismes sont souvent formés à partir de **racines anciennes** plutôt que créés de toutes pièces.

• *Ordinateur* vient du latin *ordinator* : « celui qui met de l'ordre ».

• *Cinéma* est la forme raccourcie de *cinématographe*, mot composé à partir des radicaux latins *ciné*, « mouvement » et *graph*, « écriture ».

› Certains néologismes viennent aussi de **noms propres**.

• Le mot *pantalon* vient d'un personnage de la comédie italienne du XVIe siècle appelé Pantalone, qui portait des pantalons.

• Le néologisme *googliser* est formé sur le nom propre Google.

9 Les emprunts aux langues étrangères

Cahier d'exercices 3e p. 23

Observer

Ex. 1

Mots originaux		Mots français	
singulier	**pluriel**	**singulier**	**pluriel**
pizza	*pizze*	*pizza*	*pizzas*
tennisman	*tennismen*	*tennisman*	*tennismans*
scenario	*scenarii*	*scénario*	*scénarios*

1. Comparez le pluriel dans la langue d'origine du mot et le pluriel français. Quelle règle suit le français ?
2. Quel autre changement pouvez-vous repérer entre le mot original et le mot français ?

Leçon

JE PERFECTIONNE

Des mots voyageurs

Parallèlement aux **emprunts gréco-latins** voir p. 434, le français s'enrichit de mots issus de nombreuses autres langues. Les **échanges commerciaux et culturels** entre les pays permettent aux mots de passer d'une langue à une autre.

Voyage d'un mot : *zéro*

› Le mot « **zéro** » vient de l'arabe [chifr], qui signifie « vide ». Au Moyen Âge, les savants arabes possédaient des connaissances très avancées en mathématiques. Puis, le savant italien Fibonacci l'adapte en italien au XIIe siècle, en ajoutant des voyelles : « **zefiro** ». C'est ensuite l'italien qui a donné au français le mot « **zéro** ».

Les emprunts dans l'histoire

› Les **grands évènements historiques** ont aussi eu leur influence. Avec les **Grandes découvertes**, à la Renaissance, de nouveaux produits arrivent en Europe : les mots des Amériques passent par l'espagnol et le portugais avant d'arriver en français, comme *cacahuète* ou *hamac*.

Influence du français sur les autres langues

› À l'inverse, **le français est très présent dans les autres langues** : le français *souverain* a donné à l'anglais *sovereign*, et le *bacon* vient de l'ancien français *bacon*, qui désignait un morceau de lard !

› Certains de ces mots reviennent aujourd'hui dans la langue française à partir de l'anglais : on les appelle des **allers-retours**. Ainsi, l'ancien français *entrevue* a donné l'anglais *interview*, qui est aujourd'hui couramment employé en français.

Des mots intégrés à la langue française

› Les mots étrangers sont progressivement **intégrés** à la langue française. Par conséquent, ils ont un **pluriel régulier**, à la française, sans tenir compte du singulier ou du pluriel de leur langue d'origine.
• *un graffiti → des graffitis* • *un jazzman → des jazzmans* • *un match → des matchs.*
• *un weekend → des weekends.*

› Les mots terminés par -s, -x ou -z sont invariables : • *un boss → des boss* • *un box → des box.*

› On ajoute aussi des accents : • *scenario → scénario.*

10 La francophonie

Cahier d'exercices 5e p. 22
Cahier d'exercices 4e p. 22
Cahier d'exercices 3e p. 24

Leçon

JE DÉCOUVRE

Définition

- Le mot ***francophonie*** désigne l'ensemble des personnes ayant en commun l'usage du français.
- Avec une majuscule, le mot ***Francophonie*** désigne le regroupement des pays francophones dans l'**Organisation internationale de la Francophonie** (OIF). Les États membres s'engagent à promouvoir l'emploi du français, mais aussi des valeurs comme la démocratie.

Personnes parlant le français

- Le français est devenu la **langue officielle en France** sous **François Ier** en 1536.
- Comme d'autres langues internationales, le français s'est exporté au cours des guerres, des Grandes Découvertes et de la colonisation, mais aussi grâce aux échanges commerciaux et au rayonnement culturel de la France.
- De nos jours, le français est la langue officielle de **29 pays** et il est parlé par **environ 275 millions** de personnes (chiffres 2014 de l'OIF).

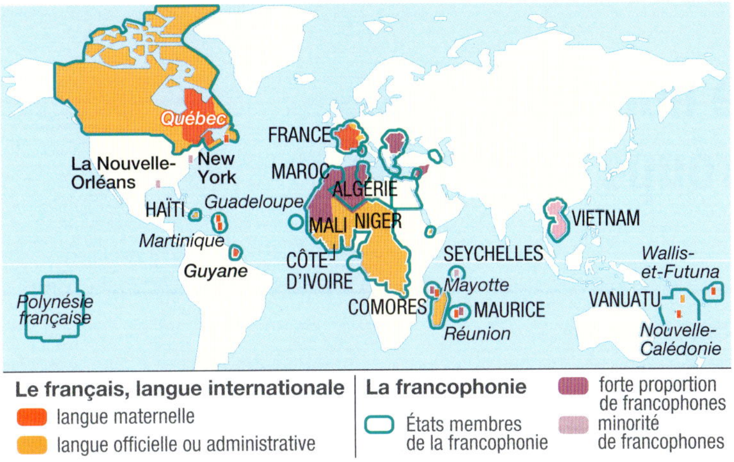

Des langues françaises

- Une langue parlée est une **langue vivante**, qui évolue en fonction de l'environnement dans lequel elle est pratiquée.
- Elle va notamment être **influencée par les autres langues** parlées dans la région. *Ainsi, le français du Québec est influencé par l'anglais mais se construit également en opposition à cette langue.*
- La langue peut également être influencée par l'**environnement géographique**. *En Côte d'Ivoire,* caïmanter *ou* faire caïman *signifie travailler beaucoup. L'expression trouve son origine dans les internats, pour désigner les élèves qui se relèvent la nuit pour travailler après le passage des surveillants, tout comme les caïmans remontent à la surface de l'eau après le départ des chasseurs.*
- Ainsi, le français parlé au Québec n'est pas exactement le même que celui parlé en Côte d'Ivoire.

1 Classe et fonction : quelle différence ?

Cahier d'exercices 5e p. 26

Leçon

JE DÉCOUVRE

La classe grammaticale (ou *nature*)

- Un mot appartient nécessairement à une classe grammaticale. C'est son **identité**.
- Lorsque l'on cherche un mot dans le dictionnaire, sa classe grammaticale est toujours précisée (à l'aide d'une abréviation) : *adj.*, *adv.*, *n.*, *v.*, etc.

→ REMARQUE : de la même manière qu'il existe des jumeaux, il y a des **homonymes** : • *Nous **avions*** (verbe) *des **avions*** (nom commun).

La fonction grammaticale

- Une fonction grammaticale est le **rôle que joue un mot** (ou un groupe de mots) **par rapport aux autres mots de la phrase** : sujet, complément du nom, complément de phrase, etc.

→ REMARQUE : quelle que soit sa fonction, **un mot appartient toujours à la même classe grammaticale** (de même que, quels que soient les métiers que vous exercerez plus tard, vous garderez toujours le même prénom).

2 Le nom et le groupe nominal

Cahier d'exercices 5e p. 29

Leçon

JE DÉCOUVRE

Caractéristiques du nom

- **Les noms communs** possèdent un **genre** (masculin ou féminin) qui est précisé dans le dictionnaire (*n.m.* ou *n.f.*). Ils varient selon le **nombre** (singulier ou pluriel). • *un loup, des loups*
- **Les noms propres** désignent des êtres ou des lieux uniques (*Charlemagne*, *Paris*). Ils sont **invariables**, commencent par une majuscule et s'emploient souvent sans déterminant. • *le Sénégal* • *Julien* • *Brest*
- Un nom peut être présenté par la formule *Voici (un/une/des)* (*Voici une **montre***) ou précisé par un adjectif (*Une **montre** étanche*).
  Dans *je **montre***, le mot *montre* n'est donc pas un nom (mais un verbe).

Le groupe nominal

- Un groupe nominal (GN) est un **groupe de mots organisés autour d'un nom**. Ce nom est appelé ***nom noyau*** parce qu'il est au cœur du groupe.
- Un GN est constitué au minimum d'un déterminant et d'un nom. • *une table*
- Il peut contenir d'autres mots qui donnent des précisions sur le nom : les **expansions du nom**. • *une petite **table** en bois*

GN = déterminant + nom (+ expansions du nom)

Les expansions du nom

Les expansions du nom peuvent être :

- des **adjectifs** • *un **jeune** homme* • *un homme **élégant***
- des **groupes prépositionnels** voir p. 444 • *un homme **à lunettes*** • *un homme **de confiance***
- des **propositions subordonnées relatives** voir p. 458 • *un homme **que tout le monde apprécie***

3 Le verbe

Cahier d'exercices 5e p. 28
Cahier d'exercices 4e p. 26
Cahier d'exercices 3e p. 28

Leçon

JE DÉCOUVRE

Rappel du cycle 3

Un verbe peut être encadré par *ne... pas*. • *Il porte.* → *Il ne porte pas.* ≠ *Une porte.*

› On distingue **trois groupes** de verbes :
  › les verbes en *-er* sauf *aller* (1er groupe) ;
  › les verbes en *-ir* avec participe présent en *-issant* (2e groupe) ;
  › tous les autres verbes dont *aller* (3e groupe).

› On distingue les **modes personnels** dans lesquels le verbe varie selon la personne (indicatif, subjonctif, conditionnel, impératif) et les modes **impersonnels** (infinitif et participe).

› On distingue les **temps simples** des **temps composés**, qui se conjuguent avec un **auxiliaire**, *être* ou *avoir*.

Verbes attributifs et verbes d'action

On distingue :

› Les **verbes d'état** introduisent un attribut du sujet, ce sont donc des **verbes attributifs**. Ils renseignent sur l'état, l'identité ou la manière d'être du sujet : *être, sembler, paraitre, devenir, rester, avoir l'air, passer pour*, etc. voir p. 450

→ REMARQUE : d'autres verbes peuvent également être employés de manière attributive (on peut alors les remplacer par *être*) : • *Elle **tombe** malade.* • *Ils **vivent** heureux.* • *Il **s'appelle** Tim.* • *Elle **est élue** présidente.*

› Les **verbes d'action** (tous les autres).

Verbes transitifs et verbes intransitifs

Les **verbes d'action** peuvent se construire de différentes manières :

› Certains verbes se construisent **sans complément d'objet** : on les appelle les verbes **intransitifs**. • *Le soleil **brille**.* • *Je **pars**.*

› Les verbes qui se construisent **avec un ou plusieurs complément(s)** sont les verbes **transitifs**. voir p. 449
On distingue :
  › les transitifs **directs** : construits avec un COD. • *Je prends mon sac.*
  › les transitifs **indirects**, dont le complément (COI) est introduit par une préposition. • *Je pense **à** mes vacances.*
  › les verbes à **double transitivité**, qui ont **à la fois un complément direct et un complément indirect** (un COD + un COI ou deux COI). • *J'offre un livre à mon frère.*

→ REMARQUE : certains verbes peuvent être construits de manière transitive ou intransitive.
• *Je mange un ver de terre.* • *Je mange.*

→ REMARQUE : certains verbes peuvent être transitifs ou intransitifs, suivant leur construction (ce qui peut changer le sens du verbe). • *Le boulanger **travaille** la pâte.* ≠ *Il **travaille**.*

→ ATTENTION : ne pas confondre complément de verbe et complément de phrase. voir p. 452
• *Je **ris** à gorge déployée.* (= C.C. de manière)

JE PERFECTIONNE

Pour aller plus loin : les verbes pronominaux

On appelle verbe **pronominal** un verbe qui **se construit avec un pronom de la même personne que le sujet**, appelé **pronom réfléchi**. On distingue :

› les **verbes essentiellement pronominaux** (qui n'existent qu'à la forme pronominale) voir p. 484 : *s'évanouir, s'enfuir, s'évader, s'exclamer*, etc.

› les **verbes pronominaux de sens réfléchi** (le sujet exerce l'action sur lui-même). • *Elle **se lave** = elle lave elle-même.*

› les **verbes pronominaux de sens réciproque** (chacun des sujets exerce l'action sur l'autre ou les autres). • *Nous **nous apprécions** beaucoup = Chacun apprécie beaucoup l'autre (ou les autres).*

› les **verbes pronominaux de sens passif**. • *Ce livre **se vend** bien = Il est bien vendu.*

4 Les déterminants

Cahier d'exercices 5e p. 31
Cahier d'exercices 4e p. 27
Cahier d'exercices 3e p. 30

Leçon

JE DÉCOUVRE

Qu'est-ce qu'un déterminant ?

Les déterminants se placent devant le nom ; ils donnent notamment des indications sur son **genre** (masculin ou féminin) et son **nombre** (singulier ou pluriel).

Les articles

› Il faut distinguer l'article **défini** (qui désigne un élément **connu**, **identifiable** ou encore une **catégorie**) et l'article **indéfini** (qui désigne un élément **non précisé** ou **dont on n'a pas parlé**).

› L'article **partitif** sert à désigner un élément **que l'on ne peut pas compter**. On peut le remplacer par *un peu de*. • *du chocolat → un peu de chocolat*

	Indéfinis		Définis		Contractés		Partitifs	
	Masc.	Fém.	Masc.	Fém.	Masc.		Masc.	Fém.
Sing.	*un*	*une*	*le (l')*	*la (l')*	[*de* + *le*] = *du*	[*à* + *le*] = *au*	*du*	*de la* (*de l'*)
Pluriel	*des* (*de*, *d'* à la forme négative)		*les*		[*de* + *les*] = *des*	[*à* + *les*] = *aux*		

→ ATTENTION : *de* peut aussi être une préposition. • *Une porte **de** chêne.*

Les déterminants possessifs

› Ils servent à préciser **à qui appartient** ce qui est désigné par le nom : *mon*, *ma*, *mes*, *ton*, *ta*, *tes*, *son*, *sa*, *ses*, *notre*, *votre*, *leur*, *nos*, *vos*, *leurs*.

› Ils varient en fonction du **genre** et du **nombre** de l'élément possédé • ***Mon** manteau / **ma** cape / **mes** habits*, mais aussi en fonction du **possesseur** • ***mon** manteau / **ton** manteau / **son** manteau.*

Les déterminants démonstratifs

› Ils renvoient à quelqu'un ou quelque chose **dont on a déjà parlé**, ou **que l'on peut montrer** : *ce*, *cet*, *cette*, *ces*.

› Ils peuvent être renforcés par *-ci* ou *-là*. • *Ce jour-**là**.*

Les déterminants numéraux voir p. 492

› Ils **indiquent une quantité** : *un*, *deux*, *trois*, *dix*, *vingt*, *cent*, *mille*, etc.

J'APPROFONDIS

Les déterminants indéfinis voir p. 482

› Ils expriment une **quantité nulle** (*aucun*, *nul*) ou **imprécise** (*quelques*, *certains*, *plusieurs*, *beaucoup de*, *une foule de*, *tous*, etc.).

› Ils peuvent se combiner avec d'autres déterminants. • *Je pense à toi **tous** les jours.* Avec les déterminants indéfinis de sens négatif (*aucun*, *nul*), il ne faut pas oublier la particule négative (*ne*). • ***Aucun** élève ne souhaite renoncer à ce projet.*

Les déterminants interrogatifs et exclamatifs

Le déterminant *quel* (*quelle*, *quels*, *quelles*) est :

› **déterminant interrogatif** dans une phrase interrogative. • ***Quel** temps fera-t-il demain ?*

› **déterminant exclamatif** dans une phrase exclamative. • ***Quel** temps épouvantable !*

5 L'adjectif

Cahier d'exercices 5e p. 33
Cahier d'exercices 4e p. 29
Cahier d'exercices 3e p. 32

Observer

Ex. 1

Je vis venir à moi, dans les **grands** roseaux **verts**,
La **belle** fille **heureuse**, **effarée** et **sauvage**.

V. Hugo, *Les Contemplations*, 1856.

1. a) À quelle classe grammaticale les mots en gras appartiennent-ils ? b) À quoi servent-ils ?
2. Lequel a été formé à partir d'un verbe ?
3. Réécrivez la phrase en remplaçant *roseaux* par *herbes* et *fille* par *garçons*. Quelles modifications avez-vous faites ?

Leçon

JE DÉCOUVRE

Qu'est-ce qu'un adjectif ?

- Il **apporte une précision à un nom** (ou à un pronom). • *C'était un château **immense**. • Il était **sombre**.*
  - Il **s'accorde** en genre et en nombre avec le nom (ou le pronom) auquel il se rapporte. • *ce **grand** château, ces **grandes** maisons*
- Les **participes passés** des verbes peuvent être employés comme des adjectifs. voir p. 484 • *un château **hanté***

Place et fonction de l'adjectif

- Placé près du nom, il fait partie du **groupe nominal** voir p. 438 ; sa fonction est ***épithète***. • *un **grand** château, un château très **impressionnant***
- Séparé du nom (ou pronom) par un verbe attributif, il fait partie du **groupe verbal** ; sa fonction est ***attribut du sujet***. voir p. 450 • *Ce château **était sinistre**.* (groupe verbal)

Le groupe adjectival

- L'adjectif peut être complété par un **groupe prépositionnel** (dont la fonction est : « **complément de l'adjectif** »). • *prêt **à partir*** • *rouge **de colère***
- Dans ce cas, l'adjectif et son complément forment un **groupe adjectival**.

  • *Ce loup est maigre **à faire peur**.* (comp. de l'adj. ; Gr. adjectival)

Les degrés d'intensité de l'adjectif

- La plupart des adjectifs peuvent varier en intensité, grâce à des **adverbes** :
  - **intensité faible** • *un acteur **peu** connu, un gâteau **légèrement** sucré*
  - **intensité moyenne** • *un acteur **plutôt** connu, un gâteau **assez** sucré*
  - **intensité forte** • *un acteur **fort** connu, un gâteau **très** sucré*

Les degrés de comparaison de l'adjectif

- Le comparatif permet de comparer des éléments entre eux :
  - comparatif **d'infériorité** : *Merlin est **moins** connu **que** la fée Viviane.*
  - comparatif **d'égalité** : *Merlin est **aussi** connu **que** la fée Viviane.*
  - comparatif **de supériorité** : *Merlin est **plus** connu **que** la fée Viviane.*
- Le **superlatif** permet de comparer un élément à un ensemble d'éléments plus large :
  - superlatif **d'infériorité** : *Viviane est **la moins** connue **de toutes** les fées.*
  - superlatif **de supériorité** : *Merlin est **le plus** célèbre **des** enchanteurs.*
- Le complément du comparatif est introduit par *que*, le complément du superlatif par *de*.

6 Les pronoms

Cahier d'exercices 5e p. 35
Cahier d'exercices 4e p. 30
Cahier d'exercices 3e p. 33

Leçon

JE DÉCOUVRE

Qu'est-ce qu'un pronom ?

- Le pronom peut **varier en genre** (*il/elle*), en **nombre** (*il/ils*) et en **personne** (*je/tu/il…*).
- Il occupe les **mêmes fonctions qu'un GN** dans la phrase : sujet, COD, COI, etc.
- Il peut servir à :
  - **éviter les répétitions** lorsqu'il reprend ou annonce un GN (*Il aperçut une maison **qui** semblait abandonnée.*), un nom propre (*Claire a téléphoné. **Elle** arrive.*), un verbe à l'infinitif (*Cuisiner ? J'adore **ça** !*), une proposition ou une phrase (*Elle n'est pas venue. Je **le** regrette.*) ;
  - **désigner directement des personnes.** • ***Je** suis contente de **te** voir.*

Les pronoms personnels

	Singulier			Pluriel		
	1re pers.	2e pers.	3e pers.	1re pers.	2e pers.	3e pers.
Sujet	je	tu	il, elle, on	nous	vous	ils, elles
COD	me	te	le, la, se	nous	vous	les, se
COI	me	te	lui, se	nous	vous	leur, se
Forme accentuée	moi	toi	lui, elle, soi	nous	vous	eux, elles

J'APPROFONDIS

- Les **formes accentuées** sont utilisées **après une préposition** (*à*, *de*, *pour*, etc.) voir p. 444, à l'**impératif** ou pour marquer une **insistance**. • *Je viens chez **toi**.* • *Suis-**moi**.* • ***Toi**, cela ne te regarde pas !*
- Les **pronoms réfléchis** forment une catégorie à part parmi les pronoms personnels. Ils s'utilisent avec certains verbes, appelés « verbes pronominaux ». • *Je **me** connais, tu **te** connais, il **se** connait, nous **nous** connaissons, vous **vous** connaissez, ils **se** connaissent.*
- **Le pronom *on*** peut désigner une personne ou un ensemble de personnes indéterminé (dans ce cas, *on* a une valeur **indéfinie**). • ***On** m'a volé mon livre !* Il peut aussi remplacer des pronoms sujets.

JE DÉCOUVRE

Les autres catégories de pronoms

Catégorie	Pronoms	Exemples
Pronoms démonstratifs	*celui-ci, celle-là, ceux-ci, ce, ça, cela, ceci*, etc.	*Je choisis **celui-ci**.*
Pronoms possessifs	*le mien, le tien, la sienne, le nôtre, le leur, les leurs*, etc.	*J'ai rendu mon travail, et lui **le sien**.*
Pronoms adverbiaux	*y, en*	*J'aime ce parc. J'**y** viens souvent.*
Pronoms relatifs voir p. 458	*qui, que, quoi, dont, où, lequel, laquelle, lesquels, auquel, duquel*, etc.	*Le groupe **que** j'ai vu hier m'a rappelé le concert **auquel** nous étions allés, celui **dont** tu parles toujours.*
Pronoms interrogatifs	Identiques aux pronoms relatifs sauf *dont*, ils se placent au début d'une phrase ou d'une proposition subordonnée interrogative.	***Qui** est-ce ? **Que** veux-tu ? **Quoi** de neuf ? **Lequel** d'entre vous sera là ? Je ne sais **qui** croire.*
Pronoms indéfinis	*personne, rien, aucun, nul, quelqu'un, quelque chose, n'importe qui, chacun, tout, tous, plusieurs, beaucoup*, etc.	***Personne** ne l'a cru. **Aucun** n'est venu. **Tous** étaient occupés. **Plusieurs** sont sortis.*
Pronoms numéraux	*un, deux, trois, quatre*, etc. (éventuellement précédés d'un article défini : *les trois*).	*Parmi ces films, **trois** m'ont plu mais **les deux** que j'ai préférés sont ceux-là.*

J'APPROFONDIS

→ ATTENTION : **ne pas confondre pronoms et déterminants. Un déterminant** voir p. 440 **précède un nom ; un pronom reprend un GN** (ou un nom, une proposition, un verbe à l'infinitif). • ***Le** voisin est rentré.* (déterminant) ≠ *Je **le** vois.* (pronom)

Bilan sur les classes grammaticales variables

On range dans les classes variables les mots qui peuvent varier en **genre** (masculin/féminin), en **nombre** (singulier/pluriel) ou en **personne** (1re, 2e, 3e).

Classes	Définitions	Catégories
Verbe	- Il exprime une **action** ou un **état**, une manière d'être. - Il peut **se conjuguer à des modes et des temps** différents.	- **Verbe d'action** : *marcher, lancer, agir*, etc. - **Verbe d'état** : *être, devenir, paraitre, sembler, avoir l'air, passer pour, se trouver*, etc.
Nom	- Il désigne un **être vivant** ou une chose **concrète** (*chaise*) ou **abstraite** (*liberté*). - Il est généralement **précédé d'un déterminant**.	- **Nom commun** : *table, émotion*, etc. - **Nom propre** : *Afrique, Aurélie*, etc.
Déterminant	- Il **précède** et **introduit un nom** ; il indique son **genre** et son **nombre**. - Il forme avec lui un **groupe nominal** (*une tortue*).	- **Article défini** : *le, la, les* (+ formes contractées : *au, aux, du, des*). - **Article indéfini** : *un, une, des* (forme négative : *de, d'*). - **Article partitif** : *du, de la* (forme négative : *l'*). - **Déterminant possessif** : *mon, ma, mes, sa, ses, notre, vos*, etc. - **Déterminant démonstratif** : *ce, cet, cette, ces*. - **Déterminant numéral** : *un, deux, vingt, mille*, etc. - **Déterminant indéfini** : *plusieurs, certains, quelques*, etc. - **Déterminant interrogatif** : *quel ? quelles ?* etc. - **Déterminant exclamatif** : *quelle ! quels !* etc.
Adjectif	- Il **apporte une précision sur un nom** ou un pronom. *Un homme **habile**.* *Il est **charmant**.*	- **Adjectif qualificatif** : *immobile, gentil*, etc. - **Participe passé** ou **adjectif verbal** formé à partir du participe présent : *émerveillé, déçu, charmant*, etc.
Pronom	- Il **peut remplacer un GN** (ou un nom, ou un infinitif ou une proposition). *Léo est malade, **il** dort.* - Il **peut désigner** un être ou un objet présent au moment où l'on parle. *Regarde-**le** !* *Je **te** vois.*	- **Pronom personnel** : *je, tu, me, leur*, etc. - **Pronom démonstratif** : *celui-ci, celle-là, ceci*, etc. - **Pronom possessif** : *le mien, le nôtre*, etc. - **Pronom relatif** : *qui, que, quoi, dont, où, lequel, auquel, duquel*, etc. - **Pronom interrogatif** : *qui ? lequel ? laquelle ?* etc. - **Pronom indéfini** : *quelques-uns, certains*, etc. - **Pronom adverbial** (invariable) : *y, en*. - **Pronom numéral** (invariable) : *deux, les trois*, etc.

▲ Ondes à la surface de l'eau.

7 Les prépositions et les adverbes

Cahier d'exercices 5e p. 38
Cahier d'exercices 4e p. 34

Observer

Ex. 1 **Demain**, Quentin part **en** vacances. Il prépare **rapidement** ses bagages et les donne **à** son père, qui les met **dans** le coffre.

1. Observez les mots en gras. Lesquels peut-on supprimer ou déplacer ?
2. Quelles informations apportent les mots en gras pouvant être supprimés ?
3. À quoi servent les autres mots en gras (ceux que l'on ne peut ni déplacer ni supprimer) ?

Leçon

JE DÉCOUVRE

Les prépositions : jamais seules !

- Une préposition est **invariable** ; elle **ne peut pas être employée seule.**
- Elle est placée *devant* (*pré*-position) un nom, un GN, un pronom, un verbe à l'infinitif ou un adverbe avec lequel elle forme un **groupe prépositionnel** (GP).
- Le **GP** peut occuper **plusieurs fonctions**. Il peut être notamment :
  - un **complément du nom** voir p. 453 : *Un pot **en argile**. Un pot **de confiture**.*
  - un **COI** voir p. 449 : *Il demande un stylo **à sa mère**.*
  - un **complément circonstanciel** voir p. 452 : *Je l'ai vu **dans mes rêves**.*
- Les prépositions sont : *à, dans, par, pour, en, vers, avec, de, sans, sous, sur, chez, malgré, à cause de, grâce à*, etc.
- Les articles définis contractés contiennent une préposition cachée (*du* = *de* + *le*, *au* = *à* + *le*, des = de + les, aux = à + les).

Les adverbes : rarement indispensables !

- L'adverbe est un mot **invariable** qui peut **apporter une précision** sur :
  - un verbe : *Il travaille **énormément**.*
  - un adjectif : *Ce thé est **très** chaud.*
  - un autre adverbe : *Tu roules **trop** vite !*
  - l'ensemble d'une phrase : ***Vraisemblablement**, il ne viendra pas.*
- À la différence de la préposition, **l'adverbe peut en général être supprimé.**
  - ***Avant**, nous n'avions pas l'eau courante.* → *Avant* est un adverbe, il peut être supprimé.
  - ***Avant** son départ, Leïla rend visite à ses amis.* → *Avant* ne peut pas être supprimé, il introduit le GN *son départ* : c'est une préposition.

Le rôle de l'adverbe

- Il peut exprimer une **circonstance** : **temps** (*hier, aujourd'hui, autrefois*, etc.), **lieu** (*ici, là, ailleurs, loin, en avant, en haut*, etc.), **manière** (*bien, mal, mieux, prudemment, méchamment*, etc.).
  L'adverbe interrogatif peut faire porter une question sur une circonstance : • ***Pourquoi** n'êtes-vous pas venu ?* • ***Comment** êtes-vous venu ?*

J'APPROFONDIS

- Il peut exprimer un degré de comparaison (*moins, autant*, etc.) ou d'intensité (*si, très*, etc.).
- Il peut exprimer **un point de vue** (*trop, assez, heureusement*, etc.), un **doute** (*probablement, peut-être*, etc.) ou une **certitude** (*assurément, sans aucun doute*, etc).

L'adverbe exclamatif peut former une phrase exclamative exprimant le sentiment du locuteur : • ***Que** tu es beau !* • ***Comme** vous êtes gentil !*

- Il peut exprimer une **négation** ou une **affirmation** : *non, ne... pas, ne... plus, ne... jamais, oui, non, si*, etc.
- **L'adverbe de liaison** permet de **relier deux phrases ou deux propositions**, avec différentes nuances de sens : *alors, puis, ensuite, enfin, en effet, ainsi, cependant, pourtant*, etc.

8 Les mots de coordination et les mots de subordination

Cahier d'exercices 5e p. 40
Cahier d'exercices 4e p. 36

Observer

Ex. 1 Mon frère **et** ma cousine sont venus. Nous sommes allés au parc **et** nous avons fait du skate. Nous sommes heureux **et** détendus.

1. Observez le petit texte puis dites à quoi sert la conjonction *et*.
2. Donnez la classe grammaticale des mots ou groupes de mots reliés entre eux par cette conjonction.

Ex. 2 **A.** Nous partirons quand tu seras prêt.
B. Je crois que nous sommes en retard.
C. Je me demande comment nous ferons.
D. C'est le taxi que j'ai réservé.

1. Chaque phrase contient deux propositions. Quels mots permettent de les relier entre elles ?
2. Vous avez dû relever deux fois le même mot. Dans quelle phrase se rapporte-t-il à un nom ? Dans quelle phrase se rapporte-t-il à un verbe ?

Leçon

JE DÉCOUVRE

Les mots de coordination

› Les mots de coordination **relient deux mots** ou groupes de mots appartenant à la **même classe grammaticale**.
- *J'ai fait le ménage* ***et*** *les courses.* (GN)
- *Il est calme* ***et*** *serein.* (adjectifs)
- *Le soleil brille* ***et*** *les oiseaux chantent.* (propositions)

› Parmi les mots de coordination on distingue les **conjonctions de coordination** et les **adverbes de liaison**.

Conjonctions de coordination : *mais, ou, et, donc, or, ni, car.*	*Veux-tu du café* ***ou*** *du thé ?* *Je rentre* ***car*** *j'ai du travail.*
Adverbes de liaison : *alors, en effet, ainsi, puis, pourtant,* etc.	*J'ai du travail* ***alors*** *je vais rentrer.* *Il est parti* ***puis*** *il est revenu.*

› Ce sont tous des mots **invariables**.

› Certaines **conjonctions de coordination** permettent de relier **deux mots ou groupes de mots** entre eux (*et, ou, ni, mais*) alors que les **adverbes de liaison** permettent seulement de relier deux **propositions** ou deux **phrases** entre elles. voir p. 457

Les mots de subordination

Les mots de subordination permettent d'**introduire la proposition subordonnée** voir p. 458 et de la **relier à la proposition principale** dont elle dépend. → ATTENTION : les pronoms et les déterminants sont variables.

La subordonnée est introduite par un/une…	La subordonnée complète…	La subordonnée est une…	Exemples
Conjonction de subordination : - *que* - *quand, comme, si + puisque, parce que, dès que, afin que, si bien que,* etc.	- un verbe - la phrase	- conjonctive en *que* - conjonctive circonstancielle	*Je pense que c'est lui.* *Si tu viens, tu le verras.*
Pronom relatif : *qui, que, quoi, dont, où, lequel, auquel, duquel,* etc.	un nom (sauf de rares exceptions)	relative	*C'est le film que je préfère.*
Mot interrogatif : - *si* (conjonction de subordination) - *quel, quelle, quels, quelles* (déterminants interrogatifs) - *qui, ce qui, ce que, lequel,* etc. (pronoms interrogatifs) - *où, quand, combien, comment, pourquoi* (adverbes interrogatifs)	un verbe exprimant le doute ou l'interrogation	interrogative	*J'ignore si Luc est rentré.* *Je me demande quel âge il a.* *Je ne sais pas qui viendra.* *J'ignore où tu es.*

9 Les classes du mot *que*

Cahier d'exercices 3e p. 35

Observer

Ex. 1 **A.** La qualité que j'estime par-dessus tout est la franchise. **B.** Qu'elle vienne me voir ! **C.** Je veux que tu parles avec ta mère et qu'elle m'appelle.

1. a) Dans la phrase A, quel GN reprend le mot *que* ? b) Quelle classe grammaticale reprend, par définition, un nom ?
2. a) Dans la phrase B, à quel mode le verbe est-il conjugué ? b) Réécrivez la phrase en donnant le même ordre à votre voisin : employez-vous encore le mot *que* ?
3. a) Dans la phrase C, quel est l'unique rôle du mot *que* ? b) À quelle classe grammaticale appartient-il ?

Leçon

JE PERFECTIONNE

Le mot *que* peut appartenir à différentes classes grammaticales. Il peut être :

- **Conjonction de subordination**
  - *Il souhaite **que** tu viennes immédiatement.*
- **Pronom**
  - **relatif** (après un GN ou un pronom) voir p. 458-459
    - *La maison **que** j'ai achetée correspond à ce **que** je voulais.*
  - **interrogatif** (au début d'une phrase interrogative)
    - ***Que** fais-tu ici ?*
- **Adverbe**
  - **exclamatif** (au début d'une phrase exclamative)
    - ***Que** tu es beau !*
  - partie d'une **négation restrictive** : ***ne … que***
    - *Je **ne** bois **que** de l'eau.*

Pour aller plus loin

- **« Béquille » du subjonctif** • ***Qu'**il vienne !*
- **Conjonction de subordination**, il permet également :
  - de former des **locutions conjonctives** (des conjonctions de subordination composées de plusieurs mots) : *alors que, jusqu'à ce que, afin que, si … que*, etc.
    - *Il est **si** rapide **que** nul ne peut le rattraper.*
  - de **remplacer une autre conjonction** pour éviter une répétition
    - *Quand tu viendras et **que** nous serons tous réunis…*
  - d'établir une **comparaison**
    - *Il y a moins de monde **que** d'habitude.*

Bilan sur les classes grammaticales invariables

On range dans les classes **invariables** les mots qui **ne peuvent varier ni en genre** (masculin/féminin), **ni en nombre** (singulier/pluriel), **ni en personne** (1re, 2e, 3e).

Classes	Définitions	Catégories
Préposition	Elle introduit un **groupe prépositionnel (GP)** ; elle ne peut pas être employée seule.	*À, dans, par, pour, en, vers, avec, de, sans, sous, sur, contre, grâce à, à cause de,* etc. *J'aime la voix* ***de** ce chanteur.*
Adverbe	- Il peut généralement être **supprimé ou déplacé**. Il apporte une précision ou une nuance. Il peut porter sur un verbe, un adjectif, un autre adverbe.	- **lieu** : *ici, là, loin, dessus,* etc. - **temps** : *auparavant, aujourd'hui, demain, hier,* etc. - **manière** : *facilement, vite,* etc. - **intensité** : *très, trop, si, tellement,* etc. - **modalisation** : *certes, heureusement,* etc.
	- Il peut **coordonner** deux propositions.	- Adverbes de **liaison** (permettant de coordonner deux propositions ou deux phrases) : *alors, en effet, ainsi, cependant,* etc.
	- Il peut marquer la **négation**, l'**interrogration** ou l'**exclamation**.	- Adverbes de **négation** : *non, ne … pas, ne … jamais,* etc. - Adverbes **interrogatifs** : *où ? quand ? pourquoi ?* etc. - Adverbes **exclamatifs** : *comme … ! que … ! combien … !* etc.
Conjonction de coordination	Elle **relie des mots ou groupes de mots de classe grammaticale identique** ou bien **deux propositions** ou **deux phrases**.	*Mais, ou, et, donc, or, ni, car* *Toi* ***et*** *moi.* *Tu peux sortir,* ***mais*** *tu réponds au téléphone.*
Conjonction de subordination	Elle **relie une proposition subordonnée à sa proposition principale**.	- *Que, puisque, parce que, alors que, afin que, si bien que,* etc. - *Quand, comme, si* *Il dit* ***qu'****il t'apprécie.* *Vas-y,* ***puisque*** *tu es invitée.*
Interjection et onomatopée	Les **interjections expriment un sentiment de l'interlocuteur**. Elles sont surtout employées dans les dialogues. Les **onomatopées** sont des interjections particulières : elles imitent et retranscrivent des sons (des bruits d'animaux ou d'objets par exemple).	*Ah ? oh ! hein ? ouf ! zut ! oups ! aïe ! mince ! pfff,* etc.

▲ Piet Mondrian, *Victory Boogie Woogie*, 1944 (musée municipal de La Haye, Pays-Bas).

10 Le sujet du verbe

Cahier d'exercices 5e p. 43
Cahier d'exercices 4e p. 38
Cahier d'exercices 3e p. 37

Observer

Ex. 1 « Regarde. Ce mouton **est** bien gras. L'acheter **serait** une bonne idée. Qu'en **penses**-tu ? » **demanda** le forgeron à sa femme.

1. a) Quel est le sujet de chaque verbe en gras ?
   b) Quelle question peut-on poser pour le trouver ?
2. Donnez la classe grammaticale de chaque sujet : nom, GN, pronom ou groupe verbal à l'infinitif.
3. Deux de ces sujets sont placés après le verbe. Lesquels ? Et pourquoi ?
4. a) Pourquoi le verbe souligné n'a-t-il pas de sujet ?
   b) À quelle personne est-il conjugué ?
5. Remplacez *Ce mouton* par *Ces moutons*. Quel autre mot de la phrase avez-vous dû modifier ?

Ex. 2 J'ai trouvé le livre dont m'avait parlé Claire. Lire ne m'intéresse pas trop d'habitude, mais cette histoire d'horreur m'intrigue et m'attire. Regarde !

1. a) Identifiez les verbes et donnez leurs sujets.
   b) Quelle question peut-on poser pour trouver le sujet d'un verbe ?
2. Quel verbe n'a pas de sujet exprimé ? Pourquoi ?
3. Quels verbes ont le même sujet ?
4. Le sujet est-il toujours placé avant le verbe ? Justifiez par un exemple.

Ex. 3 Le théâtre me **plait** et découvrir des pièces ne me **lasse** pas. « Tu **devrais** t'inscrire à l'atelier théâtre de ton collège », me **dit** souvent mon père. C'**est** sans doute une bonne idée.

1. Identifiez le sujet de chacun des verbes en gras. Quelle question peut-on poser pour le trouver ?
2. Donnez la classe grammaticale de chacun des sujets que vous avez trouvés.

Leçon

JE DÉCOUVRE

Qu'est-ce qu'un sujet ?

› Le sujet indique qui fait l'action dans la phrase. • ***Moby Dick*** *surgit de l'eau.*
› Un verbe conjugué a toujours un sujet, mais quand le verbe est conjugué au mode **impératif**, le sujet n'est **pas exprimé**. voir p. 479 • *Venez !*
› Pour trouver le sujet d'un verbe, on pose la question ***qui est-ce qui ?*** ou ***qu'est-ce qui ?*** **avant le verbe.**
• *Camille a gagné.* → *Qui est-ce qui a gagné ? = Camille.*

La place du sujet

› Le sujet se trouve généralement avant le verbe conjugué.
› Il est **inversé** (placé après le verbe) :
  › dans les questions de niveau soutenu • *Que fais-**tu** ?*
  › pour les verbes de parole à l'intérieur des dialogues
  • *« Je finis mon travail ! », répond **Baptiste**.*

Les classes grammaticales du sujet

Le sujet peut être :
› un nom, un GN ou un pronom • ***Celui-ci*** *me plait beaucoup.*
› un verbe (ou un groupe verbal) à l'infinitif
• ***Nager*** *me fait du bien.*
› une proposition subordonnée voir p. 457
• ***Qui veut voyager loin*** *ménage sa monture.*

11 Les compléments essentiels du verbe

Cahier d'exercices 5e p. 44
Cahier d'exercices 4e p. 39
Cahier d'exercices 3e p. 38

Observer

Ex. 1 **A.** Nous **préparons** un exposé. **B.** Nous **présenterons** ce travail à la classe. **C.** Ce livre t'**appartient**. **D.** **As**-tu **vu** le mien ?

1. Relevez les mots qui complètent les verbes en gras.
2. Dans quelle phrase le verbe est-il construit avec deux compléments ?
3. Essayez de supprimer ces compléments. Les phrases ont-elles encore un sens ?

Ex. 2 Marie **est** infirmière. Sa passion **a** toujours **été** de s'occuper des autres. Parfois, elle **semble** fatiguée mais elle **se montre** toujours aussi enthousiaste. Elle **est considérée** comme l'une des meilleures infirmières de son service.

1. Quel signe mathématique peut-on mettre entre le sujet du verbe et le groupe de mots souligné qui le suit ?
2. Les groupes de mots soulignés peuvent-ils être supprimés ?
3. Comment appelle-t-on un verbe qui relie un sujet à son attribut ?
4. À l'aide de vos réponses, donnez une définition de l'attribut du sujet.

Ex. 3 **A.** Le cinéma **se trouve** en centre-ville. **B.** Le film **dure** deux heures. **C.** Il **date** de 2001.

1. À quelle question répond chacun des groupes de mots soulignés ?
2. Essayez de les supprimer. Les phrases ont-elles encore un sens ?
3. Comment s'appellent les compléments qui apportent habituellement des informations sur le lieu ou le temps dans une phrase ?

Leçon

JE DÉCOUVRE

Les compléments essentiels du verbe

- Les compléments essentiels **complètent un verbe**. Ils font partie du **groupe verbal** (dont la fonction grammaticale est appelée **prédicat**).
- Ils **ne peuvent pas être supprimés** (à moins de changer complètement le sens de la phrase), **ni déplacés**.
- En cela, ils **se distinguent des compléments de phrase** voir p. 452, qui peuvent être supprimés ou déplacés.
  • *Lundi prochain, je rencontre **mon correspondant**.*
  → *mon correspondant* ne peut pas être supprimé ou déplacé : c'est un complément essentiel du verbe.
  → *Lundi prochain* peut être supprimé ou déplacé : c'est un complément de phrase (un complément circonstanciel).
- Parmi les compléments essentiels, il faut distinguer :
  - les **compléments d'objet** (COD et COI), qui complètent un verbe d'action ;
  - l'**attribut du sujet**, qui complète un verbe d'état ;
  - les **compléments essentiels** de **lieu**, de **temps** et de **mesure** (plus rares), qui complètent certains verbes particuliers.

Les compléments d'objet : COD et COI

Le COD

- Il répond à la question ***qui ?*** ou ***quoi ?*** **posée après le verbe**.
- Il peut être :
  - un **nom**, un **GN**, un **pronom** • *Selim **m'**a invitée. **Quelle tenue** vais-je mettre ?*
  - un **verbe ou un groupe verbal à l'infinitif** parfois introduit par ***de*** • *Il me demande **de venir**.* (Il me demande **quoi** ? : *de venir*) • *Je souhaite **venir**.*
  - une **proposition subordonnée** • *Je me demande **si Luc sera là**.*
- Dans tous les cas, le COD **peut être remplacé par un pronom** : *le, la, les, en*… • *Je **le** souhaite. Je me **le** demande.*

Leçon

JE DÉCOUVRE

Le COI

- Il répond à la question ***à qui ? / de qui ?*** ou ***à quoi ? / de quoi ?*** **posée <u>après</u> le verbe.**
- Il peut être :
  - un **groupe prépositionnel** voir p. 444 • *Tim s'adresse **à toute la classe.***
  - un **pronom** • *Nous **lui** obéissons.*
  - une **proposition subordonnée** • *Je doute **que son conseil soit judicieux.***
- Il peut être **remplacé par un pronom** : *lui, leur, y, en.* • *Je me méfie **de ce garçon.** → Je m'**en** méfie.*

L'attribut du sujet

- L'attribut du sujet **indique une caractéristique du sujet.**
- Il complète un **verbe d'état** : *être, sembler, devenir, paraitre, rester, demeurer, avoir l'air, se révéler, se montrer, passer pour*, etc. voir p. 439 • *Il <u>parait</u> **sûr de lui.*** • *Cet exercice <u>se révèle</u> **difficile.*** • *Il <u>se montre</u> **brillant.***
- D'autres verbes peuvent être employés de manière attributive. Ce sont notamment :
  - des verbes au **passif** : *être nommé, être élu, être jugé, être tenu pour...* • *Il <u>a été élu</u> **délégué de la classe.*** • *Il <u>a été jugé</u> **incompétent.***
  - des verbes à la **forme pronominale** : *se nommer, s'intituler...* • *Elle <u>s'appelle</u> **Lya.***
  - des verbes d'action **habituellement intransitifs.** • *Ils <u>vécurent</u> **heureux.*** • *Il <u>repart</u> **vexé.***
- Dans tous les cas, **le verbe attributif peut être remplacé par *être*.**
- L'attribut du sujet peut être :
  - un **adjectif** (ou groupe adjectival) • *Nous <u>sommes</u> **fiers de toi.***
  - un **nom** ou **GN** • *C'<u>est</u> **un acteur célèbre.***
  - un **pronom** • *Cela n'<u>est</u> **rien.***
  - un **verbe** (ou groupe verbal) **à l'infinitif** (éventuellement précédé de *de*) • *Mon rêve <u>est</u> **de voyager.***
  - une **proposition subordonnée** • *Le mieux <u>est</u> **que tu viennes.***

J'APPROFONDIS

Les compléments essentiels de lieu, de temps et de mesure

- À la différence des compléments de phrase (des compléments circonstanciels), on ne peut **ni les supprimer ni les déplacer.**
- Ils sont introduits par des **verbes particuliers.**

Complément essentiel de lieu	Verbes de localisation : *habiter, loger, résider, se trouver, être* (dans le sens de *se trouver*), etc.	*J'habite **à Paris.*** *Il loge **à l'hôtel.*** *La clef se trouve **sur la porte.***
	Verbes de mouvement : *aller, se rendre à, se diriger vers*, etc.	*Je me rends **à Paris.*** *Les enfants vont **à l'école.***
	Tournures passives : *être situé, être placé*, etc.	*Le collège est situé **en centre-ville.*** *La fenêtre est placée **au milieu du mur.***
Complément essentiel de temps	Verbes *durer, dater.*	*Ce film date **de 2001.*** *Il dure **deux heures.***
Complément essentiel de mesure	Verbes *couter, peser, mesurer, parcourir.*	*Ce livre coute **trois euros.*** *Le bassin mesure **deux mètres.*** *Nous avons parcouru **dix kilomètres.***

12 Le complément d'agent

Cahier d'exercices 5e p. 48
Cahier d'exercices 4e p. 41
Cahier d'exercices 3e p. 41

Observer

Ex. 1 **A.** Angéla **fascinait** le jeune homme.
B. Le jeune homme **était fasciné** par Angéla.

1. Quelle transformation le verbe *fasciner* a-t-il subie entre la phrase A et la phrase B ? À quelle voix se trouve le verbe dans la phrase B ?
2. Repérez le sujet de la phrase A. a) Où ce mot est-il placé dans la phrase B ? b) Quelle préposition l'introduit ? c) Est-il toujours le sujet de la phrase ?

Leçon

JE DÉCOUVRE

Qu'est-ce qu'un complément d'agent ?

› Le **sujet** d'un verbe à la **voix active** devient **complément d'agent** quand le verbe est à la **voix passive**.
voir p. 481

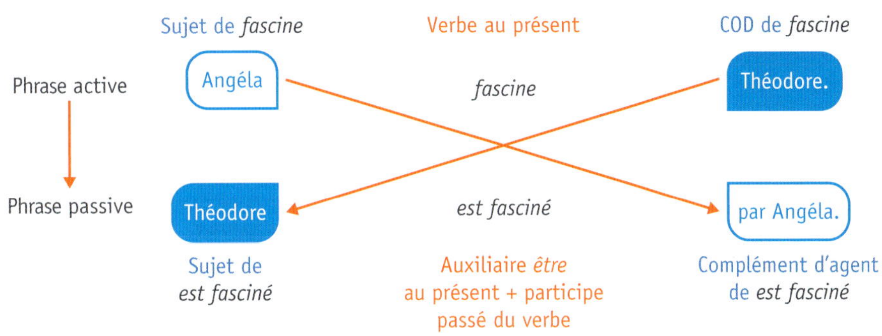

› À la voix passive, le complément d'agent indique **qui fait l'action exprimée par le verbe.** Le complément d'agent est souvent introduit par la préposition *par*. Il peut être également introduit par la préposition *de*.
• *Théodore est apprécié **de ses amis**.*

J'APPROFONDIS

Cas où le complément d'agent n'est pas exprimé

Parfois, le complément d'agent n'est **pas exprimé**, parce que l'agent est inconnu, évident ou sans importance ou encore parce qu'on ne veut pas le révéler.
La phrase passive sans complément d'agent **correspond à la phrase active avec le pronom personnel sujet *on*.**
• *Le meuble est transporté dans sa chambre.* → ***On** transporte le meuble dans sa chambre.*

› **Verbe à la voix passive et verbe à la voix active conjugué à un temps composé :**
• *Théodore **est ébloui** par Angéla.* → le verbe est à la **voix passive** (au présent) car la phrase peut être remise à la voix active : *Angéla éblouit Théodore.*
• *Théodore **est venu** s'asseoir auprès d'Angéla.* → c'est bien Théodore qui accomplit l'action ; le verbe est à la **voix active, au passé composé** ; il peut se mettre au présent : *Théodore vient s'asseoir auprès d'Angéla.*

JE PERFECTIONNE

Ne pas confondre

› **Complément d'agent et complément circonstanciel :**
→ Un C.C. ne peut pas devenir le sujet d'une phrase à la voix active et ne désigne pas qui ou ce qui accomplit l'action.
• *Théodore était ébloui **par sa beauté**.* → le GN *sa beauté* est **complément d'agent** car il devient le sujet de la phrase à la voix active : ***Sa beauté** éblouissait Théodore.*
• *Théodore était ébloui **par moments**.* → *par moments* ne peut pas devenir le sujet de la phrase à la voix active ; il s'agit d'un C.C. de temps.

13 Les compléments de phrase : les compléments circonstanciels

Cahier d'exercices 5e p. 49
Cahier d'exercices 4e p. 43
Cahier d'exercices 3e p. 43

Leçon

JE DÉCOUVRE

Qu'est-ce qu'un complément circonstanciel ?

- Le complément circonstanciel (C.C.) **apporte des précisions sur les circonstances de l'action** exprimée par le verbe.
- À la différence du complément essentiel (COD, COI, attribut, etc.), il **peut être supprimé** sans que la phrase devienne incorrecte ou change totalement de sens.
- Il ne fait donc pas partie du groupe verbal ; c'est un **complément de phrase**.

Les différentes circonstances exprimées

Le C.C. de...	répond aux questions...	Exemples
Temps	*quand ? (depuis quand ? jusqu'à quand ? combien de temps ?)*	*Clara s'entraine **chaque jour**. Elle pratique la boxe thaïlandaise **depuis son plus jeune âge**.*
Lieu	*où ? (vers où ? par où ? d'où ? jusqu'où ?)*	*Elle prend des cours **au gymnase du quartier**.*
Manière	*de quelle manière ?*	*Elle s'entraine **avec persévérance**.*
Moyen	*à l'aide de quel outil ? avec quel moyen de transport ?*	*Elle s'entraine **avec un sac de frappe**.*
Cause	*pour quelle raison ?*	*Elle pratique la boxe **parce qu'elle aime se dépenser**.*
Conséquence	*avec quelle conséquence ?*	*Elle a encore grandi, **si bien qu'elle a dû changer de catégorie**.*
But	*dans quel but ?*	*Elle s'entraine **pour progresser**.*
Hypothèse ou condition	*à quelle condition ? dans quelle hypothèse ?*	***Si tout se passe bien**, elle en fera son métier.*
Accompagnement	*avec qui ?*	*Elle est venue **avec Julie**.*
Opposition ou concession	*malgré quoi ? en dépit de quoi ?*	***Bien qu'elle soit parfois découragée**, elle ne souhaite pas arrêter.*

JE DÉCOUVRE

Les classes grammaticales des compléments circonstanciels

Le complément circonstanciel peut être :
- un adverbe • *prudemment, distraitement, souvent*
- un groupe nominal • *ce soir, chaque matin, un beau jour*
- un groupe prépositionnel • *en ville, chez nous, à minuit, sous la pluie*
- un verbe au gérondif (préposition *en* + verbe en *-ant*) • *en hurlant, en riant*
- une proposition subordonnée circonstancielle • *comme il fait beau, si tu le souhaites, puisque tu insistes, dès que tu peux, afin qu'il vienne*
- une proposition participiale (avec un participe présent ou passé qui a son propre sujet) • *l'hiver approchant, les jours passant, le travail achevé*

Ne pas confondre

Certains compléments exprimant le lieu, le temps ou encore la mesure sont en fait des **compléments essentiels** voir p. 449 : s'ils sont supprimés, la phrase devient incohérente ou change totalement de sens.

• *Je vais **à Chaumont** ce weekend.* → ~~*Je vais ce weekend*~~.

14 Les fonctions liées au nom et à l'adjectif

Cahier d'exercices 5e p. 51
Cahier d'exercices 4e p. 45
Cahier d'exercices 3e p. 45

Leçon

JE DÉCOUVRE

Les expansions du nom

› Un nom peut être complété par des expansions de différentes classes grammaticales : **adjectif** (*une **longue** journée*), **groupe prépositionnel** (GP) (*une journée **de combats***), **proposition** (*une journée **dont on se souviendra***).

› Ces **expansions du nom** font partie du **groupe nominal**. Elles sont **facultatives**.

• *[Une longue **journée**, qui avait été éprouvante,] se terminait.* • *Une journée se terminait.*
GN

Le complément du nom

› Quand un **GP** complète un nom, sa **fonction** est **complément du nom**.

› Il permet de préciser **l'appartenance** (*la maison **de mes parents***), **la matière** (*une maison **en bois***), **le lieu** (*une maison **de campagne***), etc.

L'épithète

› **L'épithète** complète généralement un nom **sans l'intermédiaire d'une préposition**.

› Cela peut être :

› un **adjectif** voir p. 441 • *Une île **connue**.*

› une **proposition subordonnée relative** voir p. 458 • *Une île **qui est connue**.*

→ REMARQUE : l'adjectif épithète peut être séparé du nom qu'il complète par un adverbe ou par un autre adjectif. • *Une île **splendide**, **exotique** mais très **touristique**.*
Mais l'épithète ne peut pas être séparée du nom par un verbe. • *Cette île est **touristique*** : *touristique* n'est pas épithète mais attribut du sujet ; l'adjectif fait alors partie du groupe verbal.

JE PERFECTIONNE

→ REMARQUE : entre une **épithète liée** et une **épithète détachée** (séparée par une virgule), il peut y avoir une différence de sens. • *Les enfants **fatigués** sont allés dormir.* = Parmi les enfants, ceux qui étaient fatigués sont allés dormir. (épithète liée) • *Les enfants, **fatigués**, sont allés dormir.* = Comme ils étaient (tous) fatigués, les enfants sont allés dormir. (épithète détachée)

L'apposition

› **L'apposition** est une fonction grammaticale occupée par un **nom** ou un **GN** (rarement un GP) qui complète un autre nom. L'apposition est souvent précédée d'une virgule.

• *Mon amie **Jeanne**.* (nom) • *Rousseau, **l'auteur des Confessions**.* (GN) • *La ville **de Paris**.* (GP)

› L'apposition **désigne la même personne (ou le même objet) que le nom qu'elle complète** : on peut remplacer l'un par l'autre ou placer le signe = entre les deux.

• *J'ai vu Jeanne, **mon amie d'enfance**.* → *Jeanne = mon amie d'enfance.*

› Attention à ne pas confondre :

› **apposition et complément du nom** :

• *La ville **de Paris**.* → *la ville = Paris* (apposition) • *Les rues **de Paris**.* → *les rues ≠ Paris* (comp. du nom)

› **apposition** et **épithète** :

• *Mon frère, **malade**, est absent.* (adjectif, épithète) • *Mon frère, **Vincent**, est absent.* (nom, apposition)

Le complément de l'adjectif

› Un adjectif peut être complété par :

› un **GP** • *heureux **en amour*** • *fier **de sa réussite*** • *facile **à réaliser***

› une **proposition subordonnée conjonctive** • *Je suis heureux **que tu sois là**.*

› L'ensemble [adjectif + complément de l'adjectif] forme un **groupe adjectival**. • *Il est [heureux **d'être ici**].*
groupe adjectival

› Il ne faut pas confondre complément de l'adjectif et complément du nom.

• *Le visage rouge **de cet homme**.* ≠ *Le visage rouge **de honte**.*

15 Le complément de l'adjectif

Cahier d'exercices 4e p. 47

Observer

Ex. 1 **A.** Je suis heureux que tu sois là. **B.** Je suis heureux de te voir. **C.** Je suis heureux en amour.

Relevez les groupes de mots qui complètent l'adjectif *heureux* et précisez leur classe grammaticale.

Ex. 2 **A.** Alison est capable **de réussir cet exercice.**

B. Alison a envie **de réussir cet exercice.**

1. a) Dans chacune des phrases ci-dessus, quel est le mot complété par le groupe prépositionnel ? b) Quelle est sa classe grammaticale ?
2. Par conséquent, quelle est la fonction du groupe prépositionnel dans la phrase A, et dans la phrase B ?

Leçon

J'APPROFONDIS

Qu'est-ce que le complément de l'adjectif ?

› Un adjectif voir p. 441 peut être complété de la même manière qu'un nom.

› L'ensemble [adjectif + complément de l'adjectif] forme ce que l'on appelle un **groupe adjectival.**

• *Il est [heureux* ***d'être ici****]*. • *Nous sommes [prêts* ***à partir****].*

Les classes grammaticales du complément de l'adjectif

Le complément de l'adjectif peut être :

› un **nom** placé directement à côté de l'adjectif, généralement pour préciser une couleur • *rouge* ***tomate****, bleu* ***turquoise****, vert* ***tilleul***

› un **groupe prépositionnel** voir p. 444 • *fier* ***de sa réussite****, doué* ***pour la cuisine***

› une **proposition subordonnée conjonctive** • *Je suis heureux* ***que tu sois là.***

Ne pas confondre

Il ne faut pas confondre un **complément de l'adjectif** avec un **complément du nom.** voir p. 453

• *Le visage rouge* ***de cet homme.*** → Le GP *de cet homme* complète le nom *visage*.

• *Le visage rouge* ***de honte.*** → Le GP *de honte* complète l'adjectif *rouge*.

Piet Mondrian, *Le chêne*, 1908, huile sur toile, 70 x 99 cm (Haags Gemeentemuseum, La Haye).

Bilan sur les fonctions grammaticales

Les fonctions liées au verbe

Sujet — Verbe — Compléments du verbe

- Verbe transitif ou intransitif → Complément d'objet : COD, COI
- verbe indiquant le lieu où l'on va, où l'on se trouve + *dater, durer, couter, mesurer, peser* → Compléments essentiels de lieu, temps ou mesure
- verbe attributif → Attribut du sujet : du sujet, du COD
- verbe au passif → Complément d'agent

Les fonctions liées à la phrase

Compléments circonstanciels

- C.C. de cause
  - *Puisque tu le veux, nous irons au cinéma.*
- C.C. de condition ou d'hypothèse
  - *Si tu viens, nous irons au cinéma.*
- C.C. de lieu
  - *Sur place, nous achèterons des popcorns.*
- C.C. d'accompagnement
  - *Nous irons au cinéma avec Paul et Julie.*
- C.C. de but
  - *Nous irons au cinéma pour nous détendre.*
- C.C. de temps
  - *Avant le film, nous achèterons des popcorns.*
- C.C. de conséquence
  - *Ma réunion a été annulée, de sorte que je peux t'accompagner.*
- C.C. de moyen
  - *Nous ferons le trajet en bus.*
- C.C. de concession ou d'opposition
  - *Bien que je sois fatigué, nous irons au cinéma.*
- C.C. de manière
  - *Nous ferons le trajet en bavardant.*

À l'intérieur du groupe nominal : les fonctions liées au nom

Nom-noyau

- Complément du nom (groupe prépositionnel)
  - *la maison de mon enfance*
- Épithète (adjectif ou proposition subordonnée relative)
  - liée
    - *la maison bleue*
    - *la maison où j'ai vécu*
  - détachée
    - *la maison, qui est restée fermée tout l'hiver...*
- Apposition (nom ou GN ou groupe prépositionnel introduit par *de*)
  - *Léa, mon amie d'enfance*
  - *mon amie Léa*
  - *la ville de Paris*

16 Les types et les formes de phrase

Cahier d'exercices 5e p. 56
Cahier d'exercices 3e p. 48

Leçon

JE DÉCOUVRE

Les quatre types de phrase

- La phrase **déclarative donne une information.** • *Adrien arrivera demain.*
- La phrase **interrogative pose une question.** • *Sera-t-il là ?*
- La phrase **exclamative exprime les sentiments ou émotions du locuteur.** • *Il est déjà huit heures !*
- La phrase **injonctive donne un ordre ou un conseil.** À la forme négative, elle exprime une **défense.** Elle peut utiliser le mode impératif • *Viens !* infinitif • *Prendre un comprimé par jour.* ou subjonctif. • *Qu'il se taise.*

JE PERFECTIONNE

Précisions sur le type interrogatif

- L'interrogation est **totale** quand l'interlocuteur **peut répondre par *oui*, *si* ou *non*.** • *Vient-il demain ?*
  L'interrogation est **partielle** quand la question porte sur un **élément de la phrase** et que l'interlocuteur **ne peut pas répondre par *oui*, *si* ou *non*.** • ***À quelle** heure vient-il ?*
- La **construction** de la phrase interrogative **varie selon le niveau de langue.** voir p. 428
  • *Tu viens ?* (familier) • *Est-ce que tu viens ?* (courant) • *Viens-tu ?* (soutenu)
- Certaines questions **n'attendent pas de réponse** : on les appelle des questions **rhétoriques.** Elles peuvent par exemple permettre :
  - de donner un ordre • *Peux-tu te calmer ?* (= *Calme-toi*)
  - d'exprimer un sentiment d'agacement • *Tu le fais exprès ?*

Précisions sur le type injonctif

Le **mode** utilisé est souvent **l'impératif** voir p. 479, mais on trouve aussi :

- **l'indicatif présent** voir p. 472 • *Tu **arrêtes**, maintenant !*
- **l'indicatif futur** voir p. 473 • *Vous le **ferez** pour demain.*
- **l'infinitif présent** • *Ne pas **fumer**.*
- **le subjonctif présent** voir p. 480 • *Qu'il **sorte** !*

Par ailleurs, certaines **phrases non verbales** peuvent aussi être injonctives. • *Chut !*

JE DÉCOUVRE

Les formes de phrase

- Une phrase est soit de **forme affirmative**, soit de **forme négative.**
- Une phrase négative est une phrase dont le **verbe principal** est nié. voir p. 457
  • *Je **refuse** qu'il vienne.* → phrase affirmative • *Je ne **souhaite** pas qu'il vienne.* → phrase négative

→ ATTENTION à la place des deux éléments de la négation :

ne	+ verbe ou auxiliaire (temps composés)	+ *pas, plus, jamais, guère, point, rien, personne, ni… ni*, etc.

personne, rien, nul, aucun	+ *ne*	+ verbe

JE PERFECTIONNE

- Souvent, le ***ne*** (***n'***) est oublié à l'oral. Il ne faut pas l'oublier à l'écrit !
  • *J'en sais **rien** !* (familier, à l'oral) → *Je **n'**en sais **rien** !*
- Les expressions *craindre que, avoir peur que, à moins que* peuvent être suivies d'un ***ne*** dit **explétif** (qui ne marque pas la négation). • *J'ai peur qu'on **ne** soit en retard.*
- Une phrase complexe n'est négative que **quand la négation porte sur le verbe de la proposition principale.**
  • *Je ne pense pas qu'il viendra.* → phrase à la forme négative
  • *Je pense qu'il ne viendra pas.* → phrase à la forme affirmative

Forme emphatique

La forme emphatique **met en valeur** un élément de la phrase. Pour cela, on utilise :

- les **présentatifs** *c'est… que, ce sont… qui* (ou *voilà… que, il y a… qui*, etc.). • ***C'est toi qui** commences !* le sujet est mis en valeur par rapport à la forme neutre (*Tu commences.*).
- le **détachement** d'un mot ou groupe de mots **en début de phrase, repris** dans la suite de la phrase **par un pronom.** • ***Ces fleurs**, je **les** trouve magnifiques !* • ***Moi, je** reste.*

17 La phrase simple et la phrase complexe

Cahier d'exercices 5e p. 58
Cahier d'exercices 4e p. 49
Cahier d'exercices 3e p. 50

Leçon

JE DÉCOUVRE

Qu'est-ce qu'une proposition ?

Une **proposition** est un **groupe de mots organisés autour d'un verbe conjugué**. Pour repérer le nombre de propositions dans une phrase, il faut donc repérer le nombre de verbes conjugués.

• *[Lou **a commencé** la danse] [quand elle **avait** six ans].*

Cette phrase comporte deux propositions car elle a deux verbes conjugués.

→ REMARQUE : quand le verbe est le même, il n'est pas toujours répété.

• *[Lancelot **prit** le chemin de droite], [Gauvain celui de gauche].*

La phrase contient bien deux propositions, mais le verbe *prit* est sous-entendu dans la deuxième.

› La **proposition infinitive** est un groupe de mots organisés autour d'un **verbe à l'infinitif** qui a son **propre sujet**. • *J'entends **les oiseaux chanter**.* voir p. 459

JE DÉCOUVRE

La phrase simple

› Une **phrase simple** est une **phrase qui ne comporte qu'une seule proposition** (appelée proposition **indépendante**), donc **un seul verbe conjugué**.

› Une phrase simple peut aussi être **non verbale**, c'est-à-dire **sans verbe conjugué**.

• *Incroyable !* • *Ah bon ?* • *Ne pas fumer.*

La phrase complexe

› Une phrase **complexe** est une **phrase qui comporte plusieurs propositions**, donc **plusieurs verbes conjugués**.

› Ces propositions peuvent être reliées entre elles par **juxtaposition**, **coordination** ou **subordination**. voir p. 459

› La **juxtaposition** relie **deux propositions indépendantes** par une **ponctuation faible** (, ; :).

• *[Il se lève à sept heures], [il s'habille], [il déjeune].*

› La **coordination** relie **deux propositions indépendantes** par une **conjonction de coordination** (*mais*, *car*, etc.) ou un **adverbe de liaison** (*puis*, *cependant*, etc.).

• *[Il se lève à sept heures] **et** [il s'habille] **puis** [il déjeune].*

› La **subordination** relie deux propositions par un **mot subordonnant** (conjonction de subordination, pronom relatif ou mot interrogatif).

Une proposition est **subordonnée** à une autre.

• *[**Quand** il se lève plus tard], [il n'a pas le temps de manger].*
prop. subordonnée — prop. principale

→ REMARQUE : si deux propositions sont reliées à la fois par un signe de ponctuation faible et par un mot de coordination, on considère qu'elles sont coordonnées.

• *[Parfois il se lève plus tard], **mais** [il n'a pas le temps de manger].*

18 La proposition subordonnée relative

Cahier d'exercices 5e p. 60
Cahier d'exercices 4e p. 50
Cahier d'exercices 3e p. 51

Observer

Ex. 1 **A.** Le **sport** que je préfère est la boxe. **B.** L'**entraineur** dont tu m'as parlé accepte de me former. **C.** Les **cours** auxquels tu te rends sont complets. **D. Ceux** où je suis inscrit ont lieu le mardi soir.

1. Quels sont les groupes de mots qui complètent les noms ou pronoms en gras ? Relevez le verbe conjugué dans chacun de ces groupes de mots.
2. Quels sont les mots qui permettent de relier les mots que vous avez repérés aux noms ou pronom en gras ?
3. À partir de vos réponses, donnez une définition de la proposition subordonnée relative.

Leçon

JE DÉCOUVRE

Définition

› La proposition subordonnée relative est introduite par un **pronom relatif**.
› Elle **complète un nom** ou **un pronom** sur lequel elle apporte des précisions.

La maison de mes grands-parents est l' *endroit* —
- ***qui** me plait le plus au monde.*
- ***que** j'aime le plus au monde.*
- ***dont** je t'ai parlé.*
- ***où** je vois mes cousins.*
  - ***lesquels** ont mon âge.*

Elle a la même fonction qu'un adjectif : elle est **épithète** du nom qu'elle complète. voir p. 453
- *Un garçon **charmant**.*
- *Un garçon **qui a du charme**.*

› Sans antécédent, elle peut remplacer un GN et occuper différentes fonctions :
- › sujet • ***Qui vole un œuf** vole un bœuf.*
- › COD • *Appelle **qui tu veux**.*
- › COI • *Je m'adresse **à qui veut bien m'écouter**.*
- › complément essentiel de lieu : *J'irai **où tu iras**.*

JE DÉCOUVRE

Rôle du pronom relatif dans la proposition subordonnée relative

Le pronom relatif joue **deux rôles**.
› Il **introduit** la proposition subordonnée relative.
› Il **remplit une fonction grammaticale** dans la proposition subordonnée relative. • *Je préfère le pull [**que** tu m'as offert].*
→ *Tu m'as offert quoi ? Le pull.* → *que* est COD du verbe *as offert*.

Pronoms relatifs	qui	que	dont	où	à qui, à quoi, auquel, etc.
Fonction	sujet	COD	COI comp. du nom comp. de l'adjectif	CC de lieu ou de temps	COI

19 Les propositions subordonnées complétives

Cahier d'exercices 5e p. 62
Cahier d'exercices 4e p. 53
Cahier d'exercices 3e p. 52

Leçon

JE DÉCOUVRE

Définition

› Une proposition subordonnée **complétive** a pour fonction d'être **COD** du verbe de la proposition principale. voir p. 449

• *Je te dis* ***que c'est vrai.*** : la proposition subordonnée complétive *que c'est vrai* est COD du verbe *crois*.

› Elle fait donc partie du **groupe verbal** prédicat et ne peut **pas être supprimée.** • ~~*Je te dis.*~~

› Parmi les complétives, on distingue les propositions subordonnées conjonctives et les propositions subordonnées interrogatives indirectes.

La proposition subordonnée conjonctive en *que*

› Elle est introduite par la conjonction de subordination ***que***. voir p. 445

› Elle complète un verbe de pensée (*Je pense* ***que tout ira bien.***), de sentiment (*J'aime* ***qu'on passe notre temps ensemble.***), de parole (*Je lui avoue* ***que je l'aime.***), de perception (*J'ai vu* ***qu'il était gêné.***).

J'APPROFONDIS

› Plus rarement, elle peut aussi être :

› **sujet** • ***Qu'il soit désolé*** *ne change rien.*

› **COI** voir p. 449 • *Je doute* ***qu'il s'excuse.***

› **attribut du sujet** • *Mon souhait est* ***que tu viennes.***

› Le verbe est généralement à **l'indicatif**. Cependant, **le mode subjonctif** est utilisé :

› lorsque la principale exprime une **incertitude** (*doute, souhait, crainte, regret*)

• *Je doute* ***qu'il vienne.***

› lorsque la principale est à la forme **négative** ou qu'elle pose une **question**

• *Je ne crois pas* ***qu'il vienne.*** • *Crois-tu* ***qu'il vienne ?***

› lorsque la complétive est **sujet** • ***Qu'il fasse froid*** *ne me dérange pas.*

JE PERFECTIONNE

La proposition subordonnée infinitive

› La proposition infinitive est un type spécial de subordonnée conjonctive. Elle dépend d'une proposition principale mais elle n'est **pas introduite par un mot subordonnant.**

› Elle s'organise autour d'un **verbe à l'infinitif** qui a **son propre sujet** (différent de celui de la principale).

• *Il regarde [**les joueurs s'entrainer**].* (proposition principale + proposition subordonnée infinitive)

• *Il aime s'entrainer.* → il s'agit d'une phrase simple, *s'entrainer* n'a pas son propre sujet.

› Elle est COD de verbes de perception (*entendre, voir*, etc.) ou de verbes comme *emmener, envoyer, conduire*.

JE DÉCOUVRE

La proposition subordonnée interrogative indirecte

› Elle **complète un verbe** exprimant l'**interrogation** (*se demander*) ou l'**ignorance** (*ignorer, ne pas savoir*).

› Elle peut exprimer une interrogation **totale** ou **partielle** :

› l'interrogation **totale** est introduite par la conjonction de subordination ***si***. • *Je me demande [**si elle viendra**].* voir p. 445

› l'interrogation **partielle** est introduite par un mot interrogatif comme : *où, quand, comment, combien, pourquoi, lequel*, etc.

• *Je me demande [**qui sera là**].* • *J'ignore [**combien nous serons**].*

GRAMMAIRE

20 Les propositions subordonnées circonstancielles

Cahier d'exercices 5e p. 64
Cahier d'exercices 4e p. 55
Cahier d'exercices 3e p. 54

Leçon

JE DÉCOUVRE

Définition

› La proposition subordonnée circonstancielle est **introduite par une conjonction de subordination** qui lui donne son sens. voir p. 445

› Elle peut **presque toujours être déplacée** ou **supprimée**. C'est un **complément de phrase**.

- ***Quand** tu auras fini, tu pourras venir m'aider.*
- *Tu pourras venir m'aider **quand** tu auras fini.*
- *Tu pourras venir m'aider.*

› Elle apporte des informations sur les **circonstances** dans lesquelles se déroule l'action exprimée par le verbe de la proposition principale. Elle occupe donc la fonction de **complément circonstanciel**.

Circonstances	Conjonctions	Exemples
Temps	**simultanéité** : *quand, lorsque, pendant que, tandis que, alors que...* **antériorité** : *jusqu'à ce que, en attendant que, avant que...* **postériorité** : *après que, dès que...*	*Viens **quand** tu peux.* *Pars **avant qu'**il n'arrive.* *Viens **après que** tu as terminé.*
Cause	*comme, parce que, puisque, vu que, étant donné que...*	***Comme** elle voulait te voir, elle est venue.*
But	- *afin que, pour que* (+ subj.) ... - (but négatif) *de peur que, de crainte que* (+ subj.) ...	*Viens **pour qu'**elle puisse te voir.* *Pars, **de peur qu'**il ne nous surprenne.*
Conséquence	- *de sorte que, si bien que, au point que* - *tellement... que, tant... que, si... que* - *assez... pour que, trop... pour que* (+ subj.)	*Elle chantait **si bien que** j'en ai pleuré.* *Il fait **tellement** froid **que** la route est gelée.* *Le gâteau est **trop** chaud **pour qu'**on mange.*
Hypothèse ou condition	- *si* - *à condition que, à moins que* (+ subj.)	***Si** tu viens ce soir, tu la verras.* *Viens, **à moins que** tu ne veuilles pas la voir.*
Opposition ou concession	*alors que, même si...* *bien que* (+ subj.) *quand bien même* (+ cond.)	*Viens, **même s'**il est tard.* ***Quand bien même** tu aurais raison, je ne t'écouterais pas.*

JE DÉCOUVRE

› Les conjonctions exprimant l'**antériorité** et le **but** sont suivies du **subjonctif** voir p. 480, car l'action n'est pas encore réalisée. • *avant que tu **viennes*** • *pour que tu **viennes***

› Les conjonctions exprimant la **postériorité** sont suivies de l'**indicatif**, car l'action a déjà été réalisée (elle est donc certaine). • *après que tu **es venu*** • *dès que tu **es parti***

› Les conjonctions *avant que, de peur que, de crainte que, à moins que* peuvent être suivies du mot *ne*, qui n'a pas de valeur négative (on parle de *ne* explétif). • *avant que tu ne viennes* • *de peur que tu n'oublies*

› Une proposition subordonnée circonstancielle de but ne peut pas avoir le même sujet que la proposition principale.

› ***Si*** peut aussi introduire une **proposition subordonnée interrogative indirecte**. • *Je me demande **si tu viendras**.* voir p. 459

› La proposition subordonnée circonstancielle **de conséquence** est toujours placée **après la proposition principale**. Elle peut être introduite par un **adverbe d'intensité placé dans la proposition principale** (*si, tellement, tant, assez, trop*).

› L'**opposition** met en parallèle deux faits qui s'opposent. • *Je suis grande **alors que** mes parents sont petits.*

› La **concession** marque **la contradiction entre ce qui aurait dû se produire** (ce que l'on attendait) **et ce qui se produit réellement**.

- ***Bien qu'il pleuve**, il est parti courir.*
- ~~*Je l'ai noté pour que je n'oublie pas.*~~ → *Je l'ai noté pour ne pas oublier.*

Bilan sur les niveaux d'analyse dans la phrase

Les fonctions

A. Pour analyser une phrase, il convient de procéder dans l'ordre :

1. **Identifier le verbe principal.** Il n'a pas de fonction : il est le noyau de la phrase.

L'entraineur nous (répète) souvent que notre équipe de cadets doit travailler pour progresser.
verbe principal

2. Identifier le **sujet** du verbe.
3. Identifier les **compléments essentiels du verbe** : COD, COI, attribut, éventuellement complément essentiel de temps ou de lieu ou de mesure.
4. Identifier les autres groupes de la phrase : en principe, il ne doit plus rester que des **compléments circonstanciels**.

NIVEAU 1

qui est-ce qui ? – à qui? – quoi ?

L'entraineur (sujet) *nous* (COI) *répète* (verbe principal) *souvent* (C.C. de temps) *que notre équipe de cadets doit travailler pour progresser* (COD).

5. Procéder à **des tests de vérification** :
   - Le COD peut être remplacé par un pronom, s'il n'en est pas déjà un.
     - *L'entraineur nous **le** répète souvent.*
   - Même chose pour le COI, lorsqu'il y en a un.
   - Les compléments circonstanciels peuvent être supprimés.
     - *L'entraineur nous répète que notre équipe doit travailler pour progresser.*

B. Une phrase comporte plusieurs niveaux d'analyse. Ainsi, à l'intérieur d'un groupe de niveau 1, on peut trouver des groupes de niveau 2.

NIVEAU 2

qui est-ce qui ? – quoi ? – dans quel but ?

… *que notre équipe de cadets* (sujet) *doit* (verbe) *travailler* (COD) *pour progresser* (C.C. de but).

→ REMARQUE : les conjonctions n'ont pas de fonction.

À l'intérieur des groupes de niveau 2, il est encore possible de trouver des groupes de niveau 3.

NIVEAU 3

… *que notre équipe de cadets* → *de cadets* : compl. du nom

Les classes grammaticales

Une fois que les fonctions ont été identifiées aux niveaux 1, 2, 3, etc., il ne reste plus qu'à identifier la classe grammaticale des différents groupes de mots (puis, éventuellement, celle des mots qui constituent ces groupes) :

L' (dét.) *entraineur* (nom) *nous* (pron. pers.) *répète* (verbe) *souvent* (adv.) [*que* (conj. de sub.) [*notre* (dét.) *équipe* (nom) *de* (prép.) *cadets* (nom)] GN *doit* (verbe) [*travailler* (verbe à l'infinitif) *pour* (prép.) *progresser* (verbe à l'infinitif)] GP] proposition subordonnée complétive.

GN = groupe nominal – GP = groupe prépositionnel.

21 Les formes de discours

Cahier d'exercices 5e p. 68
Cahier d'exercices 4e p. 58
Cahier d'exercices 3e p. 57

Observer

Ex. 1

1. Quelle phrase exprime une action ? À quel temps les verbes sont-ils conjugués ?
2. Repérez un passage de description. À quel temps les verbes sont-ils conjugués ?
3. À quoi sert la dernière phrase ?

> À mon arrivée sur l'île, des chevaux m'accueillirent et me saluèrent très poliment. L'un était gris pommelé et l'autre bai. Ils étaient tous deux fort beaux, et de grande taille. Ils se désignaient eux-mêmes comme des Houyhnhnm. Ce mot *Houyhnhnm*, dans leur langue, signifie cheval, et veut dire, selon son étymologie, « la perfection de la nature ».
>
> D'après J. Swift, *Les Voyages de Gulliver*, 1726.

Leçon

JE DÉCOUVRE

Quatre formes de discours

- La forme du discours (= tout texte écrit ou dit à l'oral) dépend de l'intention de l'auteur : raconter, décrire, expliquer ou convaincre.
- On distingue quatre principales formes de discours : **narrative**, **descriptive**, **explicative** et **argumentative**.
- Un texte long **associe** souvent **plusieurs formes de discours** : par exemple, un récit se compose généralement de passages narratifs (actions des personnages) et de passages descriptifs (description des lieux, portraits des personnages).

Le discours narratif

Il **raconte des évènements**, des actions.

- Il emploie des **indicateurs de temps** (*puis*, *soudain*, *le lendemain*...) pour **situer les actions les unes par rapport aux autres.**
- Il privilégie le **passé simple**, le **passé composé** ou le **présent de narration**, qui permettent d'exprimer **l'enchainement des actions.**

Le discours descriptif

Il **présente** un être (portrait physique ou moral), un objet ou un lieu.

- En littérature, il est souvent **intégré à un récit**. Il marque une **pause** dans l'action et permet au lecteur de **mieux se représenter** un personnage ou un lieu.
- Il utilise des **expansions du nom** voir p. 453, ainsi que des **indicateurs de lieu** (*plus loin*, *à gauche*...) pour **situer les éléments les uns par rapport aux autres dans l'espace.**
- Le temps employé est l'**imparfait** (ou le présent dans un récit au présent). voir p. 474-475

Le discours explicatif

Il informe, apporte **des connaissances** (encyclopédies, articles, revues scientifiques, manuels), **des explications techniques** (modes d'emploi, recettes, règles de jeu).

- On peut le trouver dans les récits, par exemple dans les romans de **science-fiction**, pour expliquer le fonctionnement d'appareils inconnus du lecteur.
- Il se caractérise par un **ton neutre**, l'emploi d'un **vocabulaire spécialisé.**
- Il emploie généralement le **présent de vérité générale** et parfois l'**imparfait** (récit au passé).

Le discours argumentatif

Il a pour but de **convaincre**, de **persuader.**

- L'auteur **défend son point de vue** à l'aide d'**arguments** et d'**exemples.**
- Le texte est structuré par des **connecteurs** logiques : *premièrement*, *de plus*, *cependant*, *pour conclure*, *en effet*, *or*, *mais*, *de sorte que*, etc.
- Le temps privilégié est le **présent.**

22 La situation d'énonciation

Cahier d'exercices 4e p. 60
Cahier d'exercices 3e p. 59

Observer

Ex. 1 Rendez-vous jeudi à vingt heures ; je t'attendrai en bas de mon immeuble.

1. Vous trouvez ce mot par terre dans la cour. Êtes-vous capable de vous rendre à ce rendez-vous ? Expliquez pourquoi.
2. Demandez à votre voisin de classe de vous lire ce petit texte comme s'il vous adressait ce message. Pouvez-vous alors savoir avec qui vous avez rendez-vous, où et quand ? Pourquoi ?

Ex. 2

Dans les premiers jours du mois d'octobre 1815, une heure environ avant le coucher du soleil, un homme qui voyageait à pied entrait dans la petite ville de Digne.

V. Hugo, *Les Misérables*, 1862.

Est-on obligé de savoir qui parle pour comprendre cet énoncé ? Expliquez.

Leçon

J'APPROFONDIS

Définition

La situation d'énonciation, c'est **la situation dans laquelle est produit un énoncé** (oral ou écrit) : **qui** s'adresse à **qui**, **où**, **quand** ?

L'énoncé ancré dans la situation d'énonciation

Ce type d'énoncé fait référence à la situation d'énonciation dans laquelle il a été produit. On a donc besoin de connaitre cette situation pour le comprendre.

• *Rdv jeudi à vingt heures. Je t'attendrai en bas de mon immeuble.* Si l'on ne connait pas l'auteur de ce message, ni la date à laquelle il a été écrit, impossible de se rendre au rendez-vous !

• *« Je suis ici, je les ai trouvées, elles sont là ! »*

Pour savoir qui parle, à qui, de quoi et où, il faut connaitre la situation d'énonciation, c'est-à-dire le contexte dans lequel ce message est énoncé.

› On trouve ces énoncés notamment à l'oral, dans les lettres, les textos, mais aussi dans les dialogues insérés dans les récits.

L'énoncé coupé de la situation d'énonciation

Les énoncés qui peuvent se comprendre **sans connaissance de la situation d'énonciation** sont dits « **coupés** » **de la situation d'énonciation.**

› C'est notamment le cas des récits au passé : romans, contes, nouvelles, etc.

Les indices à chercher

Types d'énoncé	Marques de personne	Indicateurs de temps	Indicateurs de lieu	Temps des verbes
Énoncé ancré dans la situation d'énonciation	*je, nous, mon, le nôtre… tu, vous, ta, vos, le tien, les vôtres…*	*aujourd'hui, hier, tout à l'heure, dans deux jours, l'année dernière…*	*ici, là, là-bas, derrière moi, à droite, en face…*	présent (retours en arrière = passé composé ; anticipations = futur de l'indicatif)
Énoncé coupé de la situation d'énonciation	*il, elle, ils, elles, lui, sa, son, ses, leur, le sien, les leurs…*	*ce jour-là, la veille, le lendemain, deux jours plus tard, l'année précédente…*	*chez Julia, sur la route, à Nice, au 43 rue Gambetta…*	passé simple ou composé (retours en arrière = plus-que-parfait ; anticipations = présent du conditionnel)

→ ATTENTION : il est aussi possible de trouver des marques de la 1re personne dans un récit coupé de la situation d'énonciation (lorsque ce récit est à la 1re personne).

23 La modalisation, l'implicite et l'explicite

Cahier d'exercices 3e p. 61

Observer

Ex. 1 **A.** Je suis sûr que tu seras content d'être là. **B.** Leur chat aurait disparu mardi. Peut-être a-t-il été recueilli par un voisin ? **C.** Je n'ai jamais vu d'homme plus laid que lui : son teint est olivâtre et ses dents ressemblent à des créneaux de forteresse.

1. Dans quelle phrase le locuteur exprime-t-il un doute ? Une certitude ? Un jugement de valeur ?
2. Quels indices vous ont permis de comprendre ces différentes attitudes du locuteur ?

Leçon

JE PERFECTIONNE

La modalisation

› Un énoncé peut être **objectif** (neutre) ou **subjectif** (traduisant un point de vue).
- *Cette robe est rouge.* (constat objectif)
- *Cette robe est magnifique/horrible.* (points de vue subjectifs)
- *Les otages ont été libérés.* (c'est un fait)
- *Les otages auraient été libérés.* (le locuteur montre qu'il n'en est pas certain)

› La **modalisation** est le fait d'**introduire de la subjectivité dans ce que l'on dit**, en faisant part d'un sentiment de doute ou de certitude, d'un jugement de valeur, etc. Pour cela, on emploie des **modalisateurs**.

Expression du doute ou de la certitude

Les modalisateurs exprimant le **doute** peuvent être :
› des **adverbes** comme *peut-être*, *sans doute*, etc.
› des **verbes** comme *sembler*, *paraitre*, *avoir l'impression*, etc.
› des **expressions** comme *à mon avis*, *selon moi*, etc.
› l'emploi du **conditionnel** ou de **phrases interrogatives**.

Les modalisateurs exprimant la **certitude** peuvent être :
› des **adverbes** comme *certainement*, *sans aucun doute*, etc.
› des **verbes** comme *assurer*, *affirmer*, etc.

Jugement de valeur

Les modalisateurs exprimant un jugement **péjoratif** (négatif) peuvent être :
› des **suffixes péjoratifs** comme *-âtre* ou *-ard* (*verdâtre*, *criard*, etc.) voir p. 426
› un **lexique péjoratif** (*laid*, *grossier*, *mauvais*, *hypocrite*, *hélas*, etc.)
› des **figures de style** comme la métaphore, la comparaison, l'hyperbole, etc. voir p. 433

- *[Elle] a, par exemple, la barbe grise, un bouquet de poils ici, [...], et de tous côtés des poireaux comme des groseilles qui ont l'air de bouillir sur sa figure.* (J. Vallès, *L'Enfant*, 1878)

Les modalisateurs exprimant un jugement **mélioratif** (positif) peuvent être :
› un **lexique mélioratif** (*beau*, *brillant*, *par bonheur*, etc.)
› des adjectifs au **superlatif** (*le meilleur*, *le plus drôle*, etc.)
› des **figures de style** comme l'hyperbole ou la comparaison.

- *Michel Strogoff était de haute taille, vigoureux, épaules larges, poitrine vaste.* (J. Verne, *Michel Strogoff*, 1876)

L'implicite et l'explicite

Un discours est **explicite** quand le locuteur **dit clairement** ce qu'il pense.
- *Il fait froid. Peut-on fermer la fenêtre ?*

Un discours est **implicite** quand le locuteur **ne dit pas directement** ce qu'il pense. • *Ne trouvez-vous pas qu'il fait froid dans cette pièce ?* → le locuteur fait comprendre implicitement qu'il souhaite qu'on ferme la fenêtre.

→ REMARQUE : **l'ironie** joue sur l'implicite. • *Quelle habileté !* (à quelqu'un qui vient de faire tomber quelque chose)

24 Le statut du narrateur et les points de vue

Cahier d'exercices 3e p. 63

Observer

Ex. 1 A. L'homme s'arrête si brusquement sur le trottoir que la femme qui le suit l'évite de peu. Il tient à la main un petit papier coloré qu'il ne quitte pas des yeux.
B. Ce matin-là, lorsqu'il entra dans le bureau de tabac situé au bas de son immeuble, Luc ignorait encore que sa vie allait basculer. Il acheta un ticket à gratter, en frotta la surface du bout de l'ongle et, tout en se dirigeant vers l'entrée de métro la plus proche, compara entre eux les dessins qui étaient apparus.

1. Dans quel extrait le narrateur connait-il tout de l'histoire et de son personnage ?
2. Dans quel extrait le narrateur se contente-t-il de raconter la scène de manière neutre, objective, comme s'il était un passant qui témoigne ?

Leçon

JE PERFECTIONNE

Narrateur et points de vue narratifs

› Le narrateur peut être **un personnage** de l'histoire, ou peut être **extérieur** à l'histoire.
› Quand il est extérieur à l'histoire, le narrateur **choisit un angle de vue pour raconter une scène**, comme un réalisateur choisit de placer sa caméra ici ou là.
› **Identifier le point de vue narratif**, c'est répondre à la question : **« Que sait le narrateur ? »**

Le point de vue interne

› On dit que le point de vue est interne quand le narrateur **est un personnage de l'histoire** ou qu'il **adopte le point de vue d'un personnage** de l'histoire – comme quand, au cinéma, la caméra montre ce que voit un personnage.
› On voit ce que le personnage voit, on entend ce qu'il entend, on sait ce qu'il pense. Mais on ne voit, n'entend ou ne sait rien de plus que lui.
• *Alors j'entendis distinctement les mêmes pas lourds, le même craquement de l'escalier que j'avais entendus avant de m'endormir. Cela me parut singulier.* (P. Mérimée, *La Vénus d'Ille*, 1837) : le narrateur est un personnage.
• *Alors il entendit distinctement les mêmes pas lourds, le même craquement de l'escalier qu'il avait entendus avant de s'endormir. Cela lui parut singulier.* : le narrateur adopte le point de vue d'un personnage.

Le point de vue externe

› On dit que le point de vue est **externe** quand la scène est décrite **comme si elle était vue par un simple témoin extérieur**.
› Le narrateur raconte de manière **neutre**. La scène **semble se dérouler toute seule.**
› Avec un point de vue externe, on entend ce que les personnages disent, on voit ce qu'ils font, mais on ne sait rien de ce qu'ils pensent. • *Le premier homme s'arrêta net dans la clairière, et son compagnon manqua de lui tomber dessus. Il enleva son chapeau et en essuya le cuir avec l'index qu'il fit claquer pour en égoutter la sueur.* (J. Steinbeck, *Des souris et des hommes*, 1937)

Le point de vue omniscient

› On dit que le point de vue est **omniscient** quand le narrateur est extérieur à l'histoire mais qu'il **sait tout** (*omnis* = tout et *sciens* = sachant). • *Pendant un instant – et ce fut la dernière fois – il fut un petit garçon doux, tendre et malheureux.* (D. Buzzati, « Pauvre petit garçon », *Le K*, 1966)

Résumons :

› point de vue **interne** : on en sait **autant** qu'un personnage ;
› point de vue **externe** : on en sait **moins** que les personnages ;
› point de vue **omniscient** : on en sait **plus** que les personnages.

→ REMARQUE : il est rare qu'un récit soit entièrement rédigé selon le même point de vue.

25 Les paroles rapportées

Cahier d'exercices 5e p. 70
Cahier d'exercices 4e p. 62
Cahier d'exercices 3e p. 66

Leçon

JE DÉCOUVRE

Le discours direct

Les paroles des personnages sont rapportées **telles qu'elles ont été prononcées**, ce qui donne l'impression **d'assister à la scène**, la rend plus **vivante**, plus **authentique**.

• *Jules dit :*
« J'ai envie d'aller au cinéma.
– Oh ! Je viens avec toi ! » s'exclama Élodie.

› Des **guillemets** encadrent (en général) les paroles pour les **distinguer du récit**. Au sein d'un dialogue, un **tiret** signale chaque changement d'interlocuteur.

› Des **verbes de parole** (*dire*, *s'exclamer*, *rétorquer*, etc.) permettent de savoir qui parle et comment s'exprime la personne qui parle. Ils peuvent être placés :

› **avant** les paroles : ils sont alors suivis de deux points (*Jules dit :*)

› **au milieu** ou **à la suite** des paroles : le sujet est alors **inversé** et le verbe ne prend pas de majuscule.

• *« Oh ! Je viens avec toi ! » s'exclama Élodie.*

› Le verbe de parole se conjugue au même temps que les autres verbes d'action du récit.

→ REMARQUE : la présentation d'un **texte de théâtre** est particulière : il n'y a pas de guillemets, pas de verbes de parole (les précisions sur la manière de parler sont indiquées dans les didascalies) et le nom des personnages précède les répliques.

• ÉLODIE, *enthousiaste et pleine d'espoir.* – Je viens avec toi !

Le discours indirect

Le narrateur **intègre les paroles au récit**, sous forme de **propositions subordonnées**.

› Cela permet de ne **pas interrompre le récit**, mais rend la scène moins vivante.

• *Jules dit qu'il avait envie d'aller au cinéma. Élodie s'exclama qu'elle venait avec lui.*

› Il n'y a **ni guillemets ni tirets** puisque les paroles font partie du récit.

› Dans un récit au passé, les verbes sont mis au passé (selon la règle de la concordance des temps). voir p. 467

› Les marques de 1re et 2e personnes deviennent des marques de **3e personne**.

› Les **indications de temps et de lieu** sont modifiées :

• *Je t'appelle demain, promit-elle.* (discours direct) → *Elle promit qu'elle l'appellerait le lendemain.* (discours indirect)

› Les **marques du langage oral** (interrogations directes, exclamations, **interjections**, niveau de langage **familier**) **disparaissent.**

• *– Ouais, enfin tu sais pas encore quel film je veux voir…* (discours direct) → *Jules rétorqua qu'elle ne savait pas encore quel film il voulait voir.* (discours indirect)

JE PERFECTIONNE

Le discours indirect libre

Le discours indirect libre mêle des caractéristiques du discours direct et du discours indirect. Il donne l'impression d'accéder directement aux **pensées des personnages**.

• *Élodie était surprise.* ***Quoi ? Jules irait au cinéma sans elle ?***

› Il n'y a **pas de verbe introducteur ni de mot subordonnant.** Mais il n'y a **pas non plus de guillemets ou tirets.**

› Il conserve du discours direct les **marques d'oralité** : **ponctuation expressive** [! ? ...], langage **familier ou oral.**

› Il conserve du discours indirect la **concordance des temps**, les **indicateurs de temps et de lieu du récit**, ainsi que la **3e personne.**

26 La concordance des temps

Cahier d'exercices 4e p. 64
Cahier d'exercices 3e p. 70

Leçon

J'APPROFONDIS

Qu'est-ce que la concordance des temps ?

- Dans une phrase complexe, la **concordance des temps** est la correspondance qui existe entre le **temps du verbe de la proposition principale et celui de la subordonnée.**
- Les temps employés dans les deux propositions permettent de savoir **si l'évènement de la proposition subordonnée a lieu avant (antériorité), pendant (simultanéité) ou après (postériorité)** celui de la proposition principale.

Lorsque la subordonnée est au mode indicatif

Verbe de la principale	Ordre des évènements	Verbe de la subordonnée	Exemples
Présent	Antériorité	Passé composé voir p. 476 Imparfait	*Je **sais** qu'il **est venu**.* *Je **sais** qu'il **venait** souvent.*
	Simultanéité	Présent	*Je **sais** qu'il **vient**.*
	Postériorité	Futur	*Je **sais** qu'il **viendra**.*
Passé (passé simple, passé composé ou imparfait)	Antériorité	Plus-que-parfait	*J'**ai su** qu'il **était venu**.*
	Simultanéité	Imparfait	*J'**ai su** qu'il **venait**.*
	Postériorité	Présent du conditionnel voir p. 478	*J'**ai su** qu'il **viendrait**.*
Futur	Antériorité	Passé composé Imparfait	*Je **saurai** qu'il **est venu**.* *Je **saurai** qu'il **venait** souvent.*
	Simultanéité	Présent	*Je **saurai** qu'il **vient**.*
	Postériorité	Futur	*Je **saurai** qu'il **viendra**.*

Lorsque la subordonnée est au mode subjonctif voir p. 480

Quel que soit le temps utilisé dans la proposition principale, le verbe de la proposition subordonnée est :
- au **passé du subjonctif** en cas d'**antériorité** • *Je doute qu'il **soit venu**.*
- au **présent du subjonctif** dans les autres cas • *Je souhaite qu'il **vienne** demain.* • *J'aurais aimé qu'il **soit** là à mon mariage.*

Le cas de la subordonnée circonstancielle d'hypothèse voir p. 460

	Prop. subordonnée	Prop. principale
L'hypothèse porte sur l'avenir (l'action est encore réalisable)		
Éventuel	*Si tu t'entraines, …* (présent de l'indicatif) *Si tu t'entraines, …* (présent de l'indicatif)	*… tu réussiras.* (futur simple de l'indicatif) *… tu réussis.* (présent de l'indicatif)
Potentiel	*Si tu t'entrainais, …* (imparfait de l'indicatif)	*… tu réussirais.* (présent du conditionnel)
L'hypothèse porte sur le présent (l'action n'est pas réalisable)		
Irréel du présent	*Si j'étais riche, …* (imparfait de l'indicatif)	*… je ferais le tour du monde.* (présent du conditionnel)
L'hypothèse porte sur le passé (l'action n'est plus réalisable)		
Irréel du passé	*Si j'avais été riche, …* (plus-que-parfait de l'indicatif)	*… j'aurais fait le tour du monde.* (passé du conditionnel)

27 La chronologie et le rythme du récit

Cahier d'exercices 4e p. 66
Cahier d'exercices 3e p. 72

Observer

Ex. 1 Ce matin-là, je commençai vraiment à m'inquiéter. *La dernière fois que j'avais vu Jonathan, c'était le vendredi précédent. Nous avions pris un café vers dix heures du matin, rue Oberkampf. Il m'avait paru très agité, avait évoqué des problèmes d'argent, des dettes. Le soir même, j'avais essayé de le joindre, en vain.*

1. a) Les évènements évoqués dans le passage en italique ont-ils eu lieu avant ou après la situation évoquée dans la première phrase ? b) Comment appelle-t-on cela, au cinéma ?
2. a) Que s'est-il passé vendredi entre dix heures du matin et le soir ? b) Expliquez ce choix du narrateur.

Leçon

J'APPROFONDIS

L'ordre du récit

› Lorsqu'un narrateur raconte des évènements dans l'ordre où ils ont eu lieu, on dit que le récit est **chronologique**.

› Mais le narrateur peut aussi faire des **retours en arrière** (appelés *flashbacks* au cinéma). Dans un récit au passé, ces retours en arrière sont au **plus-que-parfait.** voir p. 476
- *Mon ami me montra la voiture qu'il **avait repérée** quelques jours plus tôt.*

› À l'inverse, un narrateur peut évoquer des **évènements futurs** : on parle alors d'**anticipations**. Dans un récit au passé, ces anticipations sont au **conditionnel.** voir p. 478
- *Je compris qu'il ne **serait** pas heureux sans ses amis.*

› Des **indicateurs de temps** (*la veille*, *le lendemain*, etc.) permettent généralement de repérer les retours en arrière et les anticipations.

Le rythme du récit

Pour rendre son récit plus dynamique, et donc plus intéressant, le narrateur varie le rythme de sa narration, en passant plus ou moins de temps sur un épisode.

Dénominations	Caractéristiques	Exemples
La scène	Le rythme de la narration **correspond à peu près au rythme de l'histoire**. La scène, souvent un dialogue, semble se dérouler sous les yeux du lecteur.	*Le serveur s'approcha de nous. « Qu'est-ce que vous prendrez ? » demanda-t-il. Roger leva les yeux et répondit : « Un triple expresso. » Le serveur esquissa un sourire. » « Je vous le mets dans un bol ? »*
Le sommaire	Le narrateur **résume** une partie de l'histoire, ce qui accélère le rythme du récit.	*Il se mit à jouer de plus en plus, contracta des dettes, qu'il ne payait pas.*
L'ellipse	Le narrateur **passe sous silence** une partie de l'histoire.	*Je m'absentai de Paris pendant trois mois. À mon retour...*
La pause	Le récit **s'arrête** pour intégrer une description ou des commentaires.	*Il avait le teint gris, les yeux cernés, le cheveux gras, sa veste froissée sentait la sueur. Tout cela ne lui ressemblait pas.*

Pour analyser la construction d'un récit, il faut essayer de comprendre pourquoi le narrateur change de rythme.

› Une **pause** peut par exemple permettre de faire le portrait d'un nouveau personnage ou de créer de la tension en ralentissant le rythme.

› Une **ellipse** permet par exemple de créer du suspense en ne racontant pas un moment important de l'histoire. Mais elle peut également alléger le récit en laissant de côté des moments moins intéressants.

28 La cohérence du texte

Cahier d'exercices 5e p. 72
Cahier d'exercices 4e p. 68
Cahier d'exercices 3e p. 74

Observer

Ex. 1 Le troll était occupé à boire. Derrière le troll se trouvait un petit buisson. Le lutin s'y glissa pour observer le troll. Le troll était d'une taille prodigieuse, doté d'une petite tête aplatie et de jambes courtes et arquées. Le troll était assis devant un grand feu.

1. Quel est le groupe nominal répété ? Est-ce agréable de lire cet extrait ainsi ?
2. Remplacez ce GN par d'autres GN ou par des pronoms. Variez les reprises utilisées.

Leçon

REPRISES NOMINALES ET PRONOMINALES

JE DÉCOUVRE

La cohérence du texte

Un texte n'est pas une simple succession de phrases. Pour assurer sa **cohérence**, il doit **reprendre régulièrement des informations** déjà données à l'aide de **reprises nominales ou pronominales** et **apporter de nouvelles informations** pour permettre une **progression**.

Les reprises nominales et pronominales

› Un **groupe nominal** ou un **pronom** peut, dans un texte, **reprendre un autre groupe de mots déjà utilisé**. C'est ce qu'on appelle les **reprises nominales** ou **pronominales**.
› Ces reprises permettent d'**éviter les répétitions**.

Les reprises pronominales voir p. 442

Certains pronoms, appelés « pronoms de reprise » **reprennent** des mots ou des groupes de mots **déjà cités dans le texte.** Il peut s'agir :
› **de pronoms personnels de la 3e personne** • *Julien vit Aaliyah, assise en face de **lui**.*
› **de pronoms démonstratifs** • *Il n'osa pas l'interpeler. **Ce** n'était pas dans ses habitudes.*
› **de pronoms possessifs** • *Aaliyah portait un pull qui n'était pas **le sien**.*
› **de pronoms relatifs** • *Le pull **qu'**elle portait lui avait été prêté par Coline.*
› **de pronoms adverbiaux** • *Une place se libéra à côté de Aaliyah, Julien s'**y** assit.*

Les reprises nominales

Ce sont des **noms** ou **GN** qui reprennent des éléments dont on a déjà parlé. Il peut s'agir :
› du **même nom**, **précédé d'un déterminant plus précis.** • *Sofia possédait **une voiture**. **Cette voiture** n'était plus toute jeune, mais elle nous permettait de partir en virée.*
› D'un **synonyme.** • *Voiture → automobile*
› D'un **mot générique** (mot de sens plus large). • *Voiture → véhicule*
› D'une **périphrase**, c'est-à-dire d'un groupe nominal désignant de manière indirecte un être ou une chose en donnant ses caractéristiques. • *Ta voiture → ton vieux tas de ferraille* (périphrase péjorative) ou *ton petit bolide* (périphrase méliorative) voir p. 508

→ REMARQUE : une reprise peut reprendre une proposition, une phrase ou même un paragraphe entier. voir p. 508
• *Il pleut mais **cela** ne les dérange pas.*
• *Paul s'est étalé de tout son long et a atterri sur les genoux de Chloé. Tous se souviendront de **cet épisode** hilarant !*

Observer

Ex. 1

1. Selon vous, pourquoi appelle-t-on *thème* les mots en gras et *propos* les mots soulignés ?
2. Dans quel exemple le thème est-il le même d'une phrase à l'autre ?
3. Dans quel exemple le thème est-il décomposé en plusieurs catégories ?

A. Félicie lui sembla bien conservée. **Sa peau** paraissait lisse. **Ses joues** étaient roses et fraîches. **Ses cheveux** formaient des bandeaux noirs qui encadraient son visage.

B. Félicie trônait au centre de la boutique. **Elle** recevait l'argent des clientes qui défilaient devant sa caisse. **Elle** prenait le temps d'échanger quelques mots avec chacune.

D'après É. Zola, *Jacques Damour*, 1880.

Leçon

THÈME ET PROPOS

JE DÉCOUVRE

Le thème et le propos

Quand un locuteur parle, il doit faire **progresser son texte ou son discours.** On nomme ***thème* ce dont on parle** et ***propos* ce qu'on dit de nouveau par rapport au thème.**

- *Mon grand-père* (thème) *aime raconter des histoires qui font peur.* (propos)

Le thème est souvent le **sujet grammatical de la phrase.**
Pour faire avancer un texte, on peut utiliser trois types de progressions.

La progression à thème constant

Le **même thème est repris d'une phrase à l'autre** (à l'aide d'une reprise nominale ou pronominale), mais avec un **propos différent.**

- *Mon grand-père* (thème) *aime raconter des histoires qui font peur.* (propos)
- *Il* (thème) *semble se délecter de l'effroi qui se lit sur mon visage.* (propos)

La progression à thème linéaire

Le **propos d'une phrase devient le thème de la phrase suivante.**

- *Mon grand-père* (thème) *aime raconter des histoires qui font peur.* (propos)
- *Ses histoires traitent souvent de revenants, de fantômes et d'animaux fantastiques.*

Le propos de la phrase précédente devient le nouveau thème.

J'APPROFONDIS

La progression à thème éclaté

Un **thème central est choisi et les thèmes de chaque phrase représentent un élément particulier de ce thème choisi.**

- *Le visage de mon grand-père* (thème) *s'anime lorsqu'il parle.*
- *Ses yeux* (thème 1) *se plissent de plaisir, son nez* (thème 2) *frémit et ses lèvres* (thème 3) *s'étirent en un fin sourire à peine perceptible.*

▲ Thomas Moran, *Maison hantée*, 1858.

1 Les temps, les modes et les voix

Cahier d'exercices 5e p. 76
Cahier d'exercices 4e p. 72
Cahier d'exercices 3e p. 78

Observer

Ex. 1 Je **crois** que tu **crois** qu'il **croit** tes histoires. Mais nous **croyons** tous les deux qu'elle ne nous **croit** pas. Et vous, que **croyez**-vous ?

1. Quel est l'infinitif du verbe en gras ?
2. Combien notez-vous de formes verbales différentes ?

Ex. 2 **A.** Il **est appelé** au tableau. **B.** Il **est venu** au tableau.

1. À quelle voix est conjugué chacun des verbes ?
2. À quel temps est conjugué chacun des verbes ?
3. Combien de mots sont nécessaires pour former le présent de la voix passive ? Et à la voix active ?

Leçon

JE DÉCOUVRE

Le verbe est un **mot variable**, dont la forme se modifie en fonction du **mode**, du **temps**, de la **voix** et de la **personne** auxquels il est conjugué. voir p. 439

• *Je **mange**.* • *Je **mangerais** bien quelque chose.* • *J'**ai été mangé**.*

Les temps

Le temps permet de **situer l'action** dans le présent, le passé ou le futur et de **comprendre l'enchainement des faits**.

• *Nous **partirons** à huit heures. **Prenez** les valises que nous **avons descendues**.*

Action 3 (futur) — Action 2 (présent) — Action 1 (passé)

On distingue les temps **simples** et les temps **composés**.

Les modes

Les modes indiquent la façon dont on envisage l'action. On distingue :

› Les modes **personnels** (le verbe varie en fonction de la personne = il se conjugue) :

Indicatif	Souvent pour action certaine	*Elle **lit** tous les soirs.*
Conditionnel voir p. 478	Action imaginaire ou incertaine	*Apparemment, elle **lirait** beaucoup.*
Subjonctif voir p. 480	Souvent pour action souhaitée ou incertaine (négation)	*Ce serait bien qu'elle **lise**.* *Je ne pense pas qu'elle **lise** beaucoup.*
Impératif voir p. 479	Action ordonnée ou conseillée	***Lis** ce livre, il va te plaire.*

› Les modes **impersonnels** (le verbe ne varie pas en fonction de la personne) :

› l'**infinitif** • ***Lire** le texte.*

› le **participe**

- **passé** • *fatigué*

→ REMARQUE : le participe passé peut s'accorder. voir p. 484

- **présent** • *fatiguant*

→ REMARQUE : le participe présent permet de former des adjectifs, on les appelle alors **adjectifs verbaux**. Attention, parfois, leur forme est différente • *fatigant.* voir p. 490

Les voix voir p. 481

Les verbes se conjuguent aussi en fonction du rôle joué par le sujet :

› si le sujet **fait l'action**, on parle de **voix active** • *Ma sœur **lit** beaucoup.*

› si le sujet **subit l'action**, on parle de **voix passive** • *Ce livre **a été lu** par toute une génération.*

2 Le présent de l'indicatif

Cahier d'exercices 5e p. 78
Cahier d'exercices 4e p. 74
Cahier d'exercices 3e p. 80

Leçon

JE DÉCOUVRE

1er et 2e groupes

1er groupe			2e groupe
Aimer	**Placer**	**Nager**	**Finir**
j'aime	je place	je nage	je finis
tu aim**es**	tu plac**es**	tu nag**es**	tu fini**s**
il aim**e**	il plac**e**	il nag**e**	elle fini**t**
nous aim**ons**	nous plaç**ons**	nous nage**ons**	nous finiss**ons**
vous aim**ez**	vous plac**ez**	vous nag**ez**	vous finiss**ez**
ils aim**ent**	ils plac**ent**	ils nag**ent**	ils finiss**ent**

Certains verbes du 1er groupe modifient leur radical :

Verbes en *-yer*	le *-y-* devient *-i-*, sauf à *nous* et *vous*	*j'appuie, nous appuyons*
Verbes en *-éder, -éter, -érer*	le *-é-* devient *-è-*, sauf à *nous* et *vous*	*je cède, nous cédons*
Verbes en *-eter, -eler, -ener, -emer*	le *-e-* devient *-è-*, sauf à *nous* et *vous*	*j'amène, nous amenons*
appeler, jeter (et *rejeter, rappeler, interpeler*, etc.)	la consonne est doublée, sauf à *nous* et *vous*	*je jette, nous jetons*

3e groupe

LE 3e GROUPE

Verbes irréguliers
faire, aller, dire, savoir, être et *avoir*

Ouvrir, cueillir, souffrir se conjuguent comme le **1er groupe**
-E, -ES, -E

Pouvoir, vouloir, valoir • *je veux, tu veux, il veut...*
-X, -X, -T

Verbes en *-dre* • *je prends, tu prends, il prend...*
-DS, -DS, -D

sauf verbes en *-indre* et *-soudre*
• *je peins, tu peins, il peint...*
• *je résous, tu résous, il résout...*
-S, -S, -T

Verbes en :
-ir (sauf verbes du 2e groupe) • *je ris, tu ris, il rit...*
-oir (sauf *vouloir, pouvoir, savoir, valoir*) • *je vois, tu vois, il voit...*
-re (sauf *-dre*) • *je lis, tu lis, il lit...*
-S, -S, -T

Valeurs	Définitions	Exemples
(Présent d') énonciation	Il exprime une action qui a lieu au moment où elle est énoncée.	*Nous sommes en Turquie pour les vacances.*
Habitude	Il exprime un fait qui se répète, une habitude.	*Tous les étés, ils vont à Bodrum.*
Vérité générale	Il exprime un fait qui est toujours vrai, qui n'est pas lié à un moment précis.	*L'eau bout à 100 °C.* *On a toujours besoin d'un plus petit que soi.*
Description	Il sert à décrire.	*La mer est calme, le soleil miroite sur la surface de l'eau.*
(Présent de) narration	Utilisé dans un récit au passé, il sert à rendre une scène plus vivante.	*[Christophe Colomb naviguait depuis deux mois.] Soudain, il aperçoit un rivage !*
Passé proche et futur proche	Il exprime une action qui vient de se produire ou qui va se produire.	*Je rentre juste de vacances. Je pars dans cinq minutes.*
Injonction	Il exprime un ordre.	*Tu viens ici tout de suite !*

3 Le futur de l'indicatif

Cahier d'exercices 5e p. 80
Cahier d'exercices 4e p. 76
Cahier d'exercices 3e p. 81

Observer

Ex. 1 Nous rirons, elle plaisantera, je me réjouirai, ils souriront, tu poufferas, je glousserais.

Trouvez l'intrus dans la liste ci-dessus. Comment l'avez-vous identifié ?

Ex. 2 **A.** Venez à la première heure demain !
B. Vous viendrez à la première heure demain.
C. Écoute attentivement l'entraineur ce soir.
D. Tu écouteras attentivement l'entraineur ce soir.

Voyez-vous une différence de sens entre les phrases A et B, ou C et D ?

Ex. 3 **A.** Je **serai** toujours là pour toi ! **B.** Tu **seras** là demain à huit heures.

Quelle est la valeur du futur dans chacune de ces phrases ?

Ex. 4 **A.** Je **pourrai** compter sur toi. **B.** Je **pourrais** compter sur toi.

a) À quels temps et quels modes les verbes en gras sont-ils conjugués ? b) Pourquoi y a-t-il un risque de confusion ? c) Quelle différence de sens y a-t-il entre les deux phrases ?

Leçon

JE DÉCOUVRE

Formation

Les **terminaisons** sont **les mêmes pour tous les verbes** :

je tu il, elle, on	-ai -as -a	nous vous ils, elles	-ons -ez -ont

La formation du **radical dépend du groupe** du verbe :

1er gr.	Radical = **radical du présent (1re pers. du singulier)** + *-er* voir p. 472 • *amener = j'**amèn**-e* (présent) → *j'**amèn-er**-ai* • *appeler = j'**appell**-e* (présent) → *j'**appell-er**-ai* Attention de ne pas oublier le *-e-* aux verbes en *-éer*, *-ier*, *-uer* • *je **jou-er**-ai – je **cré-er**-ai* Une exception : ***envoyer*** → *j'enverrai*
2e gr.	Le radical est **identique à la forme de l'infinitif** • *finir = je **finir**-ai*
3e gr.	Les verbes ont souvent un radical particulier. Voici quelques verbes essentiels : (voir tableau ci-dessous) Attention à ne pas confondre *je saurai* (*savoir*) et *je serai* (*être*).

pouvoir	savoir	voir	tenir	venir	courir
je pourrai	*je saurai*	*je verrai*	*je tiendrai*	*je viendrai*	*je courrai*

Valeurs

Il permet de situer un fait dans **l'avenir**.	*Je serai là à vingt heures.*
Il peut exprimer **un ordre**.	*Vous ferez vos devoirs avant de jouer.*
Il permet de formuler **une promesse**.	*Je t'aimerai toujours.*

Pour exprimer un futur proche, on peut utiliser la formule *aller* + verbe à l'infinitif. • *Je vais prendre une douche.*

4 L'imparfait et le passé simple de l'indicatif : formation

Cahier d'exercices 5e p. 82
Cahier d'exercices 4e p. 78
Cahier d'exercices 3e p. 83

Leçon

JE DÉCOUVRE

Formation de l'imparfait de l'indicatif

› Les **terminaisons** sont les **mêmes** pour **tous les verbes** : ***-ais***, ***-ais***, ***-ait***, ***-ions***, ***-iez-***, ***-aient***.

› Le **radical** est le même que celui de la **1re pers. du pluriel au présent.** voir p. 472

- *finir : nous **finiss**-ons* (présent) → *je **finiss**ais* (imparfait)
- *prendre : nous **pren**-ons* (présent) → *vous **pren**iez* (imparfait)

Une exception : *être* → *nous sommes* mais *elle était*.

Formation du passé simple de l'indicatif

Les verbes ont des terminaisons différentes selon leur groupe :

	1er groupe	2e groupe	3e groupe		
	Parler	Finir	Prendre	Croire	Venir
je	parl-**ai**	fin-**is**	pr-**is**	cr-**us**	v-**ins**
tu	parl-**as**	fin-**is**	pr-**is**	cr-**us**	v-**ins**
il	parl-**a**	fin-**it**	pr-**it**	cr-**ut**	v-**int**
nous	parl-**âmes**	fin-**îmes**	pr-**îmes**	cr-**ûmes**	v-**înmes**
vous	parl-**âtes**	fin-**îtes**	pr-**îtes**	cr-**ûtes**	v-**întes**
elles	parl-**èrent**	fin-**irent**	pr-**irent**	cr-**urent**	v-**inrent**

À propos des verbes du 3e groupe

Comme vous pouvez le constater dans le tableau ci-dessus, tandis que les verbes du **1er groupe** se conjuguent en ***-a-*** et ceux du **2e groupe** en ***-i-***, les verbes du **3e groupe** se conjuguent soit en ***-i-***, soit en ***-u-***, soit en ***-in-***.

LES VERBES du 3e GROUPE

- **en *-i-*** : Certains verbes en ***-re*** + ***voir*** ; Les verbes en ***-ir***
  - *je pris, j'écrivis, je vis*
- **en *-u-*** : Les autres verbes en ***-re*** + les verbes en ***-oir(e)*** et en ***-aitre***
  - *je vécus, je résolus, je dus, j'apparus*
- **en *-in-*** : *Tenir, venir et leurs composés*
  - *je revins, je soutins*
- *Aller* = 1er groupe
  - *j'allai, tu allas*
- *Être* : *je fus, nous fûmes*
  Avoir : *j'eus, nous eûmes*

→ ASTUCE : pour de nombreux verbes, la forme du passé composé voir p. 476 peut vous aider à trouver la forme du passé simple. • *Vivre* → *Il a vécu.* (passé composé) → *Il vécut.* (passé simple)

Attention

-cer	pour garder le son [s], le *-c-* prend une cédille	*Je traçais*
-ger	pour garder le son [j], le *-g-* est suivi d'un *-e-*	*Tu nageas*
-yer, -ier et *-gner*	**à l'imparfait** : ne pas oublier le *-i-* de la terminaison à *nous* et *vous*	*J'appuyais, nous appuyions* *J'appréciais, nous appréciions*

Prenez garde à ne pas confondre la 1re personne du singulier de l'imparfait (*je dans**ais***) et celle du passé simple (*je dans**ai***).

5 L'imparfait et le passé simple de l'indicatif : valeurs

Cahier d'exercices 5e p. 84
Cahier d'exercices 4e p. 79
Cahier d'exercices 3e p. 84

Observer

Ex. 1 Un soir, pendant que j'aidais mon père à sortir les caisses de légumes (on habitait encore à Nice), j'entendis un solo de guitare. Ce fut un choc, une révélation. Je sus immédiatement que c'était le début d'une longue passion.

1. a) Quelle est l'information la plus importante dans la première phrase ? b) À quel temps le verbe est-il conjugué ?
2. a) Quelle partie de la phrase indique le contexte dans lequel l'évènement important a eu lieu ? b) À quel temps les verbes sont-ils conjugués ?
3. a) Dans la dernière phrase, quel verbe exprime un fait qui n'est pas terminé au moment du récit ? b) À quel temps le verbe est-il conjugué ?

Ex. 2 **A.** Il est 7 h 30, Clara attrape sa veste et part pour le collège.

B. Tous les matins, elle prend le bus de 7 h 38.

C. Ce matin, le bus a du retard.

D. En fait, il y a souvent des bouchons sur son chemin.

E. Clara et Nadia en profitent pour se raconter leur weekend.

F. Il n'y a rien de mieux qu'une amie !

Dans les phrases ci-dessus, quelles actions ont lieu au moment où la phrase est prononcée ?

Leçon

JE DÉCOUVRE

L'imparfait et le passé simple ont des **valeurs complémentaires**.

Imparfait	Passé simple
Arrière-plan Narration d'actions **secondaires**, qui ne font pas avancer l'histoire. Description du décor, de l'atmosphère.	**Premier plan** Narration d'actions **principales**, qui font avancer l'histoire.
Il attendait, angoissé. arrière-plan (**action secondaire**) *L'horizon s'assombrissait rapidement.* arrière-plan (**description**)	*Soudain, une porte claqua.* premier plan (**action principale**) *Une ombre s'avança.* premier plan (**action principale**)
Actions inachevées Actions qui ne sont pas terminées au moment de l'histoire. *Elle régnait depuis vingt ans.* [à ce moment-là elle régnait encore]	**Actions achevées** Actions terminées, délimitées dans le temps (avec un début et une fin), qui ont eu lieu à un moment précis. *Elle régna pendant vingt ans.* [son règne est terminé]
Actions répétées, habitudes dans le passé *Il prenait le bus de 7 h 32.* [il prend ce bus régulièrement]	**Actions uniques** *Il prit le bus de 7 h 32.* [ce n'est pas une habitude]
Actions simultanées *Elle déjeunait et préparait sa réunion.* [Elle faisait les deux en même temps]	**Actions successives** *Elle déjeuna et prépara sa réunion.* [Elle fit l'un puis l'autre]

→ REMARQUE : à l'oral, le passé simple est souvent remplacé par le passé composé. voir p. 476

6 Les temps composés de l'indicatif : formation

Cahier d'exercices 5e p. 86
Cahier d'exercices 4e p. 82
Cahier d'exercices 3e p. 86

Leçon

JE DÉCOUVRE

Qu'est-ce qu'un temps composé ?

› Un temps composé est formé de **deux parties** : **un auxiliaire** (*avoir* ou *être*) et le **participe passé** du verbe à conjuguer. • *courir → j'ai couru*

› **L'auxiliaire** est la **partie du verbe qui se conjugue**.
• ***J'ai** couru, tu **as** couru, elle **a** couru,* etc.

Formation du passé composé de l'indicatif

Le passé composé est formé de **deux éléments** :

Auxiliaire (*avoir* ou *être*) conjugué au **présent** de l'indicatif + **participe passé** du verbe

Auxiliaire

Le choix de l'auxiliaire dépend des verbes :

Auxiliaire *avoir*	La majorité des verbes, dont : - tous les verbes **transitifs** (qui ont un complément) • *Il a pris son harpon.* • *Ils ont levé l'ancre.* - le verbe ***être*** • *Nous avons été dans toutes les mers du monde.*
Auxiliaire *être*	- des verbes de **mouvement** (*aller, partir, venir, tomber, passer,* etc.) • *Nous sommes partis un soir d'hiver.* - tous les verbes **pronominaux** • *Elle s'est retournée.* - *naitre, mourir, devenir,* etc. • *Je suis née à Haïti.*

Participe passé

Les terminaisons des participes passés varient selon les verbes :

1er gr.	2e gr.	3e groupe				
-é	*-i*	*-i*	*-u*	*-s*	*-t*	*-é*
rêvé	*fini*	*senti*	*couru*	*pris*	*dit*	*né*

→ REMARQUES :

› Pour vérifier si un participe passé se termine par une **consonne muette**, on peut le mettre au féminin.
• *pris → prise*

› Employé avec l'auxiliaire ***avoir***, le participe passé **ne s'accorde pas avec le sujet** du verbe. • *Elle a couru.*

› Employé avec l'auxiliaire ***être***, il **s'accorde avec le sujet du verbe**. • *Elle est tombée.* voir p. 484

Formation du plus-que-parfait de l'indicatif

Le plus-que-parfait est un temps du passé. Sa forme verbale est composée de deux éléments :

Auxiliaire (*avoir* ou *être*) conjugué à **l'imparfait** de l'indicatif + **participe passé** du verbe

J'APPROFONDIS

› **À chaque temps simple correspond un temps composé.** Voici les temps composés correspondant aux temps simples que vous avez vus :

Temps simple	Temps composé
Présent : *je **mange*** voir p. 472	Passé composé : ***j'ai** mangé*
Imparfait : *je **mangeais*** voir p. 474	Plus-que-parfait : ***j'avais** mangé*
Passé simple : *je **mangeai*** voir p. 474	Passé antérieur : ***j'eus** mangé*
Futur simple : *je **mangerai*** voir p. 473	Futur antérieur : ***j'aurai** mangé*

7 Les temps composés de l'indicatif : valeurs

Cahier d'exercices 5e p. 88
Cahier d'exercices 4e p. 85
Cahier d'exercices 3e p. 87

Leçon

JE DÉCOUVRE

Valeurs du passé composé

Antériorité	Il évoque une action qui a eu lieu **avant une action au présent**. *On regarde le film* (action 2) *que tu **as téléchargé*** (action 1).
Action achevée	Il exprime une action qui est **terminée** au moment où l'on parle. ***J'ai fait** mes devoirs.* = je les ai finis. Comparer avec : *Je fais mes devoirs.* = je suis en train de les faire.
Valeur de passé simple	Le passé simple s'utilise surtout à l'écrit, dans les récits littéraires. À l'**oral** et dans la **langue écrite courante**, il est souvent remplacé par le passé composé. *Nous **avons déménagé** à Lyon.* (plutôt que *Nous déménageâmes*...)

Valeurs du plus-que-parfait

Antériorité par rapport au passé	Exprime un fait qui a lieu **avant** un autre fait passé. *Il reçut le colis* (action 2) *qu'elle lui **avait envoyé*** (action 1).
Action achevée	Comme tous les temps composés, il exprime une action **terminée**. *Il **avait fait** très chaud tout l'été.* (c'est terminé) Comparer : *Il **faisait** très chaud cet été.* (c'est encore vrai au moment du récit)

J'APPROFONDIS

Exprimer des actions antérieures (« qui ont lieu avant »)

Un temps composé permet d'exprimer une **action antérieure à une action exprimée au temps simple correspondant.** voir p. 476

- *Je regarde* (présent) *le film que j'**ai loué*** (passé composé)
- *Je regardais* (imparfait) *le film que j'**avais loué*** (plus-que-parfait)
- *Je regarderai* (futur simple) *le film que j'**aurai loué*** (futur antérieur)

→	→
ai loué	*regarde*
avais loué	*regardais*
aurai loué	*regarderai*

→ REMARQUES

› Le **plus-que-parfait** exprime une action antérieure à une action **passée**, que celle-ci soit exprimée à l'**imparfait**, au **passé simple** ou au **passé composé**.
- *Nous **avions prévu** de sortir, mais il **pleuvait*** (imparfait).
  *mais il **se mit** à pleuvoir* (passé simple).
  *mais il **s'est mis** à pleuvoir* (passé composé).

› L'emploi du **passé antérieur** est **rare** : il s'utilise généralement par rapport à un **passé simple**, après *quand, lorsque, dès que, après que*, etc.
- *Quand ma mère **eut bordé** le petit Paul, elle vint me donner le baiser du soir.*
  (Marcel Pagnol, La Gloire de mon père, *1957.)*

Exprimer des actions achevées

Action achevée	
Il est dix-huit heures, j'ai fait mes devoirs.	≠ *je fais mes devoirs* (je suis en train de les faire)
Hier soir, j'avais fait mes devoirs.	≠ *Hier soir, je faisais mes devoirs.*
Quand j'aurai fait mes devoirs...	≠ *Quand je ferai mes devoirs...*

› Le **passé simple**, même s'il est un temps simple, permet également d'exprimer une **action achevée.** Il a la même valeur que le passé composé.

› Le **futur antérieur** peut aussi avoir d'autres valeurs :
  › exprimer une **supposition** • *J'ai oublié d'éteindre en partant... Sarah l'**aura** sans doute **fait** pour moi.*
  › exprimer un **ordre** • *Pour demain, vous **aurez fait** les exercices.*

8 Le conditionnel

Cahier d'exercices 5e p. 92
Cahier d'exercices 4e p. 88
Cahier d'exercices 3e p. 89

Leçon

Le conditionnel est un **mode** qui évoque des actions **incertaines** ou **non accomplies**.

Formation

› **Présent du conditionnel** = radical du **futur** + terminaisons de l'**imparfait**

› **Passé du conditionnel** = **auxiliaire** au **présent du conditionnel** + **participe passé**

	Aimer	Finir	Être	Pouvoir
Futur de l'indicatif	j'aimer**ai**	tu finir**as**	il sera	nous pourr**ons**
Présent du conditionnel	j'aimer**ais**	tu finir**ais**	il ser**ait**	nous pourr**ions**
Passé du conditionnel voir p. 473	j'aur**ais** aimé	tu aur**ais** fini	il aur**ait** été	nous aur**ions** pu

JE DÉCOUVRE

Valeurs

Présent du conditionnel

Futur dans le passé (valeur temporelle)	Il exprime une action à venir dans un contexte passé. *Je **croyais** qu'elle **viendrait**.* (contexte présent : *Je crois qu'elle viendra.*)
Fait incertain	*Le policier **serait** dans un état critique* (l'information n'a pas été vérifiée) *S'il venait, je **serais** ravie.* (mais ce n'est pas sûr)
Fait imaginaire, rêvé	*On **habiterait** dans un palais, on **aurait** des tapis volants…*
Demande polie, souhait	*Je **voudrais** deux croissants, s'il vous plait.* *J'**aimerais** que vous parliez moins fort.*

Passé du conditionnel

Fait incertain dans un contexte passé	*Ils seraient rentrés chez eux, mais **auraient eu** un accident sur la route.*
Demande (très) polie	*J'**aurais voulu** vous parler.*
Regret	*J'**aurais voulu** être un artiste.*

JE PERFECTIONNE

Système hypothétique

› L'hypothèse porte sur **l'avenir** (l'action est **encore réalisable**) :

	Proposition subordonnée	Proposition principale
Éventuel	*Si tu t'entraines…* (présent de l'indicatif) *Si tu t'entraines…* *Si tu échoues…*	*… tu réussiras.* (futur de l'indicatif) voir p. 473 *… tu réussis.* (présent de l'indicatif) voir p. 472 *… recommence.* (présent de l'impératif) voir p. 479
Potentiel	*Si tu t'entrainais…* (imparfait de l'indicatif)	*… tu réussirais.* (présent du conditionnel) voir p. 478

› L'hypothèse porte sur le **présent** (l'action n'est **pas réalisable**) :

	Proposition subordonnée	Proposition principale
Irréel du présent	*Si j'étais riche…* (imparfait de l'ind.)	*… je ferais le tour du monde.* (présent du cond.)

› L'hypothèse porte sur le **passé** (l'action n'est **plus réalisable**) :

	Proposition subordonnée	Proposition principale
Irréel du passé	*Si j'avais été riche…* (plus-que-parfait de l'ind.)	*… j'aurais fait le tour du monde.* (passé du cond.)

Dans la proposition subordonnée introduite par *si*, le verbe n'est **jamais conjugué au conditionnel**, il est à l'indicatif. • *On ne dit pas « Si j'aurais… » mais « Si j'avais… ».*

9 L'impératif

Cahier d'exercices 5ᵉ p. 94
Cahier d'exercices 4ᵉ p. 90
Cahier d'exercices 3ᵉ p. 91

Observer

Ex. 1

Fais pas ci, **fais** pas ça / **Viens** ici, **mets**-toi là / Attention **prends** pas froid / Ou sinon gare à toi / **Mange** ta soupe, allez, **brosse**-toi les dents.

J. Dutronc, « Fais pas ci fais pas ça », 1966.

1. Pour la deuxième personne, quelle est la terminaison des verbes du 1er groupe ? du 3e groupe ?
2. Comparez avec la conjugaison du présent de l'indicatif. À quoi faut-il faire attention pour les verbes du 1er groupe ?
3. Dans quel niveau de langue cette chanson est-elle écrite ? Justifiez par une remarque grammaticale.

Leçon

JE DÉCOUVRE

Formation

Impératif présent

› Le **radical** est le **même que celui du présent de l'indicatif.** voir p. 472
• *Ouvrir : tu **ouvr**-es* (indicatif présent) → ***ouvr**-e* (impératif présent).

› Les **terminaisons** sont les suivantes : **1er** groupe : ***-e***, ***-ons***, ***-ez*** ;
2e et **3e** groupes : ***-s***, ***-ons***, ***-ez***.

→ REMARQUE : pour des questions de prononciation, les verbes qui se terminent par *-e* (ou *-a* pour *aller*) prennent un *-s* quand ils sont suivis des pronoms *en* et *y*. • *donne → donnes-en !* • *va → vas-y !*

› Il existe bien sûr des verbes irréguliers :

	Avoir	Être	Aller	Faire	Dire	Savoir
2e p. sing.	aie	sois	va	fais	dis	sache
1re p. pluriel	ayons	soyons	allons	faisons	disons	sachons
2e p. pluriel	ayez	soyez	allez	faites	dites	sachez

› N'oubliez pas le **trait d'union** entre le verbe à l'impératif et le pronom personnel complément qui le suit.
• *Donne-leur.* • *Attrapez-les.*

Impératif passé

Formation : un **auxiliaire** au **présent de l'impératif** + le **participe passé** du verbe
• *Sois rentrée pour le dîner ce soir.*

Valeurs

› L'impératif s'emploie dans des phrases de type injonctif et sert donc à exprimer un **ordre** (*Arrête de chanter !*), un **conseil** (*Repose-toi.*), une **demande** (*Aide-moi.*), une **interdiction** (*Ne touchez pas à ça !*).

› L'impératif **passé** permet de donner un **ordre** en envisageant le moment où l'action **devra être accomplie** (*Soyez rentrés à minuit.* = à minuit vous serez déjà à la maison).

10 Le subjonctif

Cahier d'exercices 5e p. 95
Cahier d'exercices 4e p. 91
Cahier d'exercices 3e p. 91

Observer

Ex. 1 Observez la conjugaison des verbes *chanter, finir* et *faire*.

Les terminaisons varient-elles d'un groupe à l'autre ?

Ex. 2 **A. a)** Je suis sûr qu'il va mieux. **b)** Je doute qu'il **aille** mieux. **B. a)** Claire sera là ce soir. **b)** J'aimerais que Claire **soit** là ce soir.

Les phrases b) sont au subjonctif. Quelle valeur peut avoir ce mode, si on le compare à l'indicatif ?

Leçon

JE DÉCOUVRE

Formation

Subjonctif présent

› Les **terminaisons** sont les **mêmes** pour tous les verbes, sauf ***être*** et ***avoir***, qui sont irréguliers.

	Chanter	Finir	Faire	Avoir	Être
que je	chant**e**	finiss**e**	puiss**e**	aie	sois
que tu	chant**es**	finiss**es**	puiss**es**	aies	sois
qu'il	chant**e**	finiss**e**	puiss**e**	ait	soit
que nous	chant**ions**	finiss**ions**	puiss**ions**	ay**ons**	soy**ons**
que vous	chant**iez**	finiss**iez**	puiss**iez**	ay**ez**	soy**ez**
qu'elles	chant**ent**	finiss**ent**	puiss**ent**	ai**ent**	soi**ent**

› Le **radical** est **irrégulier**. Pour le trouver, vous pouvez faire précéder le verbe par *Il faut que*...
• *prendre → Il faut que je prenne.*

J'APPROFONDIS

Subjonctif passé

Le subjonctif passé est un **temps composé**. Il se compose donc de deux éléments :
auxiliaire (*avoir* ou *être*) au **présent du subjonctif** + **participe passé** du verbe

	Prendre	Avoir	Être
que j'	aie pris	aie eu	aie été
que tu	aies pris	aies eu	aies été
qu'il	ait pris	ait eu	ait été
que nous	ayons pris	ayons eu	ayons été
que vous	ayez pris	ayez eu	ayez été
qu'elles	aient pris	aient eu	aient été

JE DÉCOUVRE

Valeurs

Subjonctif présent

Souhait	*J'aimerais qu'il **vienne**.*
Ordre	*Qu'il **sorte** !*
Action à venir	*Avant que tu **sortes**...* [mais : *Après que tu es sorti*, car l'action est achevée et certaine]
But	*Pour que vous **soyez** en forme...*

Subjonctif passé

› Il ajoute à ces valeurs une notion **d'antériorité**.
• *Je veux que tu sois rentré à midi.* = À midi, tu seras déjà rentré.
› Il peut donc exprimer un **regret** (un souhait passé). • *Je regrette qu'il ne soit pas venu.*
→ REMARQUE : il existe un emploi sans *que* qui exprime un souhait. • *Puisses-tu être content !*

11 La voix active et la voix passive

Cahier d'exercices 5e p. 97
Cahier d'exercices 4e p. 93
Cahier d'exercices 3e p. 93

Observer

Ex. 1 Le lit **est fait** ; le repas **est préparé** ; nous **sommes acclamés** ; la fête **est lancée**.

1. Observez les formes en gras. De quels éléments sont-elles toutes composées ?
2. À quelle voix (active ou passive) les verbes sont-ils conjugués ? Justifiez votre réponse.

Ex. 2 **A.** L'arbitre donne le coup d'envoi.
B. Le coup d'envoi est donné par l'arbitre.

1. Qui agit dans chacune des phrases ?
2. Ces deux phrases expriment-elles la même action ?
3. Quelles sont les différences entre les deux phrases ?

Leçon

JE DÉCOUVRE

Définition

Voix active : le sujet est celui qui agit.	*Le médecin **soigne** l'enfant.*
Voix passive : le sujet est celui qui subit l'action.	*L'enfant **est soigné** par le médecin.*

Construction

› La voix passive se construit de la manière suivante :
auxiliaire *être* conjugué **au temps voulu** + **participe passé** du verbe

› N'oubliez pas d'accorder le participe passé ! voir p. 484

	Voix active	Voix passive
Présent	*J'**aime**.*	*Je **suis** aimé(e).*
Passé composé	*J'**ai aimé**.*	*J'**ai été** aimé(e).*
Futur	*J'**aimerai**.*	*Je **serai** aimé(e).*

→ ATTENTION : ne confondez pas le passé composé (*j'ai aimé*) et le présent de la voix passive (*je suis aimé*).

→ À SAVOIR : seuls les verbes qui admettent un COD peuvent se mettre à la voix passive.

Conversion d'une phrase active en phrase passive

› Le COD d'une phrase à la voix active devient le sujet d'une phrase à la voix passive.
› Le sujet devient le complément d'agent, introduit par la préposition *par* ou *de*.

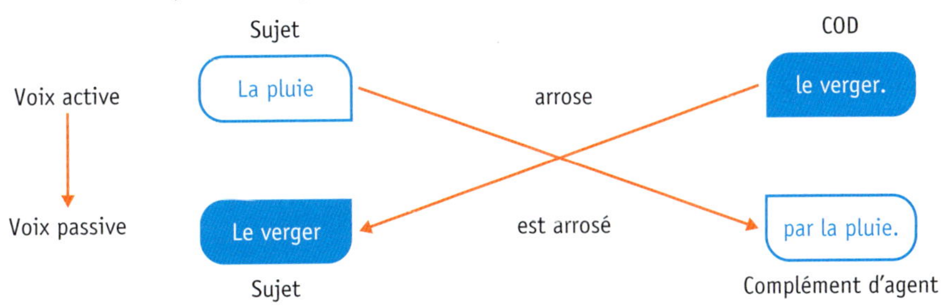

On peut toujours convertir une phrase passive en phrase active ; si le complément d'agent n'est **pas indiqué**, le sujet devient alors le **pronom indéfini *on***.

Voix passive	Voix active
Les voleurs sont condamnés par un jury.	*Un jury condamne les voleurs.*
Les voleurs sont condamnés.	*On condamne les voleurs.*

1 Les accords dans le groupe nominal

Cahier d'exercices 5e p. 100
Cahier d'exercices 4e p. 95
Cahier d'exercices 3e p. 95

Observer

Ex. 1 **A.** Alara est ma **superhéroïne** préférée.
B. Alara est mon **héroïne** préférée.
C. Sa **force** de caractère et son **intelligence** me fascinent.

1. Quel est le genre des mots en gras ?
2. Comment expliquez-vous la différence entre les déterminants qui les précèdent ?

Ex. 2 Un lieu public → une place …

Mettez l'adjectif *public* au féminin. Suffit-il d'ajouter un *-e* pour obtenir le féminin ?

Leçon

JE DÉCOUVRE

L'accord des déterminants voir p. 440

› *Nul, quelque, tout,* quand ils sont déterminants, s'accordent (comme tout déterminant) avec le nom qu'ils accompagnent.
• *Nul argument, nulle idée* • *Tous les jours, toute personne* • *Après quelque hésitation, après quelques minutes*

› Les déterminants *chaque* et *aucun* ne peuvent introduire qu'un nom au singulier ; ils n'existent donc qu'au singulier. • *chaque jour* • *aucune minute*

→ RAPPEL : Pour des questions de prononciation, devant un nom commençant par une **voyelle** ou un ***-h-*** muet :
› *ma, ta, sa* → *mon, ton, son* • *ta force,* ***ton*** *élégance,* ***ton*** *humilité*
› *ce* → *cet* • *ce poète,* ***cet*** *écrivain,* ***cet*** *homme*

L'accord des adjectifs

› L'adjectif **s'accorde avec le nom** auquel il se rapporte, mais il y a quelques **exceptions**.
› Restent **invariables** :
› Les adjectifs ***mi-***, ***demi-*** voir p. 489, ***semi-*** et ***nu-*** lorsqu'ils sont **collés devant le nom** :
• *une* ***demi-****heure* • *Il marche* ***nu****-pieds.*
› Les adjectifs **de couleur provenant d'un nom** :
• *Des chaussures* ***marron*** • *Des gants* ***orange*** • *Des cheveux* ***paille***

Il y a quelques exceptions, comme *rose*, qui s'accorde. • *Des gants* ***roses***

Les adjectifs composés

› Ils sont composés de **deux parties** (souvent reliées par un **trait d'union**).
› Les adjectifs de **couleur composés** sont toujours **invariables**.
• *Des gilets* ***bleu clair*** • *Des robes* ***rouge cerise.***

JE PERFECTIONNE

› **Si les deux parties sont des adjectifs, les deux éléments s'accordent.** • *Des sauces aigre****s****-douce****s***
› **Si une partie est un adjectif et l'autre un élément invariable, seul l'adjectif s'accorde.** • *Des enfants nouveau-né****s*** (*nouveau* : adverbe)

Le pluriel des noms composés

Un nom composé est formé de **deux mots** (ou plus) **mis ensemble**.
› Parfois la suture est ancienne et **ne se voit plus**.
• *Des gendarmes* (gens d'arme : des gens portant une arme) • *Des portemanteaux.*
› Parfois le « point de suture » est encore visible avec le **trait d'union** et la greffe n'a pas encore totalement pris : les deux parties du mot gardent une **certaine indépendance**.

Dans ce cas, si la première partie du mot était à l'origine un **nom** ou un **adjectif**, elle s'accorde.
• *Un coffre-fort, des coffre****s****-fort****s*** • *Un beau-frère, des beau****x****-frère****s***

Mais • *un porte-avion, des porte-avion****s*** (*porte* : verbe) • *des avant-première****s*** (*avant* : préposition).
› Dans quelques rares mots soudés il y a longtemps, la première partie continue à varier.
• *Madame, mesdames* • *Monsieur, messieurs* • *Mademoiselle, mesdemoiselles*

2 Les accords avec le sujet

Cahier d'exercices 5e p. 102
Cahier d'exercices 4e p. 97
Cahier d'exercices 3e p. 96

Observer

Ex. 1 Une foule de spectateurs se pressaient aux portes du cinéma. Marie, Sohan, Jean et Yassine se sont faufilés pour retirer leurs places. Ce sont les parents de Yassine et de Marie qui avaient acheté les billets.

1. Relevez les verbes conjugués et indiquez leur sujet.
2. Remplacez ces sujets par un pronom personnel correspondant à la terminaison du verbe conjugué.

Leçon

JE DÉCOUVRE

L'accord sujet-verbe

› Dans tous les cas, **le verbe s'accorde avec le sujet**.

› Pour **trouver le sujet** d'un verbe, on pose la question ***qui est-ce qui + verbe ?*** ou ***qu'est-ce qui + verbe ?***

› Le sujet se trouve généralement placé **avant** le verbe, mais il peut aussi se trouver **après** lui ou être **loin** de lui.

• *Du coin de la maison **s'envole** un merle.*

• *Alejandra, née à Santiago d'un père français et d'une mère chilienne, avec son teint hâlé et sa chevelure de reine amazonienne, **avait** tout pour plaire à Sébastien.*

› Dans les **propositions subordonnées relatives** voir p. 458, repérez bien ce que **reprend le pronom**.

• *C'est toujours moi [qui **fais** les courses].*

› Attention aux pronoms COD placés avant le verbe. • *Je les trouve sympathiques.*

JE DÉCOUVRE

Accord du verbe avec les noms collectifs

› Les noms collectifs sont par exemple • *un groupe de, une poignée de,* etc.

› Le verbe s'accorde au **singulier** • *[La troupe d'acteurs] **monte** un spectacle.*

› Il **peut être au pluriel** quand le nom est précédé d'un déterminant **indéfini**. • *Un groupe de comédiens **arriva*** ou ***arrivèrent**.*

› Il est au **pluriel** quand le nom désigne un **nombre**.

• ***Une dizaine** de comédiens **ont monté** ce spectacle.*

L'accord sujet-attribut voir p. 449

› L'attribut du sujet **s'accorde avec le sujet**. • *Juliette semble **amoureuse**.*

› Pour trouver à quel nom ou pronom se rapporte un adjectif, on pose la question ***qui est*** (ou *qu'est-ce qui est*) **+ *attribut ?*** • *Qui est amoureuse ? → Juliette.*

JE PERFECTIONNE

Accord du verbe avec un pronom indéfini

Beaucoup, combien, peu, la plupart, tout le monde	**accord au pluriel**	*Beaucoup **sont partis**.*
Moins de deux		*Moins de deux **sont restés**.*
Chaque, chacun, nul	**accord au singulier**	*Chacun **donnera** son avis.*
Plus d'un (deux, trois, etc.)		*Plus d'un **partira**.*

3 Les accords du participe passé

Cahier d'exercices 5e p. 104
Cahier d'exercices 4e p. 99
Cahier d'exercices 3e p. 97

Observer

Ex. 1 Enthousiasmée à l'idée de participer à cette aventure, Mélissa avait accepté sans hésiter. Elle était partie dès le lendemain matin.

1. Relevez les trois participes passés.
2. a) Dans quels cas le participe passé s'accorde-t-il ?
   b) Dans quel cas ne s'accorde-t-il pas ?

Ex. 2 **A.** Zoé a acheté une robe pendant les soldes. **B.** Elle l'a achetée pendant les soldes.

1. Quelle est la fonction grammaticale des mots soulignés ?
2. Pourquoi le participe passé n'est-il pas accordé dans la phrase A, alors qu'il est accordé dans la phrase B ?

Leçon

JE DÉCOUVRE

Le participe passé employé comme adjectif

Employé **comme adjectif**, il s'accorde de la même façon qu'un adjectif, c'est-à-dire **avec le nom auquel il se rapporte**.

• *Un problème résol**u**.* • *Des solutions trouv**ées**.*

→ RAPPEL : pour savoir si un **participe passé masculin** se termine par une **voyelle** (*-é*, *-i*, *-u*) ou par une **consonne** (*-s*, *-t*), on le met au **féminin.** • *finie → fini* • *prise → pris*

Le participe passé employé avec l'auxiliaire *être*

Il **s'accorde** toujours **avec le sujet** du verbe.

• ***Victor** est parti.* • ***Sonia et Fanny** sont parties.*

→ ATTENTION : quand on trouve à la fois ***être*** et ***avoir***, il s'agit en fait de l'auxiliaire *être* conjugué à un **temps composé.** voir p. 476

• *Elle **a été** punie. → Elle **est** punie.*

Le participe passé employé avec l'auxiliaire *avoir*

› Il ne s'accorde **jamais avec le sujet** du verbe.

• *Raphaëlle a téléphoné.* • *Raphaëlle et Lucie ont téléphoné.*

› Il **s'accorde avec le COD, s'il y en a un et si celui-ci est placé avant le verbe.** voir p. 449

• *Sarah **a réussi** ses examens. Elle les **a** même brillamment **réussis**.*

• ***J'ai téléphoné** à Sarah pour la féliciter. Je lui **ai téléphoné**.* → *lui* n'est pas un COD mais un COI (on téléphone à quelqu'un).

→ REMARQUE : le participe passé **ne s'accorde pas** si le COD est le **pronom neutre *en***. • *Des livres, j'en **ai lu** beaucoup.*

› Il ne s'accorde pas non plus s'il s'agit d'un verbe impersonnel. • *Quelle patience il **a fallu** !*

J'APPROFONDIS

Accord des participes passés des verbes de forme pronominale

› Le participe passé **s'accorde avec le sujet du verbe** :

› si c'est un verbe qui n'existe **qu'à la forme pronominale**

• *Charlotte s'est **évanouie**.* (Le verbe ~~évanouir~~ n'existe pas.)

› si c'est un verbe pronominal de **sens passif**

• *Les tableaux se sont bien **vendus**.* (Ils ne se sont pas vendus eux-mêmes, quelqu'un les a vendus.)

› Le participe passé **s'accorde avec le COD si on peut en voir un et qu'il est placé avant le verbe.**

• *Elle s'est **lavée**.* (Elle a lavé qui ? → *s'* = *elle-même*.)

• *Les lettres qu'ils se sont **écrites** ont été conservées.* (Ils ont écrit quoi ? → *les lettres*.)

Mais • *Ils se sont **téléphoné*** (Ils ont téléphoné à qui ? → *se* est COI.)

• *Elle s'est **lavé** les mains.* (Elle a lavé quoi ? → *les mains* ; le COD est placé après ; à qui ? → à *s'* = *elle-même* → COI.)

JE PERFECTIONNE

Cas du participe suivi d'un infinitif

La structure est plus complexe mais elle ne pose pas de problème si l'on se pose les bonnes questions voir p. 469 :

• *Les enfants que j'**ai entendus** chanter...* : le COD *que*, placé avant, complète bien le verbe → *j'ai entendu* (quoi ?) *les enfants chanter*.

• *Les efforts qu'il **a dû** faire...* : le COD *que*, placé avant, complète l'infinitif *faire*, pas le verbe *devoir*. → *Il a dû* (quoi ?) *faire des efforts* (le COD de *dû* est placé après le verbe).

→ REMARQUE : les participes ***fait*** et ***laissé*** sont **invariables** quand ils sont **suivis d'un infinitif.** • *Je les **ai laissé** parler.* • *Je les **ai fait** s'asseoir.*

4 Les noms et les verbes homophones

Cahier d'exercices 5e p. 108
Cahier d'exercices 4e p. 103

Observer

Ex. 1 **A.** Je garde mon petit frère.
B. Il y a un garde à l'entrée du musée.

1. Lisez ces deux phrases et relevez les homophones.
2. Appartiennent-ils à la même classe grammaticale ?
3. Si vous devez transposer ces mots au pluriel, la terminaison sera-t-elle la même ?

Ex. 2 **A.** On les paramètre ce soir. Ils les paramètrent ce soir.
B. Les paramètres de cet ordinateur sont différents. Je n'avais pas tenu compte de ce paramètre.

1. Relevez les homophones de ce texte. À quelle classe grammaticale appartiennent-ils ?
2. Quelle est la marque du pluriel pour chacune des classes grammaticales ?

Leçon

JE DÉCOUVRE

- Parfois, des verbes et des noms se prononcent de la même façon. • *Un juge, il juge.*
- Mais ils ne s'accordent pas de la même manière :
  - marque du pluriel du **nom** = **-s**. • *Des juges*
  - marque du pluriel du **verbe** = ***-nt***. • *Ils jugent.*
- Pour les distinguer, vous pouvez utiliser deux moyens :
  - **Remplacez par un autre nom ou un verbe d'un autre groupe** et observez ce qui fonctionne.
    • *Ils les **jugent**.* • *Ils les **aperçoivent*** (verbe) mais pas ~~*ils les avocats*~~ (nom) : *jugent* est donc un verbe et pas un nom.
  - Seul un **verbe** peut être **encadré par la négation *ne ... pas*.**
    • *Ils jugent l'accusé.* → *Ils **ne** jugent **pas** l'accusé.*
    • *Les juges sont arrivés.* → ~~*Les ne juges pas sont arrivés.*~~
- Enfin, n'oubliez pas d'**accorder** le verbe ou le nom ! voir p. 483
  • ***Ils** les jugent* : le sujet est au pluriel, donc on écrira *jug**ent***.

5 Les terminaisons verbales homophones

Cahier d'exercices 5e p. 111
Cahier d'exercices 4e p. 106
Cahier d'exercices 3e p. 101

Observer

Ex. 1 **A.** Je **serai** là, promis.
B. Je pensais que je **serais** là.

1. Lisez ces deux phrases. Peut-on distinguer la terminaison des verbes à l'oral ? Identifiez les deux modes utilisés.
2. Si vous transposez ces phrases à la 1re personne du pluriel, cela vous permet-il de mieux les distinguer ?

Ex. 2 J'ai préparé du café pour t'aider à te réveiller.

1. Quels mots risque-t-on de mal orthographier si l'on ne fait pas attention ?
2. Que peut-on faire pour être sûr de ne pas se tromper ?

Leçon

JE DÉCOUVRE

Des formes verbales qui se ressemblent

- Les verbes en *-er* possèdent des formes verbales homophones en [é] (fermé) :
  - l'**infinitif** • *parler ;*
  - le **participe passé** • *parlé ;*
  - le **présent** de l'indicatif et de l'impératif • *(vous) parl**ez**.*
- À cela s'ajoutent les terminaisons qui ont un son proche, en [è] (ouvert) :
  - l'**imparfait** (*je parlais*) qui peut notamment être confondu avec le **passé simple** (*je parlai*) voir p. 474 ;
  - le **futur** (*je parler**ai***) voir p. 473 qui peut notamment être confondu avec le **présent du conditionnel** (*je parler**ais***) voir p. 478.

Comment les différencier ?

Voici **trois étapes simples**, pour être sûr de ne pas se tromper.

1. Il faut d'abord savoir si la forme est un **verbe conjugué, un verbe à l'infinitif ou un participe passé.** Il suffit de remplacer par un verbe du 2e ou du 3e groupe, par exemple *vendre*, *partir* ou *faire*. • *Nous allons ferm**er**. → Nous allons vend**re**. • Nous avons ferm**é**. → Nous avons vend**u**. • Je ferm**ais**. → Je vend**ais**.*
2. S'il s'agit d'un **verbe conjugué**, il faut identifier son **temps** et son **mode**. Remplacer par une autre personne permet de distinguer :
   - **futur et présent du conditionnel :**
     • *Je ranger**ai** demain. → Il ranger**a** demain.*
     • *Je ranger**ais** demain, si je pouvais. → Il ranger**ait** demain, …*
   - **imparfait et passé simple :**
     • *Je range**ais**. → Il range**ait**. • Je range**ai**. → Il range**a**.*
   - **indicatif et subjonctif :**
     • *Je crois que j'**ai** raison. → Je crois que tu **as** raison.*
     • *Je ne crois pas que j'**aie** raison. → Je ne crois pas que tu **aies** raison.*
3. Vérifiez que le **verbe** conjugué est bien **accordé** avec son **sujet** et que le **participe** passé est **accordé si nécessaire**.

J'APPROFONDIS

Autres formes verbales homophones

Certains ont tendance à généraliser le *-t-* comme consonne finale muette, à la place notamment du **-s- qui est présent** :

- aux **1re et 2e personnes** • *Je connai**s**, tu venai**s**, je prend**s**, tu voulu**s*** (conjugué à la 1re personne, un verbe ne se termine jamais par un *-t-* ou un *-d-*) ;
- à la fin d'un certain nombre de **participes passés.** voir p. 484 • *J'ai pris, tu as compris.*

→ RAPPEL : pour savoir par quelle lettre se termine un participe passé, il suffit souvent de le mettre au féminin. • *pris → prise • fait → faite • apparu → apparue.*

6 Les homophones usuels

Cahier d'exercices 5e p. 113
Cahier d'exercices 4e p. 108
Cahier d'exercices 3e p. 103

Observer

Ex. 1 – Regarde ! Sa sœur a cuisiné.
– Ça a l'air bon…

1. Identifiez les deux homophones de cette phrase.
2. Comment les différencier ?

Ex. 2 – Elle s'est donné beaucoup de mal !
– Ah oui… C'est sûr…

1. Identifiez les deux homophones.
2. Comment les différencier ?

Ex. 3 **Quant** à moi, c'est **dès** l'âge de sept ans que j'ai commencé le football. Je me suis inscrit dans un club tout **près** de chez moi. Au cours de ma formation, **on** m'a enseigné certaines valeurs importantes comme l'entraide, le respect, le contrôle de soi et la prise d'initiative.

1. Pour chaque mot en gras, trouvez un autre mot ou groupe de mots dont la prononciation est identique.
2. Remplacez les mots en gras par d'autres mots ou groupes de mots de sens proche afin de mieux les différencier de leur homophones.

Leçon

JE DÉCOUVRE

› Les **homophones** sont des mots qui se prononcent de la même façon mais qui **s'écrivent différemment** et **n'ont pas le même sens**. Pour savoir comment les écrire, faites, à l'oral, des remplacements.

Homophones	Classes grammaticales	Pour les distinguer	Exemples
ou / où	***Ou :*** conjonction de coordination	On peut le remplacer par *ou bien*.	*Aujourd'hui **ou** demain.* → *Aujourd'hui **ou bien** demain.*
	Où : pronom voir p. 442 ou adverbe	Désigne un lieu (ou un moment).	***Où** vas-tu ?*
ces / ses c'est / s'est	***Ces*** : déterminant démonstratif	Au singulier : *ce, cet, cette.*	*Prends **ces** flèches.* → *Prends **cette** flèche.*
	Ses : déterminant possessif	Au singulier : *son.*	*Elle range **ses** livres.* → *Elle range **son** livre.*
	C'est : pronom démonstratif + *être*	On peut le remplacer par *cela était.*	***C'est** possible.* → ***Cela était** possible.*
	S'est : pronom personnel + *être*	On peut changer de personne : (*je*) *me suis.*	*Il s'est trompé.* → ***Je me suis** trompé.*
s'en / sans	***Sans :*** préposition voir p. 444	Si on peut changer de personne, on écrit *s'en.*	*Il **s'en** va **sans** dire un mot.* → *Je **m'en** vais **sans** dire un mot.*
	S'en : pronom personnel + pronom *en*		
dans / d'en	***Dans :*** préposition	*Dans* n'est jamais suivi d'un verbe.	*Je n'ai pas envie **d'en** reprendre.*
	D'en : *de* + pronom en		
peux / peut / peu	***Peux / peut :*** verbe *pouvoir*	On peut mettre le verbe à un autre temps.	*Il **peut** dormir **peu**.* → *Il **pourra** dormir **beaucoup**.*
	Peu : adverbe de quantité voir p. 444	On peut remplacer par *beaucoup.*	
ça / çà / sa	***Ça :*** pronom	On peut remplacer par *cela.*	*Ça a débuté çà et là devant sa fenêtre.* → ***Cela** a débuté **ici** et là devant **ma** fenêtre.*
	Çà : adverbe de lieu	On peut remplacer par *ici.*	
	Sa : déterminant possessif	On peut changer de personne.	

Leçon

J'APPROFONDIS

Homophones	Classes grammaticales	Pour les distinguer	Exemples
on (n') / ont	***On (n')*** : pronom (suivi d'un verbe *nié*)	On peut le remplacer par *il* ; s'il y a un *n'*, il s'entend.	***On*** *est arrivé.* → ***Il*** *est arrivé.* ***On n'****était pas là.* → ***Il n'****était pas là.*
	Ont : verbe	On peut le mettre à l'imparfait.	*Elles* ***ont*** *raison.* → *Elles* ***avaient*** *raison.*
qu'il a / qui l'a	***Qu'il a*** : conjonction *que* + *il a*	On peut mettre *il* au féminin : *qu'elle a*.	*Il va si vite* ***qu'il a*** *gagné.* → ***qu'elle a*** *gagné.*
	Qui l'a : pronom + pronom + *avoir*	On peut mettre *l'* au pluriel.	*C'est Jules* ***qui l'a*** *remarqué.* → ***qui les a*** *remarqués.*
l'ai / les	***L'ai*** : pronom *le* ou *la* + *avoir*	On peut mettre *avoir* à l'imparfait.	*Je* ***l'ai*** *vu.* → *Je* ***l'avais*** *vu.*
	Les : déterminant ou pronom	On peut le mettre au singulier.	*Je* ***les*** *vois.* → *Je* ***le*** *vois.*
quand / quant / qu'en	***Quand*** : conjonction	Indique le temps.	***Quand*** *venez-vous ?*
	Quant (à) : locution	Signifie *en ce qui concerne* ; est suivi de *à*.	***Quant*** *à moi, je serai là.*
	Qu'en : *que* + pronom *en*	*En* contient la préposition *de*.	***Qu'en*** *pensez-vous ?* (*= Que pensez-vous* ***de*** *cela ?*)
près (de) / prêt	***Près (de)*** : adverbe ou préposition	Est invariable ; indique un lieu.	*J'habite* ***près*** *d'ici.*
	Prêt : adjectif	Peut se mettre au féminin.	*Je suis* ***prêt.*** → *Je suis* ***prête.***
des / dès	***Dès*** : préposition ou conjonction	Est invariable.	***Dès*** *le matin,* ***des*** *invités arrivent.* → ***un*** *invité.*
	Des : déterminant	Peut se mettre au singulier.	

JE PERFECTIONNE

Homophones	Classes grammaticales	Pour les distinguer	Exemples
Quoique / quoi que	***Quoique :*** conjonction de subordination voir p. 445	On peut la remplacer par *bien que*.	***Quoiqu'****elle soit jeune, elle est très mure.* → ***Bien qu'****elle soit jeune, …*
	Quoi que : pronom + *que*	On peut le remplacer par *quelle que soit la chose que*.	***Quoi que*** *je fasse, elle m'en veut.* → ***Quelle que*** *soit la chose que je fais, …*
Quel(les) / qu'elle(s)	***Quel(s), quelle(s)*** : déterminant voir p. 440	Si vous pouvez remplacer par *qu'il*, écrivez *qu'elle*.	***Quel*** *temps !*
	Qu'elle : *que + elle*		*Écoute ce* ***qu'elle*** *dit.* → *Écoute ce* ***qu'il*** *dit.*
Quelque(s) / quelque / quel que	***Quelque(s) :*** déterminant (variable) voir p. 482	On peut le remplacer par *un, un certain* ou *plusieurs*.	*Cela a duré* ***quelques*** *mois* → *Cela a duré* ***plusieurs*** *mois.*
	Quelque : adverbe (invariable) + nombre	On peut le remplacer par *environ*.	*L'évènement s'est produit il y a* ***quelque*** *cinq mois.*
	Quel que : *quel* est adjectif	Signifie la *concession*. Attention ! Quel s'accorde avec le sujet du verbe.	***Quelles que*** *soient vos suggestions, je les suivrai.*

7 Demi, même, leur, tout

Cahier d'exercices 3e p. 106

Observer

Ex. 1

1. Identifiez la classe grammaticale des mots en gras.
2. Quel est l'homophone de *tous* ?
3. Par quoi pourriez-vous remplacer les mots en gras pour éviter la confusion avec d'autres homophones ?

Les Représentants du Peuple Français [...] ont résolu d'exposer, dans une Déclaration solennelle, les droits naturels, inaliénables et sacrés de l'Homme, afin que cette Déclaration, constamment présente à **tous** les Membres du corps social, leur rappelle sans cesse **leurs** droits et **leurs** devoirs [...].

Préambule de la Déclaration des Droits de l'Homme et du Citoyen, 1789.

Leçon

JE PERFECTIONNE

Demi

Demi est **invariable** (*Je viens dans une demi-heure*) **sauf dans deux cas :**

- dans la locution ***et demi***, il se met au féminin s'il complète un nom féminin, mais il reste toujours au singulier (*et demie = et une demie*). • *une heure et demie*
- quand il est employé comme **nom** commun. • *Sébastien est l'un des demis de mêlée dans son équipe de rugby.*

Même

- Employé **comme adverbe**, *même* est toujours invariable. • *Ils ont même accepté.* Pour le repérer, remplacez-le par *aussi* (*ils ont aussi accepté*).
- Employé **comme déterminant ou pronom**, *même* s'accorde en genre et en nombre. • *Elles-mêmes sont d'accord. Tu feras les mêmes exercices.*

Leur

- Employé comme **déterminant possessif**, *leur* s'accorde **en nombre.**
  • *Leur enfant, leurs enfants.* Pour le repérer, vous pouvez transposer au singulier (*son enfant, ses enfants*).
- Employé comme **pronom possessif**, *le leur* s'accorde en nombre → *les leurs*.
- Employé comme **pronom personnel**, *leur* s'écrit sans -*s*-.
  • *Je **leur** ai envoyé un mail.* C'est le pluriel de *lui*. • *Je **lui** ai envoyé un mail.*

Tout

- Employé comme **adverbe**, *tout* est invariable. • *Elle est tout émue.* Pour le repérer, vous pouvez le remplacer par **très** (*elle est très émue*). Exception : devant un mot féminin commençant par *h* ou par une consonne, il s'accorde. • ***Elles** sont **toutes** pâles.*
- Employé comme **déterminant ou pronom**, *tout* **s'accorde** en genre et en nombre :
  - Déterminant : • *Tout le monde applaudit le comédien.* • *J'ai joué toute la nuit.*
  - Pronom : • *Tous l'ont vu.* • *Je les connais toutes.*

8 Les formes en *-ant*

Cahier d'exercices 3e p. 109

Observer

Ex.1 **A.** Le soir, les lapins, quittant les fourrés, viennent s'asseoir sur le sable.

B. Il marchait lourdement, en trainant un peu les pieds comme un ours traine les pattes.

C. Ses bras, sans osciller, pendaient ballants à ses côtés.

1. Qu'est-ce qui permet de différencier la première forme en *-ant* de la deuxième ? Observez les mots qui les entourent dans la phrase.
2. Qu'est-ce qui permet de différencier les deux premières formes de la troisième ?
3. Quelle est la classe grammaticale de la troisième forme ?

Leçon

JE PERFECTIONNE

Il existe trois formes en *-ant* : le **participe présent**, le **gérondif** et l'**adjectif verbal**.

Les formes invariables

Le participe présent

› Le participe présent est formé du radical du verbe (forme de la 1re personne du pluriel du présent de l'indicatif) et de la terminaison *-ant*.

› Il présente l'action **en train de se faire.**
- *Il réussit le concours de cuisine, **devançant** ses concurrents.*

› Il est **invariable.**
- *Le chocolatier, **confectionnant** ces sucreries, est concentré.*

Le gérondif

› Le gérondif est formé du participe présent précédé de la préposition ***en***.
- *Elle l'a rencontré **en sortant** du restaurant.*

L'adjectif verbal variable

› Il est un participe présent employé comme adjectif. • *Il est souffrant.*

› À la différence du participe présent, il peut être remplacé par un **autre adjectif** ou être **accordé au féminin**.
- *Quel fruit étonnant !* → *Quel fruit étrange !* → *Quelle recette étonnante !*

› **Comme l'adjectif qualificatif**, il s'accorde **en genre** et **en nombre** avec le mot auquel il se rapporte.
- *Elles jouent des matchs épatants !*

→ ATTENTION, il existe parfois des différences orthographiques entre l'adjectif verbal et le participe présent :
- *Fatiguer* → *fatig**u**ant* (participe présent) → *fatigant* (adjectif verbal).
- *Convaincre* → *convain**qu**ant* (participe présent) → *convain**c**ant* (adjectif verbal).

Certains adjectifs verbaux ont leur forme en ***-ent*** : *adhérent, coïncident, différent, équivalent, excellent, influent, négligent, précédent, résident, violent.*

9 Les adverbes en *-ment*

Cahier d'exercices 4e p. 111

Observer

Ex. 1 Le plus **fréquemment,** le chat se comporte **prudemment.**

Lisez à voix haute cette phrase. Observez l'orthographe des mots en gras et comparez-la à sa prononciation. Que constatez-vous ?

Ex. 2 Grandement – méchamment – vraiment – passionnément – impatiemment.

1. Pour chaque adverbe, donnez l'adjectif correspondant.
2. Combien de suffixes différents pouvez-vous identifier dans la construction de ces adverbes ?

Leçon

J'APPROFONDIS

Adjectif		Adverbe voir p. 444
en *-ant* • *bruyant*	→	en *-amment* • *bruyamment*
en *-ent* • *violent* Exception : *lent* → *lentement*	→	en *-emment* • *violemment*
terminé par une consonne (sauf *-ant* et *-ent*) • *amoureux* Il y a des exceptions • *précis* → *précisément* • *gentil* → *gentiment*	→	adjectif au féminin + *-ment* • *amoureusement*
se terminant par une voyelle • *joli* • *grave* Il y a des exceptions pour les adjectifs en *-e* • *aveugle* → *aveuglément* • *énorme* → *énormément*	→	en *-ment* • *joliment* • *gravement*

→ REMARQUE : les adverbes en *-amment* et en *-emment* se prononcent de la même manière.

10 Les mots en -[*sion*]

Cahier d'exercices 4e p. 111

Observer

Ex. 1 C'est en toute **discrétion** qu'il a attiré l'**attention** de la **direction** sur ce sujet. Chacun avait l'**impression** qu'il aurait pu lancer une **discussion** plus générale sur cette **annexion**.

Lisez ce texte à voix haute. Que remarquez-vous à propos des mots en gras ?

Leçon

J'APPROFONDIS

Les mots qui se terminent en -[*sion*] peuvent avoir différentes orthographes :

-tion	Très fréquent. Toujours après les lettres *-c-*, *-p-*, *-au*.	*Protection, exception, caution, formation.*
-ssion (après une voyelle) -sion (après une consonne)	Moins fréquent. Toujours après la lettre *-l*.	*Mission, impression.* *Pulsion.*
-xion	Rare.	*Réflexion, connexion, flexion, annexion.*
-cion	Très rare.	*Succion, suspicion.*

11 Les signes de ponctuation

Cahier d'exercices 5e p. 116

Observer

Ex. 1 **A.** Harry déclara : « Severus Rogue est un faible. »
B. « Harry, déclara Severus Rogue, est un faible. »

Quelle différence de sens y a-t-il entre ces deux phrases ?

Leçon

JE DÉCOUVRE

Remarques

› N'oubliez pas la **majuscule** en début de phrase et un **point à la fin (point, point d'interrogation, point d'exclamation, points de suspension)**. voir p. 457

› **À l'intérieur de la phrase**, on trouve aussi des signes de ponctuation, qui sont suivis d'une minuscule (**virgule, point-virgule, deux-points, parenthèses**). Les points de suspension peuvent intervenir à l'intérieur d'une phrase.

› Deux signes particuliers :

› le **trait d'union** permet de créer des mots composés (*peut-être*), de relier des pronoms au verbe (*que dit-elle ?*) ou de relier *ci*, *là* et *même* aux éléments concernés (*lui-même, ce livre-ci, ce jour-là*).

› l'**apostrophe** signale que la dernière lettre d'un mot a été supprimée, pour faciliter la prononciation. • *le esquimau → l'esquimau* • *si il pleut → s'il pleut*

Dans un dialogue

Les guillemets	encadrent les paroles prononcées.	*On lui cria : « Viens par ici ! »*
Le tiret	marque un changement de personne.	*« Qu'est-ce que tu fais ? – Je m'ennuie. »*
La virgule	sépare les paroles du verbe de parole placé après.	*« Tu viens ? », lui demande-t-elle.*

12 Écrire les nombres

Cahier d'exercices 5e p. 116

Observer

Ex. 1 **A.** Plusieurs **millions** de photographies sont partagées chaque jour.
B. Quelques **milliers** de kilomètres nous séparent.

1. À quelle classe grammaticale les mots en gras appartiennent-ils ?
2. Quelle différence y a-t-il entre *millier* et *mille* ? entre *centaine* et *cent* ? entre *dizaine* et *dix* ?

Leçon

JE DÉCOUVRE

› Quand un nombre est composé de plusieurs parties, celles-ci sont reliées entre elles par un trait d'union. • *vingt-et-un* • *mille-deux-cent-soixante-et-onze*

› De manière générale, les nombres sont **invariables**. • *vingt fois* • *dix-mille fois*

Exceptions :

› *cent* s'accorde s'il est en fin de mot. • *deux-cents* • *deux-cent-vingt*

› *quatre-vingts* prend un *-s* s'il est en fin de mot. • *quatre-vingt-dix-neuf* • *cent-quatre-vingts*

→ REMARQUE : *millier*, *million* et *milliard* sont des noms, donc ils s'accordent. • *dix millions* • *plusieurs milliards*

13 Mieux écrire grâce à l'étymologie

Cahier d'exercices 5e p. 117
Cahier d'exercices 4e p. 112
Cahier d'exercices 3e p. 111

Observer

Ex. 1

1. *Graphein* (γράφειν) signifie « écrire » en grec ancien. La lettre φ (« phi ») a été retranscrite par *ph* dans l'alphabet latin. Pourquoi savoir cela permet-il de bien écrire *géographie*, *orthographe*, *autographe* ?
2. Pourquoi cela aide-t-il à bien orthographier le mot *agrafe* ?

Ex. 2 **A.** *in* + *mortel* → immortel
B. *ad* + *courir* → **accourir**

1. Dans ces deux mots, que devient le préfixe ?
2. *Immoral* contient deux *-m-*, pourquoi, selon vous ?

Leçon

JE DÉCOUVRE

Le français vient en grande partie du **grec** et du **latin**. Ainsi, avoir quelques notions de grec et de latin permet de mieux écrire en français.

Mots d'origine grecque

› Certaines **lettres grecques** ressemblent à celles de l'alphabet latin (et donc français). D'autres, différentes, ont été **transposées** : φ → *ph*, υ → *y*, θ → *th*, χ → *ch*.
• Si dans *aphone* ou *téléphone* on reconnait le radical grec *phonè* (le son, la voix), on sait que le mot s'écrit avec *-ph-* et non avec *-f-*.

Radical	Sens	Exemple	Radical	Sens	Exemple
-chrono-	temps	*chronomètre*	-phil-	qui aime	*philanthrope*
-graph-	écrire	*géographie*	-phob-	qui a peur	*phobie*
-hippo-	cheval	*hippodrome*	-phon-	son	*téléphone*

Qui s'assemble se ressemble ! voir p. 426 voir p. 434

› Le **préfixe** latin s'est souvent **modifié au contact du radical** : la fin du préfixe s'est assimilée au début du radical. Cela a créé des **consonnes doubles**.
› ***Ad- : vers*** • *ad-courir* → *accourir* (courir vers) • *ad-porter* → *apporter* (porter vers).
› ***In- : contraire de*** • *in-responsable* → *irresponsable* (pas responsable) ; ***dans*** • *in* + *mergé* → *immergé* (dans la mer).
› Ainsi, reconnaitre que *apporter* vient de *ad-porter* permet de savoir que ce mot s'écrit avec deux *-p-*.

→ ATTENTION :
› Il y a bien sûr quelques exceptions… • *alléger* (vers du plus léger) mais *alourdir* (vers du plus lourd).
› Il existe aussi un préfixe grec *a-* (*absence de*) qui n'a pas créé de consonne double. • *a* + *phone* → *aphone*

JE PERFECTIONNE

Préfixe	Sens	Exemple
com-	avec	*Combattre* (se battre avec) *Collègue* (*com-lègue* : avec qui on est réuni au travail)
dis-	séparation	*Désespoir* (plus d'espoir) *Diffuser* (*dis-fuser*)

Mes fiches méthode

ANALYSE DE TEXTE OU D'IMAGE

EXPRESSION ÉCRITE

LECTURE ET EXPRESSION ORALE

1 Comment distinguer les registres littéraires ?

Les registres littéraires donnent une certaine tonalité à un texte : ils visent à faire éprouver des sentiments variés au lecteur.

A LE REGISTRE COMIQUE

› Il suscite le **rire ou le sourire**. On distingue le **comique de gestes, de caractère, de situation, de répétition** et **de mots**.

› Les principaux procédés comiques sont :

- les **effets de rupture**, de décalage, de **surprise** ou d'**exagération** ;
- la **répétition de mots**, de phrases, de situations ;
- les **quiproquos** et jeux de mots...

› Il existe de nombreuses nuances du registre comique : **l'ironie** (qui consiste à se moquer en disant le contraire de ce que l'on veut faire comprendre), **l'humour**, **la parodie**...

C LE REGISTRE TRAGIQUE

› Il met en scène des **situations désespérées** où un personnage, **victime de la fatalité**, est **voué à la mort**. Des forces pèsent sur lui, le dominent, ce qui suscite la compassion du lecteur.

› Les principaux procédés tragiques sont :

- l'utilisation du **lexique** de **la fatalité**, du **désespoir**, du **malheur** et de **la mort** ;
- une **ponctuation expressive** ;
- des **figures des style d'opposition** pour souligner les dilemmes ou l'impuissance (antithèse, voix passive...).

E LE REGISTRE ÉPIQUE

› Il suscite l'**admiration devant les exploits du héros et l'enthousiasme** devant des actions collectives.

› Les principaux procédés épiques sont :

- l'utilisation du **lexique du combat**, de **l'héroïsme**, de **l'exploit** et du **merveilleux** ;
- les **figures de style de l'amplification** (pluriel, hyperboles, accumulations) ;
- les images valorisantes et les **superlatifs** ;
- **l'accumulation de verbes d'action** ;
- la **personnification**...

B LE REGISTRE SATIRIQUE

› Il **se moque** pour **faire réfléchir**.

› Il s'attaque à quelqu'un ou quelque chose, le critique en n'hésitant pas à le ridiculiser pour faire réagir le lecteur, l'amuser, voire le faire rire.

D LE REGISTRE LYRIQUE

› Il exalte des **sentiments** (joie, tristesse, espoir, amour...), souvent exprimés à la 1re personne du singulier.

› Les principaux procédés lyriques sont :

- le **lexique des sentiments** et **des émotions** ;
- la **ponctuation expressive**, les **interjections** (*Hélas !*) et **apostrophes** (*Ô nuit...*) ;
- des **figures de style** comme l'anaphore, l'hyperbole, la métaphore...

F LE REGISTRE FANTASTIQUE

› Il correspond à l'**irruption** d'éléments surnaturels, de **phénomènes inexpliqués et inquiétants** dans un univers quotidien et banal.

› Le lecteur **doute** avec le personnage principal et la fin du texte ne permet pas de trancher entre une explication réelle ou surnaturelle.

› Les principaux procédés du fantastique sont :

- le choix d'un **point de vue narratif** généralement **interne**, afin que le lecteur ait accès aux perceptions et hésitations du narrateur ;
- le lexique de la **peur** ;
- une **ponctuation expressive** ;
- l'emploi de **modalisateurs** et d'**images visuelles ou sonores** (comparaisons, métaphores) créant le doute et la peur.

2 Comment analyser une image fixe ?

Pour commenter une image, je dois être capable de décrire ce que je vois d'une manière ordonnée et précise et de réfléchir aux choix de l'artiste.

A J'IDENTIFIE L'ŒUVRE

Je repère les informations données dans **la légende** :

- le **nom** de l'artiste, le **titre** de l'œuvre et sa **date** de création ;
- la **nature** de l'œuvre (peinture, sculpture, photographie, etc.) ;
- ses **dimensions** ; son **lieu de conservation** (musée, château, collection privée, etc.) ; la **technique** (aquarelle, crayon…) et le **support** (bois, céramique…) ou le **matériau** (acier, marbre…) utilisé.

B JE DÉCRIS LE THÈME DE L'ŒUVRE

› **Que représente l'œuvre ?** *Un paysage, un personnage, un évènement ?* Je peux faire des recherches à partir de la légende.

› **Comment la décrire ?** Je pars du plus général avant d'aller vers les détails.

› Après l'analyse, je **propose une interprétation.** *Quelle impression se dégage de l'image ? Quelles émotions l'artiste cherche-t-il à susciter ? De quelles manières ?*

C J'OBSERVE LA CONSTRUCTION DE L'IMAGE

› **Je repère le cadrage choisi**, c'est-à-dire le plus ou moins grand « zoom » proposé :

› J'observe **les différents plans de l'image** :

- le **premier plan** = ce qui semble le plus proche quand on regarde l'image ;
- l'**arrière-plan** = ce qui semble le plus éloigné ;
- le **deuxième plan** = ce qui est situé entre le premier plan et l'arrière-plan.

› Je repère les **lignes directrices de l'image** (lignes qui structurent l'image en passant par les éléments importants). Je peux les tracer pour repérer comment l'espace est réparti.

› Je repère les éléments placés sur les lignes de tiers (voir la fiche en version numérique).

› J'observe les **couleurs et la lumière** :

- On distingue les **couleurs chaudes** (*rouge, ocre, jaune*…) des couleurs **froides** (*bleu, vert*…).
- On peut remarquer des **effets de contraste**, ou au contraire d'**harmonie** entre les couleurs.
- Les effets d'**ombre** et de **lumière** sont importants : ils mettent en valeur un élément de l'image.

Voir un exemple de description dans la *Fiche méthode* n° 6.

3 Comment analyser une image mobile (cinéma) ?

J'apprends à ne plus être passif(ve) lorsque je regarde un film : je prends conscience des choix qui sont opérés par le réalisateur.

A JE COMPRENDS COMMENT EST FILMÉE LA SCÈNE

L'angle de prise de vue

La caméra peut être placée :

- en face de ce qu'elle filme ;
- au-dessus du sujet filmé, **en plongée**. Cela permet de montrer un personnage comme étant fragile, dépassé par les évènements… ;
- au-dessous du sujet filmé, **en contre-plongée**. Cela donne l'impression que le personnage est puissant, sûr de lui…

Les mouvements de caméra

› Dans un **travelling**, la caméra est **déplacée** (sur des rails, dans un véhicule, ou à l'épaule) alors qu'elle filme.

Le travelling peut être vers l'avant ou vers l'arrière, horizontal ou vertical.

› Dans un **panoramique**, la caméra **pivote** sur un **point fixe**.

› Enfin, la caméra peut effectuer un **zoom** (avant ou arrière).

B JE REPÈRE CE QUI EST MONTRÉ (OU NON)

J'observe le champ visuel

› Le **champ** = l'espace délimité par le cadre de l'image (= ce que l'on voit sur l'image).

› Le **hors champ** = ce qui fait partie de la scène mais qui n'est pas dans le champ (par exemple, un personnage s'adresse à un autre qu'on ne voit pas sur l'image).

› Le **contrechamp** = une prise de vue effectuée dans la direction opposée à celle du champ. L'alternance champ/contrechamp est utilisée pour mettre en scène un dialogue par exemple.

J'identifie les plans

› Le **plan d'ensemble** = plan large, qui permet de montrer le décor d'une action.

› Le **plan moyen** = plan qui montre un personnage de la tête aux pieds.

› Le **plan américain** = cadre le personnage de la tête au milieu des cuisses.

› Le **gros plan** = zoom sur un détail (souvent du visage).

100% NUMÉRIQUE

Retrouvez sur www.lelivrescolaire.fr une version de cette fiche plus détaillée et accompagnée d'exemples illustrés.

C JE SUIS ATTENTIF(VE) À CE QUE J'ENTENDS

› **Le texte prononcé :** que disent les personnages et/ou le narrateur ? Sur quel ton ? Avec quel volume de voix (*texte chuchoté, crié…*) ? Avec quel débit de parole (*très rapide, bafouillé, lent…*) ?

› **Les bruits, les sons** : ils peuvent accompagner l'image, la précéder ou la remplacer (*un verre qui se brise, les pas d'un personnage qui arrive, un moteur…*).

› **La musique :** de quel type de musique s'agit-il ? Quelle atmosphère crée-t-elle ? Est-elle en harmonie ou au contraire en décalage avec l'image ?

› **Le silence** aussi est important à repérer et à interpréter (*angoisse, admiration…*).

4 Comment organiser mon texte ?

Lorsque je m'exprime, je peux utiliser des connecteurs pour mettre en évidence le lien qui existe entre mes idées. Ces mots outils relient entre eux des mots, des propositions, des phrases, des paragraphes...

A LES CONNECTEURS SPATIAUX

Je les emploie pour **organiser une description.** Ils situent les éléments les uns par rapport aux autres : ici, là, au-dessous, en bas ; à côté de, à droite de, au fond de...

Exemple

Ce tableau de V. Van Gogh est intitulé *Nuit étoilée sur le Rhône.* Il représente le fleuve sous la lumière des étoiles. **Au premier plan**, on aperçoit la rive, **sur** laquelle se promène un couple. **Derrière** eux sont amarrés deux bateaux. **Au centre** du tableau, le Rhône s'étale sur la moitié de la toile, **de gauche à droite**. **Au fond**, on distingue la rive opposée et des habitations. **Le haut** du tableau est consacré au ciel nocturne, parsemé **çà et là** d'étoiles brillantes.

Vincent Van Gogh, *Nuit étoilée sur le Rhône*, 1888, huile sur toile, 72,5 x 92 cm (musée d'Orsay, Paris).

B LES CONNECTEURS TEMPORELS

Je les utilise pour **organiser un récit** : ils situent les actions dans le temps ou les unes par rapport aux autres.

- Simultanéité : *aujourd'hui, et, au même moment, cependant, tout à coup...*
- Antériorité : *d'abord, hier, auparavant, la veille, autrefois...*
- Postériorité : *ensuite, puis, finalement, le jour suivant, demain...*

→ ATTENTION : distinguez les énoncés liés au moment de l'énonciation (*aujourd'hui, hier*) de ceux coupés du moment de l'énonciation (*ce jour-là, la veille*). (voir *Fiche grammaire* p. 463).

C LES CONNECTEURS LOGIQUES

Je les utilise pour montrer la **logique de mon raisonnement** : mes idées se suivent-elles ? s'opposent-elles ?

- Une **suite** d'idées : *de plus, par ailleurs, et, ou, ni...*
- La **cause** : *en effet, ainsi, car, en raison de, grâce à, à cause de, parce que, puisque, sous prétexte que...*
- La **conséquence** : *alors, ainsi, c'est pourquoi, au point de, si bien que, de sorte que...*
- L'**opposition** : *cependant, toutefois, pourtant, mais, or, malgré, en dépit de, alors que, tandis que, bien que...*

Pour vous aider, vous pouvez insérer sur votre brouillon des connecteurs logiques à chaque titre et sous-titre de partie. Ainsi, vous ne les oublierez pas au moment de rédiger !

5 Comment bâtir une argumentation efficace ?

Pour défendre une idée, il convient de trouver des arguments et de savoir les présenter clairement de manière à convaincre. Voici la méthode à suivre pour y parvenir.

A JE DISTINGUE LA THÈSE, LES ARGUMENTS ET LES EXEMPLES

Pour bâtir une argumentation efficace, je dois savoir exprimer trois éléments :

- **La thèse** : c'est **l'idée que je veux défendre**, la réponse à la question posée.

Exemple : *La liberté d'expression est un droit fondamental.*

- **Les arguments** : ce sont **les raisons** qui viennent soutenir la thèse, **les preuves** que j'avance.

Exemple : *1. La liberté d'expression date de 1789 (elle est définie dans la Déclaration des droits de l'homme et du citoyen). 2. Elle permet à une démocratie d'exister…*

- **Les exemples** : ce sont **les illustrations** précises qui viennent donner du poids aux arguments.

Exemple : *En France, je peux exprimer mon désaccord en votant mais aussi en publiant un article critique ou un dessin satirique... J'exprime ainsi mon opinion librement, tant qu'elle n'offense pas les autres.*

B LA RECHERCHE ET LE TRI DES IDÉES AU BROUILLON

› **J'énonce clairement la thèse à défendre,** je n'hésite pas à la reformuler de plusieurs manières. Je me pose des questions pour repérer ses limites.

› **Je cherche des arguments convaincants.** Je les exprime par écrit et n'hésite pas à barrer les plus faibles ou ceux que je ne réussis pas à illustrer d'exemples.

› **Je cherche des exemples** pour illustrer chaque argument. Ils doivent être précis (cadre spatiotemporel, portraits de personnages, citations d'un texte, références prises dans le monde réel...).

C LA STRUCTURE

› Je commence par une **courte introduction** (contenant un rappel de la situation, un rappel du sujet, la thèse et l'annonce du plan).

› J'achève par une phrase de **conclusion** (qui reprend brièvement l'argumentation).

› À chaque argument doit correspondre un **nouveau paragraphe**.

› **Chaque argument doit être accompagné d'un exemple précis.**

D LES MOTS QUI PERMETTENT D'ARTICULER L'ARGUMENTATION

Pour articuler correctement une argumentation il faut utiliser des **connecteurs logiques. Chaque paragraphe commence par un connecteur.** Il faut les choisir judicieusement, en fonction du rôle qu'ils jouent dans le texte. Voici quelques mots qui pourront vous aider :

- Pour **introduire le premier argument** : *tout d'abord, en premier lieu, pour commencer…*
- Pour **ajouter un argument** : *ensuite, puis, de plus, en outre, dans un deuxième temps...*
- Pour **ajouter un argument contraire** au précédent : *cependant, néanmoins, pourtant, en revanche…*
- Pour **introduire un exemple** : *ainsi, en effet, par exemple…*
- Pour **conclure le texte** : *pour conclure, en somme, finalement…*

6 Préparer le brevet (première partie)

La première partie de l'épreuve (1 heure, 20 points) porte sur la compréhension et l'analyse d'un texte ou de plusieurs documents. Il s'agit de répondre à des questions.

A JE LIS LE TEXTE ET LE PARATEXTE

› Je regarde le paratexte:

- **Le titre de l'œuvre** : donne-t-il une indication sur le contenu ou le thème ?
- **Le nom de l'auteur** : son nom vous dit-il quelque chose ? Pouvez-vous le rattacher à un mouvement littéraire ?
- **La date de publication** : elle peut vous éviter des anachronismes (un livre publié au XIXe siècle ne peut pas évoquer la Seconde Guerre mondiale).
- **L'introduction à l'extrait** (s'il y en a une) :
  - elle donne des informations importantes sur le contexte ;
  - elle précise parfois le type de texte (« *Dans cette pièce/ce poème en prose/cet article/ce récit autobiographique, etc.* ») ;
  - attention, cette introduction, en italique, a été écrite par la personne qui a composé le sujet, pas par l'auteur de l'extrait littéraire.
- **Le titre de l'extrait** : il vous donne aussi des indications, sur le thème par exemple.

› Je lis ensuite le texte, pour en comprendre le sens général. À la fin, je dois pouvoir dire :

- **Où** et **quand** se passent les évènements.
- Qui sont les **personnages** et quels sont leurs rapports.
- **Ce qui leur arrive.**
- S'il y a un **narrateur** et, si oui, à quelle personne est faite la narration (première ou troisième personne).
- Si le texte est une **description**, un **récit**, un texte **argumentatif**... (type de texte).
- S'il s'agit d'un **poème**, d'une scène de **théâtre**, d'un **article** de journal... (genre du texte).

B JE LIS LE QUESTIONNAIRE EN ENTIER

› Ainsi, j'évite de comprendre une question de travers ou de me rendre compte (trop tard...) que j'ai répondu à une question posée plus loin.

› Je relis une fois le texte en entier : les questions ont pu m'aider à mieux le comprendre.

D REMARQUE

Vous trouverez dans les sujets de brevet guidés des points de méthode précis et des conseils pour traiter certains types de questions :

› sur les figures de style (p. 399) ;
› sur le lexique (p. 141) ;
› sur les tonalités (p. 421) ;
› sur l'image (p. 319).

C JE RÉPONDS AUX QUESTIONS

› Je rédige entièrement mes réponses. Je réponds par une phrase complète (sujet, verbe, compléments) et je reprends les termes de la question.

→ ATTENTION aux consignes doubles : n'oubliez pas un élément de réponse !

› Je justifie toujours en citant le texte, même quand ce n'est pas explicitement demandé.

Les citations doivent être écrites entre guillemets, suivies du numéro de ligne entre parenthèses.

› Structure de la réponse : **1. Reprise de la question. 2. Réponse en elle-même. 3. Justification par une citation.**

Si vous ne comprenez pas une question, sautez quelques lignes et revenez-y plus tard. Proposez toujours une réponse.

7 Préparer le brevet (deuxième partie)

La deuxième partie de l'épreuve comporte en réalité deux phases : une phase de dictée et réécriture (30 minutes, 10 points) et une phase de rédaction (1 h 30, 20 points), avec, au choix, un sujet de réflexion ou un sujet d'invention.

Retrouvez sur www.lelivrescolaire.fr une version de cette fiche plus détaillée.

A LE SUJET DE RÉFLEXION

› Dans ce type de sujet, je dois donner mon avis. Je dois essayer de le **défendre**, de **convaincre** mon lecteur que mon opinion est intéressante et juste. Je dois donc m'appuyer sur des **arguments** (des **preuves**). Chaque argument doit être appuyé et illustré par un ou des **exemple(s)** précis (expérience personnelle, histoire, littérature, arts...). Voir *Fiche méthode* p. 499.

Exemple :

Thèse : le cinéma ne fait pas concurrence au théâtre.

Argument : au théâtre, chaque spectacle est une expérience unique, contrairement au cinéma.

Exemple : *Je suis allé voir deux fois* Roméo et Juliette *mis en scène par Olivier Py. La deuxième fois, je n'ai pas du tout perçu la pièce de la même manière : c'était la dernière représentation, les comédiens ont donné leur maximum, et les émotions étaient beaucoup plus fortes.*

› Je structure mon texte :

- La thèse est l'idée principale, mon point de vue.
- L'introduction présente mon opinion, en la replaçant dans son contexte (en rappelant le sujet).
- Le développement est composé de plusieurs paragraphes (un par argument, liés par des connecteurs logiques).
- La conclusion rappellera mon opinion.

› Je nuance ce que je dis : j'envisage d'autres points de vue.

→ Pour une méthode plus guidée, voir *le sujet de brevet guidé* p. 231.

B LE SUJET D'INVENTION

Voici quelques sujets fréquents et des conseils pour les traiter.

Écrire un récit

› J'identifie le **narrateur** demandé et donc la personne (première ou troisième personne).

› Connait-on le **destinataire** du récit ? Si oui, il faudra adapter la manière de raconter.

› **Le système des temps** (présent ou passé) est-il imposé ? Je le note pour ne pas l'oublier.

› Dois-je créer des **personnages** ? Je note au brouillon leurs caractéristiques principales (attention : parfois le sujet donne certaines indications sur les personnages).

› **Pour commencer le récit**, deux possibilités :

- un paragraphe d'introduction (cadre spatiotemporel, les personnages, la situation, etc.) ;
- *in medias res* (« au milieu de l'action ») pour plonger directement le lecteur dans l'action.

› Je décide de la fin de mon récit avant de rédiger le récit lui-même !

› J'invente les **différentes étapes** (dans l'**ordre chronologique**, avec des **retours en arrière** et/ou des **anticipations** ?). Je n'oublie pas les connecteurs !

› Je peux penser à des **passages descriptifs** (décor, portraits) et des **dialogues**. Cela est parfois explicitement demandé par le sujet.

Avoir (auxiliaire)

INDICATIF

Présent	Passé composé
j'ai	j'ai eu
tu as	tu as eu
il a	il a eu
nous avons	nous avons eu
vous avez	vous avez eu
ils ont	ils ont eu

Imparfait	Plus-que-parfait
j'avais	j'avais eu
tu avais	tu avais eu
il avait	il avait eu
nous avions	nous avions eu
vous aviez	vous aviez eu
ils avaient	ils avaient eu

Passé simple	Passé antérieur
j'eus	j'eus eu
tu eus	tu eus eu
il eut	il eut eu
nous eûmes	nous eûmes eu
vous eûtes	vous eûtes eu
ils eurent	ils eurent eu

Futur simple	Futur antérieur
j'aurai	j'aurai eu
tu auras	tu auras eu
il aura	il aura eu
nous aurons	nous aurons eu
vous aurez	vous aurez eu
ils auront	ils auront eu

CONDITIONNEL

Présent	Passé
j'aurais	j'aurais eu
tu aurais	tu aurais eu
il aurait	il aurait eu
nous aurions	nous aurions eu
vous auriez	vous auriez eu
ils auraient	ils auraient eu

SUBJONCTIF

que ...

Présent	Passé
j'aie	j'aie eu
tu aies	tu aies eu
il ait	il ait eu
nous ayons	nous ayons eu
vous ayez	vous ayez eu
ils aient	ils aient eu

IMPÉRATIF

Présent	Passé
aie	aie eu
ayons	ayons eu
ayez	ayez eu

PARTICIPE

Présent	Passé
ayant	eu, ayant eu

INFINITIF

Présent	Passé
avoir	avoir eu

Être (auxiliaire)

INDICATIF

Présent	Passé composé
je suis	j'ai été
tu es	tu as été
il est	il a été
nous sommes	nous avons été
vous êtes	vous avez été
ils sont	ils ont été

Imparfait	Plus-que-parfait
j'étais	j'avais été
tu étais	tu avais été
il était	il avait été
nous étions	nous avions été
vous étiez	vous aviez été
ils étaient	ils avaient été

Passé simple	Passé antérieur
je fus	j'eus été
tu fus	tu eus été
il fut	il eut été
nous fûmes	nous eûmes été
vous fûtes	vous eûtes été
ils furent	ils eurent été

Futur simple	Futur antérieur
je serai	j'aurai été
tu seras	tu auras été
il sera	il aura été
nous serons	nous aurons été
vous serez	vous aurez été
ils seront	ils auront été

CONDITIONNEL

Présent	Passé
je serais	j'aurais été
tu serais	tu aurais été
il serait	il aurait été
nous serions	nous aurions été
vous seriez	vous auriez été
ils seraient	ils auraient été

SUBJONCTIF

que ...

Présent	Passé
je sois	j'aie été
tu sois	tu aies été
il soit	il ait été
nous soyons	nous ayons été
vous soyez	vous ayez été
ils soient	ils aient été

IMPÉRATIF

Présent	Passé
sois	aie été
soyons	ayons été
soyez	ayez été

PARTICIPE

Présent	Passé
étant	été, ayant été

INFINITIF

Présent	Passé
être	avoir été

Chanter (1er groupe)

INDICATIF

Présent	Passé composé
je chante	j'ai chanté
tu chantes	tu as chanté
il chante	il a chanté
nous chantons	nous avons chanté
vous chantez	vous avez chanté
ils chantent	ils ont chanté

Imparfait	Plus-que-parfait
je chantais	j'avais chanté
tu chantais	tu avais chanté
il chantait	il avait chanté
nous chantions	nous avions chanté
vous chantiez	vous aviez chanté
ils chantaient	ils avaient chanté

Passé simple	Passé antérieur
je chantai	j'eus chanté
tu chantas	tu eus chanté
il chanta	il eut chanté
nous chantâmes	nous eûmes chanté
vous chantâtes	vous eûtes chanté
ils chantèrent	ils eurent chanté

Futur simple	Futur antérieur
je chanterai	j'aurai chanté
tu chanteras	tu auras chanté
il chantera	il aura chanté
nous chanterons	nous aurons chanté
vous chanterez	vous aurez chanté
ils chanteront	ils auront chanté

CONDITIONNEL

Présent	Passé
je chanterais	j'aurais chanté
tu chanterais	tu aurais chanté
il chanterait	il aurait chanté
nous chanterions	nous aurions chanté
vous chanteriez	vous auriez chanté
ils chanteraient	ils auraient chanté

SUBJONCTIF

que ...

Présent	Passé
je chante	j'aie chanté
tu chantes	tu aies chanté
il chante	il ait chanté
nous chantions	nous ayons chanté
vous chantiez	vous ayez chanté
ils chantent	ils aient chanté

IMPÉRATIF

Présent	Passé
chante	aie chanté
chantons	ayons chanté
chantez	ayez chanté

PARTICIPE

Présent	Passé
chantant	chanté, ayant chanté

INFINITIF

Présent	Passé
chanter	avoir chanté

Finir (2e groupe)

INDICATIF

Présent	Passé composé
je finis	j'ai fini
tu finis	tu as fini
il finit	il a fini
nous finissons	nous avons fini
vous finissez	vous avez fini
ils finissent	ils ont fini

Imparfait	Plus-que-parfait
je finissais	j'avais fini
tu finissais	tu avais fini
il finissait	il avait fini
nous finissions	nous avions fini
vous finissiez	vous aviez fini
ils finissaient	ils avaient fini

Passé simple	Passé antérieur
je finis	j'eus fini
tu finis	tu eus fini
il finit	il eut fini
nous finîmes	nous eûmes fini
vous finîtes	vous eûtes fini
ils finirent	ils eurent fini

Futur simple	Futur antérieur
je finirai	j'aurai fini
tu finiras	tu auras fini
il finira	il aura fini
nous finirons	nous aurons fini
vous finirez	vous aurez fini
ils finiront	ils auront fini

CONDITIONNEL

Présent	Passé
je finirais	j'aurais fini
tu finirais	tu aurais fini
il finirait	il aurait fini
nous finirions	nous aurions fini
vous finiriez	vous auriez fini
ils finiraient	ils auraient fini

SUBJONCTIF — *que ...*

Présent	Passé
je finisse	j'aie fini
tu finisses	tu aies fini
il finisse	il ait fini
nous finissions	nous ayons fini
vous finissiez	vous ayez fini
ils finissent	ils aient fini

IMPÉRATIF

Présent	Passé
finis	aie fini
finissons	ayons fini
finissez	ayez fini

PARTICIPE

Présent	Passé
finissant	fini, ayant fini

INFINITIF

Présent	Passé
finir	avoir fini

Aller (3e groupe)

INDICATIF

Présent	Passé composé
je vais	je suis allé
tu vas	tu es allé
il va	il est allé
nous allons	nous sommes allés
vous allez	vous êtes allés
ils vont	ils sont allés

Imparfait	Plus-que-parfait
j'allais	j'étais allé
tu allais	tu étais allé
il allait	il était allé
nous allions	nous étions allés
vous alliez	vous étiez allés
ils allaient	ils étaient allés

Passé simple	Passé antérieur
j'allai	je fus allé
tu allas	tu fus allé
il alla	il fut allé
nous allâmes	nous fûmes allés
vous allâtes	vous fûtes allés
ils allèrent	ils furent allés

Futur simple	Futur antérieur
j'irai	je serai allé
tu iras	tu seras allé
il ira	il sera allé
nous irons	nous serons allés
vous irez	vous serez allés
ils iront	ils seront allés

CONDITIONNEL

Présent	Passé
j'irais	je serais allé
tu irais	tu serais allé
il irait	il serait allé
nous irions	nous serions allés
vous iriez	vous seriez allés
ils iraient	ils seraient allés

SUBJONCTIF — *que ...*

Présent	Passé
j'aille	je sois allé
tu ailles	tu sois allé
il aille	il soit allé
nous allions	nous soyons allés
vous alliez	vous soyez allés
ils aillent	ils soient allés

IMPÉRATIF

Présent	Passé
va	sois allé
allons	soyons allés
allez	soyez allés

PARTICIPE

Présent	Passé
allant	allé, étant allé

INFINITIF

Présent	Passé
aller	être allé

Venir (3e groupe)

INDICATIF

Présent	Passé composé
je viens	je suis venu
tu viens	tu es venu
il vient	il est venu
nous venons	nous sommes venus
vous venez	vous êtes venus
ils viennent	ils sont venus

Imparfait	Plus-que-parfait
je venais	j'étais venu
tu venais	tu étais venu
il venait	il était venu
nous venions	nous étions venus
vous veniez	vous étiez venus
ils venaient	ils étaient venus

Passé simple	Passé antérieur
je vins	je fus venu
tu vins	tu fus venu
il vint	il fut venu
nous vînmes	nous fûmes venus
vous vîntes	vous fûtes venus
ils vinrent	ils furent venus

Futur simple	Futur antérieur
je viendrai	je serai venu
tu viendras	tu seras venu
il viendra	il sera venu
nous viendrons	nous serons venus
vous viendrez	vous serez venus
ils viendront	ils seront venus

CONDITIONNEL

Présent	Passé
je viendrais	je serais venu
tu viendrais	tu serais venu
il viendrait	il serait venu
nous viendrions	nous serions venus
vous viendriez	vous seriez venus
ils viendraient	ils seraient venus

SUBJONCTIF — *que ...*

Présent	Passé
je vienne	je sois venu
tu viennes	tu sois venu
il vienne	il soit venu
nous venions	nous soyons venus
vous veniez	vous soyez venus
ils viennent	ils soient venus

IMPÉRATIF

Présent	Passé
viens	sois venu
venons	soyons venus
venez	soyez venus

PARTICIPE

Présent	Passé
venant	venu, étant venu

INFINITIF

Présent	Passé
venir	être venu

Faire (3e groupe)

INDICATIF

Présent	Passé composé
je fais	j'ai fait
tu fais	tu as fait
il fait	il a fait
nous faisons	nous avons fait
vous faites	vous avez fait
ils font	ils ont fait
Imparfait	**Plus-que-parfait**
je faisais	j'avais fait
tu faisais	tu avais fait
il faisait	il avait fait
nous faisions	nous avions fait
vous faisiez	vous aviez fait
ils faisaient	ils avaient fait
Passé simple	**Passé antérieur**
je fis	j'eus fait
tu fis	tu eus fait
il fit	il eut fait
nous fîmes	nous eûmes fait
vous fîtes	vous eûtes fait
ils firent	ils eurent fait
Futur simple	**Futur antérieur**
je ferai	j'aurai fait
tu feras	tu auras fait
il fera	il aura fait
nous ferons	nous aurons fait
vous ferez	vous aurez fait
ils feront	ils auront fait

CONDITIONNEL

Présent	Passé
je ferais	j'aurais fait
tu ferais	tu aurais fait
il ferait	il aurait fait
nous ferions	nous aurions fait
vous feriez	vous auriez fait
ils feraient	ils auraient fait

SUBJONCTIF

que …

Présent	Passé
je fasse	j'aie fait
tu fasses	tu aies fait
il fasse	il ait fait
nous fassions	nous ayons fait
vous fassiez	vous ayez fait
ils fassent	ils aient fait

IMPÉRATIF

Présent	Passé
fais	aie fait
faisons	ayons fait
faites	ayez fait

PARTICIPE

Présent	Passé
faisant	fait, ayant fait

INFINITIF

Présent	Passé
faire	avoir fait

Voir (3e groupe)

INDICATIF

Présent	Passé composé
je vois	j'ai vu
tu vois	tu as vu
il voit	il a vu
nous voyons	nous avons vu
vous voyez	vous avez vu
ils voient	ils ont vu
Imparfait	**Plus-que-parfait**
je voyais	j'avais vu
tu voyais	tu avais vu
il voyait	il avait vu
nous voyions	nous avions vu
vous voyiez	vous aviez vu
ils voyaient	ils avaient vu
Passé simple	**Passé antérieur**
je vis	j'eus vu
tu vis	tu eus vu
il vit	il eut vu
nous vîmes	nous eûmes vu
vous vîtes	vous eûtes vu
ils virent	ils eurent vu
Futur simple	**Futur antérieur**
je verrai	j'aurai vu
tu verras	tu auras vu
il verra	il aura vu
nous verrons	nous aurons vu
vous verrez	vous aurez vu
ils verront	ils auront vu

CONDITIONNEL

Présent	Passé
je verrais	j'aurais vu
tu verrais	tu aurais vu
il verrait	il aurait vu
nous verrions	nous aurions vu
vous verriez	vous auriez vu
ils verraient	ils auraient vu

SUBJONCTIF

que …

Présent	Passé
je voie	j'aie vu
tu voies	tu aies vu
il voie	il ait vu
nous voyions	nous ayons vu
vous voyiez	vous ayez vu
ils voient	ils aient vu

IMPÉRATIF

Présent	Passé
vois	aie vu
voyons	ayons vu
voyez	ayez vu

PARTICIPE

Présent	Passé
voyant	vu, ayant vu

INFINITIF

Présent	Passé
voir	avoir vu

Devoir (3e groupe)

INDICATIF

Présent	Passé composé
je dois	j'ai dû
tu dois	tu as dû
il doit	il a dû
nous devons	nous avons dû
vous devez	vous avez dû
ils doivent	ils ont dû
Imparfait	**Plus-que-parfait**
je devais	j'avais dû
tu devais	tu avais dû
il devait	il avait dû
nous devions	nous avions dû
vous deviez	vous aviez dû
ils devaient	ils avaient dû
Passé simple	**Passé antérieur**
je dus	j'eus dû
tu dus	tu eus dû
il dut	il eut dû
nous dûmes	nous eûmes dû
vous dûtes	vous eûtes dû
ils durent	ils eurent dû
Futur simple	**Futur antérieur**
je devrai	j'aurai dû
tu devras	tu auras dû
il devra	il aura dû
nous devrons	nous aurons dû
vous devrez	vous aurez dû
ils devront	ils auront dû

CONDITIONNEL

Présent	Passé
je devrais	j'aurais dû
tu devrais	tu aurais dû
il devrait	il aurait dû
nous devrions	nous aurions dû
vous devriez	vous auriez dû
ils devraient	ils auraient dû

SUBJONCTIF

que …

Présent	Passé
je doive	j'aie dû
tu doives	tu aies dû
il doive	il ait dû
nous devions	nous ayons dû
vous deviez	vous ayez dû
ils doivent	ils aient dû

IMPÉRATIF

Présent	Passé
dois	aie dû
devons	ayons dû
devez	ayez dû

PARTICIPE

Présent	Passé
devant	dû, ayant dû

INFINITIF

Présent	Passé
devoir	avoir dû

Vouloir (3e groupe)

INDICATIF

Présent	Passé composé
je veux	j'ai voulu
tu veux	tu as voulu
il veut	il a voulu
nous voulons	nous avons voulu
vous voulez	vous avez voulu
ils veulent	ils ont voulu

Imparfait	Plus-que-parfait
je voulais	j'avais voulu
tu voulais	tu avais voulu
il voulait	il avait voulu
nous voulions	nous avions voulu
vous vouliez	vous aviez voulu
ils voulaient	ils avaient voulu

Passé simple	Passé antérieur
je voulus	j'eus voulu
tu voulus	tu eus voulu
il voulut	il eut voulu
nous voulûmes	nous eûmes voulu
vous voulûtes	vous eûtes voulu
ils voulurent	ils eurent voulu

Futur simple	Futur antérieur
je voudrai	j'aurai voulu
tu voudras	tu auras voulu
il voudra	il aura voulu
nous voudrons	nous aurons voulu
vous voudrez	vous aurez voulu
ils voudront	ils auront voulu

CONDITIONNEL

Présent	Passé
je voudrais	j'aurais voulu
tu voudrais	tu aurais voulu
il voudrait	il aurait voulu
nous voudrions	nous aurions voulu
vous voudriez	vous auriez voulu
ils voudraient	ils auraient voulu

SUBJONCTIF

que …

Présent	Passé
je veuille	j'aie voulu
tu veuilles	tu aies voulu
il veuille	il ait voulu
nous voulions	nous ayons voulu
vous vouliez	vous ayez voulu
ils veuillent	ils aient voulu

IMPÉRATIF

Présent	Passé
veuille	aie voulu
voulons	ayons voulu
veuillez	ayez voulu

PARTICIPE

Présent	Passé
voulant	voulu, ayant voulu

INFINITIF

Présent	Passé
vouloir	avoir voulu

Dire (3e groupe)

INDICATIF

Présent	Passé composé
je dis	j'ai dit
tu dis	tu as dit
il dit	il a dit
nous disons	nous avons dit
vous dites	vous avez dit
ils disent	ils ont dit

Imparfait	Plus-que-parfait
je disais	j'avais dit
tu disais	tu avais dit
il disait	il avait dit
nous disions	nous avions dit
vous disiez	vous aviez dit
ils disaient	ils avaient dit

Passé simple	Passé antérieur
je dis	j'eus dit
tu dis	tu eus dit
il dit	il eut dit
nous dîmes	nous eûmes dit
vous dîtes	vous eûtes dit
ils dirent	ils eurent dit

Futur simple	Futur antérieur
je dirai	j'aurai dit
tu diras	tu auras dit
il dira	il aura dit
nous dirons	nous aurons dit
vous direz	vous aurez dit
ils diront	ils auront dit

CONDITIONNEL

Présent	Passé
je dirais	j'aurais dit
tu dirais	tu aurais dit
il dirait	il aurait dit
nous dirions	nous aurions dit
vous diriez	vous auriez dit
ils diraient	ils auraient dit

SUBJONCTIF

que …

Présent	Passé
je dise	j'aie dit
tu dises	tu aies dit
il dise	il ait dit
nous disions	nous ayons dit
vous disiez	vous ayez dit
ils disent	ils aient dit

IMPÉRATIF

Présent	Passé
dis	aie dit
disons	ayons dit
dites	ayez dit

PARTICIPE

Présent	Passé
disant	dit, ayant dit

INFINITIF

Présent	Passé
dire	avoir dit

Prendre (3e groupe)

INDICATIF

Présent	Passé composé
je prends	j'ai pris
tu prends	tu as pris
il prend	il a pris
nous prenons	nous avons pris
vous prenez	vous avez pris
ils prennent	ils ont pris

Imparfait	Plus-que-parfait
je prenais	j'avais pris
tu prenais	tu avais pris
il prenait	il avait pris
nous prenions	nous avions pris
vous preniez	vous aviez pris
ils prenaient	ils avaient pris

Passé simple	Passé antérieur
je pris	j'eus pris
tu pris	tu eus pris
il prit	il eut pris
nous prîmes	nous eûmes pris
vous prîtes	vous eûtes pris
ils prirent	ils eurent pris

Futur simple	Futur antérieur
je prendrai	j'aurai pris
tu prendras	tu auras pris
il prendra	il aura pris
nous prendrons	nous aurons pris
vous prendrez	vous aurez pris
ils prendront	ils auront pris

CONDITIONNEL

Présent	Passé
je prendrais	j'aurais pris
tu prendrais	tu aurais pris
il prendrait	il aurait pris
nous prendrions	nous aurions pris
vous prendriez	vous auriez pris
ils prendraient	ils auraient pris

SUBJONCTIF

que …

Présent	Passé
je prenne	j'aie pris
tu prennes	tu aies pris
il prenne	il ait pris
nous prenions	nous ayons pris
vous preniez	vous ayez pris
ils prennent	ils aient pris

IMPÉRATIF

Présent	Passé
prends	aie pris
prenons	ayons pris
prenez	ayez pris

PARTICIPE

Présent	Passé
prenant	pris, ayant pris

INFINITIF

Présent	Passé
prendre	avoir pris

Glossaire

Acte : partie d'une pièce de théâtre. Un acte comporte des scènes.

Alexandrin : vers de douze syllabes.

Allégorie *(figure de style)* **:** consiste à donner un visage ou un aspect concret à une réalité abstraite.

- Marianne est l'allégorie de la France.

Allitération *(figure de style)* **:** répétition d'un son consonne.

- « Lai**ss**e-la **s**'élargir, **c**ette **s**ainte ble**ss**ure. » (Musset, *La Nuit de mai*)

Anachronisme : présence d'un élément qui ne correspond pas à l'époque de l'histoire.

- Un téléphone dans un récit médiéval.

Anaphore *(figure de style)* **:** répétition d'un mot ou d'une expression en début de vers, de groupe de mots, de proposition ou de phrase.

- « Je veux, sans que la mort ose me secourir, **Toujours** aimer, **toujours** souffrir, **toujours** mourir. » (Corneille, *Suréna*)

Anticipation : consiste à bouleverser la chronologie d'un récit, pour raconter par avance des évènements qui se passeront plus tard (prophétie...). Contraire : Retour en arrière.

Antithèse *(figure de style)* **:** rapprochement de deux éléments opposés.

Antonyme : contraire.

- *Facile* et *difficile*.

Aparté : (nom masculin) au théâtre, réplique prononcée « à part », comme si le personnage s'adressait à lui-même, et que seul le public est censé entendre.

Argument : raison que l'on donne pour défendre une idée.

Assonance *(figure de style)* **:** répétition d'un son voyelle.

- « Je fais sou**vent** ce rêve étr**an**ge et pénétr**ant** ». (Verlaine, *Mon rêve familier*)

Auteur : personne réelle qui a écrit un livre (à ne pas confondre avec le narrateur).

- Virgile est l'auteur de l'*Énéide*.

Autobiographie : (du grec *auto* = « soi », *bio* = « vie », *graphie* = « écriture ») récit qu'une personne fait de sa propre vie.

Biographie : récit de la vie d'une personne par une autre personne.

Cadre spatiotemporel : lieu et époque où se situe l'action.

Calligramme : poème écrit de manière à ce que le texte forme un dessin.

Champ lexical : ensemble de mots qui, dans un texte, se rapportent à un même thème. **Voir p. 427.**

- « Joie, s'émerveiller, heureux, éclata de rire, yeux pétillants » appartiennent au champ lexical de la joie.

Champ sémantique : ensemble des sens d'un mot. **Voir p. 427.**

- Le mot *scène* a deux sens différents.

Chronologie : ordre dans lequel se déroulent les évènements. **Voir p. 468.** Attention, un récit peut suivre l'ordre chronologique, mais le bouleverser à certains moments (voir Retour en arrière et Anticipation).

Chute : fin inattendue dans un poème ou dans une nouvelle.

Classe grammaticale : nature d'un mot, catégorie à laquelle il appartient (nom, adjectif, pronom, etc.). **Voir p. 443 et p. 447.**

Comédie : pièce de théâtre qui a pour but de faire rire.

Comique : qui fait rire. Au théâtre, on distingue différents moyens employés pour faire naitre le rire. **Voir p. 495.**

Comparaison *(figure de style)* **:** procédé qui consiste à rapprocher deux éléments à l'aide d'un outil de comparaison (*comme, tel que, ressembler à*, etc.).

- Il est doux *comme un agneau*.

Connecteur : mot qui relie deux groupes de mots, phrases, ou paragraphes et qui permet d'organiser un texte. **Voir p. 445.**

Connotation : sens qui vient s'ajouter au sens premier d'un mot (voir Dénotation).

- *Clebs* et *toutou* désignent tous deux le même animal, mais les deux mots ont des connotations différentes (péjorative pour le premier, affective pour le second).

Conte : court récit imaginaire, qui comporte souvent des éléments merveilleux.

Décasyllabe : vers de dix syllabes.

Dénotation : sens premier d'un mot, tel qu'il apparait dans le dictionnaire (voir Connotation).

Dénouement : fin d'une pièce de théâtre.

Dérivation : procédé de formation des mots par ajout de préfixe(s) et/ou de suffixe(s).

Destinataire : personne à laquelle on s'adresse.

Didascalie : dans un texte de théâtre, indication portant sur le jeu des acteurs (gestes, déplacements, attitudes, intonations), le décor. Les didascalies sont destinées au metteur en scène, aux comédiens ou aux lecteurs ; elles sont écrites en italique.

Double énonciation : au théâtre, toute réplique est prononcée par un personnage qui s'adresse à un autre, mais aussi par un comédien qui s'adresse au public.

Ellipse : dans un récit, une ellipse consiste à passer sous silence certains évènements, ce qui a pour conséquence d'accélérer le rythme du récit.

- *Trois jours plus tard...* (les évènements qui se sont déroulés pendant ces trois jours ne sont pas racontés).

Énonciateur : celui qui s'exprime (à l'oral ou à l'écrit). On utilise surtout ce terme pour désigner l'auteur d'une lettre. À l'oral, énonciateur a pour synonyme locuteur.

Épopée : long poème qui raconte les exploits de héros légendaires.

Étymologie : étude de l'origine des mots. **Voir p. 434.**

Euphémisme *(figure de style)* **:** consiste à atténuer un évènement, un sentiment, généralement dans le but de ne pas choquer.

- *Il nous a quittés* (au lieu de dire : *Il est mort*).

Explicite : ce qui est exprimé clairement. Contraire : Implicite. **Voir p. 464.**

Exposition : début d'une pièce de théâtre.

Externe *(point de vue ou narrateur)* **:** quand on regarde une scène de l'extérieur, comme un spectateur, de manière neutre. **Voir p. 465.**

Fable : court récit, souvent en vers, qui illustre une morale (exprimée ou non).

Fabuliste : auteur de fables.

Famille de mots : ensemble des mots formés à partir d'un même radical.

- *Lait, laiterie, laitage, laiteux, allaiter,* etc.

Fiction : récit imaginaire (adjectif : *fictif*).

Fonction grammaticale : rôle que joue un mot ou un groupe de mots dans une phrase (sujet, COD, COI, etc.). **Voir p. 455.**

Forme de phrase : phrase affirmative ou négative. **Voir p. 456.**

Haïku : poème de trois vers, d'origine japonaise.

Héros : 1. personnage exceptionnel ; 2. personnage principal d'une histoire.

Homonymes : mots qui se prononcent et/ou s'écrivent de la même façon. On distingue :

› les homographes : mots qui s'écrivent de la même manière mais ne se prononcent pas forcément de la même façon.

- *Nous **portions** des **portions** de nourriture.*

› les homophones : mots qui se prononcent de la même façon, mais ne s'écrivent pas de la même manière. **Voir p. 487-488.**

- *à/a ; ou/où.*

Hyperbole *(figure de style)* **:** exagération, amplification de la réalité, dans le but de frapper l'imagination.

- *Verser des torrents de larmes.*

Hypothèse de lecture : idée que le lecteur se fait de la suite de l'histoire, à partir des éléments qu'il connait.

Implicite : qui n'est pas exprimé clairement, qui est sous-entendu. Contraire : Explicite. **Voir p. 464.**

Incipit : mot latin qui désigne le début d'un récit.

Interjection : mot qui exprime un sentiment, une émotion, un ordre, généralement suivi du point d'exclamation (ou d'interrogation). **Voir p. 447.**

- *Ah ! Aïe ! Ô ! Attention ! Diable ! Mon Dieu ! Par exemple ! Bon ! Mince ! Tout beau ! Bien ! Comment ! Gare !*

Interne *(point de vue ou narrateur)* **:** quand on voit une scène à travers les yeux d'un personnages. **Voir p. 465.**

Intrigue : enchainement des évènements dans une fiction ou une pièce de théâtre.

Ironie : consiste à dire le contraire de ce que l'on pense, dans le but de se moquer. L'ironie ne fonctionne que si le destinataire comprend qu'il ne faut pas prendre ce qui est dit au premier degré.

Ironie dramatique : on parle d'ironie dramatique quand certains personnages ignorent une information importante que le public ou le lecteur possède.

Mélioratif : terme valorisant, qui exprime un jugement positif. Contraire : Péjoratif.

- *Beau, bon, habile, merveilleux, superbe,* etc.

Merveilleux : en littérature, le merveilleux désigne ce qui n'existe pas dans la réalité. Dans un monde merveilleux, la magie, le surnaturel ne sont pas étonnants.

Métaphore *(figure de style)* **:** rapprochement de deux éléments pour créer une image nouvelle. Contrairement à la comparaison, la métaphore n'utilise pas de mot de comparaison.

- *Le train **serpente** entre les montagnes* (métaphore).
- *Le train **avance comme un serpent** entre les montagnes* (comparaison).

Quand la métaphore se développe sur plusieurs lignes ou vers, on dit qu'elle est « filée ».

Modalisation : ensemble de procédés qui marquent un degré de certitude ou un jugement de l'énonciateur sur ce qu'il dit (*sans doute, peut-être, certainement, admirable, déplorable, je ne suis pas certain que..., j'admire...,* etc.). **Voir p. 464.**

Morale (ou moralité) : leçon, enseignement que l'on peut tirer d'un conte ou d'une fable. La morale peut être exprimée ou non.

Mot composé : mot complexe formé de plusieurs radicaux.

Mot dérivé : mot complexe formé par ajout de préfixe(s) et/ou suffixe(s) à un radical.

Mythe : récit légendaire ayant une signification symbolique qui met en scène des héros et des dieux.

Mythologie : ensemble des mythes d'une civilisation.

Narrateur : dans un récit, celui qui raconte l'histoire (à ne pas confondre avec l'auteur).

Niveaux de langue : manières de s'exprimer différentes, selon la situation de communication et la personnalité de celui qui s'exprime. Trois niveaux : familier, courant et soutenu. **Voir p. 428.**

Nœud : dans une pièce de théâtre, moment de l'intrigue où la tension est à son comble (avant le dénouement).

Octosyllabe : vers de huit syllabes.

Omniscient *(point de vue ou narrateur)* **:** quand on connait tout d'une scène et qu'on en sait même plus que les personnages. **Voir p. 465.**

Onomatopée : interjection particulière, qui imite un bruit. Certaines onomatopées sont inventées par celui qui les utilise et d'autres sont connues de tous.

- *Atchoum ! Coin coin ! Dring ! Miam-miam ! Plouf ! Tic-tac ! Vlan ! Zzz...*

Paratexte : correspond à tout ce qui est autour du texte (titre, légende, chapeau d'introduction, notes, etc.).

Glossaire

Parodie : consiste à reprendre de manière comique une œuvre très connue, en la déformant pour s'en moquer.

Paronymes : mots qui ont des sonorités proches, mais des sens totalement différents.
- *attention* et *intention*.

Pathétique : qui suscite la pitié du lecteur ou du spectateur. **Voir p. 495.**

Péjoratif : terme dévalorisant, qui exprime un jugement négatif. Contraire : Mélioratif.
- *Stupide, faible, crasseux, maladroit,* etc.

Péripétie : évènement qui fait avancer l'action d'un récit ou d'une pièce de théâtre.

Périphrase *(figure de style)* **:** remplacement d'un mot par une expression de même sens.
- « Le roi des animaux » pour désigner le lion.

Personnification *(figure de style)* **:** procédé qui consiste à donner des caractéristiques humaines (par exemple la parole) à un objet, un animal, ou un lieu.

Point de vue : 1. Un récit peut être raconté en point de vue interne, externe ou omniscient. **Voir p. 465.** 2. En argumentation, désigne un avis, une opinion.

Préfixe : élément placé avant un radical pour former un mot dérivé. Contraire : Suffixe.
- ***Dé**monter, **re**monter.*

Prétérition : consiste à parler de quelque chose après avoir annoncé que l'on n'allait pas en parler.
- « Je ne parlerai pas de M. ..., cet homme ignoble qui a ... »

Prose : un texte en prose est un texte qui ne rime pas. Contraire : Vers.

Quatrain : strophe de quatre vers.

Question rhétorique *(figure de style)* **:** fausse question, qui n'attend pas de réponse.
- *Tu peux te taire ?*

Radical : noyau d'un mot, auquel peuvent éventuellement s'ajouter des préfixe(s) et/ou des suffixe(s). Le radical d'un mot contient son sens principal.
- *Dé**pli**er, s'a**cclimat**er.*

Registre : tonalité d'un texte (comique, tragique, pathétique, etc.). **Voir p. 495.**

Réplique : intervention d'un personnage au théâtre.

Retour en arrière : le retour en arrière consiste à bouleverser la chronologie d'un récit, pour raconter des évènements qui se sont passés plus tôt dans l'histoire. Au cinéma, on parle plus souvent de *flashback*. Contraire : Anticipation.

Rime : son répété à la fin de deux ou plusieurs vers. Les rimes peuvent être suivies, croisées ou embrassées.

Scène : 1. Dans une pièce de théâtre, partie du texte délimitée par l'entrée ou la sortie de personnages. 2. Dans une salle de théâtre, espace où a lieu la représentation.

Schéma narratif : structure en cinq étapes que l'on retrouve souvent dans les récits (situation initale, élément déclencheur, péripéties, élément de résolution et situation finale).

Sens propre, sens figuré : le sens propre d'un mot est son sens premier ; le sens figuré est un sens imagé créé à partir du sens propre.

Situation d'énonciation : identifier la situation d'énonciation, c'est répondre aux questions suivantes : qui parle ? À qui ? Où ? Quand ? Pourquoi ? **Voir p. 463.**

Sommaire : beaucoup d'évènements sont résumés en peu de mots, ce qui a pour effet d'accélérer le rythme de récit, la chronologie.
- *Il passa les trois années suivantes à étudier sans relâche.*

Stichomythie : au théâtre, enchainement de répliques courtes.

Strophe : groupement de vers, en poésie.

Suffixe : élément placé après le radical pour former un mot dérivé. Contraire : Préfixe.
- *Jou**er**, jou**eur**.*

Surnaturel : qui ne correspond pas au monde réel.

Symbole : représentation imagée d'une idée, d'une notion, d'une valeur.
- La colombe est le symbole de la paix.

Synonyme : mot de sens identique ou très proche. Contraire : Antonyme.
- *Parler, discuter, bavarder,* etc.

Tercet : strophe de trois vers.

Thèse : en argumentation, désigne l'idée défendue (voir Argument).

Tirade : au théâtre, très longue réplique. La tirade permet de mettre en valeur un personnage, en lui donnant longtemps la parole.

Tragique : qualifie un texte dans lequel les personnages luttent contre un destin cruel et implacable. **Voir p. 495.**

Type de phrase : indique si la phrase est déclarative, interrogative, injonctive ou exclamative. **Voir p. 456.**

Vers : désigne une ligne dans un poème. Contraire : Prose.

Visée : la visée d'un texte (ou d'un discours) est son but, l'intention qu'a eue l'auteur en le composant (provoquer, interroger, faire rire, etc.).

Retrouvez le lexique du théâtre et de la poésie p. 429-430, le lexique des sentiments et des émotions p. 431, le lexique de l'argumentation p. 432 et les figures de style p. 433.

Index des auteurs et des artistes

AUTEURS

ARTISTES

Index des auteurs et des artistes

Crédits

Chapitre 1 : 26 Bridgeman, Bridgeman, J. Fourniol/Flickr, 27 Rue des Archives/Everett, J.-R. Roustan/Roger-Viollet, 29 Bridgeman/DR, 31 Granger NYC/Rue des Archives, Sotheby's/Akg, 32 El Comandante/Wikimédia, 34 Rischgitz/Getty, Print collector/Getty, 35 Print collector/Getty, 36 Ullstein Bild/Getty, 37 G. Nimatallah/Bridgeman, 38 Martin H./Wikimédia, 39 V. Gimenez, 41 M. Babey/Akg, FineArtImages/Leemage/Adagp - Paris 2016, 42 Teacoolish/Wikimédia, Éditions Delcourt.

Chapitre 2 : 45 Warner Bros-Village Roadshow Pictures/DR/TCD, 48 De Agostini Picture Library/Akg, 50 Bridgeman, 51 L. Dodd/Akg, 52 E. Lessing/Akg, 53 PHOTO12, 54 Look and Learn/Bridgeman, 55 Look and Learn/Bridgeman, 56 Éditions Gallimard/collection Folio Junior, L. Monier/Gamma-Rapho/Getty, Akg, 57 Bridgeman, 58 patrimoine-histoire.fr, Akg, Source BnF, RMN-Grand Palais (musée Marc Chagall)/G. Blot/Adagp - Paris - 2016, 59 J. L. Severance Fund/Bridgeman, Bridgeman.

Chapitre 3 : 63 20th Century Fox - Temple Hill Entertainment/DR/TCD, 64 J. B. Unna/Wikimédia, 65 J. Fourniol/Flickr, 67 Aisa/Leemage, 69 Gallimard/Opale/Leemage, M. Varon/The Metropolitan Museum of Art, Dist. RMN-Grand Palais/Adagp - Paris - 2016, 70 B. Le Chailloux/Wikimédia, Bridgeman/Adagp - Paris - 2016, 71 Keystone/Getty, 72 L. Beaufils/Flickr, Photo Josse/Leemage, 73 Photo Josse/Leemage, 74 Bridgeman, Christie's/Bridgeman/Adagp - Paris - 2016, 75 Bridgeman/Adagp - Paris - 2016, Pictorial Press Ltd/Alamy, 76 C. Nori, 77 R. Mueck/DR, R. Mueck/DR.

Chapitre 4 : 79 Archives du 7e Art/DR/Photo12, 80 Kaldari/Wikimédia, 81 A. Fonteray, Sputnik/Akg, V. Tonelli /Arcomart, 82 Farabola/Leemage, 83 D. Moore/CAMERAPRESS/GAMMA, 84 Photo12/DR, 20th Century Fox/DR/TCD, Archives du 7e Art/20th Century Fox/Photo12, 20th Century Fox/DR/TCD, 85 20th Century Fox/DR/TCD, 20th Century Fox/DR/TCD, 20th Century Fox/DR/TCD, 87 20th Century Fox/DR/TCD, Rue des Archives/Everett, Rue des Archives/Everett, 20th Century Fox/DR/TCD, Rue des Archives/Everett, 89 Rue des Archives/Everett, Archives du 7e Art/BHE Films/Photo12, Paramount/DR/TCD, 91 Rue des Archives/Everett, 97 L. Ellis/Express/Getty, 99 D. De Laurentis/DR/TCD, Rue des Archives/Everett, BHE Films/Photo12, Rue des Archives/Everett, Archives du 7e Art/20th Century Fox/Photo12, Archives du 7e Art/20th Century Fox/Photo12, Archives du 7e Art/20th Century Fox/Photo12, 101 N. Thai Lai.

Chapitre 5 : 103 Museum of the city of New York/Getty, 106 J.-G. Berizzi RMN-Grand Palais (musée d'Orsay), 110 A Frank fonds Basel/Getty, 111 H. Cowper/Wikimédia, 112 L. Maous/Gamma-Rapho/Getty, 113 E. Sergeev/123RF, 114 A. Knapp/Alamy, 115 Succession Picasso 2016, 117 H. Gyssels/Photononstop.

Chapitre 6 : 123 J.-R. Roustan/Roger-Viollet, 124 J.-R. Roustan/Roger-Viollet, DR, Keystone-France/Getty, 125 Universal History Archive/Getty, 126 Nathalie Productions/DR/TCD, 127 Akg, 128 Imagno/Akg, 129 Bridgeman, 130 P. Malukas/AFP, Selva/Leemage, 132 AGIP/Bridgeman, 134 Bridgit Folman Film Gang - Les Films d'Ici - Razor Films/DR/TCD, Bridgit Folman Film Gang - Les Films d'Ici - Razor Films/DR/TCD, Bridgit Folman Film Gang - Les Films d'Ici - Razor Films/DR/TCD, 135 Bridgit Folman Film Gang - Les Films d'Ici - Razor Films/DR/TCD, Bridgit Folman Film Gang - Les Films d'Ici - Razor Films/DR/TCD, Bridgit Folman Film Gang - Les Films d'Ici - Razor Films/DR/TCD, 137 Breogan67/Wikimédia, 138 IsmailMkh/Wikimédia.

Chapitre 7 : 144 Chapter 2 - Onyx Films/DR/TCD, P. Victor/ArtComArt, United Artists/DR/TCD, 145 Vivement Lundi !/S.O.I.L./Nadasdy Film/Arte France/TSR/2006, Avec l'aimable autorisation de Léo Burnett France, Look and Learn/Bridgeman, 147 T. Kelley Archive/Getty, 149 2014 Éditions Milan, 150 Jastrow/Wikimédia, J.-P. Ksiazek/AFP, 151 Vertigo/DR/TCD, 152 B. Rindoff Petroff/Getty, Epithète Films/DR/TCD, 154 Theofeelex/Wikimédia, Russell-Cotes Art Gallery and Museum - Bournemouth - UK/Bridgeman/DR, 156 D. Winterfeld/Wikimédia, Chapter 2 - Onyx Films/DR/TCD, 157 Chapter 2 - Onyx Films/DR/TCD, Chapter 2 - Onyx Films/DR/TCD, 158 R. Doisneau/RAPHO, Paramount/DR/TCD, 159 Hold Up Films - Lilies Films/DR/TCD, Hold Up Films - Lilies Films/DR/TCD, 160 Lola Films/DR/TCD, S. Deerenberg - Ex Nihilo/DR/TCD.

Chapitre 8 : 163 P. Victor/ArtComArt, 165 P. Victor/ArtComArt, 167 « Le malade imaginaire » Daniel CANDE - SAIF - 2016, « Le malade imaginaire » Daniel CANDE - SAIF - 2016, 169 P. Victor/ArtComArt, 171 « Le malade imaginaire » Daniel CANDE - SAIF - 2016, 172 theatre.roumanoff.com en représentation toute l'année au théâtre Fontaine Paris 75009, theatre.roumanoff.com en représentation toute l'année au théâtre Fontaine Paris 75009, 174 P. Victor/ArtComArt, Photolosa/Compagnie de l'Esquisse : B. Arias et J. Jalabert, 175 P. Victor/ArtComArt, P. Victor/ArtComArt, P. Victor/ArtComArt.

Chapitre 9 : 179 Henri Cartier-Bresson/Magnum Photos PAR19118, 184 J. Pimentel/France 2/DR, 186 Libre de droits © Priscillia D., 187 DR, 188 J.Foley/Opale/Leemage, Godong/Leemage, 189 AFP, El Pocho la pantera/Flickr/DR, 190 United Artists/DR/TCD, United Artists/DR/TCD, United Artists/DR/TCD, 191 United Artists/DR/TCD, United Artists/DR/TCD, United Artists/DR/TCD, United Artists/DR/TCD, 192 Guildhall Art Gallery City of London/Bridgeman.

Chapitre 10 : 195 A. Buu/Gamma-Rapho/Getty, 197 D. Simon/Gamma-Rapho/Getty, 199 V. Tonelli/Artcomart, 201 DR, 204 V. Tonelli/Artcomart, R. Gaillarde/Gamma-Rapho/Getty, 206 P. Victor/Arcomart, 207 Coll. Kharbine-Tapabor, 208 Web Gallery of Art, ImageBroker/Alamy, Myrabella/Wikimédia, 209 Akg, 211 L. Hudson/Cie Chouchenko.

Chapitre 11 : 213 Avec l'aimable autorisation de Léo Burnett France, 215 Imagine/DR/TCD, 217 Lee/leemage, 218 Look and Learn/Bridgeman, 220 Bridgeman, Lebrecht/Leemage, 221 Bridgeman/Adagp - Paris - 2016, 222 F. Crusiaux/Getty, Netflix - Red Crown Productions - Participant Media/DR/TCD, 223 DR, 224 F. Behrend/DR, Plantu, 225 Akg, S. Moussin, Willem/DR, 228 Association Aurore, 230 A. Fernandez/Adagp - Paris - 2016, Bridgeman/Adagp - Paris - 2016.

Chapitre 12 : 234 Bonhams London UK/Bridgeman/DR, Dentsu-Tokuma Shoten/DR/TCD, 235 AF archive/Alamy, Bridgeman, 237 Bonhams, London, UK/Bridgeman/DR, 238 Source BnF, 239 Bridgeman, 240 Florilegius/Leemage, 241 Source BnF, 242 Maxfield Parrish - Licensed by ASaP worldwide/Adagp - Paris - 2016, 243 Maxfield Parrish - Licensed by ASaP worldwide/Adagp - Paris - 2016, 245 De Agostini Picture Library/G. Dagli Orti/Bridgeman, 246 DR, Web Gallery of Art, 247 Bridgeman, De Agostini Picture Library/Bridgeman, 248 Lady Lever Art Gallery/National Museums Liverpool/Bridgeman, H Bristol/Corbis, Akg, 249 S. Grant/Getty, Eye Ubiquitous/Alamy, 251 Bradford Art Galleries and Museums - West Yorkshire - UK/Bridgeman.

Chapitre 13 : 253 2002 www.john-howe.com, 254 D. Ogren/Wikimédia, Warner Bros/DR/TCD, 255 Photo12/Alamy, Studio Ghibli/DR/TCD, 256 G. Seguin/Wikimédia, H. Bruhat/Getty, Casterman, 257 Casterman, Casterman, 258 Thesupermat/Wikimédia, Casterman, 259 Casterman, 260 Rue des Archives/AGIP, 20th Century Fox - APJAC/DR/TCD, 261 20th Century Fox - APJAC/DR/TCD, 262 T. Schulz/Wikimédia, Dentsu-Tokuma Shoten/DR/TCD, Dentsu-Tokuma Shoten/DR/TCD, Dentsu-Tokuma Shoten/DR/TCD, 263 Dentsu-Tokuma Shoten/DR/TCD, Dentsu-Tokuma Shoten/DR/TCD, Dentsu-Tokuma Shoten/DR/TCD, Dentsu-Tokuma Shoten/DR/TCD, 264 Aisa/Leemage, De Agostini Picture Library/Salmer/Bridgeman, E. Shchipkova/Fotolia, 265 K. Welsh/Bridgeman, M. Mawson/Getty, L. Echave/Getty.

Chapitre 14 : 269 Warner Bros/DR/TCD, 270 Bridgeman, 271 Akg, 273 Staatliche Kunstsammlungen Dresden/Bridgeman, 274 Akg, 275 Source BnF, 278 X. Rossi/Gamma-Rapho/Getty, Darko Entertainment - Lin Pictures - Radar Pictures/DR/TCD, 280 BPK Berlin Dist. RMN-Grand Palais/image BStGS, 281 RMN-Grand Palais/Agence Bulloz, 282 The Maas Gallery, London/Bridgeman, 283 stihi.ru/DR.

Chapitre 15 : 285 Renn Productions/DR/TCD, 286 Renn Productions/DR/TCD, F. Souloy/Gamma-Rapho/Getty, Rue des Archives/RDA, Renn

Crédits

Productions/DR/TCD, 287 AF archive/Alamy, Renn Productions/DR/TCD, Renn Productions/DR/TCD, Renn Productions/DR/TCD, 288 Renn Productions/DR/TCD, 289 Bridgeman, 290 Renn Productions/DR/TCD, Renn Productions/DR/TCD, 292 Renn Productions/DR/TCD, 294 AF archive/Alamy, Collection CSFF/Rue des Archives, 297 HIP/Art Resource NY, 298 Source BnF.

Chapitre 16 : 301 P. Echaroux/Artfive, 303 Hulton Archive/Getty, 306 N. Libbert/Lebrecht/Leemage, Bridgeman/Adagp - Paris - 2016, 307 FineArtImages/Leemage/Adagp - Paris - 2016, 309 Bridgeman, 310 D. Bellon/Akg, 311 Bridgeman, 312 L. Ricciarini/Leemage, 316 Paris - Musée de l'Armée, Dist. RMN-Grand Palais/image musée de l'Armée.

Chapitre 17 : 321 L. Vidales/Red Bull Content Pool, 322 Roger-Viollet, 323 Christie's/Bridgeman, 324 Collection Dupondt/Akg, 325 K. Petersen/BPK Berlin Dist. RMN-Grand Palais/Adagp - Paris - 2016, 326 B. le Challoux/Wikimédia, 327 P. Segrette/Paris - Musée de l'Armée, Dist. RMN-Grand Palais, 328 F. Man/Getty, 329 J. Mann/DR, V. G. Browne/DR, 330 S. Rappo/designppko8, Bridgeman, 331 Bridgeman, 332 P. Gentier Angeli, Oscity/shutterstock, courtesy Klein Sun Gallery © Liu Bolin and JR, 333 L. Müllerauh, K. Pichler Fotografie, 334 Tate, Londres, Dist. RMN-Grand Palais/Tate Photography © Fundacio Gala-Salvador Dali/Adagp - Paris - 2016, 336 G. Meguerditchian/Centre Pompidou, MNAM-CCI, Dist. RMN-Grand Palais, 338 Bridgeman.

Chapitre 18 : 342 Bridgeman, Gaumont/DR/TCD, T. Souter/Getty, 343 Coll. Kharbine-Tapabor, Ullstein Bild/Akg, P. Victor/Artcomart, 345 DOD Photo/Alamy, 346 A. Mancini/Wikimédia, Rue des Archives/Everett, 347 Gaumont/DR/TCD, 349 Bridgeman, 350 Source BnF, 354 G. Garitan/Wikimédia, 355 Rue des Archives/CCI, 356 T. Oler/Instagram, 357 AFP Photo/Sara Pichelli/Marvel Entertainment LLC/Handout, DR, 358 P. Igor/Wikimédia, 359 Bridgeman, Walt Disney/DR/TCD, BPK Berlin Dist.RMN-Grand Palais/Elke Estel/Hans-Peter Kluth, BPK Berlin Dist.RMN-Grand Palais/Elke Estel/Hans-Peter Kluth.

Chapitre 19 : 363 Bloomberg/Getty, Associated Press/DR, 365 Coll. Kharbine-Tapabor, 368 AFP, 369 Valeurs Actuelles/DR, Télérama/DR, 373 M. Vidberg, 374 F. Crusiaux/Gamma-Rapho/Getty, S. Peterson/Getty, 375 Fox Photos/Getty, Sovfoto/UIG/Getty, Warner Bros - Village Roadshow Pictures - Malpaso Productions/DR/TCD, 376 Robert Capa © International Center of Photography/Magnum Photos PAR121451, Associated Press/DR, D. Burnett/Contact Press Images, 377 B. Kilic/AFP, Y. Boudlal/Reuters/DR, 378 Coll. Kharbine-Tapabor.

Chapitre 20 : 381 Ullstein Bild/Getty, 382 E. Leliepvre, 383 Galerie Bilderwelt/P. Castelnau/M.Culture/Arch.ph/Bridgeman, 384 Faber, Rue des Archives/RDA, 386 Ullstein Bild/Akg, 387 Ullstein Bild/Akg, 388 MEPL/Rue des Archives, Rue des Archives/RDA, 389 General Photographic Agency/Getty, B. Barbier/Akg, 390 Wikinade/Wikimédia, Galerie Bilderwelt/Bridgeman, 391 Photo12/1Clic, Collection Sirot-Angel/leemage, 392 DeAgostini/Leemage, 393 Otto Dix/Adagp - Paris - 2016, L. Ricciarini/Leemage, 395 J.-P. Verney/Akg, 396 Fab5669/Wikimédia, 398 Bridgeman/Adagp - Paris - 2016.

Chapitre 21 : 401 P. Victor/Artcomart, 402 W. Sauber/Wikimédia, Photo12/Ullstein Bild, 403 Cie le Mille-Feuille/H. Reynaud/graphelene@gmail.com, 404 P. Victor/Artcomart, 405 É. Zeizig/Tilemannschule Limburg, 406 V. Tonelli/Artcomart, 407 P. Victor/Artcomart, 408 R. Jack, 410 P. Victor/Artcomart, 411 Lebrecht/Rue des Archives, 412 Cie le Mille-Feuille/H. Reynaud/graphelene@gmail.com, 413 S. Veyrié/Wikimédia, 414 P. Newark Pictures/Bridgeman, Universal History Archive/Getty, Archives du 7e Art/Charles Chaplin Productions/Photo12, 415 T. Evans/Getty, Associated Press/DR, M. Bragard - EuropaCorp - Left Bank Pictures - France 2 Cinéma/DR/TCD, 416 C. Guilhem/Wikimédia, 418 P. Ryszawa/Wikimédia, 420 Musée de Grenoble.

Direction éditoriale : Apolline Balland et Julia Manuello.

Maquette : Anne Defreville et Morgane Gerbes.

Mise en page : Alejandra Adeikalam, Julien Peltier et Alison Pilorge.

Illustrations : Jennifer Aouizerat.

Retouches photo : Digital Image (Paris 19e) et Pascale Lapeyre.

Relecture : Claire Bleux, Isabelle Dorland, Julie Dubout et Julie Prignac.

Avec la participation de Fanny Blanchard, Louis Fosse, Mélanie Jean, Éléonore de Macedo, Marion Mateo, Ombeline Neyrand, Marie Pélissier et des princesses du Donjon.

Dépôt légal : mai 2016 / ISBN : 979-10-90910-18-8

Imprimé en France par CLERC.

Fabrication : Brigitte Bourgeas.

Lelivrescolaire.fr

32 rue Neuve

69002 Lyon

contact@lelivrescolaire.fr

1200 1300 1400 1500

MOYEN ÂGE

La Chanson de Roland (XIe siècle)
Chrétien De Troyes (XIIe siècle)
Guillaume De Lorris (XIIIe siècle)
Le Roman de Renart (XIIe et XIIIe siècles)
C. Colomb
J. Cartier
Montaigne
W. Shakespeare
M. de S
La Farce de Maitre Pathelin
A. Paré
L. Labé
P. Cor
J. de L

ANTIQUITÉ -1000 À 500

Gilgamesh (2500-1000 av. J.-C.)
Homère (VIIIe siècle av. J.-C.)
Ésope (VII-VIe siècle av. J.-C.)
Sappho (VII-VIe siècle av. J.-C.)
Lao Tseu (VIe siècle av. J.-C.)
Sophocle (Ve siècle av. J.-C.)
Virgile (Ier siècle av. J.-C.)
Ovide (Ier av. et Ier ap. J.-C.)
Martial (Ier siècle ap. J.-C.)

J. Bosch
Michel-Ange
P. Brueghel
P. P. Rubens
Le Caravage

1re Croisade
Guerre de Cent ans
Mort de Jeanne d'Arc
Règne de François
Découverte de l'Amérique

1200 1300 1400 1500